普通高等学校规划教材

广播电视概论

Introduction to Radio and TV Broadcasting

张 霆 主编

人民交通出版社股份有限公司
China Communications Press Co.,Ltd.

内 容 提 要

本书是一本关于广播电视的基础性教材，其特色是以人类广播电视传播活动形成与发展的内在逻辑为贯穿线，将广播电视基础知识有序分解为广播电视的兴起、世界广播电视业发展概貌、广播电视的社会属性与社会功能、广播电视节目形态、广播电视节目制作与播出、广播电视媒介人物、广播电视传播方式的发展与变革、广播电视经营管理、广播电视受众工作、广播电视法制建设共 10 个知识单元的内容进行系统介绍，既有历史事件的追溯，又有现实问题的关注，既讲究客观陈述，亦重视见解阐发。

本书可供新闻传播学科大类的广播电视学、新闻学、广告学等相关专业的本科教学使用，也可作为广播电视从业人员、相关研究者和兴趣爱好者工作与学习的参考用书。

图书在版编目(CIP)数据

广播电视概论 / 张霆主编. — 北京 : 人民交通出版社股份有限公司,2018.6

ISBN 978-7-114-14770-8

Ⅰ. ①广… Ⅱ. ①张… Ⅲ. ①广播电视—概论 Ⅳ. ①G220

中国版本图书馆 CIP 数据核字(2018)第 121799 号

书　　名：广播电视概论
著 作 者：张　霆
责任编辑：郭红蕊
责任校对：刘　芹
责任印制：张　凯
出版发行：人民交通出版社股份有限公司
地　　址：(100011)北京市朝阳区安定门外外馆斜街 3 号
网　　址：http://www.ccpress.com.cn
销售电话：(010)59757973
总 经 销：人民交通出版社股份有限公司发行部
印　　刷：北京印匠彩色印刷有限公司
开　　本：787 × 1092　1/16
印　　张：21.5
字　　数：503 千
版　　次：2018 年 6 月　第 1 版
印　　次：2018 年 6 月　第 1 次印刷
书　　号：ISBN 978-7-114-14770-8
定　　价：48.00 元
（有印刷、装订质量问题的图书由本公司负责调换）

前　言

编写一本既方便教师授课，又有利于学生学习，既有一定理论价值含量，又有一定实践指导意义的《广播电视概论》教材，是我从事广播电视学专业教学多年来萌生的想法。

产生与崛起于20世纪的广播电视，给人类社会带来了深刻的影响。进入21世纪以来，广播电视在新的科学技术的推动下，又不断以新的面貌影响和改变着人们的生活。本教材的编写力求在紧跟时代脚步与遵循人们对事物的基本认识规律的基础上，科学、合理而有序地讲述清楚广播电视基本知识及广播电视业的发展情况。其特色主要体现在以下几方面：

(1)本教材的知识框架新颖而有序

本教材以人类广播电视传播活动形成与发展的内在逻辑为贯穿线，将广播电视基础知识有序分解为广播电视的兴起、世界广播电视业发展概貌、广播电视的社会属性与社会功能、广播电视节目形态、广播电视节目制作与播出、广播电视媒介人物、广播电视传播方式的发展与变革、广播电视经营管理、广播电视受众工作、广播电视法制建设10个知识单元的内容进行系统介绍，既有历史事件的追溯，又有现实问题的关注，既讲究客观陈述，亦重视见解阐发。

(2)本教材注重多学科领域知识的综合运用

广播电视学是一门综合性较强的应用型学科，它与新闻学、传播学、文化学、社会学、艺术学、信息科学等诸多学科领域都有着密切联系。因此，本教材在撰写中充分借鉴和运用上述相关学科的理论知识，力求将广播电视基本理论知识讲解透彻，对广播电视行业出现的诸多有价值的现象和问题做出透彻解析。

(3)本教材注重选材的典型性和时新性

为了真实、全面地反映广播电视业的发展动态和前沿趋势，本教材在编写过程中注重搜集、选取广播电视领域中出现的典型案例、时新材料，并在分析、阐释相关问题和现象时，尽力纳入广播电视领域的最新理论研究成果。

本教材的编写是团队合作的结晶。张霆主持设计了全书的知识框架、编写体例，撰写了全书大部分章节的内容，并负责文稿的统筹及修稿、修订工作。陈维璐与谢晓锐则撰写了相应章节的内容。具体撰稿情况如下：

张霆承担了本教材的第一、二、三、四、五、七、九、十章的内容及第六章第二节内容与第十一章第一、三节内容的撰写；

陈维璐承担了本教材的第八章内容和第十一章第二节内容的撰写；

谢晓锐承担了本教材的第六章第一、三、四节内容的撰写。

本教材得以顺利付梓，离不开上述老师的辛勤付出及人民交通出版社股份有限公司的大力支持，特此致谢。本教材在编写过程中，参阅了有关书籍和资料，在此也一并向文献作者表示感谢。由于时间仓促，编者水平和经验有限，书中难免有疏漏之处，敬请读者提出宝贵意见和建议，以便我们今后进一步完善。

编　者
2018 年 5 月

目　　录

第一章　绪　　论

第一节　广播电视与现代社会

广播电视是20世纪人类最伟大的发明之一。人类拥有广播电视的历史并不长,但广播电视自问世以来却广泛而深刻地影响了人类社会生活的方方面面。

一、广播电视与现代社会的人们朝夕相伴

广播电视自诞生以来的近百年时间里,演绎了从无到有、从稀缺到普及、从陌生事物到成为人们生活中不可或缺的物品、从无足轻重到深深嵌刻进人类社会机体的发展历程。

其一,广播电视和亿万人的日常生活密不可分。每天,从清晨到夜晚,全世界有数以亿计的人从广播电视上获取信息,通过广播电视了解世界上不同地方、不同时刻发生的事情,获得对自己工作、学习、生活有用的信息。广播电视让中国古代曾有过的"秀才不出门,便知天下事"的说法成为现实。成千上万的人,足不出户,打开广播、电视,就能迅速知晓世界各地已经发生或正在发生的情况。同时,广播电视也成为人们日常生活中主要的文化娱乐手段之一。每天世界上有亿万家庭,通过广播电视欣赏音乐、歌舞、戏剧等艺术,获得精神满足与娱乐消遣。现如今,听广播、看电视,已成为众多中国人家庭生活中的一个不可或缺的重要方面。

其二,广播电视的问世,影响了人类对外在世界的认知模式和"应答"方式。由于信息传播是人类赖以生存与发展的基本行为之一,因此,信息传播方式的改变,不可避免地会对人类的思维与行为方式产生很大影响。作为一种大众传播媒介,广播电视的出现可以说为人类提供了一整套感知、认识和把握周围世界的"新尺度"。毋庸赘言,大众传播媒介的主要社会功能是传递信息、监测环境、提供娱乐,使社会文化代代相传。一系列研究成果表明,广播电视不仅以速率、规模惊人的"信息流"席卷世界,造成了奇妙的"地球村"景观,而且以广度、深度空前的"情感流""影响流"渗透人心,催生了新型的"媒介文化",社会影响巨大而深远。根据生态学的观点,文化是人类对所处环境的一种社会生态适应,是人类"应答"所处环境的产物,而文明是"某一文化对环境的社会生态适应的全过程"❶。由此,可以说,广播电视以其无远弗届、咫尺天涯的信息传送与通达能力构造出的全新的"媒介化环境",正形塑着全新的人类文明。

其三,广播电视的迅猛发展,在大大影响人们社会生活的同时,也引发了人类社会结构的变化——推动了大众社会的崛起。人类社会的发展历史显示,传播媒介作为人与人之间、

❶ 周鸿:《文明的生态学透视——绿色文化》,第22页,安徽科学技术出版社,1996年12月。

人类社会信息传播活动的“中介体”“居间工具”，一旦被纳入信息传播流程并为人类所依赖，便会以其自身的特征与能量，对社会及其成员产生有力的影响，并作用于社会结构形态。正如文字的出现，打破了口语传播时代的记忆力崇拜和少数人控制精神世界的局面，让更多的社会精英进入到知识领域，从而促成了脑力劳动和体力劳动的社会大分工。广播电视的出现，打破了文字传播、印刷传播时代所确立的社会信息主要由部分知识精英阶层掌控的身份对立悬殊的等级社会，而将人类推进到信息由社会成员普遍共享的现代化的大众社会，同时，还推动了人类社会由工业社会向信息社会的过渡。

毫无疑问，广播电视已经成为人们生活中的重要伴随物。今天，我们已经难以想象如果身边没有了广播电视，生活将会是个什么样子。

二、广播电视深刻地影响了人类现代社会进程

广播诞生在20世纪初，20世纪20年代初走上商业化之路。在20世纪30—40年代，广播进入了自己的黄金发展时期。1929年，席卷全球的经济危机给世界带来了灾难，不过却为广播业提供了前所未有的繁荣契机。在那段经济凋敝、民生维艰的凄苦岁月里，广播成为大批失业者的娱乐工具。“音乐+喜剧”的娱乐性广播，成为当时最为普遍也是最受欢迎的广播节目形态。到了20世纪50年代，广播业面临电视业的强劲挑战，60年代广播将媒介中心的地位让位于电视，从此步入发展低谷。不过，到了20世纪70年代，调频广播的推广应用给广播业带来新的生机，“窄播”成为发展潮流。特别是在汽车业的带动下，广播业一度表现出再度兴盛的态势。进入21世纪，数字技术、网络技术的发展又为广播业的发展开创了新局面。

广播是通过无线电波传递声音信号的，它以传播速度快、传播范围广、生动传神等特点为公众接受并喜爱，成为人们获取新闻信息的主要渠道；同时，也成为各国政府用来宣传内外政策、树立国家形象的一个重要工具。广播对于社会进步的“正相关”作用，在第二次世界大战期间得到了最充分的体现。当时，参战的各国除了在地面展开武装攻势外，还在空中上演了一场电波大战。在此次“空中电波战”中，反法西斯阵营积极利用广播揭露敌军的谎言和罪行。丘吉尔、戴高乐、斯大林等国家元首，还通过广播发表了鼓舞人心、激励士气的演说。美国著名记者威廉·曼彻斯特，曾经评论过丘吉尔出色的演说。他说，在德国空军对英国狂轰滥炸之际，英国人只剩下三样东西：一是皇家空军的勇气；一是莎士比亚的名言“我们英国人从来不曾跪倒在征服者的脚下，将来也不会”；还有一样就是丘吉尔的声音。戴高乐在法国沦陷、流亡英国期间，也曾通过广播多次发表号召法国人民矢志抗战的演说，还通过广播来指挥作战行动，以至得到“麦克风将军”的戏称。而斯大林在德军不宣而战、突然进犯苏联后发表的长达1小时的著名广播演说，则发出了抗击法西斯侵略的动员令，吹响了苏联卫国战争的进军号角。苏联人民从此开始了长达四年之久的卫国战争，并成为世界反法西斯统一战线的中流砥柱。在中国，广播在中华民族追求民族独立和民族解放的正义事业中，同样发挥了极为重要的作用。1940年10月30日，中国共产党在陕北创建的延安新华广播电台开始播音。它犹如“黑暗夜空中的一座灯塔”，引领了无数追求光明、进步的有志青年投身到民族解放的伟大事业中。延安新华广播电台从1940年试播到1945年抗战结束，播发了大量中共中央的文告、指示以及各抗日民主根据地的新闻报道。毛泽东、朱德都曾在话筒

前亲自讲话，极大地鼓舞了全国人民抗日的决心和热情。在艰难的抗战岁月里，延安新华广播电台可谓发挥了独特的作用。1949 年 9 月 21 日 9 点 15 分，北平新华广播电台播出了毛泽东在中国人民政治协商会议第一届全体会议上的开幕词的讲话录音，全国人民都从收音机里听到毛泽东向全中国、全世界庄严宣告："占人类总数四分之一的中国人从此站起来了！"

电视是现代电子技术高度发展的产物，它通过光电转换系统使远距离的景物快速、连续地在荧光屏上重现，成功地实现了人类"千里眼""顺风耳"的梦想。与电影、广播、报纸等其他传播媒体相比，电视诞生的时间并不长，而且电视走入普通家庭的时间更短。但是，这并不妨碍电视成为最具活力、最有影响力的传播媒体。

由于电视具有传播速度快、受众面广、声像兼备、感染力强等特点，很快便在诸种媒体中确立了优势地位，广为各界瞩目，尤其受到政界人士的青睐。早在 20 世纪 60 年代，当电视还处于初级发展阶段的时候，美国总统候选人尼克松、肯尼迪就把它作为有效的竞选工具，首次以电视辩论的形式进行角逐，当时的收看者约 7000 万人。在这场辩论中，肯尼迪以博闻强记、挥洒自如的形象赢得选民的好感；相形之下，尼克松却显得苍老、疲惫、暮气沉沉。尽管在后来的电视辩论中尼克松采取了补救之道试图来改变自己的形象，但是选民先入为主的印象最终还是把肯尼迪送进了白宫。其后卡特与福特、里根与蒙代尔的竞选，也都采用了电视辩论的形式。电视辩论使选民们有可能全面了解总统候选人对重大政治问题的观点和态度，给了他们一个"亲眼看，亲耳听"的机会，这在一定程度上提高了社会政治的开放性和透明度。

在对社会政治生活施加影响的同时，电视媒体还渗透到经济生活的各个方面，甚至直接推动了某些领域的产业化发展。以体育为例，过去的体育比赛大多在运动场举行，观看者只限于场内观众，影响范围不大，所获利润十分有限。电视转播实现了体育赛况大范围的信息共享，观众即便身处不同地域，也都能在同一时间收看到同一场比赛。这就使体育运动变得有利可图了——仅出售电视转播权一项，就可以使主办机构获得几百万乃至几千万甚至上亿美元的收入。不但如此，电视的介入还带动了与体育有关的其他产业的发展，如运动器械、服装、饮料、食品等。总之，在电视的影响与作用下，体育已经变成了一种可以赚取高额利润的朝阳产业。文化娱乐业也是如此。拿美国来说，在电视的"扶持"下，美国的娱乐界涌现出一代又一代的摇滚歌星，他们的唱片、光盘在市场上涌现，而为数众多的追星族又成为这些音像产品的消费者，由此而形成庞大的娱乐消费市场。

20 世纪 70 年代末期，卫星直播电视出现；80 年代初期，美国的卫星直播电视首先进入实用阶段。卫星电视的出现，在电视发展史以至人类发展史上都具有划时代的意义，它极大地扩展了新闻传播的空间范围，使国家之间、地区之间、洲与洲之间的节目交换和传播可以随时进行。卫星电视使世界变成了一个村落，在很大程度上实现了麦克卢汉"天涯若比邻"的"地球村"构想。在"地球村"里，人们可以实现真正意义上的"信息即时共享"，并对周围发生的重大事件形成全球性的关注。1991 年海湾战争爆发，CNN(美国有线电视新闻网)的报道牵动了整个世界。多国部队的第一颗炸弹落在伊拉克境内的同时，CNN 的消息也传遍了世界各地。CNN 每天 24 小时关于战争的卫星电视报道，使人们即使远在异国他乡，也能很方便地知晓战况，甚至连 CNN 三名资深记者时而趴在地上躲避横飞的导弹，时而拍拍脑袋说"还没有吃饭"的样子都能清晰地看见。据说多国部队发动空袭的当天晚上，约有 1080

万名美国人收看 CNN 的新闻报道,全世界则约有数亿观众。在 20 世纪 90 年代末的科索沃危机中,我国的新闻媒体积极派出记者进行实地采访、报道。1999 年 5 月 8 日,以美国为首的北约袭击中国驻南斯拉夫大使馆的悲剧发生后,我国电视记者通过国际电视卫星对被炸使馆现场、死伤情况及有关细节多方位进行报道,使人们直接目睹了北约的暴行,从而激起了国内民众极大的愤怒,进而爆发了强烈声讨北约暴行的爱国示威游行。2003 年 3 月 20 日,伊拉克战争爆发,中央电视台派出记者奔赴前线报道。央视新闻频道滚动直播实时战况,满足了国内观众对战事进程的知晓欲。对伊拉克战争的报道,不仅锻炼了我们的记者队伍,也向世人证明了中国卫星电视转播技术的日臻成熟。

从 1900 年"电视"一词被首次提出,到 1925 年首台真正的电视机问世,再到如今人们已经离不开电视,电视的出现给人类的社会生活带来了翻天覆地的变化,电视在人们的生活中已不可或缺。而随着科学技术的发展,电视正不断以各种新的样貌呈现在人们面前。

早在 20 世纪 80 年代中期,一些发达国家就着手开发、研制数字广播电视了。进入 90 年代以后,许多国家先后进行了数字广播和电视的试验。1992 年欧洲成立了"数字电视发展组织",起初的工作集中在地面电视,从 1993 年起转向卫星和有线电视。随着数字技术的应用,卫星电视、有线电视和地面电视领域都在加快实现数字化。数字广播电视音质纯净,画面清晰,抗干扰,可移动接收;其频道数量和节目内容也比现在的广播电视更为丰富,人们可以自由选听、选看自己喜爱的节目;数字广播电视同时也使卫星新闻采集、覆盖范围大大扩展,使费用降低,操作简化。在电子传播媒体的发展进程中,这无疑是一个重大的进展。时间到了 1995 年,美国麻省理工学院教授尼葛洛庞帝恰逢其时地推出了《数字化生存》一书。该书一经出版,立刻在全球范围内掀起了阅读热浪。人们从中看到了一种崭新的生活方式,一个数字化和网络化的未来。尼葛洛庞帝而后也被美国《时代》周刊列为当代最重要的未来学家之一。

随着数字化浪潮在全球范围内的兴起,世界各国先后推出了广播电视数字化的时间表。目前,全球广播电视数字化进程明显加快。有关资料显示,2006 年 12 月,荷兰已经停止了模拟电视节目的播出,成为世界上第一个完成数字电视信号转换的国家;美国于 20 世纪 90 年代中期确立了数字电视标准,并明确了发展数字电视的时间进度表,至 2009 年已将数字电视推广至全国范围;英国的数字电视始于 1998 年,2012 年 10 月完成全部数字电视转化。日本地面数字电视于2003 年 12 月启动,截至 2009 年 6 月,日本地面数字电视的覆盖率已达到了 97%。世界数字电视的发展已经从技术试验、政府推动进入了市场运营、商业服务的新阶段。同时,随着技术的发展,除了传统无线、卫星、有线广播电视的数字化进程加快外,还出现了网络广播、网络电视、手机电视、移动电视等新型广播电视形态。

总之,广播电视的问世及其后的发展,给人类社会带来了深远的影响,进而成为现代社会的一个重要组成部分。在广播电视的发展进程中,技术的引领作用体现出了巨大的魔力。可以预见,随着技术的腾飞,广播电视未来的发展必将会给人类带来更多别样的惊喜。

第二节　从广播电视到广播电视学

广播电视是一种有着自身鲜明特点的、社会影响巨大的大众传播媒介。广播电视从其诞生之日起,就不断引起人们对它的关注。人们除从物理层面不断研究探索广播电视媒介的技术性能外,也不断研究、总结广播电视工作及其事业发展的规律和特点,积累和深化对广播电视诸多方面的科学认识。由此,逐渐形成了一个完整的、独立的新学科——广播电视学。

一、广播电视的界定与类别

对于广播电视,人们不仅要从具体的实物形态上去了解它,而且也要能够将其纳入系统的理论知识体系中去认识它,弄清它的基本概念、重要内涵和主要类别。

(一)广播电视的界定

何谓广播电视?有关广播电视的定义,可谓众说纷纭。当下理论界比较一致的看法是:所谓广播电视,是通过无线电波或导线向广大地区或特定区域传送声音、图像节目的一种大众传播媒介。"通过无线电波或导线"表明了广播电视的工作原理和技术特征,包涵了人们实现这一工作方式可以采用的技术、介质和途径;"向广大地区或特定区域传送声音、图像节目"表明了广播电视的工作内容和根本目的,也说明人们是有意识、有目标、有规则地进行信息传播的;"大众传播媒介"表明了广播电视的行业性质,说明它不同于普通的信息媒介和通信工具。这三个方面结合在一起,可以说完整而准确地揭示了广播电视这一社会事物有别于其他相类似事物的本质特征。广播电视是人们进行信息传播活动的一类媒介工具,在这一点上,它与报纸、杂志、图书等具有共同属性,同属于大众传播媒介这一范畴。不同的是,报纸、刊物、书籍是依靠印刷在纸张上的文字、图片等符号,通过发行渠道来传播的,通常称之为印刷媒介;广播电视是依靠电子技术,把声音、图像等转化为电磁波信号,再通过接收装置或播放装置使其还原,被称为电子媒介。

本质上看,广播电视是现代电子科学技术发展与人类社会需要相结合的产物。在对广播电视的称谓方面,一直以来存在着广义和狭义之分。广义的称谓将广播电视概称为"广播",其内容具体涵盖了如下类别:

- 广播
  - 电台广播
    - 无线电台
    - 有线电台
  - 电视广播
    - 无线电视
    - 有线电视

狭义的称谓,"广播"专指电台广播,在我国境内人们通常所说的广播仅对此而言;至于电视广播,则通常称为"电视"。

(二)广播电视的类别

为了能够更为具体、明确地把握广播电视的具体内涵,我们可以从不同的角度,对广播电视系统进行以下分类。

- (1)按传播的讯息形式分
  - 只传送声音的声音广播(电台广播)
  - 既传送声音又播送图像的电视广播

(2)按照传输方式分
- 无线广播(无线电、无线微波)
- 有线广播(导线或光缆)
- 卫星广播(卫星转发信号)
- 网上广播(网络传输)

(3)按照覆盖范围分
- 地方广播
- 全国广播
- 世界广播

(4)按照技术标准分
- 数字广播电视
- 模拟广播电视

二、广播电视学的学科性质及其研究对象

广播电视学作为一门综合性、实践性很强的应用性学科,随着人类广播电视事业发展的日臻成熟及其社会影响的不断扩大,越来越为社会各界所重视,且在学科建设上取得了令人瞩目的成就。尤其是在中国,近年来广播电视学已经逐步发展成为社会上的一个热门学科。学习广播电视知识、技能的人士呈现出成倍增加的趋势,从事广播电视相关业务工作的专业人员也逐年增多,并日渐成为一个庞大的社会群体。表 1-1 是 2016 年全国广播电视行业从业人员分级构成。

2016 年全国广播电视行业从业人员分级构成 表 1-1

地　　区	从业人员(万人)	占全国从业人员比重(%)
中央直属	5.36	5.83
省级	44.12	47.99
地市级	18.45	20.07
县级	24.00	26.11
全国合计	91.93	100

数据来源:国家新闻出版广电总局发展研究中心《中国广播电影电视发展报告(2017)》

(一)广播电视学的学科性质

广播电视学是研究广播电视的产生、发展及其传播活动规律的一门新兴学科,它是在人类广播电视事业蓬勃发展的基础上逐渐形成的。广播电视学具有两大特点:一是实践性强,属于应用性学科;二是综合性强,大量吸纳了各相关学科,特别是新闻学、传播学的大量成果来滋养和丰富自己的研究内容,拓宽研究领域。广播电视学是一门年轻的学科,在国家学科分类目录中,广播电视学属于新闻传播学门类下的一个二级学科。1992 年 11 月,国家技术监督局颁布的国家标准《学科分类与代码》中把“广播与电视”列为“新闻学与传播学”学科范围内的二级学科。在“广播与电视”学科内列入了“广播电视史”“广播电视理论”“广播电视业务(包括广播电视采访、写作、编辑等)”“广播电视播音”和“广播电视其他学科”等三级学科。与此同时,国家教育主管部门在本科生、研究生的学科、专业目录中已列入了广播电

视新闻学、广播电视艺术学等学科、专业。

从学科知识体系来看,广播电视学涉及广播电视基础理论、广播电视实务、广播电视历史及广播电视技术工程四个方面的知识领域。

1. 广播电视基础理论

这是广播电视学的“学理”部分,这一部分是探讨广播电视事业、广播电视实践活动的一般性、普遍性规律的学科知识的总和。它是实务研究的依托和主要理论根据。基础理论由三个部分组成:一是广播电视本体论,包括广播电视事业的性质、社会功能、任务等方面的理论;二是广播电视外部关系的研究理论,包括广播电视与政治、经济、文化、社会、法律、道德、科技的关系等;三是广播电视内部关系的研究理论,包括广播电视传播学、广播电视艺术学、广播电视语言学、广播电视美学和广播电视批评学等。

2. 广播电视实务

指广播电视传播、广播电视运行中具体的操作性环节的相关知识。广播电视实务主要包括三个部分:

一是广播电视节目的制播系统,涉及节目与栏目的策划、选题、采录、编辑、制作、编排等业务流程方面。

二是广播电视的传播内容。广播电视是依赖其所传播的内容,也就是新闻、教育、娱乐、体育、文化、艺术等不同类型的节目影响受众、服务社会的。生产和创作出受众喜爱、社会需要的节目,也是电台和电视台的核心工作内容。因此,认识、了解和探究不同类型节目的特点和生产、创作规律,具有十分重要的意义。

三是广播电视管理运行情况。由于广播电视频道(频率)资源是一种公共资源,且这种资源有限,所以它需要接受政府有关部门的管理,从而也就形成了不同的广播电视管理体制及相应的运行机制和管理办法。这方面的知识也是学习广播电视学必须了然于心的。

3. 广播电视历史

这是涉及广播电视业产生、发展的历史过程及其规律方面的相关知识系统。它既是研究广播电视学的基础,又是广播电视学的一个重要组成部分。广播电视史若按国别来分,有中国广播电视史、外国广播电视史;按历史时期划分,有通史、断代史;按媒介分,有广播史、电视史;按内容性质分,有广播电视新闻史、广播电视文艺史、广播电视媒介批评史、广播电视节目史等。此外,还可以有广播电视台台史、广播电视管理史、广播电视技术史等。学习广播电视史知识,搞好广播电视历史研究,以总结历史的经验教训,探索广播电视发展规律,对于发展广播电视业具有十分重要的意义。

4. 广播电视技术工程

广播电视技术工程是广播电视业得以不断发展的重要物质保障,它包括无线电发射、现代电视摄录设备、地球卫星信息处理等方面的理论和实践,以及相关的工程设备方面的知识,如电视台的发射机、控制室、摄像机、录像设备、编辑装置和录音器材等。另外,广播电台、电视台自身之间传递或接收信息、讯源的微波、同轴电缆、电话线或通信卫星等相应的技术设备方面的知识内容,也是属于这一范畴。

由于广播电视学既是一门综合性学科,亦是一门交叉学科,涉及众多知识领域,因此,广播电视学在发展过程中也逐渐形成了众多学科分支,如:广播电视新闻学、广播电视节目学、广播电视受众学、广播电视传播工程学、广播电视管理学、广播电视史等。

(二)广播电视学的研究对象

与广播电视学所涉及的知识领域相对应,广播电视学的研究对象从微观到宏观可以分为以下几个层次。

第一层次:节目研究,它构成广播电视节目学。节目,是广播电台、电视台的内容产品。研究怎样办好节目,是广播电视学研究的核心。它包括下列内容:节目系统、节目结构、节目分类、节目美学、节目制作、节目优化以及节目传送和发射等。

第二层次:研究广播电视节目的制作者和接受者。它们构成广播电视人才学和广播电视受众学两个分支。制作者研究,指对广播电台、电视台的记者、编辑、播音员、节目主持人、导演、演员和技术人员等专门人才的作用、培养与管理等总体的研究,研究他们的群体结构、知识结构、职业道德和职业心理等。接受者研究,即受众研究,指对广播电视节目的听众和观众的研究,研究受众心理、受众接受规律、受众信息反馈等。

第三层次:研究广播电视事业系统。这包括研究广播电台和电视台。广播电台和电视台是面向受众的、相对独立的传播实体,是广播电视事业的具体承载平台。这一层面的研究,主要涉及研究编播、技术、行政、后勤等部门的关系问题,广播电台、电视台的体制和管理问题;此外,还包括广播电视系统内部的纵横关系和运行机制,以及整个系统优化组合问题等。这构成广播电视管理学的研究范畴。

第四层次:研究广播电视与外部环境的关系。外部环境包括国内环境与国际环境。国内环境部分,主要研究广播电视与政治、经济、文化等因素的关系;国际环境部分,主要研究广播电视的国际关系。它们构成广播电视社会学、广播电视文化学、广播电视法学等。

三、广播电视学与新闻学、传播学的关系

现今,广播电视学已发展成为一种与新闻学、传播学、教育学、文艺学、广告学、文化学等多种学科相互交叉、渗透而又自成体系的独立学科。其中,广播电视学与新闻学、传播学的关系十分密切,三者从历史渊源到理论和实践,都存在着难以割舍的联系。当然,亦存在着明显的差异。

从形成的时间看,新闻学最早,传播学次之,广播电视学最晚。可以说,广播电视学是在新闻学和传播学的基础上发展形成的,它融合和吸收了这两门学科的部分研究成果和方法。从研究对象和范围看,这三门学科不是并列关系,而是一种交叉从属关系。传播学是研究人类传播活动及其规律和效益的科学,从这个角度看,新闻学(早期的新闻学也称“报学”)和广播电视学应该是它的分支学科。

新闻学与传播学具有不同的研究对象。新闻学以新闻事业及其发展规律为主要研究对象,重点是探索新闻、新闻事业的产生和发展,新闻事业的性质、特征和功能,新闻事业和各种社会现象的关系,新闻道德和新闻工作的基本要求等,包括新闻理论、新闻历史、新闻业务三个部分。新闻学是在媒介产生并运作之后开始的,尤其是政党报刊的风行,为新闻学的产生奠定了其初始的政治背景。并且,新闻学始终关注着新闻事业的功能,尤其是政治功能。新闻学有着鲜明的政治取向。传播学是研究人类传播现象和行为,以及传播活动的发生、发展规律的科学。传播学涉及人类一切传播行为,它的基础是行为科学和“三论”(信息论、系

统论、控制论),其理论涉及信息、符号、意义、传播效果、反馈模式和一般传播规律的总结,分支理论是关于大众传播学、组织传播学、人际传播学、内向传播学的理论。另外,传播学的研究还包括:广告、公关、民意测验、大众文化,关注人类各种传播层次。传播学是在哲学、政治学、社会学、社会心理学、经济学等学科产生和发展之后于20世纪40年代才成形的,它具有较强的交叉性、边缘性和多学科性。在研究方法上,传统新闻学以定性研究为主,主要表现在新闻学研究偏向于媒介的新闻和评论部分,带有强烈的理论思辨成分。传播学从一开始就分为实证学派和批判学派,对现代传播学的确立具有重大贡献的实证学派主要的研究方法就是定量研究,所以,定量研究对传播学意义重大。不过,随着两个学科的发展,出现了相互借鉴的趋势,因此,现代新闻学与传播学在研究方法上,基本上都是同时运用定性和定量两种方法。新闻研究路线是"实务——历史——理论"。传播学理论研究路线是"多学科理论探索——对传播实践的调查、分析与指导——理论上的提高发展"。可见,新闻学与传播学之间有着十分密切的联系。新闻学是基础,传播学是新闻学衍生出来的。

新闻学历来注重研究报纸、广播、电视三大传媒的新闻、评论两个部分,对报纸上的广告和副刊研究较少,对广播电视的社教、文化娱乐、社会服务等部分涉及较少;传播学研究对象广泛,囊括报纸、广播、电视、电影、杂志、书籍、音像制品等所有信息媒介。新闻学研究角度相对微观,传播学则相对宏观。新闻学微观务实,表现在它着重研究具体的新闻业务方面,侧重于原则下的操作运用。传播学则以宏观为特点,其理论研究常常与经济、社会、文化等领域紧密相连。由此来看,新闻学的研究较为封闭,传播学则更为开放。

新闻学培养人才通常要求具有一种社会责任感和社会使命感。新闻人员通过新闻报道引起社会公众的关注,为公众利益服务。他们通过为国家和公众提供一个精良可信的新闻媒体,使公众的知情权得到实现,从而培育一个公民社会。传播学除了讲授抽象的传播学理论外,还包括了一些实用课程,如广告、公关、组织传播等,掌握这些理论和方法,主要是为各种利益集团、组织机构、公关公司、各类工商企业服务。

广播电视学,是人类传播技术发展进步的产物,是在对广播电视这一电子传播媒介发展规律进行深入探讨基础上产生的。广播电视研究可以分为三个层面:一是实践层面(技术层面)的研究,主要涉及广播电视传播方式、广播电视传播技巧、广播电视传播技术的研究;二是制度层面的研究,即广播电视传播制度等的研究;三是理论层面(精神层面)的研究,主要针对广播电视传播内容、广播电视传播受众、广播电视传播者。从历史发展的脉络来看,上述三个层面紧密结合,以广播电视技术的推进为演进线索,研究内容不断拓展、研究方法逐渐丰富,呈现出跨学科的发展态势。

广播电视学最初被纳入新闻学范畴,后来又被放进艺术学学科。但近年来随着广播电视业的迅猛发展,人们发现这两门学科已无法涵盖广播电视学的全部内容。在地方上,我们有与广播电视相对应的行政管理部门,同时广播电视又属于国家信息领域的重要范畴。因此,以广播电视为研究对象的广播电视学既是一门跨学科的学科,同时又属于基础性的学科。

毫无疑问,新闻学、传播学是广播电视学的两个主要的理论来源。宏观上看,广播电视学应该包括以下一些研究内容:历史研究、基础理论研究、应用理论研究、决策管理研究和交叉学科研究。由于新技术对于整个广播电视产业的影响巨大,所以同时还需要加强新技术领域方面的研究。

伴随着广播、电视两种媒体的兴起和发展,我国的广播电视理论研究也经历了由浅入深,从个别、零散的研究到系统、全面的理论建构的过程。中华人民共和国成立前,广播理论研究带有明显的借鉴西方的色彩,虽然有影响的成果较少,但当时的理论研究却涉及了广播发展的方方面面。中华人民共和国成立后,在20多年的计划经济条件下,广播电视的理论研究队伍曾长期局限于广播电视系统内部,研究内容则以业务探讨为主。真正意义上的学理性研究则起步于20世纪80年代。近年来,伴随着我国改革开放的深入推进和广播电视业的快速发展,广播电视理论研究也开始呈现出研究队伍不断壮大、研究视角渐趋多元、研究内容和研究方法日益丰富等诸多新的特点。

第三节 学习广播电视学的意义和主要方法

广播电视是人类社会不断进步的产物,而它的出现又极大地影响和推动了人类社会的发展。就这个意义上说,任何有关广播电视知识的学习都有一定的现实价值。学习广播电视学,了解和掌握广播电视的相关知识,具有十分重要的意义。

一、学习广播电视学的意义

广播电视是人类科学技术发展的产物,是现代社会中极为重要的信息传播工具,也是当今世界人们生活中不可或缺的大众传媒。学习广播电视学,具有多方面的现实意义。

首先,帮助我们了解和掌握有关广播电视的基本知识。广播电视学是有关广播电视领域的基本理论知识的一门学科,它涉及广播电视史、广播电视基础理论、广播电视实务以及广播电视技术工程几部分内容。学习和掌握这些方面的知识,有助于我们对广播电视的各个方面有一个较为全面的了解,有助于我们正确认识和看待中国特色的广播电视事业发展的基本情况,从而关心中国广播电视事业的未来。

其次,有助于指导广播电视工作者自觉地从事创造性的工作。我国广播电视业的发展,已经有了90多年的历史。我国在大力发展广播电视事业的同时,需要适时开展推广、普及广播电视学专业知识的活动,提高广播电视学教育、研究工作的水平,提高广播电视工作者的业务水准,指导他们自觉地从事创造性的工作。广播电视学探讨的主要是人类广播电视事业的基本理论知识。广播电视工作者如果缺乏应有的广播电视理论修养,就会阻碍自己的发展,虽然也能学习现成的经验,但工作达到一般的水平后就很难再突破,很难创造新的成功经验。因此,学习广播电视学有助于指导广播电视工作者自觉地从事创造性的工作。

再次,有助于我们以科学的态度对待中外广播电视的理论与实践。广播电视媒体的发展,给广播电视学的成长提供了机遇。众所周知,我国广播电视业的发展,起步晚于欧美等西方资本主义国家,其现实发展状况也与西方发达国家有较为明显的差距。因此,了解和学习西方发达资本主义国家发展广播电视业的成功经验使之“为我所用”,提高我国广播电视业的发展水平,开展国际交流与合作,加快我国广播电视业的发展步伐,显得十分必要。而在这个过程,如何能够以科学的态度对待中外广播电视的理论和实践,十分重要。这就需要我们及时学习和掌握广播电视学的理论前沿知识,做到心中有数。这样在吸收、借鉴国外发达国家广播电视业发展成果时,才能既立足本国实际,又能及时接轨国际成功经验,早日将我国广播电视业做大做强。

最后,有利于推动广播电视业不断地沿着正确方向改革和发展。广播电视学是一门实践性很强的应用性学科。通过学习广播电视学,我们可以充分吸纳广播电视学科领域的理论前沿成果,深入分析和思考广播电视业的发展现状,有助于树立强烈的变革意识和激发创新精神,进而推动广播电视业不断地沿着正确方向改革和发展。

二、学习广播电视学的主要方法

广播电视学是一门新兴学科,也是一门实践性很强的交叉学科,学习过程中应该注意掌握以下几种主要方法:

第一,要以科学的世界观和方法论为思想指南,统领自己对广播电视学相关知识的学习。广播电视在其兴起和发展的过程中,深深渗透进了政治、经济、文化等因素,带有浓厚的意识形态烙印。因此,如何透过层层社会迷雾,认识和理解广播电视领域内的各种现象,透析其本质,就需要坚持科学的世界观和方法论,特别是要善于运用辩证唯物主义和历史唯物主义的眼光来看待和分析其中的各种问题。

第二,要注意运用相关学科的知识和原理。广播电视学与新闻学、传播学、文学、艺术学、美学等存在着一定的交叉性,与信息技术、文化学及市场营销学也都有着难以割舍的联系。因此,在学习广播电视学的时候,适当引入相关学科的知识,理论,有助于我们能够从更深层次上理解和把握所学的知识。

第三,要学会运用一些社会科学研究方法。学习广播电视学,需要对一些广播电视现象进行分析。比如,为什么综艺节目的收视率较高,而社教类的节目收视率大多不尽如人意?为什么新闻报道在满足人们对外界变化的知悉诉求的同时,能够引导社会舆论?像这些问题,就需要运用一些社会科学的研究方法来研究和思考。特别是要掌握一些调查研究活动的具体操作方法,比如怎样搜集资料、制作卡片;怎样绘制图表;怎样开座谈会、设计问卷;怎样开展抽样调查等。

第四,要注重理论联系实际。广播电视学是一门实践性很强的学科,我们在学习过程中一定要注重理论联系实际。要善于在既有的成功的实践经验的基础上,梳理出规律性的认识,归纳和提炼出系统的理论来,以求理论与实践的结合、现状与历史的结合、广播电视学与新闻学、传播学的结合。也只有这样,我们才能够真正将广播电视学的相关理论知识学深、学透、学活。

第二章　广播电视的兴起

◆本章要点

· 广播电视的产生

· 广播电视的传播属性

· 广播电视兴起的社会意义

第一节　广播电视的产生

人是信息动物,自古以来,人与人、人与社会、人与自然界之间进行不间断的信息交互,就成为人类生存与发展的重要前提。信息,从广义上来说,是指一切事物的存在方式、运动状态及其反映。“从来源的角度看,信息是用以表征客体变化或客体间相互差异或关系的;从认识的角度看,信息是指主体对于客体的不定性的认识程度,即获得认识的程度。”❶人类生活的世界,是一个充满着各种各样信息的世界。“信息在人类社会和自然界中的存在是普遍的,是物质形态及其运动形式的体现,出现在自然、社会和人类思维活动之中。”❷信息,是与物质、能量并列的构成人类生存环境的三大基本要素之一。人类需要不断地从外界获取信息以谋得生存与发展之活动机会,需要不定量地与他人、社会及自然界进行信息交互而确证自己和周遭世界的存在,并实现自身的不断进化和对外在世界的能动改造。“人作为能动的主体,要认识和改造对象世界,首先要把握事物的状态和特征,为达此目的,唯一途径就是获取客观事物所传播出来的种种信息。”❸可以说,人类社会的发展与演化,一刻也脱离不开信息传播活动。人类社会也正是在一系列不断改进和升级的信息传播活动的助力下,跨越了漫长的蒙昧时代、野蛮时代,而步入了绚丽多姿、五彩缤纷的文明时代,并且时至今日仍然在继续着自己更高级别的演化进程。当然,人类的信息传播活动离不开媒介。实物、口语、声光、文字、图符、影像等在人类社会的不同时刻相继登场,成为人们信息传播活动借以开展的重要媒介,并推动了人类信息传播活动的不断进步和升级。广播电视作为20世纪人类社会开发出来的重要信息传播工具、传播媒介,它们的出现依赖于人类一系列科学技术发明所提供的物质技术材料和技术成果,并适应了人类渴望远距离传输声音和图像的现实需要。广播电视诞生之后,对人类社会的生存环境、生活方式、价值观念和文化形态都产生了重大而深远的影响。

---

❶ 陈卫星:《传播的观念》,第39页,人民出版社,2004年4月。

❷ 靖继鹏、吴正荆:《信息社会学》,第200页,科学出版社,2004年8月。

❸ 张国良:《新闻媒介与社会》,第3页,上海人民出版社,2001年3月。

一、广播的诞生

广播是在现代电子技术,特别是有线电声技术和无线电通信技术发明成果的基础上发明和产生的。广播的问世,凝聚着世界多国科学家、工程师和技术人员的智慧和心血。广播媒介的诞生,是先有有线广播,后有无线广播(或称为无线电广播)的。

(一)有线广播

有线广播在技术上源于有线电话,而有线电话的发明可算作是人类对实现远距离即时通信进行不懈探索和尝试的重要成果。人类对各种远距离有效通信方法的寻求,很早就开始了。中国古代曾有过的晨钟暮鼓、鸿雁传书、烽火狼烟等说法,就是这类探索的具体体现。人类社会进入19世纪后,用电来实现信息的即时远距离传递的尝试逐渐受到人们的重视。1835年,经过潜心研究,美国人塞缪尔·莫尔斯获得了在实验室内架设有线电报机的成功。1844年,莫尔斯在位于华盛顿的美国国会大厦里,向巴尔的摩拍发了人类历史上的第一份电报,内容是来自《圣经》里的一句话:"上帝创造了何等奇迹!"电报的发明,标志着电信传播的开始,它使人类第一次借助科技的翅膀实现了远距离通信。但是,电报只是解决了远距离传送文字信息的问题,而且它速度较慢,易出故障,并且还必须由专业报务员操作,不能即时反馈与交流,使用起来并不方便。所以,此后欧美一些国家的科学家、工作师和技术人员开始竞相研究能够直接传送语言话音的电话机。

1876年,从苏格兰移居美国的亚历山大·格雷厄姆·贝尔(Alexander Graham Bell)发明了有线电话机。这种不使用电码文字、不需要话务员作信息中介、直接传送声音的装置被称为"远听器",问世不久很快就受到人们的欢迎。1880年,俄国人奥霍罗维奇研制成功用导线把剧院里的音乐节目传输出去的播音设备。1890年夏天,在美国萨拉托加的大联盟旅馆,有800人通过电话欣赏了在梅蒂逊广场花园举行的音乐会,还有其他地方传送的舞曲和朗诵等。1893年,匈牙利人西奥多·普斯卡把布达佩斯市700多条电话线连接起来,定时报告新闻,被称为"电话报纸"。有线广播从此诞生,距今已有100多年。

(二)无线广播

无线电广播在技术上源于现代无线电电子学的产生和无线电通信的发明。它是世界上多个国家的科学家和工程技术人员,经过长期的探索、研究、实验而创造出来的。在无线电广播的发明过程中,无线电波的发现、无线电通信的实现和无线电波负载声波的成功这三件事都具有划时代的意义。其中,无线电波的发现是无线电广播产生的重要前提。

1820年,丹麦基尔大学的汉斯·克里斯蒂·奥斯特博士在做实验时,发现了电磁感应现象。1831年,英国科学家迈克尔·法拉第(Michael Faraday)经过无数次实验,确立了电磁感应定律。1864年,英国理论物理学家詹姆斯·克拉克·麦克斯韦(James Clerk Maxwell)提出了电磁波存在的构想。他在1873年出版的《电磁论》一书中预言:由于电磁波的存在,特别是电磁波传播的速度与光速一样(以每秒30万公里的速度传播),人们可以在相距遥远的两地之间建立起瞬间可达的通信联络。1884年,德国科学家海因里希·鲁道夫·赫兹(Heinrich Rudolf Hertz)用实验证实了麦克斯韦的预言,并发明了测量光波及电磁波波长的科学方法。1888年,他发表了研究报告《电磁波及其反应》为电磁学的发展和无线电广播的运用奠定了基础。麦克斯韦(图 2-1)和赫兹(图 2-2)的科学成就,为把电报、电话从有线推进到无线阶段及无线电广播的发明作了理论和实验上的准备。后来,麦克斯韦被公认为“无线电之父”。“赫兹”则被人们用作为无线电频率的计量单位,无线电波也一度被称为“赫兹波”。

图 2-1　麦克斯韦,J. C.

图 2-2　赫兹

真正使无线电通信进入实际运用阶段的是俄国物理学家亚历山大·斯捷潘诺维奇·波波夫(Алексанар Степановт попоb)和意大利发明家卡格列谟·马可尼(Guglielmo Marconi)。1895 年,他们两人几乎同时分别发明了世界上最早的无线电接收机。

波波夫自 1891 年起开始从事无线电通信的研究。1895 年 5 月 7 日,波波夫在彼得堡物理化学协会物理学部年会上报告了他的研究成果,并表演了他研制的一架无线电接收装置“雷电指示器”。波波夫在实验中偶然发现了在无线电通信中天线的作用,他通过增加天线,使无线电接收机的灵敏度大大提高。1896 年,波波夫实验成功实现了距离为 250 米的海上船舶间的无线电通信联络。1900 年,他制作的无线电收发报机,发射与接收的范围已经达到 148 公里。而后,他研制的无线电电报设备,开始用于俄国海军军舰的通信联络。

图 2-3　马可尼发明无线电控置

马可尼是无线电技术应用方面最重要的发明家和推广者。1895 年 9 月,马可尼成功地进行了无线电波传输信号的实验(图 2-3)。1896 年 2 月,他赴英国在邮政总局公开表演成功,获无线电专利,时年 22 岁。1897 年他组建无线电报公司(后更名为马可尼公司),从事无线电通信的实际应用。1899 年 3 月 28 日,他从英国向法国发收电报成功。1901 年 12 月,他首先成功地进行了横越大西洋两岸的远距离无线电通信。到 1903 年,他协助欧洲一些国家建立了 48 个海岸电台用于航海通信。1909 年,马可尼获得诺贝尔物理学奖。

无线电技术的巨大魅力,引起了大批无线电专业人员和业余爱好者的浓厚兴趣。随着无线电报的广泛运用,人们开始进行无线电话的试验,要运用无线电技术实现远距离直接传送声音的梦想。

1906年,美国匹兹堡大学物理学教授雷金纳德·奥布里·费森顿(Fessenden Reginald Aubrey)在马萨诸塞州布兰特岩城建立起无线电广播实验室。这年圣诞节之夜,航行在大西洋海面的一艘船上的无线电报员从耳机里听到了女歌手的歌声、小提琴演奏声和讲圣诞故事的声音。这是费森顿首次成功地进行无线电有声广播。这一天也被称为无线电广播的诞生日。人类第一次无线电广播的实验成功,为现代无线电广播、通信开辟了广阔的前景,并确立了无线电在航空、航海、军事中的重要地位。

1907年,美国物理学家李·德弗雷斯特(Lee de Forest)在英国电气工程师弗莱明(J. A. Fleming)发明的真空二极管的基础上发明真空三极管,用于广播的播音。三极管使接收电波变得更加容易,并且能够使声音更加放大,它的发明才使电子管成为能广泛应用的电子器件。德弗雷斯特也意识到他的发明所具有的重大意义,他在纽约进行了音乐和语言的实验广播之后,在日记中写到:"我发现了一个看不见的空中帝国。"1908年,德弗雷斯特在法国巴黎埃菲尔铁塔上成功进行了第一次无线电音乐广播。1910年,德弗雷斯特和费森顿合作在美国纽约大都会歌剧院通过无线电广播实况转播了意大利男高音歌唱家卡罗索主演的歌剧。随后他播送了报纸要闻,成了最早的广播简讯。一时间,"空中之声"成为人们街谈巷议的主要内容。

无线电广播的实验在1906年就取得了成功,但广播的实际运用和广播事业的产生、发展都是直到20世纪20年代初才开始的,在相隔十几年的时间里进展缓慢。客观上的原因是第一次世界大战使一些研究工作陷于停顿,技术设备不过关,特别是接收工具简陋、笨重,无法更广泛地付诸实用。更主要的原因是,人们当时对广播的作用以及它和自己生活的关系还缺乏足够的认识,只有少数无线电爱好者对它感兴趣,但也仅仅认为是可供娱乐的玩意儿。

1916年,美国马可尼公司的无线电报务员戴维·萨尔诺夫(David Sarnoff)向公司预见性地提出了研究开发无线电音乐盒的设想,但相关计划当时未被采纳。几年后,美国无线电公司生产出了这种"收音机",从而密切了广播与民众实际生活的联系,推动了广播的普及,促进了广播事业的产生与发展。萨尔诺夫曾在1912年闻名世界的"泰坦尼克号"邮轮海难事件中因迅速及时地收转救难消息而成为一时的新闻人物,事后他被公司提升为高级职员。1922年起,萨尔诺夫开始负责管理美国无线电公司的无线电广播业务。这期间,善于经营的萨尔诺夫利用无线电台播送拳击赛况,引发轰动效应,借机大量推销公司生产的收音机,获得巨额利润。1926年,萨尔诺夫组建全国广播公司NBC,任总裁和董事长。1930年,他担任美国无线电公司总裁,成为美国广播电视界的巨头之一。

伴随着广播发射与接收技术的不断发展和改进,各类不同性质的实验性广播电台相继在一些国家出现。

1. 美国

无线电广播试验成功后,美国的许多无线电爱好者纷纷安装各种私人电台,播放音乐、商业广告及天气预报等。1920年8月,美国底特律8MK实验电台开播。1920年11月2日美国匹兹堡西屋电气公司开办的商业广播电台KDKA开始播音,广播的第一个节目是报告共和党候选人哈定击败了民主党候选人柯克斯当选总统的消息。它被公认为是世界上第一座正式的广播电台。最初 KDKA 台每天只播送几个小时的节目,星期天的晚间停播。但是它的许多节目模式成为早期其他电台的模板,如唱片音乐、交响乐队转播、新闻、公共服务信息、教堂仪式转播、政治演说、体育节目以及由听众提供的娱乐节目等。随后,美国的汽车零售商、旅游业主、出版商、收音机修理行、银行等纷纷办起了电台。到 1922 年,私办的商业广播电台发展到 500 多家。

2. 俄国

1918 年,俄国刚刚建立起来的苏维埃政府在下新城(现高尔基城)建立了无线电广播实验室。1919 年底,无线电传送声音的试验取得成功。1920 年 1 月 15 日,实验室成功地进行了从下新城到莫斯科的无线电通话试验。俄国无产阶级革命领袖列宁对此事给予了高度评价。他当时在写给试验所负责人米亚邦契—布鲁耶维奇的信中说:"现在借此机会,对于您在无线电发报方面所进行的巨大工作表示深深的谢意和积极的赞助。您所创造的不要纸张、没有距离的报纸将是一件大事。"1922 年苏联莫斯科中央广播电台建立并开始播音,它是当时世界上功率最大的电台。

3. 英国

1922 年初,批准设立广播电台,1922 年 12 月,由马可尼公司等 6 家无线电广播公司和电器制造公司,联合组成了商业性的英国广播公司(BBC)。到 1927 年,英国全国已有 21 座广播电台,覆盖 80% 的人口居住区,1929 年,建成首座地方电台。

4. 法国

1921 年,法国邮电部建立了本国第一座广播电台,通过巴黎埃菲尔铁塔进行定时广播。1922 年,法国建立国家电台,1924 年,法国出现私营广播电台。

5. 日本

日本的广播事业始于 1924 年。1925 年 3 月 22 日,第一家私营东京广播电台开始广播。1926 年以该台为基础,合并了大阪和名古屋两家电台,成立了日本广播协会 NHK。NHK 成立后在日本广播事业中长期占据着垄断地位,并成为日本帝国主义的宣传工具。

此外,德国于 1923 年,意大利于 1924 年也先后建立了无线电广播台。20 世纪 20 年代末,随着更多国家建立起自己的广播电台,无线电广播已经成为一种世界性事业。

广播的发明和运用,是大工业和信息技术发展的结果,是社会生产力水平高度发展的标志,也是人类社会物质文明成就的重要体现。广播是时代的产物。电子技术的进步,是广播事业产生和发展的重要物质条件,但广播事业产生和发展的历史表明,它又不是一个单纯的自然科学发达的现象。作为一种新型的文化事业和意识形态工具、大众传播工具,广播也是社会的产物。广播事业的形成取决于各种社会条件和多方面直接的、间接的原因,电子技术发展提供了物质条件使广播事业的产生成为可能,而广播事业兴起的最直接、最根本的动因是社会生活的需要,是当时社会经济、政治和思想诸方面的需要。

二、电视的出现

"电视"一词,来源于希腊文 tele(从远处,远的)和拉丁文 visio(看,远距离传送画面)的合写,意为"从远距离可以看到的"或是"从远距离传送来的画面"。现在人们常用的电视简称"TV",则是英文 television 的缩写。它由前缀 tele(遥远)和词干 vision(视力、视见之物)组合而成,其含义与前面所说的希腊文和拉丁文词义是一致的。

广播处理的对象是声音,只涉及人的听觉特性,而电视处理的对象是活动图像及其伴音,除了听觉特性之外,还涉及人的视觉特性。因此,电视技术相对于广播技术而言要复杂一些。正如广播技术的发明一样,电视技术的发明也经历了一系列的探索和实验,凝聚了众多科学家的心血。"人类既然能用电力来传输声音,接下来自然会期望电力也能传输图像。之所以声音传输在前,是因为'声'与'电'都是一种时间性构成,即时间流,这就使声音流与电流之间的转换有了共通的结构条件,而图像首先是一种空间占有形态,要通过电力手段来实现图像的传输,就必须使图像的构成像素能流动起来,变空间构成面为时间构成流。"❶所以,人类实现活动图像电力传播的关键,在于掌握将光像信号有效转换成电磁流信号再还原为光像信号的技术——即光电转换技术。

(一)光电效应的发现

1817年,瑞典科学家布尔兹列斯(JÖns Jakob Berzelius)在一次化学实验中,发现了化学元素硒。硒的发现为后来电视的发明准备了最基础的物质条件,硒成为制造半导体管和光电管的主要原料。

1865年,英国工程师约瑟夫·梅(Joseph May),无意中发现了硒元素有光电作用的特性,即光线照射到含有硒的物体上,硒会产生电子流。照射的光线越强,电子流就越强;光线越弱,电子流也就越弱,这种现象被称为"光电效应"。1873年,约瑟夫·梅正式发表了关于硒元素光电效应的报告。硒的光电作用使人们有可能把光的变化变成电信号传送出去,从而在理论上提出,任何表现物体的影像都可以通过电子信号予以传播。

(二)机械电视

产生电视图像的关键是扫描技术。1880年,德国科学家李伯莱(M·Le Blanc)发明的电视旋转盘扫描方式,为电视的诞生描绘了最初的蓝图。1884年,德国工程师保罗·尼普柯(Paul Nipkow)发明了一种机械式光电扫描圆盘并取得专利。这种扫描圆盘把图像分解成许多个像素,根据每个像素光线的变化产生不同的电信号,通过电传把图像从甲地传到乙地。这种用机械式扫描盘进行的图像传送称作"机械传真",是电视荧光屏的雏形。尼普柯因此被后人称为"电视鼻祖"。1897年,德国人卡尔·费迪南德·布劳恩(Karl Ferdinand Braun)发明了阴极射线示波器——一种简陋的电子显像管,率先解决了电波映像原理问题。

进入20世纪,科学家对于电视的研究取得了更大、更具有突破性的进展。1907年,俄国科学家鲍里斯·罗津(Boris Rosing)发明了世界上第一部显像的电视接收机。1911年,罗津首次用显像管传送静止图像获得成功。静止图像技术的发明和无线电声音广播在商业上的成功,促使人们对电视广播的发明研究产生了浓厚的兴趣。有资料显示,1919—1925年间,世界各国的科学家先后提出了100多项有关电视发明的专利申请。

1921年,法国科学家萧尔兹(E·G·Sehoultz)做电视装置试验获得成功,可以将动态的图像远距离地传送出去。1923年,俄裔美国工程师弗拉基米尔·兹沃雷金(Vladimir Zworykin)发明了光电发射管,用电子扫描技术摄取图像,取代了尼普柯的机械扫描技术。

---

❶ 张宇丹、孙信茹:《应用电视学:理念与技能》,第25页,云南人民出版社,2004年2月。

1925年10月2日,英国科学家约翰·洛吉·贝尔德(John Logie Baird)(图2-4)利用尼普柯发明的扫描盘成功地完成了播送和接收电视画面的实验,并第一次在电视上清晰地显现了一个人的头像。贝尔德堪称是电视发明史上最著名的人物。1926年,贝尔德在英国皇家学会演示了用电视播送活动的人体画面,引起轰动。而后,他在前人研究成果的基础上,制造出了第一台真正实用的电视传播和接收设备。贝尔德的试验成果,表明了电视的真正诞生,因此,他被称为"电视之父"。1928年,贝尔德利用无线电波把图像从伦敦传到纽约,《纽约时报》对此进行了专门报道。贝尔德的这次实验证明电视画面也可以通过无线电波进行远距离传送。

图2-4 约翰·贝尔德在实验室里工作

贝尔德发明电视之后,人们对电视的兴趣持续高涨。在其他一些国家,也陆续出现了一系列电视实验的公开表演。电视设备在英、美、德等国的无线电器材展览会上展出。市场上开始出售电视接收机和有关器材,制造电视接收机也成为一些人的业余爱好。1930年左右,英国、苏联等国家进行了机械电视的广播。

(三)电子电视

尽管机械电视的研制取得了明显成果,但是它的缺点十分突出:画面模糊,图像不稳定,设备庞大而笨重,噪声大,不适宜于演播电视节目。机械电视的种种弊端,导致了它向电子电视的转向。1927年,美国工程师菲洛·法恩斯沃斯(Philo T. Farnsworth)发明了电子图像分解摄像机。1929年,兹沃雷金发明电子图像显示管。1931年,艾伦·杜蒙(Allen Dumont)发明阴极显像管。1937年,杜蒙开始批量制造电视接收机,并成功推向了市场。批量生产降低了电视机的生产成本,从而为电视的普及铺平了道路。从此以后,电视广播作为一种技术上比较成熟的新型传播媒介,开始进入社会,进入人们的生活。

第一代电子电视是黑白电视,尽管它的出现,已经让人们兴奋不已,但是,能看到一个真实的多彩的世界则更令人们神往,这也成为众多科学家、发明家的追求。

1902年,奥地利物理学家芬·伯兰克(O. Von Bromk)提出了彩色图像传送的原理——三基色原理,即自然界的一切色彩都可以通过红、绿、蓝三种基色光混合而模拟出来,电视技术也只要传送和重现红、绿、蓝三种基色光信号,即可获得彩色图像。

1929年,美国电话电报公司的工程师赫伯特·E·艾夫斯(Herbert E. Ives)运用电子技术实现了彩色画面的再现。20世纪30—50年代,美国无线电公司(RCA)、哥伦比亚广播公司(CBS)和彩色电视有限公司(CTI)都投资百万美元研究彩色电视。但是,由于在技术发明中对三基色信号和由其组成的亮度信号的处理方式的差异,几家公司形成了不同的彩色电视制式。为此,围绕彩色电视制式标准问题,几家公司开展了激烈的竞争。最后,美国无线电公司研制出的可以与现行黑白电视兼容的"点描法彩色电视技术标准"在竞争中胜出。1953年,美国联邦通信委员会批准"点描制"为美国彩色电视的制式标准,称为NTSC制。1954年,美国全国广播公司(NBC)首次正式采用NTSC制式播出彩色电视节目。NTSC制式电视机成本较低,兼容性能也较好,缺点是彩色不稳定。除美国之外,加拿大、日本、菲律宾等国和中国台湾地区也采用该种制式。

1956 年,法国研究人员在美国"点描法"的基础上作了技术改进,发明了 SECAM 制。这种制式的电视机较 NTSC 制的效果好,但成本较高。主要适用于法国、苏联、东欧和古巴、伊朗、埃及、黎巴嫩、沙特阿拉伯等国家。

1962 年,前联邦德国研究人员吸收美国制式和法国制式的优点研制成 PAL 制。这种制式的电视机性能最佳,收看效果好,但价格高。采用 PAL 制的除德国外,还有中国、泰国、新加坡、澳大利亚、英国、意大利、奥地利、挪威、瑞典、巴西、科威特等国家。中国为与 1958 年开始使用的黑白电视标准兼容,研制采用 PAL—D 制。具体指标为:每帧625 行,每秒25 帧,50 场,15625 行,采用隔行扫描方式。

1966 年 7 月,国际无线电咨询委员会在奥斯陆开会,通过投票决定:NTSC 制、SECAM 制和 PAL 制均可采用。

以上三种彩色电视制式的产生,是 20 世纪 60 年代美、法、德三国在技术上激烈对抗的结果。三种制式并存,给节目交流带来诸多不便,不同制式的彩色节目不经制式转换处理,彩色会全部失落而变成黑白图像,而且噪声也大。

值得指出的是,现行的三种制式都不能真正适应卫星和电缆所提供的新的传播方式而将被淘汰。21 世纪推行的数字高清晰技术又带来了新的传播标准问题。目前,国际上已经存在日本、美国、欧洲三大标准,我国也在积极推进国家数字电视标准的制定,力争成为第四个拥有自主知识产权的数字电视标准的国家。

(四)电视事业的起步

电视台的建立,标志着电视事业开始成为一项公众事业。从 20 世纪 20 年代末至 30 年代末,英、法、德、俄、美等国先后开办了电视广播台。1928 年,美国出现第一座实验电视广播台。1929 年秋,英国开始实验性电视广播;1930 年,英国广播公司成功地实验播出了第一个声图并茂的电视节目——转播舞台剧《口含一朵鲜花的勇士》。1931 年,苏联开始试播电视。1932 年,法国建立第一座国营电视台。1935 年,德国开始世界上第一个定期电视节目的播出,并于 1936 年夏季用电视报道了柏林奥运会。

1936 年 11 月,英国广播公司在伦敦亚历山大宫建立了世界上第一座公众电视发射台,并在 11 月 2 日以一场盛大的歌舞开始了电视的正式播出。因而,这一天也被视为世界电视事业的诞生日。

从以上可以看出,人类电视业的发展离不开现代电子科学技术的进步。自 1936 年英国伦敦市郊建立第一座电视台正式开播之后,电视技术经历了由黑白到彩电,由电子管到集成电路,由地上电缆传输到空中卫星传送,由近距离覆盖到全球覆盖,由单向传输到双向传送的几次大飞跃。在 90 多年的电视科技发展过程中,电视摄录、制作、传播工具与手段的不断更新与变革,赐予电视工作者以一项又一项神奇的武器,使电视传播活动如虎添翼,不断开拓新的领域,并体现出了种种独特优势。鉴于电视在当今世界显示出的重要性,1996 年第 51 届联合国大会通过决议,将首届世界电视论坛(1996 年 11 月 21 日至 22 日在美国纽约联合国总部举行)召开的日子——11 月 21 日确定为"世界电视日",以引导电视业为促进世界和平与人类社会发展发挥积极作用。

第二节　广播电视的传播属性

一、从无线电波传播到广播电视传播

要了解广播电视的传播属性,先要搞清楚广播电视的工作原理及其相应的特点。广播电视是凭借无线电波来传送声音和图像的,因此有必要弄明白无线电波的传播原理。

(一)无线电波的传播原理

无线电波是一种电磁波,它的传播原理与声音的传播原理大体相似。声音在本质上是由物体的机械式的振动引起的。就像击鼓、敲钟、拉琴一样,任何可以产生机械式振动的物体都会发出声音。声音的传播就是这种振动在一定的媒介物质(如空气、水、钢管等)中以波动的形式进行传递。比如,敲钟时,钟体的振动带动它周围的空气产生振动,这种振动再依次向四处的空间传递,一直传到很远的地方。我们通常能够听到的声音,主要就是通过空气传播的,也就是以空气为介质进行的声波传递。由于空气对物体的振动存在一定阻力,所以,声波在空气中传播会随着传播距离的增大逐渐减弱,直至消失。

空气中传播有各种各样的声音。人们通过耳朵能听到的,既有各种自然界的声响,又有人为制造的各种声音。人类的语言活动也是一种声波传播形式,它是人类借助声音进行信息和思想交流的最基本的手段。声波的传播速度通常决定于媒介物质的特性。在标准状态下(即气温为0℃,一个大气压),声波在空气中的传播速度约为每秒钟340米。声波由振幅、波长、频率几个要素构成。振幅,指声波的振动幅度;波长,指声波振动一周所传播的距离;频率,指声波每秒钟的振动次数。声音强弱一般由声波的振动幅度决定。振幅大,声音强;振幅小,声音弱。而音调高低则主要由振动频率决定。频率高,音调就高,声音尖细;频率低,音调就低,声音粗钝。人耳一般能听到的频率为20~20000赫兹(1赫兹表示每秒振动1次,20000赫兹表示每秒振动20000次)之间。这一频率范围的声音称为可听声,低于20赫兹的声音称为次声,高于20000赫兹的声音称为超声。

无线电波与声波有所相似,也由振幅、波长、频率几个主要要素构成。但无线电波的物理性质与声波明显不同。声波是因物体的机械式振动产生和传送的,无线电波则表现为电场和磁场的振动变化。无线电波的传播就是电磁场的振动变化引起相邻的空间发生电磁场变化,如此循环往复传向远方的。这种电磁场的振动变化传播速度极快,每秒可达30万公里。同时,无线电波的传播现象也要比声波传播复杂得多。比如,它不但可以在许多能传播声波的物质中传播,还可透过一些非导电物质(如木头、砖石水泥等)进行传播,甚至可以在真空中传播。此外,无线电波振动变化的频率也比声波频率高得多。一般被人们称为中波广播的电磁波频率在500千赫至1600千赫之间;用于电视广播的电磁波频率在50兆赫至1000兆赫之间,而大部分用于卫星电视的电磁波频率则在2.5吉赫(1吉赫=1000兆赫)以上。

实际上,声音的直接传播速度较慢,传播距离和传播范围又很有限。人们正是利用无线电波传播速度快、传播范围大的特点,实现了远距离通信,又进而实现了远距离传送声音和图像的梦想。

(二)无线电波的传播特点及其在广播电视中的应用

根据无线电学的基本原理,无线电波的传播路径必须形成一个完整的闭合回路。人们通常认为,无线广播和电视的信号传输是通过“天空”这一自由空间进行的,并没有闭合回路。实际上,这个传播的闭合回路是存在的,它是由“天空”和“大地”组成的。

20 世纪 90 年代以前,我国一度使用得较为普遍的有线广播,也是无线电波传输的一种。在整个有线广播系统中,由信号传输导线和“大地”一起组成了一个传播的闭合回路。如今,一些较为先进的有线广播系统,如靠载波传送信号的有线广播和无线广播的原理非常相似,即以高频波附载音频信号。所不同的只是有线广播用导线代替了无线广播中的发射与接收天线以及两个天线之间的自由“天空”,连同“大地”来共同组成传播的闭合回路。

有线电视又稍有不同,它以屏蔽电缆外面的金属层代替象征性的大地,与里面相互绝缘的芯线构成传播的回路。相对闭合回路的组成而言,人们习惯性地把广播和电视的无线传输称为“开路”,而把有导线传输的称为“闭路”,这就是人们把有线电视称为闭路电视的由来。

有线广播和有线电视以导线连接的范围形成其信息传播的范围。无线广播和无线电视的传播范围则受到发射功率、电波波长、地形和环境条件以及接收灵敏度等多种因素的制约。一般来讲,发射功率越大,传播范围越大,二者的对应关系成正比。而在同样发射功率的情况下,在接收一方,接收机灵敏度越高,就越能收到更微弱的信号,也就是越能收到更远的地方发出的信号。

无线电波波长和传播范围的对应关系比较复杂。无线电波主要有地波传播、天波传播、空间波传播三种方式。

地波传播,是指沿着地球表面传播的电波。地波的传播比较稳定,不受昼夜变化的影响,而且能够沿着弯曲的地球表面达到地平线以外的地方。不过,地球是个良导体,地球表面会因地波的传播引起感应电流,因而地波在传播过程中有能量损失,而且频率越高(波长越短),损失的能量越多。所以,长波、中波和中短波沿地球表面可以传播较远的距离,而短波和微波则不能。因此,长波、中波和中短波适宜用来进行无线电广播。但是,由于地波在传播过程中要不断损失能量,而且频率越高损失越大,因此,中波和中短波的传播距离并不大,一般在几百公里范围内,收音机在这两个波段一般只能收听到本地或邻近省市的电台。长波虽然沿地面传播的距离要远得多,但发射长波的设备庞大,造价高,所以,长波很少用于无线电广播,多用于超远程无线电通信和导航等。

天波传播,是指经过电离层反射后到达接收点的电波。电离层对于不同波长的电磁波表现出不同的特性。实验证明,波长短于 10 米的微波能穿过电离层,波长超过 3000 公里的长波,几乎会被电离层全部吸收。对于中波、中短波、短波来说,波长越短,电离层对它吸收得越少而反射得越多。因此,短波最适宜以天波的形式传播,它可以被电离层反射到几千公里以外。短波广播主要靠天波传播,即通过天空中的电离层反射进行传播,虽然传播时也有很大衰减,但和中波相比,较小的短波发射功率就可以传播很远的距离。但短波广播有一个很大的缺点,由于电离层每时每刻都在发生变化,这种传播很不稳定,极容易受到天气变化甚至太阳黑子的影响。而且,电离层对无线电波还具有一定的吸收作用,一般白天吸收作用强,晚上吸收作用较弱。所以,在晚上收音机能接收到的电台节目比白天要多。

空间波传播,或称沿直线的传播,是指经过对流层在自由空间传播的电波。电磁波微波和超短波主要靠空间波方式传播,即以直线传播为主。调频广播和电视广播属于超短波,一般采用直线传播,其传播特性近似光波,是在可视距离以内的范围进行直线传播。由于地球表面呈圆弧状,在"一望无际"、毫无阻挡的情况下,即使发射功率再大,信号再强,调频广播和电视信号的传播距离通常也只能达到六七十公里,如果有高山和城市高大建筑物的阻碍,传播也会受到直接影响。为扩大调频广播和电视的传播范围,人们自然希望"站得更高,看得更远",通过尽量加高发射天线,克服弧形地面对传送距离的限制。因此,有的发射天线被建设安装在较高的山上,借以扩大传播范围。在没有山的地区和城市,人们就专门建设高塔架设发射天线。目前世界上最高的电视高塔分别建在加拿大多伦多(553 米)和俄罗斯莫斯科(536 米),我国建设的上海"东方明珠"电视塔位居世界第三,高度为 450 米。但增高天线毕竟是有限的。为此,人们就改用其他两个办法来解决远距离传送问题:一个是通过微波接力方式。即在地面上每隔 50 公里左右建设一个微波中继站,广播和电视信号通过这个微波线路一站一站地接力传送,从而实现将信号传送到远方的目的(图 2-5)。在我国广大地区,在一定区域里,电视传播有时也采用小台接收大台信号,再用另一频率转发供观众接收的差频转发方式。

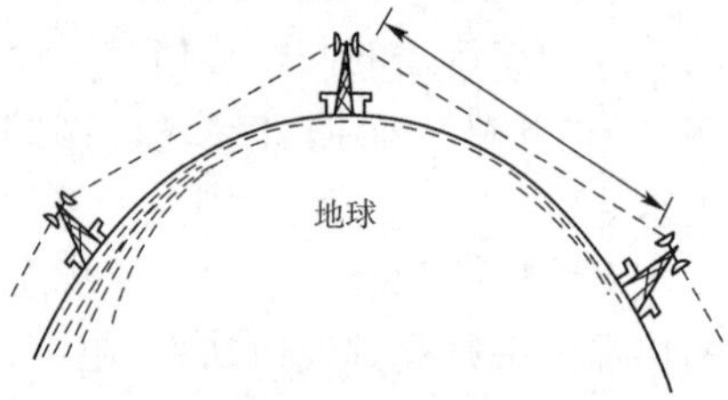

图 2-5 利用微波接力传播

另一个是借助人造地球同步卫星实现大范围覆盖的办法。同步卫星高悬在地球赤道上空约 3.6 万公里的同步轨道上,按照与地球自转同样的速度围绕地球旋转,如同在 3.6 万公里的高处定点架设一个广播电视天线,可以毫无阻拦地在地球与卫星之间进行直线性的电波传播(图 2-6)。因此,由地面上发送的广播电视信号,通过卫星上的转发器再发回地面上,就可以传播到很大的范围。一颗卫星发出的信号最大可覆盖地球表面三分之一的面积。如果在地球同步轨道上每隔 120°间隔设置一颗同步卫星,有 3 颗这样的同步卫星,就可以覆盖除少数盲区外几乎整个地球表面,也就可能实现全球性广播了。

图 2-6 利用同步卫星进行大范围传播

此外,还应该注意,无线电广播电视的有效服务范围是以无线电波的覆盖面积来表示的。如果某一广播电台或电视台发射的无线电波到达的地区,其信号强度在规定标准以上,并且有一定的抗外来电台信号干扰能力时，在这个地区可用普通接收机较满意地收听、收看，就被称为覆盖区。可以用这一区域满意接收的绝对人口数和占统计总人口数的百分比表示覆盖率，这就叫人口覆盖率。这一覆盖区域的面积和统计总面积的百分比称为面积覆盖率。

二、广播电视的传播符号与传播特性

广播电视是利用无线电波的传播原理并依托相应的传播符号实现信息的远距离传送的，因此，弄清广播的传播符号与传播特性，有助于深入理解其传播属性。

（一）广播电视的传播符号

符号，是用来指称或代表其他事物的象征物。一个符号通常包括“用什么来代表”（即符号的形式）与“代表的是什么”（即符号的内容）两个方面，符号学中称之为“能指”和“所指”。符号是人类信息传播活动的介质，是信息的外在形式或物质载体。人与人之间的传播活动本质上是一个符号化（encoding）和符号解读（decoding）的过程。“所谓符号化，即传播者将自己要传递的讯息或意义转换为语言、声音、文字或其他符号的活动；符号解读则是传播对象对接收到的符号加以阐释和理解，读取其意义的活动。”[1]人类只有通过符号才能相互沟通信息。没有符号，人类的传播活动和一切社会交往都无从进行，由符号组成的符码或语言是任何传播活动赖以进行的基础。

所谓传播符号，即在传播活动中能够为人们感知并体现一定意义的传播表现形式。广播电视是依赖现代电子科学技术而产生的大众传播媒介，它们所使用的传播符号不同于报纸、杂志、书籍和电影等传播媒介。报纸、杂志、书籍等媒介的物质基础是印刷技术设备，信息载体是纸张，信息符号是文字和图片。电影这种传播媒介的物质基础是感光技术设备，信息载体是胶片，信息符号主要是活动影像和声音。而广播电视的物质基础是电子技术设备，信息载体是无线电波、电缆（光缆），传送的信息符号则是声音、图像和文字。虽然广播电视的传播符号与电影一样都包含有音像，但其画质与音效却有别于电影。

根据声音、图像和文字这几类传播符号的特质，我们可以把它们区分为语言符号系统和非语言符号系统两大类，它们也构成了广播电视节目的视听语言系统。

- 广播电视的传播符号
  - 语言符号系统
    - 现场语言、播音语言
    - 字幕（画内文字、屏幕文字）
  - 非语言符号系统
    - 图像、图表、图片、特技
    - 人为/自然音响、音乐、编排语言

传播符号的差异，决定了广播电视有着不同于报纸、杂志、书籍和电影等几类传播媒介的传播特性。

（二）广播电视的传播特性

广播电视的传播特性与支撑它们的具体的物质条件紧密相关。广播、电视都是通过无线电波、电缆（光缆）来传送信息的，都是建立在现代电子技术基础上的电子媒介，因此，在传

[1] 郭庆光：《传播学教程》，第46页，中国人民大学出版社，1999年11月。

播特性方面有一定的共性。不过,广播只有声音信息,电视则既有声音信息又有画面信息,所以二者在传播特性方面又有所差别。

1. 广播的传播特性

广播是诉诸受众听觉的传播媒介,它是单纯依靠电磁波传送声音信号来完成信息传播活动的。具体来讲,广播传播具有如下主要特点:

(1)传播范围大,信息覆盖面广,渗透力强

广播传播不像报刊那样会受到受众的识字能力、阅读水平与知识文化程度的限制,受到发行渠道的影响,而是无远弗届的,它渗透性强,覆盖面广。只要是在广播的电波可以覆盖的范围内,没有人为的干扰,都可以收听。同时,受众只要能够进行正常的人际沟通,一般都能理解广播传播的内容。所以,广播所拥有的受众人群非常广泛。

(2)传播迅速及时,时效性强

广播传播信息可以非常迅速、及时,其时效性十分突出,这是印刷媒介所不具备的。尤其是广播能够对传播的内容进行现场直播,将现场事件的发生发展、节目的播出与受众收听这三个环节纳入共时同步状态,更是报刊媒介难以做到的。

(3)伴随性强,接受随意

广播的伴随性是广播区别于其他媒体的重要特性。所谓伴随性,即指人们在收听广播时,还可以从事其他活动,也就是说,收听广播可以只是一个伴随性的行为。同时,广播具有便携、移动的优势,其收听行为,具有随意性特征。"随身听"正是对这一状态的形象化描述。

(4)线性传播,顺序接受,选择性差

由于无线电信号的线性传输方式和不可逆性,广播传播的内容都是按时间进程由前到后线性展开的,而不是像印刷媒介的内容那样是在实体的版面上平行展开的。这决定了广播受众无法像报纸读者那样,可以不遵从报纸的版面顺序自由选择阅读顺序,而是必须按照播出内容的时间序列进行顺序收听,不具有选择的主动性。

(5)易逝性与浅表性

与印刷媒介的易留存、易过后查阅不同,广播是一种"一次过"的传播媒介,除非专门使用录音技术设备,否则,承载广播节目的无线电信号转瞬即逝,声音发出后马上消失,过耳不留,听众若没有听清楚,就只好割舍。信息的稍纵即逝,使听众没有停下来思考的间隙。因此,广播的传播内容无法像报纸那样可以被读者反复琢磨,甚至留存下来为以后查阅之用。这就决定了广播传播内容的浅表性——必须直观易懂、明白晓畅。

广播的传播特性中,既有优点,也有属于自身的弱点和缺陷。在广播传播过程中,只有扬长避短,才能取得理想的传播效果。

2. 电视媒介的传播特性

电视是既诉诸受众的听觉又诉诸受众的视觉的传播媒介。它是依靠电磁波同时传送声音和图像信号(音频信号和视频信号)来完成信息传播活动的。具体来讲,电视传播具有如下主要特点:

(1)传播对象广泛,时效性强

和广播一样,电视传播也具有无远弗届、渗透性强、覆盖面广以及时效性突出的优势。只要是在电视信号可以覆盖到的范围,就可以收看电视节目;只要粗通文字,就可以理解电

视节目的内容。因此,电视传播所拥有的受众人群极为广泛。同时,电视传播也可以做到将事件的发生、发展与节目的播出、受众的收看纳入共时同步状态,把信息传播的时效性提高到极致。

(2)信息丰富、直观,真实性强,富于现场感

电视传播依赖于图像和声音,通俗、生动,较少受文化程度与生活经验的限制,可以达到较大范围的雅俗共赏;同时,它突出了视觉在传播中的地位,培养了观众偏重于从图像来吸取信息的习惯。电视视听双通道的传播特点,使得所传播的内容直观形象,真实性强,富于现场感,易产生强烈的感染力。

(3)接受随意,传播内容具有共享性、大众性

电视把重大的政治、经济、社会和文化生活内容带进家庭,创造了独特的以客厅和家庭成员为主要依托的新的文化娱乐消费形式和精神生活方式。电视机置身于家庭之中,人们多半是在业余闲暇时间中收看节目。一般人看电视常与其他活动(家务、聊天等)同时交叉进行,时常是断断续续收看,看电视的心态多随意而轻松,不像工作、学习、进影剧院那样投入。在这种家庭收视环境中,受众往往是多个家庭成员围坐在一起的,具有共享性。家庭接收的随意性、连续性和近距离观赏的特点,也决定了电视媒介广泛的受众基础和其传播内容的大众性特征。

(4)富于人际交流的亲和力,易让受众产生参与感

“迄今为止,电视是所有大众传播媒介中最便于展现人际交流的媒介。”[1]在电视节目中,主持人、评论员、播音员的讲述,记者的现场采访和播讲,各界人士的谈话、讨论和辩论都是属于屏上人际交流。电视屏幕上的人际交流,总是伴随着生动直观的图像——包括说话的特定环境,说话人的眼神、表情、手势、体态、服饰,交流双方的位置、距离,也都在传递着交流者之间的种种关系。在上述诸种“体态语言”的配合之下,屏幕上的人际交流自然更能诱发观众的临场感和参与感。节目中人际交流的各种形态,都是最接近日常生活的人际传播,因而也易于获得人际传播的效果,体现出人际传播的亲和力。

(5)线性传播,顺序接受,不利于保存,对收视行为具有一定的强制性

与广播一样,电视传播也是依时间流程连续进行的,不管播出多少节目,都是一个节目接一个节目,甚至一个镜头接一个镜头依序播放。这种按时间进程线性播出、过时不候的特点,不利于传播内容的保存,同时也决定了电视观众必须按照节目的播放顺序来收听收看,因而对观众的收视行具有一定的强制性。

(6)传播内容的兼容性、综合性和浅表性

电视是一种兼容性、综合性很强的传播媒介。首先,从传播符码来看,电视传播综合运用了图像、声音和文字三类符号表达内容。其次,从传播的节目形态上看,兼容了纪实与虚构、采访与表演等多种表达方式。再次,从传播手段和技巧上看,综合运用了文学、摄影、音乐、舞蹈、戏剧、电影等多种艺术门类的表现手段和成果,实现了传播内容的丰富多彩、包罗万象。另外,电视是依靠图像和有声语言作线性传播的,观众在收看的瞬间根本无暇去思考,只能跟着图像的变换和声音的流逝迅速转移注意力。这决定了电视传播的浅表性特质,

---

[1] 叶家铮:《电视传播理论研究》,第 17 页,北京师范大学出版社,2000 年 12 月。

不适合展现复杂、深奥和过于抽象的内容。

以上对广播、电视的传播特性分别做了介绍。当然,广播电视的传播特性是基于其特定的物质基础与技术条件而产生的。随着现代科学技术的发展,广播电视所依赖的物质基础与技术条件也发生了很大改变,这也给广播电视的传播特性带来了某些变化。首先,广播电视"一次过"的线性传播方式所导致的易逝性,被时移技术在一定程度上所克服。其次,数字技术的运用,使得广播电视受众完全被动接受信息、顺序接收的局面被打破。受众不仅可以按照需要点播自己喜欢的节目,而且可以提前预览节目内容,甚至过后重新回放。再次,移动多媒体技术的开发,使得电视作为典型的"家庭型"媒体的形象得到改观。人们在室外、在路途中,也都可以借助小型移动电视装置收看电视节目,过去那种"人围着电视转"的情形被颠覆了,变成了"电视跟着人跑"的局面。

第三节　广播电视兴起的社会意义

要弄清楚广播电视兴起的社会意义,需要先对人类社会传播媒介的发展历程有一个清晰且明朗的认识。

一、人类社会传播媒介的发展历程

毋庸置疑,传播媒介的发展,是带动人类攀爬文明阶梯的重要力量。在人类社会的发展进程中,传播媒介的不断进步和革新,起到了至关重要的推动作用。一部人类社会的文明史,既是人类使用传播媒介的历史,也是媒介从简单到复杂、从低级到高级的发展历史。总体上看,人类社会传播媒介的发展历史主要经历了四个阶段:

(一)以口语为媒介的传播时代

远古洪荒时期,为了在险恶的自然环境中生存下去,人类需要进行交流、沟通,以获取食物、水源、居所、劳动、繁衍、危险等信息,协调彼此的行动,并据此组成家庭、氏族、部落、联盟等社会组织。初民时代,人类交流的手段和其他动物没有太大差别,主要靠喊叫、手势、面部表情、身体动作等。用简单的"啊""哦""咿呀",再辅以形象的姿势、手势或表情,往往就代表了某种特别含义。这种极为简单的信息传播方式,显然相当低效且十分不精确,也无法表达复杂的意思。但是,在漫长的进化岁月和艰苦的劳动中,它锻炼了人类的大脑和发音器官,使人类的肢体也渐渐有了更明确的分工。随着社会生活的日益丰富、复杂,利用声音进行清晰、明确的交流,对于人类而言显得越来越迫切。

大约在两万五千年前,人类终于进化到能说有音节的语言阶段。语言的产生是人类文明发展史上的一件具有里程碑意义的大事,它使人类的信息传播更加准确、高效、及时,更重要的是,它提高了人类的抽象思维能力,进一步把人与动物区分开来,奠定了人作为一种高等生灵在自然界中的地位。

有关人类语言起源的说法,至今仍众说纷纭。有人认为,语言源于人对自然声音如狗叫、雷鸣或波涛等的模仿("汪汪说")。有人认为,语言源于人在感情受刺激时自然而然发出的感叹("感叹说")。也有人认为,语言起源于原始人祭祀庆典时的吟唱("歌唱说")。还有人认为,语言主要产生于人类劳动、协作的需要。尽管没有统一的定论,但各种观点都有一个共同之处，即认为：语言的产生最早是由人们用不同的声音为周围事物命名开始的，例如，我们把自己的同类称为“人”，把会飞的动物称为“鸟”，把常年生的木本植物称为“树”，等等。这种把声音与某些事物或行为联系起来，用特定的声音指代特定的事物或行为的命名活动，在人类早期可能是幼稚的，但它却具有革命性的意义：原来混沌一片的世界在人们眼前变得清晰了，变得有条理了。人们可以根据这些名称对世界上的万事万物进行归纳和分类，从中把握它们的性质和规律。不管这个过程是从具体到一般，还是从一般到具体，它都意味着语言的发展伴随着人类对周围世界的认识的深化。

德国著名释义学家伽达默尔认为，语言本身就是一种世界观，人因为有了语言，所以有了一个“世界”，同“世界”有了一种“关系”，对“世界”有了一种特殊的“态度”。可以说，语言使人类进入了一个动物界所没有的丰富的“语义世界”。

人类创造了语言，语言也塑造了人类自身。时至今日，口语依然是人类最基本、最经常、最灵活的信息传播媒介，在人际交往中是不可缺少的。而数千年来，人们也一直在孜孜不倦地探讨如何提高口语表达的质量，增强语言沟通的效率，提高人类适应社会的能力。

不过，作为一种以声音为载体的传播方式，口语有其难以克服的局限。第一，口语语音的发送要靠人体的发音器官，而由于受人体机能的限制，从人体内发出的气流只能到达有限的距离，所以除非借助工具，口语无法实现远距离传播。第二，口语使用的语音符号转瞬即逝，记录性差，不易保留和积累，只能靠人脑的记忆储存，因而容易出现遗忘和错误。第三，不管是哪种民族的口语，都存在语音、语义上的交叉重叠现象，比如同音异义、同义异音、一音多义等，所以在口语的传播中，歧义、误解时常发生，由此会造成传播障碍和传播隔阂，影响信息交流的效果。

口语媒介的这些特点对早期人类社会的组织形态产生了不可忽视的影响。考古学和人类学研究表明，在远古的氏族社会中最有影响力的人物往往是那些年长者或记忆力超强的人，因为丰富的经历和对过往的熟知，使他们有资格在重大决策或危机来临之时为族人提供可贵的经验，包括做出准确的预测。这些人往往担当着祭司、巫师等主管族群精神生活的职务，其身份的影响力有时甚至超过了握有世俗权力的酋长和部落领袖。在口语文化主导的昔日中国，社会精英往往是长者，因为他们有更多的生活阅历和知识技能。“家有一老，如有一宝”，对长者的尊重俨然成为突出的文化景观。

（二）以文字为媒介的传播时代

文字的出现，有效地克服了口语媒介的诸多缺陷，在记录、沟通、积累、传承人类文明成果方面又大大地向前迈进了一步。文字媒介的问世，堪称是人类文明发展史上的第二座重大里程碑。

文字大约滥觞于公元前4000年。为了增强自身对自然环境的适应能力，以及应对越来越复杂的社会生活，在使用口语传播的过程中，人类不断探索口语之外更加“固化”的传播媒介。比如，用约定的实物传达特定的含义，用简易象形的图案、符号交流信息，用结绳记事的方法对重要的事件作“标注”，用接力传送的鼓乐声或狼烟保持远距离联络……这些原始而简陋的传播工具在功能上已经比较接近于文字——延长了信息停留的时间和距离。更重要的是，它意味着人类开始探寻借助“体外化信息系统”，以实现更高层级的交往目标。

文字是在将图画抽象的过程中产生的。我国汉字的起源，如果从仰韶文化晚期刻绘在陶器上的几何图形和符号算起，距今已有5000多年。简单的图画固然表义有限，但却孕育着向象征性图形转化的胚芽，并逐渐完成了图画文字从具体到抽象的飞跃，与真正的文字越来越近了。到了中国的殷商时期，刻在龟甲兽骨上的甲骨文，其象形、会意、指事的功能已初见雏形，部分文字符号还兼具一定的表音性，即便是在世界范围来看，也已经是一套比较成熟的文字系统。

与口语相比，文字在信息处理上有着许多优势。首先，文字不像音声语言转瞬即逝，而是可以长期保存，这就使得人类的知识、经验的积累与保留不再单纯地依赖人脑的有限记忆力，便于反复"提取"使用，代代相传。其次，文字能够实现信息的远距离传播，便于人们跨地域的交流，大大拓展了人类的社会活动空间。最后，文字传播摆脱了口口相传的易误性和不确切性。于是，自从文字产生后，初民时代那种靠神话传说记载人类活动的方法被取代了，人类社会开始了"有文字可考"的历史。

同口语媒介一样，文字媒介的出现，也对人类社会的组织结构产生了深远的影响。是否拥有超凡的记忆力不再是决定人们社会地位的必要条件，而是否能够识读和书写文字，掌握丰富的知识、经验，并据此参与社会的重大决策，则变得更为重要。于是，以前由少数祭司、巫师垄断精神世界的情况有所改观，社会晋升的渠道和空间得到一定程度的拓展，脑力劳动和体力劳动开始有了分工。

与口语只需要使用人体的天然器官不同，文字必须借助物理手段才能记录与传播。为了满足文字书写的需要，人类不断地探索更轻便快捷、廉价易得的文字传播载体。石壁、石器、陶器、青铜器、龟甲、兽骨、竹简、木简、绢帛、纸张，每一次进步，都是人类智慧的一次集中迸发，并且由此推动了道路交通、邮递驿路、文化教育的发展与完善。与此同时，在文字传播的推动下，各地区的经济、政治、文化乃至军事的交流日趋密集，大范围、远距离、多层次、高效率的国家管理体系得以确立，"书同文，车同轨"的民族大一统观念开始形成。

(三)以印刷品为媒介的传播时代

文字产生以后在相当长的时间里，人类一直用手抄的方式传播文字作品。手抄传播效率低、成本高，而且还容易出错。如果将一部书籍，抄写多册，不但要耗费大量的时间，而且需要投入大量的人工劳动。那么，怎样才能将文字信息高效率地批量复制呢？由造纸术和印刷术的发明开启的印刷时代的到来，为人类提供了解决这一难题的答案。

公元105年，中国东汉的蔡伦利用破布、麻头、烂鱼网、树皮等廉价的原料制造出了结实耐磨的植物纤维纸。1045年，宋朝的毕昇发明了胶泥活字印刷术，使中国在7世纪的唐朝就已经出现的雕版印刷又大大前进了一步。到了元、明两朝，中国活字印刷术不断改进，又先后出现了木活字和锡、铜、铅活字。中国的造纸术和印刷术广泛传播到日本、朝鲜、印度等东亚、南亚国家以及西方各国，对推动世界文明的发展和人类传播技术的进步做出了重大贡献。印刷术的发明标志着人类已经掌握了复制文字信息的技术原理，有了对信息进行批量生产的意识。

然而，由于受到封建集权政治和小农经济的制约，中国的印刷事业始终徘徊在小作坊式的手工作业和人力劳动的水平上。直到1453年，德国美因兹的金匠古登堡在中国活字印刷和油墨技术的基础上创造了金属活字排版印刷，并极富想象力地把啤酒压榨机改装成了印刷机，这才使文字信息的机械化生产和大量复制成为可能。

此后，在欧洲工业革命的推动下，印刷技术不断革新，迅速跨越了人力生产而进入机械动力和电力生产的阶段。于是，长达数千年的用人力传抄、印制文字的时代结束了，人类的传播活动进入了由机械动力和电力大批量复制文字印刷品的新阶段。

印刷机、印刷品的出现激发了人们对即时信息的需求，近代报刊的诞生改善了人们获取信息的手段和方式，加之现代教育日渐普及，大众读写能力显著增强，印刷媒介开始在社会变革和社会生活中扮演越来越重要的角色。这正如施拉姆所言："书籍和报刊同18世纪欧洲启蒙运动是联系在一起的。报纸和政治小册子参与了17世纪和18世纪所有的政治运动和人民革命。正当人们越来越渴求知识的时候，教科书使得举办大规模的公共教育成为可能。正当人们对权力分配普遍感到不满的时候，先是报纸，后来是电子媒介使普通民众有可能了解政治和参与政府。"[1] 20世纪末，印刷媒介已高度普及，书籍、报纸、期刊、杂志已成为人们求知、交流、沟通、娱乐的重要渠道，在社会生活的诸多领域发挥着重大的影响；同时，其自身也成为一项规模宏大的产业，对社会经济的发展起到了巨大的推动作用。

（四）以电子信号为媒介的传播时代

印刷媒介虽然实现了文字信息的批量生产，但在远距离快速传送信息特别是声音、图像信息方面却无能为力。现代电子技术的发展，使人类对信息传播的这一新的更高要求变成了现实。

1837年，美国人塞缪尔·莫尔斯发明了第一台实用电报机。1844年，美国第一条电报线路开通。1858年，横跨大西洋的海底电缆工程竣工。1876年，美国人A. G. 贝尔发明电话，首次将人声转换成强弱不等的电流信号进行传输。1895年，意大利人马可尼试验无线电通信技术获得成功。这一系列现代电子技术成果的问世，使人们了解到信息可以通过电波传送。而在这之前，报纸、书信、书籍等印刷媒介的传送都是借助汽车、火车、轮船等交通工具来完成的，速度其实并不比人流和物流快。电子传播不仅时效性强，而且传播距离较远，可以摆脱地域和交通工具的限制。在新闻集纳活动中，人们逐渐认识到运用电报、电话等电子传播工具，可以使发布新闻的速度大大加快，甚至跨地区跨国界的远距离信息传送也不是问题。

进入20世纪，广播、电视等现代电子技术相继发明和运用，人们实现了通过电波传送图片、声音和活动的图像。随着摄影、录音和录像技术的进步，人类不但实现了声音和影像信息的大量复制和大量传播，而且实现了对它们的长期留存。从人类社会信息系统的发展的角度来看，电子媒介的出现为人类开创了体外化的声音信息系统和体外化的影像信息系统，给人类带来了一种全新的认识和感知周围世界的方式。同时，电子媒介实现了文字、声音和图像传播的有机结合，极大地丰富了人们对于信息传播的理解，并使人们对外界的感知更直观，依据更可靠。人类知识经验的积累和文化传承的效率与质量，就此产生了新的飞跃。随着今后数字化技术的应用和推广，广播电视等电子媒介还将给人类社会的信息传播格局和传媒业态带来更多新的惊喜。

此外，20世纪末，现代电子技术的发展还推动了计算机的问世。计算机发明后，"电脑"开始执行人脑的部分功能。电脑兼有信息处理、记忆和传输等功能，其信息处理的速度快、

[1] 〔美〕威尔伯·施拉姆等著，陈亮等译：《传播学概论》，第18页，新华出版社，1984年9月。

精度高、容量大,远非人脑所能及。进入21世纪,随着手机、平板电脑等新兴电子产品的广泛使用以及光纤宽带、移动互联网等技术的普及应用,人类迎来了一个全新的信息社会。

当然,人类传播媒介的发展过程,不是媒介之间依次取代的过程,而是一个依次叠加的过程。每一种媒介技术的问世,都使人类的传播能力发生了飞跃。

二、广播电视的兴起对人类社会的影响

从口语传播到文字传播,从印刷传播到电子传播,传播媒介的每一次进步都深刻地影响了人类传播的面貌,使得人类社会的信息交流和沟通方式焕然一新,并给人类社会以重大影响。广播电视既是电子媒介的先锋,也是电子媒介的重要主体,它的问世极大地改变了人类社会的信息传播形态,在人类社会传播媒介的发展历程中占有举足轻重的地位。毫无疑问,是广播电视将人类社会真正带入了电子传播时代,其对人类社会的影响巨大而深远。

(一)广播电视的兴起有力地推动了人类社会的进步

1920年11月2日,世界上第一座正式的广播电台美国匹兹堡KDKA广播电台开始播音,从这时起,以广播电视为代表的电子媒介掀起了人类传播史上的第四次革命浪潮。广播电视媒介所独具的信息传播的广泛性、及时性、形象性和渗透力强等特点,使其迅速成为最具影响力的大众传播媒介,在人类社会的新闻传播、社会教育、文化娱乐等方面都产生了强有力的社会影响。

从广播电视诞生那天起,社会上的不同阶级、政治派别就对这种独特的、社会影响巨大的大众传播媒介给予了高度关注,纷纷利用它作为宣传自己政治思想,实现有效统治的重要工具和武器。1920年秋季,在俄国无产阶级革命导师列宁的直接提议下,莫斯科“火登卡”电台建成,后改名为十月电台,它被称作“俄国革命的喉舌”,标志着无产阶级广播事业的诞生。列宁将广播比喻成“不用纸张,没有距离的报纸”,他说“用广播进行宣传和鼓动,将给革命事业带来巨大好处。”1940年12月30日晚上,在延安西北王皮湾村的窑洞里,由中国共产党亲手缔造的延安新华广播电台开始播音,呼号为XNCR。中国人民广播事业在战火纷飞的抗日战争中诞生了。这一天后来被定为中国人民广播事业创建纪念日。此后,在中国共产党领导下,人民广播电台成为宣传党的路线方针政策、团结军心民心和瓦解敌人斗志的重要武器,为夺取革命斗争的最终胜利,为建设社会主义中华人民共和国做出了不可磨灭的贡献。

由于广播电视依赖现代电子技术传送声音、图像和文字信息,而且拥有庞大的技术系统,人们常把它作为通信技术事业的一部分;同时,由于广播电视可以是一种最为普及、通俗、方便的教育途径,并能够产生显著社会影响,人们把它作为舆论宣传和教育事业的一部分;又由于广播电视以一种独特的也是最易为人们接受的呈现方式向人们提供信息、审美欣赏和娱乐消遣,人们也把它作为文化艺术事业的一部分;此外,由于广播电视可以通过传播信息的方式促进社会物质生产,能够直接创造经济价值,人们还把它视为信息产业的一部分。

鉴于广播电视在新闻传播、意识形态宣传、社会教育、文化传承、舆论引导、社会经济发展等方面都具有显著的影响和作用,当今世界各国都高度重视广播电视业的发展,并紧紧控制其发展走向。即便是在所谓最民主的国家美国,广播电视也须接受政府的严格管理。

（二）广播电视的兴起革新了人类社会的语言生态系统

广播电视在向社会传播信息的同时也在向大众传播语言，承载着信息传播和语言传播的双重使命。不同类型的媒体对语言影响的方面是不同的，报刊主要影响书面语，广播电视主要影响口语或书面语的口语化表现形式。不同媒体，对不同受众群落的语言影响力也有差别。广播电视拥有范围最广、数量最多和层次最为丰富的受众群体，它对社会语言的影响之大是其他媒体无法比拟的。另外，广播电视是集权威性和社会亲和力于一身的“强势媒体”，其在引导社会语言方面的重要作用也是其他媒体所无法替代的。正是由于广播电视的传播，大大提高了语言传播的速度，大大拓展了语言传播的范围，增加了语言传播接收者的数量，丰富了语言传播的内容，使社会的语言生态系统生机盎然。

首先，广播电视传播对人类社会的语言具有标识作用。广播电视传播是一种有声语言传播，它深刻地影响了人们的日常语言。在世界很多地方，人们已将广播电视语言作为了民族共同语的标准和标志，特别是把播音员和节目主持人的有声语言看作是标准语形式的代表。可以说，一个地区的电台、电视台的播音员、节目主持人的语言就是这一地区语言的标准；国家一级的广播电台、电视台的语言标准，就是整个国家的语言的标杆——这已成为人们的普遍共识。

其次，广播电视传播对人类社会的语言具有规范作用。广播电视不仅传播语言，而且与语言规范的关系也十分密切。这种密切的关系主要表现在两个方面：一是形成、丰富语言规范；二是向社会传播语言规范。广播电视媒体作为使用语言的“大户”，在其丰富的语言实践中，不仅会传播和巩固已有的语言规范，而且能够创造和发展新的语言规范。作为一种职业语言和领域语言，规范的广播电视语言既吸取了书面语言的严谨、精炼，又吸收了口语的形象和生动，同时，还剔除了社会自然语言杂芜、随意的缺点。广播电视的播音员、节目主持人是语言规范的最直接最有力的推行者。他们的语言面貌、语言能力、语言规范程度，对社会具有很强的示范作用。所以，如果播音员、节目主持人在语言表达方面出了问题（如读错了音、念错了字等），对社会的影响也是很大的。

再次，广播电视传播对人类社会的语言具有导引作用。时下，还没有任何一种大众传播工具，能够像广播电视一样对人类社会的语言系统具有如此强大的导引作用。不管承认与否，社会上很多新词新语、流行语常常是通过广播电视推广开来的。客观上讲，广播电视语言在很大程度上引领着社会语言的时尚，这一状况，在青少年学生中尤为明显。广播电视上的播音员和节目主持人，乃至节目嘉宾，其言语方式、言语风格往往会对社会某一特定群体产生影响，并引来仿效、模仿。这种影响往往是潜移默化的。当然，这种导引作用有积极向上的，也有消极负面的。它既与广播电视节目内容的品位有关，也脱离不了传播主体即播音员、主持人的个人文化素养、语言功力等方面的能力。

（三）广播电视的兴起深刻地影响和改变了人们的生活

当今社会还没有其他大众媒体能够像广播电视那样深刻地影响和改变了人们的生活面貌和生活方式。

1. 广播电视影响了人们对周围世界的认知方式

广播电视问世之后，渐渐成为人们日常生活中接触的最主要传播媒介。特别是现今的许多孩子,可以说是伴随着广播、电视节目长大的,他们的视野、观念和行为都受到了广播电视的巨大影响。在印刷媒介环境下,由于获得文字知识的困难,以及文字本身表达和理解层面的明显差异,人们通常生活在不同的社会信息层次中,对周围世界的认识也分处在不同状态。而广播电视使人们比较容易地就能接触到古今中外、天南地北的许多知识,让人们能够看到全世界发生的一切,尽管许多方面也许并不理解。正是通过广播电视,人们才可能见识到那些似乎远离自己的战争、环保、疾病问题;正是广播电视,使得少数族群、弱势群体有了被关注的机遇并产生关注自身权利的意识;正是广播电视,使人们可以绕过自身所处的面对面的交往环境,而直接获取外部世界的信息,进而有了更多的参照系和更高的比较标准,明晰自己追求的目标,乃至得到精神和物质的援助。此外,广播电视还使人们的生理年龄与社会知识之间的矛盾弱化,有助于弥合人们在社会认知方面的代际鸿沟。

2. 广播电视促进了社会集群的融合

广播电视的出现,弱化了不同社会身份人们之间的认知距离,消解了不同阶层人群间的"陌生化"区隔,有效促进了社会集群的融合。

首先,广播电视倾向于将不同年龄、性别、身份、教育背景、职业的人包融进相对类似的信息世界中,打破了社会身份与物理空间的传统依傍关系,创造了新的场景。当看电视的时候,观众对"自身的位置"的感觉变得无足轻重。电视改变了人口中不同群体信息系统的分离状态,而更趋向于将不同圈子的人放进同一个公共领域。它是一个真正的信息共享的存在,提供了最大范围的同时获取讯息的渠道。当一个事件或话题经由广播电视立体化地传播到千家万户的时候,当亿万观众在同一时刻被吸引到电视机前的时候,广播电视越来越多地介入了不同社会身份的人群中,使越来越多的人成为共时的媒介受众。从少儿到老人,从文盲到饱学之士,都平等地接受广播电视传播的内容,弱化了彼此间的社会区隔。

其次,广播电视使得原来属于各个社会层面内部的场景被推到了前台。广播电视节目是动态的信息传播,在播出中会涉及许多人们通常无法触及的"原生态"生活内容。如广播夜话中一些个人的私密性内容被电波传送到千万人耳畔,电视画面将人们不大了解的场所、事物乃至某些社会人群直观地呈现在屏幕前。尤其值得一提的是,一些国家的社会组织时常借助广播电视对某些节庆活动给予仪式化传播,对确立公民的国家形象共识和民族认同感起到了很大作用,如中国中央电视台国庆节的阅兵式直播、除夕夜的"春节联欢晚会"等。可以说,广播电视传播,有助于消除社会认识隔阂,便利社会沟通,促进社会共识。

最后,广播电视的"去权威化",有助于增进社会的民主意识。广播电视时代给"权威人物"显示自身提供了非常重要的舞台,但同时也使各种权威走下神坛,失去了神秘的光环。因为人们在电视镜头下可以清晰地看到其人、听到其声,了解其一言一行,权威人物与普通人之间的距离被拉近。所以,不管人们是否意识到,广播电视对于增进社会民主意识,发挥着无形的推动作用。

3. 广播电视影响了人们的生活状态

曾几何时,"早上听广播,晚上看电视"已经成为人们的一项生活内容和一种生活方式。在生活中,人们都或多或少在某种程度上形成了对广播、电视的媒介依赖。广播电视成为大众生活中的重要伴随物。

广播电视一般是以家庭为信息收受空间的,特别是电视,将家庭成员聚拢围坐,开创了一种新型的“客厅文化”“居室文化”，催生了一种新型的家庭作息环境。而这种新型作息环境也在某种程度上重塑了家庭成员的思想观念和行为方式，影响到他们日常的饮食起居、学习、工作、走亲访友活动以及对孩子的教育等不同方面。

广播电视将许多社会话题和社会行为呈现给身在家庭之中的每位普通公民，将一个个复杂的“局外”世界推给了过着平凡生活的大众，使得身处社会各个层面的人都有机会体会到生活在另一社会层面的他人的“境况”，代偿性地丰富了人们的生活感受和生活体验。同时，在广播电视这个宽广的公共场景平台，人们还获得了体验“镜中我”心态的机会，通过广播电视观察别人而思考自己。此外，在广播电视的新闻、谈话和娱乐节目中，参与意识强的人，还可以直接介入其中，成为媒介传播的对象，大大拓展自己的形象展示和话语表达空间，从而一定程度上有助于满足他们“实现自我”的需要。

今后，随着广播电视新媒体的不断发展，广播电视对人类社会的影响还将呈现出一些新的样态，显示出新的意义。

本章思考题

1. 广播电视是如何诞生的？在广播电视诞生过程中，有哪些科学家、发明家为此做出了重要贡献？
2. 无线电波有哪几种传播方式？它们都具有什么特点？
3. 广播电视的传播符号有哪些？广播电视具有哪些传播特点？
4. 人类社会的传播媒介主要经历了哪几个阶段？各阶段都有什么特点？
5. 广播电视的兴起对人类社会有哪些方面的影响？

第三章　世界广播电视业发展概貌

◆**本章要点**

- 世界广播电视体制基本情况
- 外国广播电视业发展概况
- 中国广播电视业发展概况

第一节　世界广播电视体制

广播电视管理体制,也称广播电视制度,是一个国家广播电视业赖以建立和组成的所有制形式和结构方法。任何一个主权国家,采取何种类型的广播电视管理体制,既涉及理念和法规层面的依托与体认,又包含组织和经营方面的现实要求和归依。

一、世界广播电视体制的历史沿革

从世界范围来看,大多数国家的电视(television)广播与电台(radio)广播一道,统属于广播事业(broadcasting)的范畴,广播体制与电视体制通常也是合二为一的。世界广播电视体制是在广播时代逐渐形成的,而后在电视时代逐步发展完备。

各国早期的广播事业,大体都经历了从一个自由创办广播机构,到被政府纳入有序管理的过程。在较早研发和开办电台广播的国家如美、英、法等,民间自由创办电台都曾一度扮演过重要角色。不过当广播这一新生事物的无序发展开始引起社会关注后,与其相应的政府规制问题便随之提上议事日程。各国政府在关注这一新型传播媒介、仔细研究其特性之际,也在积极思考对待它的方法,包括法律规范、税赋征收、内容管控和管理机构的设立等。

美国早期的电台广播实验是没有任何限制的,无线电爱好者自由参与广播的开发过程,奠定了后来美国广播业发展上的“民主”基调。由于电波频率的相互干扰,1912 年美国政府颁布《无线电法案》(Radio Act of 1912),规定商务部有权控制无线电频率的使用,并负责向提出申请者颁发无线电使用执照。由于当时认为无线电波频率是足够用的,政府对开办电台并未做出特别要求,由此带来了 1920 年后广播电台数量的过度增长。1927 年初,美国的电台数量增加到 733 座。听众发现,电台为了避免干扰,它们在广播频带上的位置不断来回移动,这种现象在大城市已严重到使收音机销量下降的地步。为了减少新增电台造成的混乱,加强对广播频道使用的管理,1927 年 2 月,美国国会通过了修改后的《无线电法案》(Radio Act of 1927),根据这一法案,联邦无线电委员会授权管理广播频道的分配和使用,并且只有在“有利于公众、方便公众或者出于公众的需要”的前提下“提供公正、有效、机会均等的服务”的电台才能获得执照。联邦无线电委员会运用这一权力消灭了广播频带上的混乱,在此后 10 年间将美国的广播电台数量保持在略多于 600 座的水平。1934 年,美国政府又通过了《1934 年通信法》(Communications Act of 1934)。该法令明确规定电波属于人民,持有许可证的广播电视台是临时管理者,必须经政府批准才可以进行广播,而且必须为公众利益服务。依据该法,联邦广播委员会(FRC)改组为联邦传播委员会(FCC),管理传播服务,即管理广播电视和电信两大部分。之后在这一机构的监管下,美国广播电视业始终坚持以私有商营为主导的体制,也就是广播电台、电视台为私人拥有,私人经营,但需在政府统一管理下,遵循一定的指导原则。美国一些著名的广播电视机构,如 CBS、NBC、ABC 以及 FOX、CNN 等均系私有商营。1967 年,经国会批准,依据美国联邦政府的公共电视法案,美国成立了由 354 个加盟电视台组成的非营利的广播机构——公共电视网(PBS)。之后还成立了部分依靠国家津贴及福利机构、私人团体、大公司或学校资助的公共电视台(教育台)和国家、州政府、军队或宗教团体经办的非营利性广播电台或电视台。但它们在整个广播电视行业中所占的份额不大,无论从规模还是影响上看,都只能算是私营台的补充。所以,从总体上讲,美国的广播电视仍属于私有商营型体制。

英国走的是另外一条道路。1922 年,由六家大电器制造商和数家小电器公司联合组建的英国广播公司(BBC)经由邮电大臣授权成立。公司草创时的初衷,是建立一个覆盖全国的广播传输网络,为今后的全国广播提供便利——避免重复投资、重复劳动,并消灭自由竞争者,获取垄断收益。BBC 早期的这种带有行业垄断色彩的商营体制,招致了广泛的敌意,而公众对这种私人商业独占广播的局面也日益不满。由此,英国政府开始了对 BBC 经营合理性的调查。在这种形势下,为了使广播免于商业机构和邮电部门的控制,建立一个全国性、社会性、宗教性和民主性的节目体系,使广播服务“超越利润和娱乐”的狭窄视野,在 BBC 总经理约翰·里斯的坚持下,1926 年底,商营 BBC 改组成为公营 BBC,并首次获得十年的皇家特许经营权,于 1927 年开始广播。根据当年的《皇家宪章》规定 BBC 是特许经营广播电视的公共服务机构,属于国家所有。作为公共广播机构,BBC 禁止播放商业广告和付费节目,其经费来源主要是观众交纳的电视机执照费。《皇家宪章》在法律上保障了 BBC 作为媒介的相对独立性,又确保 BBC 在经济上排除受商业利益直接左右。这样,BBC 成为独立的广播机构,背负着向全英国人民提供教育、资讯和娱乐的使命,可以既不受任何政治的干预,又不屈从于商业压力。其后 BBC 垄断英国广播业超过四分之一个世纪。这种体制优势很快得到西欧各国的普遍认同,公共体制一度在西欧的广播电视体制模式中占据了垄断地位。

法国最初是公私共存的广播体系。1922 年,法国政府邮电部就尝试从埃菲尔铁塔上架设发射天线播出广播节目。当时无线电通信是军队、邮电系统和无线电生产商自发占领的领域。除了国家电台外,法国也出现了不少私人广播电台。1923 年政府颁布法令,规定广播事业为国家专利,私人只有经过邮电部特许方可经营,且不得妨碍国营广播和公共利益。1926 年 12 月,法国政府公布一项新法令,对私人广播电台的设立予以限制,同时设立广播领导机构,以促进公共广播电台的发展。之后,国营电台在法国居于主导位置。1940 年德国入侵法国,打断了法国广播电视事业的正常发展。1945 年第二次世界大战结束后,法国政府不再允许私人经营广播,并成立了法国广播电视公司(RTF),领导全国的广播电台和电视台。RTF 隶属于政府新闻部,负责人由政府总理任免,经费来自政府拨款和受众交纳的执照费。法国的广播电视事业由此进入了长达 30 余年的国家垄断时期。1982 年,法国议会通过新的广播法,允许开办私营电台。自此,法国的广播电视事业进入了公共广播电视与商业广播电视并存发展的历史新阶段。

世界上第一个社会主义国家苏联,实行的是国有国营的广播电视体制,即广播电视为国家所有,由政府负责经营,分中央、加盟共和国和地方三级。每一级广播电台和电视台都接受同级广播电视部门的领导,同时也接受同级当地政府的领导。苏联的这一体制模式之后被东欧的社会主义国家以及第二次世界大战后新独立的一些发展中国家所移用。

当然,任何一种制度或体制一旦固化,必然会有利有弊。从 20 世纪 50 年代开始,一些对广播电视实行某种单一体制的国家,纷纷放弃了过去的做法,在原有模式基础上进行革新,进而确立起公私营并行的双轨制模式,如日本、英国、德国和西欧的许多国家。日本国会于 1950 年颁布《广播法》《电波法》和《电波监理委员会设置法》(统称"电波三法"),允许商营广播电视机构的合法存在,之后日本开始实行公商并营的广播电视体制。而作为最早也是最成功地实践了公营体制的英国,1954 年开始引入私营电视,1973 年又开始试行商业广播,由此步入"公商并营"的双轨制时期。法国、德国、意大利等西欧国家皆是如此。此外,进入 20 世纪 80 年代之后,许多发展中国家也逐步放弃了单一的国有国营体制,允许创办私营的广播电视机构。

在苏联,1990 年 7 月 14 日,苏共中央总书记戈尔巴乔夫发布《关于苏联电视和广播民主化和发展的命令》,提出准许其他政党和社会团体开办电视和广播。这个命令的发布,使得苏联广播电视的性质发生了根本变化。1991 年 2 月 8 日,戈尔巴乔夫又发布关于解散苏联国家电视和广播委员会,成立全苏国家广播电视公司和全苏广播电视理事会的命令。这一命令,使苏联的广播电视进入了"非党化"时期。1991 年 12 月 25 日苏联解体,其广播电视的历史就主要由俄罗斯延续下来。1991 年 12 月 27 日,俄罗斯总统叶利钦发布命令,撤销全苏国家广播电视公司,成立俄罗斯国家电视广播公司。苏联的各加盟共和国成为独立国家后,亦相继建立了各自的广播电视机构,过去大一统的国营体制就此终结。

二、当前世界广播电视体制的基本类型

广播电视是综合性的大众媒介,既是新闻传播媒体,又被人们视为重要的文化教育平台,同时也是娱乐消遣工具,具有多方面的社会功能。广播电视这种综合性的特征,使得对它的管理非常复杂。

当今世界上,任何一个国家的政府对广播电视媒体的管理和控制都要严于报刊媒体。这主要基于下述两个基本出发点。一是开办一家广播电台或电视台和办一家报刊有根本不同,世界上许多报纸在传统上多是家族企业,办报可以只使用私人投资而不需要占用公共资源,但广播电视需要使用无线电频率资源——空中的无线电波并非私人财物,而是公共资源。因此,这些公共资源可以由谁使用,谁不能使用,如果使用需要满足什么样的条件,如此等等,便需要一定的专门机构来进行管理。二是无线电频率资源是有限的,在一定区域里,只要有足够的经济支持,报刊的出版发行在理论上是可以无穷多的,但广播电台、电视台则不能无限度地发展。尽管后来随着有线电视的发展和数字技术的开发与使用,频率资源受限的状况得到了极大改善,但人们对无线电频率为公共资源的这种认识并未改变。因此,世界上大多数国家普遍认为,对广播电视所需要的无线电频率资源应该是限制性的使用,并根据不同的情况制定相应的法律法规,对无线电波频率的使用采取适当的分配和管理方式。

广播电视采取何种所有制形式和管理体制，主要取决于国家的政治制度和政治环境。因此，社会性质不同的国家，其广播电视管理体制也必然会不同。另外，国家的经济发展水平、社会、历史、文化等因素也会对广播电视管理体制的确立产生重要影响。

世界各国的广播电视管理体制具体包含两个方面的问题：一是就广播电视机构本身而言，指它的所有制形式和经营管理机制；二是就整个国家而言，指它的广播电视行业的总体格局以及国家进行法律和行政管理的方式。

（一）世界广播电视机构的主要体制类型

总体来看，目前世界范围的广播电视机构主要有三种所有制形式，即私有制、国有制和公共所有制，而经营管理机制则主要有私营型、公营型、国营型三类。当然，历史地看，传媒机构的所有制形式和经营管理机制是动态变化的，是会适应传媒生产力的发展而不断变动的。当前，从世界的总体潮流来看，广播电视媒体有向私有化、商业化、市场化转化的大趋势。总之，在不同的时代环境中，由于国家体制和政策的不同，世界范围的广播电视机构形成了不尽相同的广播电视所有制架构及其组织结构形态。

1. 商业体制

由于世界无线电广播的发明，是在一种无政府干预下的自发状态中完成的，而这其中私营电器公司发挥了关键性作用，因此，各国早期广播大多就顺势采取了公司控制下的商业经营模式。这种模式后来也就演变成为世界广播电视体制的一种重要类型——私有商业运营体制的源头。在这种体制下的广播电视媒体，一般由财团或个人所有和经营，但需要由政府审批，并发给营业执照，方可经营。赢利是其主要目的，其运营经费来源于商业广告、节目销售和其他经营性收入。国家则只是通过一定的法律和法规来进行管理。实行私营商业体制的广播电视媒体，都特别注重“收听率”与“收视率”，因为“收听率”与“收视率”的高低影响着广告商对本媒体的广告投入，实际上也是影响着本媒体的赢利状况；然而，对“收听率”与“收视率”的过度追逐，势必会制约节目的内容，有时就会播出一些媚俗、庸俗与格调低下的东西，带来一些不好的社会影响。美国的广播电视媒体绝大多数属于典型的私营商营体制，加拿大、澳大利亚、韩国、菲律宾等国的广播电视媒体也多半属于商业体制范畴。

2. 公共体制

将广播电视事业视为公共事业，国家不直接参与管理。广播电视机构既不为政府所有，也不为商业财团所有，而是由国家将其委托/特许给不以营利为目的公共机构（社会团体）进行经营和管理。它们在国家法律法规允许的范围内进行传播活动，其运作经费来源于“视听费”及少量的广告费，如英国的BBC、日本的NHK等。公有公营体制下的广播电视，也称作公共广播电视（public broadcasts），以为社会公众服务为最高诉求，而不是商业目的，其节目内容严肃，多具有教育意义。然而，由于缺少竞争压力，节目往往缺乏创新和活力，难以适应受众多样化的需求。西欧的许多国家如英国、爱尔兰、意大利、德国、奥地利、希腊、瑞士、丹麦、荷兰、比利时、瑞典、挪威、芬兰等境内的多数广播电视机构，都属于公有公营体制。亚洲的日本、以色列等国的部分广播电视机构，也属于这一范畴。

3. 国营体制

广播电视机构完全由国家拥有和控制，国家提供广播电视事业的经费，并对广播电视的机构、人事、节目内容实施全面管理。这一类型的电台、电视台一般被视为政府的直接舆论机构,不播放商业广告,也基本上不进行节目买卖。俄罗斯苏联时期的中央电视台和全苏广播电台,美国政府新闻署下属的国际广播电台——“美国之音”以及中国的广播电视机构等,都是典型的国有国营体制。当前,在世界范围内,中国、朝鲜、越南、新加坡、印度、土耳其、古巴等国家的广播电视媒体,基本处于国有国营体制之下。

广播电视的几种体制各有利弊,没有一种体制堪称完美。因此,几十年来,世界大多数国家的广播电视体制经过不断相互借鉴、吸收、融合,都已不再“纯粹”,而是演变成了包容多种“异己”成分在内的混合型体制。“自20世纪90年代以来,随着全球化趋势与媒介的兼并与融合,在一个国家范围内,多种体制杂然纷呈已是常规现象。”[1]由此,各国广播电视体制的多元化渐成为世界广播电视业的主导潮流。

(二)世界广播电视业的主要管控模式

广播电视作为重要的大众传媒机构,其所有制形式和经营管理机制虽然主要是商业体制、公共体制和国营体制这三种类型,但若就其整个行业的具体管控模式而言,在各个国家又都表现出相对复杂的格局。与其他大众传播媒介一样,广播电视并不是孤立存在的,它不仅受到社会系统中种种因素的制约和影响,也对社会系统发生作用。虽然不同类型体制的广播电视机构,其直接控制者的身份各个不同,但最终都必须在该广播电视机构所在地的政府部门的统管之下,在相应的法律法规约束下开展传播活动。随着时代的发展以及世界政治、经济、社会形势的变化,各国的广播电视业都发生了较大的变革。越来越多的国家或地区并非选择一种广播电视机构的体制来组织、规范本国的广播电视行业的发展,而是根据不同的目标指向和功能需要为不同的广播电视机构设定了不同的管控方式。因此,也就出现了在一国范围内国有国营、公有公营、私有商营相互混杂、兼容并行的现象。这其中,比较有代表性的主要有美国模式、英(西欧)/日本模式、俄罗斯/东欧模式以及中国模式。

1. 以美国为代表的私有商营为主体、其他形式为补充的管控模式

美国模式是典型的以私有商营型广播电视机构为主体,兼有少量国有国营、公有公营型广播电视机构为补充的广播电视体制。

在美国,大多数广播电视机构(公司)都是由财团拥有和运营的,联邦通信委员会(FCC)则通过一系列的条款来对它们进行必要的管理。这种私有商业型广播电视的主要特点有:①广播电视机构以赢利为最终目标;②以收听、收视率作为制作、播出节目的直接考量标准;③节目内容取向以迎合受众喜好为原则;④垄断竞争是其运作的基本模式;⑤在节目设置及经营业务的开展上,不为政府所干预。

除了私有商营型广播电视机构外,美国还有少量国有国营型的广播电视机构,如美国政府新闻署下属的对外广播机构——“美国之音”“马蒂之声”等电台,就是由政府拨款筹建并负责运营的。

另外,为了平衡商业型广播电视可能带来的信息垄断及媚俗、迎合受众现象,美国还有公共机构经营型的广播电视媒体,如美国公共电视网(或称美国公共电视台 Public Broadcasting Service,简称PBS)、全国公共广播电台(National Public Radio,简称NPR)等,通常提供具有公共价值的新闻、教育及儿童节目,其运营经费主要来自政府的拨款及民间捐助。

[1] 郭镇之:《中外广播电视史》,第40页,复旦大学出版社,2005年5月。

2. 以英国等西欧国家及日本为代表的公营为主导、公私兼顾的双轨制管控模式

英国/日本模式是以公有公营与私有商营相互并行、共同发展的双轨制。西欧主要国家以及日本的广播电视机构,过去较长时期一直是以公有公营体制主导,后来随着广播电视政策的变革,私有商业型广播电视获得迅猛发展,并在数量、实力及影响力方面不断增加,打破了公营广播电视机构(英国如 BBC、日本如 NHK)占据垄断地位的格局。这种双轨制模式,使得公营型广播电视与商业型广播电视节目内容相互补充,从而既能满足受众多元化的节目需求,又能在很大程度上避免过度的商业竞争导致的节目低俗化倾向,因而成为很多国家确立或调整广播电视体制的一种有益“范本”。

3. 以俄罗斯、东欧国家为代表的国有国营为主体、其他形式混合并存的管控模式

俄罗斯和东欧的波兰、匈牙利、罗马尼亚、保加利亚、乌克兰等国是典型的以国有国营广播电视为主体,同时私营商业性质的广播电视亦占有重要地位的模式。这些国家历史上都曾经实行过社会主义制度,对广播电视采用国有国营体制。后来,由于向资本主义社会转型,广播电视国营体制“一统天下”的旧格局也被打破。随着相当数量的国营广播电视机构的私有化、商业化,以及大量新生私营商业性质的广播电台、电视台的开办,这些国家就形成了以国有国营为主,私有商营亦占有重要地位的广播电视体制。

4. 以中国为代表的单一的国有国营有限商业化管控模式

在保持广播电视媒体国有国营属性不变的前提下,引入有限的商业运作体制,从而确保广播电视媒体在实现社会效益的同时,也能够获取经济效益。这种模式的出现,主要是由于随着广播电视业的不断发展和规模的扩张,“国有国营型”广播电视机构的经费常常入不敷出,成本不断攀升,政府财力难以为继。这一局面致使广播电台、电视台一改不播广告、不收赞助费的初始做法,而通过引入有限的商业经营活动获取收入,以偿付运营支出,保障自身的正常运转。这样一来,其广播电视体制也由原来比较单一的国有国营类型变为混合型体制。

与纯粹国有国营广播电视体制相比,这种混合型体制具有如下新的特点:一是广播电视机构在承担执政党和国家的宣传任务的同时,开始在一定程度上以市场导向来安排节目的制作和播出;二是广告、节目销售等商业经营收入在广播电视业中开始占据重要地位;三是广播电视媒体之间存在激烈竞争,并有“优胜劣败”现象发生,但是却没有出现“优胜劣汰”的情况。

第二节　外国广播电视业发展概况

从 1906 年 12 月 25 日无线电广播诞生,到 1936 年 11 月 2 日英国广播公司在伦敦亚历山大宫建立起世界上第一个公众电视台之后,在不到一个世纪的时间里,广播电视得到了最广泛的发展,它为世人见证了 20 世纪无数难以忘怀的历史瞬间,并成为人类现代生活中不可或缺的重要组成部分。本节介绍外国几个代表性国家广播电视业的发展概况。

一、美国广播电视业概况

美国是世界上广播电视业最发达的国家。1920 年 11 月 2 日,西屋电气公司在匹兹堡开

办的 KDKA 电台正式开播,标志着美国广播事业的诞生。初创时期的 KDKA 每天只播出几个小时的节目,星期天的晚间停播。但是它的许多节目模式成为早期其他电台的模板,如唱片音乐、新闻、公共服务信息、教堂仪式转播、政治演说、体育节目以及由听众提供的娱乐节目等。继 KDKA 之后,许多电气公司、报纸、教育机构、商场纷纷成立广播电台。其中美国电报电话公司建立的 WEAF 电台成为美国广播的基石。

1926 年由美国无线电公司、美国通用电气公司和美国西屋电气公司组建的全国广播公司(NBC)成立,WEAF 电台收归该公司所有。全国广播公司 1926 年 11 月 15 日开始播出,1927 年 1 月成立了两个不同的广播网,即"红色网"和"蓝色网",前者以娱乐性节目为主,后者经常播放新闻、严肃音乐和文化节目。1934 年该公司拥有 127 座电台,面向全国广播。全国性广播网的形成,使得广播在社会中的影响力逐渐加强。"在随后的二十年中,这些广播网同推销全国品牌产品的公司合作,使得无线电广播成为美国占主导的传播和广告媒介。无线电广播节目向服务于全国广播网和广告主的转型,给美国文化带来了极大的冲击。"❶

全国广播公司成立不久,音乐人阿瑟·贾德森与其他几位合伙人联合十几家电台成立了一家独立广播电台联营公司。由于经营状况不佳,这个联合公司邀请哥伦比亚唱片公司参股,并将公司改名为"哥伦比亚唱片广播公司"。1927 年 9 月 18 日,哥伦比亚唱片广播公司开始播音。1928 年威廉·佩利收购了哥伦比亚唱片广播公司,并将其改名为"哥伦比亚广播公司"(CBS),到 1934 年为止该公司拥有 97 座电台。

全国广播公司与哥伦比亚广播公司都具有强烈的商业色彩。这两家广播公司到了 20 世纪 30 年代末已控制了美国全国半数以上的电台,为社会各界所关注。

1941 年,联邦通信委员会制定了"广播联营条例",限制广播事业的垄断化。根据这一条例,1943 年全国广播公司被迫将蓝色广播网出售,后来该网改建为美国广播公司(ABC)。从此,美国出现了全国广播公司、哥伦比亚广播公司和美国广播公司三足鼎立的局面。

20 世纪 30—40 年代是美国广播事业成长的黄金时代。广播作为重要的大众传播媒介的社会地位逐步确立下来。"国内的政党竞选、企业广告纷纷以广播作为媒介,国际时局的变化、战况信息等都要借助广播来传播,而三大广播公司形成的电台网络,又使广播超越报刊而覆盖全国。"❷30 年代,美国的广播节目开始趋于成熟。各大广播网普遍采用了后来被电视所仿效的节目形式,如新闻节目中 15 分钟、30 分钟和 60 分钟的结构形式被视为最具时效性。给节目设置主题的做法,在各大电视网也逐渐风行。这个时期,由于好莱坞和演艺界普遍存在的高失业率,广播网成为吸引艺人们进入其中的新"舞台",这在一定程度上带动了广播艺术的发展。广播剧成为这一时期最具吸引力的节目形式。它的题材比较广泛,从西部冒险到童话故事,从侦缉探索到幽默喜剧,大多表现社会正义、惩恶扬善的精神面貌,也不乏存在一些历史事件。1938 年 10 月 30 日哥伦比亚广播公司的"水银剧场"播出了根据英国科幻小说家奥森·威尔斯的《星际大战》改编的广播剧——《火星人入侵地球》,引发了当时社会的普遍恐慌,这显示了广播的巨大影响力。这一时期,广播电台总体上都是综合性电台,节目通常包括新闻、娱乐、体育、肥皂剧等多方面内容。

---

❶ 〔美〕罗杰·菲德勒:《媒介形态变化》,第 76 页,明安香译,华夏出版社,2000 年 1 月。

❷ 袁军、庞亮:《中外广播电视史》,第 241 页,高等教育出版社,2012 年 8 月。

第二次世界大战以后，特别是进入20世纪50年代，随着电视台的大量出现，美国广播面临着来自电视的严峻挑战。为了寻求新的发展空间，美国广播在同电视的激烈竞争中努力扬长避短，继而走向了地方化和专业化之路。所谓地方化，是说美国的广播电台绝大多数是地方性商业电台，由私人所有，为当地听众及工商、政界、文化娱乐界服务。专业化是就广播内容而言，大多数美国电台的节目是“窄播”性质的、对象化的节目，内容集中于某一特定领域，如新闻、音乐、体育节目和天气预报，针对的也是某一特定人群。

进入21世纪，随着新媒体技术的发展，美国广播业的广播形式越来越丰富，其中主要包括AM/FM广播、卫星广播、网络广播、HD radio、MP3、播客以及手机广播等。当然，这其中拥有听众数量最为广泛的还是传统的AM/FM广播。不过，各种新媒介技术在音频广播上的运用，促使美国广播业日益走上分众化传播的发展道路，数量众多的类型化电台与人们生活的关系日趋密切。

在电视方面，1930年美国全国广播公司就开始了电视试验播出。1939年4月，全国广播公司实况转播了纽约世界博览会的开幕式以及罗斯福总统在会上的讲话，这是美国正式播出电视节目的开始。1941年6月，全国广播公司和哥伦比亚广播公司在纽约的电视台分别获得联邦通信委员会签发的执照，成为美国第一批商业电视台。同年，珍珠港事件爆发，美国正式加入第二次世界大战，电视业的发展基本陷于停滞。不过，战争中还是有纽约、费城、芝加哥、旧金山等地的六家电视台继续播送节目。

第二次世界大战结束后，美国的电视业获得了迅速发展。20世纪50年代初，全美共有电视台108家，60年代初增长到600多家，70年代初达到800多家，80年代初上升为1000多家。1992年，美国电视台总数已达1693家，电视从业人员为15万人，电视机的家庭普及率也从1959年的88%提高到了99%。

美国在20世纪40年代就开始研究彩色电视。1953年12月，联邦通信委员会开始发放彩色电视台执照。1954年，全国广播公司率先播出彩色电视节目。60年代以后，随着空间技术的发展，美国的电视广播就同卫星通信结合起来。70年代起，卫星转播又同地面电缆传送相结合，促进了电缆电视的迅速发展。80年代起，美国卫星直播电视进入实用阶段。与此同时，美国的电视节目也发展迅猛，无论是在新闻节目、娱乐节目、教育节目还是体育节目方面，都取得了一系列开创性成果。

美国的广播电视业是典型的私有商营体制，政府对电台、电视台依法进行管理和控制。1927年总统签发了无线电法令，确认电波为“公有财产”。根据法令成立的无线电委员会，有权安排各电台的呼号，规定其频率、功率，有权签发、延缓或吊销各电台的营业执照。1934年联邦无线电委员会改为联邦通信委员会，管理全国广播电视及通信事业。1996年克林顿总统修改了《1934年通信法》，放宽了对媒体扩张的限制。

以商业性广播电视业为主的体制，必然引起各私营台之间的激烈竞争。1995年联合派拉蒙电视网（ULP）和华纳兄弟电视公司的WB电视网两大新的商业电视公司加入了与传统的三大广播电视网（即NBC、CBS和ABC）以及福克斯广播公司（FOX）群雄逐鹿的行列。在竞争中，为提高收听率、收视率，各电台、电视台一方面大力改革业务，争新斗奇；另一方面播放大量的色情、暴力内容，以诱惑、刺激观众。黄色新闻、黄色影片的泛滥，对美国公众特别是青少年造成了不良影响，成为美国严重的社会问题。

目前,美国主要的广播电视机构有:全国广播公司、哥伦比亚广播公司、美国广播公司、美国之音、美国有线电视新闻网、福克斯广播公司、娱乐与体育节目网 ESPN(Entertainment and Sports Programming Network)、家庭影院频道(Home Box Office,简称 HBO)、MTV 音乐电视网、尼克罗迪恩儿童频道(Nickelodeon)、探索频道(Discovery Channel)、美国国家地理频道(NGC)、黑人娱乐频道(BET)、华纳兄弟电视网(WB)和彭博电视网(Bloomberg Television)。

1. 全国广播公司(National Broadcasting Company, NBC)

成立于 1926 年 11 月 15 日,原先是美国无线电公司的子公司,总部设在纽约。它在美国广播电视领域起步最早并长期占据领先地位,重要原因之一就是利用了母公司和其他电器、电子企业在广播技术方面的早期成果和现成设备。全国广播公司具有勇于开拓,锐意革新的特点。它最早组建全国性的广播网,使广播新闻四通八达,促进了美国的"广播热";30 年代积极支持电视研究。1939 年 4 月,全国广播公司运用电视报道在纽约举行的世界博览会,罗斯福总统成为第一位出现在电视上的国家元首。1954 年率先播出彩色电视节目。NBC 电视网的台标是一只开屏的孔雀,因此孔雀成了 NBC 的代表性标识。

NBC 拥有一流的新闻、体育和娱乐节目,一向以大胆创新而著称。1952 年,NBC 最早创办了早新闻节目——《今日》。1959 年赫鲁晓夫访美和 1972 年尼克松访华这两件大事,NBC 都做了跟踪报道。此外,NBC 的《亨利—布林克利报道》是美国电视史上第一个由双人搭档主持的新闻节目,它标志着美国电视新闻由此出现了区别于从收音机广播转到电视新闻广播的第一代播音员担当的晚间新闻主持人。此外,还摄制出大型纪录片《紫禁城》《罗浮宫》等,成为国际大型纪录片的楷模。NBC 还善于制作大型娱乐节目和拍摄系列剧,它制作与播出的音乐真人秀节目《美国好声音》、职场创业型真人秀节目《学徒》等,在美国都有享有极高的关注度;而《仁心仁术》《老友记》等电视剧集已为许多中国观众所熟悉。

NBC 旗下拥有一批沉稳有深度的主持人以及现场报道能力很强的记者,以他们的个性和才气赢得了不错的口碑。同时,它还拥有不少美国电视界的"第一"——第一家播报早新闻的电视台(1952 年);第一次彩色电视广播(1953 年);第一次进行了美国制式的高清晰度电视 ACTV 的实验(1989 年)等。

1985 年,美国无线电公司与通用电气公司合并,更增强了 NBC 的经济后盾。1996 年,NBC 与世界最大的电脑软件生产商微软公司联合开办了微软全国广播电视公司(MSNBC),受众既可以在家通过电视机收看有线电视的 MSNBC 的节目,也可以通过电脑上网获取在线 MSNBC 的信息。

1998 年 2 月,NBC 和道·琼斯新闻集团将 CNBC 和 ABN 电视台联营合并,合并后仍称 CNBC。CNBC 在全球经济类电视频道中独占鳌头,为观众提供最富有洞察力的分析、实时市场数据和重要的财经信息。CNBC 亚太由多个下属电视频道组成,包括 CNBC 亚洲频道、CNBC 澳洲频道、CNBC 印度频道、日经(Nikkei)—CNBC 频道、CNBC 新加坡频道和 CNBC 中国香港频道,在整个亚太地区共有超过 2600 万户收视观众。

2001 年 10 月,NBC 宣布收购西班牙语电台德莱门多(Telemundo),跃身成为唯一能够为迅速增长的西班牙语观众制作和播出量身定做的节目的广播电视网。这一收购给 NBC 各部门带来了重大的战略机遇,包括销售、电视台运营、新闻、娱乐和体育,以及在五大市场同时垄断英语和西班牙语观众的优势。

NBC 现已成长为一家多元化的国际媒体公司，拥有 14 家电视台和 200 多家附属台。通过无线广播、有线广播、卫星和互联网，为亿万人提供娱乐节目和新闻消息。

2. 哥伦比亚广播公司（Columbia Broadcasting System，CBS）

CBS 成立于 1927 年 2 月，原为 16 家广播电台联合组建的独立广播电台联营公司，1927 年 9 月，与哥伦比亚唱片公司合并，组成哥伦比亚唱片广播公司，后哥伦比亚唱片公司退出，公司改为现名，是美国三大商业广播电视网之一，总部设在纽约，现在是维亚康姆集团（Viacom）旗下的核心品牌。

CBS 主要经营遍布全美国的 CBS 广播网和电视网，节目包括娱乐、新闻、体育等，几乎遍及美国每一个家庭。不仅如此，CBS 还是全球最大的节目制作发行商，在全球范围内销售节目。CBS 的新闻节目一直以剖析独到、果敢地揭露社会弊端而引起社会的关注。如果将 CBS 的新闻组合起来，可以看到 20 世纪美国的历史。无论是炮火硝烟中的"不列颠战役"——越南战争，还是美国复杂的总统选举、种族冲突、暗杀事件、水门事件以及阿波罗号登月事件中，都有它的声音。CBS 在增加硬新闻分量的同时，也注重文艺、体育、音乐节目的制作，以求吸引不同类型的受众。

CBS 主要频道有 CBS 新闻频道、CBS 娱乐频道、CBS 体育频道。其中，CBS 新闻频道是美国在线的唯一提供商，为 2000 家电台提供即时报道、特别报道、最新消息、特写和定制报道等。CBS 新闻频道在历史上著名的节目有《CBS 晚间新闻》《CBS 早间新闻》《星期天早晨》《面对全国》《哥伦比亚广播公司通讯》《星期六早间节目》《CBS 星期天早间新闻和特别报道》《现在看》《早晨》《面对面》《CBS 报道》等。

哥伦比亚广播公司的特色主要有以下两个方面。

一是为美国观众提供了众多高质量的电视节目，成为美国人生活中不可缺少的一部分。这些知名节目主要有：

（1）《面对面》。由默罗开创的带有新闻性的人物访谈节目。在 1953 年开播到 1959 年 6 月停播的 6 年里，默罗邀请了 500 多位嘉宾，其中包括美国前总统杜鲁门、约翰·肯尼迪，古巴领导人菲德罗·卡斯特罗、电影明星玛丽莲·梦露、作家玛格丽特·米切尔、歌剧演员胡里亚·克拉斯、体育明星杰克·罗宾逊等。默罗的提问大多是关于"如何走向成功，以及在走向成功的过程中的感受和理解"等个人生活经验之内的话题。由于未触及社会意识形态中的实质问题，嘉宾往往能够轻松自由地回答，也使得大多数观众对访谈的内容产生兴趣。《面对面》是 20 世纪 50 年代收视率最高的十大名牌电视节目之一。

（2）《60 分钟》。开播于 1968 年，在每周日晚 7 点到 8 点黄金时间播出。《60 分钟》采用了杂志型电视新闻编排方法，每个板块都有自己的主持人，一期节目往往有好几位主持人。每期节目主题为 3～4 个。第一个报道即为当晚的重头戏，具有较强的政治性和时效性，往往由经验丰富的人担任记者和制片人，约占 20 分钟。第二个报道略短，但仍然较为严肃。第三个报道可视作当晚节目的闪光点，一般富有人情味，风格较为轻松。最后主持人出现在黑色背景上用 5 分钟时间以简洁而有趣的话做出评论。《60 分钟》以全面的背景介绍、真实的现场记录、公正客观的立场和鲜明的风格而成名。

（3）《老大哥》。这是一款非常流行的真实电视节目形态，首播时观众多达 2400 万。一大批选手（大约 10 个）被关在一个与世隔绝的小屋里，在小屋里呆 10 个星期，而且要避免被公众投票淘汰。谁最后胜出谁就获得现金支票作为奖励。这种节目又称作"真实生活肥皂剧",是从荷兰引进的。这个节目的名字来源于乔治·奥威尔在《1984》中的一句话"老大哥正在看着你呢。"《老大哥》节目1996年9月16日在荷兰首播。2000年,美国将其引进并进行本土化改造。《老大哥》既是游戏类真人秀,也是社交类真人秀。节目以社交为手段,游戏环节为辅助,全方位地展现参赛选手外在表现和内心活动。《老大哥》节目非常有收视黏性,自从在美国播出后,一直是哥伦比亚广播公司的收视保证。

(4)《48小时》。CBS招牌式新闻纪录片节目,1988年首播,从开播到2002年都由丹·拉瑟主持。这是一个即时新闻纪录片系列节目。报道题材是最近两天内发生的重要新闻事件。

二是涌现了一大批知名节目主持人和出色的电视记者。代表性的如20世纪40—50年代的埃德华·默罗,60—70年代的沃尔特·克朗凯特,以及80年代涌现的中青年新秀丹·拉瑟、黛安·索耶等。这些主持人知识渊博、机敏干练、口齿伶俐、个性鲜明、技艺全面,他们主持的一些固定节目,如《现在请看》《晚间新闻》《CBS报道》《60分钟》《人物介绍》等都办得很有特色,成为全国最佳节目。这些主持人、记者事业心强,具有强烈的正义感和政治勇气。如20世纪50年代,爱德华·默罗不顾个人安危,勇敢地与迫害狂麦卡锡参议员及黑暗势力较量;60年代,克朗凯特公开反对约翰逊总统的侵越政策;70年代,丹·拉瑟在水门事件败露前,就在白宫的记者招待会上公开顶撞总统尼克松。这些内容都在CBS的电视屏幕上如实地公之于众,让世界观众震惊。

20世纪80年代有线电视广播的崛起,促使CBS对栏目进行调整。为了利于竞争,CBS改进了新闻节目的制作,增加了富有特色的访谈节目,并针对不同的地区制作相关的节目以求占领当地市场。CBS对中国方面的报道较客观,也一直注重同中国进行节目交流,它拍摄的《紫禁城》在中国颇受欢迎。

1995年,哥伦比亚广播公司拥有直属电视台7座,附属电视台200座,直属电台14座以及少量附属电台。1995年8月,西屋电气公司将它收购。1999年,美国大型传媒集团维亚康姆集团(Viacom)又购买了它,成为其新的主人。

3. 美国广播公司(American Broadcasting Company, ABC)

1943成立于纽约,总部设在加利福尼亚州的伯班克市,现属迪士尼集团旗下。美国广播公司拥有10家地方电视台和50多家广播电台,是美国七大广播电视网之一。截至2001年9月30日,拥有226家国内附属台,覆盖了全美25%的地区。

美国广播公司的前身是美国全国广播公司(NBC)的一部分。全国广播公司当时拥有红色广播网和蓝色广播网两个广播网。1940年,美国联邦通信委员会(FCC)颁布的广播网法则中规定:"一个公司不能拥有两个及两个以上的广播网。"受这一规定的约束,全国广播公司在1942—1943年间对两个广播网进行了资产分离。1943年12月,将较弱的蓝色广播网正式出售给美国广播系统公司。1945年,蓝色广播网改呼号为ABC;1948年4月播出电视节目。在美国三大广播网中,ABC起步最晚,力量较弱。然而,在莱昂纳多·戈尔登森(Leonard Goldenson)的带领下,ABC推行新的政策,积极发展自办节目,限制广告商和其代理公司在节目内容制作方面的作用,积极与好莱坞合作,改变了电视节目运作的模式,使电视节目网掌握了节目制作的主导权。由此,ABC发展迅猛,到20世纪60年代已经与CBS、

NBC形成鼎足竞争之势。1975年,ABC一度在收视率上超过了NBC和CBS两大电视网,一跃成为三大电视网之首。1976—1979年间,ABC新增35个附属台,总数达到了203个,覆盖了美国98%以上的家庭。1999—2000年,借助娱乐节目《谁将成为百万富翁》的成功,ABC在当年的收视率上一举超过另外两个老对手NBC和CBS。但随着《谁将成为百万富翁》风光不再,ABC的收视率开始急剧下滑。2004,ABC在美国电视台的排名已经下降到第四的位置。

ABC比较著名的节目有《20/20》《早安,美国》等。其中,《ABC今晚世界报道》是ABC最重要的一档晚间新闻节目。该节目侧重于世界政治新闻的报道,中东问题、巴以冲突、各国元首出访都是它长期关注的话题。在新闻题材的选择上多为传统的事件性的"硬新闻",但是在制作技巧和包装上又敢于突破和创新。即使是新闻节目,ABC也没有脱离它"城市年轻观众"的定位。该节目时尚感强,画面极富视觉冲击力,强化事件中的矛盾冲突,记者表现得十分积极活跃,提问针锋相对,极其尖锐,创立了ABC独特的新闻风格。其主持人的人选经历了数次变动,一直到20世纪80年代初期才最终确定了由彼德·詹宁斯主持的局面。在成为《ABC今晚世界报道》的主持人之前,彼德·詹宁斯已经有了近30年的新闻工作经历,他以自信、成熟、稳重的主持风格赢得了美国观众的广泛青睐。

4. 美国之音(Voice of America)

美国政府的对外广播机构,成立于1942年2月,第二次世界大战期间隶属美国战时情报局,主要从事战争宣传鼓动。1953年后,美国之音直属美国新闻署,主要进行反共宣传,为"冷战"服务。以后逐渐将重点转移为宣传美国政府的外交政策,鼓吹美国的社会制度、生活方式和价值观念。美国之音节目内容广泛,形式多样,包括新闻、时事分析、评论、新闻专题、音乐、艺术、科学、体育及各种英语教学节目等。其中,新闻节目是美国之音的主要内容,占全部节目的一半以上。美国之音的新闻节目,注意强调"客观""公正",并擅长以"事实性新闻"和"平衡性新闻"来体现,重视对新闻事件的背景分析和新闻述评。另外,美国之音的英语教学节目也办得富有特色,为它带来了一定的收听率。

美国之音的总部设在华盛顿的卫生、教育和福利大厦内,有26个播音室,10个录音室,10个剪辑室,1个录音控制中心和总控室,几十个编辑室;在纽约和国外的慕尼黑、曼谷、开罗等地设有节目制作中心。美国之音使用44种语言对全球广播,其中英语、法语、西班牙语、阿拉伯语和汉语为主要播音语种。美国之音堪称世界上最具影响力的国际电台,其信号基本覆盖了全球,经费来自政府拨款。进入21世纪之后,随着传统媒体的转型发展,美国之音也开设了网络电台,采用新的技术手段继续向世界各地广播。

5. 美国有线电视新闻网(Cable News Network, CNN)

美国有线新闻网(Cable News Network,简称CNN),是隶属于美国第二大传媒集团时代华纳旗下的著名有线电视新闻网,以提供即时性新闻而著称。CNN总部设在亚特兰大市。CNN是美国第一家通过卫星向有线电视网和卫星电视用户专门提供全天新闻节目的电视公司,也是世界上第一家开办24小时全新闻频道的电视公司。CNN覆盖六大洲,是世界历史上第一个名副其实的全球电视网。

CNN由特纳广播公司总经理泰德·特纳(Ted Turner)在1980年6月创办。特纳认为:既然有新闻广播电台,就应该有新闻电视台。经过10多年的发展,CNN已经成为世界上新闻与信息的主要来源之一,在美国拥有5400多万订户,在全球210个国家和地区拥有1亿多用户。CNN全天24小时播出新闻,全球有400多家电视台使用它提供的新闻资料,一举成为与三大广播公司并列的美国第四家广播公司。特纳以“抢到独家新闻,我们就能击溃任何一家广播公司”作为经营之道,并实行24小时新闻电视播出制度。CNN重视突发事件的报道,可以随时中断其他节目来播发突发事件新闻。例如,1986年挑战者号航天飞机失事、1989年美国入侵巴拿马、1991年苏联“8·19事变”等许多重大消息都是它率先发出实况报道的。1991年海湾战争期间, CNN因独家在伊拉克进行报道而扬名天下。CNN的新闻实践观念,如追求与事实同步的报道速度,有闻必录、有事必报,对同一问题提供多方甚至是互相矛盾的消息和反馈等,对传统的新闻观念造成了一种冲击。CNN的新闻节目题材广泛,但对事实缺乏深层的报道。迅速、及时、客观、准确的报道,使CNN不仅在美国人心中树立起新闻权威的形象,并且成为世界范围内的重要新闻机构,许多商界和政界要人都是它的忠实观众。CNN有员工近4000人,其中海外记者上千人。CNN现已在全世界设立了36个记者站,拥有7套单向电视节目和1套双向网络电视节目,它已经成为美国国内和全球范围内最主要的电视新闻提供者。

6. 福克斯广播公司(Fox Broadcasting Corporation, FBC)

由澳大利亚媒体巨头鲁珀特·默多克控股的新闻集团于1986年10月创办。新闻集团在20世纪80年代中期已经成为美国媒体市场的主宰者之一。1986年,新闻集团大量举债在美国购买了20世纪福克斯公司和6家电视台,并联合了105家独立电视台,形成了全国性的广播网。1987年,FOX开始播出广播网的联播节目。1990年,它的联网电视台已经发展到了156家,覆盖美国92%的地区。1995年,新闻集团当年70%的收入都是从美国市场获得的。20世纪90年代中期起,FOX已经崛起为同三大广播电视网(NBC、ABC、CBS)齐名的“第四电视网”。到1997年时,FOX通过广播、有线电视和卫星等渠道,已经可以覆盖到世界近75%的人口。福克斯广播公司推出的娱乐节目、体育节目及电视剧等在不少美国观众中颇受欢迎,如真人秀节目《执子之手》《真心话大冒险》、电视剧《越狱》等。

目前,福克斯广播公司有200个附属电视台,还拥有许多联合派拉蒙电视网的附属电视台。福克斯电视网的地面电视业务在美国有福克斯广播公司、福克斯电视台和24家美国地方电视台,覆盖范围超过40%的美国电视用户;还拥有福克斯新闻制作公司、20世纪福克斯电视公司、20世纪福克斯电视台、20世纪福克斯/阿斯特拉尔电视发行有限公司、常青树电视制作公司和福克斯儿童网。有线电视网在美国有福克斯新闻频道、福克斯有线电视网公司、有线娱乐电视网、福克斯电影频道、福克斯体育网络、福克斯地区体育网络、福克斯国际体育(占50%)、福克斯全球家庭(占49.5%)等,在全球范围内具有广泛的覆盖面和影响力。

进入20世纪90年代之后,随着全球媒介集中化程度的加剧,美国的许多广播电视机构相继被并购整合进新闻集团、维亚康姆集团、时代华纳公司、迪士尼集团等几家大型的传媒集团旗下。

二、加拿大广播电视业概况

加拿大位于北美大陆,与美国接壤,是一个拥有997.06万平方公里广袤土地的国家。历史上,加拿大曾长期处于法国和英国的殖民统治之下,至今仍然以英语和法语两种语言为官方语言。20世纪初,世界无线电技术的发展也波及了加拿大。1919年,加拿大出现了商业性的无线电广播,这一年9月,马可尼公司在蒙特利尔创办了XWA电台,这是加拿大的第一座广播电台。此后,商业广播陆续占领了市场。20世纪20年代,加拿大出现了宗教广播电台及教育广播电台。

随着广播成分的日趋多样和广播活动的日益复杂,加拿大政府开始研究并制定公共广播政策。1932年加拿大政府公布了第一个广播法——《加拿大无线电广播法》,确立了公私混合、公营垄断的体制,并成立了加拿大广播事业委员会,1936年改组为"加拿大广播公司"(CBC)。加拿大广播公司(CBC)既承担向全国广播的任务,同时又监督其他商业台的节目和广告,还负责加拿大的对外广播工作,共使用11种语言,并在伦敦、巴黎、纽约、莫斯科、香港等地设有分支机构。1952年CBC正式开播电视节目。

1961年10月,加拿大电视有限公司(CTV)创立,由28家遍布全国各大城市的商业电视台联合组成,是全国首屈一指的私营电视机构。

加拿大电视节目丰富多彩,极具多元文化特色,科教类节目办得极佳。该国广播电视事业发展中一直面对的问题是美国变幻多彩的节目对本土的冲击,因为80%以上的加拿大人居住在美加边界附近。1968年新的广播法颁布,加拿大对本国广播电视网采取了一系列保护措施,对外国广播电视网的"入侵"进行了限制。

加拿大的广播电视事业是公营和私营并存的体制。目前,全国有270多家私营电台和60多家私营电视台。

三、英国广播电视业概况

英国是世界上第一座电视台的诞生地,目前广播电视业也相当发达。1922年英国境内建立了第一座广播电台,1927年英国广播公司(BBC)成立,1929年第一座地方台建成,1936年建立了世界上第一座公共电视台;1937年设置了第一台电视转播车。1962年首次利用通信卫星转播电视节目,1967年开播彩色电视,1989年开办了卫星直播节目。20世纪90年代以后,英国广播电视网开始了对亚洲、非洲、美洲和欧洲大陆的网络覆盖,采用了数字、有线和卫星传送等多种传播方式。

英国的广播电视体制是公私兼营,以公营为主,私营为辅。全国规模最大、受众最多的英国广播公司(简称BBC)属公营,它在英国国内一统天下将近30年。这样,英国的广播电视避免了商业化的弊病。BBC的节目内容严肃,以新闻报道的客观、公正赢得了世人的尊敬,但缺乏活力。第二次世界大战期间,英国实行战时体制,BBC改归政府宣传部领导,对内和对外广播坚持播音,但电视播映暂时中断。第二次世界大战后,BBC恢复原有机制,广播事业进一步发展,电视恢复播映。50年代,英国政府积极推进电视发展计划,在各主要城市建立电视发射台,初步形成了覆盖全国的电视网。与此同时,英国各界对广播电视的独家垄断问题产生分歧。1954年英国议会通过了允许建立商业广播电视机构的《电视法案》,允许开办商业电视,由新组建的独立电视局(Independent Television Authority,简称ITA)负责管理。1955年9月22日独立广播公司伦敦电视台首次播放节目,它的建立,标志着英国出现第一家靠广告收入和出售节目而维持经营的商业性广播电视公司。1972年独立电视局改名为独立广播局(Independent Broadcasting Authority,简称IBA),同时管理商业电视和广播。

1973 年第一家私营电台(伦敦广播公司)开播,BBC 垄断广播的局面被打破。

20 世纪 80 年代后期,西欧各国出现了广播电视商业化的趋势,原先公共广播电视一统天下的局面,纷纷被公私并存的新体制所取代。英国朝野要求全面发展商业电视的呼声也不断高涨。在这一背景下,1988 年 10 月,英国政府发表了名为《90 年代的广播电视:竞争、选择和质量》的白皮书,就变革广播电视体制提出了建议。1990 年,英国议会通过了旨在放开广播电视市场,创设更为自由的竞争环境,以促进广播电视事业繁荣的新的广播电视法案——《1990 年广播法》。根据这一法案,原有的独立广播局和有线电视局均被撤销,代之以独立电视委员会(ITC)和无线广播局(RA)。独立电视委员会负责管理商业电视,包括电缆电视和卫星电视,有权颁发电视台许可证,颁布某些行政法规,对违反法规或节目标准的电视台给予制裁。无线广播局负责管理商业广播,有权颁发电台许可证、制定有关广播的行政法规并监督其执行。新广播法并未涉及 BBC,但是由于对原属 IBA 系统的私营广播电视体制进行了重大变更,原有的"双头垄断"格局已被打破。此后,英国广播电视分属三个系统:一是英国广播公司,现有全国性频道 8 个、全国性电台 6 个、地方电台 39 个;二是独立电视委员会,管辖商业性电视,包括全国性地面电视频道 3 个(第三、第四、第五频道)、地区性地面电视频道 14 个以及卫星电视(英国天空广播公司等)、有线电视;三是无线广播局,管辖商业性的全国电台 3 个、地方电台 150 个。

1. 英国广播公司(BBC)

前身是 1922 年由英国 6 家无线电广播公司和电器制造公司联合组成的商业性的广播公司。1927 年英国政府根据当时颁布的一项"皇家约章"的特许令,将其收归国有,成为世界第一家公共广播机构。BBC 采用公共企业的管理经营方式,既为私人所有,又不受政府控制,而是由国家委托给某家垄断公司经营,相对独立于政府,但对议会负责。根据"皇家约章"规定,BBC 不做商业广告,不广播付费节目。其经费来源:一是国家拨款;二是受众交纳的电视机执照费(收视费),但由政府部门代为收取;三是出售电视节目的收入。

BBC 的业务主要为分三部分:对内广播、对外广播及电视台。广播电台的对内广播网办有 4 套全国性的节目:一套主要播出音乐;二套是轻音乐、幽默、猜谜、故事和体育等娱乐节目及简明新闻;三套以古典音乐、戏曲为主;四套是以新闻为主的综合性节目。BBC 国际广播电台负责对外广播,每天用 39 种语言播音,每周总的播音时间约 730 小时。BBC 对外广播有影响的节目是新闻、英语教学节目和广播剧。1995 年,BBC 正式推出数字电台广播服务。BBC 的电视台以制作高质量的电视剧闻名于世。现今,BBC 拥有 BBC1、BBC2、BBC3(原为 BBC Choice)、BBC4(原为 BBC knowledge)、BBC 议会、BBC 新闻、CBBC(8 岁以上的儿童节目频道)、CBeebies(8 岁以下的幼儿节目频道)、BBCi(互动电视)以及 BBC World 等电视频道。其中,前 9 个频道都是国内频道,BBC World 则是一个面向全球提供新闻信息类节目的英语电视频道,实行全天候 24 小时播出,节目以新闻、财经、气象类节目为主,也有一些纪录片及生活类、文化类节目。BBC World 的主打节目是整点新闻,整点播出,每次半个小时。不过,其深度新闻报道和人物访谈节目也颇具特色。

2. 独立广播局(ITA/IBA)

独立电视局于 1954 年 8 月根据《独立电视法案》建立,这是一个管理商营广播电视的公共机构。ITA 的各个委员均由邮电大臣任命,任期五年。法律规定 ITA 负责监督独立电视公司的业务，特别强调独立电视台均应严格遵守对广告播出时间、数量和内容的规定，节目应与广告明显分开，不得以广告影响节目内容等。ITA 的主要职责除了审查播出内容之外，还包括发射节目和提供设备。1972 年独立电视局改名为独立广播局（IBA），同时管理商业电视和广播。自 1992 年起，独立电视委员会和无线广播局取代了独立广播局。

四、法国广播电视业概况

法国的广播事业起步于 20 世纪 20 年代初，在 30 年代末开始试播电视，也是世界上广播电视事业最发达的国家之一。

法国的广播电视最初是公私混杂的体系。1921 年，法国邮电部首创第一座国营广播电台——埃菲尔塔广播电台。1922 年，法国无线电话公司又由私人投资创办了私营电台——巴黎广播电台。1923 年 6 月，法国政府制定广播法，宣布广播事业是国家专利，私人不得设立电台。这项法律成为后来法国广播电视业国家垄断体制的开端。不过，法国当时并未完全取缔私营广播电台。在 20 世纪 20—30 年代，法国广播事业取得很大发展，截至 1937 年第二次世界大战爆发前夕，法国居民所拥有的收音机猛增到 400 多万台，仅国营广播网就建立了 3 个全国性广播电台、18 个地方台。此外，还有 12 家私营的商业广播电台。第二次世界大战期间，法国被德国占领，所有的广播电台都被置于德国占领军的严密控制之下。

第二次世界大战之后，法国的电视业得到了快速发展。1953 年，法国的电视机拥有量超过 6 万台，至 20 世纪 60 年代初，突破了百万台，到 20 世纪 90 年代，电视机数量增至 1900 万台。电视机的逐步普及，促使电视台的节目也日益丰富起来，电视播放时间大幅度延长。与大多数人对西方实行民主主义和自由主义媒介制度的习惯不同，在很长时间里，法国的广播电视体制是国家所有、政府控制的。但自 20 世纪 80 年代以来，法国的广播电视体制发生了剧烈的变化。以密特朗为首的社会党执政后，同意私营电台与国家广播电台并存，并允许开办私营电视台。由此，法国广播电视业形成了公私并存式的自由竞争局面。

目前，法国的私营电台主要有欧洲一号电台、蒙特卡罗电台、卢森堡广播电台和南方电台。法国的主要电视台是电视一台、电视二台和电视三台，建台时都为国营台，节目较严肃。20 世纪 70 年代以后，观众要求改进节目的压力促使政府多方面寻找方案。1982 年政府允许私营台同国营台竞争，1984 年法国电视四台开播，它是战后第一家私营台。1987 年全国又出现了四家私营台。1987 年 4 月，法国电视一台改制为商业电视台。

法国国际广播电台，是法国的对外广播机构，1982 年起以 17 种语言，每天 55 小时 15 分钟对外播出。

1989 年法国国际电视公司设立，重点对象地区是非洲、中东和东欧。此外，法国还与瑞士、比利时、加拿大合办了国际法语电视频道——法国第五频道。该频道在拉美和加勒比地区拥有 760 万名用户，占有该地区有线电视和卫星电视市场的 55%。

法国非常重视对广播电视传播内容的监管，强调广播、电视中必须确保各种各样的政治言论，以维持政治上传播的多元化；限制情色与暴力节目的播出（法国时间晚 8 点以前禁止播放），以保护未成年人；规定电视台播出的节目配比中，欧洲节目占 60% 而法语节目占 40%，电台针对青少年播放的歌曲中至少有 35% 是法语歌，针对中年播放的歌曲中至少 60% 是法语歌，以保护法语。此外，还对电视频道的广告时长予以限制。总体而言，法国的广播电视事业提供了高质量的文化节目和很好的娱乐内容，在维护法兰西民族文化方面发挥了重要作用。

五、德国广播电视业概况

德国是广播电视发展最早和最发达的国家之一。1923 年 10 月 29 日，在柏林开始定期播出广播节目。1935 年，世界上第一套电视节目在柏林播出。第二次世界大战后德国分裂为民主德国和联邦德国，民主德国实行原苏联的国营体制，联邦德国实行公有公营制度。

(一)原民主德国的广播电视事业

原民主德国的广播电视受国家广播委员会和电视委员会领导。主要广播电视机构有：

德意志民主共和国电台，设有两套节目，一套是新闻和消遣性节目，24 小时播音；一套是以社会性、教育性、知识性节目为主，供本国居民收听。

德意志民主共和国之声电台，对民主德国以外的德语地区广播，主要宣传东欧各国成就和播出适合西方口味的节目。

柏林国际广播电台，成立于 1955 年，用 11 种语言对东南亚、中东、非洲、美洲及欧洲的国家广播。

柏林电视台，民主德国最早的电视台，1950 年 6 月 13 日第一次播出节目，1952 年 12 月 22 日正式定时开播。柏林电视台共有两套节目，第一套节目以政治、经济、文体等节目为主，第二套节目以知识类节目及影视剧为主。

(二)原联邦德国的主要广播事业

原联邦德国的电视事业，既独立于政府之外，又不属于私人所有，它执行一种公有公营的、由地方机构自行管理的制度。主要广播电视机构有：

德广联(德意志联邦共和国公共广播联盟)，成立于 1950 年 10 月，东西德合并后，德广联成员包括 11 座州广播电视台、2 座对外广播电台、1 座全国性电视台、1 座里亚斯广播电视台(由美占领军建立的)等 15 个机构。节目来源于各州电视台，内容以文化、教育、科技、艺术为主。

德国之声，又称德国电波电台，成立于 1953 年，总部设在科隆，1960 年发展为独立的全国性广播电台。它用 38 种语言对外广播，是世界最大的广播电台之一。

德意志广播电台，1960 年成立，以欧洲邻国为播出对象，全面介绍德国情况，以新闻节目为主，还播放大量的西方热门音乐、摇滚乐、德国的流行歌曲等。

德意志电视二台，1961 年成立，1963 年播出节目。在波恩和各州设有采访和节目制作机构，通过独立的发射和转播网向全国广播，每天广播达 16 小时以上。其中，新闻节目和娱乐节目各占 50%。

两德统一后，原民主德国的国家电台、电视台相继被原联邦德国的德广联(ARD)和电视二台接管。统一后的德国沿袭原联邦德国的体制模式。1991 年 8 月，德国 16 个州共同重新制定了《联邦德国广播电视国家协议》。协议确认在德国实行公共广播电视与私营广播电视并存的二元广播电视体制。

德国现有的公共广播电视机构主要有全国性广播电台(德意志广播电台、德国之声)、地方广播电视台(包括原联邦德国地区9个、原民主德国地区2个)、电视一台(1954年开播的德国公共广播联盟各地方台合作组成的电视台)、电视二台(1961年由各州协议创办的第二套全国性电视频道)。除了上述这些公共广播电视台外,另外还有和法国合办的欧洲文化电视台(ARTE)以及与奥地利、瑞士合办的三星电视台(3SAT),它们都以文化教育节目为主。德国公共广播电视的收入一般来自两个方面:一是听众和观众交纳的收听费、收视费(约占总收入的七成以上),具体数额由州际协议规定,并由各州联合设立的收费中心征收;二是广告费,依州际协议规定电视一台和二台可以播送不超过20分钟的广告,电台方面除德意志广播电台和德国之声禁止播广告外,其他电台每天可以播60分钟左右的广告。

德国的私营商业电台和电视台自20世纪80年代初获准开办之后,发展迅速,尤其是在电视领域,市场份额大有超过公共台之势。德国的私营电台均为地方性的,数量达数百座。私营电视以有线电视为发端,后扩展到卫星电视和地面无线电视,现有面向全国的商业电视台达十多家。目前,德国的商业广播电视机构主要有卢森堡广播电视台(RTL)、卢森堡广播电视二台(RTL 2)、卢森堡广播电视台超级频道(Super RTL)、沃克斯电视台(VOX)、卫星电视一台(SAT 1)、电视七台(PRO 7)和有线电视一台(Kabel 1)。

1997年1月,德国放宽对商业电视所有权的限制,允许一家电视机构拥有全国性电视台100%的股份,而且拥有电视台的数量限制也被放宽。德国广播电视业的发展格局,由此也出现了新的变化。

六、俄罗斯广播电视业概况

俄罗斯是世界上广播电视起步较早的国家之一。俄罗斯的广播电视事业大体上可以分为苏联时期与俄罗斯联邦时期两个阶段。1919年12月,俄国第一次无线电语言广播试验成功,1920年"灯塔"电台建立。1922年,苏联莫斯科中央无线电台开始播音。1939年苏联正式播出电视节目,1962年开始卫星电视广播,1967年播出彩色电视。苏联时期俄罗斯的广播电视一直实行的是国营体制,其具体特点有:所有的广播电台、电视台都是国家经营的;广播电视是党和政府的宣传机构,由国家广播电视委员会直接管理,负责干部任命,制订电台、电视台的工作任务,监督和审查广播电视的节目制作和播放;广播电视事业的经费全部由国家拨款。这种体制决定了它们的节目高度重视思想教育。各电台、电视台以主要精力办好新闻性政论性节目。文艺节目杜绝色情、暴力,重视寓教于乐。"苏联广播电视体制分为三级:中央级、加盟共和国级和地方级,每一级广播电台和电视台都接受同级广播电视部门的领导;而每一级广播电视部门又都接受同级党和政府的领导。广播电视被视为推行各项政策的重要宣传鼓动工具、对劳动人民进行思想教育的强大武器。"[1]由此,也使得苏联时期的广播电视节目内容比较单调,宣传意味浓厚,新闻报道的时效性较差、缺乏透明度。

苏联时期的主要广播电视机构有:苏联中央广播电台,1922年正式播音,是政府对内广播的国家电台,共有8套节目;苏联中央电视台,1939年正式播出电视节目,1967年正式播出彩色电视,其特点是重视新闻节目,注重节目内容的知识性和教育性;莫斯科电台,苏联的对外广播电台,成立于1929年,到1991年,共使用67种语言,每天播音230小时,拥有短波

[1] 郭镇之:《中外广播电视史》,第106页,复旦大学出版社,2005年5月。

发射机约220部，总发射功率约4万千瓦，是世界上功率最大、播出时间最长、使用语言最多的对外广播电台。

1991年苏联解体后，俄罗斯联邦境内私营性质的广播电视业发展迅速。1995年，各种私营或公私混合经营的电台、电视台在俄罗斯就有300多座，其中有的已经成为颇有影响的全国性广播电台或电视台。由此，俄罗斯形成了公私并存的广播电视体制。之后，俄罗斯加快了广播电视事业的建设步伐。1996年9月1日俄罗斯第一座卫星电视台“独立电视台新频道”开播。“独立电视台新频道”有五套节目——《我们的电影》《电影世界》《体育》《音乐》及《晚间成人频道》。有线电视是俄国电视事业的薄弱环节，各地区有线电视网络各自为政，一直未能建立一个全国性的有线电视网络。1997年8月，俄罗斯联邦政府审核通过了关于“建造完整统一的电视通信网络的构想”。这一构想的目的是通过在莫斯科郊区最近的6个城市建立能提供国内外50个频道的有线电视台，从而辐射28个区。此后，随着国内私有化浪潮的冲击，俄罗斯的广播电视系统也受到了很大影响，许多广播电视机构落入私人财团的把控。2000年，普京执政之后，俄罗斯的广播电视重新回到以国家控制为主的经营发展模式。经过十多年的分合变化，如今全俄罗斯联邦共有广播电台500多座，其中国营或地方国营的143座，私营和混合经营的391座。

当前，俄罗斯对全国广播的电视节目主要由三家电视机构经营，它们是：俄罗斯公共电视台（其前身是苏联中央电视台，国家控股）、全俄罗斯国家电视与广播公司（亦名俄罗斯电视台或国家电视台）、圣彼得堡电视台。全国性广播节目主要有：奥斯坦基诺广播电台、俄罗斯广播电台（国营）、“青春”电台、“灯塔”电台、莫斯科“回声”电台等。

1. 俄罗斯第一频道——俄罗斯公共电视台（OPT）

前身是1951年成立的苏联中央电视台，总部在莫斯科，以原苏联全境作为服务区域，播送综合性节目。1991年“8·19”事件后，被改组为奥斯坦基诺广播电视公司，仍为国有。1994年11月30日，俄罗斯总统叶利钦下令将其转变为股份制的俄罗斯公共电视台。该台每天早上6点半以《早晨》节目开始，8点以后每逢正点都有新闻，晚上9点有半小时著名的《时代新闻》栏目，另外还有著名的评论节目《视点》。全天播出20小时。该台为公私合营企业，国家拥有51%股权，经费主要依靠广告收入。2002年，更名为俄罗斯第一频道。

2. 俄罗斯电视台（PT）

由1990年设立的全俄罗斯国家电视与广播公司开办，1991年5月正式开播，总部在莫斯科，面向全俄罗斯播送综合性节目，每天播出17小时。主要的新闻节目为《消息》，正点播送，很有影响。该台为国营的全俄国家电视和广播公司的下属机构，经费原来全靠国家拨款，现在部分依靠广告收入。

3. 独立电视台（HTB）

1993年10月开播的商业台，台址位于莫斯科。起初在教育台的第四频道每天播送6小时，1996年第四频道完全转给它，教育台停办。独立电视台曾经为俄罗斯金融寡头“桥银行”总裁古辛斯基控制，他拥有49.5%的股份，俄罗斯天然气公司拥有46%股份。2001年因债务纠纷，这家电视台转入天然气公司之手，建立了新的董事会和管理机构。这家电视台以新闻报道和娱乐节目为主，覆盖乌拉尔山以西的大片地区和城市，新闻节目《今天》、评论节目《结局》较有影响。

4. 俄罗斯之声——俄罗斯对外广播机构

俄罗斯专门从事对外广播的国家电台是“俄罗斯之声”，其前身是苏联于1929年成立的莫斯科国际广播电台。俄政府一贯重视对外广播，共用77种语言对150个国家播出，节目丰富多样，主要向世界介绍俄罗斯政府的政策、措施和观点，同时，也以多种综艺节目介绍俄罗斯民族的文化。

5. 今日俄罗斯

2005年12月，俄罗斯政府成立了全俄首家数字化电视网——“今日俄罗斯”（英文名称Russia Today，简称RT）。作为一家国际新闻频道，今日俄罗斯的成立意在呈现一个“毫无偏见的俄罗斯图景”，与美国有线电视新闻网、英国广播公司等全球电视巨头抗衡。这家新成立的媒体被定位为“独立的非营利机构”，以图摆脱苏联时代留给外界的刻板印象，使其更易于被国际社会所接纳。目前，RT电视台是俄罗斯最大的国际传播机构，共有英语、西班牙语、阿拉伯语、美国版RT、纪录片五个高清频道，通过30个卫星电视及500个有线电视运营商24小时播出节目，覆盖全球270万家星级酒店，受众达到6.44亿人。

七、澳大利亚广播电视业概况

澳大利亚位于远离欧亚大陆的南太平洋上，是个地广人稀的国家，首都堪培拉，通用语言是英语。澳大利亚原为土著人居住地区，1788年英国殖民者在澳大利亚建立殖民地。此后，大批移民涌入澳大利亚。在相当长的一段时期，澳大利亚被分割成许多大小不等的殖民地。1901年，各块殖民地统一为英国的自治领——澳大利亚联邦。1931年，澳大利亚获得内政、外交自主权，成为英联邦内的独立国家。

1923年11月23日，澳大利亚第一座广播电台在悉尼开播。1924年政府把广播电台分为两类：一是以收听费经营，一是以广告收入经营。前者为公营，后者为私营。1932年5月17日，澳大利亚议会通过了《澳大利亚广播委员会法》，根据该法成立的澳大利亚广播委员会负责国营广播电台的广播。1939年澳大利亚广播委员会开办国际广播。1942年澳大利亚通过了《澳大利亚无线广播法》。1947年调频广播试播。20世纪50年代以后，澳大利亚的广播电视业发展迅速，其规模在亚太地区仅次于日本。1956年，《澳大利亚无线广播法》改为《广播电视法》，同年9月，悉尼商业电视台（TCN）首次播出电视节目，1966年通过卫星首次成功地转播英国电视节目，1975年播出彩色电视节目。1963年以前，澳大利亚电视节目主要来源于国外，美国占83%，其余来自英国。1963年之后，本土节目开始突破，为澳大利亚电视注入了强心剂。澳大利亚的广播电视体制是公共广播电视机构与商业性机构并存，主要广播电视机构有：

1. 澳大利亚广播公司（ABC）

1983年成立，是公共广播机构，总部在悉尼，在全国进行无线广播和电视广播。经费主要是议会决议拨付的国库资金。最高机构是经营委员会，成员有管理和经营广播公司的总经理和没有业务执行权的6~8名委员。

澳大利亚广播公司目前拥有1家国家电视台（ABC TV），1家对外广播电台（Radio Australia）和1家对外电视台（Australian Television International），4个广播电台网即：国家电台、ABC古典音乐调频台、青少年立体声调频台、ABC新闻广播。此外还有48家地方电台、9

家都市电台、29 家 ABC 商店和分布于全澳的 87 个 ABC 制作销售音乐的中心。

澳大利亚广播公司的节目品质颇受观众赞赏。从题材上来看,主要有公共信息新闻节目、凸现本地特色的本地节目、体育节目、儿童节目、青少年节目、科技、文化艺术、教育宗教类节目;从类型上来看,包括有纪录片、现场报道、电视剧等。

2. 公共广播电台

1978 年领取执照,以特定的少数民族为对象的小规模非营利广播电台,以赠金、国家和州补贴为经济来源,不播广告。

此外,还有商业电台和电视台,原则上是以地区为单位的独立事业团体。商业广播电台的全国性组织是澳大利亚无线广播业联盟,主要城市的地方电视台组成了“第七频道电视网”“第九频道电视网”和“第十频道电视网”三个电视网。

由于澳大利亚是移民国家,外来人口占全国人口的 25%。出于政治和文化等方面的需要,该国节目具有浓厚的多元文化色彩,知识性较强。

八、日本广播电视业概况

日本是亚洲广播电视最发达的国家。1925 年 3 月 22 日,日本无线电台试验成功,随后东京、大阪、名古屋分别设立了广播电台,并于同年先后开始播音。1926 年,三家电台合并成立“日本广播协会”(NHK)。早期日本的广播体制模仿英国广播公司,NHK 为日本唯一的公共广播机构。在军国主义统治期间,日本的广播沦为军国主义对外发动战争的重要宣传工具。第二次世界大战结束后,日本广播协会在盟军占领当局的管理下,进行改组,更换领导机构,改革节目内容,并重建广播电视记者队伍。

1950 年 6 月,日本国会通过了《广播法》《电波法》和《电波监理委员会设置法》,即“电波三法”。“电波三法”共同确立了战后日本广播事业自主经营和广播自由的原则,确立了公营和私营并存的双轨体制。1951 年 4 月,日本第一批私营电台获准营业,并组成了“日本民间广播联盟”。随着私营电台、电视台的增多,日本公私并存的广播电视格局正式形成。1953 年 2 月,日本正式开播电视,70 年代普及彩色电视,80 年代办播卫星直播电视。1996 年 10 月,日本启动数字电视服务,由此进入了数字电视时代。

1. 公营广播电视机构——日本广播协会(Nippon Hoso Kyokai,即 NHK)

也称日本放送协会,是日本最大的广播电视机构,创建于 1926 年,是具有半官方性质的公营广播电视机构,其最高权力机构是由 12 人组成的经营委员会,成员由首相提名,经参众两院同意后任命。会长理事会是执行机构,会长由经营委员会表决来决定,任期 3 年。经费来源于电视机执照费,不足部分由政府拨款。NHK 拥有庞大的广播电视系统,其核心主要包括三套广播网和两套电视网。三套广播网:第一广播网以新闻时事为主;第二广播网以知识教育为主;第三广播网是调频广播,以文化娱乐节目为主。两套电视网:一套为综合频道,一套为教育频道。从总体来看,NHK 的节目内容比较严肃、正统,新闻报道方面力求准确、公正,注重时效性,娱乐题材尽力避免庸俗化,在世界电视领域享有较高的声誉。NHK 环球广播网 TV 从 1995 年 4 月 3 日起正式开始面向海外进行电视国际广播,其主要目的是促进世界各国对日本的了解,同时向居住在海外的日本人提供信息和娱乐。2000 年,NHK 实现数字卫星广播。目前,NHK 已与世界上数十个国家和地区的广播电视组织签署了积极交换新闻和其他节目的合作协议。

2. 民营广播电视机构

经过60多年的发展,日本的民营电视已相当发达。就全国范围而言,影响较大的广播电视公司有以下五家:

(1)东京广播公司,简称TBS,是属于《每日新闻》系统的广播电视网。该公司的电视台成立于1953年,总部设在东京,在全国设有25个联播台,每天播放20小时。

(2)日本电视广播网公司,简称NTV,是《读卖新闻》系统的商业电视台,成立于1953年,总部设在东京,在全国有25个联播台,每天播放18小时。

(3)全国朝日广播公司,简称ANB,是《朝日新闻》系统的广播电视公司,成立于1959年,在全国有18个联播台,总部设在东京。

(4)富士电视公司,简称FTV,是《产经新闻》系统的商业电视台,成立于1959年,在国内有25个联播台,每天播送节目在20小时以上。

(5)东京十二台,简称IZ,是《日本经济新闻》系统的商业电视台,成立于1964年,在五大民营电视台中,它的实力最弱。

这些民营电视台与NHK有很大不同。首先,民营电视台播出广告,广告收入是其基本收入来源;其次,在民营电视台的节目内容中,娱乐性题材占有相当大的比重,新闻节目所占比重较少;第三,民营电视台多为私人企业,经营的目的是为了获取利润。

近些年来,日本民营广播电视系统呈现联营趋势。日本民间广播协会联盟,就是日本的民营广播电视机构的全国性的联合组织。

九、韩国广播电视业概况

韩国,即大韩民国,位于东亚朝鲜半岛南部,总面积约10万平方公里(占朝鲜半岛总面积的45%),主体民族为朝鲜族,通用语言为韩语,总人口5000多万。

1910年,朝鲜半岛沦为日本殖民地。1945年8月15日光复后取得独立。1948年8月和9月,依北纬38度线,朝鲜半岛南北先后成立"大韩民国"和"朝鲜民主主义人民共和国"。朝鲜半岛自此分裂为两个不同制度的国家。1948年8月15日在南部朝鲜成立的大韩民国,以汉城为首都(2005年更名为首尔),走上了资本主义发展道路。20世纪60年代起,韩国经济开始起飞,进而跻身资本主义新兴国家之列。与此同时,韩国的广播电视业随着本国经济的发展和社会的变动,也逐渐成长起来。进入21世纪,韩国政府加大了对广播电视业发展的支持力度,积极鼓励本国的广播电视媒介进行国际交流与合作,包括合作制片。近年来,韩国广播电视节目的对外输出表现出了强劲的增长势头,其产品在整个亚洲市场都显示出相当的竞争力。特别是韩国的电视剧,因其独特的剧情风格和视觉审美情趣,现已成功打入中国、新加坡等许多亚洲国家的市场,形成了一种"韩流"现象。

早在20世纪20年代,韩国境内就出现了广播电台。1927年,汉城开办第一座广播电台,分别用日语和朝鲜语广播。1945年9月被美军接收,将其由"汉城广播电台"改名为"韩国广播电台",1948年转交给韩国政府。1952年各国营广播电台统称"韩国广播电台系统"。1973年更名为"韩国广播公司"(KBS),性质由国营企业改为公共企业。但政府仍旧对它实施控制。

20 世纪 50 年代起民营和宗教性质的广播电视在韩国开播。1954 年创办了最早的民间广播电台——基督教广播电台(CBS),1956 年由美国经营的商业电视台开播,1961 年"韩国广播公司电视台"在汉城开播,1969 年商业性电视台也开始播放节目。

1990 年 7 月 14 日,韩国议会通过了新的《广播电视法》《广播电视广告公司法》《广播电视体制法》,重新允许发展民营广播电视台。由此韩国形成了公营、半公营、民营、宗教等几个不同的广播电视系统。

1995 年 3 月,韩国正式开办有线电视,同年开通卫星电视频道。2001 年 10 月韩国开办了数字广播电视。目前,韩国的主要广播电视机构有:韩国广播公司 KBS、教育广播 EBS、文化广播 MBC 三家公共台和一家商业台首尔广播公司 SBS。

1. 韩国广播公司(简称 KBS)

KBS 成立于 1973 年 3 月,是根据韩国新广播法改组而成的国营广播机构,属韩国最大的三家电视网之一,经理由总统根据文化公报部部长提名任命,经济来源是电视收看费和广告。KBS 的代表性文化输出产品——电视连续剧,在中国、日本和东南亚国家播出后获得巨大反响,在"韩流"现象的形成过程中起到了不可低估的作用。韩剧之所以能够取代日剧成为荧屏新宠,与其营销策略不无关系。KBS 出口的节目产品通常制作精良,在道具、画面和音乐等元素方面精益求精,销售价格则相对低廉,因此在市场上备受欢迎。现今,KBS 在巩固东亚市场的基础上,正在为进一步扩大市场规模而努力,不仅把节目出口到欧洲和美国,还向中东和非洲提供电视连续剧等。

2. 文化广播公司(简称 MBC)

MBC 成立于 1961 年,最初只是一个广播电台,1969 年开办电视台。MBC 是股份公司,股票的 70% 属于依照《广播文化振兴会法》设立的财团法人——广播电视文化振兴会所有。没有政府补助金和电视接受费,主要经济来源是广告收入。MBC 现已是韩国最有影响力的广播电视主流媒体之一,办有一套地方电视节目和两套广播节目,这三套节目均已实现数字化播出,主要节目类型有新闻、体育、娱乐节目、纪录片等。

十、卡塔尔及其半岛电视台

卡塔尔是西亚的一个阿拉伯国家,位于波斯湾西南岸的卡塔尔半岛上,与阿拉伯联合酋长国和沙特阿拉伯接壤。面积 11521 平方公里,人口 140 多万,属热带沙漠气候,夏天最高气温可达 46℃,冬季凉爽干燥,最低气温 7℃。年平均降水量仅 125 毫米。卡塔尔外籍人约占人口总数的 84%,主要来自印度、巴基斯坦和东南亚国家。居民大多信奉伊斯兰教,阿拉伯语为官方语言,通用英语。首都多哈(Doha)有 40 多万人口,其中外籍人约占 70%,主要来自印度、巴基斯坦和东南亚国家。卡塔尔人均国内生产总值 9 万多美元,是中东最富裕的国家,石油、天然气是其经济支柱。

卡塔尔的广播电视机构主要以"半岛"电视台较为出名。"半岛"电视台坐落在卡塔尔首都多哈市区,"半岛"电视台是阿拉伯世界第一家在本土发射的私营新闻电视台,1996 年 2 月建立,投资 1.37 亿美元,同年 11 月正式开播。在连续 5 年得到政府每年 10 亿美元的拨款支持后,"半岛"电视台现正逐步走向商业化。"半岛"电视台建立初期,卡塔尔凭借雄厚的石油美元财力,从英国广播公司(BBC)招募了一大批著名的阿拉伯语播音员、主持人、编辑、记者及技术人员，组成了“半岛”电视台的核心。“半岛”电视台是新闻电视台，全天 24 小时滚动播出新闻，并在固定时段播放大型新闻节目，播出方式类似于 CNN 和 BBC。播出的新闻不仅面向阿拉伯世界，而且通过卫星覆盖全球大多数地区。目前，“半岛”电视台的员工近 800 人，其中记者 250 人，播音员和主持人约 25 人，大都来自阿拉伯国家。“半岛”电视台已在包括中国在内的 30 个国家建立了记者站。

2001 年“9 · 11”事件发生后，“半岛”电视台即几乎与美国 CNN 同步，用阿拉伯语播放美国遭受袭击事件的整个过程，并调动它在世界各地的记者站进行 24 小时跟踪报道。2001 年 10 月 7 日在美、英对阿富汗实施空中打击开始后，塔利班政权宣布禁止各国记者进入阿境内，而“半岛”电视台成为唯一能够进入塔利班控制区的电视台。利用这一优势，“半岛”电视台在阿富汗战争的新闻报道中独领风骚，频繁播放了导弹袭击阿富汗首都喀布尔的实况。世界各国记者云集阿富汗边境却只能坐等消息，“半岛”电视台却源源不断地播出打着“独家”标志的新闻和图像，并以每分钟 2 万美元的高价转让给竞争对手。另外，美国军方到处搜集本 · 拉登的情报而不得，“半岛”电视台却频频播出本 · 拉登讲话的录像。这些“特别”表现，使得“半岛”电视台取得了举世瞩目的影响力。现今，“半岛”电视台已成为阿拉伯世界最重要、最具有全球影响力的 24 小时不间断播出的新闻电视台，被称为“中东的 CNN”。

在阿拉伯世界对新闻媒体严加控制的大环境下，“半岛”电视台是唯一一家能够不经当局新闻审查而自主播出新闻节目并发表评论的电视台。事实上，自从该电视台创办以来，曾因其客观、全面、平衡的立场而得罪了多个国家、机构及政要，先后向其提出过抗议的国家有约旦、沙特、科威特、突尼斯、巴基斯坦、以色列等，摩洛哥甚至曾召回其驻卡塔尔大使以示抗议；科威特曾关闭“半岛”记者站；美国也向卡塔尔政府提出抗议，美国不仅认为“半岛”电视台有“亲本 · 拉登和塔利班”倾向，而且播发本 · 拉登讲话有“为其传送恐怖批示”的嫌疑。这些国家、机构及政要都曾要求卡塔尔政府管制“半岛”电视台的行为，但都被拒绝，使卡塔尔半岛电视台得以在世界确立起它足以同西方媒体相媲美的声誉。

卡塔尔“半岛”电视台的成功对于广大发展中国家依靠自身努力争取在国际新闻传播领域占有一席之地，取得相应的话语权、影响力，进而推动公平、公正、合理的国际新闻传播新秩序的建立，具有十分重要的实践借鉴意义。

第三节　中国广播电视业发展概况

一、中国早期的广播业

20 世纪 20 年代，广播传入中国。1923 年 1 月，美国人奥斯邦为推销无线电器材在上海开设了“中国无线电公司”，并在外滩大东洋行的屋顶上设置了一座电台，发射功率为 50 瓦，呼号为 XRO，同时在上海安装了 500 架接收机。该电台每晚播出 1 小时，内容有上海《大陆报》刊登的新闻，更多的则是娱乐节目，星期日设有布道、祈祷等宗教性节目。为推销收音机，扩大广播的影响，该台还举办无线电知识讲座。1923 年 1 月 26 日，该台播出了孙中山当日在上海发表的《和平统一宣言》。由于无线电收音机耳机属于军用物资受到当局查禁，加上电台内部有问题，XRO 广播电台只办了 3 个月即倒闭。继之而起的是英商开办的全国无线电公司广播电台和美商经营的开洛公司开办的开洛电台等。此后,日本也在中国天津、东北办起了电台。据不完全统计,当时在中国境内开办广播电台的国家有美、英、法、意、瑞士等,它们所办广播电台累计近100座,前后达20多年,直到1949年,外国在华电台才绝迹。这些电台除了经商需要外,主要目的是进行对华侵略宣传和思想文化渗透。

为了对广播电台的开设进行有效管理,1924年8月,北洋政府交通部发布《装用广播无线电接收暂行规则》,这是中国历史上第一个广播法令。法令允许民间装设收音机,但需要报交通部核准。在拟制无线电广播法令的同时,北洋政府交通部已酝酿在北京、天津筹建官办广播电台。但由于政局动荡,相关工作不久便陷于停滞。1926年10月,刘翰在奉系军阀的支持下开办了哈尔滨广播无线电台,并任台长,这是中国自办的第一座广播电台。该台发射功率100瓦,每天播音2小时,内容有新闻、音乐、演讲及物价报告。1927年3月,私营的商业广播电台——上海新新公司广播电台开始播音,内容有重要新闻、商业信息、音乐歌曲等。在北洋军阀统治时期,中国人办的广播电台有10多座,全国约有收音机1万多台。

二、国民党统治时期的广播业

1926年7月,国民革命军誓师北伐。国民党人在革命军北伐期间即开始筹划建立广播电台。1928年2月,陈果夫与戴季陶、叶楚伧等在南京共同提议创设广播电台。同年7月,国民党中央常务会议通过了国民党宣传部提交的《设立中央广播无线电台计划书》。1928年8月1日,南京国民政府在南京开办的"中央广播电台"开始播音。这个电台的全称是"中国国民党中央执行委员会广播无线电台"(呼号XKM,后改为XGZ),台址设在南京国民党中央党部的后院。后又陆续在杭州、北平、广州、上海等地办起20多座电台,以抄传、转播国民党"中央广播电台"的新闻节目,扩大其政治影响。

1929年8月,国民党政府公布《电信条例》,允许民间经营广播电台。于是在抗日战争爆发以前,民办电台一度繁荣,大约有70多座,其中半数以上集中在上海。这些民营电台大致可分成三种类型:一类是以讲授文化科学知识为主的教育电台(属公益性广播电台),多半在南方的一些中小城市,如无锡的江苏教育学院广播电台、徐州民众教育馆办的徐州广播电台、南昌的江西省立民众教育馆广播电台、北平育英中学育英广播电台、济南的齐鲁大学广播电台、青岛市立民众教育馆广播电台、厦门的同文中学广播电台等;一类是以播放商业广告和娱乐节目的商业性电台,如新新公司最早办的民办电台以及亚美、大中华、东方、国华、华泰、友联、富星等广播电台,多在北平、上海、天津等工商业较发达的城市;一类是宗教性电台,如上海的佛音广播电台和福音广播电台。民办商业电台中除亚美台等少数台偏重于科学知识的传播外,多数以播出戏曲、音乐、弹词等娱乐节目为主要内容,以适应小市民阶层的欣赏趣味,借以获取广告收入维持生存。1931年"九·一八"事变之后,抗日救亡运动高涨,一些民办商业广播电台冲破重重阻力反映抗战呼声,产生了较大反响。

1932年5月,国民党对"中央广播电台"进行扩充,在南京江东门外选定了新台址,同年11月12日启用,并改呼号为XGOA。这是当时亚洲发射功率最大的一座广播电台。1936年1月,国民党"中央广播无线电台管理处"改称"中央广播事业管理处"(中广处),负责"中央台"和一部分地方台的管理。当时,中广处管辖的地方台有:福州台、河北台、西安台、南昌台和南京台等。交通部所属的广播电台则有:北平台、上海台和成都台3座。此外,各省市地方政府和国民党地方党部都管辖有一定数量的广播电台。

20世纪30年代,随着日本侵华势态的加剧,不少广播电台成为开展抗日救亡宣传的重要工具。1936年12月12日,西安事变爆发。张学良、杨虎城接管了西安广播电台,发表广播演说,阐明事变真相,提出抗日救亡的八项主张,呼吁停止内战、一致对外。同时,在中国共产党地下组织的安排下,美国记者史沫特莱和英国记者贝特兰每天在西安电台用英语广播,报道了事变真相和事态发展。1937年"七七事变"前后,在上海的爱国进步人士也往往通过上海的广播电台进行救亡宣传。1937年11月23日,南京沦陷,国民党中央电台停止在南京的播音。其后,武汉的广播电台成了抗日宣传的重要喉舌。1938年3月,国民党"中央广播电台"在重庆恢复播音,发射功率由原来的75千瓦减为10千瓦。为了加强国际宣传,国民党政府还利用英国提供的设备建立起国际广播电台,并于1939年2月开始播音,呼号为XGOY,名为"中国之声"(简称VOC),开办有对欧洲、北美、苏联东部、中国东北、日本及东南亚的6种广播节目,分别使用英、德、法、俄、日和汉语播音。在抗日战争进入相持阶段后,国民党政府积极发展广播事业,加强战时宣传实力。除多方筹措力量办好中央、国际两台外,还注重发展西南、西北地区的广播事业。抗战爆发前,在广大的西部地区仅有寥寥5座广播电台,总发射功率不过10多千瓦。为了适应战时广播宣传需要,国民党当局在贵阳、西昌、兰州等地都办起了新的广播电台。

抗日战争期间,日本侵略者在中国境内先后建立了60多座广播电台,其目的在于配合日军的侵略行动。在日伪统治区内,唯一的反法西斯广播电台是设在上海的"苏联呼声"广播电台。该台建立于1941年8月,在抗日战争期间一直坚持播音,成为上海人民了解欧洲战场反法西斯战争消息的主要来源。

抗日战争胜利后,国民党政府"接收"了日伪的电台,又陆续恢复和新建了一批新的电台。1946年2月,国民党政府交通部公布《广播无线电台设置规则》,规定交通部所办广播电台称为国营广播电台;其他政府机关所办则称为公营广播电台;允许中国公民及完全华人组织的公司、厂商、学校和团体设立广播电台,称为民营广播电台;不准外籍机关、人民及非完全华人组织的公司、厂商、学校和团体在中国境内设立广播电台。1946年5月5日,国民党政府"还都"南京,同一天,国民党"中央台"由重庆迁回南京继续播音。经过一年多的建设和发展,截至1947年9月,国统区共有广播电台101座(其中由国民党"中央广播事业管理处"管辖的有41座,总功率为400多千瓦;其余为各省市公营、私营及美军的电台),全国约有收音机100万台,较抗战前有了相当大的增长。此后,随着国民党政权在大陆的崩溃,国民党在大陆的广播事业也随之终结。

三、中国共产党领导下的解放区广播事业

中国共产党领导下的解放区的广播事业,始于20世纪40年代。1940年春,中共中央成立了以周恩来为首的广播委员会,领导筹建广播电台。中央军委三局从有关部门抽调了30多人组成九分队,具体负责电台的施工和安装。广播电台的台址,经过三局多次勘察,确定设在延安西北19公里的王皮湾村。1940年12月30日,延安新华广播电台开始播音,呼号为XNCR,这一天也成为中国人民广播事业的诞生日。该台发射功率为300瓦,每天播音一次2小时,后增至两次3小时和三次4小时。

延安新华广播电台的播音内容有:中共中央重要文件、《新中华报》《解放》周刊及《解放日报》的社论和重要文章、国际国内的时事新闻、名人讲演、科学知识、革命故事等。此外,还有音乐戏曲节目,主要内容为演播抗日歌曲。从广播传播范围来看,当时西北地区与山东、山西、四川、云南一带都可以接收到。1943 年春天,由于无线电器材补充困难,延安新华广播电台暂停广播,直到 1945 年 9 月才恢复播音。

抗战胜利后,各解放区先后建立了广播电台,相继播音的有哈尔滨广播电台、张家口新华广播电台、延吉新华广播电台、通化新华广播电台、安东新华广播电台、长春广播电台、邯郸新华广播电台等。

解放战争时期,随着战争形势的发展,作为中共中央的喉舌,延安新华广播电台先后转移过三次:1947 年 3 月到陕北瓦窑堡,1947 年 4 月到河北涉县太行山麓,1948 年 5 月迁到河北平山西柏坡。到 1949 年 3 月 25 日,延安新华广播电台又随解放军迁到北平,改名为北平新华广播电台。1949 年 6 月 20 日,北平新华广播电台在连播节目中播送了毛泽东在新政治协商会议筹备会上的讲话录音。

1948 年 11 月,中共中央先后做出了《关于新解放城市中中外报刊通讯社处理办法的决定》和《对新解放城市的原广播电台及其人员的政策决定》,确定了中华人民共和国广播事业由国家经营的原则。1949 年 6 月 5 日,中央广播事业管理处成立,直属中央宣传部,统一领导和管理全国广播事业。廖承志任中央广播事业管理处处长,李强任副处长。1949 年 9 月,中共中央发出《关于对旧广播人员政策的补充指示》,文件规定,中国人民解放军军事管制委员会将全部接收国民党政府、军队及党部管理的广播电台,然后迅速利用其设备建立人民广播电台。对原有广播电台编播技术方面的从业人员,应根据情况,分别做出安排。关于民营广播电台,在军事管制期间,一律归军管会统一管理,按照有关规定,办理登记手续,经批准后始停广播。凡外国资本及外国人经营的广播电台均应停止广播。

1949 年 9 月,根据有关方面的精神指示,北平新华广播电台更名为北京新华广播电台,并于 10 月 1 日实况转播了开国大典。同年 12 月 5 日,北京新华广播电台又改名为中央人民广播电台,成为对全国广播的中心。

从 1923—1949 年这 26 年中国广播事业发展简史看,旧中国广播具有这样的显著特点:鲜明的阶级性、党派性;分处于不同政权之下,广播电台的类型比较复杂。

四、中华人民共和国的广播电视事业

中华人民共和国成立后,中国人民的广播事业进入了新的历史阶段。1958 年 5 月,随着电视的开播,中国的电视事业就此起步。从 1949 年 10 月 1 日中华人民共和国成立到进入 21 世纪的今天,中国的广播电视事业伴随着国家政治生态的变化和经济社会的发展,经历了一个曲折却又不断向前奋进的发展历程。

(一)第一阶段(1949—1966 年),从接管国民党电台加以修复、改造私营电台,重点建设中华人民共和国中央电台和省市电台,到调整巩固广播电视事业。

1949 年 10 月 1 日,中华人民共和国成立后,中央广播事业管理处改组为中央广播事业局,属政务院新闻总署领导。在 1950—1952 年期间,基本完成了对私营电台的社会主义改造,把广播事业置于党和政府的领导之下。1950 年 4 月,中央人民政府新闻总署规定广播宣传的三项任务是：发布新闻和传达政令；社会教育；文化娱乐。1952 年 12 月，第一次全国广播工作会议之后，国家实行先中央后地方、先对国外后对国内的发展广播事业的方针，并集中力量建设中央电台。到 1956 年底，中央电台的发射总功率从 1952 年的 290 千瓦增加到 1935 千瓦，全国广播电台的发射总功率与 1952 年相比增加了 4 倍。同时，大量培养广播事业的干部和技术人员，并开办了少数民族语言广播和对台湾广播，增加播音时间，广播事业很快发展起来。

1950 年 4 月 10 日，为发展我国对外广播事业，中央广播事业局成立了国际广播编辑部。从这一天起，开始用"北京电台"的新呼号对外广播。同年 7 月，北京电台使用英语、日语、越南语、缅甸语、泰语、印度尼西亚语、朝鲜语 7 种外语和汉语的广州话、潮州话、客家话、厦门话 4 种方言对外广播。1955 年，又增办了汉语普通话对外广播节目。

1952 年，开始建设农村有线广播网，到 1956 年底，全国有线广播站发展到 1458 个。广播成了广大农村和边远地区人民群众获得新闻信息和文化知识的主要来源，成为精神文明建设的重要阵地。

1956 年第四次全国广播工作会议召开，调整了广播事业的建设方针，由原来的先中央后地方变为中央和地方并举。从 1957—1966 年的 10 年中，中央和地方的广播电视事业同时得到发展。

1958 年 5 月 1 日，我国第一座电视台——北京电视台（后改名为中央电视台）开始试播。播出的节目是纪录片《到农村去》和苏联科教片《电视》，以及诗朗诵、舞蹈、座谈会节目等。同年 9 月 2 日开始正式播出。不久，一些省市也开始建设电视台。1958 年 12 月，中央广播大楼建成并投入使用；我国自己设计并制造的第一部 5000 千瓦中波发射机开始投入使用。1959 年，培养高级广播电视专业人才的北京广播学院正式成立，一些省市还开办了培养中等专业人才的广播电视学校。20 世纪 60 年代初，广播电视事业大起大落，全国只保留北京、上海、广州、沈阳和天津五座电视台，其余的一律停办。

（二）第二阶段（1966—1976 年），"文化大革命"十年，我国广播电视事业遭到极大破坏，发展陷入低谷。

"文化大革命"期间，由于极"左"思潮的影响，我国广播事业的发展饱受侵扰，电视事业的发展也几乎完全中断下来。

在"文化大革命"初期，林彪、江青反革命集团为了控制舆论、"统一口径"，一度停止地方电台自办节目，责令它们全部转播中央电台节目，中央台则照播报纸和新华社的稿件，假、大、空的宣传充斥全台，在全国人民中造成极大的思想混乱，给党和国家带来极大危害，严重损害了广播在群众中的声誉。

电视事业遭到的破坏尤为惨烈。1966 年 1 月 2 日，北京电视台向观众播报了一个通知：从 1 月 3 日起除重大政治事件和重要节目仍将转播和播出外，在一个时期内将暂时停止一般性的电视播出。从 1 月 6 日开始，北京电视台停播将近一个月，直到 2 月 4 日，才开始恢复播出。与此同时，十多家地方电视台在"文化大革命"初期也大都停播了，到 1967 年 1 月，全国只剩下上海、广州两座地方电视台还在播出。从 1968 年起，各地方台虽然陆续恢复播出，但电视节目已非原貌，新闻节目变成了说假话、大话、空话的工具，知识性、欣赏性节目全部被批判被撤销，文艺节目处于萧条状态。

"文化大革命"期间,我国电视事业的发展主要表现为技术上的进步:一是从1966年开始使用电视录像设备;二是建立和完善了全国的微波网,实现了远距离传输广播电视节目的需要;三是1969年恢复彩色电视的研究。中央电视台1973年5月1日开始试播彩色电视,同年10月1日正式播出。

(三)第三阶段(1977—1999年),我国的广播电视事业进入了突飞猛进的大发展时期。

1977年开始,我国的广播电视事业逐渐恢复。1978年以后,随着改革开放政策的实行,我国的广播电视事业进入了突飞猛进的大发展时期。

首先,广播电台数量猛增,广播节目从内容到形式都发生了喜人的变化。1977年,全国共有广播电台90座,到1999年发展到299座,收音机社会拥有量达5亿台,一个遍布全国、从中央到地方、无线与有线相结合的广播传播网基本形成。同时,广播节目质量得到提高,突出广播特点的"短""快"新闻多了,恢复了广播评论,而且出现了新的节目形式——主持人节目。1985年中央电台新办的《午间半小时》《今晚八点半》两个节目带动了一批集新闻性、服务性和知识性于一体,雅俗共赏,时代感强的综合板块节目的开播,使电台专题节目面貌焕然一新,一批名牌栏目脱颖而出。1999年,中央电台新闻中心与100多家地方电台建立了固定的供稿关系,形成了"以省台为骨干,地市台为补充"的新闻合作网。地方电台之间的相互合作也取得了新的进展,除了合作制作节目、开展节目交换外,还举办了多次跨地域的多点联动直播节目。

其次,我国对外广播事业有了新的发展,1978年5月,中国对外广播机构更名为中华人民共和国国际广播电台(China Radio International,简称CRI)。经过不断调整,到1984年底,国际广播电台已经使用38种外语、汉语普通话和4种方言对外广播,每天播音总时数为144小时30分。播音质量和节目质量也逐步提高,《中国时事》《中国课题》《国际纵横》等多语种的栏目节目发展成为名牌节目,并多次在国际上获奖。进入20世纪90年代中期,对外广播事业又有了进一步的发展。1998年,中国国际广播电台节目制作全部实现数字化,并开始进行上星传送,基本上实现了全球覆盖。除中国国际广播电台外,一些省级广播电台也随后开办了对周边国家和地区的广播,如广西对外广播电台、云南人民广播电台分别开办了面向国外的越南语广播。

再次,电视事业得到迅速发展。1978年元旦,北京电视台开播了《全国电视台新闻联播》节目,简称《新闻联播》,它的出现标志着全国电视广播网的形成。1978年5月1日,北京电视台更名为中央电视台。到1979年,全国各省市自治区都创办了自己的电视台。

1983年,第十一次全国广播电视工作会议在北京召开,会议提出要实行中央、省市、地区、县"四级办广播、四级办电视、四级混合覆盖"的方针,适当加快广播电视事业建设的步伐。受"四级办台"方针的影响,1983—1988年成为我国广播电视事业建设有史以来发展最快的时期。1988年底,全国电视台达到442座,比1982年数量增加了8倍。同时,发射台、转播台的大量建设,使电视的人口覆盖率从57.3%提高到75.4%。

20世纪80年代起,我国有线电视事业得到了长足发展,从企业到城镇、到大城市,逐步建立起有线电视台。有线电视的发展,丰富了人民的精神文化生活。

1985年,我国租用国际通信卫星组织的卫星转发器,向国内传送中央电视台的第三套节目,标志着我国卫星电视事业的开始。至1996年,中央电视台的八套节目都可以通过国内微波站和卫星通信网覆盖全国。其中,第四套节目(国际频道)还可以覆盖海外 80 多个国家和地区。初步形成了“天上卫星、地面微波、地下电缆”的无线电视和有线电视相结合的电视网络。1999 年,全国的省级电视台实现了全部上星,初步形成了每省至少有一家上星电视频道的格局。

与此同时,我国的电视节目制作能力也大大提高,已成为电视节目和电视剧生产的世界大国。电视机拥有量和电视发射的覆盖面赶上了中等发达国家水平。

(四)第四阶段(2000 年至今),我国的广播电视业进入了深化改革、全面发展的新阶段,并加快了由世界广播电视大国向世界广播电视强国迈进的步伐。

进入 21 世纪以后,中国广播电视事业步入了一个深化改革、全面发展的新时期。广播电视业无论是事业建设,还是产业经营都取得了蔚为可观的成绩。具体来说,新世纪以来,我国广播电视事业的发展呈现如下四个方面的特点。

首先,广播电视事业建设成效显著,产业规模进一步扩大,加快了由世界广播电视大国迈向世界广播电视强国的步伐。据国家广播电影电视总局统计,截至 2008 年底,我国共有广播电台 257 家,电视台 277 座,教育电视台 45 个,广播电视台 2069 个,电视机、收音机的社会拥有量分别达到 4 亿台和 5 亿台。广播电视综合人口覆盖率分别达到 95.96% 和 96.95%,接近世界发达国家水平。此后,在国家政策的指导下,一些广播电视机构做了相应调整和整合。广播电视机构在保持数量相对稳定的基础上,不断提升发展实力。根据《中国广播电视年鉴 2016》统计数据显示,截至 2015 年,全国广播电视播出机构共计 2564 座,广播电台 147 座,电视台 157 座,广播电视台 2218 座,教育电视台 42 座。全国广播电视综合人口覆盖率分别达到 98.17% 和 98.77%,中短波转播发射台 860 座,微波线路 8.85 万公里,有线广播电视网络传输干线总长 426 万公里,有线广播电视用户数 23566.75 万户,数字电视用户数 19775.59 万户,付费数字电视用户数 5559.08 万户,全年公共广播节目播出时间达 1421.83 万小时,全年公共电视节目播出时间达 1779.60 万小时,全年制作广播节目时间 771.82 万小时,全年制作电视节目时间 352.02 万小时,广播电视总收入达 4634.56 亿元。另据《中国广播电影电视发展报告(2017)》数据,截至 2016 年底,全国有线广播电视网络传输干线总长 477.61 万公里,有线广播电视实际用户 22829.53 万户,数字电视实际用户 20157.24 万户,付费数字电视实际用户 5817.15 万户,广播节目播出时间 1456.51 万小时,增长率 2.44%,电视节目播出时间 1792.44 万小时,增长率 0.72%,广播节目制作时间 782.03万小时,电视节目制作时间 350.72 万小时,广播综合人口覆盖率 98.37%,电视综合人口覆盖率 98.88%,广播电视总收入达 5039.77 亿元。

其次,广播电视业的改革进一步深化,广播电视媒体竞争加剧,品牌化建设成为发展方向。2000 年 11 月 17 日,国家广电总局发布《关于广播电影电视集团化发展试行工作的原则意见》,积极推进广播影视集团化改革。2001 年 7 月 1 日,全国有线电视台与无线电视台合并工作全部完成,各台开始使用新的台标、呼号,并调整了节目设置。2001 年 8 月 20 日,中共中央办公厅、国务院办公厅转发《中共中央宣传部、国家广电总局、新闻出版总署关于深化新闻出版广播影视业改革若干意见》(中办发〔2001〕17 号),继续推动广播电视业的改革。同年包括中国广播电影电视集团、山东广播电视总台、上海文化广播影视集团、浙江广播电视集团、江苏广播电视总台在内的多家广播电视集团相继挂牌成立。2004 年后,国内广播电视媒体相继将特色化、品牌化建设作为今后发展的方向，致力于打造精品节目、特色栏目和品牌频道。由此，中国的广播电视媒体步入了品牌竞争时代。

再次，新技术不断拓展广播电视业的发展空间。进入新世纪，我国的广播电视业积极利用最新科技成果，加快自身的数字化建设进程。数字广播、数字电视相继进入实施阶段。2004 年 11 月 21 日国家广电总局明确了我国的“电视数字化”发展计划：分 2005 年、2008 年、2010 年、2015 年四个阶段，按东、中、西地域划分，总体推进广播电视向数字化过渡。计划 2005 年开展数字卫星直播业务，2008 年全面推广地面数字电视，2015 年停止模拟电视播出，实现数字广播电视有线、卫星和无线的全国覆盖。目前，这项计划已在顺利推进之中。2008 年 5 月 1 日，中央电视台高清综合频道正式开播。截至 2016 年底，中央、省、市三级播出机构共经批准开办了 121 个高清电视频道。同时，伴随着新技术的发展，网络电视、手机电视、移动电视等新型业务形态也不断兴起，延伸了我国广播电视的产业链，拓展广播电视业的发展空间，提升了广播电视的产业价值。截至 2015 年底，全国共有 345 家广播电视播出机构开展了互联网视听节目服务业务，其中持证机构 166 家、在各省局备案的机构 179 家。作为电视与电信、互联网的融合发展产物，IPTV 和 OTT TV 两种新型电视传播通路在重大利好的政策推动下呈现蓬勃发展之势。截至 2015 年 8 月底，全国 IPTV 用户规模已超过 7000 万人，全国用户比例达到 5.35%。而 OTT TV 方面，2015 年全国 OTT TV 用户规模从 2014 年的 200 余万人激增至 635.2 万人，同比增幅达 193.5%。

最后，广播电视对外宣传工作成就斐然，国际影响力进一步提升。进入新世纪，随着中国国际地位的不断提高，政府加大了对外宣传力度。在这一背景下，广播电视业的对外宣传工作，取得了令人瞩目的成就。目前，中央电视台中文国际频道 CCTV-4（1992 年开办）、英文国际频道 CCTV-9（2000 年开办）、西班牙语法语频道 CCTV-E&F（2004 年开办，2007 年 10 月 1 日起正式分拆为西班牙语国际频道 CCTV-E 与法语国际频道 CCTV-F）以及 2009 年 9 月 10 日开播的俄语国际频道，通过卫星传送信号，基本上实现了全球覆盖，在北美、欧洲、非洲、亚洲、大洋洲和中南美洲的 100 个国家和地区实现了落地入户。2004 年 10 月 1 日，中国电视“长城平台”在美国开播。该平台是由中央电视台、地方电视台和相关境外电视频道集合而成的海外播出平台。除此之外，福建、江苏、上海、广东等地方台也都相继开播了国际频道，并在海外众多国家和地区落地入户。2016 年 12 月 31 日，中国国际电视台（中国环球电视网，CGTN）在多方的共同努力下实现正式开播。CGTN 包括 6 个电视频道（英、西、法、阿、俄、纪录频道）、3 个海外分台（北美、欧洲、非洲分台）、1 个视频通讯社（国际视通）和新媒体集群。毫无疑问，CGTN 的开播对于更加全面而立体地展示中国形象，讲好中国故事、传播好中国声音，必将产生深远影响。此外，在加快实施广播电视境外覆盖的同时，中国的广播电视媒体还积极把握机遇，以重大事件的报道为契机，扩大自身的国际影响力。例如，中央电视台 2005 年对连战、宋楚瑜访问大陆的报道，2008 年汶川地震的直播报道，2016 年 9 月杭州 G20 峰会报道以及 2017 年 9 月福建厦门金砖国家领导人第九次会晤的报道等，都举世关注，有效地提升了中国媒体的国际声誉和国际形象。

五、台湾、香港和澳门的广播电视事业

台湾、香港和澳门，由于历史上都经历过一段特殊的阶段，加上当前比较特别的政治、社

会现实情况，它们的广播电视事业因而也有着自己特殊的面貌。

（一）台湾的广播电视事业

台湾位于亚洲东部、太平洋西北侧，由台湾本岛、周围属岛和澎湖列岛等 80 多个岛屿组成，总面积约 3.6 万平方公里。台湾自古以来就是中国的神圣领土。1895 年，腐败的清政府与日本签订了丧权辱国的《马关条约》，台湾就此沦为日本的殖民地。1945 年 8 月，日本宣布无条件投降，台湾回归祖国。

台湾的广播事业始于 20 世纪 20 年代的日本占领时期。1928 年 11 月，日伪"台湾广播电台"在台北开始使用日语播音。进入 30 年代以后，日本伪"总督府"先后又在台南、台中、嘉义、花莲等地建起了广播电台，由伪"台湾广播协会"管理所有的广播电台。1945 年日本投降后，国民党当局接管了上述广播电台。1949 年国民党的一些电台先后迁至台湾。同年 11 月，国民党成立"中国广播公司"。此后，台湾广播事业逐步发展，公营、民营电台齐头并进。

20 世纪 50 年代初期，台湾的广播电台开始采用调频广播。1953 年以后，"中国广播公司"在台湾先后建立了数个调频广播传输系统。1968 年 7 月 31 日，"中国广播公司"台北地区的调频广播电台正式播音，标志着台湾广播进入调频时代。1969 年，"中国广播公司"又先后在台中、高雄、花莲等地建立调频广播电台，形成全省性的调频广播网。除"中国广播公司"外，军中电台、警察广播电台、教育广播电台、台北国际社区电台也相继开办了调频广播。台湾的专业性广播电台出现于 20 世纪 50 年代中期。1955 年 8 月开播的台中农民广播电台是较早出现的专业性广播电台。1971 年 3 月 1 日，警察广播电台所属的台北交通专业电台正式开播，这是台湾第一座交通专业电台。1973 年 8 月 1 日，"中国广播公司"在台北设立新闻专业台，这是台湾第一座新闻专业电台。

新闻是台湾广播的一大支柱，台湾各广播电台十分注重新闻节目。各台新闻报道形式丰富多样，除定时定点播报新闻外，各台还广泛采用录音访问、电话访问、实况转播、新闻特写等形式报道新闻。新闻性的谈话节目在台湾经久不衰，而且富于创新。另外，综艺节目在台湾广播界也占有重要地位。1957 年 10 月，"中国广播公司"一次推出 10 个综艺节目，引来其他各台纷纷仿效。从此，综艺节目开始在台湾广播界盛行，扩大了台湾广播节目的影响。

至 1995 年，台湾共有广播电台 33 家，其中公营电台 7 家，民营电台 21 家，军营电台 5 家，大部分 24 小时连续广播。其中，影响较大的广播机构主要有"中国广播公司"、民本广播公司、台湾教育电台、台湾渔业广播电台等。台湾一向通行闽南方言，少部分人说客家话。经过台湾当局多年来的努力，普通话已广为普及。普通话和闽南话现今同为台湾各地的通用语言。因而，台湾的广播电视以普通话节目为主，辅以部分闽南语节目。

1949 年 11 月 16 日成立的"中国广播公司"，是台湾最大的广播机构。多年来，"中国广播公司"在台湾当局的大力支持下发展迅速，到 1989 年拥有 45 座广播电台，发射机 121 部，发射总功率达 3286 千瓦，使用 133 个频道全天 24 小时播音。在调频广播发送、专业电台设置、通信卫星运用等方面，"中国广播公司"均领先于其他广播电台。"中国广播公司"的节目分为对大陆广播、对海外广播和对台湾省内广播三方面。

台湾的电视事业起步于 20 世纪 60 年代。1961 年 10 月，为迎接电视时代的来临，台湾当局通过了《电视广播电台设置暂行规则》《黑白电视广播技术标准规范》和《电视广播接收机登记规则》三个规定,确立台湾电视采用 NTSC 制。1962 年 2 月 14 日,在台湾教育部门有关人士倡议下,由教育资料馆具体筹建的台湾教育电视实验广播电台开播,这是台湾第一座电视台。1963 年 12 月 1 日,改名为教育电视广播电台。1964 年改装美国无线电公司制造的 2 千瓦发射机,并将发射台迁至圆山山顶,发射范围增至 50 公里,可覆盖台湾北部地区。在改组扩建为"中华电视台"之前,教育电视广播电台一直发送黑白电视信号。

1961 年 2 月 28 日,台湾"省政府委员会议"决定由省政府新闻处筹备设立"台湾电视广播事业股份有限公司",并成立了"台湾电视事业筹备委员会"。1962 年 4 月 28 日,台湾电视事业股份有限公司(简称"台视",英文缩写 TTV)正式成立。10 月 3 日,"台视"开始试播。一周后,正式开播。"台视"是台湾第一家商业电视台。开播初期,"台视"发射功率 5 千瓦,覆盖台湾北部,发送黑白信号。1971 年"台视"完成台东中继站的建设,信号覆盖全省。"台视"成立之初,以报道新闻、宣导政令、推广社会教育、发扬中华文化、提供公共服务及高尚娱乐为宗旨,与以教学节目为主的教育电视台相比,节目丰富不少,因而深受观众喜爱。1969 年 9 月 28 日,"台视"试播彩色节目成功。到 1972 年,台视的彩色节目已占总播出节目数量的 80%。由于先前的教育电视台其收视范围仅限于台湾省北部地区,"台视"在开播后的 7 年间为自己确立起了台湾地区电视界的"独霸"地位。这种局面直到实力强大的"中国电视事业股份有限公司"成立才结束。

"台视"开播后,各方人士纷纷申请开办电视。应各界呼吁,台湾当局决定开办第二家民营电视台。鉴于申请者达数十家之多,无法应允,最后决定以"中国广播公司"为中心,联合各民营广播电台及部分有志于电视事业的工商文化界人士,共同集资创办一座电视台。1967 年 10 月 17 日,由上述三方代表组成的筹委会成立。经商议决定:在新台币 1 亿元的资本总额中,由"中国广播公司"投资 50%,各民营广播电台共同投资 28%,工商文化界人士投资 22%。1968 年 9 月 3 日,"中国电视事业股份有限公司"(简称"中视")在台北市中山堂成立。1969 年 10 月 9 日,"中视"开始试播,10 月 31 日,正式播出。"中视"开办伊始即全部播出彩色电视信号,并发展卫星转播用作竞争手段。

当"台视"和"中视"相继开播,特别是播出彩色电视节目后,教育电视台深感难以为继。1969 年 9 月,台湾教育主管部门与国防主管部门决定将教育电视台改组扩建成"中华电视台"。1970 年 8 月,"中华电视台筹备委员会"正式成立。1971 年 10 月 10 日,"中华电视台"(简称"华视")试播,10 月 31 日正式开播。"华视"成立后,台湾电视事业进入"台视""中视""华视"三足鼎立时期。

"台视""中视""华视"三家公司均为商业电视体制,都采取股份制,而且官股占有很大比重。因此,三台虽都称"民营"其实并非纯属民营企业。1972—1980 年,台湾的三家电视公司为求生存和发展,各自在发射设备与基础设施、节目制作、播出时间等方面加大投入,形成了激烈的竞争局面。

1988 年 11 月,台湾当局准许开放使用小型卫星天线,这样不少台湾家庭可以直接接收到境外的许多节目。从 1989 年起,台湾出现了利用录放像设备播放节目,由电线将信号输入邻近订户家庭,以供订户收看并收取费用的组织,民间习惯称之为"台视""中视""华视"三台以外的"第四台"。

“台视”“中视”“华视”都是商业性质的电视台，旨在追求利润，虽然节目制作日趋精良，但节目内容趋于低俗，经常成为民众的批评对象。为了社会教育的需要，使台湾电视摆脱商业利润的束缚，有人就提出了开办“公共电视”的构想。

1982年，台湾行政当局修改了相关规定，要求三大商业电视台从经营利润中提供公共电视发展基金。1984年5月20日，台湾第一个公共电视节目——《大家来读三字经》在“中视”频道播出。公共电视每周提供28套节目给三个台，一周播出15小时。公共电视所提供的节目主要有两个来源：一是委托三个台和独立制作单位制作；二是向国外购买高品质的适合公共电视基本精神的节目，国外节目大多来自英、美、法、德、加拿大等国。1998年7月1日，台湾公共电视台（PTS）正式开播。

1999年11月15日，台湾首家卫星电视——太平洋卫视正式开播。太平洋卫视以平价价格进军有线电视市场，除了提供有线电视的精选频道和卫星频道以外，还提供影院刚刚放过的，甚至是与影院同步播映的付费电影。2000年3月1日，台湾宏观卫视开播，它是台湾当局第一个对外的政府电视频道，以24小时全频道方式向海外各地侨区播出。节目类型包括新闻杂志、财经、戏曲、电影、综艺、儿童、专题节目等。节目来源为通过委托制作、外购与重新剪辑等方式取得，同时，台湾当局各部门也提供宣传节目。

目前，台湾约有120个卫星电视频道，电视频道呈现出多元化、专业化、类型化发展趋势，涵盖戏剧类、音乐类、体育类、电影类、卡通类、民俗类、新闻类、旅游类以及综合类等十多种频道。这些频道都由卫星电视公司经营，其中东森、年代、三立、和信、超视等公司的规模较大，这些公司一般经营多个频道或同时经营有线电视网。

（二）香港的广播电视事业

香港位于广东省珠江口东侧，面积为1092平方公里，旧属广东新安县，是孤悬于南中国海的一个山形小岛，旧称“香炉峰”，又名“太平山”。1840年之前的香港还是一个小渔村。1840年，中英鸦片战争爆发。1842年，战败的清政府被迫将香港割让给英国。不久，九龙、新界又被英国强行租借。太平洋战争期间，香港曾被日本占领。1945年8月日本投降后，英国又重新占据了香港。中华人民共和国成立后，中国政府多次阐明对香港问题的立场，即香港是中国领土，中国不承认帝国主义强加给中国的不平等条约。1997年7月1日，中国政府恢复对香港行使主权，成立了香港特别行政区。

香港最早出现广播是在1923—1926年间。当时，香港一些业余无线电爱好者自发开展业余实验广播活动，播放一些社会新闻、转播歌剧等，颇受欢迎。1928年6月，港英政府接受经营广播。香港第一个广播电台GOW开始播音，拉开了香港广播事业发展的序幕。1929年台号改为ZBW，同年10月港英政府正式宣布它为政府广播电台。从此，该台每晚9时至11时定期进行英语播音。1938年，该电台正式开办中文台（粤语）广播节目，广播对象是一般市民。1941年12月，香港沦陷，日本占领香港。初期，电台广播一度中断。1942年初，日军“香岛放送周”开始播音。1945年8月15日，日本宣布无条件投降后，香港人民恢复了原来的生活。当年9月15日，电台中、英文节目重新播出。

1948年8月，电台取消原ZBW和ZEK的呼号，正式定名为香港广播电台RHK。1974年香港广播电台开设短波调频立体声广播，每天24小时播音，办有7套节目。1970年开设电视部，1976年改名为香港广播电视台。香港回归祖国之前，香港各界人士积极推广普通话。1997年3月31日,香港电台普通话节目正式播出,香港进入了英语、广东话与普通话并存的三语广播时代。

香港商业电台,属于民营电台,由香港商业广播有限公司经营,1959年8月26日开播。1981年6月增加超短波调频广播,1989年全部改为超短波调频广播。与香港电台并列为收听率最高的电台。设有中文节目2套,英文节目1套,其经费全靠广告收入维持。

此外,香港的电台还有丽的呼声(1973年9月结束广播)、新城电台、英军电台(香港回归前夕关闭)。

香港的电视事业开始于1957年。与广播电台不同,港英当局一开始就决定不设立官方电视台,所以香港的电视都是私营性质的,实行的是商业电视制度。在多年的发展过程中,香港的电视业依托于香港是个开放的国际化都市这一经济基础并为其服务,形成了自身传播内容的国际性与开放性的特点。香港的电视拥有很强的竞争力,目前其主要电视机构有:

1. 亚洲电视有限公司

简称"亚洲电视台"或"亚视"。亚视前身为丽的电视(RTV),成立于1957年5月,是香港最早开播的黑白电视台。1973年12月改为彩色电视台。作为香港第一家电视台,英资持有的丽的电视为有线电视台,收费不菲,当年只有上流社会人士才有能力收视。然而,后来随着免费电视台无线的崛起,丽的电视风光不再。1983年,丽的电视易主港商,并正式更名"亚视"。现有中文台和英文台。"亚视"的纪录片在华人世界倍受推崇。他们制作的《寻找他乡的故事》系列节目,记录了60多位海外华人的传奇历程,先后获得1998年、1999年、2000年香港电视节目欣赏指数调查最高奖,并在纽约、芝加哥、新加坡等国际电影节、电视展中屡屡获奖。另外,综艺节目也是"亚视"吸引观众的重要节目之一。从1985年起,"亚视"还举办了"亚洲太平洋小姐选举""电视先生选举""亚洲小姐竞选""亚洲超级模特大赛"等活动。

2. 香港电视广播有限公司

创立于1967年,又称无线电视台或无线电视(简称TVB),是全港首家商营无线电视台。创办人为香港利氏家族的利孝和,他联合邵逸夫等香港知名人士和英美一些外资财团合办TVB,利孝和任董事会主席。1967年11月开始播出黑白电视,1971年启播彩色电视。1980年,邵逸夫任董事会主席,陈庆祥任总经理。无线电视的主要业务包括电视广播、节目制作及其他有关广播的活动,设有中文台(翡翠台)和英文台(明珠台)2个频道,每年播放近1.5万小时的节目,为香港超过200多万个家庭免费提供电视娱乐节目。无线电视还以制作电视剧见长,其主要剧集《射雕英雄传》《神雕侠侣》《倚天屠龙记》《封神榜》《碧血剑》《寻秦记》等在华语文化圈都有较大的影响。1994年12月,港府行政局批准香港无线电视台开办卫星电视广播业务,用普通话和英语广播,内容有娱乐、体育、影视剧等,主要是面向中国内地、台湾在内的东南亚地区。同年,无线台还用N制式向台湾播出节目,并向加拿大、英国发送节目。

3. 卫星电视台(STAR TV)

1990年,香港和记黄埔有限公司创办了卫星广播有限公司,其下辖的卫星电视台于1991年5月开播。节目通过亚洲一号通信卫星覆盖亚洲53个国家和地区,拥有3亿观众,使用8种语言播出40套节目。其中中文台、合家欢台、体育台、音乐台、BBC新闻台和电影台,均为24小时播出节目。1993年、1995年该台的全部股份先后卖给了国际传媒巨头鲁伯特·默多克。卫视台的所有权现在属于默多克的新闻公司。

2000 年,香港特区政府发布了新的《广播条例》,进一步放宽了在香港开办非本地服务电视的限制,香港就此出现了第二次开办卫星电视的浪潮。

2000 年 8 月,阳光卫星电视开播;同年 10 月,台湾年代公司等在港注册“东风卫星电视”。2001 年 3 月,以播出电影为主的“美亚卫视”启播。香港现有卫星电视公司共 12 家,所持牌照均为“非本地服务牌照”,共经营频道 59 个。

4. 有线电视台

1993 年 10 月 31 日开播。现有 6 个新闻台、5 个中文台、6 个电影台、3 个体育台,共计 20 套节目。2003 年底,其收视户达 65.6 万户,营业额为 17.34 港元,利润 2.2 亿元。

5. 凤凰卫视

1996 年 3 月 31 日,凤凰卫视中文台正式开播。它是由卫星电视有限公司、今日亚洲有限公司和华颖国际有限公司共同创办的全球性华语卫星电视台。它立足香港,以沟通海峡两岸暨香港及亚洲乃至全世界的华人为宗旨,集娱乐、服务、信息、电影、电视剧节目为一体,全部用普通话一天 24 小时昼夜播出。凤凰卫视现已发展为多频道的平台,旗下除凤凰卫视中文台外,还有凤凰卫视电影台、凤凰卫视资讯台、凤凰卫视欧洲台、美洲台,覆盖亚太、欧洲、北美等众多国家和地区。凤凰卫视开播时并没有新闻,从 1997 年 3 月开始逐步增加新闻分量,不仅拥有特色的新闻节目,而且始终保持着对世界重大突发事件的迅速反应,对新闻直播极度重视。在“香港回归”“黛安娜王妃葬礼”“9·11 事件”“伊拉克战争”等事件中都有卓越表现。

此外,香港的电视媒体还有华侨娱乐电视、传讯电视网等。

(三)澳门的广播电视事业

澳门位于广东省南部,珠江口西岸,北与珠海市拱北接壤,南濒中国南海,西与珠海市湾仔隔河相对,东与香港隔海相望,面积 21.4 平方公里,包括澳门半岛、氹仔岛和路环岛。

澳门自古就是中国的领土。1557 年,葡萄牙殖民者强租该地。1887 年,葡萄牙迫使清政府签订《中葡会议草约》和《北京条约》,塞进了“永驻管理澳门”的条款。此后,葡萄牙一直占领澳门并把澳门划为葡领土。中华人民共和国成立后,中国政府多次阐明:澳门是中国领土的一部分。1999 年 12 月 20 日,中国政府对澳门恢复行使主权,成立澳门特别行政区,澳门回归祖国。

澳门的广播事业已有 70 多年的历史。澳门最早的广播电台——澳门电台于 1933 年 8 月 26 日开播。1982 年 10 月,澳门广播电台归当时成立的澳门广播电视公司管理,属电台部,下设中文台和葡文台两台。此外,澳门还有一座绿邨商业电台,1950 年开播,主要播送娱乐节目,使用葡萄牙语和广东话。

与台湾、香港相比,澳门的电视事业起步最晚,发展也比较缓慢。主要的电视机构有:

澳门电视台,1984 年 5 月 13 日正式开播。澳门电视台和澳门电台同属澳门广播电视公司。由于澳门的广播电视节目难以与香港的广播电视节目抗衡,收视率偏低,广告收入不理想,长期亏本经营。1988 年 5 月 1 日,公营的澳门广播电视公司改组为一家企业式经营的股份有限公司——澳门广播电视有限公司,并于 1989 年 1 月起接受私人入股,其中澳门政府占股份 50.5%。

澳门有线电视公司,1999 年 4 月 22 日获得澳门政府发出的为期 15 年的特许专营牌照,成为澳门唯一可提供有线电视服务的公司,并在 2000 年 7 月 8 日正式投入运营。2002 年,已有两万多名用户。澳门有线电视汇集了世界上约 55 个电视频道,包括体育、电影、教育、纪实、音乐、时装、卡通等专业频道,播音有广州话、普通话、英语等多种语言,采用先进的数码技术传送高质量的电视节目。

澳门卫星电视,筹建于 20 世纪 90 年代初。1993 年,澳门宇宙卫星通信服务有限公司成立,1998 年,澳门宇宙卫星电视正式获得经营许可证,1999 年 6 月开始用汉语普通话和广州话试播澳门旅游观光节目。1999 年 12 月,又增加了英语和汉语普通话播出的教育、科技、生活信息等节目,试验广播扩大到 4 个频道。2005 年 5 月,正式开播时又增加了电影、音乐、经济等 3 套节目,频道数增加到 7 个。澳门卫视拥有在国际上领先的全数码化多频道全自动播出控制平台,提供全天候 24 小时卫星电视广播服务,信号覆盖整个东南亚地区,及北至俄罗斯,南到澳大利亚,东至日本,西到以色列,以及包括中国在内的 30 多个国家和地区。澳门卫视目前有 8 个台,其中旅游台、澳亚台、五星台已取得中国国家广播电影电视总局"三星级以上涉外宾馆接受境外卫星电视"落地批文。

本章思考题

1. 世界范围内三种类型的广播电视体制形成的原因及其社会意义。
2. 美国广播电视发展概况和特点。
3. 英国广播电视发展概况和特点。
4. 法国广播电视发展概况和特点。
5. 俄罗斯广播电视发展概况和特点。
6. 日本广播电视发展概况和特点。
7. 近年来,韩国广播电视业的发展成就令人瞩目,其中有哪些值得借鉴的经验和做法?
8. 分析卡塔尔半岛电视台成功的原因及其启示。
9. 中华人民共和国成立前我国广播事业的发展概况和特点。
10. 香港、台湾、澳门有哪些主要的广播电视机构?

第四章　广播电视的社会属性与社会功能

◆**本章要点**

· 广播电视的社会属性：意识形态属性、公共属性、产业属性

· 广播电视与政治、经济、文化、科技的关系

· 广播电视的社会功能

· 广播电视的负面社会效应

第一节　广播电视的社会属性

广播电视是依赖现代电子科学技术而产生的大众传播媒介。广播电视的物质基础是电子技术设备，信息载体是无线电波或电缆（光缆），传送的信息符号是声音和图像。如果从纯粹技术和物理性能上讲，广播电视实质上是一种通过电磁波传导方式传送声音和图像符号的技术性工具，是适应生产力和科技发展水平的高级通信手段，其最基本的功能就是传送声音和图像为符号的信息。

随着广播电视技术的日趋稳定和成熟，作为现代电子科学发展和社会需要的共同产物，广播电视越来越多地参与到人类的社会实践活动当中，并在社会、政治、经济、文化等社会条件的作用下，被有意识地形塑成综合性的大众传播媒介，为人们特定的社会活动目的而服务。凭借电子音像技术，广播电视不仅可以传播新闻信息，进行意识形态宣传，开展社会教育，提供文化娱乐，还可以创造经济价值（图 4-1）。当广播电视经过专业化的不断发展而成为具有相当规模的社会行业时，广播电视早已超出作为通信手段的意义，而具有了更为重要和突出的社会属性。

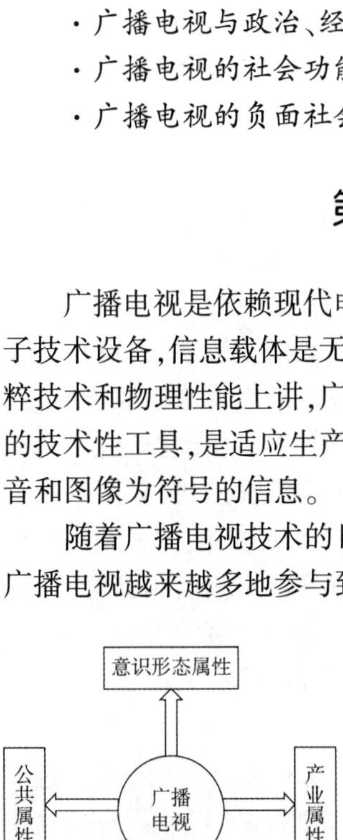

图 4-1　广播电视的社会属性

一、广播电视的意识形态属性

广播电视作为社会信息系统的一种子系统，不可能独立于社会之外，其现实存在必然会受到其他社会系统及子系统的影响。在特定社会中，广播电视往往被一定的阶级、政党和社会集团所掌握和运用，并服务于它们的利益和目的，这使得广播电视传播不可避免地打上了社会意识形态的烙印。

（一）关于意识形态

“意识形态”（ideology）一词，最早是由法国的哲学家德斯蒂·德·特拉西提出来的。1795 年，法国大革命期间，一个旨在向官方提供指导革命的思想的机构——法兰西研究所成立了。其负责人特拉西倡议研究“思想科学”，并且用了“意识形态”一词来为其命名。受

启蒙运动乐观与进步精神的影响,特拉西相信意识形态能够像动物学家研究物质标本那样探究人类思维。19 世纪初,特拉西出版了《意识形态概论》一书,系统地解释了这个概念,把意识形态定义为“思想的科学”。在特拉西看来,意识形态并不仅仅是一种描述,而是对何为真何为假的有决定意义的探究。其目标是双重的:首先,是系统地提供一种可以确信的知识;其次,是清除在启蒙运动与法国革命之前控制欧洲思想的所有含混不清的形而上学、神学与情感道德。知识将最终被置于确定无疑与毫无矛盾的基础之上,而且对意识形态的研究将把真正的人类需求与伪装的假象区分开来。拥护特拉西这种学说的人们不久就被称为“意识学派”(ideologues)。然而,“意识学派”受到了拿破仑的攻击。拿破仑认为他们的理想与自己的目标是对立的,意识形态专家们是成事不足败事有余的“空想家”,他们的思想是危险的。拿破仑用“意识形态”这个词指不切实际的空想。从此,意识形态获得了双重烙印:一是被当作一个贬义词来使用,二是与政治实践联系在一起。在特拉西之后,意识形态不再具有“观念科学”的含义,而更多地是指对世界、社会和人的思想、感情和态度。

在近代以及现代的各种学术著作中,“意识形态”一词的含义变得更加复杂。其中,比较有代表性的是马克思的意识形态定义和以曼海姆为代表的西方主流话语体系的定义。

在马克思主义的话语体系中,意识形态被作为一种用普遍的利益来遮蔽具体利益的“工具”来理解的,或者说用统治阶级的观念去影响普通民众的观念。在马克思看来,意识形态是与一定社会的经济和政治直接相联系的观念、观点、概念的总和,包括政治法律思想、道德、文学艺术、宗教、哲学和其他社会科学等意识形态。意识形态的内容,是社会的经济基础和政治制度以及人与人的经济关系和政治关系的反映。意识形态的各种形式,起源于以生产劳动为基础的社会物质生活,并随着经济基础的变化而变化。政治思想、法律思想、道德、艺术、宗教、哲学和其他社会科学等,各以其特殊的方式从不同侧面反映现实的社会生活。它们相互联系,相互制约,构成意识形态的有机整体。每个社会的统治阶级的意识形态,都是占社会统治地位的意识形态,它集中反映该社会的经济基础,表现出该社会的思想特征。显而易见,这是一种阶级分析的观点。

德国哲学家和社会学家卡尔·曼海姆(Karl Mannheim)在其 1929 年出版的著作《意识形态与乌托邦》中将意识形态看作是“思想方式”,并据此分析了两种意识形态。一种是“特殊的”意识形态,指的是由于情况真相不符合其利益,所以对某社会情景真相的掩饰或扭曲,包括有意识撒谎、半意识或无意识的掩饰、有心欺骗或自欺,这实际上体现了特殊集团的自我利益。另一种是“全面的”意识形态,指的是一种世界观或对一种生活方式的彻底信奉。在曼海姆那里,意识形态成为中性化的词汇,它不是一个党派的思想,而是社会中一种集体的观念和思想体系。

法国哲学家路易斯·阿尔都塞(Louis Althusser)和意大利思想家安东尼奥·葛兰西(Antonio Gramsci)有关意识形态的理论阐述也受到了人们的普遍关注。阿尔都塞对意识形态作了理论和实践两个层面的阐述。在理论的层面上,他认为意识形态是一定阶级基于自己的利益和阶级实践的考虑而构成的思想。在实践的层面上,阿尔都塞把意识形态视为一种与社会超结构相联系的表象体系。简单来说就是认为意识形态有助于人们融入社会,成为社会有机体的一分子。在 1970 年出版的长篇论文《意识形态和意识形态国家机器》中,阿尔都塞从马克思生产关系的再生产角度出发,结合对国家问题的探讨,系统阐述了意识形态国家机器的理论,强调了意识形态在维护国家政权中发挥了重要作用,为揭示资本主义国家机器的意识形态控制规律做出了贡献。在阿尔都塞看来,意识形态国家机器包括宗教、教育、家庭、法律、政治、工会、传播媒介、文化等。在这些要素中,宗教、教育、家庭等通常被人们看作是与国家机器相区别的市民社会领域,虽然它们确实在政治斗争和政权维护中发挥作用,但它们都不是被国家垄断控制着的,似乎不应该被称为国家机器。但阿尔都塞认为宗教、教育、家庭等已经以意识形态方式执行国家职能,帮助暴力国家机器维护国家政权,因此可以把它们称为意识形态国家机器。葛兰西关于意识形态的最重要的理论就是"文化霸权"理论,所谓"文化霸权"实际上就是意识形态的霸权,他认为在西方资本主义社会,资产阶级的统治主要不是依赖政治社会及其代理机构,如军队、暴力等来维持的,而是主要依赖于意识形态领导权的占有,通过使大众接受一定的道德观念、行为准则和价值体系来维系。因此要推翻资产阶级的统治,就必须首先颠覆它的文化霸权。

由此,可以看出,自"意识形态"这一术语诞生以来,人们对其内涵的认识并未取得共识。但是,结合其发展沿革来看,意识形态现象显然可以被理解为在特定的社会与历史环境中服务于建立和支撑统治关系的有意义的象征现象。社会生活和政治权力的世俗化,为"意识形态"的兴起和扩散创造了条件。"意识形态的概念在19世纪和20世纪初被新兴的社会科学以不同方式所采用,时而拉向这方,时而推向那方,但在所有的时间它依然是日常政治斗争中起某种作用的名称。"❶在这一背景下,"意识形态"首先应该被理解为一种世俗信仰体系,它具有对社会中的统治关系进行调动和使之合法的作用。

尽管诸多权威学者对意识形态并无一个统一的定义,但是,人们仍然可以从他们的相关论述中总结出意识形态的基本特征:第一,意识形态首先而且主要是一个政治术语;第二,意识形态包含了对现状的看法以及对未来的憧憬,给人以期待;第三,意识形态是行动导向的,它不仅描述现实状况,提供一个美好的未来,还提供了达成目标所必须实行的明确步骤;第四,意识形态是群众取向的;第五,意识形态通常是以一般人所能理解的简单语词来陈述,在语气上通常是鼓动性的,鼓舞人们尽最大努力来达成意识形态所设定的目标。❷

综上所述,意识形态就是一套观念体系,是人们认识世界的一种思想体现,同时意识形态具有很强的控制性,常常被统治阶级利用来同化人们的某些思想观念,统治阶级的意识形态还发挥着维护现存的权势、权威、财富、收入的分配方式和保证人人遵从的特殊作用。毫无疑问,近代以来,意识形态在历次国家兴衰中扮演着重要的角色。现代民族国家的发展史与意识形态有着紧密的联系。因此,可以毫不夸张地说,现代社会的政治经济变动史实际上也是各种意识形态相互竞争、破产、重构、更新的历史。

由此,现代社会中通常所说的"主流意识形态",其内涵也可以得到界定:即反映社会占统治地位的经济制度和政治制度并为其服务的,由现实社会经济基础所决定,为巩固建立于这一经济基础之上的社会政治制度和维护统治阶级根本利益服务的思想体系。总的来说,意识形态具有阶级性,在现代社会里意识形态又具有多元性。

(二)广播电视意识形态属性的具体表现

意识形态是一种无形的思想观念,它的表达需要通过一定的载体来实现。这其中,大众

❶ 〔英〕约翰·B.汤普森:《意识形态与现代文化》,第28页,高铦等译,译林出版社,2005年2月。

❷ 〔美〕利昂·P.巴拉达特:《意识形态起源和影响》,第9页,张慧芝、张露璐译,世界图书出版社,2010年4月。

传媒就是重要的意识形态表达工具与显现平台。广播电视作为大众传媒中的重要一员,它的兴起是人类科学技术发展和进步的产物,其社会属性原本是中性的。不过,在现实社会中,由于广播电视媒体总是掌握在一定社会的阶级、阶层、社会群体手中,因而不可避免地打上这些阶级、阶层、社会群体的思想烙印,成为其意识形态传播工具。同时,广播电视向社会传播的信息是通过语言、文字、画面等象征符号来传达的,这些信息并不是符号的随意组合,而是根据一定的观点和意识形态进行加工整理后的具有完整意义结构的系统,它通常包含着是与非、善与恶、美与丑、进步与保守的价值判断,带有或显明或潜隐的意识形态色彩。

1. 广播电视是维护社会统治的重要意识形态国家机器

不论是在资本主义社会,还是在社会主义社会,统治阶级无不利用广播电视等大众传媒来传播其思想意识和价值观念,使其成为占主导地位的精神力量,并达到使自身地位合法化的目的。利用广播电视实施意识形态控制和宣传可以是潜在的、间接的或隐蔽的,也可以是明显的、直接的或公开的。作为重要的社会舆论机构,广播电视媒体提倡什么、反对什么,客观上起着形成与维护社会规范和价值体系的作用。它可以通过舆论引导形成新的规范和价值,也可以通过舆论监督来维护既有的规范和价值。广播电视的这种意识形态属性在由政府控制的广播电视媒体中表现得尤其明显。

20 世纪 20 年代,在苏联开始广播研制时,列宁就深刻认识到广播在意识形态宣传方面的重要作用。他把广播称为是“不用纸张,没有距离的报纸”,是“集体的宣传员和集体的鼓动员”。列宁认为用广播“进行宣传和鼓动”,将给革命事业“带来巨大好处”。1920 年 11 月 7 日,苏联广播正式诞生,其广播电台被命名为“共产国际广播电台”。此后,苏联的广播电视被纳入到苏联党和政府进行宣传服务的“大众新闻和宣传体系”,忠实地为社会主义意识形态服务,围绕执政党的方针政策开展广泛的宣传活动。第二次世界大战之后,在苏联的影响下,社会主义性质的国家基本都采用了与苏联一致的做法。

在资本主义的德国,1933 年希特勒领导的国家社会党上台执政之后,旋即将广播完全控制在手中使之成为开展纳粹宣传的重要工具。1935 年 3 月 22 日,当德国电视节目正式播出时,纳粹德国宣布,要通过电视“把领袖的形象深植于每一位德国人心中”。[1] 纳粹政府利用广播电视及其他媒介,蛊惑并强制人民的意识与纳粹的思想保持一致,使整个德国的舆论处于对法西斯主义的狂热之中,服务于希特勒的对内独裁统治和对外侵略扩张。

在现代中国,广播电视是党和政府的舆论喉舌和宣传工具,担负着宣传党和国家的方针政策的重任,公开鲜明地通过意识形态宣传和舆论的影响,对人民进行引导和教育,从而促进国家发展和社会主义事业建设。

在西方现代资本主义国家,意识形态宣扬和控制往往具有一定的隐蔽性。广播电视媒体表面上看大多数都是独立的机构,并未直接受控于政府,其传播内容往往也以“客观、公正、中立”自居,仿佛并不具有任何意识形态国家机器的色彩。但是,不要忘记,控制广播电视的仍然是统治阶级成员的组成部分——拥有社会话语权和资本实力的非官方统治阶级。西方资本主义国家的广播电视虽然有较大的独立性和自由,能够对政府官员或具体政策提出尖锐批评,但它们早已深深融入资本主义社会生产关系之中,其经营运作形式与资本主义

[1] 郭镇之:《电视传播史》,第 48 页,北京师范大学出版社,2000 年 4 月。

的企业形式是基本一致的。为适应社会"普遍认可"而生存下去及为了自身的经济利益,它们不仅不会触及能保证自己利益的根本制度和意识形态,反而会对主流意识形态保持相当的敏感,并主动体现这种社会的意识形态结构,从而成为生产"普遍赞同"的一个组成部分。同时,广播电视工作人员也不是孤立存在于西方主流文化之外。他们在广播电视文本的意义建构中,会自然而然地把主流文化的价值信条融入其中。譬如,广泛受到世界上许多国家小朋友喜爱的美国动画片《米老鼠和唐老鸭》,节目文本中就渗入了诸多关于社会态度与价值观的重要信息,片中所显露出的对个性、自由、财富以及两性关系、家庭本质等问题的看法,都打上了深刻的资本主义意识形态烙印。由此可见,不论是资本主义国家还是社会主义国家,广播电视作为维护阶级统治的意识形态国家机器的作用是共同的,只不过其表现方式有所差别。"意识形态是人与社会的想象关系的再现,公众对一种意识形态的依附和不依附,表明了一种思想模式的理性范围和历史情境。"[1]广播电视作为意识形态承载物,能够有效帮助统治阶层构筑合法化的社会秩序,保证现存社会关系的社会再生产。

广播电视作为维护社会统治的意识形态国家机器,还表现在其强大的社会整合功能上。众所周知,人类社会从农业社会走向工业社会和后工业社会,社会分工日益精细。一方面,社会的各个部分之间相互依赖程度提高;另一方面,社会各部分的彼此隔离状态加剧,社会整合成为日益紧迫的任务。现代社会结构的复杂性,要求有一种能在全社会范围内进行交流与沟通的装置与平台,以发挥社会整合的功能。广播电视作为大众传播工具,一种社会性的信息枢纽,正是现代社会最重要的整合装置。广播电视发挥社会整合作用的机制包括两个方面:一是反映和传播社会的主流文化和统一的价值观念;二是协调社会各个部分以求和谐。广播电视可以通过传递信息、沟通情况来缓解社会各种利益集团的矛盾与冲突,协调各个部分的利益关系,从而促进社会的正常秩序与稳定和谐。广播电视,作为社会信息系统的主要构成单元,具有传播的优势,对社会生活有极其强大的渗透力、影响力,其促进社会整合的功能已为人类社会所公认。例如,中国中央电视台的《新闻联播》,已成为一种整合社会的"国家仪式",民众能够借助收看《新闻联播》,完成国家及民族共同体的想象性建构。

2. 广播电视是进行国际政治斗争的强有力武器

广播电视的意识形态本质在国际政治斗争方面也有着突出的表现。在国际政治秩序中,发达国家与发展中国家,社会主义国家和资本主义国家之间的矛盾和斗争从来没有停止过。而意识形态领域的斗争则是这种国际政治斗争中一个"没有硝烟的战场",广播电视在其中被赋予了重要的舆论工具和思想武器的重任。

第二次世界大战期间,广播即时传送、无远弗届的传播优势使其成为参战各国进行宣传的"战争武器"。为配合军事行动,法西斯国家利用广播大肆对对象国发起舆论战、心理战,隐瞒真实情况,编造虚假新闻,制造恐怖气氛。面对法西斯的电波攻势,反法西斯阵营也通过播出政治领袖的广播演说、战俘对亲人的讲话、嘲笑法西斯头目的讽刺广播剧进行反击。1943 年初,德国在占领区建立了 23 座广播电台,每天使用 53 种语言播出新闻节目 279 次。1944 年,日本每天使用 24 种语言对国外广播 35 小时 35 分钟,并在其占领区建立起了庞大的军国主义广播宣传体系。在反法西斯的同盟国中,英国从 1941 年起通过广播在欧洲发起

[1] 陈卫星:《传播的观念》,第 366 页,人民出版社,2004 年 4 月。

争取胜利运动。1942 年,美国创办美国之音广播电台,利用各种语言向法西斯国家及占领区、同盟国和后方居民进行广播宣传。轴心国在煽动情绪、鼓吹战争方面大肆利用广播媒体,同盟国也在宣扬正义、感化敌人方面强化了广播媒体的作用,在双方的广播大战中都留下了很多经典的案例。如火如荼的"空中电波战"使国际广播成为第二次世界大战期间参战各国开辟的除海、陆、空之外的"第四战场"。

冷战期间,在社会主义阵营和资本主义阵营国家的斗争中,国际广播成为宣传本国政治和意识形态的有力工具。"在冷战前期和中期,无线电广播成为冷战双方的主要宣传媒体。利用无线电广播作为谋取政治利益的工具,在冷战时期达到了史无前例的高潮。"❶其中,美国最主要的国际广播电台——"美国之音"一马当先,通过大量播送蕴含西方观点的新闻、音乐、文化、科技和生活等各种节目,宣传西方的意识形态、价值观念和生活方式,对社会主义国家和第三世界国家人民进行思想渗透,对社会主义国家推行和平演变策略。苏联作为社会主义国家阵营的超级大国,被"美国之音"作为心理战的头号进攻对象。根据 1962 年美国《纽约时报》的报道,当时在"美国之音"每周 500 多个小时的对外广播中,对苏联的广播就达 112 小时。20 世纪 90 年代初,苏联和东欧社会主义阵营解体的原因尽管比较复杂,但有一点是可以肯定的,即来自美国和西方媒介的跨国宣传起到了巨大的作用。这当中,对苏联和东欧民众产生最大影响的是 RLT(自由电台)和 RFE(自由欧洲电台)。"'自由欧洲电台'等就被称为'美国外交政策最廉价、最安全和最有效的工具',用来进行'公开的(白色)宣传,秘密的(黑色)宣传'以及介于两者之间的'灰色宣传',以扩大影响,使美国在海外的活动更有利于人道主义和民主价值观。"❷除美国外,其他西方国家的电台,如法国国际广播电台和德国之声等也都参与了冷战中的宣传战。美国学者 H. I. 席勒指出:"电影、广播电视节目、书籍、新闻报道等随处可见的文化产品或服务,它们所提供的并不是仅仅是消息和娱乐,同时也是传播社会价值或政治观点的工具;最终,它们会对全社会的精神结构产生深刻的影响。"❸持续近半个世纪的"冷战",最终以苏东社会主义阵营的瓦解而收场,无疑是这一观点的生动诠释。

20 世纪 90 年代以来,以美国为首的北约先后发起了海湾战争、科索沃战争、伊拉克战争和阿富汗战争。在这四场战争中,美、英等国利用广播电视在内的各种大众传播媒介,有计划、有目的地运用意识渗透、政治进攻、舆论诱导等策略,分化瓦解敌对势力,以期达到"不战而屈人之兵"的目的。海湾战争期间,"美国之音""自由之声"等广播电台不仅相应增加了用中波、短波播出的节目时间,还在前线新设了 4 个电台,并向伊拉克运送或空投收音机、录音带、录像带以及传单和手册,煽动伊拉克军队和人民的反政府情绪。在伊拉克战争中,美国军方让数百名各国记者"嵌入"部队出征,进行开放式报道。战争中,他们经常召开新闻发布会,通过主动发布消息,来主导伊拉克战争的新闻报道。他们还通过精心策划和巧妙安排,利用媒体传播有利于其军事行动的"新闻",从而使媒体自觉地从旁观者和报道者转变成为"凝聚斗志,打击敌方的士气"的参与者,成为军方进行舆论战、心理战和情报战的"战争

---

❶ 关世杰:《国际传播学》,第 54 页,北京大学出版社,2004 年 9 月。

❷ 沙其光:《对世纪初国际舆论形势及应对措施的几点思考》,《国际传播——现代传播文集》,第 90 页,刘继南主编,北京广播学院出版社,2000 年 1 月。

❸ H. I. Schiller, Who Knows: Information in the Age of the Fortune500, Norwood, NJ: Ablex, 1981, p. 5.

武器”。阿富汗战争期间，美国也同样积极利用广播电台，对阿富汗进行各种宣传战、舆论战。

随着经济技术的全球化，各种文化思潮的碰撞和意识形态的斗争更加激烈。“谁掌握了信息传播源和信息载体，谁控制了国际广播、卫星电视和互联网络，谁就有能力影响整个社会，谁就能在意识形态的斗争中，抢夺并占领制高点，掌握主动权。”[1]以美国为首的西方国家凭借其在国际社会物质层面、国际制度层面和思想文化层面的强势地位，在推进资本扩张的同时，加强了文化扩张和意识形态渗透。正如美国学者杰姆逊所言，现在第一世界掌握着文化输出的主动权，可以通过传媒把自身的价值观和意识形态，强制性地灌输给第二世界。而处于弱势和边缘地位的第三世界则只能被动接受，他们的文化传统面临威胁，文化价值观和意识形态受到不断的渗透。

(三)我国广播电视担负着传播国家主流意识形态的使命

国家的主流意识形态和主流价值观是否被国民认同，是否对国民有强大的感召力和凝聚力，关系着国家的长治久安。在我国，现阶段需要旗帜鲜明地坚持和强化主流意识形态的主导地位，需要从维护国家安全和提升国家软实力的战略高度看待主流意识形态的传播工作。

改革开放以来，随着中国社会的结构转型，多种意识形态并存，已经成为意识形态领域中的一个常态现象。但这并不意味着各种意识形态都受到提倡。我国社会中的非主流意识形态中，既存在同社会主义主流意识形态非对抗性的非主流意识形态，也存在同社会主义主流意识形态有对抗性关系的非主流意识形态。对于前者，如在传统文化中传承下来的一些道德观念，佛教、基督教、伊斯兰教等宗教意识，近年来比较活跃的新儒学思潮等，虽然同社会主义主流意识形态有明显区别，但应当坚持对话、引领的原则，尽可能地在沟通中寻求最大共识。对于后者，如对我国社会主义建设、发展乃至国家安全构成严重威胁的民族分裂主义、宗教极端思想、恐怖主义等，这些对社会主义意识形态尖锐对抗的意识形态，无论其以何种形式表现或传播，都应当坚决抵制和批判，让广大人民群众清楚认识它们反人民、反社会、反国家的本质。无数历史实践已证明，作为一个国情复杂、人口众多、资源相对有限的发展中大国的中国，没有以马克思主义为指导思想的有中国特色的社会主义这一主流意识形态及其价值观的引领，社会稳定、经济发展和文化繁荣都将无从谈起。

在我国的政治和思想文化领域中，倡导和传播主流意识形态——社会主义意识形态和价值观，一直占有重要地位。中共中央和中共地方各级党委以及政府机构，都高度重视社会主流意识形态的宣传教育，并将其视为报刊、广播、电视等新闻媒体的基本职责。因此，传播社会主流意识形态成为我国各级广播电视机构担负的重要社会使命。

当前，我国正处于重要的社会转型期，社会分化趋势加剧，人们思想、行为的价值取向越来越走向多元化。在这样一个思想和价值观多元纷呈，甚至彼此冲突、对立的阶段，社会更需要有一种占主导地位的意识形态和价值观抑制各种利益诉求之间的紧张关系，并弥合人们的思想分歧，从而维护社会的稳定和推动社会的长远发展。特别是在当今全球化背景下，西方思想文化、价值观念对我国社会的渗透和影响在不断加剧。作为重要的意识形态阵地，

---

[1] 李舒东：《传媒安全研究》，第197页，人民出版社，2013年7月。

广播电视有责任为宣扬国家主流意识形态和主流价值观，构建民众对国家的集体认同和整合民族文化、形塑民族共同体，贡献一份力量。这就需要在办播节目中，能秉承“政治家办台”的理念，充分重视舆论导向，通过深入宣传党的理论、路线、方针、政策，唱响时代主旋律，用凝聚社会共识的主流价值观去引领、整合多元社会思想。同时，主动强化责任意识，在办播节目中注重精神引领，自觉做主流思想舆论的传声筒和放大器，大力弘扬时代主旋律，积极传播正能量，借此激发全社会团结奋进的强大力量，为国家建设和民族复兴大业贡献力量。

二、广播电视的公共属性

广播电视具有显著的公共属性，这一点现今已成为世界各国政府对广播电视实施相关管理时的基本共识。

（一）广播电视公共属性的含义

所谓广播电视的公共属性（Public Attribute），即指广播电视具有为公众服务和维护社会公共利益的社会公器本质。它意味着广播电视在社会生活中需要承担诸多公共服务职能和社会责任。公共服务（Public Service）是一种社会产品与社会服务的总称，通常由以政府等公共部门生产并提供给所有公民，目的在于满足社会的公共需要，并且所有社会成员都享有共同消费和平等享受的权利。公共服务通常具备两个特点：其一，公共服务是一种建立在能够满足社会成员普遍需要的社会产品和社会服务基础上，以合理调用和分配公共资源实现社会福利最大化的公益性行为；其二，它通常是以解决社会全体成员的基本生存和发展问题为首要任务，能够在一定程度上提高公民生活质量和社会福利水平。无论是在发达国家还是在发展中国家，广播电视媒体的活动都不是完全自由自主的，在很大程度上都会受到公共性和公益性的制约。这种公共性和公益性的依据包括三个方面：

第一，广播电视媒体是公共传播资源——电波频率频谱的受托使用者，作为公共财产的使用人，它们必须对社会和公众承担相应的义务和责任。广播电视频谱资源属于社会公共资源，具有稀缺性并非人人都可以占有和使用。谁占用了某一频率频道，其他人便无法再使用，因而具有相对垄断性。由于广播电视占用着有限的公共资源，大多数国家在广播电视诞生之时，都认为广播电视天然地肩负着为公众利益服务、传播知识文化、营造公共空间等社会使命。即使在私有化程度较高的美国，也没有放弃广播电视为公众利益服务的要求。随着广播电视技术的不断发展，广播电视频谱资源的有限性已不复存在，但广播电视媒介作为精神产品的生产者以及广播电视产品作为“准公共产品”的性质和强大影响力，使得政府对广播电视媒介的公共服务要求并没有完全改变。

第二，广播电视媒体是现代社会必不可少的信息与精神文化产品的生产者和提供者，在满足社会的普遍信息需求和精神文化需求方面起着一种公共服务的作用。公共服务的“公共”一词，表达的是广播电视既不受制于私人利益，也不受控于政府利益，而是忠实于护佑全体公民利益的特征，遵循的是把受众当作“公民”而非“消费者”“草民”进行公共服务的基本原则。广播电视的公共服务性，在公营广播电视媒介中有着充分的表现。公营广播电视不以营利为目的，而是把发展社会政治文化、保障公众利益作为根本价值诉求。广播电视所追求的公众利益，包含了独立、平等、全面服务和不迎合的原则。在商业广播电视占主流的西方资本主义国家，广播电视提供的公共服务在促进教育、教学和文化的发展，满足那些得不到充分的广播电视信息、文化服务的受众的节目需求等方面，起着特别重要的作用。

第三，广播电视媒体的传播活动具有巨大的社会溢出效应，其影响涉及社会生活的诸多领域。广播电视是典型的大众传播媒介，其传播活动对于社会的影响广泛而深远。“所谓大众传播，就是专业化的媒介组织运用先进的传播技术和产业化手段，以社会上一般大众为对象而进的大规模的信息生产和传播活动。”[1]广播电视信息产品、文化产品的生产和传播活动对社会的政治、经济、文化、道德规范具有强大的影响力，这种影响力常常涉及普遍的社会秩序和社会公共生活。这要求广播电视媒体的日常传播活动必须符合社会公共利益。例如，不得泄露国家机密，损害国家利益；不得煽动社会骚乱，扰乱正常的社会秩序；不得传播宗教或种族歧视内容，破坏社会团结；不得侵犯公民的隐私权和名誉权，损害个人的合法权益；不得传播淫秽色情内容及唆使、诱发社会犯罪的暴力内容，危害健康的社会道德和社会安定；报道新闻和提供信息时必须坚持真实和客观原则，不得以虚假内容损害公众利益等。

（二）广播电视作为社会公共事业的起源与发展

早期的广播电视节目，都是通过无线电波进行信号传送的。无线电波具有不会损耗、不易破坏、无须特别维护即可使用的特性，是一种独特的自然资源。但是，无线电波频率的覆盖范围是特定的，而且电波之间有相互干扰的现象，因此，就其利用程度来讲，又是有限的。

无线电频道资源的有限性，使得广播电视在诞生之后，在欧洲大多数国家被视为与水、气、电、铁路和邮政一样具有公共性和稀缺性的公共资源。而16世纪以来在欧洲发展起来的邮政、交通等公用事业一直保持国家垄断经营的政策，基于这样一种传统，在经历过早期短暂的业余电台和商业电台自由发展的时期之后，欧洲大多数国家都把广播电视视为公共所有，把广播电视媒介纳入公共服务的国家垄断体系，由国家统一分配使用。

1923年，英国刚成立的广播委员会发表了一份报告声称：“任何国家可利用的频谱都必须被视为有价值的公共财产，把其用于任何目的都必须以保护大众利益为前提。”[2]该委员会认为，无线电广播的廉价以及其具备的社会和政治属性都有可能造成控制舆论和民族生命的后果，因此广播的控制权必须属于国家，而不能任由商业机构自由竞争。这一思想认识，而后在德国等一些国家也先后取得共识。

欧洲作为公共电视的发源地，其主流思想认为，政府垄断广播电视能够更好地保证电视服务的质量和信息的多样性。但政府不能直接控制广播，可以通过发放执照的形式间接控制。广播作为公共事业，其界定及管理权属于国家，而对界定的诠释及在维护国家和大众利益原则之下发展广播事业的实施者在广播公司。“始于BBC的公共广播理念，通常被认为是欧洲现代民主社会的重要组成部分，对促进公民社会的基本价值观、提升一个社会的整体文化与教育水平可起到重要作用。”[3]鉴于广播电视媒体的公共属性，欧美等发达国家都格外重视赋予广播电视媒体服务社会公众的责任和义务。由此，也造成了公共广播电视系统在欧美诸多国家中占有不可或缺的重要地位。

---

[1] 郭庆光：《传播学教程》，第111页，中国人民大学出版社，1999年11月。

[2] ［英］安德鲁·古德温、加里·惠内尔：《电视的真相》，第188～189页，中央编译出版社，2001年1月。

[3] 王菊芳：《BBC之道：BBC的价值观与全球化战略》，第79页，生活·读书·新知三联书店，2013年8月。

公共广播电视由一个代表公众利益的独立机构负责经营和管理。在经济上公共广播电视既不依附于政府,也独立于财团,因而在政治上一般不为政府和其他利益集团所左右,具有较大的权力和自主性。公共广播电视的受众不分等级享受同样的服务。为了实现为绝大多数公众服务的目标,公共电视一般都是全国覆盖(社区、学校、地方政府等建立的电视台除外)、免费播出的无线电视,以保证不同地区的观众都能接收到。公共广播电视的社会舆论表达也具有多样化、普遍化和广泛性的特点。公共广播电视不按人们在市场上的份额,而是以公平、公正、平衡为原则,并以一种特别的社会责任感满足不同群体,尤其是弱势群体的需要,让弱势声音与主流社会对话。在内容上,公共广播电视为了提高公众的教育水平,不以收视率作为衡量节目质量的标准,不一味迎合观众,而是提供尽可能丰富的、多元化的、反映多民族利益的节目。在欧洲和日韩等国家,直至20世纪80年代以前,公共广播电视一直占据绝对主导地位。

在世界范围内,公共广播电视尤以英国广播公司(The British Broadcasting Corporation,简称BBC)最为典型。BBC是在旧BBC即私营英国广播公司基础上,根据议会通过英王乔治八世批准的皇家特许状,于1926年建立起来的。根据皇家特许状,BBC是特许经营广播电视的公共服务机构,最高领导机构是事事会,其经济来源以公共视听费为主,国家财政补给或社会资助为辅,政府只是受托提名管理人员并监督BBC管理委员会的工作,不能干涉它的具体报道和日常运作。BBC的管理模式是典型的公共广播电视的管理模式,它通过一定的制度设计,使之在非商业动力、民主政治和中立自主的基础上,本着对社会负责的精神,建立为公共利益服务的立场,从而促进言论的自由传播和文化的多元发展。作为公共广播电视机构,BBC以民族文化传承和精神文化的传播为已任,注重对大众的文化情操的陶冶。BBC第一任总经理约翰·瑞斯认为,广播电视以大众为对象,但也不应忽略对少数高层次知识分子的服务。广播电视的水平应高于一般社会水平,才能不断提高社会的教育文化水平。在英国广播电视体制发生变化之前,BBC俨然是一个巨大的文化帝国,有3万名职工,数不清的自由撰稿人,在制作高质量的节目方面可以说世界范围内罕有匹敌者。

在美国,广播电视从一开始就是完全商业化的,但这并不意味着美国对公众利益的忽视和放弃。美国政府通过选择批准“信托者”(Trustee)代表公众使用公共频谱资源,并对其施加了种种限制,以保障公共利益。美国认为,私人所有的电台、电视台也可以为公众利益服务,它们应该也必须提供公共服务。1927年的《无线电法》要求广播电台必须满足“公共利益、方便和必需”(Public interest, convenience and necessity)。1934年颁布的《通信法》规定,广播电台必须播出非商业性的教育节目。从第二次世界大战时开始,美国联邦通信委员会(FCC)又要求所有的商业电视台必须免费、无条件地播放公共服务声明,包括公益广告。在有线电视出现后,FCC又要求各地的有线电视系统经营者必须腾出3个频道作为公共频道,供州、地方政府、教育机构、社区,甚至个人播放自己的节目。

除了美国政府对商业广播电视的一定公共服务要求之外,美国还专门设立了公共广播电视台。1967年,美国国会通过《公共广播法》。1968年,公共广播公司(CPB)依法成立,负责管理国会对公共台的拨款,协调公共台之间的关系,但不制作和分销节目。CPB于1969年和1970年分别组建公共广播服务网(PBS)和国家公共电台(NPR)。1993年,美国共有公共电台1570座,约占全国电台总数的13%;1998年,美国的公共电视台达367座,约占全国电视台总数的23%。公共广播电视台不播广告，经费来源一般为政府拨款、经办部门出资、企业赞助、受众捐助及出售节目等。公共广播电视的内容主要为新闻报道、科学节目、文艺节目、儿童节目以及其他知识服务性节目，节目内容比较健康严肃，与商业电视形成了鲜明的对比。美国公共广播电视是美国商业化社会中的独特风景，虽然其影响远比不上商业电视，但公共广播电视的存在，在一定程度上限制了美国商业性广播电视的偏颇性。

广播电视为公民提供公共服务，是广播电视媒体自诞生以来就被赋予的社会功用。随着西方国家为了改善财政状态，挽救政府形象，在政府管理模式上由传统的、官僚的、缺乏弹性的行政管理，转向市场导向的、适应变化的、深具弹性的公共管理的改变，广播电视公共服务也相应发生转变。转变后的政府主要职能是确定公共管理目标，制定相应的服务政策，而政策的执行则由多部门，包括公共部门、私营部门、非营利部门共同承担，有多种模式的并存和选择。国家对其公共投入减少了，社会各种形式和力量的参与为公共广播事业带来源源不断的财力物力，具有鲜活的生命力。社会众多利益集团还通过国会影响公共广播电视。与此同时，与国有公营和社会联合公营的广播电视体制一样，国会主导下的国有公营广播电视体制一方面相当普遍地调动社会众多政治势力参与公共广播电视事业，另一方面确保公共广播电视经营机构依法自主经营。不受商业利益的干扰，提供公平公正的信息，成为公共服务广播电视的至高运营理念。

（三）中国特色的广播电视公共服务体系建构

在中国，以生产资料公有制为主体的基本媒介制度，决定了广播电视属于“全民所有”。在社会生活中，广播电视媒体担负着社会公共利益和人民根本利益的代言人角色，不仅通过传播新闻信息，起到上情下达、下情上传，有效开展舆论引导和舆论监督，沟通党和人民群众联系的桥梁、纽带作用，而且还努力为民众参与社会公共生活创造条件、搭建平台；同时，还大力传播科学文化知识，为民众提供寓教于乐、有益身心健康的文化娱乐产品，满足他们正当的精神享乐需求。

中国广播电视公共服务的实践最早可以追溯到中华人民共和国成立后的20世纪50年代。当时，在中国共产党的领导下，中国政府建立了覆盖广大农村地区的广播网，满足了公众收听广播的需求，可视为中国广播电视公共服务建设的先驱。不过，在当时的计划经济条件下，广播网的建设主要是为了适应政治、思想宣传的需要，因此这并不能算是真正意义上的广播电视公共服务。从20世纪70年代末至80年代，中国广播电视公共服务的色彩渐渐显露。这期间，广播电视既扮演着党和政府的舆论喉舌角色，又承担着满足公众日益增长的精神文化需要的责任。从20世纪90年代开始，中国政府大力推进农村地区广播电视传输覆盖体系建设即“村村通”工程，这标志着真正意义上的中国广播电视公共服务建设时代的开启。

1. 我国广播电视公共服务的传输覆盖体系

20世纪80年代以前，我国广播电视媒体基本上由各级政府投资建设，节目以公共服务为主，较少商业化倾向。20世纪90年代开始，随着广告市场的开放，娱乐节目的兴起，特别是以收听率、收视率为唯一评估标准的导向，使广播电视逐渐远离了“公共服务”性质。不过，随之出现的广播电视的过度市场化、商业化倾向也深为民众所诟病。从政府层面来看，过度商业化的广播电视媒介显然与我国的社会主义性质是相悖的。因此，以1998年广播电视“村村通”工程的启动为标志，我国开始推动广播电视公共服务体系建设。

经过十多年的发展,当下我国广播电视公共服务体系建设已经取得了阶段性成效。

(1)起步发展阶段:1998—2005 年

这一时期的主要任务,就是加强传输覆盖体系的建设,满足人民群众的基本需要。其工作重点是农村地区,因为很多农村地区由于经济的落后,连收听、收看广播电视的基本条件都不具备,公共服务根本无从谈起。

从发达国家的发展史来看,公共服务是国家经济发展的必然产物。经济发展到一定阶段,为了满足公众日益增长的对于政府所提供的公共产品的需要,公共服务的社会理念随之产生。这一逻辑也适用于中国。1992 年以后,中国社会开始由从计划经济向市场经济转型发展。在这一过程中,政府改变了广播电视经费由公共财政全额划拨的做法,推动广播电视走产业化经营之路。在城市中,因为经济条件好、人口集中度高、居民消费能力强、用户及广告市场资源丰富,广播电视服务发展得比较好。而在广大农村,由于资金和技术的投入不足致使广播电视公共服务发展缓慢,大大落后于城市的发展进度。农村广播网络普遍存在设备老化陈旧、使用时间短、功率小和覆盖面效果不理想甚至瘫痪、废弃等问题。特别是在一些偏远农村和山区,因为地理形势差、人口居住不集中等原因,广播电视网络更加难以覆盖,很多地区形成了电视广播覆盖空白的现象。全国以农村为主的两亿多群众无法收看、收听到广播电视和电台,不利于解决农村广播电视发展低下以及对中国广播电视发展的严重制约的问题。于是从农村广播电视覆盖面的扩大到确立每村每户的广播电视的开通,使得农村群众开始实现了最基本的文化权利。在 1998—2005 年期间,中国中央政府和地方财政投入 36 亿元来建设农村广播电视"村村通"工程,增强对于广播电视覆盖水平进一步提高的力度,使 11.7 万个行政村、10 万个 50 户以上的自然村实现了"村村通"的建设目标。这七年间,全国综合人口广播电视覆盖率从 85.5% 和 87.4% 提高到了 94.48% 和 95.81%,提高的百分点为 8.98% 和 8.41%。不过,虽然这段时间中国的广播电视事业取得了很大的成绩,但广播电视公共服务发展情况仍处于初级阶段,建设基础设备和扩大覆盖范围还是主要任务。

(2)升级转型阶段:2006—2010 年

2006 年,"十一五"开始启动,国务院办公厅发出《关于进一步做好新时期广播电视村村通工作的通知》,在通知中明确将"村村通"工程列为农村公共文化服务体系的重要组成部分,可以说是农村当前文化建设的头号工程。由此,中国广播电视公共服务正式进入转型期,也从被动的外在压力转化为主动选择,从工程建设上升到体系建设,从部门行为上升到国家行为,形成了有中国特色的电视广播公共服务的发展方式。

首先,逐步奠定了我国广播电视公共服务的目标取向。随着探索和实践的逐步深入,中国特色广播电视公共服务的理念逐渐明确。我国的广播电视公共服务其基本宗旨就是要以公共利益作为出发点来经营频道、制作节目,保障人民群众收听、收看广播电视的基本文化权利,并且通过高质量的、有品位的节目来实现民族文化的传承与创新。在国办发〔2006〕79 号文件中明确要求,在"十一五"期间,我国的广播电视公共服务体系要紧跟形势的发展,从前一阶段"村村通"工程,主要提高农村广播电视覆盖水平的工作重点,应该转移到从量上增加有关"三农"的广播电视节目套数,从质上多开发农民群众喜闻乐见的节目内容上去。

其次,逐渐实现了广播电视公共服务职能向政府归位。随着广播电视公共服务体系建设的不断深入,各级党委、政府的认识也在逐步深化。广播电视公共服务体系框架的逐渐成形,离不开政府的推动和财政的支持。国办发〔2006〕79 号文件中,提出要把做好“村村通”工作“纳入地方各级政府工作的重要议事日程,纳入地方经济社会发展和社会主义新农村建设的总体规划,纳入公共财政支出预算,纳入扶贫攻坚计划,纳入干部考核的内容”。由此,国家对于农村广播电视公共服务发展的政策支持力度进一步加大。政策目标也从模糊变得具体,措施也较实用,除了财政投入之外还有税收和电价优惠等配套手段。

再次,逐步夯实了广播电视公共服务发展的支撑力量。技术创新能够促进整体机制的改革,提供广播电视为公共服务的水平和能力。在“村村通”建设初期,由于技术能力薄弱,只能运用单一的无线或者小网片这类传统手段。这类手段效果收益差,而且会出现反盲。新技术的出现,改变了这种情况。大量新技术运用到广播电视公共服务中,很好地解决了农村地区的问题。例如,统筹使用有线、无线、卫星等多种技术手段,彻底改变了农村的传统广播电视的形态,提高了收听收视的效果,也丰富了节目的内容。同时,“村村通”的建设标准也提高了,从原来的两套电视一套广播提高到四套电视两套广播甚至八套电视四套广播的规模。

此外,不断探索建立广播电视公共服务长效机制。在我国的广播电视服务机制的发展过程中,经历了从起步到升级转型的阶段,也就是从工程建设转向体系建设的发展阶段。在以前,往往只强调基础的设施建设,而慢慢发展为基础、体制、政策、内容建设相协调。这一转变适应了市场经济的要求,形成了广播电视服务的初步框架体系。我国广播电视的公共服务机制也逐渐摆脱计划经济下的模式而向市场经济模式发展。广播电视机构作为独立法人及独立财政单位,在服务公众、实现公共服务职能的同时承担自身经营创收的问题。实践证明,依靠任何单一形式的收入来源都无法支撑广播电视的公共服务体系。所以,发展广播电视公共服务,其财政来源必须将商业运营收入、广告收视费、财政投入和社会赞助等渠道混合考虑,只有在这种模式下,广播电视公共服务才能有更好更长远的发展。这一阶段,如何创新广播电视公共服务投入的合理报偿机制,将其间的各种运营费用指标标准化、制度化,已经成为探索建立广播电视公共服务长效机制的努力方向。

(3)进一步完善阶段:2011—2015 年

这一阶段,我国广播电视公共文化服务体系进一步完善,重点惠民工程扎实推进,“村村通”向“户户通”“优质通”升级,机制创新有所突破,运维服务优化,广播电视公共服务加速标准化、均等化。截至 2015 年底,全国广播、电视综合覆盖率分别达到 98.17% 和 98.77%。全国共有广播电视播出机构 2564 座,全国公共广播和电视节目播出总时长分别为 1421.83 万小时和 1779.60 万小时。表 4-1 所示为 2015 年全国广播电视播出机构情况统计。

2015 年全国广播电视播出机构情况　　表 4-1

类　型	单　位	2015 年	2014 年
广播电视播出机构	座	2564	2564
广播电台	座	147	149
电视台	座	157	159
广播电视台	座	2218	2214
教育电视台	座	42	42

资料来源:《中国广播电视年鉴 2016》。

全国有线广播电视用户 23566.75 万户,家庭渗透率达 54.63%。有线数字电视用户

19775.59 万户，有线数字化渗透率达 83.91%。有线网络宽带用户数 0.17 亿户，直播卫星用户数量 6637 万户。[1] 此外，建立了省、市(州)、县(区)、乡、村五级贯通的直播卫星公共服务运维架构，拥有全国专营服务网点达 4500 家，为及时解决"村村通"设备的维修、更新等售后服务问题提供了坚实保障。表 4-2 为 2015 年全国广播电视传输覆盖情况统计。

2015 年全国广播电视传输覆盖情况 表 4-2

项　目	单　位	2015 年	2014 年
广播节目综合人口覆盖率	%	98.17	97.99
电视节目综合人口覆盖率	%	98.77	98.60
中短波转播发射台	座	860	856
微波线路	万公里	8.85	8.63
有线广播电视网络传输干线总长	万公里	426	415

资料来源：《中国广播电视年鉴 2016》。

(4)全面推进阶段：2016 年至今

2016 年初，全国两会通过《中华人民共和国国民经济和社会发展第十三个五年规划纲要》(下文简称《纲要》)。《纲要》中明确提出，坚持普惠性、保基本、均等化、可持续方向，丰富文化产品和服务，增加公共服务供给；围绕标准化、均等化、法制化，加快健全基本公共服务制度；创新公共服务提供方式，努力增加非基本公共服务和产品供给，满足多样化公共服务需求等。《纲要》的出台，对加快建立健全现代广播电视公共服务体系提出了发展目标和政策安排，在中国特色现代公共文化服务体系建设进程中具有里程碑意义。

2016 年，我国广播电视公共服务体系建设的成绩主要体现在：一是广播电视"村村通"工程完成"十二五"81 万个"盲村"建设任务，开始由"村村通"向"户户通"升级，同时积极探索建立长效维护服务机制。二是加速推进直播卫星"户户通"，新增用户 3188 万户，总数达 5059 万户；推进浙江、福建、海南等沿海省份"渔船通""海岛通"，"渔船通"覆盖 1.8 万艘渔船、20 万渔民。三是加快实施中央广播电视节目无线数字化覆盖工程，全面建设 1200 多座广播电视高山无线发射台站基础设施。四是国家应急广播体系进入全面建设阶段，发布《推进国家应急广播体系建设工作方案》，成立中央人民广播电台国家应急广播中心，开通国家应急广播社区网站，启动应急广播系统四级联动机制监管体系和应用示范研究，部署四川应急广播试点，6 省区完成应急广播大喇叭建设，并将应急广播系统纳入《国家公共文化服务体系建设标准》。五是加大对口支援和扶贫力度，民族地区和边远贫困地区公共服务得到加强，加快实施广播电视西新工程第五期建设。[2]

2. 我国广播电视公共服务的内容服务体系

(1)公共服务频道

公共频道出现于 20 世纪 90 年代末，是国内广电系统开展治散、治滥，整合资源，以求建立广电业新的发展格局的时代产物。1998 年元旦，福建公共频道在全国率先开播，它由省广

[1] 国家新闻出版广电总局发展研究中心：《中国广播电影电视发展报告(2016)》，第 164 ~ 168 页，中国广播影视出版社，2016 年 7 月。

[2] 中国广播电视年鉴编辑委员会：《中国广播电视年鉴 2016》，第 33 页，中国广播电视年鉴编辑部，2016 年 10 月。

电厅直接管理,用来代替县级电视台。1999 年 9 月,国办“82 号文件”提出:公共频道要广泛推广,省级电视需要制作一套“公共”节目,供已经完成三台合一整合之后的县级电视台播出,在这个公共频道中,还要留出给县级电视台播放自己制作的新闻和专题节目的时间。建立公共频道,可以减少资源浪费和内部矛盾。随后,国家广电总局要求全国各省级电视台要在 2002 年 7 月 1 日前准时开通公共频道。由此可见,我国的公共频道与西方的公共电视并非同一类事物。简单地说,国内公共频道是省、市、县三级电视播出机构的公用频道,与欧美公共广播电视有着严格的概念和意义上的差别。按照国办“82 号文件”精神,省级电视台公共频道的主要职能是取代原来的市、县电视播出机构,合三为一。但在复杂的行政权力博弈中,以公共频道替代以往“四级办台”旧格局的目标并未完全实现,市、县级电视台作为中国基层行政的宣传机构依然存在。一些省级电视台开办公共频道之初也曾提出“公共频道,关注公益事业”的服务口号,力图走出一条创办中国式公共电视的新路,但都相继搁置。这样,公共频道最终却演变成为省级电视台众多专业频道之外的又一个频道。

尽管国内“公共频道”的出现,一度被人“误读”,其很大程度上背离了其建设初衷,但是,它的出现在某种程度上为探索中国广播电视的公共服务体系提供了一种样本。特别是国内学界业界关于媒体“公共性”的理念由此滋生,影响深远。通过相应的制度设计,保证广播电视机构履行占用国家公共资源的责任和义务,在其日常的传播活动中最大化地维护和保障社会公共利益,渐渐成为一种社会共识。

(2)公共服务节目

广播电视公共服务不仅涉及广播电视的渠道覆盖,而且还包括了内容供给即要有可看的节目内容提供给公众。广播电视公共服务节目中既要有适应普通社会公民收听收看的节目,也要有针对儿童、老年人、少数民族和农民等特殊群体和弱势群体专门开办的节目。

不同于其他广播电视节目,广播电视机构播出的公共服务性质的节目首先必须是本土的,其节目在思想内容上必须与我国社会主流意识形态和主流价值观保持一致。其次,广播电视公共服务节目应该力求丰富性和多样化,能够满足多层次的社会基本公共信息需求和文化需求。再次,广播公共服务节目要能够在一定程度上发挥精神引领作用,引导公民正确、科学、合理地认识和把握身外世界。

当前,尽管我国社会已进入社会主义市场经济时代,但广播电视一直是以面向社会上最大范围的受众进行点对面的大批量信息传播而引以为荣的。这种面向社会“大多数”的传播样态,既充分彰显了我国广播电视的信息覆盖优势,又体现了其服务全体公民的本质。随着知识经济时代的来临,我国广播电视公共服务节目,更成为人们获取信息的最主要渠道,在为民众提供新闻信息、生活资讯、文化知识和精神享乐方面所发挥的社会影响力越来越大。

3. 我国广播电视公共服务的原则与目标

我国广播电视公共服务应遵循普惠性、公益性、均等化、多样性以及优质性等几项原则。

广播电视公共服务的普惠性原则,意味着全国各地的居民都能收听到广播收看到电视,即广播电视信号要传输到全国各地。普惠性主要是针对广播电视传输服务而言的。实现广播电视公共服务的普惠性,就要选择合适的技术手段和运营方式,扩大并保持广播电视信号的覆盖率,让更多的人能够收听收看到广播电视。

广播电视公共服务的公益性原则,意味着作为公共服务产品提供给公众满足他们基本信息文化需求的广播电视节目,具有一定的非竞争性和非排他性,其内容供应难免出现“市场失灵”问题。这就要求这类广播电视节目内容的生产和提供应遵循公益性原则,主要由政府或政府部门资助的公益性机构承担,免费提供给全体公民,以弥补市场供应的不足,保证公民享有基本的精神文化生活服务。

广播电视公共服务的均等化是指处于不同地区的所有居民都能享受到大体相等的广播电视公共服务。广播电视公共服务的均等化不等于服务的平均化,均等化是相对的。广播电视公共服务均等化并不排斥差距,而是要将差距控制在可以接受的范围之内。当前中国广播电视公共服务均等化的重点是缩小广播电视服务的东西差距和城乡差距。

广播电视公共服务的多样性既是对内容服务的要求,也是对传输服务的要求。从内容服务的角度来看,要求广播电视台制作丰富的、满足观众不同兴趣和需求的电视节目。从传输服务的角度上看,则要求所传输的广播电视节目套数应达到一定数量,且多套节目中要包含不同类型的内容。

广播电视公共服务的优质性,即公共服务性质的广播电视节目要有较高的质量和水准。

今后,我国广播电视公共服务的建设目标,应该包括以下几方面内容:

(1)结构合理

根据普惠性、公益性的原则,全体公民应均等地享有广播电视提供的基本公共服务,而且部分弱势群体可以享有对象化的公共服务。所谓“基本公共服务”是指广播电视公共服务中那些“公共性”特别高,并且直接关系国家文化主权、信息安全或社会稳定,或国家民族文化创新、传承的内容与服务,主要包括新闻与信息资讯、科技、农业、教育、文艺、少儿、老年节目等。而“非基本公共服务”则是指那些在基本公共服务基础上,为满足人民精神文化生活多样化需求而提供的,具有可选择性的广播电视专业化服务,如付费节目等。这部分服务内容则采取“谁选择,谁付费”的有偿服务原则。我国广播电视今后要在政府行政力量的推动和市场资源的优化配置下,形成基本公共服务与非基本公共服务之间彼此互补、结构合理的公共文化服务格局。

(2)发展均衡

通过国家政策的倾斜与大力扶持,缩短广播电视公共服务在东部与西部、城市与农村之间的差距,推进均衡发展,尤其是在基本公共服务方面要实现均等化的“全民享有,惠及全民”的目标。

(3)产品丰富

近年来,中国电视内容生产的创新一直相对乏力,抄袭、克隆与拷贝一度成为推动内容创新的主要手段,并且“跟风”办节目的恶习直接导致了娱乐节目、选秀节目、谈话节目的泛滥。因此,要推动中国电视公共服务内容产品的丰富,必须不遗余力地推进内容生产的形式创新、内容创新与观念创新,切实制定相关政策与奖励措施,全面提高中国广播电视节目的精品数量、艺术质量和制作水准,以实现中国广播电视在内容供给方面的丰富化和高水准。

(4)网络健全

要大力推进广播电视公共服务的基础设施和技术设备建设,健全和完善电视,传输渠道与传输网络,无论是无线、有线、卫星传输,还是相关的数字化设备。加大应用新技术研发与应用水平,让广大基层民众能够享受到先进传播技术的成果与便利。

(5)运营高效

在市场经济条件下,政府主要负责推进广播电视基本公共服务的“均等化”;广播电视非基本公共服务完全可以在政府监管的前提下,调动社会资源的积极性,参与到广播电视公共服务的建设中来,在整体上提升中国广播电视公共服务的运营效率。

(6)服务优质

从发展的需要看,中国广播电视公共服务不仅要实现“全民享有”,而且要实现“优质享有”,这意味着广播电视公共服务所供给的节目内容的生产、传输以及直接与电视用户相接触的服务手段、服务方式、服务模式、服务细节等都需要提升质量。

2016 年 12 月 25 日,《公共文化服务保障法》经全国人大常委会审议通过并以国家主席令第60 号颁布,2017 年3 月1 日起正式实施。《公共文化服务保障法》是中国文化领域一部综合性、全局性、基础性的重要法律,实现了中国文化立法的重大突破。它的出台对加快广播电视节目内容和传输覆盖设施的均等化、标准化、社会化提出了更高的要求,明确了法律规范。

三、广播电视的产业属性

广播电视具有产业属性,可以借助有效的经营管理和市场运作,创造可观的经济效益。

(一)产业的含义及类别

产业(industry)一词,在不同语境下有着不同的解释。在历史学和政治经济学中,它主要是指“工业”,如“产业革命”“产业工人”等。从法学角度来解释,它主要是指“不动产”,如“私有产业”,一般是指个人拥有的土地、房产、工厂等财产。在传统的社会主义经济理论中,“产业”的主体内容则是指与服务业相对应的物质资料生产部门。

依据目前通行的国际惯例,“产业”泛指一切生产物质产品和提供劳务活动的集合体,包括农业、工业、交通运输业、邮电通信业、商业饮食服务业、文教卫生业等部门,其范围涵盖了国民经济的各行各业。产业是社会分工的产物,是社会生产力不断发展的必然结果,是介于宏观经济与微观经济之间的中观经济。在我国,产业通常被划定为三大类别:

第一产业:农业(包括种植业、林业、牧业、副业和渔业)。

第二产业:工业(包括采掘业、制造业以及自来水、燃气、电力、热力生产与供应业)和建筑业。

第三产业:除第一、第二产业以外的其他各业。

由于第三产业包括的行业多、范围广,根据我国实际情况,第三产业又分为流通部门和服务部门。流通部门,主要包括交通运输、邮电通信、商业、饮食、物资供销和仓储等产业;服务部门,主要是为人们的生产和生活服务的部门,包括金融、保险、地质普查、房地产、公用事业、教育、文化、广播电视、科学研究、卫生、体育、社会福利以及旅游、信息咨询服务和各类技术服务等产业。

根据当今世界大多数国家所采用的关于“三次产业”的划分方法,广播电视属于第三产业。这意味着,作为适应于第一产业、第二产业的第三产业,广播电视产业的基本功能是提供服务,即从最基础的层面讲,广播电视是服务行业。进一步分析,对应于第三产业内部的诸多服务行业来说,广播电视属于起社会中介作用的信息行业,提供广义的、各种各样的信息服务是它的主要功能。如果把“大”信息产业再划分为生产信息产品载体物质生产部门和生产信息产品与传播信息的生产部门两大类,则广播电视部门当属于生产信息产品与传播信息的生产部门。广播电视就其作为大众传播媒介而言,则属于信息流动与通信产业。

目前,世界广播电视产业最发达的是美国。美国有1960多家电台、1400多家电视台,拥有全世界56%的广播和有线电视收入,85%的收费电视收入。据统计资料显示,一天当中,美国人(12岁以上)花在各类媒体上的时间比例为:广播44%、电视41%、报纸10%、杂志5%,广播是美国人使用最多的媒体,目前广播业总收入超过200亿美元。商业电视是美国电视产业的主体,美国三大传统电视网NBC、CBS、ABC在美国电视市场长期占据主导地位,与后来兴起的FOX、UPN、WB等一起构成美国商业电视主体。❶

(二)广播电视产业属性的相关认识

有关广播电视产业属性的发现,最早可以追溯到20世纪20年代。当时,美国早期的广播电台在尝试商业化运营中,就逐渐开始将自身视为独立的经济活动主体而开展一些经营活动。此后,随着广播电视事业的迅猛发展,广播电视产业经营活动在整个社会经济活动中的比重、地位和作用也日益突出。与此同时,有关广播电视产业属性的理论认识,也逐步明晰和深入。1982年,施拉姆曾在《男人、女人、信息和媒介》一书中,将大众传播媒介的功能概括为:政治功能、经济功能和一般社会功能。他指出大众传播媒介通过经济信息的收集、提供和解释,能够开创经济行为。同时,他认为:“有机器中介的媒介尤其是电子媒介有一件了不起的成就,那就是推动世界知识产业的形成。”❷这也意味着,广播电视媒介在构建知识产业中扮演了非常重要的角色。“这就是说,大众传播的经济功能并不仅仅限于为其他产业提供信息服务,它本身就是知识产业的重要组成部分,在整个社会经济中占有重要的地位。”❸上述观点和看法,毫无疑问已经为当代信息社会、知识经济和文化产业发展的现实情况所证实。

在我国,人们对广播电视产业属性的认识,大致可以划分为三个阶段。

第一阶段,根本没有意识到广电媒体的经济功能。自中华人民共和国成立之后,广播电视被单纯地视为舆论宣传机构,成为党和政府的喉舌,履行社会舆论机关的职责。因此,在相当长的时期里,中国的广播电视与社会经济并没有直接联系,直到20世纪70年代末,中国社会开始改革开放,广播电视才与经济发生了直接联系。

第二阶段,提出广电媒体的企业化管理,但是其主要目的不是为了经济上的赢利,仅仅是为了管理得更好,从而提高宣传的质量和效果。1979年1月28日,上海电视台播出中国第一条电视商业广告,开启了中国电视经营的道路。3月15日,上海电视台播出第一条外商电视广告——瑞士雷达表,中央电视台第一次在全国范围内播出外商电视广告——西铁城手表。11月,中宣部下发文件《关于报刊、广播、电视刊登和播放外国商品广告的通知》,对广播电视媒体的广告经营活动予以认可。1983年3月31日,第十一次全国广播电视工作会议把“广开财源,提高经济效益”作为广播电视改革的方针之一,而随后中共中央在批转的

❶ 黄波涛:《美国支持文化发展的政策研究》,《经济研究参考》,2012年第20期。

❷ 〔美〕威尔伯·施拉姆:《传播学概论》,第144页,何道宽译,中国人民大学出版社,2010年10月。

❸ 郭庆光:《传播学教程》(第2版),第102页,中国人民大学出版社,2011年4月。

《关于广播电视工作的汇报提纲》中进一步指出“节约开支，提高经济效益，并开辟财源，以补充国家拨款的不足”，中国广播电视开始探索市场经营的可能性。这个时候，指导思想只是让媒体挣到足够的运营成本，减轻国家进行宣传所需要的财政负担而已，广电媒体还没有被提到一个产业、国民经济重要组成部分的高度来认识。此后，随着国家逐步减少和取消对广电媒体的财政拨款后，媒体单位需要自我经营、自负盈亏了。但是在这个阶段，原来缺乏经济功能的广播电视体制的弊端开始暴露出来。20 世纪 90 年代以后，人们逐渐认识到，广播电台和电视台等广电机构，从总体上来说，是国有事业性质的单位，但是就其内部的某些组成部分和功能而言，却具有企业性质，部分产品和业务服务可以面向市场，比如电视剧、有线电视传输网络、节目制作设备以及在大众娱乐节目、社会服务类节目的制作经营等方面都是可以市场化的。于是，为了充分实现广电媒体的经济功能，同时，又能保证实现其政治宣传功能，中国广播电视媒体相继走上了“事业单位、企业化管理”之路。

第三阶段，1992 年，国家发布《关于加快发展第三产业的决定》，广播电视被明确列入第三产业，广播电视的产业属性得到明确界定，事业和产业的功能开始有所分别。人们认识到广电媒体的产业属性，也开始认识到广电传媒是国民经济中一个重要的组成部分。虽然对事业与产业的区分尚不够清晰，还存在着功能重叠现象，但是，伴随着改革开放的进程，广播电视产业化发展之路开始就此不断向前推进。

2002 年，国家提出“文化事业与文化产业两分开”，启动了全方位的文化体制改革，进一步释放了电视产业的活力，发展经营空间大为拓宽，电视剧、电视节目生产逐步出现了市场化的多元主体。这一年，全国广电系统总收入已达 514 亿元，其中广告收入超过 280 亿元，财政拨款 75.84 亿元，财政拨款仅占总收入的 14.75%（1982 年全国广电系统总收入 9.83 亿元，基本属于财政拨款）。[1] 这意味着我国广播电视中的产业部分已经成为广电发展的主导性力量和因素。2007 年，党的十七大明确了“大力发展文化产业、推进文化创新”的发展方向，文化产业在中国国家战略中的地位不断提升。这一年，全国广播电视总收入达 1316 亿元，比上一年增长 19.77%。其中，广播广告收入 65.39 亿元，电视广告收入 519.21 亿元，分别比上一年增长了 10.81% 和 14.53%。2009 年 7 月 24 日，国务院通过了《文化产业振兴规划》，将文化产业定义为“市场经济条件下繁荣发展社会主义文化的重要载体”。作为我国第十一大产业振兴规划，文化产业振兴规划对影视制作等九项内容提出了指导性意见。2010 年，全国广电系统总收入上升至 2302 亿元，比 2009 年增长 24.23%，其中，广播广告收入 99.58 亿元，电视广告收入 796.59 亿元。[2] 2016 年，全国广播电视行业总收入达到 5039.77 亿元，比 2015 年的 4634.56 亿元增加 405.21 亿元，同比增长 8.74%；其中，全国广播电视广告行业收入为 1547.22 亿元(其中广播广告收入 145.83 亿元，电视广告收入 1004.87 亿元)，同比增长 1.16%；全国有线网络用户 2.28 亿户，网络收入 910.26 亿元，同比增长 5.1%。[3]

通过上述发展节点的简要回顾，我们可以发现，历经 30 余年的发展，广播电视产业由微而著，由内而外，发展成为文化产业的中心和支柱，显示出越来越突出的产业属性和良好的

---

[1] 刘付成：《中国广电传媒体制创新》，第 78 页，南方日报出版社，2007 年 4 月。

[2] 刘习良等：《中国广播电视改革发展十年回眸》，第 201 ~ 205 页，中国国际广播出版社，2012 年 10 月。

[3] 国家新闻出版广电总局发展研究中心：《中国广播电影电视发展报告(2017)》，第 104 页，中国广播影视出版社，2017 年 7 月。

发展态势。不可否认,当今广播电视传播之所以能在媒介变革中依然占据主流核心的地位,具有不容忽视的影响力,离不开30余年中国广播电视产业不断壮大的力量的支撑。广播电视产业化道路的开辟,改变了中国广播电视单纯依靠国家与政府行政推动的单一动力格局,为中国广播电视的快速发展与强盛提供了可持续的市场推动力。

(三)现阶段中国广播电视产业发展的基本状况

一是从总体上看,我国广播电视产业还只是处于发展的初级阶段,产业发展尚不充分,经济总量规模比较小,与发达国家相比实力还比较弱,竞争力不强,广播影视产品的进口大大超过出口。2014年,美国电视收入达1029亿英镑,广播收入达125亿英镑[1];而中国广播电视行业总收入为4226.27亿元人民币,远低于国际同行业水平,也大大低于我国通信行业水平。

二是我国广播电视长期实行事业型为主的体制,不区分经营性产业和公益性事业,广播电视按行政区划设置,条块分割严重,已很不适应改革开放和社会主义市场经济的发展要求,不符合广播电视产业自身的特点和规律,严重影响和制约了广播电视产业发展。广播电视产业资源按行政层级与地域条件被不断分割,导致了各层级各地区广播电视产业的同质化,大量雷同化的频率频道的开播和同质化节目的开办,严重影响了广电行业的有序发展。广播电视的体制机制问题,已经成为其产业发展的主要障碍。创新广电产业业态、转变产业发展方式、寻找产业新增长极,改变粗放型发展模式,走集约化发展之路的任务十分艰巨和紧迫。

三是广播电视产业发展很不平衡。东部、中部、西部,发达地区与不发达地区,城市与农村,差异很大。东部发达地区和城市产业发展比较好,效益也比较明显,西部不发达地区和农村则比较差,尤其是近些年来,广播电视产业发展层级与地域差距越拉越大。一方面随着广告资源越来越向中央电视台和主要省级卫视集中以及一省一网整合后,地市、县有线网络产业资源向省级集中,地市、县两级广播电视发展的产业资源日趋抽离,地市、县两级广播电视产业空间日趋逼仄,面临巨大生存压力与发展危机;另一方面从区域来看,东、中、西部广播电视产业收入差距不断拉大,2015年中央直属广播电视总收入为705.39亿元,占比为15.22%,东部地区广播电视总收入为2439.23亿元,占比达到52.63%,中部地区广播电视总收入为827.86亿元,占比为17.86%,西部地区广播电视总收入为662.08亿元,为14.29%。广播电视产业收入过200亿的6个省(市)中,中、西部的省份只有湖南1个。2016年这一差距进一步拉大,中央直属广播电视总收入为713.49亿元,占比为14.16%,东部地区总收入为2705.93亿元,占比达到53.69%,中部地区总收入为881.69亿元,占比为17.49%,西部地区总收入为738.66亿元,为14.66%。可以预见,随着广播电视产业市场的进一步演进,广播电视产业资源特别是广告资源和人才资源会进一步向东部集中,西部广播电视产业资源聚集与开发能力匮乏以及人才流失情况将进一步加剧。

四是广播电视的产业政策和法律法规还不完善。现有的政策和法律法规大多只是适应计划经济体制的要求,更多考虑的是如何办事业,较少考虑产业的发展特别是社会主义市场

[1] 国家新闻出版广电总局发展研究中心:《中国广播电影电视发展报告(2016)》,第335~337页,中国广播影视出版社,2016年7月。

经济条件下产业的发展问题。根据建设社会主义市场经济的发展目标，进一步解放思想、创新理念，大力探索产业发展条件下广播电视舆论安全防控机制，通过科学立法和有效的政策调查，打破产业市场化必然消解舆论安全的魔咒，建立舆论安全与产业发展的共济机制，为广播电视的产业发展和事业建设提供有效的政策、法律安全保障。

五是广播电视产业资源配置，以行政手段为主导，对市场规律尊重不够。中国广播电视产业是在事业体制中孕育并逐步分离出来的，其体制机制上带有事业体制的深刻烙印，资源配置主要依靠行政力量，产业收入很大部分来自事业主体。相比于文化艺术产业和出版产业，广播电视产业市场竞争明显不足、活力不强。

当前，我国已进入全面建设小康社会、加快改革开放和社会主义现代化建设的历史新阶段，大力发展包括广播电视产业在内的文化产业，已经成为国民经济结构调整的一项重大战略任务。同时，小康社会人民群众日益增长的精神文化需求，对广播电视产业发展也提出了新的更高的要求。加之，中国加入世界贸易组织之后，对外开放力度加大，广播电视行业也将会面临越来越大的国际竞争压力。因此，深刻分析、正确把握我国广播电视产业发展面临的新形势，充分认识新形势下发展广播电视产业的极端重要性、必要性和紧迫性，解放思想，改革创新，大胆开拓，不断进取，紧紧抓住机遇，积极应对挑战，努力化解不利因素，切实解决好各种矛盾和问题，大力推进广播电视产业又好又快发展，争取在较短的时间内把我国广播电视产业做强做大，是我国广播电视业面临的最重要的时代命题。

第二节　广播电视的社会功能

一、广播电视与经济、政治、文化、科技的关系

作为大众传播媒体，广播电视和其他社会机构一样，要服从整个社会系统运行规则的约束，会受到政治、经济、文化等社会子系统的影响，同时也会施加影响于其他社会子系统（图4-2）。

（一）广播电视与经济的关系

广播电视与社会经济之间存在着密切关系。一方面广播电视的发展要以社会经济的发展水平为依托，受它制约与支配；另一方面，广播电视又会给社会经济以很大影响。

1. 社会的经济条件与经济发展水平影响和制约着广播电视的发展

广播电视是高技术、高投入和高消耗的现代传播媒介。建立电台、电视台需要一笔数目不菲的投资，而且其日常运作如节目制作等也需要可观的费用，这些都需要经济实力来支撑。另外，作为一项社会设置，不仅是处在传播端的电台、电视台需要庞大的经济实力作支撑，接收一端的受众也需要具

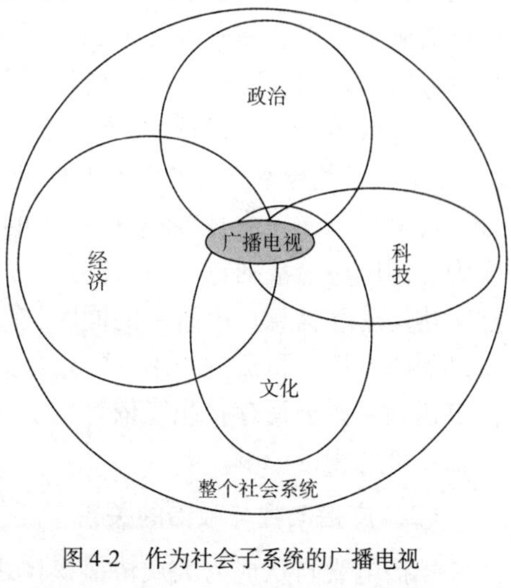

图4-2　作为社会子系统的广播电视

备相应的经济基础购置接收装置才能获取信息。纵观世界广播电视的发展历史,可以看出广播电视起步比较早、发展比较领先的也都是经济实力相对较强的发达国家。仅以电视为例,早在1936年,英国广播公司在伦敦建立了世界上第一座正式播出的电视台,美国也在1939年有了自己的电视台,而我国的电视事业直到1958年才开始起步,当时也只有北京、上海、哈尔滨等几家电视台,在之后的二十多年里,发展也相当缓慢,仅维持在每省一个电视台的水平。从20世纪70年代末改革开放、经济大发展开始,中国的电视业才开始进入腾飞阶段,不到10年时间即开始全面普及,这无疑得益于经济的发展和人们经济承受能力的增强。可以说,一个国家或地区的社会经济状况、发展水平、受众经济能力是其广播电视业发展的社会基础。社会经济发展落后,将会直接限制和束缚广播电视业的发展。当前,世界范围内仍有不少国家和地区的民众存在着不能收听广播、收看电视的现象,它们面临的最大的现实问题,也仍是经济条件的制约。

2. 广播电视对社会经济的发展有推动作用

首先,刺激社会需求,拉动经济发展,成为国民经济增长的推动力。从人类社会历史的角度来看,广播电视业的产生和发展,创造了许多社会新需求,这种新的社会需求为社会经济的发展提供了刺激因素,推动了相关经济活动的开展。如广播电台、电视台的开播,引发了社会上对收音机、电视机的消费需求;广播广告和电视广告的开办,催生了企业对产品品牌与企业形象的商业开发意识,促进了市场营销活动的丰富和多元。同时,广播电视是重装备、高消耗的行业,对于任何国家和社会,修建广播电台和电视台,发展广播电视事业,都是一笔巨大的投资,这种投资无疑能够对经济的增长产生拉动作用。尤其需要指出的是广播电视的发展对无线电器材设备的需求,直接刺激着电子工业的发展。

其次,广播电视节目内容能够直接服务于或影响到社会经济。广播电视节目中对政府的经济方针、经济政策的宣传报道,有利于相关政府部门经济工作的顺利开展。与此同时,某些以传播经济知识、引导社会消费为主要内容的广播电视节目、专栏,能够给人们的经济活动以有效指导,促进人们生活方式和消费行为的改变。特别是部分经济信息节目、广告、股市节目等,还能够直接作用于老百姓现实的经济生活,引导其投资理财和消费活动。如中央电视台财经频道的《生活》《消费主张》等栏目,在帮助人们正确认识各种经济现象,树立正确的理财思想和消费观念方面发挥了重要作用。另外,广播电视节目中曝光不法经营行为、揭露假冒伪劣产品的内容,能够对社会生活中的各类经济活动给予必要的舆论监督,起到引导和规范商家经营行为、维护市场秩序的作用。

最后,广播电视产业作为传媒产业、文化产业的主体,已经成为国民经济的重要组成部分。从世界范围来看,广播电视媒体的产业经营活动,每年都创造了巨额的经济利润,已然成为各国国民经济的重要组成部分。广播电视所生产的信息产品、文化产品,在满足人们精神文化需求和信息资讯需求的同时,有力地刺激了社会的经济增长,并在促进经济结构的转换过程中发挥了积极的作用。不仅如此,在经济日益全球化的今天,走向全球化的广播电视传媒还和跨国公司存在相互依存的关系,二者的相互依赖和密切合作对世界经济结构也产生了不可忽视的影响。

(二)广播电视与政治的关系

广播电视自从成为大众传播媒体之后,就与政治结成了某种紧密的"亲缘"关系。当今世界,没有哪个国家的广播电视媒体及其传播活动能够摆脱政治方面的规制,但同时也没有哪个国家的政治不受广播电视传播活动的影响。

首先,政治影响广播电视的管理体制、传播内容。例如,在我国社会主义政治制度下,广播电台、电视台被明确定性为事业单位性质,属于新闻宣传机构,是党和政府的喉舌。因此,我国的广播电台、电视台及其传输、发射系统,一律由政府兴建,并全部由各级政府部门出面主管、主办,禁止私人拥有和经营。广播电视事业贯彻为社会主义服务、为人民服务的方针。另外,我国的广播电视还要配合党和国家的工作大局,积极稳妥地推进民主和法制建设,并改革和发展广播电视自身。而在美国,广播电视媒体则主要是私人拥有所有权的商业经营性质的机构,以创造经济效益,获取利润为立身之本。中美广播电视业的差异,显然与两国的政治制度有着密切的关系。

在世界上,各国的广播电视业的发展是不平衡的。某些发达国家往往会利用自身在广播电视领域的优势,进行文化渗透和文化侵略。如美国就以大量的电视节目对拉美各国进行意识形态的渗透,这也是广播电视受政治制约和影响的有力证明。

其次,广播电视也能积极作用于政治。众所周知,广播电视媒体是进行政治宣传和开展政治斗争的有力工具,无论哪个阶级、政党都会利用它。例如,1929 年苏联为打破帝国主义的封锁,开办了德语的对外广播节目,德国电台立刻加以干扰;1934 年德国对奥地利广播,诱使其参加第三帝国,奥地利电台也对德国的诱降宣传进行干扰。到了第二次世界大战期间,无线广播更是成为交战双方的无形武器,参战各国除了在地面上展开世界大战外,还在空中展开了电波大战。纳粹德国的广播节目连篇累牍、歇斯底里地鼓吹战争,制造恐怖气氛,按照戈格尔"谎言重复千遍也会变成真理"的信条,隐瞒真实情况,编造虚假新闻,甚至在同盟国攻进柏林时,德国的广播还在侈谈胜利。意大利、日本在战争期间,也都急剧地扩大它们国际广播的对象区域,配合军事行动进行法西斯的军国主义宣传,蛊惑人心。反法西斯阵营面对法西斯的"电波攻势",也开展了反击。英国从 1941 年起通过广播在欧洲开展了"争取胜利"运动,它的广播注重事实,比较客观地报道了战况,在反法西斯的斗争中起了重要作用。苏联的国际广播电台——莫斯科电台,根据广播的不同对象地区,有针对性地编播不同的节目。在对敌国的广播中,经常播出德国和意大利共产党领袖及政治家们的广播演说、战俘对亲人的讲话、嘲笑法西斯头目的讽刺广播剧等;在对德占区的广播中,经常播出游击队坚持斗争的消息,苏军在前线的胜利消息,法西斯匪徒的残暴行为,号召人民参加抵抗运动。日本在第二次世界大战期间,也曾利用广播开展声势浩大的对外宣传活动和攻心战,其中臭名昭著的例子就是"东京玫瑰"。"东京玫瑰"是东京广播电台节目主持人的别称,节目的播音小组由 12 名日裔美籍女子组成,她们均系生于美国的第二代日本移民。战争爆发后,应日本军部征召,自愿回到日本,专门从事针对美军士兵的广播宣传。"东京玫瑰"的主要任务是进行招降宣传和瓦解、涣散美军的作战意志,节目针对驻太平洋地区的美军远离本土、环境恶劣、生活单调的特点,向他们大量播放美国音乐和怀乡诗歌,搞得美军士兵神思恍惚,魂不守舍。"东京玫瑰"对削弱太平洋战场上的美军士气起到了很大影响,一度被美国视为来自日本的主要威胁之一。与此相对应,美国在第二次世界大战中开办的"美国之音"广播电台,不仅在战争期间开展了大规模的对敌作战宣传,而且在战后成为美国宣传西方的意识形态、价值观念和生活方式,从而对社会主义国家和第三世界国家的人民进行思想、文化渗透,推行其和平演平战略的重要政治工具。

涉及电视方面的典型事例,则数量更多。其中,最具表现力的事例莫过于美国每四年一次的总统大选。无论是民主党的候选人还是共和党的候选人,都会不惜血本地竭力利用电视媒体进行大肆宣传,不失时机地频频在屏幕上露脸,发表施政演说,争取选民支持。从 20 世纪 60 年代起,将近 90% 的美国人一直通过电视来关注总统竞选活动,所以,西方一些学者把现代选举称为"电视竞选"。

广播电视的政治作用还体现在可以用来作为社会各阶层之间沟通和对话的有效渠道或途径。广播电视可以借助新闻、评论、谈话、现场问答、讨论、座谈等多种节目样式,为政府与民众、民众与民众之间搭建起信息交流的平台,让他们充分交换意见,沟通思想,从而起到上情下达或下情上传的作用。另外,广播电视还可以运用开展舆论监督的方式,来推动国家的民主法制建设。

(三)广播电视与文化的关系

广播电视传播实际上是社会文化的重要组成部分,是一种新型的大众文化,所以广播电视与文化的关系十分密切。

第一,文化对广播电视有制约作用。广播电视传播与受众的文化素养密切相关。广播电视作为一种大众化的传播媒介,其传播内容(节目)必须面对不同文化层次受众的需求问题,如高雅文化与通俗文化的分野,雅俗共赏与雅俗分赏的关系。可以说,广播电视的节目内容与节目编排联系着受众的文化水平、文化品位。同时,广播电视本身也是一种文化现象,它植根于特定的文化环境之中,因此,文化环境就构成了广播电视发展的一个重要条件。文化对广播电视发展的制约是多方面的,其中最主要的就是要求广播电视的传播内容要适应一个地区的民族文化心理和民族文化消费习惯。

第二,广播电视对文化有着重要影响。广播电视自问世之日起,就逐渐为社会创造出一种新型的大众文化形态——广播电视文化。这种新型文化是人类听觉文化和视觉文化的新发展,也是集科学技术、信息传播、文学艺术等一切优秀文化成果于一体的新文化形态——音像文化。这种音像文化,因其比之于印刷文化有着更为强烈的视听刺激,而影响了更加广泛的社会人群。它还在潜移默化中改变了人们的文化生活,乃至人们传统的认知外在世界、感知周遭事物的方式。同时,广播电视在向受众传递自然、社会和人文等各方面的知识,提高人们的文化水平和知识素养,帮助各行各业的劳动者掌握现代化科学技术和各类日常生活中的实用知识方面,也发挥了举足轻重的作用。显而易见,广播电视有利于普及文化知识,开启民智。

此外,广播电视也是一种文化传播手段,它可以把人类的一切优秀文化成果更广泛更迅速地传播开去;它可以作为各国、各地区、各民族之间开展文化交流的工具,在为人们提供色彩缤纷的异国文化体验的同时,有利于推动世界文化共同繁荣。

当然,广播电视全球化传播打破了民族文化的藩篱,为各民族间的文明提供了交流和融合的空间,但同时也带来了强势民族的商业文化对弱势民族传统文化的侵入和冲击,长此以往,必然会伤害民族之间文化的包容性和多样性,这是值得警惕的现象。

(四)广播电视与科技的关系

广播电视与科技的关系极其密切。作为电子传播媒介,广播电视既是现代科学技术发展的产物，也是对科学技术依赖性最强，受科学技术发展影响最大的一种大众传播媒介。同时，广播电视的发展也在客观上刺激和推动了现代科技成果的开发与应用。

首先，科学技术对广播电视的产生与发展具有先导作用。众所周知，广播电视是人类科学技术发展到一定水平和阶段的产物，它深深打上了现代科学技术的烙印。回溯历史，不难发现，正是现代科技的发展及其成果的应用，才催生了广播电视媒介，揭开了人类传播史的新篇章。从法拉第、麦克斯韦、赫兹等人奠定电磁学基础，到波波夫、马可尼、费森顿等人将其转化为无线电技术，再到无线电广播电台的正式开播，每一步都离不开科技的力量；从硒的光电效应被揭示，到电子显像管的出现，再到电视机的真正面世，每一刻都少不了科技工作的推动。而后，广播电视从无线到有线的发展，从地面传播向卫星传播的迈进，从模拟技术到数字技术的跨越，可以说其中每一个阶段都凝结着现代科学技术工作的成果与汗水。

其次，广播电视的发展，客观上也刺激和推动了现代电子科学技术的进步。广播电视与科技的关系不是单纯依赖与被依赖、依附与被依附的关系，而是既相互依存，又彼此促进，不断共同发展的关系。一方面，广播电视传播需要相应的科技手段来支持，它是相应技术发展的服务对象和目标；另一方面，相应的科学技术及其成果也必须要在广播电视媒介的实际传播过程中，得到有效的利用，实现其自身价值。特别是广播电视媒介在节目加工和传输方面的新需要，不断刺激和推动着相关电子技术及其产品的研发。如节目录制的需要，刺激了电子录像机、编辑机等电子科技产品的研发；节目传输方面的需要，则推动了卫星传播技术、数字化技术的向前发展。

二、广播电视的社会功能

广播电视在社会生活中具有传播新闻、舆论宣传、社会教育、文化娱乐、信息服务等方面的社会功能。

（一）传播新闻功能

广播电视具有传播信息迅速、及时、广泛的突出特点，因此，自其问世之际，就被人们用来发布和传播新闻。从广播电视近百年来的发展历史可以看出，新闻内容是广播节目、电视节目的主体，是广播电视信息传播活动的核心内容。传播各类新闻资讯，让广大民众及时知晓周遭动态，是广播电视最基本、最重要的社会职能。

随着社会的发展，为了更好地适应受众及社会的需求，在世界各国的广播电视机构中，新闻节目占据主导地位的倾向有进一步强化的趋势。大多数广播电台、电视台都会投入大量的人力、财力用于制作和播出新闻节目，甚至全天 24 小时播报新闻的广播电台、电视台在世界范围内也不少见。在我国城市里，随着广播电视接收工具的广泛普及，早晨路上听广播新闻、晚上家里看电视新闻，已经成为不少都市人的一种生活方式。由于广播电视在新闻传播上的独特优势以及受众对获取外界新闻信息的刚性需求，我国各级电台、电视台为更好地服务听众、观众，都将发布新闻作为自己最主要的工作职责，将制作精良的新闻节目作为自己最重要的工作内容。中央人民广播电台的《新闻和报纸摘要节目》、中央电视台的《新闻联播》《晚间新闻》等新闻节目及各省市电台、电视台的新闻节目一般也都是安排在早、晚黄金时段播出，供民众收听收看。对于生活在当代中国的普通大众来说，广播电视是他们获取外界新闻信息的最普及、最便捷、最有效的来源之一。即便是在网络新媒体迅猛发展的今天,广播电视仍然是最有影响力的新闻传播媒介之一。

(二)舆论宣传功能

新闻传播活动对舆论具有直接而强烈的影响,它既可以反映舆论,又可以组织和引导舆论,还可以依靠舆论的力量,对社会生活发挥监督作用,即进行舆论监督。

广播电视拥有强大的舆论宣传功能,常常成为政治活动和政治斗争的工具。第二次世界大战期间,希特勒就曾积极利用广播进行战争的舆论动员和战事宣传活动,为其有效调动军队士气,"闪击"波兰、荷兰、法国等国创造了有利的作战条件。在美国,每届总统大选,候选人都会利用广播电视进行宣传、鼓动,为赢得竞选争取舆论支持。在我国,广播电视作为党、政府和人民的喉舌,作为党和政府联系人民群众的桥梁和纽带,常用来宣传、传达中央和地方党政机关的有关决议、决定、指示、命令等,并对舆论进行有效引导,在上情下达、下情上传,以及为国家发展和建设创造有利的国际国内舆论环境等方面都发挥着巨大的作用。

当前,我国正在积极推进建设有中国特色的社会主义这一伟大事业。在这种大环境下,广播电视机构尤其要注意发挥好自己的舆论宣传功能。一是要在坚持正面宣传为主的基础上,迅速而广泛地向广大人民群众提供真实、生动的新闻事实。二是要坚持正确的舆论导向,防止出现错误的舆论导向问题,即要以有利于进一步改革开放、建立社会主义市场经济新体制、发展社会主义社会生产力为宣传工作的出发点,以有利于加强社会主义精神文明建设和社会主义民主法制建设,有利于鼓舞和激励人们为国家富强、人民幸福和社会进步而艰苦创业、开拓创新,有利于人们分清是非、坚持真善美、抵制假恶丑,以及有利于国家统一、民族团结,实现政治、经济和社会稳定为宣传工作的最终归宿。

广播电视可以说是当今社会最好的舆论监督工具之一,它通过及时提供信息,让公众了解事情的原委,弄清事件的真相,从而引发相应的意见和看法,形成舆论声势,发挥监督功效。中央人民广播电台的《新闻纵横》、中央电视台的《焦点访谈》等栏目都是在舆论监督方面发挥了良好作用的典型。

随着改革开放的深入,我国社会正经历着深刻的社会变革,法制建设还不够完善,一些社会不正之风和违法违纪行为屡有发生。广播电视由于具有时效性强、现场感强等优势,在发挥舆论监督方面具有特别突出的作用。这些年,以中央人民广播电台的《新闻纵横》、中央电视台《焦点访谈》《新闻调查》为代表的一些广播、电视新闻深度报道节目在各地广播电视台相继出现,使社会上存在的一些热点和难点问题,如社会治安、农民负担、依法治国、腐败、行业不正之风等问题都能在电波、电视屏幕上得到及时反映,起到了很好的舆论监督和导向作用,受到了民众的普遍好评。

当然,广播电视的舆论监督功能,除了表现在及时揭示和报道被遮掩了的新闻事件真相,引发公众关注,形成社会舆论压力,迫使监督对象将自己的行为置于法律允许的范围以及依照社会生活公共准则行事外,还包括通过自身的信息触角,发现处于"未然态"的各种潜在的自然危机、社会危机,并有效地甄别、判断,及时预警,进而推动社会相关职能部门早日拿出应对方案,避免不良事态的发生。广播电视舆论监督功能的发挥,有助于拉近广播电视媒体与公众之间的心理距离,密切双方的情感联系,无形中提升了电台、电视台的媒体形象,扩大了其社会影响力。

（三）社会教育功能

广播电视因其传播范围广泛、影响力巨大，而成为各国实施社会教育的重要平台。广播电视的社会教育功能体现在三个方面。

第一，许多广播电视节目在思想道德方面对人们有潜移默化的教化作用，有助于提高人们的思想道德素质。广播电视节目并不是都要追求教育意义，但广播电视节目中包含的内容往往都具有一定的是非善恶倾向和美丑荣辱取向。这些思想倾向和价值取向一般都应和着社会的主流价值标准，它们往往不经意间会对人们的思想、道德、情感产生影响，引导人们向往真美善、抵制假丑恶。这一点在电视剧、文艺晚会、文艺专题等文娱类节目中，表现得特别明显。在我国，那些以弘扬时代主流和时代精神为依归，思想性、艺术性并重，寓教于乐的文娱节目，更是注重以活泼轻松的艺术形式潜移默化地对受众进行思想和品德教育。

第二，广播电视可以直接为受众提供他们所需要的各类实用性的知识和信息，帮助提高他们生产和实践方面的能力。广播电视是一种传播知识信息的良好媒介，它形声俱全，并能克服时空限制，因而，对很多知识题材的内容传送效果优于文字印刷媒介的传送。如中央电视台帮助农民致富的栏目《致富经》，就给读书识字水平有限的农民兄弟介绍了大量可资借鉴的致富技术和门路，扮演了良好的“空中学堂”角色。

第三，有些教育节目直接承担着普及文化科技知识的任务。广播电视的所有节目都有传播知识的作用，而广播电视教育节目则是这种作用的集中体现。1925 年，美国各大学便开始利用广播进行教学。1948 年，美国的艾奥瓦大学（也有译为爱荷华大学、衣阿华大学）建立了教学教育电视台。我国上海电视台自 1960 年开始，中央电视台从 1979 年起，创办广播电视大学。如今，从中央到地方的 28 个省、市、自治区，已经形成了电视教育网，为国家培养了成千上万的劳动者。目前，中国的广播电视教育网络发展很大，已基本形成了覆盖全国的教育体系，广播电视教育事业取得了显著的成绩。作为电子媒介，广播电视能够充分利用已有的科技优势进行现代教学，提高教学效率和教学效果。现在，人们已广泛利用电视频道来进行普及教育、成人教育、职业教育，甚至学校正规课程的教学，并已取得良好的效果。

广播电台和电视台每天播送的节目涵盖了社会生活的各个方面：从日常生活常识到国际知识，从现代科学技术的新发现、新创造到社会科学的新探索、新观点，天文地理、古今中外，几乎无所不包。它们在为人们了解古今中外及各行各业的情况提供了便利条件的同时，也丰富了人们的知识储备，增长了人们的见识，客观上起到了传授知识的教育作用。

（四）文化娱乐功能

自有人类社会以来，文化娱乐活动就是每个人、每个家庭乃至每个社会群体在生活中的普遍而经常的需要。就个人而言，通过文化娱乐活动，可以愉悦身心、怡情、益智、宣泄情绪和情感。就家庭、社会群体而言，可以促进成员间交流、沟通，密切感情联系，共享生活乐趣。现代社会中，人们的生活节奏普遍加快，精神压力较大，在紧张繁忙的工作之余，更加渴望休息时能有一些健康、正当的文化娱乐活动。同时，由于社会生产力水平的提高，人们的工作时间逐步缩短，用于休闲娱乐的时间随之延长。广播电视在丰富人民文化生活，满足人们的娱乐需求方面，具有巨大的优势，它可以通过提供各种文艺、娱乐、体育、游戏等节目，满足受众文化、休闲、娱乐方面的精神需要。

首先,广播电视给人类带来了享受文化娱乐活动的便利。现代社会,尽管文化娱乐方式多种多样、千差万别,每个人也都有其各自偏爱的文化娱乐消遣方式,但就经济性而言,莫过于听广播和看电视。自从广播电视进入千家万户,人们的文化娱乐生活变得大为方便了。每天晚上一家人欢聚在电视机前,自由自在地欣赏各类精彩的文娱、体育节目,比起全家到剧场、影院或体育馆去看戏、看电影、看现场比赛便利多了。当前,广播和电视成为亿万家庭中人们文化娱乐生活的重要媒介平台,这已是不争的事实。通过广播电视欣赏节目的易得性与便利性,使得人们把大部分的时间花在了荧屏前面,足不出户,在家中欣赏各种各样的节目。可以说,自从广播电视闯入绝大多数家庭之后,给人们的文化娱乐消遣方式带来了前所未有的巨大变化。

其次,广播电视给人类提供了丰富多样、异彩纷呈的文化娱乐产品。广播电视媒介具有很强的兼容并包性,有着非常灵便的演绎功能与复制功能。它们可以将多种艺术门类的作品如文学、电影、戏剧、美术、歌舞乃至口技、杂耍等都搬上荧屏,接入电波。因此,在广播电视这个平台上,呈现在观众面前的是一个精彩纷呈、绚丽多姿的艺术世界。

广播提供文化娱乐产品的能力,一度为人称道。广播为青年人提供的各式各样的流行歌曲成为年轻人喜爱的节目,播出的歌剧、古典音乐则受到高层次知识分子的欢迎,而根据老年人的欣赏心理,选择播放的戏剧或曲艺节目则吸引了相当一部分老年人收听广播。诚然,广播的发展时下略显颓势,但其文化娱乐功能仍不容轻视。

电视独特的表达方式是图像、声画并茂,流畅运动的画面与和谐悦耳的声音有机融合,使之具有得天独厚的愉悦性。因此,电视毫无疑义是当下文化娱乐功能最为强悍,提供文化娱乐产品最为丰富的大众传媒。在人类目前所拥有的传播媒介中,电视是最擅长传送和展现文娱、体育内容的。各种体裁的文艺娱乐节目如歌曲、舞蹈、戏剧、电影、电视剧等,各种样式的体育项目如田径、体操、游泳、足球等,均能形象生动地呈现在荧屏上。

过去,广播电视上的文艺娱乐节目大多为舞台表演,观众基本处于旁观者的位置。近年来,观众的参与意识日益觉醒,他们强烈要求亲身参与到节目中去,而许多电台、电视台的文艺娱乐节目也主动迎合这种潮流,加强节目的竞技性、游戏性和观众参与度,以一种崭新的面貌出现,并以此获得了意想不到的成功。

当然,广播电视的文化娱乐功能固然重要,但也不能借口将其强调到不适当的地步,更不能以发挥文化娱乐功能为幌子,而制作、传播迎合少数受众低级趣味的节目。当前,个别地方的广播电台、电视台的文化娱乐节目呈现出比较明显的庸俗化、商业化倾向。特别是有些节目为赢得较高的收听率、收视率,不惜大力渲染色情、凶杀、暴力内容,这些格调低下、内容庸俗乃至低俗的文娱节目的制作和传播,造成了极坏的社会影响。对此,我们的广播电视媒体一定要保持足够的警惕。

(五)信息服务功能

对信息的需要是现代人最基本的精神需要。人们听广播、看电视,在很大程度上也正是为了满足自身对信息的需求。广播电视以"扬独家之优势,汇天下之精华"的优势,成为现代社会中人们获取社会各种信息的最便捷的渠道之一。古代的"千里眼,顺风耳""秀才不出门,全知天下事",只有在电子传输技术飞速发展,收音机、电视机广泛普及的今天才能得以实现。特别是广播电视通信卫星的使用,瞬间可把发生在世界各地的重要事件迅速地传播到万里之遥的另一个地方，极大地延伸了人们耳、目这两个主要感觉器官，使人产生“天涯咫尺”之感，地球也仿佛变得越来越小。

当今社会，人们对信息服务的需求日益强烈，而广播电视的信息服务功能则颇为突出。广播电视为人们提供的信息服务，可以说是各种各样的。

首先，广播电视可以为受众提供各种直接的实用性信息服务，如报时、天气预报、旅游资讯、广告、法律咨询、投资指南、节目预告等。

其次，广播电视可以为受众提供一些间接性服务，如一些介绍服饰、保健与美食的节目，就能给受众带来一些专门的知识，便利他们的生活。

再次，广播电视可以提供广告信息服务。众所周知，广告对于沟通经济生活中的产供销各方面具有十分重要的作用。它可以帮助商家打开产品销路，减少库存积压，加快资金周转；可以帮助企业推广新产品、新技术；可以帮助客户树立良好的社会形象，赢得市场。广播和电视因其强大的宣传效力，在发布商业广告、传递经济信息方面有着特殊的作用。

除了具有以上五个方面的主要功能之外，广播电视还有情感抚慰、审美愉悦性、产业开发、理财、交友等方面的功能。

三、广播电视的负面社会效应

广播电视在给人类社会带来诸多益处的同时，也滋生了一些社会弊端，即负面社会效应。广播电视内容会影响人们对周围世界的态度、价值观、思维方式等，影响人们的内心世界和行为方式。电视上众多的暴力镜头、成人化的生活及娱乐方式对青少年造成了不良影响。

（一）给人们正常的人际交往活动带来负面影响

广播电视将整个世界变成了一个“地球村”，人们的大量闲暇时间都被广播电视占领，连正常的人际交往时间也被挤掉。人与人的交往机会和时间被人与电视的交往顶替、占领，导致人们走向与社会隔离的局面。过去街坊邻里之间相互串门联系感情、品谈生活的场面已经基本不复存在，社会的人际亲和力因此变得疏松。即便是在一个家庭里面，家庭成员之间也会因为看电视而减少和放弃一些日常的交流和沟通。“看电视可以允许一个人回避社会交往，因为她或他在全视贯注地观看电视节目。”[1]当然，电视对家庭的影响是比较复杂的。在一个家庭里面，共同观看电视节目也可以为家庭成员提供表露温情和爱心的机会。

（二）妨碍人们智力的健康发展

广播电视给受众开阔了视野，但受众接受的大多是一些零碎的信息与知识，缺乏系统性。人们在接受这些杂乱的零碎的信息与知识的时候，却没能好好训练他们的智力，长期被广播电视牵着鼻子走的人，仿佛处于一种“催眠状态”，书也不愿看了，读写和分析能力也有所退化。此外，广播电视 “易于感知”的传播特点，在方便人们的同时，也培养了人们的惰性，束缚了人们的思维能力和想象力，这方面对儿童的影响较为突出。

（三）某些广播电视节目会给社会造成精神污染

随着传媒业竞争的不断加剧，广播电视越来越强调收视率、收听率的重要地位。然而，

[1] ［英］尼古拉斯·阿伯克龙比：《电视与社会》，第 148 页，张永喜等译，南京大学出版社，2007 年 6 月。

对高收视率、收听率的追逐,却使得不少广播电视机构为了迎合受众而制作了越来越多的庸俗、媚俗甚至低俗的节目,不少节目中还包含了大量的色情、血腥、暴力成分。这些不健康的广播电视节目,无疑是一种文化公害,会给整个社会带来精神污染。

(四)影响青少年身心的健康成长

广播电视在方便和丰富人们生活的同时,也会给人们特别是青少年、儿童身心的健康成长带来一些妨碍。长期无节制地收听广播或收看电视,会损害人们的身心健康。当代有些医学专家提醒人们,超长期的观看电视,将会诱发一些疾病,如肥胖症、消化不良症以及眼病、电视孤僻症等。

在广播电视的负面社会效应中,电视对青少年、儿童的健康成长所带来的影响,是一个格外需要关注的社会问题。电视对儿童的成长既有积极的作用,也具有明显的消极影响。一方面,电视节目寓教于乐,是对儿童和青少年进行知识传播和思想品德教育的良好途径,也为儿童打开了一扇通往外部世界的窗户。另一方面,电视对儿童的消极影响也不容忽视,表现在:不良的电视内容(如电视中的性爱、暴力内容,电视中人物不文明的言谈举止及电视中的恐怖内容)会对儿童的行为及身心健康产生不良影响;不良的收视习惯,如收看电视时间过长,会影响儿童的视力和睡眠,进而影响到他们的学习和生活甚至还会使他们失去动脑筋、勤思考的主动精神;电视广告的高消费倾向容易使儿童出现高消费行为,广告用语的不规范对儿童的学习也会产生误导。

广播电视具有多方面的正向社会功能,这是值得肯定的,但我们不能就此而有意无意地忽略掉其负面的社会效应。在国外,有些国家为应对广播电视带来的"精神污染",已经尝试通过设置电视加密频道和采取影视片分级制度,对节目内容进行一定程度的过滤与区隔。这些相关做法和经验,是值得我国的电视工作者积极学习和借鉴的。总之,人们应该因势利导,扬长避短地使用广播电视。

本章思考题

1. 简要阐述一下广播电视的意识形态属性、公共属性与产业属性。
2. 谈谈广播、电视、报纸、网络在传播新闻方面的各自优势与不足。
3. 广播电视与政治、经济、文化、科技之间具有怎样的关系。
4. 联系实际谈谈广播电视具有哪些方面的社会功能。
5. 当前,不少电视媒体经常花大力气举办一些娱乐活动,请谈谈对此类现象的看法。
6. 如何看待广播电视媒介污染?

第五章　广播电视节目形态

◆**本章要点**

· 广播电视节目元素
· 广播电视节目的类型与样式
· 广播电视节目创新与改版
· 广播电视新闻节目
· 广播电视社教节目
· 广播电视文艺节目
· 广播电视服务性节目
· 广播电视谈话节目

广播电视作为大众传播媒介,其一系列传播活动的基础都是建立在制播具体的节目之上的。因此,节目对于广播电视的生存与发展有着十分突出的意义。弄清广播电视节目的构成元素,知晓广播电视节目的主要类型和样式,懂得广播电视节目创新与改版的要求,对于学好广播电视基础理论知识和从事广播电视业务工作,都具有十分重要的现实意义。本章就对这些问题进行系统阐述。

"形态"一词,意为"事物的形状或表现"。[1] 节目形态,即节目的形式、结构和样态,它是节目的存在方式,是节目内容的基本载体。据此,广播电视节目形态可以界定为:广播电视节目制作者为了一定目的,适应一定对象,对各类节目要素综合加工之后呈现在受众面前的物化产品样式,它具有相对稳定的内部和外部特征,是广播电视节目的存在样式和构造状态。广播电视媒体甫一问世,就有了一定形态的节目。经过多年的发展,现如今的广播电视节目形态已经发展得极其丰富多元、繁复多样。掌握不同形态广播电视节目的性质、特点、作用及发展、演变状况,有助于人们深入理解广播电视传播活动给人类社会所带来的一系列深刻影响。本章安排了专门章节对当前几种最重要的广播电视节目形态进行分别介绍,便于人们较为深入地了解和掌握相关广播电视节目知识。

第一节　广播电视节目概说

"办节目",是广播电台、电视台工作的主要内容与基本任务。从具体介质形态来看,广播电视节目主要是音频与视频形式;而从传播符号来看,则主要包括声音、图像和文字,它们构成了广播电视节目的基本元素。

---

[1] 中国社会科学院语言研究所词典编辑室:《现代汉语词典》,第1289页,商务印书馆,1983年1月。

一、广播电视节目的界定与基本要求

（一）广播电视节目的界定

节目一词在英文中叫 Program，原意为“准备、文法的连缀”，引申为“事情的条目、项目”。在近现代舞台领域中，节目又被运用于泛指各种表演艺术作品。人们通常所说的一台晚会安排多少节目，这里面的“节目”指的就是篇幅不等但又各自独立的艺术作品。

本质上看，广播电视节目也是一种作品，不过是一种有着自身内在特殊性的视听作品。广播电视节目是人类利用电子技术手段获取信息、传播信息，诉诸视听感知，满足自身生存、享受和发展需要的精神文化产品，具有相应的时空形式；它是具有一定的内涵和相应的名称，在一定时空条件下传播的，由声音和图像等元素组成的电子符号系统。据此，我们可以下一个简单的定义：所谓广播电视节目，指的是广播电台、电视台为满足播出、交换或公开发行的需要而录制的表达某一完整内容的可供人们感知和理解的视听作品。它是广播电台、电视台所有播出内容的基本组织形式和播出形式。广播电视节目是广播电视传播内容与形式相结合的基本单位，是广播电视传播内容的物化形态。“它是一个按时间段划分、按线性传播的方式安排和表现内容、依时间顺序播送内容的系统。”[1] 实际上，广播电视节目也是广播电视传播机构及其从业人员，实现传播意图，影响受众的物质基础材料。

当然，在广播电视领域，节目是一个多层次的概念，可以视为一个整体，也可以视为一个个体，还可以视为一次传播的内容。它既可以指一个频道或频率全天所有播出的节目群体（一套节目），也可以指一档在特定时段每天持续播出的节目（栏目），还可以指当天某一时刻播出的节目实体（一次节目）。广播电视正是依托各种形态的节目，开展传播活动，实现相应社会功能的。

（二）广播电视节目的基本要求

广播电视节目不同于报刊上的文字稿件、图片稿件，它是以视频和音频信号来传达信息的，具有比较复杂的“编码”和“解码”过程。

从制作编播的角度看，广播电视节目是由多工种、多环节编码人员共同参与、协调工作的结果，是采、摄、编、播人员和技术人员运用“软件”和“硬件”通力合作的成果。可以说，在广播电台、电视台里面，一切工作人员、器材设备、技术以及各项管理，都是直接或间接地围绕着办好节目、播好节目这一中心来运转的。

从收听收看节目的角度看，承受解码的广大受众，由于理解水平、生活经验以及需求、兴趣的差异，视听结果会大相径庭。这就更加要求广播电视节目编播人员重视编码的技巧与规则，讲求编播艺术，力争实现最佳传播效果。

尽管广播电视节目种类繁多，形态多样，但也存在着作为节目最基本最共同的形式上的要求，主要包括：

（1）有明确而有传播价值的主题，有头有尾，结构完整合理。

（2）图像、语言、文字元素运用得当、准确、鲜明、生动，声画和谐统一，具有较佳的可视可

---

[1] 赵玉明、王福顺：《广播电视辞典》，第 219 页，中国传媒大学出版社，1999 年 10 月。

听性，能引起观众注意和兴趣。

(3)镜头、段落之间的组合关系合理、顺畅，节奏明快生动。剪接点不闪不跳。

(4)在技术上，图像、声音清晰稳定，不失真不变形。

一般而言，只有满足了以上这些要求的视音频作品(成品)，才能够称得上是真正意义的合格的广播电视节目。如中央电视台《东方时空》(图5-1)、《经典咏流传》(图5-2)节目 。

图5-1　中央电视台《东方时空》节目

图5-2　中央电视台《经典咏流传》节目

二、广播电视节目元素

广播电视节目是以声音、图像、文字三种基本的传播符号为节目元素，构成五光十色、丰富多样的节目形态，从而完成信息传播活动，影响受众，实现传播致效的。

(一)广播节目与电视节目的基本元素——声音

声音在本质上是一种振动，声音的传播是一种波动。在一般情况下，声音的传播速度为每秒大约340米。声音有三个主要参数：频率、波长和波速。声音的频率，是指单位时间内声波的振动次数。声音的波长，指沿着声波的传播方向，两个相邻的同相位质点间的距离。声音的波速，指声音的传播速度，即声波的波长和频率数值的乘积。声音的特性是由三个要素来描述的，即音调、响度、音色。声音的响度与声波的强度有关，音调与频率有关，音色则与波形有关。

音调，由发声体振动的频率决定。频率高，音调也高；频率低，音调也低。人的声音可以分为高音、中音和低音。

响度，也称音量，表示声音的强弱。响度由声波振幅决定，振幅大，声音强，振幅小，声音弱。人耳能感觉到的声音在16赫~20千赫之间。

音色，或称音质，指声音的特色，由发声物体本身的材料、结构决定。

声音除了具有上述物理性特点外，还具有心理性和表情性特点。声音的心理性和表情性，来自于人对声音的主观感觉。同样的声音，在不同的人听来，由于心理因素的不同，往往会产生不同的感受，这就是声音的心理性。包括人们对声音的好恶，由声音所引起的种种联想、回忆和条件反射。另外，声音的响度、音调、音色的不同组合作用于人们的心理，使声音产生了丰富的内涵，具有表情达意的作用。播音员或主持人以相应的音调、音色、音量去处理和把握情感，就会使声音产生不同的表情效果，或严肃，或亲切，或庄重，或轻快，或柔和,或激动等。

广播和电视都能传播声音,其声音元素包括语言、音乐和音响三部分。语言表意、音响表真、音乐表情,三者之间既各自展示出自身的个性特征,又要互相配合,顺畅连贯,互为呼应,来表现人物感情、环境气氛及故事发展,构成完整统一的艺术化的听觉世界。

1. 语言

语言是人类交流思想、传播信息、表情达意的工具。广播电视需要靠语言传播信息、叙述事件和表达思想。广播电视节目的语言包括:播音员的播音语言,记者、编辑、主持人的解说词和串联词以及节目中各种人物的话语等,涵盖了对白、独白、旁白、解说、同期声等诸种语言表现形态。

(1)语言在广播中的作用

语言是广播节目的基本构成元素。广播是依靠有声语言来表意、述事,实现传播目的的。语言在广播中的作用主要表现在:

①播报信息。如:新闻、天气预报等。

②营造节目内容的过渡。主持人在节目中提示节目内容转换,从而维护整套广播节目的完整与和谐。如果没有主持人的语言提示,听众很难辨别广播节目的变换。

③使用某些特别的语音、语调,可以为广播艺术作品提供特定的艺术情境。如颤抖的声音、欢笑声在广播剧中的运用,能让听众产生符合剧情的联想。

④通过语言表述,营造广播艺术作品的情节。如一些广播剧中,使用解说、旁白来介绍故事发生的时间、地点、起因等。

广播的语言是一种具有电声特色、适合听觉要求,播来上口,听来顺耳,易明易记的口语化有声语言。它遵循"平行规律"——广播过程与收听过程同步,收听过程与理解过程同步,因此,讲究口语化、通俗化,简明、规范,力求形象化、富有感知性。广播语言多用短词短句,少用书面语,不用生僻难懂的字词,少用听觉上会产生歧义的词语,如切忌——切记、期中考试——期终考试、产品全部合格——产品全不合格、长命——偿命。另外,广播语言中尽量不用倒装句,因为倒装句的使用会使听众理解起来比较困难。例如:

带着疑问,记者走访了中山医科大学吴伟康教授。"这简直是危言耸听!"吴教授说,"测微循环并没有具体到身体哪个部位的功能。"

就应该改为:带着疑问,记者走访了中山医科大学吴伟康教授。吴教授说:"这简直是危言耸听!测微循环并没有具体到身体哪个部位的功能。"

(2)语言在电视中的作用

语言也是电视节目的重要构成元素。电视画面适用于表现具象、直观、易感知的事物,而在表现抽象、复杂的事物及人的内心世界时,是有局限性的。电视若要传播完整的新闻信息,表现复杂多变的事件,营造生动曲折的剧情,就需要借助于语言。电视节目中的语言主要有解说词、对白、旁白和人物的同期声等。语言在电视节目中的作用主要有:

①揭示主题,阐述思想意义。语言对事物具有高度的抽象概括能力。因此,对于图像难以传达的抽象内容如思想、见解、观念等,只能用语言文字来给予交代。电视纪录片《故宫》第一集"肇建紫禁城"片尾有一段话:"一切尘埃落定,紫禁城又完好如初,一道圣旨又昭告了天下,北京紫禁城最终成为中国明清两代统治天下的最高政治中心。一座世界建筑艺术

史上独一无二的经典之作，从此傲然于世，成为我们人类历史上迄今能看到的最大的宫殿建筑群，最终成为我们全人类共同的历史文化遗产。”这段话用概括性的语言，阐述了北京紫禁城建成后的价值及对后世的意义。

②补充画面形象的不足。即用语言来补充画面所不能提供的部分，或说明有关事物的状态、性质、成因、结果、功用，或介绍有关的知识、背景材料等。例如，大型纪录片《再说长江》第十五集“告别家园”中，开头部分随着村民放鞭炮、做早饭、贴春联画面的出现有这样一段解说词：“这是农历除夕的早晨，大溪村民在家乡迎来了中国传统的龙年，世界也进入了一个新的千年。对于他们中的一些人来说，将在这一年永远地离开长江边的家园。”该解说词就画面内容——大溪村村民离别家园前最后一次在家乡过新年的场景，特别进行了补充交代和说明，顿时引出观众悠悠的思绪。

③揭示人物的内心活动。画面无法表现抽象的事物，图像中人物的感觉、知觉、思维、情绪等内心活动方面的情况，需要用语言来揭示。例如，2016 年 12 月中央电视台《法治在线》栏目播出了“迟来的正义　聂树斌案 22 年全记录”节目，有一组画面是原邯郸市广平县公安局副局长郑成月接听完河南省荥阳市公安局某派出所打来的电话后伏案沉思的场景，画外音解说是这样的：“听了河南荥阳警方的介绍，郑成月立即想起了十年前负案在逃的王书金。他隐约感觉到这个自称叫王永军的人，很可能就是他们苦苦追捕了十年之久的王书金。”案情突现转机在人物内心激起的复杂反应，瞬间为观众所感知。

④渲染、突出、烘托图像，使图像更富有感染力、真实感和亲切感。例如，1986 年中央电视台在报道英国女王伊丽莎白二世访华的新闻时，以同期声方式录下了邓小平会见她时说的一句话：“请接受一位中国 83 岁老人对你的欢迎。”这句话不仅表达了一种问候，更富有情趣和寓意，引人深思。

⑤联结画面，帮助画面转场。利用语言将不同的画面组接起来，以便形成画面间有序的逻辑联系。例如，前南斯拉夫纪录片《春》，在一组繁华城市生活后面接一组农村的景象，解说词很巧妙地把两组截然不同的画面连接起来。解说词是这样写的：“工业化给南斯拉夫带来很大变化，但是在遥远的山区，农村还保留着传统的生活方式。”运用承上启下的词句连接上下段落，使段落场面之间的过渡显得十分自然、流畅。

需要注意的是，电视中的语言除要具备与广播中的语言相同的要求之外，还有自己的几点特殊要求：一是要注意与画面的配合，做到声画协调；二是要具体、准确、精炼，力避含混、冗长和拖沓；三是要语态亲和，能够与受众的内心取得屏际交流效应。

2. 音乐

音乐属于非语言符号。在广播电视中，音乐常常以两种方式存在：一是构成一种独立的节目形态——音乐节目，属于文艺性节目类型；一是与语言、图像、音响相融合，充当某个具体节目的表现手段——节目音乐。此外，有时也会出现实况音乐，如某些事件现场存在的仪式音乐被采录和传播。广播电视节目中节目音乐的作用主要有：

(1)通过给节目配乐，强化内容的情感、情绪力度，烘托气氛。音乐是直接诉诸情感的，或者说是情感的语言。因而，在节目中它可以作为声音背景音响，通过营造音乐情感空间，配合语言、音响、画面，来引导、强化受众对内容的理解和情感反应，提高传播效果。

(2)作为一种有效的编辑手段，凸显、整合节目，创造蒙太奇效果。从节目编辑的角度来说,节目配乐也有一定作用,它能够提高受众的心理唤醒水平,提高接受者的注意力;使用恰当的话,它还可以通过组织受众注意力的方式,部分地掩盖其他表达要素中存在的缺陷,如掩盖电视中由于素材所限造成的画面编辑不流畅,以音乐的连贯性、呼应性提高节目各要素间的整体性。节目配乐与节目的其他构成要素的组合,也可以构成各种蒙太奇,如庄严的乐曲与猥琐的人物形象同时出现,会产生滑稽的效果。

(3)作为节目的声音标志。节目(栏目)的片头曲、结束曲等。

(4)作为节目的间隔或过渡。即所谓"间隔音乐""花边音乐""桥梁音乐"。

(5)填充时间空档。上一个节目已经播送完,下一个节目还未到播送时间,放音乐填充一下这一时间空档。

3. 音响

音响也是一种非语言符号,是除语言(人的意义声音)、音乐之外的声音,它包括自然声、环境声、动作声等。音响在广播电视节目中既有写实的作用,又有写意的作用。

(1)实况音响能增强内容的真实感,如火箭升空的呼啸声、飞机起飞的轰鸣声等。

(2)特定音响能表现时间和空间,如蝉声表明夏季,雷声暗示雨天,车声表示在路上等。

(3)能够渲染、烘托环境气氛。如运动场上的呼啸声、哨声、呐喊声对营造比赛紧张、激烈的气氛就很有作用。

(4)能表现新闻人物、剧中人物的思想感情、言行举止,有助于刻画人物心理。如人的喟叹、惊呼,吃饭时急促的吞咽声,醉态时的狂饮声等。

(5)构成音响蒙太奇,以组接相应的时间和空间。由于音响效果的提示作用,可以起到组接时间和空间的功能。比如门铃、敲门声、电话铃、风雨声、门窗声或呼叫声的出现,都可以预示下面事情的转折与发展,提示将要出现的画面,从而构成音响蒙太奇使画面组接。这样,就使得画面的组接方法有了多样性的可能和多种选择的机会。

(二)电视节目的基本元素——画面

画面是电视的主要传播符号,电视影像即是由一系列连续的活动画面构成。在电视节目中,画面是不可缺少的基本元素。

1. 电视画面与镜头

(1)电视画面的特点

电视画面是使用电磁手段记录的影像,它的特点是基于自身独特的介质基础上的。我们可以从它与电影画面的对比中来认识其特点。

首先,从图像结构的组成上,电影与电视不同。具体来说,电影是由一幅一幅完整画面构成的,从这个意义上讲,电影是逐行扫描的方式,而电视一般采用隔行扫描的方式。到目前为止,电影胶片的成像质量具有很高的水平,在动态范围上,胶片的动态范围超过电视摄像机的5倍。电视成像是利用光电转换,电影成像则是利用光化学过程。

其次,电影拍摄是利用胶片本身的感光性能直接在胶片上记录影像,电视则是利用光电传感系统记录在磁性介质上。从画面上讲,电影效果更细腻,光影效果更好,而且拍摄时灯光、焦距等条件更为讲究,所以事实上电影的画面效果是远好于电视的。

再次,两者在播放原理上也不同,电影是光学投影,电视是电子扫描。

可以说,电视画面与电影画面在物质结构形式上是完全不同的。当然,电视画面和电影画面一样,呈现出来的都是活动影像,不同于静态的照片图像,这是两者的共同之处。

(2)镜头

电视画面的基本单位通常称为"镜头"。镜头,是指拍摄过程中,摄像机由启动到关闭这段时间内所拍摄的画面内容;从编辑角度看,是指画面的"入点"到"出点"之间的那段内容。镜头是电视节目的基本构成单位和表意单元,是电视构思的思维语言,是电视节目编辑工作的主要对象。所有电视节目都是由若干镜头按照一定构思组接而成的。

2. 电视画面的构成

电视画面主要包括影像、照片/图片、示意图与图表以及电子特技画面等几种类型。

(1)影像

电视影像是电视摄录系统对事物光影状态及其变化的连续再现。各种实在具体的实人、实景、实物,构成了影像的实际内容。电视影像一般是由若干镜头按照一定构思组接而成的。电视影像画面具有以下特性:

①连续性。是指影像画面所展示的是与客观世界的运动方式同样的连续运动的活动情景,它常常从镜头拍摄技巧中表现出来。其中包括远景、中景、近景、特写、全景等不同景别,也包括水平方向和垂直方向的各种不同角度,可运用推、拉、摇、移、升、降、跟等运动镜头来突出事物的运动,也可以采取镜头内部的运动——场面调度的手法来体现事物。连续运动的特性为真实再现客观世界提供了最好的物质基础。

②再现性。影像画面能客观再现所拍摄的具体实在的对象。摄录的影像画面与所摄对象是面对面,同时存在的。电视影像画面能客观准确地再现镜头前面几乎全部的景象,包括对象的运动、色彩、影调等。虚拟的场景是无法被拍摄的(电视画面上出现的虚构场景,是通过对现实镜头进行特技处理后产生的)。因此,纪实性电视画面被看作现实的真实再现,能激起人们强烈的现实感。

③选择性。电视影像所呈现出的画面都是在拍摄、编录过程中被选择过的,并不是现实的全部记录,它往往打上了摄录者主观意识的烙印。电视影像也正是通过这些经过选择的画面,来进行表意、叙事、传情。

④多义性。即单个影像画面的含义通常是不确定的,往往可作多种解释。尽管画面忠实地再现了摄像机所记录下来的客观现实情景,然而画面并不指明这些情景的确切含义,它只肯定此情此景是具体存在过的,至于这些情景究竟表现了什么内涵,单个画面无法做出具体回答。因而,电视中经常使用镜头剪接的蒙太奇手法或长镜头,来表述创作者想表达的内容。

(2)照片/图片

照片与图片一般是作为影像的补充,用于没有、无法或不宜拍摄活动影像的情况。在现实生活中,不是所有的新闻现场都有电视摄像记者在场,不是所有的摄像记者都能够拍摄到新闻现场那具有决定意义的瞬间,不是所有新闻现场都容许记者拍照,也不是所有新闻报道都需要用活动影像传达。在没有获得活动影像的情形下,照片甚或等而下之的绘画图片就是迫不得已的选择了。同时,有些反映过去时代生活的纪实性节目,也经常利用以往遗留下来的图片、画像配合相关解说,来交代相关历史内容。

此外,在可视电话尚不普及的条件下,远距离电话采访和演播室现场直播电话报道一般采用被采访者的照片作人物介绍,由于主要是获取语言信息,采用照片的方式既简便快捷,又对信息内容的传播损失不大,因而是较经济的选择。

(3)示意图与图表

示意图与图表在信息传达上具有展现内在状态,使抽象概念形象化、复杂信息简明化、繁杂关系条理化等能力,较适合于用来传达内在性、系统性、整体性、宏观性、对比性的信息。它能够化繁为简,使影像难以涵盖或表现、语言叙述头绪繁多而难以表达和理解的内容变得一目了然。简化、形象、直观是图表传达信息的优势所在。示意图和图表的适用范围非常广阔,表现形式也多种多样,它们的设计制作,除了事实准确、条理清晰外,还可以根据不同的内容,运用动画、特技等一切形象化的辅助表现手段,使其更加活泼灵动、美观新颖。

电视节目中常用的示意图与图表主要有:地图、统计图和分析图。中国中央电视台《新闻联播》节目之后的《天气预报》,就经常使用示意图和图表来进行未来天气形势分析。

(4)电子特技画面

前面几类讲述的都是画面的内容因素,这里讲述的则是运用电子特技手段进行处理过的画面图像。现代电子科学技术的发展,为电视节目的摄制开辟了广阔前景,其中之一就是电子特技的广泛运用。运用电子特技可以改变画面"照相性"地再现现实的特质,打破现实的时空结构,获得奇异的画面效果,从而产生特别的表现功能。它可以抒情,可以说理,同时还具有一种形式美。电子特技画面极大地丰富了电视非语言符号的表达空间,提高了电视画面的可视性和可塑性,因此,被广泛应用于专题节目、广告节目、体育节目、电视剧和音乐电视等节目中。目前,常用的特技手法主要有:淡入淡出、叠印、翻转、划像、慢镜头、快镜头、定格、马赛克、一屏多画面效果等。

(5)台标

世界上几乎所有的电视台(频道)都设计有各自的标志,即台标。作为一种视觉传播符号,台标是用来将一家电视台(频道)与另一家电视台(频道)区别开来的标识,其重要作用就是频道选择提示和标明节目版权,防止非法复制。同时,台标作为电视台(频道)的独特标志,也是宣传电视台(频道)形象的重要手段。台标一般出现于已正式播出的电视节目画面之中,一经确定,便可以广泛使用在电视台的舞台布景、摄影器材、话筒、车辆、工作服装以及各种印刷品、纪念品之上,塑造出电视台(频道)的整体形象。目前,国内外的台标主要有以下几种形式:

①英文字母式台标。以电视台(频道)名称的英文字母缩写为主要素材加以变形、夸张等设计出的台标图案,如中国中央电视台(CCTV)、北京电视台(BTV),国外的如美国有线电视新闻网(CNN)、美国娱乐及体育电视节目网(ESPN)、英国广播公司(BBC)等。这是目前被广泛使用的一种台标设计方式,具有图案简洁、容易辨认、方便记忆的特点。

②汉字式台标。以相关的汉字或汉字书法的变形体的形式设计的台标。如四川电视台("四川"字台标)、广东卫视("广")等。这类台标设计上充分融合了汉字的结构及其书写艺术上的特点,具有美观大方、简洁明快、民族特色鲜明的风格,是一种颇具个性创意的设计思路。但这类台标适用范围较为狭窄,同时仅限于汉语文化圈内。

③拼音字母式台标。以所在地区名称的代表性拼音字母或拼音字母的变形体设计而成

的台标，如浙江卫视（“Z”）、甘肃电视台（“S”）、江西卫视（“JX”）、吉林卫视（“JL”）。这类台标往往构图简明，意蕴深刻，具有浓郁的地方特色。

④图案式台标。以能够表现电视台某种特征或地方色彩的具体事物图案，或者具有象征意义的抽象图案为主体的台标设计方式。如湖南卫视的鱼米图案台标、安徽卫视的迎客松图案台标、上海电视台的白玉兰图案台标、湖北卫视的两江图案台标、香港凤凰卫视的凤凰图案台标、美国全国广播公司（NBC）的孔雀屏台标等。这类台标设计比较精致、寓意丰富、个性色彩强烈，一旦为受众接受，就会形成较深刻的印象，且不容易遗忘，因此也是被广泛使用的一种设计思路。但同时也由于图案一般较为抽象或寓意不明确，这类台标也存在着需要较长的记忆导入期，容易混淆等不足之处。

台标作为频道的标志，是观众辨别选择收看节目的依据，其标挂应以不干扰观众收看节目为原则，然而现实中一些电视台的台标往往色彩浓艳，所占面积也比较大，这是台标运用中应当注意的问题。

（三）电视节目的基本元素——文字

文字亦是电视节目的基本元素之一。在电视节目中，文字的出现有两种情况：一是画面内文字；一是后期编辑制作时加上去的文字，称为“屏幕文字”或“字幕”。与影像等相比，文字在传达信息时具有抽象概括的能力，具有简便、明确、灵活的优势，因而在电视传播中常用于辅助其他形式的图像和声音传达准确的限定性信息，弥补影像多义性和声音易产生歧义等局限，发挥补充、说明、介绍、引导、强调、扩大信息量和美化画面构图等各种作用。同时，电视节目的文字还可以作为独立的传播要素而非辅助因素，与其他传播要素分立，发挥配合、对比、烘托、抒情、揭示、评论等作用，共同完成传播的任务。另外，电视文字还能以字幕形式插播最新信息。

1. 画面内文字

画面内文字是指摄录的影像内存在的文字（如匾额、横幅、标语等）。画面内文字使用得当，可以自然、准确地传达明确的信息，因而可以说是电视传播信息的一个捷径。不过，受镜头运动、物体遮挡、电视画框所限等因素的影响，有时会造成文字内容不完整，产生“断章取义”的现象，这是在摄像和编辑时要特别加以注意的。

2. 屏幕文字

屏幕文字即通常所说的“字幕”，是指根据节目信息传达的需要，在后期制作或播出时加在影像、屏幕上的文字。字幕起源于无声电影及幻灯屏幕。在默片时代，它曾经是电影剧作的重要构成元素之一，在叙述故事、交代背景、刻画人物、表达思想等方面都能起到重要作用。在电视节目中，字幕的作用主要有说明功能、复述功能和信息功能。根据屏幕文字的表现形式，可以将其分为整屏阅读式、滚动式、插入式和特技式。电视字幕具有以下特点：首先，处于一种“过时不候”的动态中，因而对受众有一种强制性和压迫感，不能像阅读印刷文字那样从容、自由、轻松。其次，在许多情形下是与画面和声音等配合使用或同时出现的，语境比单纯的文学语境复杂，使用中要受到各方面的制约，包括使用的时机、位置、速度等，配合得好，相得益彰，配合不好，徒增抵牾。此外，字幕的屏幕阅读距离与人们日常的书报阅读距离不同，它接收起来相对较费力，因而特别讲究处理手法和方式。

(四)电视节目中的声画组合关系

电视是典型的复合型大众传播媒介,其节目元素间存在着多样的搭配组合关系。“电视是综合运用多种符号的媒介,它的兼容性要求在节目制作过程中合理而巧妙地运用各类符号元素。”[1]在电视中,声音和画面作为最重要的两种符号元素,共同承担着传播信息的功能,二者是相互辅助的配合关系。在具体的电视节目中,声音和画面的组合关系主要有两种形式:声画合一与声画对位。

1. 声画合一

声画合一,也称声画同步,是声画组合中运用较多的一种形式。所谓声画合一,是指声音和画面是同步的,即声音由画面中的人、事物发出,声音和画面所表现的是同一内容,视听高度统一。声画合一,实际上是一种现场实录,人物的同期声就是其最典型的体现。所谓同期声,是指伴随画面形象而存在的声音,包括记者在现场的解说,新闻人物的谈话,录制画面时同时录下的现场的各种声音。由于同期声不仅能使观众看到对象的形象,还能同时听到其声音,因此,更易获得现场感和真实性。同期声在电视新闻节目和一些纪实性专题节目中,具有不可替代的作用。

由于音响与动作的同步是人们在现实生活中习惯的感知经验,所以声画同步的方式最容易被人们接受。声画合一要求语言、音乐、音响各声音元素在基本内容、时代色彩、环境特征、人物情绪上与画面风格基本统一。画面上有什么声源,即出什么声音,如画面上有人敲门,声音则是敲门声等。

2. 声画对位

声画对位是指镜头画面和声音不同步,不吻合,而是按照彼此的规律各自表达不同事物的信息,但又在内容上相互关联。声画对位的结构形式利用声音和画面不同步所产生的信息差距,充分调动人们视听两个感知通道的“注意力”,产生声画信息叠加效果,加大感知深度,突破了声画合一的时空局限,大大扩充了电视的信息传播容量。声画对位的组合方式在电视节目中运用得相当广泛。与声画合一相比,声画对位更能表达深邃的含义,收到更加吸引人的艺术效果。

在新闻性节目中,声画对位的组合方式适用于三种情况。一种是画面信息十分清晰、一目了然,而观众仍有一些疑问或题外的误解或深层次的要求,报道词就作解释、分析、说明。另一种是有些电视记者无法拍到实况,又非报道不可,则报道词反映新闻事实,而画面反映时过境迁的一些实地景象或附近居民的动态。再有一种是新闻评论,画面出现电视新闻场景,而记者在旁叙述。

在文艺性节目中,这种声画对位主要表现为旁白、心声、画外音等。这是为了充分表现剧情,让声音和画面暂时分离,有时甚至表述相反的意义,去追求各自的情境,又在情境的融合或对比中,生发出强烈的表现力和感染力。

当然,在任何一个电视节目中,所运用到的声画组合关系都不会是单一的,而是声画合一与声画对位两种组合关系的交叉与混合。根据实际需要综合运用声画合一与声画对位手法,也是制作电视节目所必需的。

---

[1] 叶家铮:《电视传播理论研究》,第88页,北京师范大学出版社,2000年12月。

三、广播电视节目的类型与样式

广播电视节目是适应和满足人类社会的需要而产生的,而人类社会的需要是广泛多样而不断变化的,这也就导致了广播电视节目的多样性和复杂性。可以说,当今的广播电视节目内容丰富多彩,形式多种多样。为了有效认识广播电视节目的状况,把握其发展规律,并在此基础上优化、创新节目,促成一个良性运行的、健康的节目生态系统,有必要对广播电视节目类型进行科学把握。

(一)广播电视节目的主要类型

广播电视节目类型,也称为广播电视节目的种类,是依据是否具有某些共同属性对广播电视节目所做出的一种归属划分,它有利于人们更好地认识和了解不同的广播电视节目。

1. 以节目的内容属性来区分

若从起源和发展过程来看,广播电视节目在内容属性方面基本分为新闻种群和文艺种群,并在此基础上衍生、转化成其他类型的节目。无线电广播诞生之初,被人们用来播放音乐、歌曲,然而,无线电广播在技术上的特点,符合了新闻要求迅速传播的特性,从而也就使得新闻与广播相辅相成,新闻节目就成为广播节目的重要内容。电视最初也被人们用来播放歌舞、演唱、电影片段等文艺性内容,后来也慢慢被用来传播新闻内容。因此,新闻种群与文艺种群构成了广播电视节目的两大内容群体。

按节目的内容属性来区分节目类型,比较简单、明了,容易掌握和运用。对此,理论界还有一种更实用、更细致的分类方式——“四分法”。

所谓“四分法”,即把广播电视节目分为四种类型:新闻性节目、教育性节目(社教性节目)、文艺性节目(包括综艺节目、娱乐性节目)和服务性节目(包括广告)。“四分法”对广播电视节目的划分比较明确,容易分辨运用。

当然,如今的广播电视节目内容越来越丰富也越来越细化,除了传统的新闻节目、教育节目、文艺节目三大支柱性节目外,一些新派生出来的节目品种,如财经节目、体育节目、法制节目、生活资讯节目、健康养生节目、真人秀节目等,也日益独立出来,并在社会生活中发挥着越来越大的影响。这些节目的出现,既适应了广播电视分众化传播趋势的时代要求,也为满足人们日益增长的多元化、个性化的精神文化需求提供了可贵的精神食粮。

2. 以节目的表达形态来区分

在几十年的广播电视发展历程中,广播电视节目在表达方式与方法上也不断演进、丰富,逐步积累形成了若干种较为稳定的、富有特色的节目表达形态。

(1)纪实型

节目一般以第三者的身份对有关内容作客观的记录和报道,多用现场实况配上讲述、解说和必要的字幕、音乐。如中央电视台《东方时空》中的《生活空间》“讲述老百姓自己的故事”就是典型样例。传统的纪录片也多属于这一形态。纪实型节目注重展现事件、活动和人物行为的过程,常常使用追踪、调查等方式,有时还伴随着访谈。上海台的《东方110》、湖南台的《乡村发现》、中央台的《新闻调查》等节目都是此类。

(2)直陈型

节目借助出镜记者、主持人、评论员以及各种身份的嘉宾和访谈对象,以第一人称“我”,

向观众提供信息,发表意见,直抒情感。陈述者以自己所提供的事实、观点、态度作用于观众,可谓是直面观众的近距交流。常见的有广播电视讲话、论坛、讨论、辩论、对话等形式,像北京电视台办过的《元元说话》、中央台的《一丹话题》、山东台的《午夜相伴》等节目,均属此类。

(3)表演型

通过演员表现的各种艺术作品,在屏幕上塑造一定的艺术形象,为观众提供审美对象,以其艺术感染力来满足观众的审美需要与娱乐需要。如,电视剧、电视电影、电视综艺晚会、音乐电视以及各种表演艺术的专项表演晚会。

(4)展示型

主要通过人物的动作并辅以语言、声音和字幕、图片、动画、模型等手段,在屏幕上展现或示范某些知识、技能和行为的各类节目,多运用于社会教育性节目和竞技比赛性节目。科普、体育赛事、生产技术、生活技能以及某些特殊技艺的题材常常离不开展示。近年来比较活跃的益智游戏、极限挑战节目、真人秀节目也可划入此类。

(5)鉴赏型

以具有文化艺术鉴赏价值的各种作品为主要表现对象,旨在提高或普及观众的文化艺术欣赏水平,属于高品位的节目形态,如名曲、名画、文学名篇、书法、文物、建筑、舞蹈等鉴赏节目。此外,电视诗歌、电视散文以及介绍风景名胜、民俗风情的节目也都可列入此类。此类节目题材领域十分广阔,中国的、外国的,古典的、现代的,凡是值得鉴赏的无所不包。中央电视台 1995 年开播的《综艺走廊》、1997 年开办的《精品赏析》都属于鉴赏型节目。

(6)集萃集锦型

运用同类项归并的方法围绕一定的主题,将诸多素材或资料汇编而成,密集、浓缩、大容量、快节奏且具有一定的深度和广度,使受众在有限的时间内获得关于某一方面的丰富信息,诸如新闻背景、专题性的资料选编(包括已播出节目的精彩回放、一周新闻集萃、年终评出的十大新闻等)。例如,中央电视台 1995 年开播的《周末大回旋》,就是典型的文艺性质的集萃型节目。此外,像一些电视频道推出的《电视小品集》《短剧集》以及某些专题资料集锦(如《历史上的今天》、歌曲、舞蹈集锦等)也都属于此列。

3. 以节目的结构形态来区分

根据节目容量、节目内容取向和满足受众需要的情况,可以把节目分为四类。

(1)一般型节目

指节目内容取向和接受对象都具有最大的容量和一般性。如新闻节目、广告节目、电视剧、广播剧等,它们的报道范围和创作取材包罗万象,不受限制;受众方面一般也不具有排他性。一般型节目是广播电视节目的基本类型。

(2)综合型节目

综合型节目能把知识性、娱乐性、教育性、趣味性、新闻性等集于一体,也可将各种情调、风格融合,其功能是兼容、杂交、互相渗透。当然,在综合后还是以一种内容为主。如,新闻性的综合节目《午间半小时》(中央电台),文艺性的综合型节目《综艺大观》(中央电视台)。由于兼容性强,综合型节目便于不同受众从中找出中意的内容。

(3)专题型节目

是具有特定内容范畴的节目形式，具有指向性、集中性、系统性，以满足人与社会的特定需要。有些专题型节目具有固定节目名称和固定播出时间，如中央台的《音乐天地》、中央电视台的《电视你我他》；有些具有特定主题或内容取向，它们形式上可以是单个的、连续的或系列的，如央视《上下五千年》《百年中国》；也有些专题节目是为重大的政治、社会事件而特办的，如“两会专题”“奥运会专题报道”。专题型节目在增强广播电视媒介适应环境、满足受众需求、集中引导舆论，并增强自身的竞争力方面有着独特的作用。

(4)对象型节目

是以特定的受众群体为对象的节目类型。它具有贴近性、层次性与介入性的特点，用以向不同国家、地区、民族和不同行业、年龄层次的受众提供服务。

从上述情况来看，一般型、综合型节目属于“广”播范畴，而专题型、对象型节目则属于“窄”播范畴。后者从某种意义上可以吸引相对稳定的受众，是广播电视节目形态发展的一种趋势。

4. 以节目的播出方式来区分

从广播电视节目的播出方式来看，有直播节目和录播节目之分。直播节目，指节目的制作和播出同时进行的一种节目形态。录播节目，是指播出前把整档节目按播出要求制作成录音带或录像带，在规定时间进行播出的一种节目形态。

5. 以节目的服务对象来区分

以特定的受众群体为服务对象可以构成多种节目形态，如针对老年朋友的节目《夕阳红》、针对女性朋友的节目《半边天》、针对农民兄弟的节目《农民之友》、针对少年儿童的节目《大风车》、针对商界人士的节目《商道》等。

此外，还有以节目的来源渠道来区分的，如：自办节目、联办节目、交换节目、转播节目和联播节目等；以节目的选题范围进行区分的，如时政类节目、经济类节目、文艺类节目、医药类节目、法制类节目、文教类节目、体育类节目等；以是否有主持人进行区分的，如主持人型节目、非主持人型节目；以播出时间进行区分的，如定期节目、特别节目、插播节目；以受众参与情况进行区分的，如受众参与型节目、非参与型节目；以传播范围进行区分的，如对外节目、国内节目、地区节目等。实际上，每确定一个角度，便会产生不同的分类。

不过，应当看到，这些年来随着广播电视业务实践的发展，有相当一部分广播电视节目在形态上日趋复杂化了，已经很难严格归为某一类或某几类节目了。各种形态节目之间的混搭、交叉，相互穿插、渗透的现象越来越突出，这在一定程度上也给我们认识和把握广播电视的节目类型带来了困扰。

(二)广播电视节目的基本样式

这里所说的广播电视节目样式，是针对广播电视节目的编播形态而言的。我国广播电视在发展初期，节目内容比较简单，形式呆板，播出容量也较小，节目编播主要采取了直播型、专题式的样式。而随着广播电视事业的进步，广播电视的播出时间不断增加，节目也呈现出越来越繁荣的景象，节目内容日渐丰富，节目编播样式也日益朝着综合式、栏目化、杂志型的方向发展。特别是一大批优秀的广播电视栏目脱颖而出，社会影响力日渐扩大，充分发挥出广播电视多样化的社会功能。

1. 单一式节目

指形态简单、内容相对单一的节目样式。单一式节目无论是什么题材性质、体裁类别，也不管采取的是什么制作方式，它都具有独立、完整的内容与相应的形式，是作为一个完整的节目播出整体存在的。

单一式节目在广播电视事业发展的早期，也曾是电台、电视台比较重要的节目编播样式。不少电台、电视台以前的《每周一歌》节目，就是比较典型的单一式节目。在按内容性质划分的各种节目中，都曾或多或少有过单一式节目的"身影"。小到一则新闻通讯、文艺小品，大到一部电视剧，都可以以单一式节目的样式存在。2005 年中央电视台开播的《轻松十分》节目，也是典型的单一式节目。

2. 板块式节目

所谓板块式节目，是指一些节目组成一个单元，又由若干单元构成一个集合体的广播电视节目。尽管板块式节目在内容上都有所侧重，但都具有一种融多种社会功能于一体的特征，能满足多层次受众的需求。与传统的节目编排模式相比，板块式节目一般具有如下特点：

(1)编排集中，时间长度基本固定。按一定时间单元设置，播出固定，长度一般在半小时以上，有的还长达两三小时。

(2)板块内的子栏目内容上相互关联。例如，中央电视台《东方时空》栏目就曾经包含有"时空连线""时空看点""东方之子""百姓故事"几个相互关联的子栏目。

(3)内容具有多元性、多向性的特点，兼具多类节目的特性，具有比较显著的视听效果。如东方卫视的《娱乐星天地》既有娱乐新闻(新闻类)，又有文艺表演(文艺类)，还有娱乐资讯(服务类)等多种内容。

3. 综合式节目

综合式节目是指按一定指导思想、编辑方针和要求，把多种内容和形式的作品有序地组合在一起的广播、电视节目样式。节目内容的兼容性和作品表现形式的多样性，是这种节目的共同特点。在按内容性质划分的各种节目中，都有综合式节目，如新闻性节目中的《新闻联播》(中央电视台)、《新闻和报纸摘要》(中央人民广播电台)、《全国新闻联播》(中央人民广播电台)，文艺性节目中的《今晚八点半》(中央人民广播电台)、《欢聚一堂》(中央电视台)、《中央电视台春节联欢晚会》等，都属于这一范畴。综合式节目适应广播、电视受众广泛性的特点，可以在一定程度上满足受众多方面的需求，是电台、电视台的重要节目形式。

4. 专题式节目

所谓专题式节目，是指具有特定的内容范畴，内容相对专一的节目，它具有指向性、集中性、系统性，用于满足人与社会的特定需要。专题式节目有些具有特定主题或内容取向，形式上可以是单个的、连续的或系列的，如中央电视台的《上下五千年》《话说长江》；也有些专题节目是为重大的政治、社会事件而特办的，如"两会专题""亚运会专题报道""三峡截流专题报道"等。有些专题式节目具有固定节目名称和播出时间，如中央人民广播电台的《音乐天地》、中央电视台的《电视你我他》、春节特别节目《一年又一年》等；也有些专题式节目是临时性设置的，只适用于一次性播出，如中央电视台中文国际频道 2010 年 6 月 16 日播出的端午节特别节目《端午诗会》。

各种按内容性质划分的节目类型，都可以包含专题性节目。新闻性或教育性专题节目常用于对某一领域或某一方面的情况和问题做连续的、深入的反映，或对某一重大事件或典型单位、典型人物做较为详尽的报道和介绍。文艺性专题节目，常用于介绍、鉴赏某一类文艺作品或提供某一领域的知识。专题式节目在增强媒介适应环境、满足受众需求、集中引导舆论，并增强媒介自身的竞争力方面有着独特的作用，是电台、电视台的重要节目样式。

5. 栏目化节目

所谓栏目，是广播电视节目编排和播出的一种形式。它有一定的名称、一定的内容、一定的特点、一定的长度与一定的播出时间。组成栏目的节目大都有一定的相关性和共同性，如同一主题、同类题材、同一体裁，或者有类似的表现特点，以及其他可能引起受众进行比较或联想的因素。广播电视栏目脱胎于报刊专栏，它不仅作为节目内容组合的界限存在，也成为节目制作人员进行团队区分的依托。

栏目与节目是既有联系又有区别的两个概念，栏目是按照一定的方针和目的，将某些内容、性质、功能、形态相近的节目纳入定期、定时、定量播出的内容单元。一个栏目可以由若干个节目串编而成，也可以每期只播出一个节目（如中央电视台的《焦点访谈》）。有些栏目还包含着几个子栏目，比如 1993 年中央电视台开办的《东方时空》栏目最初就有"东方之子""金曲榜""生活空间""焦点时刻"几个子栏目。

从我国电视发展过程看，20 世纪 80 年代以前，固定播出时间而又固定长度的固定栏目较少，长短不一的单条的纪录片和演播室节目较多，使节目编排呈现出不规范甚至无序的状态。这种状态，既不利于宣传管理的科学化，又不能满足广大观众收视的合理需求。1984 年中央电视台率先开展节目栏目化工作，几经调整，于 1993 年在第一套节目中基本实现了栏目化。在这十几年间，以广东台、上海台、辽宁台、山西台、山东台为代表的各地大台、老台和较有实力的新台也相继在节目栏目化的道路上取得显著效果。

广播电视节目的"栏目化"，不仅有利于节目的编排，同时更便于吸引受众的收看，培育节目的知名度与影响力。栏目化一度是内地电视节目改革创新的一个显著特征。在实施栏目化方针之后，我国广播电台、电视台绝大多数具体节目均被分别纳入与之相应的栏目之中。有专家认为，栏目化是广播电视节目走向成熟的标志之一。经过多年的发展，我国广播电视领域一度产生了一些著名的栏目，如中央人民广播电台的《星星火炬》《小喇叭》《午间半小时》，中央电视台的《新闻联播》《综艺大观》《东方时空》，湖南卫视的《快乐大本营》，浙江电视台的《风雅钱塘》，安徽电视台的《记者档案》，北京电视台的《真情互动》以及重庆电视台的《拍案说法》《雾都夜话》等。

时下，国内电视已经走过节目竞争时期，而进入了栏目竞争、频道竞争时期。电视栏目已成为电视频道编排的基本单元以及电视频道之间相互竞争的"利器"。早在 2003 年，全国电视栏目播出比重已占到 70%，栏目的收视比重则占到 50% 以上，栏目主导着电视荧屏的大部分时间。拿中央电视台来说，目前全台共有数百个栏目，节目主要以栏目为基础进行编排和播出。栏目化的实施，使栏目从规划选题、设备调度到播出编排、节目审看，以及受众对节目的意见反馈等，形成一整套功能较全的制作和管理系统，促进了节目制作和管理水平的提高。同时，电视栏目的定位与价值取向具有相对的稳定性，栏目的运行过程和维护过程，即是电视媒体培养受众和目标市场的过程。在电视频道逐步向专业化发展的过程中，栏目化对于频道特色定位和品牌化建设都有着极为重要的作用。

因其性质与功能以及采编播方式的不同，栏目的形态也多种多样，常见的有以下几种：

(1)一期一题型

一个节目构成一个栏目，如《神州风采》《焦点访谈》《新闻调查》《每周一歌》等。每期内容独立成篇，但均应符合栏目定位的要求。

(2)综合型

综合型栏目往往是荟萃多方面内容的大型栏目，其特点是内容多元、功能多样、信息量大、篇幅较长(有的可达两三个小时)，常采用板块式结构。目前，综合型栏目的品种比较多，既有新闻性的，也有文艺性的，还有服务性的，不一而足。

(3)拼盘组合型

根据栏目的主旨，将题材相近的两三个小专题组合在一起，每个专题或用字幕或由播音员引导串联。一般在半小时以内，比如在《祖国各地》栏目中，编排了两三个长短不等的小节目，分别介绍某个沿海开放城市的港口、某地古塔、某地特产等。

(4)系列型

按照一定的题材类别，将相对独立而又有内在联系的若干段落，在一段时间内，以固定的周期播出。多见于以人文、地理、风光、政论、历史等题材开辟特别栏目以及知识性节目(如讲座等)，中央电视台科教频道的《百家讲坛》栏目就属于此类。

6. 杂志型节目

杂志型节目，也称板块式节目，是借鉴杂志的杂多而统一的编辑手法的一种结构形态，是按照一定的构思、编辑方针和要求，将多种内容和形式的作品有序地组合起来进行编播的广播电视节目样式，内部一般分成若干个板块，构成一个个节目单元。杂志型节目一般是在固定的栏目、固定的时间播出，并采用节目主持人方式，时间较长，比较适宜关注社会热点和焦点问题，容易形成舆论力量。杂志型节目内容较综合，在提供信息方面，能够实现信息密集、体裁多样的有机组合，节奏明快，具有一定的“立体感”；同时，便于抓住热门题材，进行有一定深度的挖掘，及时满足受众对知晓当前事态进展的期待。

杂志型节目以新闻杂志型节目为典型。1968 年 9 月，美国哥伦比亚广播公司(CBS)的制片人唐·休伊特率先创办新闻杂志型节目《60 分钟》，引起很大反响，多年来一直在美国电视节目中名列前茅。我国中央人民广播电台的《午间半小时》、中央电视台的《东方时空》《朝闻天下》以及东方卫视的《看东方》等也都是典型的新闻杂志型节目。除了新闻性杂志节目外，还有文艺性杂志节目，如中央人民广播电台的《今晚八点半》《空中大舞台》；教育性杂志节目，如《439 播音室》等。尽管不同类型的杂志型节目在内容上都有所侧重，但都具有一种融多种社会功能于一体的特征，能满足受众多层次的需求。

当然，综合式节目、专题式节目、栏目化节目以及杂志型节目，这四种节目样式都是对广播电视节目编播形式的称谓。它们之间往往呈现出一种相互混合、交叉，彼此渗透、关联的关系，并不具有截然对立的差别。

四、广播电视节目创新与改版

在传媒业竞争日益激烈的今天，“内容为王”的铁律赋予了节目创新与节目改版无比重要的地位。节目创新与节目改版不仅是广播电视界的一个日常性话题，而且已经成为广播电视媒体求生存、谋发展的重要手段。不管是节目创新，还是节目改版，都是广播电视媒体适应市场环境变化的应激性行为，其目的无非就是为自身在激烈的市场竞争中争取更多的“胜出”机会。

（一）广播电视节目创新

广播电视媒体是依靠传播具体的节目内容服务于人类社会的。自广播电台、电视台开办节目伊始，节目创新活动就一直存在于其节目制播领域。它推动了广播电视节目的发展和演变，丰富了广播电视节目形态，给人类提供了无限多样的视听媒介产品，满足了他们日益增长的精神文化消费需求，从而也助推着广播电视业自身不断向前发展。而今，随着传媒业的不断发展，节目创新更成为广播电视媒体参与市场竞争的“利器”和有效抓手，成为电台、电视台立足社会，跻身大众传媒之林的重要能量来源。

1. 广播电视节目创新的含义及意义

（1）广播电视节目创新的含义

所谓创新，通俗地说也就是创造新物取代旧物，即通过创造性的活动实现事物的改变、更新和发展。创新是人类特有的实践能力，是人类主观能动性的高级表现形式，是推动民族进步和社会发展的不竭动力。

广播电视节目创新，是广播电视领域中的一种特有实践活动，即广播电视节目制作人员通过自身的创造性活动，实现广播电视节目的改变、更新和发展的过程。我国是广播电视大国，国内有成百上千家大大小小的广播电台和电视台。然而，这些电台和电视台同质化情形却非常严重，如节目时段的雷同、节目内容的同质、节目样式的相似等，严重影响和制约了这些广播电视媒体在受众中的影响力及其社会功能的有效发挥。众所周知，节目是支撑一家广播频率、电视频道正常运营的基础，广播电台、电视台需要大量原创的、自制的节目，尤其是在黄金时段更需要播出与众不同、富有特色，对目标受众富有强烈吸附力的原创的、独家的节目。而要做到这一点，就必须进行节目创新。只有不断地进行节目创新，才能保障广播电视媒体在竞争激烈的传媒市场中站稳脚跟。

（2）广播电视节目创新的意义

不言而喻，广播电视节目创新无论是对广播电视媒体自身而言，还是对受众而言，抑或对整个社会来说，都具有十分重要的意义。

首先，广播电视节目创新，推动了广播电视节目的发展和演变，丰富了广播电视的节目形态，给社会提供了纷繁多样的视听文化产品，满足了广大受众日益增长的精神文化消费需求。当前我国正处于社会转型期，求新、求变是这一时期的普遍的社会心理。听广播、看电视是人们知新、知变的重要渠道。听众、观众都喜欢追随潮流，喜欢新鲜奇特刺激的东西，对于广播电视节目也是这样。而节目创新，正好对应了大众的这种心理倾向，它推动了广播电视节目的发展和演变，丰富了广播电视的节目形态。不断推陈出新的节目产品，适应了不断喜新厌旧的受众的欣赏口味。20 世纪 90 年代末，湖南卫视推出了一档娱乐节目《快乐大本营》，这档节目改变以往由歌舞、相声、小品组合而成的晚会式的文娱节目形态，加上游戏、互动、揭秘等新鲜内容。别致的节目形式与崭新的节目内容给观众带来了一种全新的视听感受。这种节目创新，有力地促成了观众对“湖南卫视，快乐中国”的特色认同。从中不难看出,节目创新活动给受众、给电视频道自身的发展以及给社会带来的深远影响。

其次,广播电视节目创新,顺应了广播电视媒体以经营视听率为内核的产业化发展要求,有助于广播电视业做大做强。对于传媒业来说,最重要、最核心的是内容,“内容为王”可以说是广播电视媒体最重要的生存法则。现今,节目创新能力不足已是业界共识,缺乏好内容(节目)已成为制约我国广电业新一轮发展的瓶颈,这一点在电视领域表现得尤为突出。如果说,20 世纪 80 年代是中国电视的普及时期,渠道建设对电视业的发展更具有举足轻重的地位,那么,到了 20 世纪 90 年代中后期,有线电视的发展和卫星传送技术的出现则使电视频道进入了放量竞争时代。特别是进入 21 世纪以后,全国各地播出的电视频道普遍增加,城镇家庭可以接收的节目套数逐年激增,使得观众在选择性增强的同时忍耐性变差。据有关方面统计,过去观众在一个节目的停留时间是 15 秒,现在降到 8 秒,即节目如果没有吸引力,数秒内观众就会换台。在此种情况下,如何办出有个性和特色的节目就成为广电人共同的追求。与此同时,伴随着我国广播电视产业化、集团化以及频道专业化改革的全面展开,行业竞争呈现错综复杂的新格局。广播电视媒体之间的竞争,从拼节目的特色和品质,到拼差异化的节目设置与编排,再到拼先进的生产运营管理机制,拼收视率和市场占有率,最终拼的还是以节目创新为基础的媒体品牌影响力,因此,节目创新是广播电视业做大做强的核心动力。

再次,广播电视节目创新,开拓了广播电视媒体的社会服务空间,形成了对社会人群的持久而深远的影响,创造了可观的社会效益。广播电视是以服务受众、服务社会为旨归的大众传播媒体,其服务的手段就是提供各式各样为社会公众所需要的节目。而广播电视节目的质量和水准,则取决于节目创新。因此,广播电视节目创新,能够提升广播电视服务大众、服务社会的水准。纵观广播电视与人类社会相伴的历史,可以看到,从提供时政新闻到告知财经动态,从关注国际战争风云到探讨社会民生现状,从宣达政令、告示天下到情感疏通、人际交流,从文化知识的学习到工作之余的娱乐休闲,其间无不闪动着广播电视细密无间的服务身影。广播电视也正是通过其节目的不断创新,而适应和满足着社会公众不断发展变化的、多样化的、多层次的精神需求,进而形成了对社会人群的持久而深远的影响,创造了可观的社会效益。我们不妨浏览一下当下电台、电视台的节目品种,时政要闻、民生故事、综艺节目、益智游戏、法制节目、情感访谈、选秀热赛、火爆剧集……就可以感受到广播电视媒体的社会服务空间有多大。

2. 广播电视节目创新的基本路径

当前,广播电视节目创新活动非常活跃,创新方法很多,创新方式也多种多样,但总的来看,不外乎以下三种基本路径。

一是在模仿和借鉴中开展创新。模仿和借鉴是一种很实惠也很实用的创新方法,比如地方台模仿中央台的节目,境内节目借鉴境外节目。在这种模仿和借鉴中,能够迅速掌握对象的创意核心,进行适当调整,加以本土化改造而制作出新节目。因此,改造性的模仿成为现实中诸多电视台节目创新的首选。以 1994 年 4 月 1 日创办的《焦点访谈》为例,该栏目借鉴了美国《60 分钟》独立板块的访谈形式,同时又结合中国“水土”,开创了一条具有中国特色的舆论监督之路。湖南卫视《超级女声》对《美国偶像》的模仿,虽然在本质上与《美国偶像》模式并无差异,但湖南电视台在节目程序上有所改进。当然,这其中需要做很多工作,比如人家好的东西怎样保留,不符合国情的东西怎么改造,如何避免侵权等。

二是利用嫁接与移植实现创新。和农业生产中的嫁接、移植一样,节目创新也可以利用嫁接与移植旧有节目中的部分表现手法或节目元素,进行适当的拼贴、改造后融合进新节目中,从而实现创新。这种通过嫁接、移植方式制作出的节目往往在节目形态上与原节目保持着一定的关联性,能很快被受众接受。比如说中央电视台的《绝对挑战》栏目就是把严肃的人才招聘现场纪实与轻松娱乐的"真人秀"嫁接在一起而产生的成功之作。广播电视节目形态日益多样化的今天,不同节目类型之间的相互渗透、融合成为一种发展趋势。娱乐节目中有纪实,纪实节目中有谈话,谈话节目中有表演,表演节目中有游戏,凡此种种,都是节目间相互嫁接、移植的结果。当然,这种嫁接、移植并不是可以随便乱用的,它必须尊重广播电视传播的艺术规律,能够给受众提供更加良好的视听享受,符合节目的内在发展要求。

三是借助策划和研发进行创新。广播电视节目创新表现为内容创新与形式创新两个方面。其中,内容创新主要包括选题创新、角度创新、内涵创新三个层面。选题创新,即节目选题应该新颖、独特,最好能做到独家或者首家。角度创新,是说同样的节目选题可以通过变换角度产生新的叙事形态。内涵创新,是指在没有独家选题,角度变化的空间也受到限制的情况下,可以通过深入挖掘,从而提炼出更新、更高层次的内涵予以表现。显而易见,对于内容创新而言,发掘新颖、独特的内容资源,至关重要。至于形式创新,则主要体现在自主研发新的节目形态上。不论哪种类型的广播电视节目,不外乎由节目模式、内容和创意三个要件构成。而研发新的节目形态,其根本点在于寻求最佳创意、开发出新型节目模式两个方面。没有创意的节目研发,就谈不上真正的创新;同样,没有新型节目模式的创造,也谈不上真正成功的节目创新。寻求最佳创意的过程,本质上也是寻找新的节目诉求点的过程。根据新的节目诉求点,组织人员完成对节目的规则制定和环节设计,新型节目模式的孵化和演变最终就得以完成。

3. 广播电视节目创新的要求

广播电视节目创新,是一件非常严肃而又十分辛苦的事情。为了保障节目创新活动能够始终沿着正确的方向推进,进而取得理想的成效,必须遵循一定的要求。

众所周知,广播电视媒体作为社会系统中的一个子系统,其活动必然会受到社会系统中其他子系统如政治、经济、文化、科技等的影响和制约,同时也会反作用于其他社会子系统。节目创新作为广播电视媒体的重要活动方式,不可避免地会与社会系统中的意识形态、经济利益、文化传统、市场竞争、受众偏好等因素产生相互影响和复杂纠葛。特别是现阶段,我国广播电视媒体既是意识形态宣传机器,也是公共文化服务平台,还是产业经营主体。因此,其节目办播必须兼顾意识形态、公共责任和媒体经济利益等多重诉求之间的平衡,讲求"积极向上"与"喜闻乐见"的统一,以此来保证自身的健康、合理、可持续发展。只有充分认识并做到这一点,才能确保节目创新能够科学、合理、有序地开展,进而助推我国广播电视产业做大做强。这就需要在节目创新上把握好导向性、贴近性、品质性、效益性、市场性原则以及在适当借鉴与引进基础上的自主创新原则。

(1)导向性原则

任何广播电视节目都会对社会产生一定的导向作用。"所有形式的广播电视节目,都有其价值导向、思想导向、行为导向和审美导向。”[1]所谓导向性原则，也就是在进行节目创新时要考虑节目的导向价值，考虑节目对社会的价值引导、思想引导、行为引导及审美引导作用。如果导向正确，对社会的引导作用是正向的，那么这种创新可以进行；但如果导向不正确，会对社会产生不良的引导效果，那么即使艺术性方面再有新突破，商业价值再突出，这样的创新也是不可取的。这一点，是任何时候都不能动摇的。这是广播电视媒体具有强烈的意识形态属性的必然要求，是为维护国家意识形态安全和保障民族文化健康传承和发展的现实选择。时下，不少人倾向于把节目创新理解为想尽一切办法让节目特立独行、争奇斗怪，以至于不惜在节目中宣扬一些背离时代主潮和社会主流价值观的内容、成分，设计出一些庸俗趣味的流程，这实在是陷入了极大的误区。2010 年 6 月，国内一批相亲节目，就曾因为在价值导向方面存在炒作拜金主义等畸形婚恋观问题，而受到国内舆论的强烈批评，并被有关部门责令整改。所以，真正有价值的节目创新，必须是在符合导向正确这一原则下，创制出的内容和形式俱佳的视听文化产品。

(2)贴近性原则

现如今，广播电视节目的创新方式可谓多种多样，但不管采用哪种方式，所创制出的节目都应该力求贴近时代、贴切生活、贴近群众。只有贴近时代、体现时代主潮和审美风尚的视听产品，才可能成为具有持久价值的节目；只有贴近生活、来源于生活而又高于生活的艺术创作，才能产生新鲜、生动、富于活力的节目；也只有贴近群众、为广大群众所喜闻乐见的新节目，才能赢得人们的喜爱，有效占领收视市场。“历来赢得赞誉的节目创新实践证明，只有满足了受众需求，得到了受众认可的节目创新才是有效创新。”[2]纵观广播电视与人类社会相伴的历史，可以看到从传播新闻到宣达政令，从文化传承到人际勾连，从情感疏导到娱情悦性，从提供实时资讯到深度剖析社会问题，从关注国际关系风云变幻到探讨市井社会喜忧冷暖，广播电视正是通过其不断创新的节目适应和满足着公众不断发展变化的、多样化的、多层次的精神文化需求，进而形成了对社会的持久而深远的影响。可以说，无论过去还是现在，真正成功的节目创新，从来都是在贴近时代、贴近生活、贴近群众方面做得比较好的节目生产与创制过程。中央电视台 2011 年策划拍摄制作的大型纪录片《舌尖上的中国》之所以播出后能掀起收视热潮，就与其节目贴近性强有很大的关系。

(3)品质性原则

广播电视节目创新一定要坚持品质性原则。好的广播电视节目既要讲究视听完美结合、声画并茂，有冲击力和感染力，又要富有品质，能让人在享受到精神满足和审美愉悦的同时，获取一些有益的东西，感受到向上的力量。近年来，一些广播电视节目策划、制作人员，把节目创新简单地视为以收视率、收听率为标杆的节目内容与形式方面的标新立异。在这种错误观念的支配下，为了制造噱头，“秒杀”视听感官，不惜给节目设计出诸多媚俗乃至低俗的规则和环节，填充大量富有感官刺激效果的雷人元素和成分，这实在是对节目创新的一种误读。节目创新不等于猎奇逐异，更不等于对大众趣味的无限度迎合与谄媚。成功的节目创新，应该以为社会生产出优秀的视听文化产品为根本诉求，而不是简单地沦为广播电视

[1] 杨金鸢：《“四个立台”开启广电新风尚》，《当代电视》，2012 年第 1 期。

[2] 胡智锋、杨乘虎：《中国电视节目创新问题之观察与思考》，《现代传播》，2011 年第 6 期。

媒体的逐利手段。节目创新若一味只贪求眼球效应和商业利益，而无视精神格调和艺术水准，到头来只会令广播电视媒体自损形象。品质不佳或缺乏品质的节目创新，即便会取得令人眼热一时的视听效果，却终将会为公众所拒斥而难以持久立足于视听文化产品市场。

(4)效益性原则

广播电视媒体狠抓节目创新，其根本点在于节目创新有助于提升节目质量、改善收视效果、增强广播电视媒体的市场竞争力，进而获取可观的经济效益和社会效益。时下，对于不少广播电视媒体而言，节目创新俨然起着拉升收视率、收听率的引擎和开发新的利润增长点的基础平台的重要作用。所以，节目创新必须把握效益性原则。当然，作为文化产品、信息产品，广播电视节目的价值应该是其经济价值和社会价值的综合体现。不论广播电视媒体研发出何种类型、形态的节目，只要这些节目一经播出，都会带来一定的社会影响，产生相应的社会效益和社会价值。广播电视媒体毕竟是重要的舆论宣传平台和公共文化服务机构，除了要参与市场竞争，赚取商业利益，谋求自身的发展外，还担负着履行好相关社会职责的使命。因此，广播电视节目创新既要讲求经济效益，亦要重视社会效益，要力求经济效益和社会效益兼顾，并要把社会效益放在首位。任何只讲经济收益而罔顾社会责任、社会影响的节目创新，都是不可取，也是不可行的。

(5)市场性原则

所谓市场性原则，是指节目创新要以创制出能够满足广大人民群众的需求或潜在需求，有着市场开发前景的视听产品为出发点，同时最终产品还应该通过市场来实现其价值的原则。节目创新是一项颇为耗时、耗力、耗财的事情。广播电台、电视台创作和播出创新节目时，必须投入一定的人力、物力和财力等形式的运营成本，同时还面临放弃播出成熟节目的机会成本，新节目必须创造出高于创新运营成本和机会成本的价值才能实现较好的投入产出比，推动广播电视媒体的成长。所以，节目创新过程中一定要考虑投入与产出的比例问题，特别是要考虑在节目创新完成后，如何对新节目进行可持续性开发，进而获取可持续性收益的问题。过去，在相当长的时间里，广播电视媒体的许多节目创新活动，不是基于服务民众的需要而为之的，而是单纯地遵照个别媒体领导的主观意志乃至少数编导的个人趣味来进行的。这种缺乏严格市场调查和受众分析依据的节目创新运作方式，显然早已不适应当今社会的时代环境。广播电视节目创新是一项有着自身内在规定性的复杂的高级艺术活动，它必须遵循大众传媒市场的规律和视听艺术创作活动的要求来进行。节目创新固然要遵从相关主管部门的归口管控要求，但也必须力争公众的喜爱和市场的认可。不然，节目创新的价值就无法得以体现。因此，把握好市场性原则，尊重市场规律来运作，对电视节目创新而言显得十分重要。这就要求节目创新之初，就要对其间的投资、风险、市场收益、社会影响以及潜在的后继发展机会，进行科学合理的评估，并以此作为节目可持续性开发的着眼点。在节目创新中把握市场性原则，有助于构筑和打造完备的节目创新价值链，为广播电视媒体开掘更多的利润增长点，从而助推电视业整体做大做强。

(6)在适当借鉴与引进基础上的自主创新原则

当前，总体上看，国内广播电视节目创新模仿和借鉴他人的比例比较高，自主创新型、原创型的比例则偏少。模仿和借鉴虽有助于减小节目创新难度，缩短节目创新周期，但在版权意识越来越强的全球背景下，会有较大的侵权风险。而如果采取引进节目版权模式，固然可以在短时间内抢占市场空白点方面占据先机,但往往需要投入巨额资金。自2010年东方卫视引进《中国达人秀》后,购买节目版权,引进海外节目模式在中国电视界中渐成热潮。其中,不乏走得比较成功的,如浙江卫视的《中国好声音》、江苏卫视的《老公看你的》等。不过,我国国内大大小小有上千余家广播频率和电视频道,每年需要大量广播电视节目播出,如果过度依赖引进模式,显然极不现实,而且,引进海外节目模式,要承担节目本土化的风险,成功的概率也只能算喜忧参半。此外,出于维护民族文化和支持本土广播电视节目制作业发展的需要,国内广播电视媒体应该坚持节目自主创新原则。这方面,法国等欧洲国家所建立起的一整套支持本国原创节目的约束和规制措施,已经为我们提供了很好的借鉴。

不言而喻,广播电视节目创新是一件费工费力的事情,需要付出大量的脑力劳动及人力、技术和资金的投入。时下,电视节目制播领域普遍存在模仿、复制、跟风炒作等现象,折射出电视机构节目创新风险担当能力的缺失,以及难以容忍失败的急功近利心态。从媒体主管到部门负责人,再到节目制片人,头上时刻都顶着收视率指标、创收指标,定期完不成任务就可能职位难保。这样,大家都等不及慢工出细活,而普遍需要立竿见影的效果。因此,宁肯盲目跟风去模仿、克隆,也不愿潜心进行原创。这种风气一方面使得很多电视台在跟风克隆中把自己原本很有潜力的节目丢掉了,另一方面也使得电视节目严重同质化,过早地引发观众的收视疲劳,进而大大缩短了新节目的生命周期。另外,如果允许节目创新被随意克隆,克隆者无须花费多少成本即可取得巨大收益,而原创者却会因成果被剽窃进而丧失竞争优势,势必将失去创新热情。因此,这就需要国家针对广播电视节目制作领域的特点,加强对广播电视节目创新的保护,严厉打击节目剽窃、侵权等不法行为,确保节目创新者的权益。当然,作为创新主体的广播电视媒体也要加强对自身节目版权的开发和利用,重视节目版权交易,借以充分发掘节目创新成果的各种潜在收益。此外,广播电视媒体还应该像现代企业那样,建立和完善节目创新体制和机制,包括节目生产、节目运营管理、节目评价、节目奖惩和人才激励机制,靠制度、机制来培育创新、激励创新、保障创新。

综上所述,把握好以上基本原则,我国广播电视节目创新就能沿着健康、合理、有序的方向前行。纵观我国广播电视节目多年的发展历程,像央视《春节联欢晚会》《百家讲坛》《星光大道》等节目也都是在导向性、贴近性、品质性、效益性、市场性以及自主创新方面把握得比较好,因而能够在"积极向上"与"喜闻乐见"的咬合中酣畅前行。其间的成功之道,颇值得业内人士品味和深思。

(二)广播电视节目改版

节目改版也是广播电视界的一大热点问题。改版的原因,有的是出于市场竞争的考虑,例如收视率、收听率下降,广告创收不理想,所以要进行改版,以期改变收视、收听效果,提振经营业绩;也有的是因为新班子上任,希望塑造新的媒体形象,于是就改版,以实现"新人、新事、新面貌"。不管是哪种具体原因导致的节目改版,其目的都是希望通过设计新的发展思路,实施新的编播方案,改变广播电视媒体(频率/频道)的生存与发展现状。

1. 广播电视节目改版的含义及意义

在广播电视领域,改版原指调整、改变栏目或节目的安排。当下,人们通常所说的节目改版实际上囊括了两层含义:一是指对某一档节目(栏目)的内容与形式方面进行去旧布新,并以其新形态重新赢取受众,也称栏目改版;二是指对某一个频道(或频率)的内容与形式方面进行整体上的改变和调整，使该频道（或频率）以崭新的形象和全新的节目样态呈现在受众面前，也称频道（或频率）改版。可以看出，栏目改版属于小范围层次上的“微调”，是基于对当下收听、收视市场情况进行即刻分析的前提下，据以重新确定栏目的目标受众、内容设置以及对节目的片头、片尾、片花等外观元素进行修改和调整，进而使该栏目以新的面貌进行播出。而频道（或频率）改版则属于广播电视媒体在全频道（或频率）范围内的节目“大变脸”，除了要涉及一些具体节目的改版、除旧推新外，还包括对频道（或频率）受众的重新定位、内容及其特色的设定，以及整个节目系统在编排上的革新等方面的内容。显而易见，频道（或频率）改版包括了栏目改版，栏目改版是前者的组成部分。

节目改版是一项涉及多方面因素、多方面工作的系统工程。在传媒业竞争激烈的今天，节目改版已经成为广播电视媒体求生存、谋发展的重要抓手。众所周知，任何产品都有自己的生命周期，广播电视节目作为一种精神文化消费产品，同样如此。广播电视节目的生命周期主要是由媒介环境与受众的收受状况决定的。不断变化着的媒介环境，会使一档栏目或一种节目编排出现老化，使原本很受市场认可、受众欢迎的节目，适应不了已变化了的情况，不再为市场所看好，不再为受众喜欢和追捧。同时，受众在对节目的长时间持续接触中，其审美水平会逐渐提高，欣赏口味会发生变化，会有审美疲劳产生。这时，就需要以新栏目和新的节目编排来重新吸引受众的兴趣，重新争取市场认可。这样，就只好进行栏目甚至频道（或频率）的调整和改版。

根据不断变化的媒介环境和受众需求，重新设定电台频率、电视频道的发展路径，调整节目设置和内容安排，应对市场挑战，俨然已是电台、电视台谋求自身发展的一个重要手段。节目改版，有助于广播电视媒体明确自身发展思路，合理设定频率、频道的市场定位，科学、合理规划节目编排，丰富节目版面，提高节目整体质量，从而提高收视率、收听率，提升社会影响力，构建媒体品牌。在广播电视的改版热潮中，众多广电媒体经过“变身”走上了成功之路。如，20 世纪 90 年代末，湖南卫视通过改版，率先推出了洋溢着清新气息的娱乐节目，令自身的媒体形象焕然一新，此后，又历经数次成功改版，进而成为国内最具活力的一家品牌电视频道，一度引领国内电视节目的风潮；江苏卫视在以“情感频道”“幸福频道”为目标定位的改版中，也不断提升着自身的知名度和品牌影响力，其经营状况屡创佳绩。实践已经证明，节目改版成功与否，直接决定了广播电视媒体核心竞争力的打造和传播优势的确立，也决定了一家广播电视台的生存境遇和市场地位。

2. 广播电视节目改版的主要内容

在广播电视界，节目改版是一个牵涉面甚广的系统性工作。具体来说，广播电视节目改版通常涉及以下方面的主要内容：

（1）确定频率/频道定位

定位问题，是广播电视节目改版首先要解决的问题。只有基于科学、合理的频率/频道定位基础上的节目改版，才可能取得成功。在传媒领域，每个媒体由于所处的地位不同，拥有和掌控的资源也就不同，但都有着自己的优势。确定频率/频道的定位，要依托自身所具有的资源优势和特点，适应收视市场的受众需求来综合考虑。解决好频率/频道定位，才能对现有的资源进行合理布局和调整，集中优势打造核心竞争力，实行差异化生存策略，取得理想传播效果。当然，频率/频道定位要有针对性，不考虑自身条件是否具备、节目内容是否合适,就盲目地套用、搬用曾经取得成功的节目模式、频道发展方式,往往会导致失败的结局。

节目改版的最终目的是为了提高节目质量,改善收视效果,进而提升频率/频道的社会知名度和影响力,构建全新的频率/频道形象。所以,完成频率/频道定位之后,就要整合资源、科学规划,努力办出节目精品,以满足观众不断变化的收视需求。然而,现在不少广播电视媒体的节目改版,在很大程度上存在盲目性、跟进性,并未全面地考虑自身条件及节目内容的市场适应性,就草率地设定频率/频道定位,对原有的频率/频道特色和节目形态作大幅度的调整和改变,却又难以构建起与新的定位相吻合的节目框架体系,这实在是不可取的。

(2)内容设置与节目编排

在频率/频道定位明确的前提下,根据不同节目的目标受众定位、特性,安排节目内容,建立更加科学、明晰、合理的节目框架,就成了节目改版中的重头戏。

首先,创办和编排特色节目,服务频率/频道定位。频率/频道是以节目为内核而存在的。依托频率/频道定位,创办和更新相应栏目,实施与频率/频道定位相适应的内容设置与特色化节目编排,可以说是节目改版后的中心工作。当然,在具体实施中要宏观把握,微观着手,既要避免出现同类栏目的交叉重复,又要努力建立栏目之间的内在协调性,使资源分配合理化、科学化。特别是专业化的频率/频道要由专业化的节目去支撑和构造,要通过不同类别节目的设置和调整,形成全方位、大容量、成规模、特色化的节目布局,最终形成频率/频道节目布局更加合理,节目框架更加完善,对外竞争有力、对内竞争有序的大格局。同时,还要注意到,由于广播电视媒体竞争的日趋激烈、媒体生态环境的急剧改变,受众的媒体接触习惯和需求重点也在不断变化,导致广播电视栏目平均生命周期日渐缩短。对此,广播电视工作者必须以敏锐的观察力感悟到时代的气息,要“先知先觉”,能够随时进行自我调节,坚持“你无我有”和“你有我优”的原则,勇于超越,善于独辟蹊径,始终保持节目的独特性和领先性。

其次,摒弃落后的节目形态,探索新的表现形式。改版的实质是在表现形式和节目内容上推陈出新。当前,随着社会的进步,广播电视受众的收视需求在质上呈现更高的品位追求,在量上也日趋庞杂,在形态上更是要求既博且专、雅俗共赏,口味随时在变化。这种情况下,即便是红极一时的名牌栏目、品牌节目,也可能会在短短两三年后就遭冷落。因此,唯有努力挖掘广播电视资源的潜力,善于发现和利用新的“增长点”,不停地探索、创新,摒弃落后节目形态,探索新的表现形式,才能保持持久的发展势头。例如,1993 年 5 月 1 日,中央电视台探索对电视非黄金时段的开发利用,开办了新闻杂志型节目《东方时空》,以高水平创意、高质量制作吸引了众多观众,从而创造出“中国人开始了早上看电视”的新局面。

最后,节目生产方式和生产流程的调整和再造。节目改版后,通过对节目生产方式和生产流程的调整和再造,以现代化的手段打造频率/频道核心竞争力,也显得非常重要。在资源得以优化配置,内容设置与节目框架得以合理架构的前提下,搭建统一的大节目平台,规范节目的采集和编播方式,改变传统的手工作坊式的生产方式,引进工业化生产流程,通过统一设计、统一策划、统一调度、统一配置,形成节目生产的集约化、运作的科学化、效应的最大化,这应该成为节目改版所要着力解决好的基本内容。只有这方面跟上了,节目改版才有了成功的基础条件保障。

(3)效果评估与修正

节目改版成功与否,还需要进行相应的效果评估。依据改版后的各项收听收视指标、经营绩效数据以及业界专家的意见、受众的反馈,分析与评估改版的成效,并结合相关现实条件对改版给予适当修正,这是节目改版工作的最后一道工序。

节目改版应以受众为本。广播电视节目的制作传播过程,是由制作者的节目"传播"与广大受众的"接受"两方面因素构成的。这两方面因素相互制约、相互影响,但处在传播活动中心地位的是受众。受众在传播活动中不仅是信息的被动接收者,更是积极的传播参与者,决定着传播活动的基本方向。一方面,没有受众,广播电视信息就没有接收方,传播活动就失去了意义;另一方面,受众作为信息反馈的源头,对信息进行整理加工以后以不同的形式反作用于传播者,又变成传播的行为主体。另外,受众还是广播电视媒体社会效益和经济效益的最终源泉,广播电视媒体的竞争,节目的竞争,归根结底还是对受众流向的竞争。受众凭借广播电视媒介传出的各种节目获取信息、增长见识,得到审美愉悦;同时,他们在接受中又不断提出更多的观赏要求,促进节目制作者对产品"更新换代"。正因为如此,节目改版必须以受众为本。改版时在构思、设计和设置节目的时候,应该充分考虑、尊重受众的需求,广泛听取受众意见,站在受众角度进行节目革新。

业界专家也是受众的组成部分,是"高级别"的受众,他们的意见和看法,对完善频率/频道改版工作,有着极为重要的价值。通过召开业务研讨会的形式,邀请业界专家对改版发表看法、提出意见,借以作为改版修正的凭证,也是切实可行的。

除了要充分发挥好广大受众的作用外,各种直观、明了的收视指标、经营绩效数据,是节目改版效果评估与修正的最直接、最客观的依据。这些指标、数据,实质上是受众意见的一种集中抽象表达,应该对它们在深入的分析和评判的基础上加以利用。

3. 广播电视节目改版的要求

毋庸置疑,节目改版是涉及广播电视媒体在传播理念、发展思路、经营策略以及节目生产方式诸方面进行调整的一项综合工程。从媒体发展战略层面上讲,如何扬长避短,进行适时、适度、适宜的节目改版,是广播电视台能否获得可持续发展的至关重要的问题。

(1)改版要处理好创新与稳定的关系

节目改版的核心是创新,通过创新,不断推出满足受众兴趣的新节目,提高原有节目质量,出精品、创品牌,是改版的最终目的所在。新的内容、新的形式,往往被人们看作是节目改版的标志。但是应该注意,在创新的同时,要尽量兼顾频率/频道节目的相对稳定性,处理好创新与稳定的关系。

第一,节目改版要以创新为主,以保留改造为辅。在改版过程中,原则上要尽量考虑频率/频道节目的相对稳定性,尽量不要对节目进行伤筋动骨的"大换血"。这样,有利于保持频道自己原来的一些特色,给目标受众以识别的标志。否则,一味地求新求变,频繁撤换节目,结果将可能使频率/频道变得面目全非,最终会丧失核心元素,减弱对受众注意力的吸附性。要知道一家电台、电视台的品牌资源、整体形象与栏目历年积蓄的人气是相当重要的。受众的习惯性收视行为与节目之间长年日积月累建立起来的稳定默契,是一笔难得的财富,不应该随便破坏。因此,节目改版要遵循相对稳定性原则,要以创新为主,以保留改造为辅,这样才能为广播电视总体目标的实现提供可靠的保证。

第二,要给新办节目以必要的成长空间,耐心培育和维护节目品牌。任何节目都有自己的运行周期,需要经受一定时期的市场考验,如果没有足够的时间保证,再有潜力和发展前途的节目也只能是昙花一现。特别是对于那些已经形成一定知名度和影响力的新节目,更应该注意耐心培育,做好维护,使其有足够的发育空间,能够充分释放其市场价值。那种对节目的正常成长缺乏耐心,节目更新过于频繁的做法,只会扼杀节目。在国外,许多名牌节目都是经过几年、十几年甚至几十年苦心经营的精品。

第三,要慎重对待品牌节目,注重维护其节目品牌、节目特色。从经营的角度看,保持相对稳定对于构建和维护节目品牌具有十分重要的意义。品牌是节目多年积累的一种财富,直接维系着该节目的生存与发展。事实上,任何节目的变化与调整,都可能会带来新的观众,也有可能会失去旧的观众群。如果处理不当,就会得不偿失。品牌节目,在受众心目中往往拥有较高的征信力,改版时应立足于巩固提高,力戒随意推倒重来。对于品牌节目的节目名称、片头、片花、主持人风格乃至片长、播出时段等,都应该予以妥善爱惜和维护。例如,美国著名新闻品牌栏目《60 分钟》已有 40 多年的历史,但其形式和风格一直保持至今,有力地维系了观众对其品牌的认同。

(2)改版要研究受众需求,适应市场环境变化

节目改版是广播电视媒介适应生存环境的不断发展变化的必然要求,因此,研究受众需求,适应市场变化,对于改版具有十分重要的意义。

广播电视节目改版时,需要认真研究受众需求的变化,科学规划,优化结构,加强品牌设计、包装运营和管理,集中力量推出新品牌,通过制造起伏和节奏,让观众在低点与高潮的跌宕多姿之间体会快感和愉悦。内容设置上,依据自身的优势,准确把握频率/频道定位,设计出符合时代要求、符合大众口味的节目。有些电视媒体节目改版后,为什么收视效果却并无多大变化呢?究其原因,最关键的一点就是,节目改版带有很强的主观性、盲目性、跟进性,没有真正从受众的角度重新把握节目的主体内容及风格,没有把握观众需求的脉搏,是"闭门造车"的成果。

了解和掌握受众需求,是节目改版的前提和基础。然而,了解和掌握受众需求不能仅仅停留在收听率、收视率这种浅层次上,必须通过充分的调查研究,了解受众究竟想听什么,想看什么,真正了解和掌握受众的实际需求。无论节目如何"变脸",对目标受众的趣味调查以及节目满足目标受众的状况的分析,永远是改版工作的起点。广播电视节目作为一种特殊的商品,如何尽可能多的占有市场份额是其不断进行改版的动因。改版不是目的,而是必要的调整手段,是为了适应收听、收视需要。改版的目的是为了更有效地吸引受众,受众的满意与否在很大程度上决定着节目的前途和最终命运。任何一个栏目、频道的改版,都应该从其定位的收听、收视群体的需求出发,只有最大限度地满足这一群体的需求,才能占有更多的市场份额。当然,在了解大多数受众需求的同时,应当努力把握不同层次的受众的一般需求和特殊需求,必要时给予更为细致的划分,并在此基础之上对节目进行相应的调整。例如,2009 年 8 月,中央电视台二套经济生活频道(CCTV-2)在系统深入地研究了受众需求后,以"财经政策的窗口、投资理财的指南、经济生活的帮手"为新定位,对频道进行改版,走专业化的财经频道之路,以适应市场环境的变化。改版后的央视新财经频道,以全新的频道面貌与节目编排,出现在广大观众面前,收视率逐步提升,受众结构明显优化,频道影响力、节目

品牌价值都得到了有效提升。

(3)优化节目编排,调控节目质量

改版是广播电视适应环境变化的行为。节目改版不能简单等同于改造旧节目,而应是变革、创新整个节目系统,是调整结构、优化机制,提高节目档次,优化整体传播效果。因此,必须优化节目编排,调控节目质量。

优化节目编排,首先要考虑维护频率/频道节目特色的内在一致性与统一性。节目编排中,选择什么样的栏目必须符合频率/频道定位,就像超市的日用品货架上不能摆放体育用品一样,否则就会使观众无所适从,容易导致收听、收视选择的随意和盲目,频率/频道定位将形同虚设,频率/频道形象也就无从确立。选择好栏目后,要在研究分析目标受众收听、收视习惯的基础上,合理安排播出时段,以晨间节目为例,在早晨6:30—7:00这个时段里,应该为关心时政的观众安排国内外要闻速递、报刊导读和社会新闻;为中老年观众准备医讯、法律小常识、农事、装潢、美食等知识性服务性节目;为外出的观众安排交通信息、全国各大城市的天气情况等,而并非是清一色的时事要闻、国家大事。同时也要兼顾其他强势媒体的播出安排,避其锋芒,实施同类节目的"错播"编排。纵观时下的电视频道,乍看起来琳琅满目、丰富多彩,实际上有个性、能对受众产生长久吸附力的节目编排,还是不多见的。

节目改版最直接的目的是提高节目质量。一个频率/频道的栏目设置、时段的安排、节目播出的次数以及制作节目的投入,都与节目质量的高低紧密联系。建立和完善节目质量的调控机制,对节目进行科学的质量调控,不仅可以确保广播电视台节目质量的稳定性,避免大起大落,更有利于巩固节目改版的成果。节目质量的调控,需要制度和组织的保证,可以考虑实施月度或者季度节目质量分析会制度,检阅和分析全频道/频率节目的质量。同时,还可以组织专家、社会人士开展节目监评工作,加强节目调控力度,确保节目质量。

总之,节目改版是广播电视媒体适应市场环境变化的一种主动创新行为,有其一定的内在规律和要求。只有深入认识和把握节目改版的内在规律和要求,实事求是、科学地确定节目改版的方向和力度,才能为我们的广播电视受众奉献出更多的精品节目。

第二节　广播电视新闻节目

在广播电视节目系统中,新闻节目是主干、台柱,居主导地位。新闻节目的主导地位,即表现为新闻信息的传播是广播电视媒介的主要功能,又表现在整个社会生活中,广播电视新闻节目的影响力十分突出,是人们获取外界变动信息的重要渠道。

一、广播电视新闻的界定与主要特点

广播电视出现之后不久,即被人们用来传播新闻信息,由此广播电视新闻开始出现,并逐渐对整个社会产生影响。

(一)广播电视新闻的界定

对于广播电视新闻的界定,多年来一直存在着许多说法。但不管怎样,多数学者认同对其所作的界定必须兼顾"广播电视"与"新闻"两个方面的特性。

广播电视是通过无线电波或导线向广大地区或一定区域播送声音、声像节目的大众传

播方式;新闻是新近或正在发生的事实的报道。综合二者,可以这样界定广播电视新闻:所谓广播电视新闻,是通过某些特定的电子技术(无线电波或线缆)公开传播的正在变动或新近变动的事实的信息。

(二)广播电视新闻的主要特点

广播电视问世以后,因其特有的传播特性而使自己在新闻报道方面特色显著。广播电视新闻的特点,也正是在广播电视传播特性上派生出来的。既有自身长处,也包含着一些弱点。广播电视新闻的优点主要有:

(1)时效性强。对事件的报道可以与事件的发生保持同步。

(2)信息量大。一方面播出的新闻数量大(可不断滚动播出),内容丰富;另一方面传播的信息符号较多。

(3)信息直观,真实性强,能带给人现场感。

(4)普及率高,受众广泛。

广播电视新闻的弱点主要表现在两个方面:

一是线性顺序播出,接收选择性差。广播电视的播出方式是线性顺序播出,受众也必须按其播出新闻的先后顺序收听、收看,要收听、收看第二条消息,必须等到第一条消息播送完毕。接收的选择性差还体现在,报纸的信息有很强的保留性,所以受众可以选择任意时间进行阅读,而广播电视新闻的播出时间是预先安排的,错过播出时间后很难再看到原来的节目,即使有一定量的节目重播也不足以从根本上解决这个问题。

二是稍纵即逝,难有深层理解。广播电视传播信息的"一次过"特点,使得受众无法对某一信息进行思考和推敲,有时会来不及对信息做出更深层的理解。广播电视传播信息的稍纵即逝也造成了大量的信息浪费。由于不具备印刷传媒易保存、便览性与集纳性的优点,很多广播电视新闻信息的使用价值没有被充分开发,没有进入"二次使用",成了"速朽"的东西。

二、广播电视新闻节目的地位和影响

新闻节目在广播电视节目系统中处于首要地位,是广播电视节目的主体和骨干。在广播电视的兴起和发展过程中,传播新闻信息无疑有着重要意义。1920 年 11 月,美国威斯汀豪斯公司的 KDKA 电台以广播总统竞选票数消息而开始营业。1926 年 10 月,中国人自己办的第一座广播电台——哈尔滨广播无线电台,每日节目也以播送新闻为首要内容。西方资本主义的广播电视大多是以传播新闻为契机,吸引受众,招揽广告,推销商品,牟取利润。我国的广播电视以服务人民、服务社会为宗旨,更是把新闻宣传列为头等要务。

广播电视新闻节目的任务是报道和评论最新的新闻事实,凡与此有关的节目都属于新闻节目。虽然从节目所占的总体播出时间上看,新闻节目无论在广播中还是在电视中,一般都不是最多的,但新闻传播是广播电视作为新闻传播媒体的首要功能。更重要的是,从节目自身所具备的特点、内容的重要性以及对社会所产生的影响和作用来看,新闻节目都不能不在广播电视传播活动中居主体地位。我们通常所说,社会主义的广播电视是党、政府和人民的喉舌,也首先是在广播电视的新闻节目和新闻舆论宣传的功能方面体现出来的。诸多受众调查都表明,受众听广播、看电视最主要的目的是了解国内外大事,了解政府的各种方针政策,即信息需求是大多数受众接触广播电视媒体的首要需求。受众信息需要的首要性也决定了广播电视新闻节目在整个广播电视节目体系中的重要地位。

新闻节目在广播电视节目中居主体地位,主要表现在三个方面:首先,在广播电视宣传计划的制订和实施以及对广播电视宣传工作的管理方面,新闻节目是重点内容;其次,新闻节目在播出安排上常常占据最突出的时间位置,如早晚的黄金时间、正点时间等;再次,新闻节目编播部门常常是广播电台、电视台最突出最庞大的机构,人员多,管理力量也强。

当然,新闻节目居主体地位,是就总体而言,也主要指一些综合性的广播电台、电视台。随着改革开放的深入发展,各类专业电台(频率)、电视台(频道)陆续建立起来,在这些台(频率、频道)的播出节目中,新闻节目可能不占首要地位,有的台(频率、频道)新闻节目量很少,播出时间很短,有的甚至完全没有新闻节目。专业台(频率、频道)的出现,是广播电视事业本身适应社会需求的一种发展趋势,但这种发展并未改变广播电视的新闻传播职能和动摇新闻节目的主体地位。事实上,不断强化广播电视的新闻传播职能,是世界性的发展趋势。

三、广播电视新闻的基本样式

广播电视新闻的基本样式,是在广播电视新闻报道的实践过程中,经过无数广播电视新闻工作者的不断探索、创新而逐渐形成和发展起来的。现今的广播电视新闻内容丰富,形式多样,可以依据不同的标准划分为多种不同的类别。如按播出时段分有早间新闻、午间新闻、晚间新闻;按地域分有地方新闻、全国新闻、国际新闻;按内容分有时政新闻、财经新闻、文教新闻、体育新闻、民生新闻、娱乐新闻等;按体裁和播出方式则有消息、专题、特写、电视新闻纪录片、现场直播等。下面介绍几种主要的广播电视新闻样式:

(一)新闻现场直播

新闻现场直播或称实况直播,是一种与新闻事件发生、发展及结束同步传播的报道形式。这种将现场的实况、主持人(或记者、播音员)的解说同步传播出去的报道形式有这样一些优势:时效快,可以获得与事件变动发展的同步感;具有现场感(广播的现场声、电视的实景实况);易使受众产生临场感和参与感。它适宜报道规模宏大、场面壮观的重大政治事件和重要的群众性活动。新闻现场直播通常用来对已经事先预知的现场事件有计划有条件地进行直播,但随着社会的进步和传播技术的发展,越来越多出乎意料的、有很大新闻价值的突发性事件亦被广播电视媒体纳入到新闻现场直播中来。

我国广播领域的第一次新闻现场直播,可以追溯到 1949 年天津电台对天津解放的现场实况转播。1949 年 2 月 13 日上午,天津市各界举行盛大集会,欢庆天津解放,天津电台在中心会场转播了集会实况。1949 年 10 月 1 日,北京新华电台在天安门广场作了首都开国大典的实况直播,各地人民广播电台同时作了转播,这是中国人民广播史上第一次大规模的全国性实况广播。整个实况广播从下午 3 点开始到晚上 9 点 25 分结束,长达六个半小时。此后,随着我国广播电视事业的发展,新闻现场直播开始大范围地运用在广播电台、电视台的新闻报道活动中。

新闻现场直播是最能发挥、展现电视传播优势的一种最迅速、最直接的新闻报道与传播方式。电视台把电视转播车开到新闻现场,用 ENG 摄录图像,在转播车上切换画面,然后通过转播车上的微波设备,把声像信号传送到电视台;或者把现场图像传到电视台播控中心,由导播选择切出画面信号,观众在事件发生、进展的同时就能同步看到现场情景。新闻现场直播充分展示了电视传播的优势:新闻报道和新闻事件的发生、进展是同步的,观众收看也是同步的,并可实现大信息量的传播。新闻现场直播不仅可以在现在进行时的状态下展示事件过程,还可交代事件发生的背景,并预测分析其发生原因及走向趋势。

与广播电视业发达的欧美国家相比,我国的电视新闻直播起步较晚。电视直播新闻在国际上肇始于20世纪60年代,在我国则兴起于20世纪80年代。1984年上海电视台直播时任国务院总理赵紫阳结束对美国、加拿大正式访问从温哥华回到上海的新闻,中央电视台中断正常节目的播出即时向全国同步播出这一新闻;同年,中央电视台第一次现场直播首都庆祝中华人民共和国成立35周年阅兵式和群众游行实况,并通过卫星同时向国外转播。1985年,第六届全国人民代表大会第三次会议开幕式首次进行电视直播,这是中国电视史上第一次将重大政治新闻以电视直播的形态呈现给观众。这一时期的电视新闻直播主要集中在体育赛事、文艺演出等领域。此后,我国电视领域开展的重大新闻事件的现场直播活动主要有:1987年党的十三大开幕,并且首次通过通信卫星向国外转播;1988年七届人大一次会议和政协七届一次会议开幕式;1990年的第11届亚洲运动会开幕式、闭幕式;1991年西康发射"亚星一号"卫星;1992年两次发射"澳星一号"卫星;1992年党的十四大开幕式、闭幕式及记者招待会;1997年的日全食天象奇观、南昆铁路全线通车、中俄哈吉塔五国签订裁军协定、香港回归祖国、黄河小浪底水利枢纽工程截流合龙、长江三峡大江截流;1999年建国50周年庆典和澳门回归祖国,以及迎接新世纪千年庆典活动。总体上看,进入20世纪90年代,我国电视新闻现场直播逐渐走向成熟,运用频率越来越高。尤其是1997年,我国电视新闻现场直播活动特别活跃,这一年也被称为"中国电视的直播年。"

进入21世纪之后,新闻现场直播已经成为重大事件特别报道的常规形态。洛庄汉墓挖掘、云南澄江抚仙湖水下考古、张健横渡英吉利海峡等新闻事件都通过中央电视台的即时现场直播被数亿电视观众收看到。2001年北京"申奥成功""中国男足冲出亚洲"、中国加入WTO的现场直播,都使电视观众同步感受到了现场那种欣喜若狂的气氛。2003年,对伊拉克战争的直播报道以及对抗击"非典"的直播报道,让人们看到了中国电视界越来越成熟的、更加开放和符合新闻规律的现场直播节目。2003年5月1日中央电视台新闻频道的开播,使新闻现场直播有了更广阔的平台,在开播的前三个月中就进行了300多次的现场直播报道。在数量大幅增长的同时,直播节目的选题和内容也日益丰富。例如,在2003年底至2004年8月之间,就有"神舟五号"升空直播、"全国两会"报道直播、"直击中国铁路春运""2003年度科技奖励大会""黄河调水调沙"以及关于朝核问题的"北京六方会谈"直播等。2005年,中央电视台的"神六飞天"和上海东方卫视的"连宋大陆行"无疑是当年最具有代表性的两次电视新闻直播活动。2008年,四川汶川发生里氏8.0级地震,中央电视台打破正常节目编排,对地震灾情及抗灾救灾情况进行了及时、全面、客观、深入的直播报道,给灾难新闻的电视直播带来了新的突破,该直播报道的开放力度可谓空前,赢得了国内外的广泛赞誉。2013年6月,中央电视台对"神舟十号"载人飞船升空进行了直播报道,翻开了中国电视新闻直播新的一页。2015年9月3日,纪念中国人民抗日战争暨世界反法西斯战争胜利70周年阅兵仪式在北京天安门广场隆重举行,中央电视台综合频道、新闻频道面向海内外进行了全程直播,产生了巨大反响。

(二)记录报道

记录报道是指运用录音、录像设备或使用文字将在现场对新闻事件或新闻人物的采访记录下来,经过编辑、制作进行报道的形式,主要以口播新闻和录音录像报道两种形式出现。

1. 口播新闻

口播新闻是由电台、电视台播音员或记者口头播出的新闻。在电视新闻中,口播新闻还有播音员或记者的面部表情与手势等传播符号,还可以配上背景图像包括照片、字幕、图表等。口播新闻的优点是简便迅速、机动灵活、时效性强,便于及时播出,对于许多突发性的重大事件,可以先简后繁,先口播后声像,满足受众的需求。口播新闻是广播新闻的基本形式,也是电视新闻不可或缺的节目形式。

2. 录音录像报道

录音录像报道是运用录音或录像设备记录下现场的音像,并配以记者的口语解说、采访等进行播报的一种形式。录音报道用于广播,记者对现场的情景进行恰当的述说,与现场声响密切配合,给听众以完整、真实的印象。录像报道用于电视,它是将现场情景用图像再现给观众,并配以适当的播报及解说,使观众能身临其境般地感知新闻事实。

(三)连续报道

连续报道是对正在发生、发展中的新闻事件,追踪事态,进行及时而又持续的报道。连续报道的题材通常是重大而持续进行着的新闻事件,它追踪事件的最新动向,连续地作深入、详尽的报道。连续报道这一手法在国外很早就有运用,我国是在20世纪80年代开始重视连续报道的。1987年大兴安岭火灾的报道,把连续报道推向了一个高度。进入21世纪,中央电视台《新闻联播》推出了很多有影响的连续报道,如2001年的"中美撞机事件"、2004年的"11·21包头空难事件"、2006年的"青藏铁路通车"、2011年的"利比亚撤侨"等。连续报道多采用递进式结构,每一篇报道既是对前一报道的承上,又是对后一篇报道的启下,环环相扣,层层深入地揭示新闻事实发生、发展的全过程。它是广播电视新闻节目保证报道深度的重要形式之一。连续报道通常具有如下主要特点:

(1)时新性强。能追踪事态的最新进展或变化,报道最新动向。

(2)具有连续性。播出连续,内容上也承上启下相互衔接、连续。

(3)完整性。从事态的产生一直追踪报道到事态的结束,在结构上具有完整性。

(4)递进性。以事物发生发展为新闻依据,层层递进报道事件的全过程。

(5)广博性。由于是围绕同一对象作多次报道,因此在传达信息方面比单条报道具有大容量的广博性。

(6)显著性。由于是对同一新闻对象作多次报道,更能引起受众注意,让他们产生深刻印象,在宣传上造成一定的声势。

(四)系列报道

系列报道是围绕同一新闻主题从不同角度、不同侧面作多次、连续的报道。与连续报道一样,系列报道也是新闻的多次报道的集合,且播出具有连续性。系列报道通常由多个独立的报道单元组成,单元之间没有内在的必然联系,它们各自是一条完整、独立的新闻,集合在一个大主题下,使观众通过多个独立报道的内容,对一个时期的某一问题有一个比较系统全面、深刻的了解和认识。

1. 系列报道的特点

与连续报道起源于西方新闻界不同,系列报道是我国电视新闻界的创造。它起因于我国新闻报道的特定传统——以集中的强大声势宣传党的路线、方针、政策和成就,从而引起社会舆论的关注,产生较好的宣传效果。系列报道的题材多为成就报道。1987 年《改革在你身边》是电视系列报道的有益探索;1989 年播出的《弹指一挥间》,标志着我国电视新闻系列报道发展到了一个新的阶段。进入 21 世纪后,中央电视台推出的“经典中国”“新春走基层”等系列报道都在社会上产生了强烈反响。系列报道具有以下主要特点:

(1)主题同一性

系列报道大量是主题性新闻题材。它着重通过多次报道突出体现某种主题思想,挖掘某种共性,反映具有普遍意义的状况或趋势,以引起社会舆论的重视。可以说,它是各集报道贯穿起来的“主题新闻”。

(2)传播系统性

系列报道中的新闻表面看来都是独立成章的,但它们是在同一主题下的有序组合,编播上具有系统性。

(3)信息密集化

系列报道就整体来说,同样具有连续报道的信息广博、密集的特点。

2. 系列报道与连续报道的差异

系列报道与连续报道都具有新闻性,都是由多个独立报道构成的播出形式,也都是持续多次的连续性的报道,但二者也存在着显著的差异。

首先,是题材的差异。连续报道大多为事件性新闻,特别是那些突发性重大事件。系列报道大多为典型经验报道和反映各方面成就等非事件性新闻的报道。

其次,是时效性差异。连续报道与系列报道作为消息新闻播出,都要注重时效性。但由于题材不同,二者在时效的侧重上又有所差别。连续报道注重时效性,即每条新闻都是时间上的最新报道;系列报道的时效更注重的是时宜性,即新闻是适宜当前形势需要的报道。

再次,是报道序列的差异。连续报道结构是追踪事态发展,不可更改的有序排列;系列报道结构是同一主题的不同侧面,是以横向联系为主的不同角度、不同侧面的各条新闻之间的“无序”排列。

最后,是传播功能的差异。连续报道主要是满足广大观众对事态发展最新进展信息的获知要求。系列报道则多是主旋律报道,是具有很强指导性的正面报道,具有突出的宣传价值和舆论导向作用。

(五)深度报道

深度报道是一种重要的新闻报道方式,广播电视深度报道是从报刊领域中的深度报道借鉴而来的。深度报道的出现,可以追溯到 20 世纪 40 年代。它是一种阐明事件因果关系、预测事件发展趋向的报道形式,西方传播学者把深度报道的特点概括为“以今日的事态核对昨日的背景,从而说出明日的意义来”。与传统的新闻报道方式将着力点放在“是什么”(what)上不同,深度报道要求把报道对象作为一个整体性、全程性的系统来进行考察。就新闻诸要素而言,深度报道要在“为什么”(why)和“怎么样”(how)方面进一步深化,尤其是对新闻背景的运用提出了较高的要求。

深度报道产生、发展的根本原因是社会需要和受众需求。当科学技术和受众知识水平发展到一定程度,受众便不再满足于仅知道何时、何地、何人、何事,人们更需要了解这一事件的来龙去脉和发展走向(即为何和如何),以及这一事件与其他事件的关联,事件对社会意味着什么,对受众个人意味着什么。而深度报道则可以在一定程度上满足这种要求。

深度报道在中国的崛起是从改革开放开始的。深度报道最初引起广泛关注是在报纸领域。伴随着广播电视新闻的飞速发展,广播电视深度报道也越来越受到人们的重视,在社会生活中发挥着愈加重要的作用,运用也更加广泛。20 世纪 80—90 年代,各地广播电台、电视台相继涌现出了一批深度报道栏目,其中,中央人民广播电台的《新闻纵横》,中央电视台的《焦点访谈》《新闻调查》,上海电视台的《新闻透视》,山西电视台的《记者观察》,福建电视台的《新闻半小时》等都办得很有特色。广播电视深度报道以其顺应时代发展的特色和优势,为广播电视新闻的发展开辟了一片新天地,特别是在新闻舆论监督方面成效显著。今后,它还将继续发展和完善,为广大听众、观众提供更详尽、更深入的新闻信息。

四、广播新闻节目

20 世纪 20 年代,广播新闻就已经出现,广播新闻节目随之开办起来,并逐渐成为人们了解周围世界变动的重要渠道。

(一)广播新闻节目的特点

这里所说的广播新闻是广播中各种新闻体裁的统称。广播中的各种新闻体裁都各有自己的特点,但由于都是在广播中以有声语言播出的,因而具有一些共同的特点。这些特点和报刊新闻、电视新闻相区别,形成了广播新闻的特色。

1. 广播新闻节目具有“短、快、新”的传播优势

“短、快、新”是广播新闻与电视新闻有别于其他类别新闻的共同长处,但与电视新闻相比较,广播新闻在这方面更占优势。广播新闻报道迅速、传播及时,其时效性在诸媒介中独占鳌头。声音传播稍纵即逝,若反复细说前因后果,会增加听众的收听难度。为充分发挥自身的时效性优势,也为了有利于听众收听,广播新闻力求短小精悍、简洁明快。

“短”指新闻信息多是采用 1 分钟的时间,这样就增加了单位时段中的信息内容和信息容量。例如,中国中央人民广播电台《新闻和报纸摘要》节目,30 分钟一般播出 30 条新闻;《美国之音》15 分钟的新闻节目平均播出 30 条新闻,每条只有 30 秒左右;英国 BBC 每条新闻播出的时间比《美国之音》还要短。“快”,源于广播节目采录和传播的方便,在传播正在发生和变动的信息时就远远超过报纸与电视。“新”,指内容更新率高,广播新闻节目采制方便、快捷,使得其内容更新非常便利。

2. 广播新闻节目具有丰富的体裁形式

广播新闻在实践中,是以有声语言和音响来传播信息的。据此,按是否运用音响的标准,把广播新闻分为口播体裁和录音体裁。口播体裁是指单纯运用有声语言来表现内容的新闻体裁。录音体裁指除运用有声语言之外,还要运用实况音响素材来表现内容(有时还运用音乐烘托内容、渲染气氛)的广播新闻。它是传统的新闻形式结合广播特有的手段而产生

的新的体裁,如录音报道、现场录音剪辑、电话录音报道、广播讲话、广播对话等。如果从新闻体裁的角度来划分,广播新闻有广播消息、广播专题报道、广播评论之别。

(1)广播消息

广播消息是广播新闻中运用最多、最普遍的报道形式。短的只有十几秒钟,长的也不过两三分钟,能迅速及时、简明扼要地报道一些新闻事实。它以时效快的特点著称。由于广播消息都比较精要,所以常常以栏目的方式组成一个节目集合体,如中央人民广播电台《新闻和报纸摘要节目》《全国各地人民广播电台联播节目》等。

(2)广播专题报道

广播专题报道,是广播新闻的一种体裁类别,常用来统称篇幅相对较长的非消息类新闻报道,包括广播通讯、广播特写、广播专访等。

广播通讯是广播新闻专题中的重头戏、主力军。与报刊通讯一样,广播通讯也是融叙述、描写、抒情、议论于一体的报道体裁。从内容上讲,广播通讯的容量比消息大,不仅记事,而且写人,在主题开拓的深度和广度上,具有优势。在表现形式上,广播通讯形式灵活,手法多样,有情节和细节,有栩栩如生的形象,是深受听众喜爱的报道形式。

广播特写是一种描绘性新闻,比普通的广播消息更具体、更形象、更生动,更富感染力。广播特写在整体把握上比广播通讯更集中、更有动感;在细节描绘上,广播特写要比广播通讯更传神、更细致。广播通讯写作也讲究细节,但更强调新闻事件的完整性,一篇通讯不止一个细节为报道的整体服务,而广播特写则一般只抓住某一个细节来加以突出表现。

广播专访是记者对事先选定的采访对象进行的专题性报道。广播专访的题材广泛,但总体上可分为:因人采访和因事采访两种类型。广播专访像广播消息那样及时、集中,比消息具体、细致、翔实,比消息有更大的可听性和现场感;同时具有广播特写那样较专一的内容,但又并不局限于某一个片段,而是涉及与整个事件有关的问题。

广播专题报道一般都是录音报道,即是借助于音响报道新闻的广播新闻报道形式。

申奥成功　北京沸腾

北京人民广播电台　陈建勋　文立军　李彦军

13 日晚上,北京时间 22 点零 8 分,在莫斯科举行的国际奥委会第 112 次全会投票决定:北京获得了 2008 年奥运会的举办权。请听本台记者刚刚发回的报道:

【出录音】萨马兰奇宣布:“——获胜者,北京!”(万众欢腾,压混)

消息传来,北京沸腾了。人们尽情地欢呼,不住地蹦跳,任凭激动的泪水不住地流淌。

10 分钟后,江泽民、李鹏、朱镕基、李瑞环、胡锦涛、尉健行等党和国家领导人赶到中华世纪坛,和首都群众一起欢庆这一激动人心的时刻。江泽民同志发表了热情洋溢的讲话。

【出录音】江泽民讲话:同志们,我代表党中央、国务院讲三句话。第一句,对北京申奥成功表示热烈祝贺!第二句,对全国人民为北京申办奥运所作的贡献,同时向国际奥委会、向世界各国的朋友对于中国申办奥运会的支持,表示衷心感谢!第三句话,希望全国人民和首都人民一起奋发努力,扎实工作,一定要把 2008 年的奥运会办成功。最后,欢迎世界各国朋友 2008 年光临北京,参加奥运会。

主持联欢活动的市委书记贾庆林表示:要把北京建设得更加美好,把2008年奥运会办成奥运史上最精彩、最辉煌的一届奥运会。

北京在1993年首次申奥失利后,经过不懈努力,这次终于获得成功。坐在轮椅上的体操运动员桑兰说,她听到这个消息,快要站起来了。【出录音】桑兰:我很激动,都要站起来了。这是我一生中最幸福的那一刻了,此时的心情真的无法用语言来形容。

用50年时间收藏了两万件体育用品的80岁老人张万金听到喜讯后,都哭出了声。【出录音】张万金:北京赢了,我非常高兴,我盼了一辈子,我争取身体健康起来,活到87岁。

【出录音:长安街群众游行狂欢,汽车喇叭声、群众欢呼声……压混】

申奥成功的夜晚,人们纷纷走出家门,在长安街、二环路、西北三环路等地狂欢。许多人从轿车顶窗探出身子,挥舞着一面面五星红旗。老人和孩子也从车的侧窗探出头来,不住地喊:"胜利了,胜利了。"路上堵满了车,很多人就从车上下来,加入步行的狂欢队伍。人们立下了为奥运贡献力量的誓言。

北京建院高级建筑师王兵说:【出录音】我们广大的建设者,有全国人民的支持,肯定会把2008年奥运会所有的体育设施建设得更加完善。

(北京人民广播电台2001年7月14日首播)

由于音响的真实性和实证性的特点,录音报道具有更强的真实感和可信性,现场感强、感染力强。录音报道是特别能体现广播新闻节目特色的一种体裁形式。

(3)广播新闻评论

广播新闻评论是通过有声语言对新近发生的新闻事实提出意见和看法的论述性广播体裁。除具有一般新闻评论所具有的新闻性、政论性、社会性等共性外,广播新闻评论还具有短小精悍,简洁、明快,立足于谈,生动活泼,形式多样等特点。

广播新闻评论的主要形式有:本台评论、本台评论员文章、短评、编后话、新闻述评、广播谈话(广播漫谈/杂谈)、广播新闻评论员评论等。中国国际广播电台环球资讯广播开办的《新闻盘点》节目,就是典型的广播新闻评论节目。

(二)广播新闻节目的主要形态

广播新闻节目主要有消息报道型广播新闻节目、专题型广播新闻节目和大板块综合式广播新闻节目等几种节目形态。

1.消息报道型新闻节目

以消息之类的动态新闻为主体,辅以通讯、特写、专访、录音报道、评论等其他新闻体裁集合而成的一种广播新闻节目类型。在这一类型节目中,以动态消息为主体,强调消息发展与变化;以非动态消息为辅,如经验性消息、解释性消息、述评性消息以及人物消息等。其中报道的绝大多数是硬新闻,即关系到人们的切身利益、关系到人们在社会中的生存,是人们赖以采取行动的依据等的重大新闻,而奇闻轶事类的软新闻则不多。内容通常包括政治、经济、军事、法律、文化、教育、卫生、科技、体育、社会新闻等方面,涉及国际、国内等范围。典型代表如中国国际广播电台环球资讯广播的《午间第一资讯》、中央人民广播电台"中国之声"的《新闻和报纸摘要》《全国新闻联播》等节目。

2. 专题型新闻节目

专题型广播新闻节目,即广播新闻专题节目,是针对一个专门的主题,综合运用解说、人物语言、现场音响等表现手法,深入介绍和分析某一重大新闻事件或某些具有认识价值的典型人物、典型经验、社会现象、地区面貌等题材的报道形式。专题型广播新闻节目的时效性不如消息报道型广播新闻节目那么强,但报道相对深入、详细,一般有比较强的对象性。专题型广播新闻节目的形式多种多样,有固定的专题节目,如中国国际广播电台的《时事报道》(1991 年开办)和中央人民广播电台的《全球瞭望》(1994 年 10 月 1 日开办)、《新闻广场》(1995 年 10 月 31 日开办)等;也有不固定的专题节目以及临时举办的各种特别节目,中央人民广播电台 2014 年 9 月 26 日播出的《巡航钓鱼岛亲历》就属于不固定的广播新闻专题节目。

3. 大板块综合式节目

这是国际上许多广播电台都采用的广播节目类型,它是由节目主持人主持,采用栏目化的形式将多种内容组合在一起的节目形式,常常融新闻性、知识性、服务性于一体。例如,中央人民广播电台 20 世纪 80 年代开办的《午间半小时》、90 年代开办的《百姓人家》以及中国国际广播电台环球资讯广播(2005 年 9 月 28 日开播)开办的《资讯非常道》节目都属于此一类型。

五、电视新闻节目

电视诞生后,逐渐成为一种重要的新闻媒体。电视媒体是三大传统新闻媒体中最年轻、最有活力和影响力的。新闻节目是电视节目的主体。尽管人类对于新闻的探究历史由来已久,但是直到电视新闻的出现,才使人们能够在第一时间获得全球各种新闻事件的现场感受。

新闻节目是电视节目中生命力最强的节目形态,电视新闻节目所拥有的收视率、观众忠诚度等,在各种节目形态中都是居于首位的。今天人们耳熟能详的一些国际大台,绝大多数都是以新闻节目而著称的。

(一)电视新闻节目的诞生及发展历程

电视新闻节目的历史几乎与电视事业的历史一样长。世界上的电视新闻节目是在电影新闻纪录片基础上发展起来的。早期的电视新闻节目除口播新闻外,就是播出影片新闻,它是用电影胶片拍摄一些新闻纪录片,反映新闻事实。直到电子新闻采访、编辑技术和设备 ENG(Electronic News Gathering 的缩写,即“电子新闻采集”)诞生后,摄像机代替了摄影机,电子编辑机代替了洗印机和剪辑机,人类进入了电子新闻摄录阶段,才产生了真正意义上的电视新闻节目。

美国是世界上最早播出电视新闻节目的国家之一。早在 20 世纪 20 年代,美国全国广播公司(NBC)和哥伦比亚广播公司(CBS)就进行过电视新闻节目播出的尝试。1936 年,刚建立不久的英国广播公司(BBC)转播了英王乔治六世的加冕典礼,这可能是世界上最早的具有新闻价值的电视直播活动。在此后的几年中,BBC 每周都播出由影音公司(Movetone)和高豪公司(Gaumont)制作的新闻片,对电视新闻节目进行了有益的探索,同时也促进了电视机的普及。到 1939 年,英国已经有 2 万户家庭拥有了电视机。1941 年,美国的 NBC 和 CBS 获得了进行商业化电视播出的许可证,其中 CBS 马上开始了每天 2 次的新闻播出,每次持续 15 分钟时间。在 1941 年 12 月,由 CBS 运作的试验性电视台 WCBW,在珍珠港事件发生 9 小时以后在珍珠港进行了现场报道。

第二次世界大战打断了电视新闻的发展,直到战争结束后,电视新闻才重新恢复发展。1946 年,BBC 以对"胜利大阅兵"的转播宣告了电视新闻在英国的复苏。1947 年,BBC 的新闻短片部门开始自己制作新闻,并将同期声技术引入到电视新闻中。然而,由于战争对经济和技术的破坏,电视新闻发展的重心从欧洲转移到了美国。

1951 年,CBS 非常有影响力的广播新闻节目《现在请听》(CBS is There)转变为电视新闻节目《现在请看》(See it Now),由在第二次世界大战期间通过收音机广播而获得巨大成功的老牌明星默罗亲自操刀主办这一节目。默罗和他的助手们在全球各地采访新闻事件,甚至深入到朝鲜战场,把最新消息传回美国,从而吸引了大量的电视观众。《现在请看》的播出,掀起了美国各大电视网之间的第一次新闻大战。

20 世纪 50 年代,美国三家最大的广播电视网——NBC、CBS 和美国广播公司(ABC)均开办了自己的晚间电视节目,并确定了各自的名牌播音员。CBS 是道格拉斯·爱德华兹(Douglas Edwards);NBC 是约翰·卡梅隆·斯韦兹(John Cameron Swayze); ABC 是约翰·查尔斯·达利 (John Charles Daley)。

20 世纪 60 年代,美国电视新闻得到了长足的发展。肯尼迪遇刺、民权运动和越南战争三大事件使广大公众日益被吸引到电视机前,人们越来越多地依赖电视来了解世界。

1962 年 7 月 10 日,美国发射了世界上第一颗传输电视节目的卫星"电星一号",利用它将电视节目传送到欧洲,开创了卫星传播的新时代。1969 年 7 月 19 日,美国的阿波罗号宇宙飞船登陆月球,全世界有 47 个国家、近 7 亿人通过电视观看。这种同步性的传播,使得电视获得了超越报纸等印刷媒体的传播优势。20 世纪 70 年代之后,电视新闻进入了繁荣时期,全球各大电视机构竞相推出自己的新闻节目品牌,并涌现出了许多专业的新闻台、新闻网等。此后,随着 ENG 摄录手段的普遍运用及其与通信卫星传播手段的结合,电视新闻焕发了空前的活力,成为当代人获取新闻最重要的途径。

我国的电视新闻也走过新闻纪录电影模式的道路。1958 年 5 月 1 日,北京电视台(中央电视台前身)试播时,播出的新闻节目就是中央新闻纪录电影制片厂拍摄的反映干部下放的纪录片——《到农村去》。20 世纪 80—90 年代,随着电子新闻摄录设备 ENG 普遍运用到电视新闻采访中,我国电视新闻也逐渐进入了真正拥有电视自身特色的阶段。ENG 最大的特点是摄录同步:声、画,从取材阶段就已经不是互不相关的两种表达通道,而是显示出一种更能还原物质世界立体时空的同构关系。它可以把电视记者在新闻事件现场的采访、报道,直接形声并茂地展现在观众面前。ENG 使电视新闻摆脱了电影新闻纪录片的模式而有了电视自己的语言,产生了真正意义上的电视新闻节目。从 20 世纪 90 年代起,电视新闻节目的重要性逐渐为国内各家电视台所认识。除中央电视台外,许多地方台都建立了较大规模的新闻采编队伍,制作播出了大量的自办新闻栏目,甚至还开办了新闻频道(1999 年 5 月 23 日,福建电视台新闻频道开播,成为国内首家专业新闻播放频道)。进入 21 世纪,随着电视民生新闻节目的崛起,电视新闻的收视份额获得较大提升,影响也进一步增大。同时,卫星新闻采集设备 SNG,越来越频繁地运用于日常的新闻直播中,进一步增强了电视新闻的时效性。

(二)电视新闻节目的特点

电视新闻节目的特点与电视传媒的基本属性相关联,它与广播新闻节目具有许多共同特点,但在某些方面更为突出。如,“时效性”方面,电视和广播都能进行现场直播,同步报道新闻事件,但电视的传播符号更完整;在“信息量”及“传真性”方面电视也更有优势。

1. 电视新闻节目声画并茂,真实性强,富有现场感

电视新闻节目因其具有声音和画面两种节目元素,信息符号形象直观,对新闻事件的报道,能够做到声画并茂,真实性强,容易让观众获得现场感,产生人际交流效应,激起他们的感情共鸣。例如:

7·13——申奥成功日　万众欢腾时

(北京电视台　金鹏　樊煜　徐京玲)

【导语】刚刚过去的7月13日成为每个北京人今生难以忘怀的日子。7月13日之夜无人入睡,整个北京城都沉浸在巨大的欢乐中,这巨大的欢乐汇成了沸腾的海洋,散播到每一个角落,散播到每一个北京人的心里。

【解说】昨晚的中华世纪坛,万众欢腾。22时20分,中共中央总书记、国家主席江泽民在政治局委员、北京市委书记贾庆林的陪同下,来到中华世纪坛南端的圣火台前,与群众代表共庆这一喜悦的时刻。

在主席台上,江泽民同志向全场群众发表讲话。

【同期声】中共中央总书记、国家主席江泽民:我只讲三句话。第一句,对北京市申办奥运会成功表示热烈的祝贺!第二句,向全国人民对北京市申办奥运所作的贡献,同时向国际奥委会、向世界各国朋友对中国申办奥运会的支持,表示衷心感谢!第三句,希望全国人民和首都人民一起,奋发努力,扎实工作,一定要把2008年奥运会举办成功。

【解说】这是一个欢呼雀跃的激情之夜。北京沸腾了!中国沸腾了!欢乐属于每一颗中国心。

【同期声】群众:很激动,很激动,很激动!

【同期声】群众:非常自豪,中国万岁!北京万岁!

【解说】千万颗激动的心涌向天安门广场,长安街立时汇聚成一条奔腾的河流。

【同期声】群众:从2000年悉尼奥运会我们得到28块金牌,到今天我们申奥成功,不仅是北京一个城市的胜利,更是我们国力强盛的一种表现。

【同期声】群众:这正是全国人民的努力,才有我们真正成功地申办2008年奥运会。Great Beijing! Great Olympic!

【解说】在全城的欢庆声中,江泽民、李鹏、朱镕基、李瑞环、胡锦涛、尉健行等党和国家领导人驱车来到天安门广场,登上天安门城楼,与广场上的40万群众共度这个美好的夜晚。

未曾忘1990年的7月,邓小平同志在视察北京亚运村时提出:“中国要申办奥运会。”从1900年到1993年首次申办到如今申办成功,短短11年间,几多泪水,几多欢笑,改革开放的

中国人民用自己的百倍努力让奥运选择北京，让世界看好中国！

此时此刻，在北京的每一个角落，在广阔的中华大地，亿万颗心向世界敞开胸怀，亿万中国人心底的热望汇聚成一个共同的声音：

【**现场声**】中国万岁！中国万岁！欢迎到北京来！

这则电视新闻荣获2001年度中国广播电视新闻奖电视新闻长消息一等奖、第12届中国新闻奖一等奖。立足现场、突出现场是该新闻的最显著特点，画面中人们欢呼、沸腾的场面以及无比激动、喜悦的心情，通过电视屏幕传遍全国，触动了每一个中国人的心弦。与报纸新闻诉诸文字相比，电视新闻声画并茂、富于现场感的魅力在这里得到了淋漓尽致的展现。

2. 电视新闻节目时效性突出，但信息传播表面、浅显、易逝

电视新闻节目的时效性非常突出，能及时跟进新闻事件的最新变动，特别是电视新闻现场直播，能够做到让受众同步观看新闻事件的发展动态。但是，电视新闻节目在信息传播方面偏于表面、浅显，并且具有过时无补、易逝等弱点。

3. 电视新闻节目的样式丰富多彩

经过多年的发展，电视新闻节目在自身的成长过程中培育出了丰富多彩的节目样式。

(1)口播新闻。是以播报员出图像为主，结合画外音，播报文字新闻稿的新闻报道形式。口播新闻没有新闻现场的影像画面，它以语言为传达信息的主要手段。它是世界电视新闻史上最早运用的报道形式。

(2)图片新闻。是运用单张或成组的新闻摄影图片，结合文字解说词来报道新闻事实。它是把报纸、杂志等新闻图片报道引用到电视新闻中来的一种报道形式。

(3)图像新闻。是采用电子摄录设备(ENG)在新闻现场摄录图像和声音，结合新闻文字稿对事实进行报道。它是最基本、最典型的电视新闻报道方式。

(4)字幕新闻。在荧幕上打出字幕，以最简洁的文字传播信息。它是电视新闻最简便的报道方式，也是电视新闻提高时效的重要手段。

(5)现场报道。是电视记者在新闻事件现场，面向摄像机(观众)，以采访记者、目击者或参与者身份做出的图像报道。它是最能体现、发挥电视传播特点与优势的新闻报道形式。

(6)连线报道。是指运用先进的视音频技术，让分布在不同地点的当事者或采访对象对新近或正在发生、发现的新闻进行实时报道，并展开评述和讨论的新闻报道方式。电视连线报道具有同步报道新闻现场、多方观点交流碰撞的优势，多以双视窗或者多视窗的形式呈现出来。它能够最大限度地实现新闻报道的交流互动，全方位和立体化地解读和阐释新闻事件，在使得新闻报道更加灵活和生动的同时，满足了观众对新闻报道时效和报道深度的需求。

(三)电视新闻节目的主要形态

电视新闻节目在过去50年的发展中，形成了众多形态，而各种形态之间本身又形成了交叉，这导致对新闻节目进行权威分类变得十分困难。

从新闻题材性质来看，电视新闻一般被分为硬新闻和软新闻两类。硬新闻是指严肃的、重要的事件，例如战争、灾难、恐怖主义、政治危机、犯罪、著名人士的动态等；软新闻则是偏

向人们日常行为的新闻事件,例如娱乐消息、社区事件、绯闻、趣事等,这些新闻为一些传统人士所不齿,却被普通百姓喜闻乐见。

从新闻题材类型来看,电视新闻可以分为时政新闻、经济新闻、社会新闻(民生新闻)、文教新闻、体育新闻、娱乐新闻等。

从新闻节目播出的时间来看,有早间新闻、午间新闻、日间新闻和晚间新闻之分。新闻节目播出的时间不同,导致新闻在内容、形式等方面的不同。其中,晚间新闻是重点也最能体现出一个新闻机构的实力。在完成一天的工作之后,通过晚间新闻节目了解一下这个世界上新近发生的事件,这已经成为相当一部分成年人生活中不可缺少的内容。

从电视新闻节目的制作方式来看,大致可以分为现场直播、实况录像和素材编辑三类。直播是最原汁原味的新闻事件展现,由于基本上未经过加工处理,而且事件的发展具有不确定性,因而对观众的刺激最为强烈。实况录像的目的主要是重温事件的细节。素材编辑是电视新闻节目最常用的手段,它通过将一些不重要的细节删除,并将不同时间和空间中发生的事件编辑在一起,缩短了事件的时间长度,能够满足观众在短时间内了解事件全貌的要求。

综合电视新闻节目的各方面特征,可以将其主要形态按以下方式进行分类:

1. 消息类新闻节目

消息类电视新闻能迅速、简要、客观地报道新近发生和正在发生的事实。这一类型节目一般由新闻性较高的硬新闻组成,它是电视新闻性节目的主体。每个电视台在时段安排上,都是把消息类节目当作重点,进行播出。

消息类电视新闻节目,在传播方面具有以下特色:篇幅简短,一般在 1 分钟左右;时效性高,以快取胜;动态性强;内容新鲜;形式多样;题材广泛。消息类电视新闻节目,一般采取栏目化的编排方式,典例代表如中央电视台《新闻联播》(图 5-3)、《新闻 30 分》《晚间新闻》(图 5-4)等。

图 5-3　中央电视台《新闻联播》节目

图 5-4　中央电视台《晚间新闻》节目

2. 专题类新闻节目

电视新闻专题节目是综合运用各种电视表现手段与播出方式,对某一个或某一类新闻题材所进行的有一定深度的报道。新闻性、重要性、专题性、多样性是其主要特点。电视新闻专题节目,具体又可以分为报道型、调查型、访谈型、纪实型等类型。

(1)报道型

报道型新闻专题是新闻消息的扩展和延伸。当新闻事件发生后,新闻消息迅速进行客观报道,打新闻的"第一落点",新闻专题则在不失时效的前提下对新闻事件进行详尽深入的报道,打新闻的"第二落点"。在报道型新闻专题中,新闻要素被充分展开,详细交代新闻事实的细节,围绕报道的主题,纳入大量的背景材料和相关事实,如纵向的历史性事实,横向的对比性事实,新闻人物的简历,从宏观上说明问题的统计数据以及新闻事件的反响等。

(2)调查型

调查型新闻专题是对事件或问题进行深入调查的报道形式。一般以具有较大社会影响、为社会普遍关注的新闻事件或社会现象为由头,从提出问题开始,以记者的调查活动为线索,完整地、层次清楚地展现调查过程,以揭示事件的真相,说明其社会意义。调查过程的展现,是这种报道形式的魅力所在。

调查型专题的报道线索是主观的,以记者的调查活动推进报道。调查型报道的手法是客观的,现在进行时的调查过程把观众带到现场,让观众和记者一同调查,一起思考。调查型专题是电视新闻专题中的重型武器,是实现舆论监督、进行舆论导向的重要手段。中央电视台开办的《新闻调查》是这一类电视新闻专题的代表。

(3)访谈型

访谈型专题报道是以访谈为主的新闻报道形式。访谈型专题适宜报道具有一定抽象性的、有一定深度的题材,尤其适宜人物报道,也很适宜对一些宏观的题材的报道。

访谈型专题报道的采访对象多为公众关心的新闻人物、社会知名人士或某一方面的专家学者,访谈的话题可以人物为主,也可以事件或问题为主。在谈话中,记者以提问为主,被采访者以回答问题为主。如中央电视台新闻频道《面对面》栏目播出的多期节目都属于此类。

(4)纪实型

纪实是一个含义广泛的概念,所有的新闻报道体裁都属于纪实的范畴。纪实型专题报道是在狭义上使用纪实的概念,即具有纪录片风格,也称纪实风格的电视新闻专题片。纪实型专题报道注重电视画面的叙述功能,较多地采用视听同步的长镜头,注重情节和细节,展现事件的发展过程。在结构上多为时序结构,报道线索故事化,报道的结果不可预知,设置悬念,引起观众的期待心理,报道的高潮往往在报道的结尾。

在纪实型专题报道中,记者的采访活动被淡化,较少解说和提问,记者往往隐身在报道之后,让报道对象自己行动,自己说话。记者不干扰采访对象,尽可能展现生活的本来面貌。报道的主题蕴含在报道之中,不以主观判断的方式下明确的结论,而往往是以间接的方式,通过留给观众想象和体验的空间,让观众自己得出结论。1986年9月26日晚,中央电视台播出的关于六届全国人大审议《企业破产法》的《六届全国人大常委会十七次会议采访纪实》,中央电视台1996年1月20日《东方时空》子栏目《生活空间》播出的节目《走出大山》等,都是这一类型的电视新闻专题报道。

3. 电视新闻评论节目(言论类新闻节目)

电视新闻评论性节目是一种言论类新闻节目,它是对新闻事件、思想倾向、社会现象和具有普遍意义的问题发表议论的一种体裁,被人称为"形象化的政论"。新闻性、政论性、社会性和指导性是其主要特点。评论性新闻节目是电视作为新闻媒介的旗帜和灵魂,它也代表了电视台的政治思想水平。

我国电视新闻评论的产生和发展,和广播评论一样,经历了一个从不会"自己走路",依赖于报刊评论,到逐步探索出一条符号电视传播规律的电视新闻评论之路,其间大致经历了四个发展阶段。

第一阶段,从20世纪50年代末我国电视出现到"文化大革命"结束。由于受技术条件限制和极"左"思潮的影响,电视新闻评论基本上依赖报刊、新华社的评论稿,以口播形式播出,毫无电视传播特色,只是文字评论稿件的口播形态。

第二阶段,从1980年第十次全国广播工作会议到20世纪90年代初。1980年的会议上,重新提出了"自己走路"的方针。在改革开放和"自己走路"的思想指导下,电视新闻评论才真正迈出了第一步。《新闻联播》节目中开始设简短的编前话和编后语,配发少量短评(小言论)。1980年7月,中央电视台创办了第一个带有评论性质的电视栏目《观察与思考》,并播出了一系列有影响力的节目。之后,上海、广东、陕西等一些地方电视台也开设了电视新闻评论栏目。电视新闻评论节目在屏幕上逐渐活跃起来,但这一时期的电视新闻评论仍然处于探索阶段,尚未找到比较符合电视传播特点的表达方法,多数节目仍然是述评结合,以述为主,对新闻事件的考察分析不够充分,述和评之间结合得不够紧密,有的甚至明显脱节。

第三阶段,从1993年5月开始,以中央电视台《东方时空》《焦点访谈》等栏目陆续开播为标志直到21世纪初。在这一时期,电视新闻评论在实践中不断探索,已初步找到一条符合电视特性的传播之路。中央和各地方电视台的新闻评论部相继成立,新闻评论类栏目在观众中的影响日益扩大并得到了普遍好评。

第四阶段,从2008年以后到现在,随着中央电视台《新闻1+1》《今日观察》(2012年6月11日更名为《央视财经评论》)、《我的今日之最》(2009年7月起停播)等众多新型评论节目的开播,电视新闻评论节目在节目形态上逐渐走向成熟。

电视新闻评论源于报刊评论和广播评论,沿袭了报刊评论和广播评论的一些基本形式,如本台评论、本台评论员文章、短评、编前话和编后语等,这些多以播音员口播的形式进行。除此之外,电视新闻评论还有三种具有电视特点的评论节目样式:

(1)电视新闻访谈

电视新闻访谈亦称访谈体电视新闻评论,是以访谈的方式进行的电视评论。它一般是以主持人主持,邀请嘉宾和现场观众参加,以某一新闻事件或公众关心的热门话题为内容,在演播室或其他固定的场景通过访谈、讨论等面对面交谈的方式进行的,具有显著的人际传播特色。中央电视台的《面对面》《高端访问》《新闻会客厅》等节目,都属于此类。

(2)主持人评论

主持人评论是由电视新闻节目的主持人与观众直接交谈的评论形式。这种评论形式由于使用第一人称进行口语化的评论,因而具有鲜明的个性化和人格化的特征。近年来,在国内不少电视新闻栏目中,个性化、人格化的主持人评论已成为拉动收视率的重要手段,中央电视台新闻频道的《新闻周刊》就是其中的代表。

(3)电视新闻述评

电视新闻述评是叙述新闻事件与发表议论相结合的评论形式。它是以新闻事件或社会现象为报道、评析对象,发挥电视声画同一的纪实优势,以记者的解说、分析为主线,按照事物发展的逻辑顺序和人们分析、认识事物的逻辑规律,综合权威人士、专家学者及各界群众的意见和观点,在节目的结尾处主持人予以画龙点睛的点评的评论形式。电视新闻述评的特点是把新闻的客观性和评论的说理性有机结合,具有鲜明的导向性;评说的话题是群众普遍关心的问题,权威人士和各界群众广泛地参与并提出意见,因而具有广泛的群众性。

电视新闻述评把报道和评论结合起来,在内容的广泛、报道的深度和形式的多样上,大大扩展了电视新闻报道和评论的领域。中央电视台的《焦点访谈》节目就是典型代表。

六、广播电视新闻节目的播出方式:录播与直播

节目播出方式是广播电视新闻节目形态的重要构成因素。随着广播电视传播技术条件的变化,广播电视新闻节目的播出方式也在不断发展和变化。

(一)广播电视新闻节目录播

节目录播,指的是播出前把整档节目按播出要求编辑录制,做成完整节目的播出带,按规定播出时间进行播放,播完后,播出带放片库保存。在过去,我国广播电视新闻节目大都采用录制播出,即都要经过前期采录,后期编辑、合成后才能播出,例如,中央电视台《新闻联播》节目中的单条新闻都是录制合成后播出的。录播的优点是可以严格把关,精心编辑,保证节目的质量,确保安全播出,不会出差错;缺点则是在时效上不如直播,在录好的节目带中临时插播重要的新闻有困难,不能突出新闻贵在"新"的个性。

(二)广播电视新闻节目直播

1. 节目直播的含义

节目直播,就是不经过录音、录像环节的直接播出。广播电视记者通过现代化的电子设备在新闻现场采录新闻,在采录的同时同步播出,经过卫星和微波、无线电波等传播手段,使覆盖地区的观众同步收听、收看。直播是最能体现广播电视传播优势的播出形式。从理论上看,直播实现了"现在的新闻现在播报(NNN)"的"零时差"传播,使受众感知新闻的时空距离缩减为零,大大增强了新闻的时效性;从信息论的角度看,直播减少了新闻信息在传播过程中的损耗,使新闻传播更加精准;直播过程中,新闻的播报与新闻发生发展的同步性所伴生而来的不确定性,给观众带来了"悬念"感,能吸引观众停留在电视机前收看,增强了传播效果,提高了收视率。从实践上看,新闻直播运作水平的高低,已经被视为衡量电视台竞争力强弱的标杆。在电视业发达的国家,新闻现场直播已经成为各电视台和电视频道日常播报新闻的主要节目形态。报道新闻时屏幕上是否出现"LIVE"字样,已经成为新闻节目能否吸引观众的标准。可以说,没有直播,就没有当代水平的广播电台、电视台,没有占主导地位的重大新闻现场直播,就谈不上世界大台。

2. 新闻节目直播的形式

新闻节目直播有三种形式:一是新闻现场直播(实况直播),二是演播室直播,三是新闻现场报道直播。

(1)新闻现场直播

新闻现场直播,也称实况转播,是对新闻事件,如重大的政治会议、记者招待会、社会活动等的现场的客观记录和同步传播。前文已经介绍过新闻现场直播的特点和发展历程,可以说,现场直播代表着电视新闻节目的发展方向,是一种最先进的电视新闻播出形态。新闻现场直播强调让受众获得对新闻事件的最原始状态的同步性感知——"身临其境",因而,是最能体现出真实性和现场感的新闻节目播出方式。

(2)演播室新闻直播

演播室新闻直播,是指播音员、节目主持人在演播室报道新闻与电台电视台播出、观众收听收看在时间上同步。演播室直播的新闻节目中单条的新闻报道可以是已经录制好的,由新闻节目主持人和播音员在演播室即时串联播出,其优势是时效快、编排灵活。在我国电视诞生之初,由于技术条件的限制,还没有录像设备,电视新闻节目的播出都是采用演播室直播的方式进行。但随着20世纪80年代初电子新闻采摄设备(ENG)的使用,早期的这种被动直播方式迅速被淘汰,录播成为电视新闻的主流形态。

20世纪90年代初,广大观众对电视新闻报道的时效性要求越来越高,我国电视新闻界的直播意识也逐渐回归。1989年底,广东电视台对新闻节目开始直播。接着,山西、上海等省市电视台也陆续恢复了新闻节目直播。1995年5月15日,中央电视台《新闻30分》开播,采用直播方式,积累了新闻节目直播经验。1996年1月,中央电视台《新闻联播》从录播改为直播,标志着我国进入了电视新闻直播时代。

(3)新闻现场报道直播

新闻现场报道直播,是广播电视记者出面在新闻现场边采访,边作口头报道,不经过后期剪辑,报道过程就是播出过程,报道和播出同步的播出形式。新闻现场报道直播不仅是单一的现场信息的同步传输,而且是将记者的现场解说、现场采访、演播室话题等报道方式综合起来进行立体的新闻传播的直播方式。

在一些大型的新闻直播报道中,新闻现场直播、演播室新闻直播和新闻现场报道直播三种形式往往交替出现。

第三节　广播电视社教节目

广播电视社教节目——以社会教育为宗旨的各种广播电视节目的总称,通称社教类节目,它与新闻类节目、文艺类节目并称为早期广播电视的三大支柱类节目。

一、广播电视社教节目的界定与主要特点

社会教育与家庭教育、学校教育并称为教育体系的三大支柱。社会教育同家庭教育、学校教育相比,无论是从人生受教育时间的长短来看,还是从教育所产生的直接效益来看,都显得特别重要。而以电子声像为传播媒介的广播电视社教节目,是社会教育中最生动、最活跃、普及最广、影响最大的一部分。

(一)广播电视社教节目的界定

广播电视社教节目,以传播政治、思想、伦理和科学文化知识为主要内容,以推动社会的精神文明建设为目的,国外又称"公众利益服务节目"或"公共教育节目"等。广播电视社教

节目注重节目的知识性、思想性，充分发挥了广播电视传媒的教化作用，具有生动形象的传播魅力，是人类社会生活内容中一个不可忽视的部分。在我国，由于社教节目在教育人民、引导舆论方面具有特殊作用，所以一度很受重视。国内的一般大、中型电台和电视台，都曾有社教节目制作机构，如社教中心、社教部、社会专题部等。

（二）广播电视社教节目的主要特点

作为现代化的传播工具，广播电视在传播社教节目上有着自身鲜明的特点，主要表现在以下几个方面：

1. 传播对象的广泛性与针对性的统一

（1）传播对象的广泛性

广播电视社教节目俨然是一个“没有围墙的学校”。凡是具有收听、收视工具的人都可以通过广播电视社教节目获取知识、接受教育。广播电视这种“空中大课堂”的形式，能让众多受众根据自己的水平和需要有选择地接收所传播的内容。

（2）传播对象的针对性

许多广播电视教育节目都有特定的传播对象，从而相应地构成了对象性的社教节目。对象性的社教节目往往以年龄、职业或地域来区分，如少儿节目、老年节目、少数民族节目、农民节目等。就是以一般性受众为对象的社教节目，事实上也都具有某种针对性，如《百家讲坛》主要还是面向知识大众，《中华医药》则是面向海内外关心中国传统医药文化的观众，而《夕阳红》节目主要是面向老年人群体的。

2. 传播内容的多样性与专业性的统一

（1）传播内容的多样性

广播电视社教节目是一个名副其实的“空中大课堂”。这不仅表现在传播对象的广泛性上，还表现在传播内容的多样性上。在传播内容上，广播电视教育节目可以涉及众多领域，涵盖众多方面，如天文地理、政治经济、法律金融、文学历史、理工农医、烹调服装、驾驶修理等。可以说，广播电视教育节目不仅涵括了学校教育的诸多内容，也包容了许多学校教育所没能涉及的社会教育内容。

（2）传播内容的专业性

广播电视社教节目传授的内容不仅广泛多样，而且具有一定的专业性。具体到每一个社教节目，在内容上都有相应的专业性作为保证。正是这种内容上的多样性与专业性的结合，才使得广播电视社教节目能够得到社会大众的认可。

3. 知识传授的权威性

在广播电视社教节目中，担任主讲的人员一般都是某一领域内有名气或有影响的专家或学者，或者所涉及的知识内容都经过了相关领域的知名专家或学者的专业性把关，因而在特定知识的传授上具有一定的权威性。这种权威性，使得广播电视社教节目能够对接受者的心理产生特殊的影响作用，从而取得不一般的教育效果，即通常所说的“专家效应”或“名人效应”。

4. 表现方式的形象性

广播电视社教节目表现方式的形象性，是由广播电视直观形象的传播特性决定的。充分运用图文并茂、声形俱佳的优势，使得广播电视社教节目在表现方式上显得更加生动活泼,对受众更具有说服力、吸引力和感染力。

二、广播电视社教节目的作用

广播电视社教节目的题材内容十分广泛,表现形式多种多样,既有传播信息的作用,又有供人们欣赏娱乐的作用,但它的基本社会功能是教育,包括政策理论、基础知识、专业技能和公德操行等多方面的教育。

(一)进行政治思想教育

在我国,广播电视社教节目是对公众进行政治思想教育的重要方式和重要工具。广播电视社教节目进行政治思想教育主要有三个方面的内容:

1. 思想教育

思想教育即紧紧围绕党和政府的基本方针、政策,站在时代的前沿,对广大受众进行爱国主义、集体主义和社会主义教育,帮助他们树立符合时代要求的正确的世界观、人生观和价值观,进而推进社会主义现代化建设。

2. 理论教育

理论教育是广播电视社教节目进行政治思想教育的重要组成部分,在整个社教类节目中也有较大的影响。作为党和政府的喉舌,我国各级广播电台、电视台历来都比较重视理论宣传教育工作,相继开办过各种类型的理论讲座、理论专栏。随着社会主义经济体制和政治体制改革的不断深入,现实生活中越来越多的问题需要做出理论上的解释,这无疑为广播电视社教节目理论教育功能的发挥提供了更大的空间。

3. 政策教育

在我国,党和政府的政策、精神、重大决议、重要会议等对实际工作具有重要的指导作用。广播电视作为我们党和政府的喉舌,有责任、有义务将它们最迅速、最准确地传达到广大群众中去,以提高他们了解政策、把握政策的自觉性。广播电视对群众进行政策教育的方式主要有:采用实况转播或录音录像的办法,集中进行学习;运用政治讲座、政策问题、专题报道等形式,系统地讲解党的方针、政策;也可以就社会上群众普遍关心的涉及某些政策的问题,邀请权威人士进行解答。

(二)普及科技文化知识

随着现代社会的不断进步和知识的加快更新,人民群众对科技文化知识的渴求比以往任何时候都显得迫切。广播电视社教节目在普及科技文化知识,提高民众的科技文化水平和素养,丰富民众的业余文化生活方面发挥着重要作用。如中央电视台开办的《科技时代》《人与自然》《科技博览》《走进科学》等节目,在向受众传播科技文化知识方面就起了很大作用。

(三)开展职业技能培训

随着时代的发展和社会的进步,社会各行各业对就业人员的专业技能的要求越来越高,不仅新职工需要培训,老职工也需要不断更新知识。广播电视作为大众传播媒体,可以统筹安排时间,分行业、有计划、有步骤地安排相关教学内容,有效地开展职业技能培训,作为正规学校教育的补充。

三、广播电视社教节目的类型

广播电视社教类节目是一个庞大的系统，依据教育形式的不同，可以把它分为教学节目、社会教育节目两大类。

（一）教学节目

教学节目以系统传授文化科学知识为目的，根据教学内容及数量又可分为三种：综合教学、专科教学和应用教学。

1. 综合教学

这类节目一般按全日制学校的课程设置交错安排，供自学者学习之用，分初等、中等、高等教育，往往纳入国民教育系列，通过国家统一命题考试后可以获得相应的学历和毕业文凭。广播电视大学、广播电视中专等都采取这种方式。

2. 专科教学

专门教授某一学科，如数学、物理、化学、外语等知识。这类节目一般按照相关学科的学科体系，由浅入深，有计划、分阶段地教学。节目形式灵活，受众可以根据自身的需要进行选择。

3. 应用教学

应用教学类似职业教育和社会举办的实业教育，适用于知识更新和就业培训，具有较强的针对性和实用性。

以上节目中，综合教学与专科教学节目大都由专业电子传媒（如中国教育电视台）承担。

（二）社会教育节目

社会教育节目的内容涉及面广泛、方式灵活，能适应不同层次受众的不同需要，按教育形式和内容的差异又可分为：理论节目、知识节目和特定对象节目三种。

1. 理论节目

理论节目是以讲解理论来进行思想教育的节目，如《哲学漫话》《逻辑趣谈》等。这类节目通常以电视讲座的形式播出。

2. 知识节目

主要传播各种各样的知识，内容广泛，包罗万象，如《卫生与健康》《文学之窗》《成语故事》《旅游天地》《美术星空》《上下五千年》《军事百科》《百家讲坛》等。这类节目一般以专栏性节目的方式播出。

3. 特定对象节目

特定对象节目是针对特定的受众对象设置的教育节目。这类节目一般按职业特点、年龄特点或区域特征划分受众群体，并从这些受众群体的实际需要出发，根据他们的生活、工作和思想状况设置特定内容的栏目或节目。比如，按年龄划分的少儿节目、青年节目、老年人节目；按职业划分的工人节目、农民节目、士兵节目；按地域、经济形态划分的牧区生活、侨乡广播、渔民节目等。

四、广播电视社教节目的发展历程

广播电视社教节目曾经是我国广播电视节目系统中与新闻节目、文艺节目相并列的三大节目板块。社教节目从20世纪50年代开始起步、发展，到20世纪90年代初逐渐走向成熟。许多电台、电视台在过去都曾把社教节目的创作作为兴台大计。社教节目在数量和质量上也由此取得了骄人的成绩，种类丰富、数量繁多，评奖等级也不在新闻之下。然而，最近这些年来，广播电视社教节目却呈现出了边缘化趋势。许多电台、电视台都减少了社教节目的制作量，播出时间也多半移入了非黄金时间。在一些地方，不少广播电台、电视台甚至还取消了社教部的设置。广播电视社教节目由此也进入了前所未有的徘徊不前，亟须探索、变革和创新的发展阶段。

（一）20世纪50年代到90年代前期，社教节目发展的繁荣期

在我国广播电视节目发展进程中，社教节目曾是电台、电视台的支柱节目。20世纪50年代到20世纪90年代前期，我国广播电视主要承担着党和政府各项方针、政策的宣传以及对公众进行教育的功能，充当着党和政府联系群众的桥梁作用，这使得广播电视节目基本处于“宣传品”时代。因此，电台、电视台的节目设置，除了每天固定播出的新闻节目和一些文艺节目外，其他节目则基本都被纳入社教节目的范畴。在这一期间，社教节目开出了灿烂的奇葩，由最初简单的配合时事政策，对重大时事进行延伸报道，开始了内容的细分和形态的多样化。社教节目的内容涵盖了社会生活的方方面面，从政治到经济、从科技到文化、从历史到现实，题材丰富。在形态上，除了早先的教学节目、讲座节目外，各种专栏节目、专题节目也层出不穷。这一时期全国的社教节目不仅数量上占有强大的优势，而且质量上也可圈可点。不少社教节目在评奖奖项的数量和质量上都丝毫不亚于新闻节目和文艺节目。

当然，这一时期广播电视节目的制作在很大程度上取决于决策者和创作者对宣传效用的考量和自身的偏好，与市场几乎没有关系。因此，此间的社教节目既无新闻节目那样的时效性，又缺乏文艺节目那样的艺术效果，制作上相对简单，服务受众的意识较为淡薄。

（二）20世纪90年代中期以后，社教节目步入发展低谷

20世纪90年代中期以后，随着广播电视市场化程度的不断加深，广播电视节目内容与市场、与观众收视率的结合日趋紧密起来，广播电视节目由此进入了“产品”时代。以前只讲宣传成效的观念和做法已越来越不适应时代的需要。市场竞争意识淡薄，不讲收视、收听率，只讲业内的口碑，以及栏目设置的交叉重复、创作手法的单一陈旧，都使得先前颇有“美名”的社教节目，成为高投入低回报的节目“典型”。加之这期间新闻节目不断改革，文艺节目日趋走向娱乐化，二者日趋扩大的社会影响，进一步分流和弱化了社教节目对社会大众的吸引力，社会节目步入了发展低谷。

这一时期，随着广播电视媒体相继走下“神坛”，走进普通百姓的生活，承载较为单一的宣传教育任务的传统社教节目越来越缺乏生存空间。社教节目已不再是各家广播电台、电视台狠抓工作成效的“创牌”节目，而日益演变为填充自办节目空档的“凑数”节目。特别是1993年5月中央电视台《东方时空》栏目开播后，中国电视节目拉开了新一轮改革的序幕，从此，各种样式的节目形态开始陆续登陆荧屏，各地的社教节目相继被挤出了黄金时段，基本上都处于一种在夹缝中生存的状态。

（三）进入新世纪以后，社教节目发展进入探索、变革与创新期

广播电视作为一种大众传媒，在为社会提供新闻、信息、娱乐和服务的同时，还承担着重要的社会教育职能。虽然新闻、文艺等节目也都具有一定的社会教育作用,然而与社教节目相比,它们所能发挥的教育作用往往并不能来得那么直接和有效。在西方国家,公共教育类的节目一般都占有很大的份额,开办教育节目,也成为媒体社会公益性的直接体现。从这一点来讲,广播电视社教节目显然具有其他节目所无法替代的价值。

进入新世纪以后,我国社教节目在经历了一段艰难的探索历程后,逐渐走出发展低谷,朝着变革和创新的新阶段迈进。特别是以中央电视台科教频道为代表的一些广播电视机构,在社教节目的变革和创新方面,成效显著,创办播出了一系列知名度、美誉度以及收视率都很不错的社教类栏目,如讲述普通人故事的《讲述》,普及科学知识的《走进科学》,探求自然与社会真相的《探索发现》,讲解历史文化典籍的《百家讲坛》等。今后,我国的社教节目在本着为受众服务的基础上可以尝试从以下几个方面着手,进一步拓展发展空间。

(1)成立专业频率、频道,为社教节目的发展提供更大的空间

在我国,今后相当长一段时间内,社教节目仍是承载宣传党和政府的政策以及对公众进行教育的重要节目类型。在这种前提下,成立专业频率、频道则是社教节目做得更专业、更好看的前提条件。这样,可以针对固定的收视、收听群体制作出适应他们喜好和需要的节目。

新世纪以来,众多电台、电视台相继实施了频率、频道专业化,有关社教内容的节目一般都被集中到了科教类频道。这为社教节目的发展提供了更大空间,有利于社教节目整合资源,提升专业化水平,进一步做大做强。

(2)开拓新的节目内容

“内容为王”是广播电视的铁律。广播电视社教节目要抓住听众、观众,就必须下大力气在内容上做文章,要善于不断开拓新的节目内容。一是要追求时代性,二是要注重贴近性。

追求时代性是我国社教节目的优良传统。过去,社教节目曾是展现时代风采的有力园地,通过社教节目,人们记住了许多时代人物、时代大事件。实践证明,与时代同步的节目往往深受观众的喜爱。因此,在节目选题上尽量贴近时代大潮,在节目内容选取上力求适应时代发展走向,是今后社教节目在发展中要认真把握的。

所谓贴近性,就是要求社教节目要关注现实社会,善于抓取贴近受众鲜活生活的内容。从现实生活切入,让听众、观众身边的生活事实及时在节目中以恰当方式得以表现,有助于吸引受众关注,提升节目的视听效益,从而更好地实现社教节目自身的价值。

(3)在表现手法上力求取得突破和创新

传统的广播电视社教节目在表现手法上主要就是“解说+音响”“画面+解说”的形式,这种较为生硬的灌输式的表现方式在大众已饱受信息轰炸之苦的今天,很难有多少市场。社会信息传播环境的巨大变化,要求社教节目要采取更加灵活、多样的手法来表现节目内容。尤其是电视社教节目,更应如此。

目前,国内一些电视社教节目中,已经非常重视在表现手法上进行突破和创新,如故事化叙事手法的运用、音乐的渲染、悬念的设置、节目结构的巧妙编织与设计等。这些创新性的表现手法的运用,无疑会给节目增添吸引力,并且有助于加深受众对节目的印象。可以断言,这样的社教节目肯定会赢得收视市场的青睐。

五、电视纪录片

传统上,电视纪录片被划归广播电视社教节目的范畴,属电视社教节目的一个重要品类。不过,由于其"体量"颇大,常常被人们作为一类单独的节目形态来认识和研究。

电视纪录片在对现实或历史的记录叙述中,常常寄寓一定的文化内涵或思想意义,具有可贵的艺术价值。"电视纪录片的概念内涵广阔,它没有一个对题材或对内容和形式的限定。这种宽松给了创作者一个自由的思维和行为的空间。在这个广阔的天地里,纪录片就如同一条五彩斑斓的带子,裁取其中任何一段,都是一个独立的样式。在风格、模式、方法等方面色彩纷呈,给我们的观众丰富的精神享受。"[1]事实上,在电视节目体系中,电视纪录片的创作水平,往往体现着一家电视台的节目制作实力与水准。在许多时候,电视纪录片的震撼力和影响力甚至超过虚构性作品(如电视剧等),获得相当不错的收视率。

(一)电视纪录片的历史渊源及其演变

电视纪录片脱胎于纪录电影。1895 年法国人卢米埃尔摄制了《工厂的大门》,直录生活实景,是纪录片的雏形。1916 年,美国人罗伯特·弗拉哈迪拍摄了影片《北方的纳努克》,记录了北极冰雪世界中因纽特人的生活情景。这部具有写实主义特色的影片,带给了影坛巨大的震动,被国际影视界公认为第一部完整意义的纪录片,它体现的美学取向和手法、技巧,对纪录片艺术的发展产生了巨大影响。《北方的纳努克》已不是呆板纪录景象式的"再现生活",而是一部有人物、有故事、充满诗情画意的再现真实生活的纪录片。影片的成功促使弗拉哈迪于 1926 年又拍摄了记录西南太平洋萨摩亚群岛居民生活的影片《蒙阿那》。这一年,英国人格里尔逊在评论《蒙阿那》时,首先使用了电影"纪录片"(documentary,意思就是档案、记录)这一概念。弗拉哈迪后被称为世界"纪录片之父",以写实手法来表现偏远、蛮荒民族的原始生活状态,成为其纪录片的显著特征。

20 世纪 20 年代至 30 年代出现在苏联的"电影眼睛"和英国的"纪录片运动"是继弗拉哈迪之后兴起的最有影响的两大纪录电影学派。他们各有自己的艺术主张、理论和丰富的实践,都对国际影坛产生了深远的影响。苏联人吉加·维尔托夫是新闻纪录片的创始人。他在 20 世纪 20 年代倡导"电影眼睛"的创作方法,主张用"实况拍摄",即不为被摄影者觉察的方法拍摄"生活即景",反对拍摄中的人为干预和表演。其代表作有《带摄影机的人》《土西铁路》等。英国人约翰·格里尔逊是 20 世纪 20 年代至 40 年代英国著名的纪录片导演。格氏及其追随者组成的"格里尔逊派"主张纪录片应该有创造性地对真实生活场面做出处理,应当更直接地用作宣传手段。20 世纪 30 年代,格里尔逊在英国国内倡导了电影的"纪录片运动"。格里尔逊派的代表作品有《漂网渔船》《住房问题》《煤矿工人》《锡兰之歌》《夜邮》等。

第二次世界大战前后,世界上出现了将纪录电影变成"形象化文献"的三位纪录电影巨匠:佩尔·洛伦茨、莱尼·里芬施塔尔和尤里斯·伊文思。美国人佩尔·洛伦茨是一位电影评论家,他认识到电影的巨大社会价值,亲自拍摄探讨重大主题的纪录片。1935 年他完成了划时代的长纪录片《破坏的平原》,引起了广大观众的震动;1937 年他又创作了《河流》,作品

[1] 朱羽君等:《中国应用电视学》,第 328 页,北京师范大学出版社,1993 年 6 月。

荣获威尼斯电影节最佳纪录片奖。第二次世界大战后,他还拍摄了《纽伦堡审判》等影片。洛伦茨执着追求重大主题与艺术感染力的统一,以关注社会问题为特色的形象化文献风格开创了美国纪录电影新风,新闻纪录片不问现实的习气为之改变。1985 年洛伦茨获得国际纪录片协会颁发的终身成就奖。莱尼·里芬施塔尔是德国电影女演员、摄影师兼导演。1931 年她创立了自己的制作公司,以制作渲染纳粹权势的纪录片而知名,代表作有《德意志的胜利》《柏林奥运会》。尤里斯·伊文思,荷兰人,是先锋派电影(抽象电影)代表人物,后转向现实主义艺术之路。先锋派电影奉行无理性、无情节、无人物性格,却又注重艺术技巧探索。他们反对纪录片讲故事,执着地追求"纯电影"。先锋派电影人心目中的"纯电影"强调由一系列画面组成,只重节奏没有情节,更没有故事。先锋派把想象中的运动、节奏、印象以及造型美感作为追求目标,称电影是表现运动与节奏的艺术。伊文思的成名作:《雨》和《桥》,是公认的先锋派电影的代表作。伊文思转向现实主义后,坚持认真记录生活、反映社会,尤其关注劳动人民的疾苦,拍摄了一些社会性较强的纪录片,如反映西班牙内战 的《西班牙的土地》(1937),表现中国人民抗日斗争事迹的《四万万人民》(1939)等。

20 世纪 60 年代以后,轻便的摄影机和同步器材的使用,在美国和法国引起了纪录片美学观念上的革命,这就是美国的"直接电影"和法国的"真实电影"的产生。但在影片的拍摄方式上,却走上了截然不同的两条路。

美国的"直接电影"是由纽约《时代》杂志的罗伯特·德鲁和理查德·利科克为骨干的摄影小组创立的,开山之作出现在 1960 年。他们跟踪拍摄两位总统候选人竞选活动的《初选》,客观记录充满故事性的事件和生动入微的细节,真实自然的效果令人惊讶、叹服。"直接电影"强调要创立真正的电视纪录片的拍摄方式,竭力隐藏主观因素——解说、音乐、记者、主持人的出现,在剪辑中对主观痕迹一概排斥,竭力保持中立和旁观者的态度,以捕捉人们日常生活中未经修饰的事件、场景,追求所谓"纯客观效果",忠实地再现观众目睹的一切。

法国"真实电影"的创立者是社会学家让·鲁什。他于 1960 年摄制的《夏天的故事》是第一部有影响的旗帜性作品。"真实电影"强调直接把握人物或事件的现实性,即通过对真实人物的采访、对话,获得对热点问题的真情实感;拍摄者采用访问甚至挑动的方法,促使拍摄对象潜藏的真实逐一表露。因此,制作者不再是躲在摄影机后的局外人,而是积极参与被摄者当下的生活,促使被拍摄者在摄影机前说出、做出他们不太轻易说出的话、做出的事。

20 世纪 70 年代出现了访谈风格的纪录片,采用长镜头拍摄,辅之以实况效果声,而穿插在现场纪实画面之间的访问谈话,依靠具有权威性、代表性的当事人、见证人直接向观众叙述,不仅向观众提供了背景,发表了议论,又避免了编导主观介入的嫌疑,使人感到作品的公正、客观与可信。访谈式纪录片模式弥补了"直接电影"那种含糊其词的似是而非所造成的困惑,让镜头前的人来间接地说出导演想说的话。又由于它采用多种立场和观点对位的手法,因而呈现一种开放的姿态,观众有一定的主动性,避免了格里尔逊式的直接说教。由于这种模式的出现,纪录片更可以被理解为"发现的艺术""采访的艺术""编辑的艺术"。

20 世纪 80 年代美国又出现了个人追述式的纪录片模式。在这种纪录片中,创作者要求对他所观察到的现实事件发表见解,但并不剥夺观众思考的权利。这种模式,能体现出拍摄者对现实的一种诠释。

(二)电视纪录片的界定与主要特点

作为一种独特的电视节目类型,电视纪录片有着它自身特有的内涵与特点。

1. 电视纪录片的界定

有关纪录片的界定,理论界存在着许多说法。

"从广义讲,纪录片是指所有依据文件、文献和纪实材料制作的电视节目和影片,它所展示的是对真实的人和事件的事实的记录。纪录片的出发点是挖掘一个主题,而不是单纯地供人以娱乐"。❶

"纪录片是用新闻记录电影的手法,以摄影或录像手段对政治、经济、文化、军事、历史事件等作比较系统的、完整的报道。它从现实生活或历史事件中选取有典型意义的事实加以反映,以求真实地反映生活。它所拍摄记录的是真事,不允许虚构、扮演。在遵循真实性原则基础上,可用比喻、象征、联想、对比等艺术手法,多层次、多角度地反映生活以加强艺术感染力。依据题材可分为新闻纪录片、历史纪录片、自然风光纪录片等几类。"❷

"纪录片是直接从现实生活中选取图像和音响素材,通过非虚构的艺术表现手法,真实地表现客观事物以及作者对这一事物认识的纪实性电视节目。"❸

尽管理论界对电视纪录片的界定不尽一致,但都认为它必须满足以下三个要件:

(1)非虚构电视作品。真人、真事、真景、真氛围。

(2)是创作者对真实生活观察、思考、选择后的创作产物,具有艺术感染力。

(3)在拍摄和布局安排上,各部分之间要有一定的逻辑关系,能让观众按一定的思路来思考、认识和想象。

因此,我们可以给电视纪录片下一个简单定义:所谓电视纪录片,就是以纪实手法摄制的、表现真实的历史生活或现实生活内容的电视节目类型。

2. 电视纪录片的主要特点

电视纪录片的特点主要有真实性、纪实性、思想性和艺术性。

(1)真实性

纪录片的本质特点是真实,即真实的时空、真实的人物和真实的事件。记录真人、真事、真情、真景,涵盖了形象真实、声音真实、场面真实乃至情感真实、心灵真实、氛围真实等。

(2)纪实性

采用纪实手法进行拍摄,能最大限度地保持原始素材的完整性。而完整的场景环境和心理氛围能提供尽可能多的信息和镜头画面,拓展观众的视野。同时,纪实手法的运用也能让作品具有情节性。纪实,是纪录片最重要的方法和最显著的特征。

(3)思想性

在记录现实或追溯历史的同时,表达出作者的思考或认识。当然,其表现方式(手法)常常非常隐蔽。

(4)艺术性

---

❶ 〔美〕埃德加·E·威利斯等:《电视脚本创作》,第72页,中国广播电视出版社,1991年6月。

❷ 赵玉明:《广播电视简明辞典》,第76页,中国广播电视出版社,1989年8月。

❸ 朱羽君、王纪言、钟大年:《中国应用电视学》,第324页,北京师范大学出版社,1993年6月。

常常通过一些艺术手段来帮助事实的记录，或者以其营构出一种真实的氛围，如特技、蒙太奇手法的运用。纪录片的创作，需要对记录对象进行一种选择、裁剪和缝合的艺术处理，也就是说不是任何一段影像记录都能形成一段纪录片。

（三）电视纪录片的类型

现今，电视纪录片的种类可谓多种多样，可以根据不同的标准把它们分成不同的类型。

1. 根据纪录片的题材范畴来划分

（1）社会人文类纪录片

社会人文类纪录片包括了各种现实和历史的社会人文题材纪录片。社会人文类纪录片又有时政、文化、人物、经济、军事、历史等片种。《失落的文明》《清宫档案》《最后的马帮》《徽商》《大国崛起》《故宫》等都属于此类纪录片。社会人文类纪录片的制作常有政治机构（社团）、史学机构的支持和社会人士的广泛参与。

（2）自然科学类纪录片

自然科学类纪录片在我国又称科教片，以传播科学知识为宗旨。它是当今国际上自然类纪录片研讨和评奖的特定对象，学术交流广泛而活跃。近20年来，纪录片中的自然科学片，尤其是有关野生动物、海洋、环保题材的纪录片因为广受欢迎而逐渐成为影视投资的热点。中央电视台摄制组从2004年起历时4年精心打造的11小时生态纪录片《森林之歌》就属于典型的自然科学类纪录片。

2. 根据纪录片的内容性质来划分

（1）政论专题片。这是近年来我国电视纪录片中较为活跃的一种样式，《让历史告诉未来》《十年潮》《永远在路上》《将改革进行到底》《法治中国》《大国外交》等都是这类作品中较有影响的代表。

（2）人物传记片（文献纪录片）。以重要人物的生平事迹为表现对象的电视纪录片，如《毛泽东》《邓小平》《董必武》《周恩来》《林则徐》《秋瑾》等。

（3）人文地理片。以反映民风民俗、地域文化、山川风貌为主要内容的纪录片，如《话说长江》《家在西塘》《尼罗河》《长白山四季》《三江源》等。

（4）艺术纪录片。以艺术为反映对象的纪录片，这一类型范围较为宽泛，可以涉及多个艺术门类，如《世界电影之林》《书法絮语》《京剧人》等。

（5）文化评论片。以文化现象为题材的专题片，又称为“文化专题片”，如《话说老字号》《中国酒文化》《中国人的饮食世界》等。

（6）新闻故事片。或称为“生活现实片”，是撷取现实生活中具有新闻特性的素材制作而成的纪录片，如中央电视台1993年开播的《东方时空》中的子栏目《生活空间》、广东电视台的《人在他乡》、中央电视台2003年开播的《社会纪录》（已停办）以及中央电视台科教频道《讲述》栏目所播出的节目等。

3. 根据纪录片的形态来划分

（1）特别纪录片。是对一些重大活动、特别事件作一比较完整报道的纪录片，类似于新闻专题报道，如“奥斯卡颁奖晚会”“奥运会”的专题报道等。

（2）调查性纪录片。是围绕某一重要的社会事件进行采访、揭露内幕，并寻求解决途径的纪录片，如《朝鲜战争大揭秘》等。

(3)微型纪录片。长度一般在4～10分钟内,适合于灵活反映各方面的问题。如中央电视台科教频道《讲述》栏目所播出的节目,广东卫视《人在他乡》节目等。

(4)大型纪录片。往往是多集片,其中还可以分为连续专题片,如《话说长江》《话说运河》等,以及系列专题片,如《中国影星》《特色小镇》等。

(四)我国电视纪录片的发展历程

我国的电视纪录片诞生于20世纪50年代末期,是在继承电影纪录片传统的基础上逐渐发展起来的,依据其发展轨迹可以划分为四个阶段:

1. 起步阶段(1958—1966年)

这一阶段的电视纪录片在创作观念上受苏联影响很大,认为纪录片的首要作用是宣传,是形象化的政论,是党和政府的舆论工具。在创作手法上,主要模仿纪录电影,倚重解说词和蒙太奇剪辑效果。较有影响力的电视纪录片主要有《芦笛岩》《长江行》《周恩来访问亚非14国》《珠江三角洲》《欢乐的新疆》《战斗中的越南》《收租院》等,其中用16毫米电影胶片拍摄的、片长30分钟的《收租院》,被认为是这一时期电视纪录片的创作高峰。

2. 徘徊与学习阶段(1966—1977年)

"文化大革命"十年间,电视纪录片的发展受到了很大的影响。这一阶段,我国电视工作者在困难的环境之中,学习电影创作技巧,并将其运用到电视纪录片的创作中去,也制作出了《太行山下新愚公》《深山养路工》《放鹿》等一批好作品。这些作品开始尝试细节描写与两极镜头的运用,用音乐和歌曲深化主题等手法,创作水平有所提高。

3. 探索和成长阶段(1978—1989年)

这一阶段是我国改革开放、思想观念发生巨变的新时期。这期间我国电视纪录片的创作从数量、种类、题材、表现形式上都有所突破,还出现了一些播出纪录片的电视专栏,这为以后电视纪录片创作的大发展在观念上和技术上做了必要的准备。

1978年9月30日中央电视台《祖国各地》栏目开播,以播放纪录片为主,专门反映祖国各地山水名胜、风土人情、建设新貌等。1980年,《祖国各地》进入全盛时期。这一年,也是二十多年来电视纪录片年产量最高的一年,仅中央电视台就播出彩色电视纪录片193部,其中不乏风采各异的优秀作品,如《边陲行》《大连漫游》《三峡的传说》《瑶山行》《逛冰城》等。这一时期,电视纪录片的题材与以往相比更加广泛,新视点着重于作品的思想深度和人情味;同时,新的表现形式不断被尝试,节目形态也趋于多样化。

如果说,以《祖国各地》为代表的中国电视纪录片的成长,主要得益于电影纪录片的成熟经验以及受惠于思想解放的良好气候,那么1979年中日合拍的电视剧《丝绸之路》则对中国纪录片观念的更新产生了更加深远的影响。从1979年8月25日中日举行合拍《丝绸之路》的开机典礼,到1980年9月1日合拍工作结束,中国方面共制作了15集《丝绸之路》,日本方面制作了14集,分别于1980年5月1日和7日播出。这次合拍,让中国的电视纪录片创作者见识了日本同行新人耳目的创作观念和手法,从而拓展了创作视野,更新了创作观念,也丰富了创作实践,对此后的电视纪录片创作产生了较大的影响。

1983年《话说长江》的拍摄中,第一次出现了陈铎和虹云两位主持人,打破了中国电视纪录片历来只有画面解说的形式。《话说长江》采用章回小说体的"话说"形式,固定栏目、连续播出,培养出一批固定的观众,在国内一时形成了"长江热"。此后,《话说运河》的创作则更加主动和灵活,主持人从演播室走到了现场,成为真正的采访者,观众甚至也有了说话的权利。《话说运河》不再是满篇对祖国河山热情洋溢的歌颂,而是力图真实、冷静、全面地考察运河的历史和现状,关注运河流域人民的生活,既表现美也不回避丑,既说历史也说现状。全篇改变了以前的宣传教育意味,第一次具有平和亲切的平民气息。

《话说长江》和《话说运河》的成功,为此后几年大型电视系列片的拍摄提供了范本。1987 年中央电视台播出的《让历史告诉未来》是一部军事题材的大型电视系列片,它打破了以前编年史的方法,通过历史人物来结构全片,并将历史置于当代进行反思。此外,影响较大的系列片还有《唐蕃古道》《蜀道》等。20 世纪 80 年代后期,纪录片涉猎的题材广泛,艺术形式也有所发展。除了大型系列片外,还逐渐出现了一些关注社会热点和人民生活的电视纪录片,如《土地忧思录》《大白菜的诉说》《少年启示录》《啊,草原》等作品,也出现了一些人物片,如《雕塑家刘焕章》《方荣翔》等。

与此同时,一些主要播出纪录片的电视专栏如《祖国各地》《神州风采》《地方台 50 分钟》等也相继出现。

当然,我们也应该看到,这一阶段的纪录片创作,虽然题材面扩大了,艺术样式增加了,但基本艺术观念、创作方法和作品风格却没有发生根本变化。比如,主题表现风格仍占主导地位;重画面轻声音的现象依旧存在;画面加解说仍是基本模式,说教味有余,生活化、亲近感不足等。

4. 拓展与创新阶段(1990—1999 年)

20 世纪 90 年代后,中国电视纪录片创作开始进入拓展和创新的阶段。这一时期,由于电子新闻采集设备(ENG)的普遍使用,电视实现了声画合一,同期声使用得到重视,记录真实的时间、空间中发生的真人、真事,成为电视纪录片的主要取向,电视纪录片的纪实本性得到充分回归。这一时期的纪录片内容取深、镜头求真、视角取平、形式出新,受到广大观众的喜爱。无论是记述重大事件、介绍重要人物、反映重点建设项目的纪录片,还是讲述普通人生活、描绘祖国壮丽河山、展现历史遗迹和风土人情的纪录片,都有不少佳作问世。有些作品还在国际电视节目评选中获奖。

1991 年,中央电视台大型纪录片《望长城》的拍摄,开启了中国电视纪录片的纪实主义潮流。"我国纪录片艺术的新飞跃始于 20 世纪 90 年代初,其标志是《望长城》式中国纪录风格的形成。"[1]《望长城》真实地记录了寻访古长城的全过程。该片在摄制上尽量摆脱解说词和补拍的手段,广泛运用长镜头,重视使用同期声,开创了中国纪实性纪录片的先河,在中国电视纪录片创作中具有里程碑的意义。《望长城》还将镜头对准普通人的生活状态,开始平视观众、重视观众,将以前的说教和宣传转变为双向的交流。《望长城》的拍摄,全方位地遵循了纪实主义的创作方法,解决了以往我国电视纪录片创作观念和创作方式上存在众多疑惑的问题,为中国电视纪录片恢复纪实本性树立了典范。继《望长城》后涌现出的一批优秀纪录片,如《中华之门》《远在北京的家》《龙脊》等,都是采用纪实性的拍摄手法,均收到了良好的效果。1991 年 10 月,宁夏电视台联合辽宁电视台摄制的对比东西部农民和渔民生活与观念的电视纪录片《沙与海》获得"亚广联电视奖"大奖,这是中国第一部获得这个奖的电视

[1] 朱景和:《纪录片创作》,第 33 页,中国人民大学出版社,2002 年 6 月。

纪录片。1993年10月,记叙鄂伦春族最后一代狩猎人走向现代定居生活的电视纪录片《最后的山神》,再次获得该年度"亚广联电视奖"。《最后的山神》的出现,开启了中国的文化人类学纪录片的创作。

与此同时,历史文献纪录片也获得了飞跃发展,出现了《毛泽东》《改革开放20年》《解放》《新中国》《香港沧桑》《百年中国》等一批优秀的历史文献纪录片。

1992年之后,栏目化运作的纪录片陆续出现在中国的电视屏幕上。1993年2月1日,上海电视台《纪录片编辑室》专栏节目开播。这一栏目每周播出一期,每期40分钟,内容是播放海内外优秀的电视纪录片。《纪录片编辑室》关注普通人的生活和命运,采用纪实手法,注重展示生活的原生态。它立足于本地区的受众,尽量照顾到不同层次的观众的需求,陆续播出了《德兴坊》《十字街头》《毛毛告状》等一批地地道道的反映上海生活的纪录片,在国内引起很大的反响。《纪录片编辑室》的成功探索与实践,标志着中国的纪录片创作进入了一个新的阶段——纪录片的栏目化。

1993年5月1日,中央电视台在开播的早期新闻杂志栏目《东方时空》中设置了"讲述老百姓自己的故事"的《生活空间》小栏目,播出小型纪录片,受到了观众的喜爱。自此,纪录片栏目开始在全国推广,如黑龙江电视台1993年12月2日推出《生活三原色》栏目、1994年7月1日山西黄河电视台开办《黄河轶事》栏目、1994年11月11日山东电视台推出纪实栏目《家》等。1995年以后,电视纪录片栏目开始在全国普及,北京电视台的《第三只眼睛》、安徽电视台的《中国纪录片》、陕西电视台的《电视写真》、四川电视台的《写真世界》等纪录片栏目如雨后春笋般纷纷出现。

此外,这时期,中国电视纪录片的商业运作,也在实践中不断积累经验。除了与国外制作公司合拍节目,举办国际电视节,开展电视节目交易外,一些独立制片人开始以个人的作品形式参与到节目市场的运作当中。多样化的市场运作,使中国纪录片创作开始摆脱资金紧张的束缚,走上一条商业化运作的新路。

5. 多元化发展阶段(2000年至今)

进入新世纪,随着中国社会改革开放的不断深入,电视纪录片的发展表现出了一些新气象。这一时期,最突出的特征就是传统的代表官方意志的纪录片与新式的代表民间立场的纪录片都得到充分发展。电视纪录片的质量稳步提升,题材领域进一步拓展,表现形式和创作手法也都有新的突破。同时,专业化的纪实频道如雨后春笋般发展起来。

首先,产生了一定数量的电视纪录片精品。新世纪以来,先后有一些电视纪录片精品问世并取得了不凡的社会影响,如《故宫》《再说长江》《大国崛起》《敦煌》等大型文献纪录片,先后登陆国内荧屏,激起了广大观众的收视热情;有些电视纪录片在国际上获得大奖,如《公共场合》(获2002年度法国马塞国际纪录片电影节纪录大奖,编导贾樟柯)、《铁西区》(获2003度鹿特丹国际电影节大奖,编导王兵)、《幼儿园》(获2004年度广州国际纪录片大会奖大奖,编导张以庆)等。这些都显示出中国纪录片创作取得了巨大成就。

其次,电视纪录片的题材领域、表现形式和创作手法更加丰富多样。题材领域方面,既触及历史内容,也关注现实生活,既有人文类型,也有自然品种。新闻纪录片、历史文化纪录片、理论文献片、自然风物片、人类学纪录片等多样并存,多元发展。纪录片栏目作为各地方电视台纪录片的展播窗口,贴近社会、关注民生,以平民视角真实记录社会变革中的普通人物的生活状态，播出大量反映当下社会生活的纪录片，受到了观众的关注。大型文化类纪录片继续增温，如《故宫》《大国崛起》《圆明园》《新丝绸之路》《徽商》《复活的军团》等。这些纪录片用特有的电视语言来表达历史事件与历史人物，融抒情、叙述、思辨于一体，多方位、多视角地解读传统文化，取得了不错的反响。另外，在表现形式和创作手法方面，也有不少突破，特别是"真实再现"的表现手法在许多纪录片创作中获得成功运用，得到了业界的认可。一些新的特技手法和动画手段也被运用到纪录片制作中，这给正在发展中的电视纪录片创作注入了新鲜血液。与此同时，DV 技术的发展与摄影器材的小型化、家庭化，使得原本高高在上的纪录片创作变得容易起来，民间纪录片的发展异常迅速。

再次，专业化的纪录片频道陆续出现，给纪录片的发展带来了崭新气象。我国的纪录片栏目在十余年的探索与发展中，逐步培养了较为稳定的纪录片收视群体，这为纪录片频道的创办奠定了基础。2001 年 7 月，被誉为"中国的 Discovery Channel"的中央电视台科教频道成立；2002 年 1 月 1 日，我国第一个以纪实命名的纪录片频道——上海电视台纪实频道开播；2004 年 8 月，我国第一家数字付费纪录片频道央视"世界地理"频道开播；2004 年 11 月，深圳电视台纪实频道开播；2007 年 4 月，湖南首家数字付费电视"先锋纪录"频道开播；2008 年 2 月 18 日，重庆电视台新科教频道（纪实频道）改版开播；2011 年 1 月 1 日，中央电视台纪录片频道正式开播。众多纪录片频道的建立，不仅是应频道专业化大势所趋，也是受众收视多元化的需要。在众多以资讯、生活、娱乐为定位的专业频道中，纪录片频道通过播出具有较高文化品位与欣赏趣味的纪录片节目，为电视观众提供了一个丰富知识、关注社会的真实空间，不仅为我国电视纪录片提供了展示与播出的平台，也为纪录片的市场化运作拓展了道路。

然而，与此同时，我国电视纪录片的发展也面临着诸多问题，如市场化运作不够成熟，难以实现社会效益与商业价值上的合理"双赢"，艺术水准与国外还有一定差距，很难打入西方主流纪录片市场，专业人才相对缺乏、制作力量趋于萎缩以及在制作和播出上日益呈现出边缘化态势等，都值得人们关注和思考。

第四节　广播电视文艺节目

从广播电视诞生之日起，文艺节目便一直是广播电视播出的重要内容。很多广播电台、电视台都是从播出文艺与新闻节目开始起步，逐渐增加服务性、教育性节目，从而构成一个完整的节目系统的。从节目播出的时间量来看，文艺节目堪称是广播电视节目的"半壁江山"。

一、广播电视文艺节目的界定与主要特点

广播电视文艺节目，作为文艺活动与广播电视传播技术相结合的产物，它有着自己鲜明的内在特质和突出特点。

（一）广播电视文艺节目的界定

广播电视文艺节目，以满足听众和观众日益增长的文化娱乐需求为宗旨，它包括广播电视中播出的以各种文艺表现手法为主体的节目形式，是广播电视节目的有机组成部分。

对于广播电视文艺节目的界定，有广义与狭义之分。广义的广播电视文艺节目，指的是

用广播电视媒介传播的所有具有文学艺术样式的节目。狭义的广播电视文艺节目,指的是以音像手段塑造艺术形象,反映社会生活,满足受众审美和娱乐需求,具有一定的认识、教育作用的广播电视节目。

(二)广播电视文艺节目的主要特点

与其他类别的广播电视节目相比,由于功能诉求、制作手段和制作方式的不同,广播电视文艺节目相应地有着自己特殊的个性特征。

1. 鲜明的审美性

鲜明的审美性是广播电视文艺节目之所以能够赢得无数受众垂青的一个很重要的特点,也是其自身的价值优势所在。如广播音乐、广播戏曲、评书节目、广播剧、电视文艺晚会、电视连续剧等,都是因其首先能够带给受众以审美需求的满足而获得广大听众、观众的由衷喜爱和认可的。广播电视文艺节目的审美特性,使受众可以在收听、收看节目之时暂时从烦琐的日常生活中解脱出来,获得精神的愉悦与满足;加之,广播电视便捷的传播形式和自由的家庭接受方式,使得听众、观众在收听、收看节目时的审美活动,与其日常生活活动可以有机融合,有利于他们及时愉悦身心、释放情感。因此,通过广播电视文艺节目,获得精神满足、缓解身心压力,已成为众多受众收听、收看广播电视的一个主要动机与目的。

2. 突出的兼容性

兼容性是广播电视文艺节目的又一重要特征。从某种意义上说,广播电视文艺节目正是依靠自身突出的兼容性来完成自己的使命并展示自己的风貌的。广播电视文艺节目的兼容性表现在众多方面。从艺术品种来说,它可以兼容音乐、舞蹈、绘画、雕塑、建筑、戏剧、文学、电影等众多文艺样式;从文化层次来说,它既可以有精英文化、高雅文化,又可以有大众通俗文艺、平民艺术,几乎所有层次的文艺活动都可以在广播电视文艺节目中找到自己的位置;从题材内容看,远至上古神话传说,近至现当代的风云变幻,乃至对未来世界的离奇幻想,可以说是古今中外、天上地下,无所不有,无所不包。此外,文艺节目的品种样式也是十分丰富的,既有欣赏性、娱乐性的,也有知识性、教育性、报道评介性和社会服务性的。从某种意义上来说,兼容性也是广播电视文艺节目的活力源泉。

3. 强大的渗透力

由于广播电视信号覆盖面广,信息传播迅速及时,对受众又无特殊要求,没有文化水平的限制,加之收听、收看方便,以及在传播符号方面的声画优势所带来的感染力强等特点,使得广播电视文艺节目具有比文艺报刊、文艺书籍、剧场、影院等要大得多的渗透力。

4. 受众的广泛性

这一特点是与广播电视文艺节目的兼容性、渗透力强相联系的。广播电视文艺节目既然可以穿堂入室,深入千家万户,可以包容各种类型和层次的文艺活动,老少皆宜,雅俗共赏,那么它理所当然会拥有大量的受众。

二、广播电视文艺节目的作用

广播电视文艺节目,具有多方面的作用,具体而言主要体现在以下几个方面:

1. 娱乐休闲

娱乐休闲是广播电视文艺节目功能的出发点。大多数受众打开收音机、电视机收听、收看文艺节目的第一欲望常常是娱乐休闲。娱乐休闲是人类基本的生活需求，人们在紧张的工作之余，希望通过收听、收看文艺节目，娱乐身心，消除疲劳，广播电视文艺节目有必要也有条件满足人们的这一需求。

2. 社会教育

广播电视文艺节目的社会教育功能是显而易见的，一部好的电视连续剧有时就可以感染几代人。当然，广播电视文艺节目既不像新闻节目那样寓观点于事实之中启发受众，也不像评论节目那样以清晰、明白的道理昭示受众，更不能搬出一副说教的面孔以势压人。它主要是依靠塑造艺术形象和艺术典型感染人，于潜移默化中实现其教育作用的。

3. 普及文艺知识，提高受众文艺欣赏水平

广播电视文艺节目的播出，既是一个艺术美的展示过程，又是一个文艺知识信息的散发过程。当你第一次通过广播电视接收到流行音乐节目时，也许对时下的流行乐坛并没有多少了解。然而，通过日积月累的收听、收看，你对当今流行乐坛的面貌会逐渐形成一个清晰的认识，哪些歌手“过气”了，哪些歌手风头正渐，何种唱法从者云集，何种唱法少有人追随等，都可能会如数家珍了。这就是一个增长文艺知识的过程。此外，有些文艺节目，会直接向受众介绍某些方面的文艺知识，如中央电视台中文国际频道的《中国文艺》、中央电视台电影频道的《世界电影之旅》《今日影评》等节目。因而，毫无疑问，广播电视文艺节目能起到普及文艺知识的作用。它常常是让受众在欣赏节目中，潜移默化地陶冶性情，接受相应的文艺知识，培养高尚的艺术情趣和健康的审美观念，进而提高文艺欣赏水平。

三、我国的广播文艺节目

我国的广播文艺节目是同我国广播事业一同成长起来的，它经历了从无到有、由少到多、由简到繁、由低级到高级的发展过程。

（一）我国广播文艺节目的发展历程

早在战争年代，中国共产党创办的新华广播电台就播出过文艺节目。中华人民共和国成立后，我国文艺广播事业坚持文艺为工农兵服务、为社会主义事业服务的方向，播出了大量的优秀广播文艺类节目，在人民群众中享有良好的声誉。其中1949—1953年可以算作是我国文艺广播的初创阶段，这一时期文艺节目在广播宣传中的地位得到确立，促进了文艺广播的发展。1950年4月，政务院新闻总署发布了《关于建立广播收音网的决定》，这是人民广播史上的第一个由政府主管部门公布的有关无线电广播的法令；同年，新闻总署发布文件，将“文化娱乐”规定为广播电台的三项任务之一；1952年12月，第一次全国广播工作会议规定将“播送优秀文艺作品”作为广播电台的五项任务之一。

1954—1965年可以说是文艺广播的初步发展阶段。尽管在此期间，由于不适当地强调文艺类节目配合政治任务和中心工作的作用，违背了文艺广播和文艺本身发展的客观规律，导致了广播文艺类节目一度相对粗糙、贫乏，但就总体而言，各地的文艺广播与初创时期相比都取得了一定的发展，逐渐繁荣起来。“文化大革命”期间，全社会的文化艺术事业都遭到了很大的破坏，广播事业基本处于挫折、停滞状态，广播文艺节目基本上没有取得任何发展，甚至仍有所倒退。

“文化大革命”结束后，禁锢已久的文艺广播再次获得新生。社会上的文艺创作活动逐

步复苏并重新活跃起来,出现了一大批优秀的文艺作品,不断地充实着文艺广播的播出内容。中央及各地电台的文艺广播逐渐得到了恢复,文艺类节目的播出时间、种类、节目内容都逐渐丰富起来。

进入改革开放的新时期之后,我国广播事业取得了迅猛发展,到20世纪80年代中期,广播文艺节目的品种、内容、题材、体裁、制作水平、表现手法都有了较大的发展。80年代中后期,随着改革开放的深入,文艺广播事业逐渐过渡到全面繁荣的发展阶段,主要表现在:节目的播出量空前增加;题材、内容日益丰富;节目文艺性、娱乐性、休闲性增强;节目的结构、布局更趋多样;节目的受众参与性增强;制作水平不断提高。

20世纪90年代中后期,随着电视文艺、娱乐节目的强势扩张,广播文艺节目的发展空间受到了一定程度的挤压;不过,这一时期伴随着广播频率的专业化建设,各地陆续开办了一些专业化的音乐调频、文艺调频(或娱乐调频),客观上为广播文艺节目提供了自由度更大的成长平台。

进入21世纪,在新媒体技术的推动下,广播文艺节目逐渐向网络、手机等平台渗透,与此同时,越来越多非传统广播从业人员创作的广播文艺音频节目开始出现。

(二)我国广播文艺节目的类型

广播文艺节目,是文艺活动与广播传播相结合的产物,它是用广播的方式,传送文艺与娱乐作品,使受众达到审美与娱乐目的的一种广播形式。广播文艺节目的分类有多种标准,按照不同的标准有着不同的划分。

1. 按节目功能分类

按照节目的功能、作用的不同,可以把广播文艺节目划分为四类:

(1)欣赏型文艺节目

以播送各种各样的文艺作品为主,其主要功能是向受众提供欣赏和娱乐,并对受众进行潜移默化的审美教育,提高其欣赏水平,如《中国音乐》《外国音乐》《音乐桥》。

(2)评介型文艺节目

这类节目主要评价、介绍文艺现象、文艺思潮、文艺作品、作家、艺术家、演员,并将艺术评介与艺术欣赏、知识介绍巧妙结合,形式活泼,生动形象,如《文学精品屋》。

(3)知识型文艺节目

知识型文艺节目有的系统进行讲授文艺理论、知识技艺,帮助受众学习掌握某一方面的理论、知识和技能;有的着眼于向受众普及文艺知识,帮助他们理解作品,提高欣赏水平,如《京剧知识讲座》《民族音乐大观》《世界音乐之窗》等。

(4)服务型文艺节目

此类节目着眼于为受众提供文艺方面的咨询和服务,解答各种问题,具有很强的实用性、趣味性和参与性,如《音乐信箱》《听众点播》。

2. 按艺术门类分类

按节目内容对广播文艺节目进行归类既有利于广播文艺娱乐节目的编排,又有利于满足不同层次受众的需要。因此,长期以来,我国的广播文艺界一般都沿用这种分类方法。

(1)音乐节目

音乐节目是广播文艺节目的重要组成部分,拥有广大的受众群体。音乐本质上是一种听觉艺术,而广播是一种诉诸听觉的传播工具,这种天然的联系使得广播音乐节目有着广阔的发展前景。音乐节目除播出中外各种声乐、器乐作品外,还介绍音乐知识,开设音乐教育专题,经常播出歌剧舞剧的录音剪辑、选曲以及音乐故事等。

(2)文学节目

文学节目包括文学作品的朗读、播讲和评介,广播小品、广播小说、广播剧以及电影、话剧的录音剪辑和报道等。典型节目如中央人民广播电台的《小说连续广播》。

(3)戏曲节目

戏曲是我国特有的戏剧形式。戏曲节目是我国广播电台特有的文艺节目,其中包括京剧、昆曲以及各地方的传统戏、新编历史剧和现代戏的所有剧种。广播戏曲常常采用戏曲选场、选段、戏曲故事、戏曲演出实况录音剪辑以及介绍唱腔、评介剧目的戏曲专题形式。

(4)曲艺节目

曲艺是各种说唱艺术的总称,包括大鼓、弹词、琴书、道情、牌子曲、评书、快板、相声、好来宝、大本曲等。曲艺节目,也是广播文艺娱乐节目的组成部分。如中央人民广播电台的《评书开讲》、北京人民广播电台的《开心茶馆》等,都在听众中拥有广泛的影响力。

3. 按制作方式分类

按照节目制作方式的不同,还可以将广播文艺节目划分为直播型节目、录音实况型节目、编排型节目、剪辑型节目、合成型节目、创作型节目、受众参与型节目等。

(三)电影录音剪辑与广播剧

电影录音剪辑与广播剧是广播文艺类节目中表现手法最丰富,艺术综合程度最高的两种节目样式。电影录音剪辑是对电影的声音素材部分(包括原来作品的语言、音乐和音响效果)进行再创作,通过重新剪辑、编排,加入适当解说词,使之转化为符合广播特点的艺术样式。广播剧则是专门为电台播出而创作、录制的一种特殊戏剧形式的文艺节目。

1. 电影录音剪辑

电影录音剪辑,是由电影录音发展而来的,是我国广播文艺工作者的独创,最初称“电影录音”。1950 年 3 月 8 日中央人民广播电台播出的电影《白衣战士》的录音,是我国广播电台播出的第一部电影录音节目。1955 年 11 月,“电影录音剪辑”一词首次在中央台的《广播节目报》上出现。电影录音剪辑的创办,起初是为了满足无法及时观看电影的观众的要求而制作的,后来渐渐发展成一种独立的广播文艺品种。

2. 广播剧

广播剧是专供广播电台播送的一种特殊戏剧作品。它以声音为表现形式,运用对白、独白、唱词等手法,通过诉诸听众的想象来表达剧中的内容;同时,注重运用音乐伴奏、音响效果来加强气氛,并穿插必要的解说词,以帮助听众了解剧中的情境和人物的动作状态。它是随着广播的兴起而出现的一种新剧种,是一种以声音为主体的综合艺术样式。

与话剧、电影、电视剧相比,广播剧具有如下特点。首先,广播剧是以声音为表现形式的综合艺术样式,主要运用语言、音乐和音响效果的组合,通过听众的想象产生各种情境,来表达剧中的内容。其次,广播剧生产周期较短,制作成本比较低廉,具有反映现实生活较快,贴近群众生活的特点。再次,广播剧通过广播播出,覆盖面广,接收便利,几乎不受任何舞台、场地的限制。此外,广播剧对听众的文化程度及关注程度要求都相对较低,有利于普及,群众性较强。

广播剧这种艺术形式最初产生于英国。1924年1月15日,英国广播公司播出了世界上第一个广播剧《危险》(Danger)。1938年10月,美国哥伦比亚广播公司的水星剧场节目播出了广播剧《星际战争》(或称《火星人入侵地球》),影响强烈。

我国的广播剧创作开始于20世纪30年代。1933年1月20日,《中国无线电杂志》发表了中国第一部广播剧剧本《恐怖的回忆》,取材于1932年的“一·二八”上海大轰炸这一历史事实,同年4月由上海的一家私营广播电台播出,仅比世界上第一部广播剧晚了9年。此后,熊佛西(《卧薪尝胆》)、洪深(《开船锣》)、夏衍(《“七·二八”的那一天》)、孙瑜(《最后一课》)、于伶(《以身许国》)等相继发表广播剧,有的在电台播出,成为我国广播剧艺术最早的基石。

我国的广播剧真正得到发展是在中华人民共和国成立后。从20世纪50年代起,中央电台和一些省、市电台开始制作广播剧。1950年2月7日,为纪念“二七”大罢工,中央电台播出中华人民共和国成立后的第一部广播剧《一万块夹板》,之后又陆续播出了《潘秀芝》《强扭的瓜不甜》等录音制作的广播剧,结束了广播剧在演播室直接播出的历史。这一时期的广播剧情节大多比较简单,人物不多,反映生活的一个侧面,属于广播剧的初创阶段。1954—1957年,广播剧有了较大发展。中央电台和辽宁、吉林、黑龙江、上海、广东等一些地方广播电台,陆续组建了广播剧团(小组)。广播剧不仅在制作的数量上大大提高了,而且题材也扩大了。这一时期较有影响力的作品有《皇帝的新装》《黎明的河边》《三千里江山》等,上海电台还录制了第一部多集广播剧《原动力》。此后,广播剧的发展遭遇了挫折,到“文化大革命”时期,广播剧的发展更是处于停滞状态。

1978年改革开放以后,广播工作者进一步掌握了广播剧的创作规律,并且通过国际交往,开始吸收国外广播剧的特点,使中国广播剧得到了较大的发展。这期间,广播剧在艺术形式上有了突破,音乐广播剧、戏曲广播剧等节目形式日益成熟,并且出现了一批优秀剧目。多集连续广播剧也逐渐多了起来,如上海广播电台播出的广播连续剧《特殊身份的警官》《W·P行动》等,情节曲折,扣人心弦,成为当地家喻户晓的节目;湖南电台改编、制作的30集连续剧《三国风云》被誉为湖南戏剧史上一部规模宏大的成功之作;中央人民广播电台的35集连续剧《夜幕下的哈尔滨》,播出后在全国范围内引起轰动效应。20世纪80年代以后,各地广播电台还陆续制作了《渔夫和金鱼的故事》等一批立体声广播剧,标志着广播剧的发展进入了一个新的发展阶段。广播剧在思想性、艺术性、录制技术等各方面都有了明显提高,社会影响也越来越大,《二泉映月》《瓜儿为什么这样甜》《响铃公主》等广播剧播出后受到听众的热烈欢迎,并且被改编成电视剧或电影。

20世纪90年代以后,由于新的娱乐方式、多元化媒体的冲击,广播剧的社会影响力日益下降。在当今的广播文艺娱乐节目中,广播剧所占的比重日益减少,由于缺少资金支持,广播剧作创作的积极性受到抑制,制作质量难以进一步提高,广播剧进入了发展低谷。

广播剧按形态标准可划分为:广播短剧、广播单本剧、广播连续剧和广播系列剧等。一般时间在20分钟以内的,称为广播短剧;在20分钟以上,一小时以内的即为单本剧,它也可以分为上下集;超过两集的即为连续剧或系列剧,如《夜幕下的哈尔滨》《刑警803》。

四、我国的电视文艺节目

我国自1958年播出电视节目起，就开始播出电视文艺节目。早期的文艺节目主要是现场播出演播室里的节目演出。例如，中央电视台开播第一天的文艺节目，包括诗朗诵《工厂里来了三个姑娘》、舞蹈《四个小天鹅》《春江花月夜》等都是在演播室内直播的。除了演播室里的节目外，早期有相当一部分电视文艺节目是直接转播剧场里的演出，也曾转播过不少著名表演艺术家的节目，如梅兰芳的《穆桂英挂帅》、荀慧生的《红娘》、周信芳的《四进士》等。此外，还转播一些现代的歌舞表演。

我国电视文艺节目真正开始大步发展是在1978年改革开放以后。伴随着改革开放方针的确立，各地电视台纷纷恢复组建，电视文艺创作队伍也开始重新组建，一些省级电视台率先组建了电视剧部和文艺部。之后，各省、市级电视台，包括各地电影制片厂和社会上一些文艺团体（如话剧团、歌舞团、乐团等），也都积极参与电视文艺节目的制作，制作了一大批优秀电视文艺节目，尤其是电视剧方面，出现了《巴桑和她的弟妹们》《红楼梦》《努尔哈赤》等一批优秀电视剧，引起社会和文艺批评界的广泛关注。与此同时，一些新的文艺专栏节目开办起来，如中央电视台的《周末文艺》《外国文艺》，北京电视台的《大观园》等。1983年，中央电视台开办《春节联欢晚会》，标志着综合性文艺晚会开始逐步走向成熟。在大办文艺专栏的基础上，各电视台都力求精心设计、刻意编排，不仅内容出新，而且在形式上也别开生面，新颖别致，表现出较高的艺术品位和艺术追求。

20世纪80年代后期，我国的电视文艺更是进入了蓬勃发展的阶段，不仅出现了大批优秀的电视文艺节目，而且电视文艺节目开始逐步走向世界，越来越多的国家和地区购买中国的优秀电视文艺节目的播映权和录像带，如《西游记》《三国演义》《水浒传》等电视剧分别先后在美国、日本及欧洲和东南亚各国播映。

20世纪90年代末至21世纪初期，随着中央电视台综艺频道、电视剧频道、戏曲频道、音乐频道的先后开播及各地省市电视台文艺、影视类专业频道的设立，我国电视文艺节目获得了更大的发展天地。电视文艺节目的类型、样式也变得更加丰富、多样，制作水准更加成熟，制作质量也显著提高。

（一）电视文艺节目的类型

经过无数电视文艺工作者的不懈探索、创新，现今的电视文艺节目可谓种类繁多、形式多样，其中影响比较大的主要有：

1. 电视文艺晚会

电视文艺晚会是把不同类型的文艺节目串联起来，以对节日、纪念日或某个特殊的人和事表示纪念、庆典、庆贺的节目形式，它分为综艺晚会和单项文艺晚会两种类型。电视文艺晚会注重与观众的交流和氛围的营造，在灯光照明、舞美设计、服装道具、表演区设置、演员场面调度和摄像机运动等方面，都以此为基本原则。目前，我国以固定时间播出的电视文艺晚会有（图5-5）：元旦晚会、春节联欢晚会、元宵晚会、六一晚会、七一晚会、国庆晚会、中秋晚会（图5-6）等。

2. 电视综艺节目

这是一种集歌唱、舞蹈、小品、曲艺、杂技等多种文艺表演样式于一体，在一定的时间长度内按照特定的主题或线索，经过一定的编排和主持人的现场串联、采访，营造出整体艺术效果的大型电视文艺节目。它具有综合性高、娱乐面广、可看性强的特点，是电视台经常制作的一种文艺娱乐节目样式。我国内地第一个电视综艺节目是1981年元旦广东电视台开播的《万紫千红》，该节目有多个板块，既有喜剧小品，也有歌舞，奠定了传统的电视综艺节目样式。20世纪90年代中央电视台先后推出的《综艺大观》《正大综艺》节目，湖南电视台开办的《快乐大本营》节目和进入21世纪后央视综艺频道开办的《欢乐中国行》《我要上春晚》《黄金100秒》以及安徽卫视的《超级大赢家》等节目，都是电视综艺节目的典型代表。

图5-5　2018年中央电视台春节联欢晚会

图5-6　2014年中央电视台中秋晚会

3. 电视音乐节目

电视音乐节目又称“音乐电视”（MV），是以各类歌唱、音乐为主的电视文艺样式。电视音乐节目的种类较多，如音乐会的专场演出以及以音乐为主线融合各种电视表现手法制作的音乐电视片等。1993年，中央电视台第一个音乐电视栏目《东西南北中》正式开播，为中国音乐电视的发展起到了较大的推动作用。2004年3月，中央电视台音乐频道开播之后，先后推出了《CCTV音乐厅》《风华国乐》《精彩音乐汇》《全球中文音乐榜上榜》等一系列较有影响的电视音乐节目,为喜爱音乐的观众带来了美妙的视听享受。

4. 电视舞蹈节目

用电视手段表现和转播的舞蹈节目,是一种与电视综合文艺节目相对应的专项文艺节目。电视舞蹈节目的品种有:舞蹈演出实况转播、电视舞蹈艺术片、电视舞蹈专题片、电视舞蹈晚会等。中央电视台综艺频道《舞蹈世界》、东方卫视《舞林大会》都属于舞蹈节目。

5. 电视戏曲节目

用电视手段表现或传播的戏曲节目,也是一种与电视综合文艺节目相对应的专项文艺节目类型。它有舞台戏曲实况转播、电视戏曲晚会、戏曲艺术片、戏曲电视剧、戏曲专题五种类型。中央电视台《九州戏苑》、陕西卫视《秦之声》、安徽卫视《相约花戏楼》、河南卫视《梨园春》等节目都是典型代表。

6. 电视曲艺节目

曲艺是各类说唱艺术的总称,包括大鼓、弹词、琴书、快板、评书、相声等。电视曲艺节目,即是用电视手段表现和传播的曲艺节目,也是一种电视专项文艺节目。代表性节目如天津电视台《鱼龙百戏》。

7. 电视小品

小品原是话剧或电影演员训练时的小节目,往往就一个小事件,由一两个演员作现场表演或练习。后来移植到电视之中,以一个小戏剧或电视剧节目的样式出现。由于它具有短小精悍、言简意赅、题材广泛、富有哲理、情节凝练、诗意盎然等特点,从而形成极富欣赏性和娱乐性的一种节目样式。电视小品常常在一些晚会节目中播出,是一种非常受大众欢迎的电视节目类型。中央电视台《春节联欢晚会》当属电视小品的“播出大户”。《吃鸡》(1983年春晚小品,王景愚主演)、《主角与配角》(1990 年春晚小品,朱时茂、陈佩斯主演)、《打工奇遇》(1996 年春晚小品,赵丽蓉、巩汉林、金珠主演)、《昨天今天明天》(1999 年春晚小品,崔永元、赵本山、宋丹丹主演)、《装修》(2005 年春晚小品,黄宏、巩汉林、林永健主演)、《扶不扶》(2014 年春晚小品,沈腾、马丽、杜晓宇主演)、《喜乐街》(2015 年春晚小品,贾玲、李菁、沙溢、瞿颖等主演)、《真情永驻》(2017 年春晚小品,孙涛、闫学晶、刘仪伟主演)等都是电视小品中的典型代表。

8. 电视文学节目

将一些文学作品用电视手法进行处理后,播放出来,以供欣赏。如电视散文、电视诗歌、电视小说、电视报告文学等。

9. 电视文艺专题

以介绍文艺节目内容、表演风格、文艺知识和演员生活为主要内容的电视文艺节目形式,具有文艺批评和文艺评论的性质。如央视电影频道《流金岁月》《世界电影之旅》等节目。

10. 电视栏目剧

电视栏目剧,是近些年来一些地方电视台在节目“本土化”策略的引导下推出的电视节目品种。这种类型的电视短剧,一般取材于现实生活、多由群众演员出演、以电视栏目形式(有主持人、相对的板块化等)播出。栏目剧的出现,某种意义上是电视传播平民化和区域化趋势下的产物。目前,国内比较知名的电视栏目剧有:重庆电视台的《雾都夜话》、山东电视台的《绝对故事》、江苏电视台的《百姓聊斋》、浙江电视台的《本塘第一剧》、青岛电视台的《岛城故事》、苏州电视台的《故事会》等。电视栏目剧以投入少、产出高的制作理念,打破了长期以来影视制作必须依靠高投入才能高产出的神话。尽管栏目剧在制作、包装方面逊色于电视剧,但是它却比电视剧更具时效性,更显生活化,更重视故事性和戏剧冲突,多取材民生和情感方面的内容,观众看了之后往往可以联系生活实际而对自身有所帮助、启发,这使得栏目剧有着良好的收视市场。

11. 电视电影

也称电视影片,这一名词源于美国好莱坞专为电视摄制的影片。电视电影早先在制作上与普通电影一样,采用胶片拍摄而非电视录像手段;在美学追求上也与电影相似,讲求画面的造型性和观赏性。后来,为了适应电视小屏幕和家庭观赏的特点,电视电影在题材的选择、情节的设置、场景的安排以及镜头的处理等方面做了一些有别于电影的相应改变。目前,电视电影一般指专门为电视媒体拍摄通过电视频道播放的电影作品。中央电视台电影频道为丰富节目源,自 1999 年起开始自行制作电视电影,先后制作播出了《岁岁平安》《上车走吧》《我爱长发飘飘》《警花燕子》《谁是卧底》《无懈可击》等多部电视电影以及《三言二拍故事系列》《杨门女将系列》《镖行天下系列》《陆小凤传奇系列》《火线追凶系列》《共和国名将系列》等多部电视电影系列片。

12. 电视剧

电视剧是用蒙太奇思维和视听语言创作的电视戏剧作品。电视剧与电影故事片相比,在语言方式上有相同之处,但电视剧具有家庭收看方式的随意性,在收看的环境、心理等方面都与电影有所不同。电视剧是大众文化的产物,具有更多的娱乐性。在我国,电视剧已经发展成为受众人群最为广泛的电视文艺节目。现今的电视剧种类比较繁多,按结构样式可分为电视短剧、电视单本剧、电视连续剧、电视系列剧等;按产地可分为国产剧和引进剧;按审美功能有正剧、喜剧、悲剧、荒诞剧等;按故事发生的年代背景可以分为现代剧、民国剧、古装剧;按题材性质则可分为重大革命历史题材剧、历史正剧、传奇剧、神怪剧、武侠剧、军旅题材剧、农村题材剧、都市生活剧、青春偶像剧、家庭伦理剧、涉案剧、儿童剧、情景喜剧、谍战剧、穿越剧、医疗剧、职场剧等。

13. 真人秀节目

2000 年以来逐渐兴起的各类真人秀节目、选秀节目,受到了不少观众的喜爱,其中有些也可以归属为电视文艺节目的范畴。真人秀节目,也称“游戏秀”“真实电视”“纪录片式的肥皂剧”,英文“Reality TV”,是一种以普通人为主角,采用记录手法拍摄、制作的表现真实人物在设定场景中的行为活动或在特定情境中根据人为设定的规则进行风采、才艺、技能等方面自我展示的电视节目,它是一种集纪录片、游戏、益智、竞技、谈话、新闻报道等多种形式,融知识性、娱乐性、可视性等多功能于一体的节目类型。

真人秀节目起源于西方电视界。荷兰的《老大哥》、美国的《幸存者》《诱惑岛》、法国的《阁楼故事》、德国的《硬汉》等都是较有影响的真人秀节目。目前,欧美的真人秀节目主要分为两类:一类是“野外真人秀”,如《幸存者》《诱惑岛》等;另一类是“室内真人秀”,如《老大哥》《学徒》《阁楼故事》《美国偶像》《英国达人秀》等。从内容性质看,真人秀节目实际上又有生存挑战型、情境体验型、表演选秀型、技能应试型、角色互换型、益智闯关型、游戏比赛型、异性约会型、生活技艺型等多种类型。我国广东电视台2000年推出的《生存大挑战》，就是一档生存挑战型真人秀节目。湖南卫视2004年推出的《超级女声》、中央电视台2004年开播的《星光大道》、东方卫视2010年推出的《中国达人秀》、浙江卫视2011年开播的《中国梦想秀》、天津卫视2014年推出的《国色天香》、江苏卫视2016年开办的《蒙面唱将猜猜猜》等都属于表演选秀型真人秀节目，都可以归为文艺节目范畴。

（二）电视剧

在所有的电视文艺节目中，电视剧是最具特色的艺术门类。“从艺术传播学角度来说，电视剧艺术是一种现代传媒艺术，是一种借助电视传播技术制作在荧屏播映主要于家庭环境日常性审美接受的新型戏剧艺术形式。”[1]它发挥了电视技术的优势，吸收了戏剧艺术的营养，借鉴了电影的表现手法，是一门年轻而富有生命力的综合性艺术。

1. 电视剧的界定

所谓电视剧，简单地说就是用电视技术手段制作与播出，以演员的表演塑造艺术形象，并借助视听语言营造艺术情境和表述故事情节的一种电视节目类型。“电视剧”一词的由来，是我国在1958年直播第一部中国的电视剧《一口菜饼子》时自行确定的，并不是世界通用的称呼。国外有称“电视戏剧”“电视故事片”“电视小说”等叫法。

自1958年播出第一部电视剧起，我国的电视剧已经走过了近60年的发展历程。这期间，既有艺术创作上的不断突破与创新，也有产业发展方面的兴盛与繁荣，当然，也存在着变革上的焦虑与企盼。特别是由电视剧生产大国成长为电视剧生产强国，尚须不懈努力。

2. 我国电视剧的发展历程

纵观我国电视剧半个多世纪的发展历程，大体上可以把它分为五个阶段：

（1）1958—1965年，中国电视剧的初创阶段

1958年6月15日，北京电视台（中央电视台的前身）在高不过3米，面积仅60平方米的演播室里直播了我国第一部电视剧《一口菜饼子》，标着中国电视剧的诞生。同年9月又播出了一部反映真人真事的电视报道剧《党救活了他》（又名《邱财康》）。此后，北京电视台又陆续播出了《焦裕禄》《刘文学》等电视报道剧以及《红缨枪》《耕耘记》《李双双》《相亲记》《岭上人家》等电视剧。

除北京电视台外，各地陆续成立的电视台，也纷纷推出自己的电视剧。上海电视台在1958年10月25日播出了它的第一部电视剧《红色的火焰》，到1966年“文化大革命”前，共播出了30多部电视剧；广州电视台于1959年底播出了它的第一部电视剧《谁是姑爷》，之后在中国电视剧初创时期陆续播出了40余部电视剧。此外，长春、哈尔滨、天津、西安、武汉等地的电视台也相继推出了自己的电视剧。

由于技术条件的限制，当时的电视剧都是采取直播形式，把摄影机拍摄到的画面直接传输到电视屏幕上。当时的直播电视剧的镜头和角度的变化不如电影自如，剧作结构大同小异，往往是一种模式——“一条主线，两三个场景，四五个人物，七八场戏，五六十分钟，两百个镜头”。艺术处理接近舞台剧，以内景和近景为主，尽管有些粗糙，但仍然初步显示了电视剧制作时间短、反映生活快的优势。

---

[1] 苗棣：《中国广播电视节目概论》，第91页，南京师范大学出版社，2010年8月。

这一阶段所播出的电视剧,大多数是进行革命传统教育和道德品质教育的,显示出浓重的宣教文化的特征。由于录制能力和设施条件的局限,1958—1965 年的七年间,我国只播出了 70 多部电视剧。进入“文化大革命”后,电视剧的创作则基本处于停滞时期。

(2)20 世纪 70 年代末—80 年代中期,中国电视剧的恢复发展阶段

1978 年是电视剧开始恢复发展的一年,当年 5 月 20 日,中央电视台播出了“文化大革命”后的第一部电视剧《三家亲》。1979 年,为了加速发展电视剧,在第一次全国电视节目会议上,中央广播事业局领导建议各地电视台凡有条件的都可以制作电视剧,此后,各地电视台和中国广播电视剧团都加强了电视剧创作。

1980 年,是中国电视剧发展史上有重要意义的一年。这年,中央电视台播出电视剧 103 部,比 1979 年增长了 5 倍;全国电视剧生产总量达到 177 集,相当于 1978 年的 22 倍,是中国电视剧发展史上的第一个生产高峰。电视剧的艺术质量也有所提高,涌现了一批思想性强、人物真实可信、富有艺术感染力的作品,标志着中国电视剧的复苏。

1981 年中央电视台共播出《新岸》《大地情深》《卖大饼的姑娘》等电视剧共 118 部,在数量和质量上稳中有进。

1982 年,我国电视剧生产达到了一个新的水平,全国生产电视剧 333 集。其中的优秀作品大量涌现,包括《蹉跎岁月》《鲁迅》《武松》《上海屋檐下》《周总理的一天》等。香港电视剧《霍元甲》也于这一年在内地荧屏登场亮相。

1983 年,全国共生产电视剧 291 部,共 502 集,其中的优秀代表作品是《高山下的花环》《生命的故事》《华罗庚》等几部连续剧以及《女记者的外画音》《燃烧的心》《走进暴风雨》《道是无情却有情》《燕儿窝之夜》等。

1984 年,我国的电视剧不管是艺术质量还是思想内涵都达到了一个新的高度,引起了文艺界和广大观众的广泛关注。这一年制作的电视剧一跃至 1200 多集(478 部),获得了“飞天奖”的就有 14 部,除了《今夜有暴风雪》获得一等奖外,《走向远方》《新闻启示录》和儿童剧《强盗的女儿》《插班生》也比较引人注目。

1985 年,全国生产电视剧 627 部,共 1997 集,其中包括《四世同堂》《寻找回来的世界》《诸葛亮》《巴桑和她的弟妹们》《雾失楼台》等一大批受到观众欢迎的电视剧优秀作品。28 集电视连续剧《四世同堂》获得了观众和理论界的高度赞誉和强烈反响,获得第六届“飞天奖”特别奖,《寻找回来的世界》获得“飞天奖”一等奖。另外,太原电视台的《新星》在全国引起轰动,形成了一个收视高潮。

(3)20 世纪 80 年代中后期—90 年代初期,中国电视剧的蓬勃发展阶段

这一阶段,电视剧在艺术观念上逐步从戏剧和电影的遮蔽中走了出来,开始重视自身艺术规律的探索,确立了自己作为一门独立艺术的地位。电视剧所拥有的观众和巨大影响,开始逐渐超过戏剧、电影、小说等文学、艺术诸形式。同时,艺术质量有较大提高,反映现实、歌颂生活中的普通人成为创作的主流,人物性格与内心世界的刻画受到重视,观赏性越来越强,适应了不同艺术趣味和审美要求的观众的需求。电视剧真正成为大众化的综合艺术。

首先,电视剧创作迅猛发展,数量剧增,质量提高,出现了大批堪称经典的荧屏佳作。1986 年,全国生产电视剧 670 部,《雪野》《努尔哈赤》《红楼梦》《希波克拉底誓言》《丹姨》《凯旋在子夜》都是这一年代表了电视剧发展水平的优秀剧目。其中,《雪野》《努尔哈赤》获

得“飞天奖”连续剧一等奖,《红楼梦》获得“飞天奖”特别奖。1987 年,全国生产电视剧 445 部,《严凤英》《西游记》《雪城》《乌龙山剿匪记》《便衣警察》等都是备受好评的佳作。与此同时,中国电视剧开始走出国门,迈向世界,如《红楼梦》《西游记》等都打入了国际市场。1988 年,全国生产电视剧 530 部 1540 集,这一年,《济公》等几部片子还在国际上获奖。1989 年,全国生产电视剧达 1100 部左右,《上海的早晨》《商界》《十六岁的花季》等是这一年的代表作品。1990 年,全国电视剧生产在贯彻“压缩数量、提高质量” 的方针下,数量有所下降,质量却在提高,各类电视剧佳作层出不穷,标志着我国电视剧创作达到了更高的审美水平。这一年播出的 50 集电视连续剧《渴望》,造成了万人空巷的“‘渴望’现象”,至此,中国电视剧迈向了大众化、通俗化发展的新阶段。另外,《围城》《辘轳 · 女人和井》《杨乃武与小白菜》等作品也受到观众的极大喜爱。

其次,电视剧创作的风格、样式、品种丰富多样。电视小品、短剧、连续剧、系列剧、戏曲电视剧等都已出现并有长足发展。创作选材广阔,大部分作品体现了现实主义创作精神,关注现实,直面人生,塑造了众多深得观众喜爱的屏幕形象。同时,还涌现了以潘小杨、张绍林、陈家林、孙周等为代表的一批年轻、有朝气、有较高艺术修养和探索精神的电视艺术家。一些有成就的电影创作者如黄蜀芹、冯小宁等也纷纷参与电视剧创作,而“文化大革命”前就已从事电视剧创作的王扶林等艺术家这时也重新开始艺术创作。这些人才的聚合,形成了一支不断壮大的人才济济的电视剧创作队伍。

(4)20 世纪 90 年代初—90 年代末,中国电视剧的成熟阶段

这一时期,随着我国社会主义市场经济发展方向的逐步确立,以及对“弘扬主旋律,提倡多样化”指导思想的贯彻,电视剧创作在保持高速增长的同时,电视剧创作市场化的特征日益明显,各类电视剧制作机构如雨后春笋不断出现,电视剧新作层出不穷,涌现了一大批反映城市、乡村变革和“倡廉反腐”的优秀作品以及革命历史题材电视剧。电视剧创作在加强时代精神的同时,观赏性逐步增强,屏幕上刮起了一阵阵通俗剧的流行风。中国电视剧的发展进入了成熟阶段。

首先,电视剧生产趋向多元化,电视剧的创作规模扩大,产量剧增,品种、类型更加丰富,通俗剧蓬勃兴起,创作风格多样,艺术水平持续提高。1991—1995 年,电视剧的年生产基本稳定在 5000 ~ 6000 集;1997 年,全国生产电视剧达 10000 集。电视剧的内容与时代联系更为密切,艺术形式更为丰富多样,不仅数量大,而且质量较高、有轰动效应、受到观众欢迎的作品日益增加,电视剧整个创作水平普遍提高,开始进入成熟期。1991 年,北京电视艺术中心继《渴望》之后,又录制了 26 集室内电视喜剧《编辑部的故事》。这是我国第一部电视系列喜剧,它的出现拓展了我国电视剧的美学品格。1992 年正值“出国热”“留学热”的时期,北京电视艺术中心与中国电视剧制作中心合拍了《北京人在纽约》。该剧抓住了当时社会生活中的“出国热”,凭借精心的制作和演员出色的演技在海内外华人文化圈引起了强烈反响。1994 年和 1997 年中国电视剧制作中心继 80 年代将《红楼梦》《西游记》改编为电视剧搬上荧屏后,又精心筹拍了 84 集电视连续剧《三国演义》和 43 集电视连续剧《水浒传》。这两部电视精品的成功推出,给四大古典名著的改编画上了一个圆满的句号。这一时期,还出现了以“戏说”的方式拍摄的历史剧,如 1993 年的《戏说乾隆》、1996 年的《宰相刘罗锅》、1999 年的《还珠格格》等。

其次,涌现了一大批走向成熟的电视剧导演和表演艺术家。中国的电视剧导演绝大多数是在这一阶段走向成熟的,主要有王扶林、张绍林、陈家林、潘霞、蔡晓晴、尤小刚、郑晓龙、杨洁、赵宝刚、孙周、黄蜀芹、鲁晓威、潘小扬、胡玫、李少红等。他们大部分或毕业于电影学院,或由电影导演转行从事电视剧导演,或始终影视双栖。年轻,有扎实的文化理论基础,富于开拓精神,成为这一代电视剧导演的共同特点。与此同时,电视剧演艺队伍,也开始走向成熟,涌现了一批知名的电视剧表演艺术家。20 世纪 90 年代以来,电视剧成就着演员,演员也成就着电视剧。在双向互促过程中,涌现了一批广受欢迎的演员。其中男演员有周里京、姜文、葛优、谢园、李雪健、陈道明、李保田、张丰毅、王志文、陈宝国、濮存昕、孙海英等;女演员有刘晓庆、许晴、王姬、陈红、徐帆、江姗、吕丽萍、陈小艺、赵薇、周迅等。他们塑造了一批活灵活现的典型形象,给观众留下了深刻的印象。

再次,电视剧创作市场化运作也逐渐走向成熟。20 世纪 80 年代中期以前,我国的电视剧制作经费基本来源于政府拨款。此后,电视剧的生产资金越来越多地来自于社会、企业、甚至来自于国外和港台地区。进入 90 年代以后,中国电视剧创作开始走上产业化道路,步入"基地化"生产模式,产量逐年剧增,已经成为世界上制作电视剧最多的国家之一。

综上所述,这一时期推动电视剧发展走向成熟的因素是多方面的,既包括国家政策、市场环境、人才队伍、技术发展等因素,也包括电视剧艺术本身的探索、创新,是在这多种合力的共同作用下促成的。

(5)2000 年之后,中国电视剧的繁荣兴盛阶段

进入 21 世纪以后,广播电视工作紧紧围绕党和国家工作大局,唱响主旋律,打好主动仗,各方面工作都取得了明显的进展。电视剧发展保持了良好的势头,开始以质取胜,精品数量持续增长,节目观赏性进一步提高,节目类型更加完善,涌现了不少热播剧。

2000 年,各级电视台重点组织、规划、推出了《钢铁是怎样炼成的》《突出重围》《壮志凌云》《我亲爱的祖国》《大雪无痕》《惊涛》等一批弘扬优秀民族文化、反映革命历史和改革开放题材的剧目。该年播出的《贫嘴张大民的幸福生活》还推动了平民剧的发展。

2001 年,适逢中国共产党成立 80 周年,以《长征》《日出东方》《少奇同志》《向前,向前》为代表的重大革命历史题材献礼电视剧,在荧屏上形成了一道壮美耀眼的风景线。一批直接反映改革开放和现代化建设生活的优秀作品,如《忠诚》《苍山如海》《大法官》《大雪无痕》《红色康乃馨》《女子特警队》等,也先后在中央电视台主频道黄金时段播出。此外,在题材广泛、风格多样、艺术创新等方面,也有可喜的进展。《康熙王朝》《大明宫词》《天下粮仓》和《大宅门》等作品在场面调度、美工置景、演员表演、气氛营造等方面取得了很好的效果;电视短剧《咱老百姓》,系列剧《重案六组》《闲人马大姐》等也在艺术上作了很多有益的探索。当年,《铁齿铜牙纪晓岚》《空镜子》《笑傲江湖》《卧虎藏龙》《情深深雨蒙蒙》等电视剧在播出后引起了不少争议,但同时也取得了非常好的收视效果。

2002 年的中国电视荧屏可谓绚丽多彩,反腐剧、农村剧、历史剧、情感剧、生活剧等都给人留下了深刻的印象。这一年中国电视剧在创作观念有了进一步更新,弘扬"主旋律"时更注重"以人写史",不再空洞地说教,而更加着力反映人物在特定历史时期的内心世界,以此来反观历史。同时,主旋律创作摆脱了过去同类题材"一窝蜂"上的局面,创作力度显著增强。重大革命历史题材的《中原突围》《罗荣桓元帅》,军旅题材的《导弹旅长》《DA 师》《激

情燃烧的岁月》《炊事班的故事》，改革题材的《省委书记》《没有冬天的海岛》《干部》等电视剧，塑造了一批鲜活的人物形象。

随着电视剧市场的繁荣，越来越多在电影业颇有成绩的导演加入到电视剧制作队伍，如吴子牛、郭宝昌、田壮壮、谢晋等。这些导演把电影拍摄的各种手法带入到电视剧制作中，不但强调服装造型的精美、镜头场景的衔接，还重视演员的实力和号召力。

这一阶段，随着我国广播影视业市场化改革的逐渐深化，以收视率为风向标的电视剧制播，掀起了一波又一波的流行风潮，主要有：

涉案剧风潮：《背叛》《大雪无痕》《黑洞》《黑冰》《绝对控制》《浮华背后》《红蜘蛛》《步步紧逼》等

古装武侠剧风潮：《太极宗师》《雪花女神龙》《连城诀》《名扬花鼓》《七剑下天山》《萍踪侠影》《少林僧兵》等

翻拍剧风潮：新《还珠格格》、新《西游记》、新《三国演义》、新《水浒传》、新《红楼梦》以及新《天龙八部》、新《雪山飞狐》等金庸武侠剧和《新流星蝴蝶剑》《天涯明月刀》等古龙武侠剧的翻拍等

续集热风潮：《还珠格格Ⅲ》《闯关东Ⅱ》《大宅门Ⅱ》《一起又看流星雨》等

神话剧风潮：《宝莲灯》《精卫填海》《天仙配》《天师钟馗》《十二生肖传奇》《天地姻缘七仙女》等

“红色经典”改编剧风潮：《红旗谱》《烈火金刚》《林海雪原》《野火春风斗古城》《敌后武工队》《地道战》《永不消失的电波》等

“穿越”剧风潮：《神话》《宫》《步步惊心》等

谍战剧风潮：《暗算》《潜伏》《誓言无声》《黎明之前》《伪装者》《铁核桃》等

家庭关系剧风潮：《双面胶》《媳妇的美好时代》《婆婆来了》《虎妈猫爸》等

古装玄幻剧风潮：《古剑奇谭》《花千骨》《青丘狐传说》《三生三世十里桃花》等

医疗剧风潮：《柳叶刀》《医者仁心》《心术》《产科医生》《长大》《外科风云》《急诊科医生》等

职场剧风潮：《杜拉拉升职记》《实习生》《翻译官》《欢乐颂》《华丽上班族》《职场是个技术活》等

诚然，电视剧市场出现的一系列流行风潮，是电视剧创作走向类型化的体现，客观上也是电视剧创作风格成熟的标志，但这些流行风潮也带来了一些弊端，使得电视剧创作出现了浮夸情绪，严重的题材撞车也造成了资源的极大浪费。此外，有些风潮的流行也带来了极为不好的社会影响，譬如，涉案剧风潮所引发的人们对现实社会安全感评价的偏差；“红色经典”改编剧风潮所导致的不尊重经典，将英雄人物事迹娱乐化、低俗化的问题；“穿越剧”风潮所带来随意颠覆历史，不恰当地宣扬宿命论、转世轮回等消极、迷信思想的问题等。

在这期间，中国电视剧市场还出现了引进剧风潮，其中韩剧的热播堪为一大电视奇观。制作精良，画面唯美，能带给人以充分的视觉满足与审美愉悦等多方面原因，使得《蓝色生死恋》《明成皇后》《黄手帕》《大长今》《人鱼小姐》《爱情的条件》《加油！金顺》《朗朗和检察官》《来自星星的你》等韩剧获得了较高的收视人气。

此外，网络剧的兴起，也是此阶段的一大热点现象。国内网络自制剧最早是从 2008 年

优酷网推出的《嘻哈四重奏》作品开始的，经过几年的探索性发展，逐渐积累了一定的制作与营销经验。2014 年，国内多家视频网站纷纷宣布加大自制剧的投入力度，并提出 2014 年是“网络自制剧元年”的概念。此后，《太子妃升职记》《万万没想到》《盗墓笔记》等一批获得极高的点击率和关注度的网络自制剧陆续问世。2016 年，中国网络剧迎来了爆发之年。在这一年里，大量的网络剧涌现，其中不乏《余罪》《法医秦明》《最好的我们》等口碑之作。同样是这一年，网络剧成为在线视频网站的必争之地，乐视、爱奇艺、搜狐、优酷等视频网站纷纷加大自制网剧的投入，在网剧上大做文章。也是在这一年，台网（电视台与网络）壁垒逐渐打破，除了台网联播形式，网络剧开始反向输入电视台，电视剧、网络剧的界限开始变得模糊。2017 年，电视台与视频网站的互动关系更加紧密，“先台后网”“网台同步”“先网后台”等电视剧播放模式交替出现。

3. 当前我国电视剧发展中存在的问题

当前，我国电视剧发展虽然已经进入了繁荣兴盛的阶段，但其中也存有着不少值得人们关注和思考的问题。

首先，电视剧数量逐年猛增，市场总体供大于求，但是精品不多，高品质的电视剧仍然比较缺乏。2001 年起我国电视剧产量开始快速增长，特别是 2003 年我国电视剧年产量突破 1 万集大关后，每年大约以 1000 集的速度增长，2012 年更创下 1.7 万集历史新高。此后，我国电视剧产量一直保持在年均生产 400 部上下、1.5 万集左右的高位，这使得电视剧市场供求关系发生了显著逆转。全国每年生产的电视剧只有一部分能登上电视荧屏播映，其余的即便有视频网站可以作为播出平台，但是能够产生较好盈收效果的并不多。尽管每年也会有一些质量好的电视剧面世，但乏善可陈的电视剧也不少。2016 年，全国各类电视剧制作机构制作完成并获得发行许可的电视剧共有 334 部 14912 集，较 2015 年减少 60 部 1628 集，电视剧制作逐渐回归理性。表 5-1 是我国 2011—2016 年获得发行许可的电视剧数量情况汇总表，表 5-2 是 2016 年全国电视节目按类别播出时间情况表。

2011—2016 年获得发行许可电视剧数量情况 表 5-1

年份（年）	2011	2012	2013	2014	2015	2016
部数	469	506	441	429	394	334
集数	14942	17703	15770	15983	16540	14912

数据来源：国家新闻出版广电总局发展研究中心《中国广播电影电视发展报告（2017）》

2016 年全国电视节目按类别播出时间情况 表 5-2

电视节目播出类别	时间（万小时）	占全年电视节目播出的比重（%）
全年公共电视节目播出时间合计	1792.44	100.00
播出新闻资讯类电视节目	260.18	14.52
播出专题服务类电视节目	228.60	12.75
播出综艺类电视节目	144.52	8.06
播出影视剧类电视节目	765.20	42.69
播出广告类电视节目	192.33	10.73
播出其他类电视节目	201.61	11.25

数据来源：国家新闻出版广电总局发展研究中心《中国广播电影电视发展报告（2017）》

其次,电视剧创作中存在着一定的题材同质化倾向,“跟风”现象比较盛行,故事创新性还有待加强,价值引领能力也需要提升。从当前的电视剧创作来看,存在着好剧本匮乏、内容虚假浮夸、情节拖沓等病症,题材撞车、反复翻拍等问题突出,甚至出现了粗制滥造的情况。2016 年,全国电视剧拍摄制作备案公示所受理申报项目达到了 1646 部 64674 集,经过审核和宏观调控,通过备案公示的剧目共 1208 部 47802 集,有 400 多部近 20000 集没有通过公示。❶ 显然,提升电视剧创作质量进而提高电视剧供给质量,满足观众对优质电视剧的期待,已成为我国电视剧创作与生产中特别需要关注的问题。

再次,电视剧产业生态问题凸显,政府相关部门须加强监管与治理力度。近年来,随着广播电视产业化改革的深化,电视剧的运营模式发生了很大变化。在新的灵活运营机制下,更多的社会力量、社会人才,参与到电视剧制作中,这无疑有利于电视剧产业的做大做强。不过,也应该清醒看到,目前我国电视剧生产机构较多、产量也比较庞大,但行业资源分散、产业集中度低、缺乏规模经济效益,难以提质增效。加之,供需结构相对失衡,产销不对路,资源浪费严重,投资的不确定性风险较高以及海外市场拓展能力不足等,这些因素都给我国电视剧产业的健康发展带来了较大的消极影响。

据此,政府相关部门应该加强行业监管力度,通过构建更为科学合理的市场准入机制,完善备案公示制度,加强发行播出审查,合理管控电视剧的生产和流通,进一步细分市场,强化精品意识以及多样化的艺术探索,丰富电视剧产品形态,促使电视剧生产真正朝着以“精品战略为主的多元互补格局”迈进。同时,监管中,在推动电视剧生产“适销对路”的基础上,更加注重电视剧的艺术品格,更加强调电视剧的文化内涵,杜绝劣质剧、“注水剧”进入市场,从供给侧结构性改革的角度,优化电视剧产业生态,进而最终使电视剧产业的发展符合国家文化产业发展的整体利益与长远利益诉求。

第五节　广播电视服务性节目

20 世纪 90 年代初期,我国确立了发展社会主义市场经济的改革方向。自此以后,我国广播电视媒体日益走向市场,开办开播服务性节目、强化自身的服务功能越来越受到重视。

一、广播电视服务性节目的界定与主要特点

广播电视本质上是一种服务于社会公众的传播媒介,服务性节目在人们的生活中可以说是直接扮演着“服务使者”的角色。

(一)广播电视服务性节目的界定

从广义上说,所有的广播电视节目都是服务性质的。这里所说的服务性节目是狭义上的,即是指“以实用性内容为主,直接为听众、观众日常生活、学习、工作服务的广播、电视节

---

❶ 国家新闻出版广电总局发展研究中心:《中国广播电影电视发展报告(2017)》,第 152 页,中国广播影视出版社,2017 年 7 月。

目。”[1]这类节目,针对性、实用性很强,主要通过传播信息、解答问题和反映群众呼声,帮助受众解决日常生活、工作和学习中的各种实际问题,为社会提供直接、具体的服务。

(二)广播电视服务性节目的特点

广播电视服务性节目注重使用价值,力求满足人们现实生活中的各种服务需求。因此,它们通常具有如下几个特点:

1. 实用性

强烈的实用性,是服务性节目的突出特点。服务性节目通过提供各种实际有用的信息来满足人们生活中的实际需求。看完节目,会给人们的衣、食、住、行等方面带来许多便利。

2. 显著的受众本位

服务性节目天生具有“平民意识”,它以“服务至上”为节目理念,立足于为广大受众提供具有参考价值的相关实用性信息,重视与受众的互动,讲究传播的贴近性与亲和力,体现出显著的受众本位色彩。

3. 影响的直接性

广播电视服务性节目的内容一般与人们生活有某种直接的关系,能够满足人们日常中的直接功利需要。这一点也是它与新闻节目、文艺节目、娱乐节目的显著区别,尽管这些节目也都无一例外地能给人们提供服务,如信息、娱乐等,但它们与人们的生活并没有某种直接关系,它们对人们生活的影响也往往是间接性的。

二、广播电视服务性节目的作用

从早先广播电台设立的《听众信箱》节目,到现如今出现的各类侧重专业化服务的频率、频道的开办,如“交通台”“资讯台”等,服务性节目在广播电视节目中所占的比重越来越大,地位越来越重要,也越来越受到受众的欢迎。

眼下,很多广播电台、电视台都提出了“服务至上”的办台理念,把创办好服务性节目作为节目改革的突破口,一大批优秀的服务性节目脱颖而出,在社会上发挥着越来越大的影响和作用。同时,受众对广播电视服务性节目的依赖也越来越强烈。广播电视服务性节目通过传递信息、做咨询、当参谋、反映群众呼声等方式,为社会各界民众解决各种实际问题,为受众排忧解难,能对受众的心理、情感和现实生活产生直接的影响。具体来看,广播电视服务性节目的作用主要体现在以下四个方面:

1. 为受众提供思想认识方面的服务

广播电视媒体原本就具有显著的社会教育功能,能够帮助受众增长知识、提高思想认识、提升道德修养。与新闻节目、社教节目不同,广播电视服务性节目一般采用谈心、交流、指导对方自我反省与自我教育的方式对受众进行疏导、启发,提供思想认识服务。广播电视服务性节目提供的思想认识服务范围十分广泛,大到政府的方针、政策、世情、民风,小到个人的理想前途、婚姻情感、人际关系。如中央电视台财经频道《生活》栏目播出的不少节目,在引导观众树立新的生活观念、建构新的生活方式方面都产生了良好影响。

---

[1] 赵玉明、王福顺:《广播电视辞典》,第230页,中国传媒大学出版社,1999年10月。

2. 为受众提供实际生活方面的服务

与其他大众传播媒介不同，广播电视媒体具有更大的渗透力，可以深入到千万受众的家庭，为他们提供更多的日常生活方面的服务。明天天气怎样，是否适合出行？股价跌了没有，如何避险理财？油价上涨了多少，市场供应情况如何？鱼香肉丝怎么烧？……凡此种种生活内容，都可以从服务性节目中得到相应的指导和服务。

3. 服务社会生产，联通产、供、销

广播电视服务性节目能够通过迅速、广泛地传递信息，推动社会生产，联通商品的产、供、销各环节，进而为社会经济的发展起到重要的助推作用。这一点，在广播电视广告上体现得尤为充分。

4. 为广播电视业自身的发展开辟财源

毋庸讳言，广播电视是一类重装备且高消耗的传媒。发展广播电视事业，光靠政府的财政拨款是远远不够的，需要广开财源。广播电视广告既是广播电视媒体为受众提供的重要服务内容，也是广播电视媒体开辟财源的重要手段，能够为广播电视业的发展积蓄财力。目前，广播电视广告收入已成为各级广播电台、电视台最为重要的经济收入来源。

三、广播电视服务性节目的类型

广播电视服务性节目这一范畴内容广泛，具有纷繁多样的节目品种。根据节目的不同形态和内容，可以把它分成许多具体类型。

1. 按节目形态划分

(1)专项服务节目。只为受众提供一个方面或一个问题的具体服务的节目，其内容单一而集中，人们收听、收看的目的性强，几分钟就能得到一种知识，或解决一个实际问题。它以给人们的生活和工作提供方便为目的。如天气预报、广播体操、报时、烹调节目、外汇牌价等。

(2)综合服务节目。是一种栏目型的服务性节目，这类节目服务项目多、涉及面广，注重受众的参与，常常采用回答受众问题、选播受众来信的形式为受众衣食住行等方面服务。如中央电视台《为您服务》、上海电视台《生活之友》、广东电视台《家庭百事通》等节目。综合型服务节目，常常采用节目主持人形式，这样可以灵活自由地办好节目。

2. 按节目内容划分

广播电视服务性节目按节目内容划分，有许多种类型，下面介绍其中的几种主要类型。

(1)信息服务节目。即为受众提供专门的信息服务，这类信息与受众的日常生活有密切联系，如《正点报时》《天气预报》《交通信息》《股市行情》《外汇牌价》等。

(2)咨询服务节目。为百姓排忧解难，提供生活指导、生产参谋的节目，如各类民生热线、情感热线、健康热线服务节目。

(3)技能服务节目。即在节目中具体介绍某种技术、技能，供受众学习、掌握，如烹调、摄影、美容、减肥、房屋装修等，以满足受众的生活需要。如中央电视台《天天饮食》、云南卫视《我要你美丽》、北京卫视《养生堂》、东方卫视《梦想改造家》等节目。

(4)情感服务节目。向受众提供婚恋交友、情感调解、寻找亲情等生活服务内容的节目，如天津卫视《爱情保卫战》、江苏卫视《非诚勿扰》、江西卫视《金牌调解》、中央电视台一套综合频道《等着我》等。

(5)职场服务节目。为广大受众提供求职、应聘服务内容的节目,如中国教育电视台《职来职往》、天津卫视《非你莫属》、东南卫视《步步为赢》等。

(6)广告服务节目。广告是广播电视节目中很常见的一种服务性节目,它在促进生产、扩大流通、指导消费、活跃经济、方便人民生活及发展贸易等方面都有积极的作用。

四、广播电视广告节目

广告是商品经济发展的产物。广告的含义有广义和狭义之分,“广义的广告既包括以赢利为目的的商品或劳务信息等传播形式,也包括不以赢利为目的、非经营性的社会公益广告、社会服务公告、各类声明、启事等传播手段。狭义的广告,也称商业广告,是指借助特定的媒体,向目标消费者传达特定的商品或劳务信息,以求达到预定目的的传播手段。”❶广告本质上是一种信息传播活动,它一般需要通过报刊、广播、电视、网络等大众传媒或借助招贴、幻灯、橱窗布置、商品陈列等介质形式来进行。

广播电视广告是一种特殊的专项服务节目,它在促进生产、扩大流通、指导消费、活跃经济、方便人民生活和发展贸易等方面都有积极的作用,并能为广播电视事业的发展提供财力支持。

(一)广播电视广告的特性

广播电视广告节目与其他类型的广播电视节目相比,有很多共同点,如公开性、时效性和影响的广泛性等特点,但也有许多不同之处。总的来看,广播电视广告节目具有如下特性:

1. 强烈的功利性

广告既是一种信息,又是一种传递信息的方式,其目的在于推销商品、劳务、影响舆论、博得政治支持、推进一种事业或引起刊登广告者所希望的其他反应。因此,强烈的功利性是广播电视广告的突出特性。

2. 传播的重复性

广播电视广告虽然也讲求发布的时效性,但更强调在特定时间范围内的影响效果,因此更多的是采取一种连续的重复播出形式,以增强受众的感知度。

3. 明确的劝服性

广播电视广告以影响受众的认知和行为为直接目的,带有明确的劝服性色彩,明确劝导消费者采取广告主所期望的与所广告内容相关的行动。

4. 公开的付费性

广告不同于其他信息传播形式,它必须由广告主付给传递信息的媒介以一定的报酬,支付相应的传播费用。广播电视广告收入也借此成为广播电视媒体的重要经济来源。

(二)广播电视广告的类型

广播电视广告具有众多形态和样式,依据不同的标准,可以将其分为不同的类型。

---

❶ 赵玉明、王福顺:《广播电视辞典》,第163页,中国传媒大学出版社,1999年10月。

1. 按媒体类别来分

(1)广播广告

广播广告是以广播作为媒介,通过语言和音响效果等听觉诉求方式来传递产品或劳务信息的广告。广播广告在传播上具有不受时间、空间限制,播出灵活,覆盖面广,传收同步,信息快捷等优点,同时制作简便,费用低廉。由于听众在收听广播广告的同时可以从事其他活动,所以对广告的抗拒性比其他大众媒体广告要小。它的劣势是只依赖声音手段,不能让受众对广告产品产生直观认识,对于那些需要靠视觉来了解的商品来说,宣传效果较差。此外,广播广告信息消失快,不易保存。

(2)电视广告

电视广告是以电视作为媒介,以视觉形象和听觉形象相结合的形式来传递产品或劳务信息的广告。电视广告具有声像兼备,时效性、直观性和诉求力强,宣传效果好等优点,可以在短期内迅速提高企业和产品的知名度。它的劣势在于传播稍纵即逝,广告信息不便保存;对商品的性能、特点等不可能作详细说明;另外,广告费用较高,时间限制较大。

1979 年 1 月 28 日,上海电视台播出了我国第一条电视广告——上海药材公司的参桂补酒广告。1986 年,贵州电视台率先播出了以节约用水为主题的公益广告,引起了广告界的注意。1987 年 10 月,中央电视台在黄金时间正式开办了公益广告节目《广而告之》。20 世纪 90 年代之后,电视广告数量越来越多,类型也越来越多样化。现阶段,电视广告已经是电视节目中的一个重要内容了。不少创意甚佳的广告,在为人们提供信息服务的同时,也给人们带来了美好的视觉享受。现今,电视广告的主要形式有:

①常态广告节目。有专门的节目播出时段,一般有 5 秒、10 秒、15 秒、30 秒、60 秒时长等几种形式。如中央电视台《新闻联播》节目前后的广告等。

②贴片广告。插入正常的节目之中,每次播出时都以“特约播映”“独家赞助”或“冠名播出”等方式为广告主做宣传,广告主一般为节目的赞助方。如一些专题节目、电视剧在播出时常带有贴片广告。

③植入式广告(隐性广告)。常以道具、布景、服饰、台词等形式出现在正常节目之中,与该节目融为一体。近些年来,一些晚会节目、电视剧中就出现了大量的植入式广告。比如图 5-7 中,演员围裙上醒目的“鲁花”二字,就是植入的产品广告。

图 5-7　2010 年春晚小品《五十块钱》中的植入式广告

2. 按广告传播范围来分

(1)地区性广告

选取区域性的广播电视媒介,如市、县级广播电台、电视台或未覆盖全国的省级电台、电视台等,在某一特定区域内发布的广告。

(2)全国性广告

选取全国性的广播电视媒介,如中央电视台、省级卫视频道、中央人民广播电台等,面向全国范围发布的广告。

(3)国际性广告

国际性广告是通过国外的或是国际性的广播电视媒介,发布的适应国际市场特点的广告。国际性广告是争取国外消费者、开拓国际市场必不可少的手段。

(三)广播电视广告的刊播要求

在我国,广播电视广告的刊播需要遵循相关的要求,具体来说主要有:

1. 广告内容要真实、合法,要合乎社会的公序良俗

真实是广告的生命,发布虚假广告是不道德的行为,甚至会承担法律责任。广播电视媒体信息覆盖面广,影响范围大,其广告内容更要讲求真实性、合法性,否则带来的社会危害会更大。在我国,广告内容要健康,刊播烟草、色情广告都属于违法行为。

2. 广告发布在时间上要遵循相关规定

广播电视媒体是以制作和传播广播电视节目,满足受众的精神文化需求为基本目标的,不能也不允许无原则地随意播放广告。广播电视广告在发布时段、占用节目时长、与受众接触频率方面都要严格遵循相关管理规定。尤其要注意的是,不要在新闻节目中插入广告。

3. 严格区分新闻与广告,不得搞新闻广告(有偿新闻)

这是国际社会普遍接受和认同的一个基本道德规范。新闻与广告虽然都属于信息传播活动,但二者有本质上的差别。广播电视在刊播时只有对新闻与广告进行严格区分,才能最大限度地维护社会公众的利益。

4. 广告要讲究审美性

广告要吸引受众关注,取得良好的传播效果,必须有好创意,讲究审美性。广播电视广告在设计、创作、传播中都要注重艺术性,力求形象、生动、富有感染力,能给听众、观众带来精神愉悦感和审美享受。

为了加强对广播电视广告活动的管理,2003 年 9 月国家广电总局颁布《广播电视广告播放管理暂行办法》即"第 17 号令",其中的重要条款有:

第十七条 广播电台、电视台每套节目每天播放广播电视广告的比例,不得超过该套节目每天播出总量的 20%。其中,广播电台在 11:00 至 13:00 之间、电视台在19:00 至 21:00 之间,其每套节目中每小时的广告播出总量不得超过节目播出总量的 15%,即 9 分钟。

政策解读:这意味着黄金时间(19:00—21:00)的广告播出总量,不得超过 18 分钟;各频道的广告时间资源趋于统一,遏止了媒体一味增长广告时长的粗放经营模式。

第十八条 播放广播电视广告应当保持广播电视节目的完整性,除在节目自然段的间

歇外,不得随意插播广告。除19:00至21:00以外,电视台播放一集影视剧(一般为45分钟左右)中,可以插播一次广告,插播时间不得超过2.5分钟。

政策解读:规范电视剧的广告播出,限制电视剧的广告量,广电令在用市场手段遏制电视剧的滥播现象,鼓励电视台创办栏目,提高核心竞争力。

第十九条　播放广播电视广告应当尊重大众生活习惯,不得在6:30至7:30、11:30至12:30以及18:30至20:00之间人们用餐时播放容易引起受众反感的广告,如治疗痔疮、脚气等类药品及卫生巾等卫生用品的广告。

第二十条　广播电台、电视台应当严格按照国家有关规定控制酒类广告的播出。每套电视节目每日播放的酒类广告不超过12条,其中19:00至21:00间不超过2条;每套广播节目每小时播放的酒类广告,不得超过2条。

政策解读:照顾观众的收视习惯,规范特殊品类的广告播出。

第二十一条　发射台、转播台(包括差转台、收转台)、有线广播电视传输网络机构在转播和传输广播电视节目时,应当保证被转播和传输节目的完整性。不得以任何形式插播自行组织的广告,不得随意切换原广告或以游动字幕、叠加字幕等形式干扰节目的完整性。

政策解读:规范转播,可以确保全国性频道的广告到达效果。

2009年10月,国家广播电影电视总局又颁布了《广播电视广告播出管理办法》(第61号令,又称"新17号令"),并于2010年1月1日起正式生效。该法令对广告内容、广告播出、监督管理、法律责任都做出了明确限定。2011年11月,国家广播电影电视总局又审议通过了《〈广播电视广告播出管理办法〉的补充规定》,并于2012年1月1日起施行。该补充规定特别就"61号令"中的第十七条即"播出电视剧时,可以在每集(以45分钟计)中插播2次商业广告,每次时长不得超过1分30秒。其中,在19:00至21:00之间播出电视剧时,每集中可以插播1次商业广告,时长不得超过1分钟。"做出了修改:"播出电视剧时,不得在每集(以四十五分钟计)中间以任何形式插播广告。"对相关法令条款的修改,充分显示了国家广播电视主管部门强化广播电视广告播出管理的价值诉求——坚持把社会效益放在首位,充分发挥广播电视构建公共文化服务体系、提高公共文化服务水平、保障人民基本文化权益的作用。

第六节　广播电视谈话节目

谈话类节目的崛起与发展是20世纪90年代以来中国广播电视界的一大景观。谈话节目借助现代传播手段,将人们感兴趣的话题,以及人与人之间的亲切、真实、自然的谈话,展现在大众面前,拉近了传播者与受众的距离。谈话类节目一经出现,即以其独特的魅力赢得了受众的普遍欢迎和热烈反响。

一、广播电视谈话节目溯源

谈话,是人类所特有的、也是最普遍的信息交流方式及传播方式。谈话节目,英文名talk show,是一种以谈话为主要表现内容的节目形式,一般由主持人、嘉宾以及现场观众就预先设定的话题在演播现场进行讨论或辩论,通常不事先备稿,脱口而出,因而在港台也被形象地称为"脱口秀"节目。谈话节目中的嘉宾可以是与所讨论话题有关的政府官员、学者、专家或社会知名人士,也可以是普通受众,他们在主持人引导之下将话题即兴展开,所谈的内容通常能在相当程度上引起公众的兴趣与关注。

很显然,广播电视谈话节目不是人们私下谈话的完全照搬。首先,广播电视谈话节目有一定的时间限制,一般是半小时到一个小时,而一般的谈话有话则长,无话则短;其次,每次的广播电视谈话节目一般有一个主题,参与者都要围绕这个主题展开谈话,陈述事实或表达自己的见解,而私下的谈话则可有多个主题或无主题;最后,广播电视谈话节目常常有主持人把握谈话的进展,私下的谈话则一般随心所欲一些,没有一定的谈话轨道。

广播电视谈话节目与一般的广播电视节目也有所不同,不是任何一种含有谈话成分在内的广播电视节目都可称为广播电视谈话节目,而只有那些以谈话为主要形式的广播电视节目才可以称之为广播电视谈话节目。其实谈话节目的英文名"Talk Show"就很明白地表明了谈话节目的这一特点——它是一场谈话表演,人们在对话中进行信息的交换和思想的碰撞。

谈话节目的最早起源一般被认为是 NBC 于 1954 年推出的《今夜》节目。经过 60 多年的发展,谈话节目已经成为世界广播电视领域最重要的一种节目形态。在一些欧美国家,谈话节目常常是广播电视节目的重头戏。如美国 CNN 的《拉里·金时间》、NBC 环球电视台的《艾伦秀》等。据统计,在西方各电视机构播出的节目中,谈话类节目占了 60% ~70% 。在美国,每天有上百档谈话节目在各级电视机构播出,其中各种政治脱口秀更是极具特色。1986 年 9 月,芝加哥一档名为《奥普拉·温芙瑞秀》的电视节目进入全美辛迪加,在全美 138 个电视台中播出,主持人奥普拉·温芙瑞迅速地由一名地方节目主持人成为闻名全国的电视脱口秀明星,在那之后长达 8 年的时间里,《奥普拉·温芙瑞秀》的收视率一直位居电视谈话节目的首位,奥普拉·温芙瑞也因此而成为"脱口秀女王"。

谈话节目在我国兴起于 20 世纪 90 年代。谈话节目改变了传统广播电视节目那种"你播我听""你播我看"的以传者为中心的单向传播模式,通过让主持人、嘉宾和参与节目的受众在同一时空中进行你问我答、平等讨论,从而实现了传受双方的平等交流,因而具有亲切、自然、随意、真实的特点,受到民众的普遍欢迎。

二、广播电视谈话节目的构成要素

广播电视谈话节目通常由话题、主持人、嘉宾、现场观众、谈话场域等要素构成。

1. 话题

或称谈话主题,即谈话的中心问题,可以是新闻性的也可以是非新闻性的,可以是具体的也可以是抽象的。谈话话题的展开方式,通常有两种:一种方式是主持人、嘉宾和群众"三结合"的大场面群言模式,如《实话实说》《对话》等;另一种方式是主持人与嘉宾(一个或几个)对话模式,如《锵锵三人行》,主持人窦文涛和他的两个伙伴(嘉宾主持)就一些时事、人物或话题,展开一些即兴式的、随意的评述和交谈。

2. 主持人

对于谈话节目而言,主持人非常重要,是其不可或缺的节目要素。主持人在谈话节目中主要起串联话题、调节氛围以及把控现场的作用。

3. 嘉宾

谈话节目的嘉宾一般由在某个领域中有一定素养的专家、学者担任，或者由与主题相关的当事人、事件关联人担任，其职责是对话题提出权威观点或有价值的见解。

4. 现场观众

现场观众通常也是谈话节目的一个构成要素，不过，有些谈话节目只有主持人和嘉宾，没有现场观众。现场观众一般是作为配合嘉宾陈述的陪衬，观众可以在谈话过程中提出问题或者发表看法，但一般情况下不能喧宾夺主，抢了嘉宾或者主持人的风头。

5. 谈话场域

主要是指谈话发生的时空环境。广播谈话节目的谈话场域既有单一的演播室形式，也有演播室 + 外部热线电话形式。电视谈话节目的谈话场域主要为演播室形式，另外，近年来也出现了演播室 + 外部场景的形式。

业界人士认为，一档谈话节目要取得成功，必须满足开放性、参与性和代偿性三方面要求。所谓开放性，是指谈话内容要不受拘束，无论是嘉宾还是观众，都能够无拘无束地发表自己的看法。开放性能够使人们的思想受到冲击，从而提高对谈话内容的兴趣。为了表现开放性，一些谈话节目往往选择十分敏感的话题来展开讨论。例如，美国广播公司的黄金时段谈话节目《政治不正确》(Politically Incorrect)就是一个这样的节目，它每晚从政界、媒体、文学界、娱乐圈找来四位嘉宾，讨论当天最热门的话题，主持人则在这一过程中不断地对现实进行冷嘲热讽。时代华纳推出的《珍尼·琼斯秀》则是从暴露隐私中创造开放性，例如，请母亲谈论自己未成年的女儿如何发育过早等，这些在日常生活中无法听到的话题能够极大地刺激观众的兴趣。当然，对于开放性这一点还需要联系国情来考虑。

参与性是指观众对于谈话过程的介入。以往的广播电视节目，常常倾向于向受众作单向灌输，这种传播方式的专制性和排他性影响了观众的主动性和积极性。而谈话节目所提供的尊重个性的多元交流平台，隐含着民主、平等、包容的传播理念，能极大地调动观众参与的积极性。谈话节目的参与性也是不断动态发展的。在传统的谈话类节目中，能够参与谈话的只有现场观众。随着通信技术的发展，观众的非现场参与能力逐渐增强，许多谈话节目引入了电话、网络、短信等非现场参与手段，观众在听广播、看电视的过程中，可以随时通过拨打电话等方式直接参与谈话过程，提出问题或者发表意见等。观众参与性的提高，满足了人们对生活中的事件、现象表达意见和看法的欲望。

代偿性是谈话节目取得成功的第三个要求。作为将人际交流引入大众传播的产物，广播电视谈话节目的出现，实际上搭建起了一个私人化的公共话语平台，适应了转型社会中大众相对宽松的思想交流和情感释放的欲求。借助谈话节目所提供的话语平台，大众可以实现信息分享、交流思想及获得情感代偿。人们很难想象，谈话节目会出现在思想高度禁锢、存在严重精神控制的年代。同时，在生活节奏越来越快、生存压力也越来越大的现代开放社会，越来越多的人渴望通过安全、有效的渠道获取信息，同他人交流思想及分享情感体验。谈话节目的出现，无疑适应了这一要求。在一定程度上，谈话节目满足了大众窥探和知晓他人想法与看法以及分享交流的需要。谈话的形式本身是十分枯燥的，但是通过谈话节目这个平台，人们能够在有限的时空中领略到许多不同层面、不同领域的社会内容，并分享讨论公共事务、行使人文关怀的精神满足。

三、广播电视谈话节目的类型

电视节目越来越丰富的今天，人们很容易在频道的转换中找到一档谈话类节目。谈话节目在我国起步虽晚，发展却极为迅速。因其“现身”之初所彰显出的崭新的传播理念和令人耳目一新的节目形式，谈话节目一度受到了大众的广泛欢迎。当前，我国的广播电视谈话节目种类很多，依据不同的标准和视角可以将它们分成不同的类型。

（一）依据谈话的结构形式分类

依据谈话的结构形式，可以将谈话节目分为讨论型谈话节目和叙事型谈话节目两类。

1. 讨论型谈话节目

讨论型谈话节目，是就某一具体或抽象的话题，通过嘉宾和现场观众的讨论、辩论进行思想和观点的交流的一种谈话节目。节目最后一般没有定论，而是把判断的权利留给观众，给观众以思考的空间。中央电视台《实话实说》栏目中的许多节目，如《该不该减肥》《穷富之间》《勇敢》等，以及《对话》栏目中的许多节目都属于这一类别。

2. 叙事型谈话节目

叙事型谈话节目，是从对某一具有公共话题的个案或者某位嘉宾亲身经历的故事入手，通过展现故事人物身上所蕴含的情感或者成长历程，从而给受众以人生启迪的一种谈话节目。如凤凰卫视的《鲁豫有约》、中央电视台的《艺术人生》、湖北电视台的《往事》等都是叙事型谈话节目的典型代表。

（二）依据谈话的内容性质分类

依据谈话的内容性质，可以将谈话节目分为五种类型，即新闻时事类谈话节目、社会生活类谈话节目、情感交流类谈话节目、娱乐类谈话节目和专业话题类谈话节目。

1. 新闻时事类谈话节目

这类节目往往围绕社会上新近出现的热点、难点、焦点问题或者令人关注的新闻事件而引发的社会话题进行讨论，话题一般为比较严肃的“硬”话题。如，中央电视台新闻频道2003年开办的《新闻会客厅》、凤凰卫视的《时事辩论会》、中央电视台财经频道的《今日观察》（2012年更名为《央视财经评论》）等节目。这类节目对于帮助公众正确认识和理解时下的社会热点问题，正确引导社会舆论具有重要作用。

2. 社会生活类谈话节目

这类节目往往涉及婚姻、家庭、伦理、道德、教育、人际关系等社会生活内容的众多方面，讨论社会的良性运行、文化的交融沟通、人际的和谐相处，话题一般为受大众关注的“软”性话题。如中央电视台的《实话实说》《半边天》，重庆电视台的《龙门阵》等节目。

3. 情感交流类谈话节目

以主持人与单个受众交流的形式为主，有时也出现多人交流的情况，主要内容是以个人的情感抚慰为多。一般采取主持人与参与节目的受众面对面交流的形式，或由受众通过热线电话与主持人交流，进行倾诉宣泄，寻求感情慰藉，求解人生答案。主持人在节目中，往往扮演倾听者、引导者的角色，以真诚的态度诱导参与者说出内心的感受。这类节目多以广播的“夜话”节目形式出现，如中央人民广播电台的《神州夜航》、辽宁电台的《轻风夜话》、深圳电台的《夜空不寂寞》等。此外，湖南卫视的《真情》节目也属于此类。

4. 娱乐类谈话节目

这类节目的嘉宾主要是明星、知名人士以及社会公众人物等，谈话主要是围绕嘉宾个人的私人生活、绯闻以及周边新闻等进行的全方位的访问，并采用外景采访与室内访谈相结合的方式，大胆地将娱乐与谈话巧妙融合。节目的侧重点虽然仍是谈话，但内容则偏重娱乐，观众收看该节目也单纯是为了娱乐和放松，同时满足人们的偷窥心理。如台湾中天综合台的《康熙来了》、北京电视台的《超级访问》等节目都属于此类。

5. 专业话题类谈话节目

节目围绕某一专业领域内的话题，如科技、军事、理财、健康、体育、文化等领域，进行较为深入的讨论，通常会邀请相关领域的专业人士参与讨论、点评。这类节目一般安排在专业频道(频率)或者特定时间播出，以吸引特定的受众群。如中央电视台的《健康之路》、浙江电视台的《今日证券》等节目。

四、我国的广播谈话节目

广播谈话节目的发展已经有了比较长时间的历史。早期的广播谈话节目，主要采取主持人与节目嘉宾在演播间就预选设定的话题展开谈论这一形式。现今，以广播热线直播节目为代表的广播谈话节目在我国比较受听众欢迎。

(一)广播谈话节目的特点

广播谈话节目是比较能够体现广播传播特性和发挥广播传播优势的一种节目形态。广播谈话节目通常具有以下特点：

1. 节目话题涉及范围广泛

无论是宏观的、抽象的问题，还是具体的、细微的现实生活困惑，都可以在节目中展开谈论，基本上没有太多的限制。而一些比较深层次的理论问题，或比较敏感的隐私话题，则更适合在广播谈话节目中进行讨论。

2. 节目内容往往有较强的针对性和时新性

广播谈话节目，往往紧跟社会热点，针对社会上新近出现的问题或流行的思潮以及听众自身关注的现实问题及时进行讨论、答疑，有着较强的针对性和现实性。同时，不少广播谈话节目往往以新近发生的新闻事件作为话题由头，与嘉宾、听众展开探讨和交流，具有很强的时新性，也有利于调动广大听众参与其中 。

3. 制作要求简单，嘉宾、受众参与节目比较方便

广播谈话节目一般是主持人与嘉宾在电台的直播间内，以及与场外听众通过热线电话就相关话题进行讨论，所要求的设备、制作条件比较简单，嘉宾和听众参与节目都比较方便。

4. 现场控制和把关比较容易

由于广播节目只有声音元素，导播或编辑能够比较方便地事先对节目内容进行一定的过滤；加上广播在播音时都有“延时”处理程序，一旦出现问题，也能够及时处置，又不干扰节目的顺利进行，从而实现对传播内容的严格把关。

除了上述特点外，广播谈话节目由于只有声音一种信息传播符号，听众无法看到谈话者

的面容、表情、动作,在某种程度上表现力、吸引力不如同类的电视谈话节目。也正因为广播只有单一的声音信息,所以参与节目的嘉宾人数一般不宜太多,否则听众难以辨别谁是谁,影响接收。此外,对于一些画面感较强的内容,广播谈话节目在操作上有一定难度。

(二)广播“夜话”节目的出现及其社会意义

广播“夜话”节目,作为一档特殊形态的广播谈话节目,在社会上有着较大的影响力。广播“夜话”节目充分体现了广播在慰藉情感、陪伴交流方面的功效。每当夜幕降临,在中国大大小小的城市上空,就有无数电波将广播“夜话”的声音送入一个个等待滋润的听者的心田。

广播“夜话”节目,即电台在晚间时段开办的谈心节目,其基本模式就是主持人通过热线电话与听众就有关的社会、人生问题进行交流,帮助他们澄清思想认识、辨明是非,或予以心灵或情感上的抚慰、疏导的热线直播节目。广播“夜话”节目人情味浓、真实性强、贴近生活,易引发人们的共鸣和参与,常常成为高收听率节目,而其制作成本却相对低廉。因此,各地的广播电台自20世纪90年代起纷纷争相开办“夜话”节目,并一度形成了“热办”“热播”的浪潮,如,中央人民广播电台《神州夜航》、重庆电台《巴山夜话》、深圳电台《夜空不寂寞》等。

广播“夜话”节目和一般意义上的广播谈话节目有所不同,它更直接,也多了一些来自生活的真实声音。夜话节目的内容多以情感、婚恋、家庭、职场生活等为主,往往涉及人生观、价值观以及社会责任与社会伦理等问题,离不开情与理、情与利、情与义、利与欲等各方面的复杂矛盾纠葛,这就必然对主持人的素养提出了很高要求。主持人是“夜话”节目的核心元素。“夜话”节目即兴成分很大,主持人的文化素养、人生阅历、思维能力、表达水平、审美品位等的高低直接关乎节目质量的好坏。好的“夜话”节目,不仅要可听性强,听众爱听,更要具备人文内涵,体现人文情怀。这就要求主持人自己首先必须具有良好的人文素质。同时,主持人只有具备敏锐的把关意识与稳健的把关能力,才能驾驭好节目,保证节目周而复始地正常开播下去,赢得听众的认可和喜爱,进而切实履行好广播作为大众传媒的社会职责。

当今社会,随着我国经济社会的快速发展,人们的居住空间、工作条件和生活环境都发生了很大的改变,由此在思想、情感方面时常会面临许多困惑。与此同时,大量涌进城市的务工人员在进城后一时之间难以与城镇人口融为一体,由此也导致各类思想、情感问题接连不断地产生。而“量身定制”的广播“夜话”节目恰是这类社会心理、情感断层的黏合剂与调合剂。

“夜话”节目的播出形式以及节目中所涉及的话题,吸引了众多听众的参与和关注,但同时也带来了一些新的问题,即如何避免谈话中的庸俗和浅陋。“夜话”节目毕竟是站在对听众进行心灵抚慰,甚至是人生引导和精神提升的位置上而设置的。但从大众文化的角度来看,“夜话”节目中最能体现百姓意识和对社会产生影响的还是大众眼光和普通百姓的伦理价值观。因此,“夜话”节目在进行中要把握好“俗”与“雅”的关系。这里所说的“俗”是指容易走进对方心灵的、能够被受众接受的一种节目定位思想。它更多的属于表达的方式和处理的技巧,也可以说是对受众群体接受程度的一种认定。但是,它决不能粗俗,决不能用低级趣味来迎合一些听众的不健康心理,粗俗的东西应该与节目绝缘。节目本身既要喜闻乐听,又不能肤浅,更不能随意地宣泄。“俗”,更多的是一种切入方式,它的切入角度越是浅显,就越利于人们关注,越能够实现听众的广泛参与。有了“俗”导入的同时,一档好的“夜话”节目,还应有“雅”的含量和品位,从而将“俗”的命题升华为思想的撞击。浅与深,俗与雅，这是夜话节目所面临的一个十分具体的问题。“夜话”节目看似是主持人和一位听众的交流，实际上，通过节目的播出，早就超出了两人对话本身，倾听者是成千上万的。“夜话”节目只有充分增加文化含量，提升节目品位，进而提升节目的整体魅力，做到雅俗共赏，才能够走进更多百姓的生活，让更多的人在节目中受益，从而真正履行好城市文明和城市文化的载体的角色。

五、我国的电视谈话节目

电视谈话节目在西方电视界已有60多年的历史，1993年1月开播的上海东方电视台的《东方直播室》栏目，是中国国内对这种节目形式的最早尝试。之后，一些地方电视台相继开办了电视谈话节目，如广东电视台的《岭南直播室》、黑龙江电视台的《北方直播室》、广州电视台的《夜谈》、山东电视台的《午夜相伴》等。1996年3月16日，中央电视台《实话实说》栏目开播，其成为全国影响最大的电视谈话节目。

（一）电视谈话节目的特点

当前，电视谈话节目种类繁多，形态多样，数量庞大。不过，不管是何种类别的电视谈话节目，它们一般都具有以下特点：

1. 话题具有鲜明的针对性和时新性

由于电视谈话节目主要以展现谈话过程为主，镜头画面相当单调，加之主持人一般也是固定不变的，想要使节目富有吸引力，除了要发挥好主持人的作用外，节目话题的选择显得非常关键。因此，电视谈话类节目的话题，通常是紧跟社会热点，针对当前引人关注的社会问题、社会现象来展开话题讨论，具有鲜明的针对性；同时，节目内容往往以新近发生的新闻事件或新近出现的社会现象为由头展开，具有较强的时新性，有利于引起观众兴趣。

2. 表现手法多样，图文并茂，感染力强

电视谈话节目具有图像画面、音乐声响等多种信息传播符号。人们在听到谈话内容的同时，还可以看到谈话者的神情举止、表情动作。这使得它较充分地体现出人际传播的完整性，并可以通过观众的参与和即时反馈，形成人际交流的双向互动，亲和力强。同时，一些谈话节目不仅有现场谈话，还会穿插室外访谈或者一些背景音像资料的播放，以丰富节目的内容，扩展节目的信息量，从而使得节目更富有吸引力和感染力。

3. 能够带给观众强烈的现场感和临场感

电视谈话节目在组织形式上一般是以演播室为中心，以“座谈”讨论形式展开内容，较之广播的“空中谈话”，电视谈话节目具有“演播室”这样一个实体的谈话空间，具有强烈的现场感，并能给电视机前的观众带来身临其境的感官体验，满足他们的情感代偿需要。而演播室中的观众，更是能够直接参与其间，可以根据自身经验来表述自己的想法和意见，于无形中又扮演了“亲历者”的角色。

对于一档成功的电视谈话节目而言，节目主持人出色的现场把控能力和语言表现力非常关键；此外，嘉宾人选的恰当选择及其临场发挥、节目氛围的营造以及到场观众的得体配合等，也都是不可缺少的要素。

（二）国内主要知名谈话节目

20世纪90年代之后，国内先后涌现了一批比较知名的谈话节目，如中央电视台的《实话实说》《对话》《艺术人生》、凤凰卫视的《鲁豫有约》《锵锵三人行》、北京电视台的《国际双行线》以及湖南卫视的《新青年》等。这些节目有比较明确的节目定位，具备了相对成熟的节目风格，拥有较为稳定的受众群，在社会上形成了一定的影响力。毫无疑问，电视谈话节目的兴起，丰富了国内电视节目的形态，给观众提供了更多可看、好看的电视节目收视选择。

1.《实话实说》

《实话实说》是中央电视台新闻评论部于1996年春季推出的一个新栏目，节目形式为群体现场交谈，通过主持人、嘉宾、观众的共同参与和直接对话，在生动活泼的气氛中，展开社会生活或人生体验的某一话题。经过叙述、讨论或辩论，达到各抒己见、增进参与者之间交流和理解的目的。《实话实说》作为一种新型的节目样式，是中央电视台新闻评论部经过反复实验、多方咨询、不断改进，而最终推出的类似于国外的"脱口秀"的谈话类节目。1996年3月16日播出了首期《实话实说》节目，当年4月28日正式定期开播。

《实话实说》先后推出了《学生网事》《假如你有500万》《出走少年》《校园伤害伤了谁?》《我该选择出国留学吗?》《家庭协议》等一系列较有影响的节目。崔永元、和晶、阿忆都曾在该栏目中担任过节目主持人。

业内一般认为1996年央视《实话实说》节目的开播成功，正式确立了谈话类节目在我国电视领域中的地位。过去，在广播电视媒体中，人们很少听到、见到那种接近大众日常生活的对白。人们真实的思想观点、见解主张及对生活的真切感受，很少有机会在媒介空间中得到交流和碰撞。谈话节目的现身，打破了以往那种教化式、虚拟式的节目表述语态，让广大观众拾获了一种贴近生活的真实感。在谈话节目中，主持人一改往日的正襟危坐、神情肃然，而变得自然、亲切、落落大方，令人耳目一新。从某种意义上说，《实话实说》节目所开创的电视表达语态，在中国电视节目发展史上具有举足轻重的地位。2010年10月，央视停播《实话实说》。

2.《艺术人生》

《艺术人生》栏目于2000年12月22日在中央电视台综艺频道推出，已完成上百位影视、音乐、舞蹈、文学、曲艺等领域艺术家的专辑制作。主持人朱军，1996年3月在中央电视台任职至今。《艺术人生》栏目以文化关注和人文关怀的视角，对每一位艺术家的艺术历程作深刻的阐述，和观众共同分享艺术家的人生故事和人生感悟。从最初的30分钟探索期——真实记录明星心路历程，到50分钟发展期——正直品质、极端制作，直到现在的品牌期——记录时代人物，《艺术人生》经历了不断革新的发展历程。作为一档颇具有文化品位的电视谈话节目，《艺术人生》先后推出了众多深受广大观众喜爱的节目。除了先前制作的知名艺术家专辑外，近年来《艺术人生》推出的"温暖"系列、"致青春"系列等节目，也广受好评。

3.《鲁豫有约——说出你的故事》

《鲁豫有约——说出你的故事》由凤凰卫视播出，主持人为陈鲁豫。该节目是一个分享类的访问节目，分享回忆，分享故事，分享心境。节目寻访拥有特殊经历的人物，一起见证历史，思索人生，直指生命的体验与心灵秘密，创造一种新颖的谈话记录，充满人情味。曾接受访问的有影视明星成龙、钟镇涛、谢霆锋，前香港保安局局长叶刘淑仪和鲁迅之子周海婴等。节目内容包括被访者的背景、对生活的体验及其人生观等。该节目曾在凤凰网的"2002年凤凰卫视十大观众最喜爱节目评选”中获第二名。2005 年开始该节目的播出平台从凤凰卫视中文台扩大到内地省级电视台。

总的来看,作为一种由境外引入而并加以本土化改造的电视节目类型,谈话节目在我国起步虽晚,发展却极为迅速,国内的电视谈话节目曾一度达到 200 多个,算得上是观众接触频率比较高的节目品种。近年来,各式各样的谈话节目可谓应有尽有,内容涉及时政要务、社会问题、文化现象、情感生活等诸多领域,称得上是包罗万象。毫无疑问,谈话节目的兴盛,丰富了国内电视节目的形态,给观众提供了更多可供选看的电视节目内容,在我国电视节目发展历程中有着重要影响。

本章思考题

1. 何谓广播电视节目?广播电视节目有哪些基本要求?
2. 什么样的是“四分法”?“四分法”有什么优点和不足?
3. 什么是栏目?说说广播电视节目实行栏目化编排的好处。
4. 广播电视节目的声音元素包括哪些内容?它们各有什么作用?
5. 广播电视节目的画面元素包括哪些内容?它们各有什么作用?
6. 在电视节目中,有哪几种声画组合关系?
7. 什么是台标?台标的使用有何意义?
8. 电视节目中的文字有哪几种存在方式?它们各自有何作用?
9. 什么是广播电视节目创新?广播电视节目创新需要遵循哪些原则和要求?
10. 什么是广播电视节目改版?广播电视节目改版有哪些要求?
11. 广播电视新闻的主要特点有哪些?与报纸新闻相比,广播电视新闻有哪些优势?
12. 广播电视新闻有哪些基本样式?广播新闻节目有何特点?电视新闻节目有何特点?
13. 广播电视新闻节目直播与录播有什么差异?
14. 广播电视社教节目的主要特点是什么?有哪些作用?
15. 试从传播学的角度分析《百家讲坛》热播这一电视现象。
16. 纪录片的特点是什么?它与故事片在创作理念上有何差别?近年来,我国都有哪些热播纪录片?想想这些纪录片靠什么吸引受众?
17. 广播电视文艺节目有何特点和作用?当前,广播电视文艺节目主要有哪些类型?
18. 电视真人秀节目有何“看点”?举例谈谈国内的电视真人秀节目主要有哪些类型。
19. 试分析韩剧在我国热播的原因及其给我国电视剧“走出去”带来的启示。
20. 广播电视服务性节目的主要特点是什么?广播电视服务性节目有哪些作用?
21. 联系实际谈谈广播电视广告对人们生活的影响。
22. 广播电视谈话节目有哪些构成要素?当前,广播电视谈话节目主要有哪几种类型?
23. 广播“夜话”节目有何社会价值?请介绍一档比较知名的广播“夜话”节目,并分析该节目的主要特点及受到广大听众喜爱的原因。

第六章　广播电视节目制作与播出

◆本章要点

- 广播电视节目制作方式
- 广播电视节目制作流程
- 广播电视节目制作人员
- 广播电视节目的播出安排

第一节　广播电视节目制作方式

广播电视节目的制作与广播电视技术的发展和设备的更新有着密切的关系。每一次广播电视新技术、新设备的出现，都会对广播电视节目的制作方式产生影响，推动广播电视节目制作方式的发展和变化。历史上，录音机、录像机的出现，立体声广播和彩色电视技术的发展，微波技术和卫星技术的发展，都曾引起了广播节目和电视节目生产制作上的近乎革命性的变化。随着广播电视领域里计算机技术、空间技术、激光技术的大量应用，广播电视节目的制作方式和制作技巧将更丰富、更成熟、更现代化。因此，任何类型的广播电视节目制作都离不开相应的广播电视技术系统的支持。

一、广播电视技术系统的构成

广播电视技术系统主要由节目采编、制播，远距离传输，本地发射/分配接入节目信号，本地用户接收等几个部分组成，如图 6-1 所示。

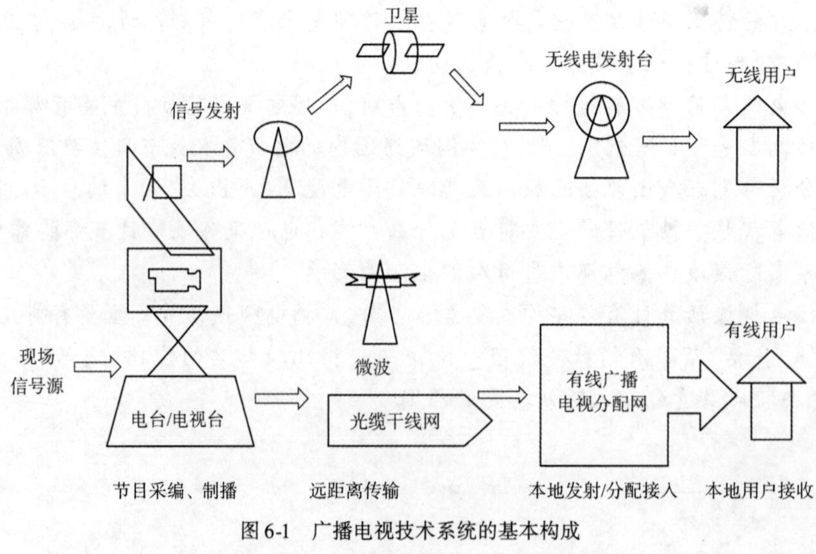

图 6-1　广播电视技术系统的基本构成

一般来讲,广播电台、电视台负责采集、编辑、制作和播出节目,播出的节目信号通过微波、光缆干线、卫星等技术手段传输到各地,在当地由无线发射台或有线电视分配网将节目信号送入千家万户。

二、广播电视节目制作系统

在广播电视技术系统的构成中,节目制作系统属于核心层。节目制作系统一般由具有不同制作功能的各种硬件组合而成,如录像机、字幕机、特技机、切换台、调音台等,它们将在外景地或演播室拍下的节目素材录制在录像单元的存储介质上,然后进行线性/非线性编辑、图文制作、特技制作以及声音的混录等处理。如图6-2所示。

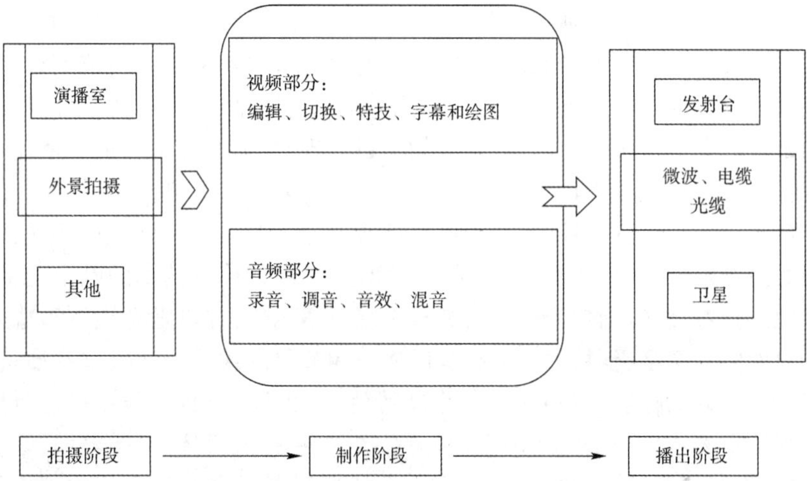

图6-2　传统节目制作系统

随着数字技术的采用,现今的广播电视节目制作系统,可以将图像、声音以及有关信息统一作为数字数据进行处理,同时一些基本工作,如选格、编辑、合成等也以综合的方式来完成,节目制作人员操作更方便,处理声像素材更加灵活,工作的自由度大大提升。如图6-3所示。

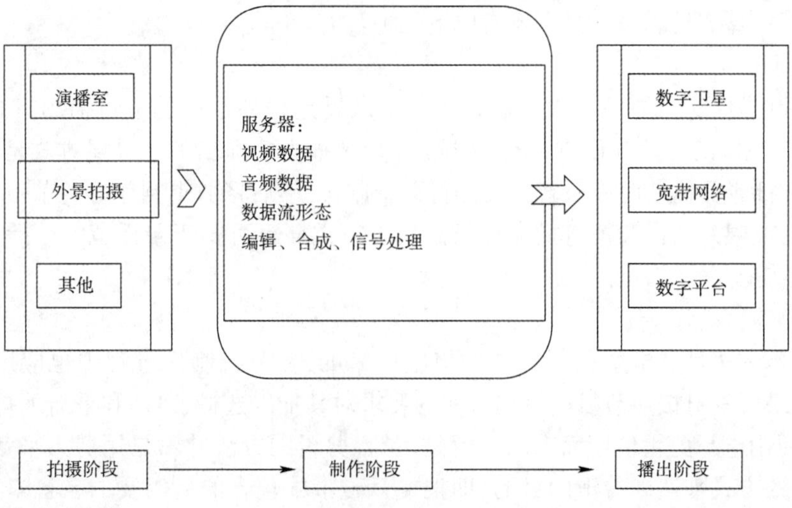

图6-3　基于数字技术的节目制作系统

三、广播节目制作方式

广播节目制作即音频节目制作，是利用声音处理设备与制作技巧对采集来的原始音频素材进行剪辑、加工、整理、润色，使之成为内容完整，反映特定意义并具有一定艺术效果的音频作品，也可以说是对原始音频素材在技术和艺术方面进行加工、整合，形成音频作品的全过程。

早期的广播节目主要靠直播和放唱片，只有少数广播电台拥有钢丝录音机或蜡盘录音机，节目制作方式和条件极其简陋。1955 年，我国中央人民广播电台的文艺节目已经全部采用磁带录音技术，绝大多数节目已是通过录音制作后再播出。20 世纪 70 年代末期以后，一些广播电台相继开办了调频立体声广播，对音乐节目采用了双声道或多声道后期加工合成的制作方式。中央人民广播电台和部分省级电台开始采用 24 路的多声道调音台和录音机，录音时将乐队等分隔成若干声部或乐器组合群进行分别录制。后期制作时，再把分别录制好的声音加工合成在一盘磁带上，形成完整的节目。现在，无论是单声道广播还是立体声广播的节目录音素材都可用多声道录音方法录制后再合成。20 世纪 80 年代投入使用的新式多声道录音台具有微型计算机控制功能，可以把各声道最合适的指标记忆下来，使合成的节目具有最佳的声音效果。从 20 世纪 80 年代中期起，运用计算机技术的电子文字编辑系统，开始推广应用。记者、编辑用微型计算机编辑系统审编稿件，并可随意检索新输入的新闻信息和调用资料库中的文字资料，大大提高了广播新闻节目的编辑制作效率和质量。此后，各种“板块”节目的出现，成为广播宣传的一个新特色。“板块”节目打破了以往节目之间的严格时间界限和节目的比较固定的结构方式，录音插入、主持人直播、热线电话、记者现场报道等，通过各种制作方法和技巧的交叉而灵活的运用，使广播节目具有更好的宣传效果。进入 20 世纪 90 年代，随着数字技术的广泛应用，音频工作站以其方便灵活性和可视性等优点成为现代广播节目编辑制作必不可少的工具之一。当然，除了音频工作站外，一些附属设备也是广播节目编辑制作的好帮手。如，具有体积小、重量轻、携带方便、存储量大、存储介质寿命长、编辑功能强大、音质优等特点的 MD 录音机，性能稳定、具有多种编辑功能的 DAT 录音机等。当前，广播节目制作方式主要有以下几种：

1. 播音录制

播音录制是伴随录播而产生的制作方式。录播是一种常用的节目播出方式。20 世纪 90 年代以前，我国的广播节目有 80% 以上是采取录播方式播出的。录播方式是采用编辑的节目稿件，在播音员播读时以录音方式进行录音制作，然后将剪辑制作好的节目交播出部门播出。通常，放唱片播出和把直播节目录制后进行重播也可归于录播范畴。播音录制方式应用得非常普遍。

2. 录音剪辑

录音剪辑方法是从电影剪辑方法中借鉴而来的，在节目制作过程中也应用得很广泛。广播节目的录音素材按照节目内容和时间的要求对其加以选择、整理和重新编排顺序。“剪辑”的术语便由电影剪辑借用而来的。但是，录音剪辑的方法并不是用剪刀来裁剪磁带，而是通过转录的方式来达到剪辑的目的，即把一盘磁带中包含的所需要的录音素材用另一台录音机转录下来。这种转录实际上是对选择采用的若干段录音素材，按照节目构想和新的编排顺序重新进行组合，使录音素材成为符合节目编辑意图的节目或新的节目素材。

3. 录音合成

录音合成方法是把播音语言的录音磁带、剪辑好的录音素材、事先录制好的特殊的音响效果、背景性音乐以及现场的播音、音响等，按节目的总要求一次性地、有机地混录在一起制作合成带。录音合成是通过多声道调音台进行的，若干个声道可同时放音，每个声道连通一个声源，每个声源的放音音量大小和音调高低可分别进行控制。而输出端连通的录音机要录入哪几个声源的声音，完全由操纵调音台的人随意选择和控制。录制好的合成带只要在内容和时间长短上符合节目要求就可以直接作为播出带提供播出。

以上几类制作方式虽然都有各自的适用领域，但它们毫无例外地都要遵循广播节目制作的一些共同要求。

首先，制作广播节目要突出广播快的特点。对节目制作来说，广播的"快"不仅仅是广播的传播速度快，还包括制作速度快。

其次，要充分体现广播节目的编排意图。广播节目在录制前要制订出一系列的编排组合计划。主要包括确定节目所用稿件及其排列次序，确定各篇稿件所占的时间，确定整个节目的内容分布，以及编写节目内容提要，设计和编写开头语、结束语、串联词，选配恰当的音乐和音响材料等。广播节目制作则要具体地落实这些编排组合计划，运用各种手段，充分体现节目的方针和编排意图，体现出节目的风格特点。

再次，要追求广播的听觉效果。广播节目吸引听众的一个很重要的原因即广播节目可以充分调动听众的听觉，使听众充分接受和理解节目的内容。因此，广播节目制作要善于"因材制宜"，通过对音乐、音响、现场录音素材的恰当选择和处理，突出广播的可听性，力求顺应和符合听众的听觉习惯。

四、电视节目制作方式

我国电视事业初创时期，主要是用拍电影的方法制作节目，更多的则像早期的广播节目一样，在演播室边演边播，节目制作效率和水平较低。磁带录像机的出现给电视节目制作开辟了新天地。从20世纪70年代末到80年代初，我国电视台已普遍开始使用螺旋扫描式磁带录像机，其品种、规格各异，按所用磁带宽度通常分为1英寸、3/4英寸和1/2英寸三种。其中，1英寸带宽的C格式录像机主要用于大型文艺节目的制作和电影片的转录，3/4英寸带宽的U格式录像机多用于新闻节目、各类专题节目和文艺节目的制作。中央电视台从1978年起开始采用ENG方式摄制新闻节目；从1981年起开始使用EFP方式制作各种实况转播和录像节目；从1990年起，开始使用新型1/2英寸带宽的广播级摄录一体化机拍摄新闻及部分专题节目。省级以下各级电视台的发展情况略微滞后于中央电视台，除1英寸带宽的摄像机、录像机极少采用外，节目制作方式和中央电视台基本上是一样的。

相比较而言，新技术及设备对电视节目制作的影响要比对广播节目制作的影响更为明显，影响也更大一些。随着电视节目制作技术及设备的不断发展，一方面，电视画面越来越丰富动人，图像质量越来越高；另一方面，节目制作手段更为先进和现代化，更加灵巧方便，效率更高。

随着计算机技术的推广应用，数字技术也进入了广播和电视领域，使电视节目制作向数字化发展。电视数字化把原来的电视模拟信号转变成数字脉冲信号(数码信号)进行处理、传输、储存并重现,使图像质量大为提高,衰减率降低。录像节目经过多次翻录质量几乎不变,长距离中继传输时失真度也很小。

数字特技的应用,使节目制作更为方便和丰富多彩。通过特技机,可以使电视画面扩缩、翻转、位移和分裂,可以进行画面的跟踪、镶嵌和产生油画效果,可以产生画面的间歇运动效果、多画面活动效果或者静止的画面,也可以产生画面的各种频闪效果等。通过电脑三维动画制作技术,可以制作出生动形象的画面。

电视节目制作技术的发展还与高清晰度电视的开发息息相关。随着高清晰度电视一整套新的摄像机、录像机、电视电影演播中心等设备的出现,电视节目制作技术的发展将迈入一个新的天地。

电视节目制作过程复杂,制作方式相应地也比较多,主要有 ENG 方式、EFP 方式、演播室方式和电子编辑、电子特技等。

1. ENG 方式

ENG 即"电子新闻采集"(英文 Electronic News Gathering 的缩写)。这是采用 1 部便携式电视摄像机和 1 部便携式录像机进行制作的方式。便携式摄像机和录像机小巧轻便,便于采访新闻和灵活地采拍制作室外活动的节目。ENG 设备现已多是摄像机与录像机合在一起的一体化机型,体积更小,重量更轻,也更便于携带使用。

ENG 方式包括前期拍摄和后期编辑两大工作环节。它的制作特点与传统的新闻电影的制作相仿,所不同的只是把手提摄影机换成了便携式摄像机。ENG 方式现在是电视节目的一般制作方式。

ENG 前期拍摄时,镜头的摄取可不按节目的编辑次序进行,即可以对可能在后期制作有用的镜头随意摄取,作为编辑节目的素材。对重要画面、好的画面和技术上没有把握的画面可以从不同角度、景别等方面多摄几次镜头,以便后期编辑时选用。ENG 设备在现场拍摄时还可及时查看镜头的拍摄效果,发现有不满意的有时可以立即重拍或补拍。

ENG 后期制作是通过专门的电子编辑机进行的,可在所有前期采录好的画面、声音素材的基础上进行,主要是对镜头画面、现场音响、人物语言等反复剪辑,进行编排和组合,并配制播音解说及音乐等,直至完成令人满意的节目。

2. EFP 方式

EFP 方式即"电子现场制作"(英文 Electronic Field Production 的缩写),主要用于制作内容重大、场面宏大的实况播出节目。现场制作系统包括 2 台以上的摄像机(通常是 3 台以上)。工作时,将摄像机置于拍摄现场的不同位置,每台摄像机通过电缆与转播车上的导播切换台相连接,构成一个完整的节目编辑制作系统。利用转播车上装备的录像机,可对所拍摄的内容进行实况录像;利用车上装设的向电视台传送信号的小型微波发射机和天线,可以将拍摄内容传回电视台,再通过电视台的播出和发射系统,对现场拍摄的内容和采访活动即时进行同步实况转播。

EFP 方式的特点是多机拍摄,即时编辑。数台摄像机同时拍摄,编辑或导播员可通过若干个监视器观察画面,通过切换台随时把某一台摄像机拍摄的最好的图像信息转播出去。EFP 节目制作是集体创作过程,需要导播员和摄像人员密切配合。按照事先计划好的拍摄重点和拍摄分工，每台摄像机的摄像员在导播员的统一指挥下（通过专用对讲系统）各自拍摄一个角度或一个场面，由编辑或导播员决定画面的取舍及如何使用特技进行处理。计划和分工只能是粗线条的，编选画面及临时处置意外情况，则需要导播和摄像互相配合，机敏灵活地拍好用好每一个镜头，而不能出现空白画面的情况。

EFP方式的节目制作程序因被摄对象可以预看和不可以预看而分为两种。可以预看的对象包括能够预演观摩的歌舞、戏剧、音乐会一类的文艺演出以及某些庆典活动等。其制作程序主要为：

（1）通过预看将要拍摄的内容，制订出拍摄计划和分镜头脚本；

（2）根据现场环境确定所需摄像机的台数、架设位置和进行拍摄镜头的分工；

（3）在现场安装拍摄制作系统，包括：架设摄像机，架设导播切换台，架设现场采录声音的系统，架设向电视台传送信号的小型微波天线并把每台摄像机与导播切换台、导播切换台与小型微波发射系统连接起来；

（4）可以利用预演预拍一次，对分镜头脚本及镜头拍摄分工中的不完善之处作进一步修改；

（5）在分镜头拍摄中，如遇表演或拍摄不好的镜头，应重拍该镜头，没条件重拍的可考虑用预演中拍摄时录下的有关镜头弥补。

不可预看的内容事先也要对将要拍摄的对象进行详细调查了解，提出拍摄和制作设想。比如，拍摄实况转播的体育比赛、不可预演的大型庆祝活动、突发性新闻事件等，要尽可能通过多种渠道了解情况并事先做些准备。由于现场情况变幻莫测，制作者对有些现场是陌生的，所以一般都要有随机应变的思想准备，根据具体情况，灵活机动，把握拍摄、切换的基本规律，及时、准确地拍摄、编选、制作出令人满意的节目。一般说来，采用EFP方式制作节目，完成之后无法更改，导播视野受限制，设备复杂不易移动，摄制人员又多，能否制作出成功的节目，导播人员责任重大。尤其是在实况转播的情况下，导播人员既是现场拍摄和节目制作的指挥员，又是节目编辑，对镜头取舍和成功地制作高质量的节目起着决定性的作用。但是由于这是集体性的创作劳动，因此还要特别注意发挥每个岗位、每位现场人员的作用，互相之间也要密切配合才行。

3. ESP方式

ESP，即“电子演播室制作”（英文Electronic Studio Production的缩写）。使用演播室制作电视节目不受任何自然条件的限制。演播室相当于拍摄电影的摄影棚，室内可搭设各种场景，制造各种灯光效果，可以多角度、高效率地拍摄许多类型的节目。随着技术的进步，演播室制作系统已成为富有高科技含量的制作系统，如室内灯光系统的全自动化、高清晰度的超广播级摄像机系统、高保真音响系统，特别是数字特技、动画特技系统以及虚拟演播室系统的使用，大大丰富了节目形态，提高了节目质量。

演播室按室内的使用空间有大、中、小之分。大型演播室可制作场面大、参加人员多的节目，诸如联欢晚会、大型歌舞表演、电视剧内景拍摄等，内设3台以上可移动的摄像机；中等演播室可用于拍摄音乐、小型歌舞、曲艺等文艺节目和新闻采访、专题栏目等，内设1～2台摄像机；小型演播室用于播音员播报、主持专题栏目、报道新闻和领导、来宾等新闻人物发表电视讲话等，一般配备1台摄像机即可。

各类演播室的摄像机都通过电缆与技术总控制室联通，拍摄画面和采录声音的电信号被传送到演播室旁边由隔音玻璃窗隔开的导演室或导播室内，坐在导播台和音响控制台前的制作人员通过隔音窗户和电视监视器都可看到演播室内的拍摄情况及各台摄像机拍摄的画面，一方面用导播台选编适用的镜头画面，另一方面通过对讲耳机、灯光信号系统等与演播室保持联系，指挥拍摄工作。演播室内的摄像机质量一般都是较好的，具有遥控功能，配备有高倍率变焦镜头和专用的摄像机移动车，运转灵活。

在演播室中制作节目，同时具备了 ENG 方式与 EFP 方式的长处，即可前期拍摄、后期制作，也可多机拍摄、即时制作。另外，也排除了 ENG、EFP 方式的某些局限性，分段制作可提高把握性，即时编辑制作可提高时效性。

演播室制作是在编、导、摄、灯光、音响、美工、服装、化妆、道具、器械等人员的共同参与下进行的，可以创造出神奇的画面和特技效果。

演播室制作照明很重要，其基本任务是在演播室中创造出与真实世界一样的光照效果，并利用光线来创造出美的艺术造型，加强画面的美感，增强气氛烘托和心理效果。

演播室的音响质量要求比 ENG 方式和 EFP 方式的音响质量更高。在导播切换台的旁边设置有音响控制台，由调音员操作，对各路音频信号分别进行音调、音量及延时和混响调节等处理，以求获得最佳的音响效果。

第二节　广播电视节目制作流程

广播电视节目是广播电台和电视台各种播出内容的最终组织形式和播出形式。广播电视节目制作，是一台广播或电视节目从酝酿到播出前的最后一道工序的全过程。它是一种集体的综合性的精神产品生产活动，除了要掌握摄像与录像设备、录音设备、灯光照明设备等器材的运用技术之外，更主要的是要具备对各种类型的具体的广播电视节目内容的策划、采录、编辑、合成等环节的熟练驾驭和精细把握能力。当然，也涉及文字稿的撰写与编配等文字工作。

一、广播电视节目制作基本流程

广播电视节目制作有其共性的东西，但因节目的类型多，且节目之间的差异较大，不同类型的节目在制作上也会体现出各自的特性。广播电视节目从制作方式上看，可以分为两大类：一类是非虚构性节目，一类是虚构性节目。非虚构性节目主要是指新闻节目、教育节目、服务节目、纪录片等纪实性节目。在生产这类节目时，必须遵循生活真实性原则。新闻节目不但要完全真实，在采制过程中还决不能采用任何导演、摆拍、重拍等手段。教育节目、服务节目及部分纪录片虽然也要遵循真实性原则，但生产过程中却可以适当使用导演、摆拍等手段，增强节目表现效果。虚构性节目主要指文艺、娱乐节目，在制作这类节目时无须恪守真实性原则，主要是根据编导的编撰、导演及演员的表演创作而进行制作的。当然，不管是非虚构性节目还是虚构性节目，其制作过程大体相近，一般都分为前期制作和后期制作两个阶段，包含节目策划、节目采录、节目编辑与合成、节目播出等几个环节。

(一)前期制作阶段

广播电视节目制作的前期阶段主要是进行节目策划、确定节目选题,继而根据节目的整体构思撰写文案或拍摄脚本,然后采集、摄录各种素材。

广播电视节目的前期制作阶段工作流程如图 6-4 所示。

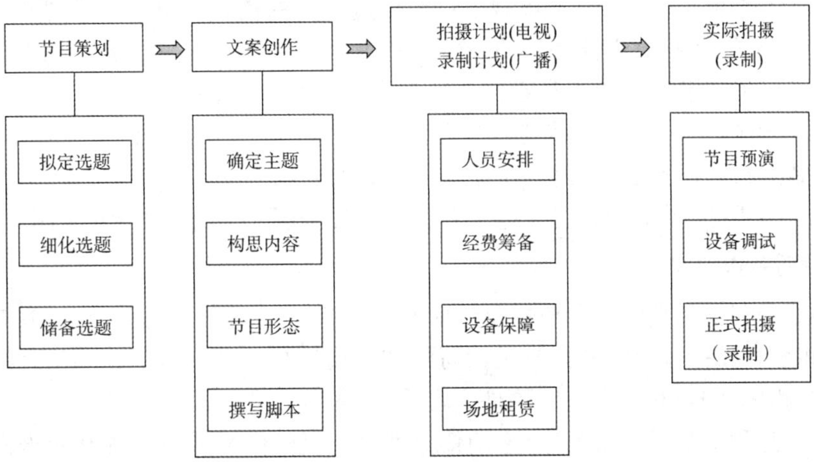

图 6-4　前期制作阶段工作流程

1. 节目策划

所谓策划,可以简单地理解为借助一定的信息素材,为达到特定的目的、目标而进行的设计与筹划,来为具体的可操作性行为提供创意、思路、方法与对策。策划是一个构思、探索和设计的过程。策划作为人类不可缺少的活动,是源于计划活动和决策活动之需的,并同管理决策交织在一起,具有悠久的历史。在当今社会,策划作为一个重要的工作环节或工作职务,已经广泛渗透于各个领域和各种活动之中,新闻传播领域也不例外。就广播电视系统而言,策划的重要性已日益突出,从一档具体节目的制作、一个栏目的创办与设置乃至到一个电视频道的整体设计,都要用到策划。就节目制作而言,大到《春节联欢晚会》这样的大型节目、《东方时空》这类综合性板块节目,小到一出短剧或一个小专题片、一起新闻事件的报道,也都需要进行策划。策划能使我们的节目富有创意,更有效地关注和反映现实生活,也能使节目更具有看点,从而能够赢得更多听众和观众的喜爱。广播电视节目策划阶段,主要负责完成拟定节目选题、对选题进行细化处理以及做好选题的储备等方面工作。

2. 文案创作

文案创作阶段,需要在分析选题的基础上,确定节目主题,构思节目拍摄、录制的具体内容,明确节目的具体形态,并撰写节目拍摄与录制脚本。一些电视节目,还要根据具体情况,撰写出相应的分镜头脚本,以指导接下来的节目拍摄与录制。

3. 拍摄(录制)计划

制订拍摄(录制)计划,也是广播电视节目制作过程中的重要一环。计划制订得越详细,节目拍摄、录制的条件和困难考虑得越周全,节目制作就会越顺利。在人员安排方面,要根据节目性质对导演、演艺人员、主持人和记者等做出合理的选择与配置;同时,要与制片、音响、服装、美工、化妆人员初步讨论音响处理、舞美设计、化妆和服装等方面的要求。要做好节目制作经费的筹备,拟定细项开支。在设备保障方面,要确认前期制作所需设备的档次及规模,配备摄像、录音、音响和灯光等专业工作人员。此外,部分节目还涉及需要落实拍摄、录制场地的问题。

4. 实际拍摄(录制)

实际拍摄(录制)阶段,是广播电视节目制作过程中的核心环节。考虑到不同类型节目有不同的制作方式,下面就以演播室拍摄(录制)为例,介绍一下这一阶段的情况。

(1)节目预演。相关演职人员在演播室就位,导演阐述拍摄方案,各种设备调试到位(包括摄像机、音响、灯光、服装、道具等),进行排演。

(2)拍摄(录制)。预演结束后,针对预演中发现的问题,对节目拍摄(录制)及演职人员的表现提出相应要求,并对设备再次进行必要的调试,然后开始正式拍摄(录制)。

(二)后期制作阶段

广播电视节目的后期制作阶段主要包括节目编辑、合成等环节(图6-5)。在节目编辑环节,编辑要将前期拍摄或录制的素材及撰写的文字稿进行处理——审看、审听素材,筛选镜头、音频进行粗编,编辑和审定文字稿件。之后,进入节目合成环节,所谓节目合成,是广播电视节目制作过程的最后一道工序,它的任务就是把经过编辑或事先挑好的语言、音响、音乐、图像(文字)等节目要素,按一定规律有机地结合成一个整体,成为表现一定主题思想、可供播出的节目成品。在这一环节中,播音员(节目主持人)要为经编辑审定后的文字稿件配音或进行相关的现场录音,将稿件上的文字转化为可供传播的声音符号(电视节目则还要考虑与画面素材相匹配)。有些广播电视节目,还需要加配音乐和打上字幕(广播节目不涉及此)。节目合成是后期制作阶段最重要的一道工序,往往会动用相应的多个部门的工作人员,如美工、灯光、效果、音响等。此外,导演和导播还要在其中发挥指导作用。

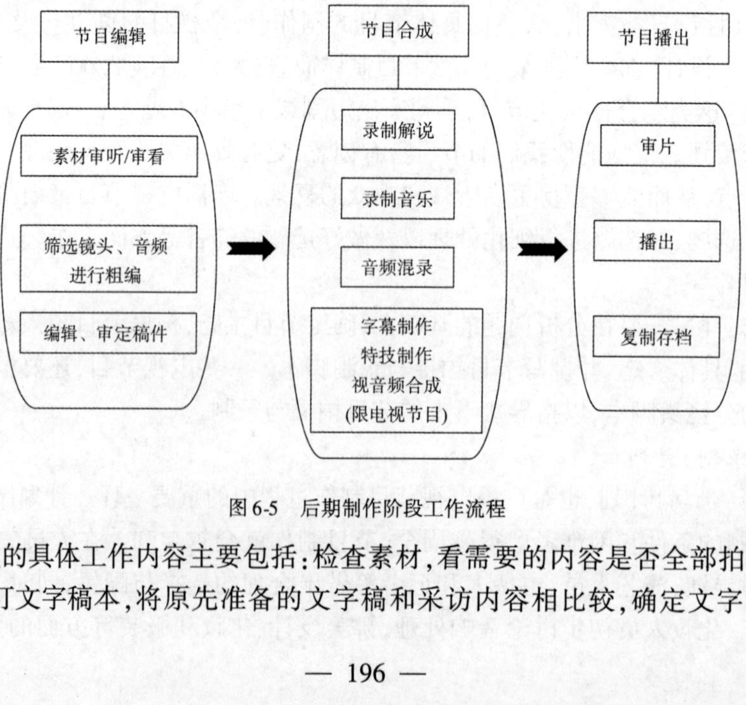

图 6-5　后期制作阶段工作流程

节目合成的具体工作内容主要包括:检查素材,看需要的内容是否全部拍摄下来,防止疏漏;整理修订文字稿本,将原先准备的文字稿和采访内容相比较,确定文字内容;剪辑画面、声音,将一些片段组合成一个整体;配解说词与音乐,将撰写好的解说词录制下来,并与节目中相应的音乐组合起来;对于一些不易为受众接受的语言内容,要打上字幕(限电视节目),以提高信息量;根据需要制作相应的特技(限电视节目)。

在节目制作中,合成是一项重要的业务环节,它具有时间性强、技术性强、协调性强和综合性强等特点。当然,合成要遵循相应的规律,即合成的法则,主要包括:

1. 主次律

广播电视的声音和图像要素,在一个节目中的一定时空范围内,只有一类要素是主要的,其余要素为次要的,或者完全退出,这便是主次律。如在声音之间,以音量大小体现主次。在声音和图像之间,以图像为主时,声音的作用在于揭示图像的内涵,帮助图像更好地表现主题思想,而不能脱离图像,干扰观众对图像的领悟,有时干脆让声音完全退出,而以声音为主时(如演讲、对话、唱歌、乐曲演奏),图像的作用是对声音所表现的内容做出相应的形象显示,帮助观众理解声音所表现的主题,不可用意境外的图像去分散观众的注意力。

2. 互易律

指图像、语言、音乐、音响四个节目要素的地位互相更易。有时居主导地位的要素会退下来变为次要的,居次要地位的会升上去变成主要的。因为,四种节目要素的表现力各有所长,也各有所短,于是采用有起有伏、有紧有松、交叉变化的韵律,能最大限度地发挥各类要素的特长,从而增强节目的整体效果。

3. 分立对位律

这是声画组合关系的运用。运用声音和画面两类节目要素的对列能产生新的意义,表现出比较深刻的思想内容。如电视节目中图像与语言的对列,图像与音响或音乐的对列;广播节目中语言与音乐、音响的对列等。分立是两者分开,各自独立,并按照自己的规律去发展。对位是两者独立进行时,要互相配合,按照一种内在的规律有机地结合在一起,产生一种特殊的表现力。分立对位律所造成的和谐的整体效应,是一种较高层次的合成技巧,特别是有时能造成一种隐喻、象征意义的效果。合成时需要严格设计,把握好对位关系,避免错位和误解。

4. 听觉的相对完整律

人的听觉对声音有一种相对完整的要求,否则,便会产生残缺不全的感受。这种心理要求,可称为听觉的相对完整性规律。因此,在广播电视节目合成中,不能突然切断音乐或语言,需要转换或结束时,应选在句点处,或采用淡出(渐隐)的方法。

5. 淡出淡入律

为了适应人们的听觉和视觉要求,避免由于语言或图像突变而引起出其不意的刺激,在某些情况下,声音与声音、图像与图像的更换不能突变,而必须采用渐进(渐显)或渐退(渐隐),即逐步过渡的方法,使受众体会到自然、流畅的感受。这就是淡出淡入律。

二、新闻节目制作系统

广播电视新闻节目的制作,一般由节目策划(包括确定选题、明确采访对象)、采录前的准备、素材实地采集、节目制作(包括稿件编写、稿件审查、新闻配音、节目合成)、节目审查、串联单编排播出等环节构成。制作流程如图6-6所示。

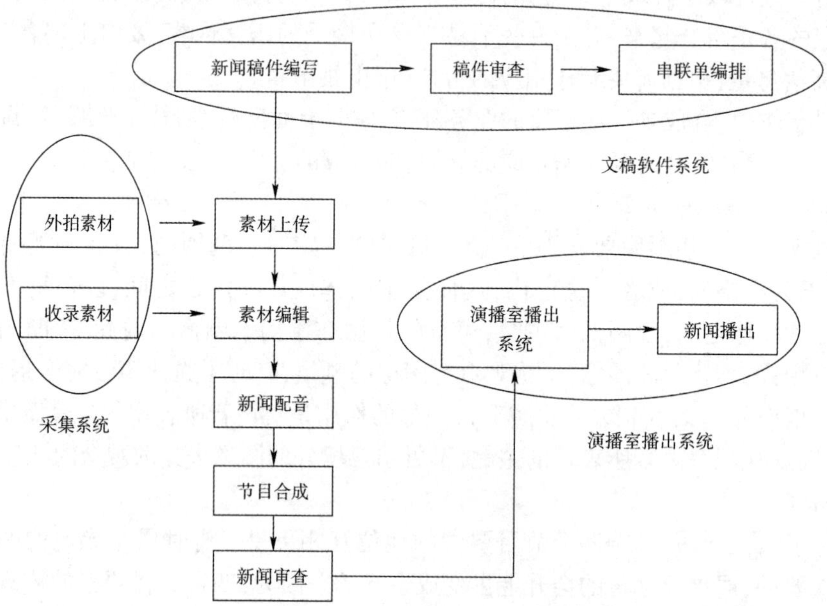

图 6-6　广播电视新闻制播业务流程

(一)节目策划

广播电视新闻节目的策划,即是确定广播电视新闻报道选题、拟订采访方案、具体采访对象的一系列过程。它是广播电视新闻节目制作的起始工作环节。这一环节的工作,会直接影响到后面制作出的新闻节目的最终价值。

1. 确定选题

这里指的是"新闻报道选题",是广播电视新闻节目采编人员根据时势状况、社会需求,在现实生活中撷取一个断面或侧面作为节目制作的纲领性依据。在广播电视节目同质化现象日趋严重的今天,节目制作人能否在节目选题立意上出新出奇,往往影响着广播电视媒体在市场上的竞争胜负。

比如:同样是面对"贫困大学生贷款上学"这一社会现象,不同的制作人可以从不同的角度考虑出不同的选题立意,从而制作成不同内容的新闻节目。

①学校银行风险共担　助学贷款重新启动

②师兄师姐不诚信,师弟师妹贷款难

③助学贷款何时柳暗花明　国家助学贷款呼唤诚信

④高校担心绿色通道成为恶意"逃学费通道"

⑤助学贷款:有情爱心和无情市场间的尴尬

广播电视节目制作人在确定节目选题时要尽可能适应广大受众的需求,讲究节目推出的时间和时机。只有在准确把握时代脉搏、贴近社会生活的基础上确定节目选题,才有可能制作出最佳与最合适的节目内容。

确定节目选题是采集、摄录节目素材的前提,也是制作广播新闻节目所必需的采访活动的开端。选题从何而来？对于记者来说，一个有效的信息系统是获取选题的根本保障，编织信息网是记者日常工作的一部分。记者获取信息的渠道主要有：

(1)本台编辑部

编辑部是记者采访成果最终流向的地方，与编辑部的及时沟通可以使记者的采访活动更有针对性。这种沟通包括：

一是了解编辑部近期报道思想，明确栏目的需求。编辑部是整个新闻系统运转的核心，与编辑部的沟通可以准确了解近期的报道思想，知道哪些内容是栏目或节目所需要的。比如，编辑部近期有哪些特别的节目策划，栏目今天报道的重点是什么。这样，记者的采访活动就可以有的放矢。

二是获取报道线索。编辑部是新闻信息汇集的中心，通过与编辑部的沟通可以直接获得一些报道线索。编辑部有时会直接向记者要求采访某些新闻，完成栏目所需要的报道任务。

(2)对口领域

在广播电台、电视台内部，除了少量的机动记者外，记者一般会有专门的对口领域，如时政、经济、文教、卫生、体育、社会等，每一个领域又有对应的部门、机构或其他社会组织，这是记者新闻线索的重要来源。一个好的记者不仅应当是所报道领域的专家，而且要在这一领域内建立起广泛的人际关系，编织起有效的信息网络。很多时候，独家新闻往往就来自这样的信息源。西方新闻报道中经常出现的“据一位不愿公开身份的政府官员说……”“据知情人士透露……”往往就是记者长期积累的独家信息源在发挥作用。

(3)例行的信息发布渠道

现代社会是一个信息社会，各种机构、组织出于自身需要，往往都有自己的信息发布机制，常见的主要有：

党和政府的文件、决议、指示和领导人的讲话——记者可以据此了解当前政治形势、经济生活总的情况，政策动向和新形势，最近一个时期将要进行的事情。

机构或社会组织例行发布的信息——有些机构或社会组织会发布例行的报告，如公司的年度报告、本领域内的研究报告等。有些报告具有相当的权威性，如国家统计局的月度、季度、年度经济形势分析。

政府和企业或其他社会组织的新闻发言人——新闻发言人不是自然人的概念，而是一种信息发布制度。虽然新闻发言人以个体面目出现，但代表的是组织而不是个人。在西方发达国家，新闻发言人制度十分普遍，这项制度是推动政务公开和透明，增进执政部门与普通民众之间联系的重要手段。目前，我国各级政府、部门和一些企业纷纷设立新闻发言人，新闻发言人正在成为记者获取新闻信息的重要来源。

各种新闻发布会和记者招待会——新闻发布会和记者招待会是记者活动的重要场所之一，也是记者一个稳定的信息来源。

(4)记者的耳闻目睹

记者如同媒介的一个个信息雷达，他们必须有敏锐的新闻嗅觉，在日常生活的耳闻目睹中发现新闻。记者与普通人不一样的地方就在于，他应当随时保持着对生活的兴趣、保持着对周围事物的新闻敏感度，这样才能从一般人忽视或者习以为常的地方发现新闻。

(5)受众反馈

受众既是新闻的接受者,有时也是新闻的提供者。随着现代通信技术的发展,媒介与受众的互动越来越方便,电话、传真、信件、电子邮件、手机短信等成为受众提供新闻线索的便利渠道。特别是随着社会民主化进程的推进,受众参与社会事务的热情越来越高,向媒介提供新闻线索就是受众参与社会事务的重要方式。一些媒体也意识到受众反馈的重要性,纷纷设立热线电话、热线寻呼、手机短信平台、电子邮箱等,在与受众沟通的同时,获得大量有用的新闻线索。

(6)已报道的信息

已报道的信息虽然不能为记者提供独家报道的线索,但有些仍具有再报道的价值,如果记者善于从中发现"第二落点",仍然可以从别人已经报道过的消息中发掘出有价值的新闻。特别是一些专题或专栏节目,由于其对时效的要求与消息类报道相比较弱,往往可以在消息报道之后再进行深度追踪和分析。

此外,某些不固定的、无法预测的偶得性信息源,通常表现为突发新闻,也是记者获取新闻线索一个渠道。新闻采编人员从生活中或通过有关的信息渠道捕捉题材,确定新闻报道的选题,而后拟定采访计划、准备采访提纲并联系好采访对象。对于电视专题片还要撰写相应的脚本。在做好文字方面的准备的同时,还要做好相应的物质准备,如配备好相关的拍摄器材和交通工具等。

2. 确定采访对象

一般来说,采访对象的选定可以从以下几个方面着手:

(1)新闻事件的当事人

这是新闻采访的首选对象。当事人是事件的亲历者,他的视角、他的切身体验、他对事件的真实性的把握,是任何人都无法替代的。当然,在涉及争议的新闻中,当事各方都应当得到平等的发言机会,从而保证报道的公正和平衡。例如,2001 年中央电视台《焦点访谈》记者为报道广西南丹矿难事故真相,想尽一切办法,克服重重困难,采访到新闻事件的当事人,最终使矿难真相大白于天下。

(2)新闻事件的关联人

新闻事件不只影响当事人,而且会影响到与之相关联的人,对这些人的采访有助于了解新闻事件的意义。新闻事件与人的关联主要体现在三个方面:

①利益关联。新闻事件能够对人们的切身利益产生影响。这种影响可能是对较大范围人群的,比如一项政策、法令和规定的出台(如中国从 2016 年 1 月 1 日起实施全面二孩政策、重庆从 2017 年 9 月 9 日起公立医院药品费下调 15% 等)、一起影响广泛的社会事件(如 2005 年的肯德基"苏丹红"事件等);也有可能针对特定的人群,比如一起事故中遇难者的亲属。这些利益关联人都可以成为采访对象。

②情感关联。新闻事件虽然没有对人的切身利益产生影响,但是在人的情感上引起了某种共鸣,或者激发了人们的兴趣,对他们的采访可以反映所报道问题的广泛社会影响。比如,2004 年安徽阜阳劣质奶粉事件,受害婴儿的父母作为当事人当然是记者采访的首选对象,但是对其他与此事没有直接关系的普通民众的采访也可以体现社会舆论对这起事件的关注。

③经历关联。那些与新闻事件经历相似的人的观点和感受可以延展新闻报道的广度和

深度,加强受众的认同感。比如,中央电视台《新闻会客厅》曾经播出一期节目——《千手观音:成名后的烦恼》,在采访了舞蹈《千手观音》的编导、总政歌舞团团长张继钢之后,又采访了两位专门跟明星打交道的人:中央电视台《非常6+1》的制片人哈文和体育经纪界知名人士夏松,请他们从自身经历出发谈类似的感受。

(3)新闻事件的知情者

在无法采访到当事人的情况下,现场目击者或者知情者能够提供最接近事实的信息,因而也是被采访者的当然人选。

当然,在对知情人的采访中,要注意知情人与事件可能的利益关联对其所提供信息真实性的影响,也就是说,在衡量什么人提供的信息的时候,记者应该考虑动机这一因素。为了减少知情者由于某种动机提供不准确或者不全面的信息的可能性,可以通过其他信息源进一步证实这些消息。在水门事件的采访中,《华盛顿邮报》所获得的原始信息的来源几乎都是匿名的,消息提供者"深喉"是谁,在事件发生后相当长的时间里一直是谜团。《华盛顿邮报》的处理方式就是让记者通过不止一个来源去再次证实这些消息。

(4)权威人士

专家、学者、政府官员等权威人士由于掌握着与所传播信息相关的丰富知识、信息或者相关的权力,有独立见解,因而对相关问题的判断一般而言会更准确、更深刻。此外,依赖权威的社会心理,也会使相关传播收到更好的效果。例如,2005年上半年,由于种种原因,中国国内不少民众对日本的反感情绪很大,一些地方出现了反日游行,也有人提出"抵制日货"。为了正确引导民众的爱国热情,中央电视台《新闻会客厅》适时播出了一期节目,请中国外交学院院长吴建民来谈中日关系。吴建民曾任外交部新闻发言人、驻法国大使,是外交战线的老资格专家,他以自己多年从事外交工作的丰富经验和对国家利益、外交政策的透彻理解,从"分清爱国与误国的界限""造成中日两国民众好感下降的核心原因""日本对外政策强硬化的历史与经济原因""不合法的抗议活动对中国影响更大"等方面对中日关系的历史和现状、如何正确处理中日关系进行深入浅出的剖析,并提出了相关建议。吴建民的权威身份和他娓娓道来的说理方式,使他的观点很容易被人们接受。

(二)做好素材采录前的准备

采录工作对于广播电视新闻节目的制作至关重要,只有精心的准备才能保证获得成功。采访摄录前一般要做些相应的准备,包括:明确采访目的,熟悉采访对象(包括其周围的环境);学习相关政策,充实有关知识,准备好相关资料;设计好采访提纲和拍摄提纲。另外,还要做好器材准备。

1. 资料准备

记者明确了采访目的,确定了采访范围,选择好采访对象之后,接下来就要进行背景研究。著名记者艾丰认为,搞好报道常常首先从研究背景资料入手,他称背景研究是"为采访而进行的采访"。美国哥伦比亚广播公司主持人沃尔特·克朗凯特在1952年为报道共和党和民主党代表大会,用了一春一夏时间研究美国政界要人的资料。他报道成功后自我总结时认为,不研究这些资料,报道就无法进行,更谈不上成功。西方新闻界将采访前记者对背景的研究称之为"家庭作业",是记者必须完成的任务。

当然,对背景资料的研究不能是漫无目的的浏览,而应当有针对性。一般来说,研究背景资料要从以下方面着手：

(1)了解你所要采访的事件。在可能的情况下，记者在采访前要通过资料研究对自己所报道的事件有一个基本了解，包括其产生的背景。然后，看看完成一个报道需要了解哪些情况，用这个总量减去现在掌握的情况，就可以知道采访中需要获得哪些方面的信息。

(2)了解你所要采访的人。如果说对事件的研究，是帮助记者确定采访的目标，那么，对所要采访的人的研究则是为了保证这一目标的顺利实现。

了解采访对象的第一步是掌握他的基本情况，如姓名、年龄、性别、工作单位、职务、在所属领域的地位等，这些情况是记者与采访对象初步沟通所必需的——对于一个连自己的基本情况都缺乏了解的记者，采访对象不可能有更多谈话的兴趣。

了解采访对象的第二步是掌握他的个性化特征，比如性格、特殊的经历、突出的成果或贡献，特别是一些能体现其个性的故事、言行、细节，这是记者与采访对象进行深入沟通所必须了解的。在采访对象看来，记者对自己了解得越多，说明他越重视自己、重视他所要报道的事件，这会反过来强化采访对象对记者和他所报道的事件的尊重，从而认真对待采访。

2. 问题准备

采访人的目的是为了获得报道所需的信息，提问则是采访的基本手段，事先对要提的问题进行设计是保证采访成功的重要一环。问题的设计千差万别，但有些基本原则是通用的：

(1)提问要有针对性

记者必须清楚，应该从访问对象口中得到哪些信息，用以完成报道。

(2)提问要具体

记者应使提出的问题能准确传达给被采访者，防止对方对问题迷惑不解，只能泛泛而谈。

(3)提问要简洁

记者提出的问题应该让受众一听即懂，要避免使用深奥晦涩的词句，也要避免长篇大论式的提问，以免受众厌烦，也有助于使采访对象能够迅速把握住问题的指向。

3. 物质准备

为了采访的顺利进行，物质上的准备也是不可忽视的。对于广播电视记者来说，由于需要采录设备才能完成采访，准备工作尤其马虎不得。特别是电视采访，技术性非常强，事务相对复杂，采访前都要一一准备妥当。这些准备包括：

(1)采访设备

包括各种录音、录像设备的准备，检查它们是否能够工作正常：磁带、记忆卡的存储容量是否足够；电池是否充好，电量能否支撑得起本次采访所要求的时间长度；话筒是否正常；照明器具是否正常等。

(2)传送设备

广播电视采访所获得的素材或者制作好的节目如何传回本部，这是记者必须考虑的问题。是通过交通工具还是光纤、微波、互联网络传送，事先必须做好计划，协调好传送的时间、线路或交通工具的申请、接收人等相关事宜。

(3)后勤保障

广播电视采访涉及的工种较多，特别是电视采访，往往以小组(记者、摄像、灯光、录音等)的方式出现,而且设备较笨重,因此必须安排好交通工具。如果是去外地采访,则还要做好衣、食、住、行等各方面的准备。

(三)节目采录

采录,即采访与摄录的结合,指记者(播音员、节目主持人)和技术人员一起,采集、摄录音响和影像素材。这是广播电视新闻节目制作的重要环节,也是节目后期编辑、合成的前提和基础。当然,若是进行现场直播,则是将声画编辑与字幕合成等后期工作一起完工。

1. 采录的特点

广播电视新闻性节目的制作,不是采访之后才进行录制,而是采访与节目摄录结合在一起同时进行的,尤其是现场报道更是将采访和摄录紧密地结合在一起。它是在采访的基础上,摄录广播用的音响素材、拍摄电视片素材,因此具有这样一些特点:

首先,采访手段的特殊性。广播电视记者采访除要具备新闻采访知识外,还需要使用录音、录像设备,ENG、EFP 设备等。有时甚至还要使用卫星中继技术设备。

其次,采访与传播时常同步进行。报纸、杂志等平面媒体的记者一般是在采访之后写稿,经过编审、排印后见报见刊。广播电视节目有些也是先录音、录像、制作,然后播出。但在现场直播、现场报道时,采访与播出则是同步进行的。这就要求记者:一要思路敏捷,反应快,语言清晰,有较好的语言表达能力;二要仪表端庄,举止得体,有较好的思想素质、文化修养和政治水平。

再次,采访者、采访对象能为受众直接感知。广播电视的传播方式,决定了采访者和采访对象往往要被受众直接感知。广播听众可以闻其声,电视观众则可以闻其声、见其人。这当然也对采访对象提出了相应的要求,被采访的人物形象和声音应力求正常、自然。

最后,采、编、录、播诸环节常常融合在一起。较之平面媒体的记者、编辑、画版等环节的严格分工不同,广播电视机构中,采、编、录、播各制作环节间往往没有严格的分工,许多节目的制作过程都是同步完成的。在广播电视行业,集采、编、播等多种技能于一身的全能记者是比较常见的。

2. 采录的方式

依据事前准备好的计划、提纲到现场进行摄录时,需要记者机智灵活地边构思边摄录。摄录时要考虑为后期制作提供便利,为提高新闻报道的时效,还应提倡无剪辑摄录。不同场合、不同情况下发生的新闻要采用不同的摄录手法、不同的采访方式进行报道。

(1)常用的广播电视摄录手法

大体而言,广播电视常用的摄录手法主要有:挑、等、抢三种。挑,即挑选,就是在摄录时对客观事物进行选择,挑选最能表现事物本质特征的形象、音响以及一些具有典型性的场面细节进行拍摄、录制。等,就是在不影响事件的自然流程的前提下,随时做好拍摄、录制准备,等待时机拍摄、录制最有表现力的形象(包括画面和音响)。这就意味着在摄录工作中,话筒和镜头要跟着生活的流程走,决不能让生活跟着话筒和镜头转。特别是新闻摄录,绝不能有任何违反生活真实性的导演、摆拍的场景,更不能搞“移花接木”,以假充真。抢,或称抓拍,就是在时机到来时,迅速、及时地采录必要的音像素材。尤其是突发性事件,更要当机立断,抢先抓拍、抓录,以免事件场景转瞬即逝,过后无补。此外,在有些特殊场合,还要用到“隐形拍摄”(又称偷录、偷拍)手法。

(2)常见的广播电视采访方式

广播电视中常见的采访方式有:现场采访、专访、随访、暗访、调查采访、合作采访、演播室采访、电视采访、书面采访等。这里介绍几种主要的方式。

①现场采访。即广播电视记者在新闻事件发生现场进行的采访。这种采访受到新闻现场的空间局限和新闻事件发生的时间局限(很多情节转瞬即逝),所以要求记者有较强的应变能力和快速沟通能力,能够及时捕捉、撷取有价值的声音、画面,将其摄录下来。记者的现场采访主要通过现场观察和现场提问来完成。绝大部分新闻节目均会涉及现场采访。

②专访。专访即是有预约的专门采访。专访由于有事先的预约,记者和采访对象一般都能够有较从容的时间准备。专访的成功与否,在很大程度上取决于记者提问的艺术。例如,中央电视台《面对面》栏目播出的多期节目,其中所采用的采访形式都是专访。

③调查采访。调查采访是一种深度采访,适用于复杂事件或处于发展阶段争议较大的事件。西方记者把调查采访喻为侦探式采访。在调查性采访中,经常要运用到偷拍、偷录手段。当然,由此也衍生出一个问题,就是公民隐私权与公众知情权的矛盾,如何把握两者间的限度很是重要。中央电视台《新闻调查》栏目所做的众多报道,基本上都使用了调查采访的方式。

④电话采访。电话采访是一种非常简便易行的采访手段。它最显著的特点就是跨越空间而又能直接沟通。当记者想和一个访问对象面谈遭到拒绝,或者因为地理距离太远无法前往见面时,电话采访便是一种理想的替代方式。电话采访对采写综合报道来说是一条非常有效的途径。这类报道往往需要对多个人物进行采访,如果一一见面未免费时费力,电话采访则相对省时省力得多。此外,电话采访使采访对象不必面对记者记录和摄像,情绪不至于紧张,可以比较轻松自如地谈话。但是,电话采访单靠听觉容易造成理解上的误差,而且不直接面对面便无法获知采访对象的神情面貌等体态语言,而这些往往蕴含着丰富的信息。

(四)节目编辑与合成

这一阶段,编辑要对前期记者摄录的素材及撰写的文字稿件进行处理,具体内容主要包括:检查素材,看需要的内容是否全部拍摄、录制下来,防止疏漏;整理修订文字稿本,并交由责任编辑审查,确定文字稿件内容;对经过编辑审定后的文字稿件配音或进行相关的现场录音,将稿件上的文字转化为音频(电视节目则还要考虑与画面素材相匹配)。剪辑画面和声音,添加音乐、字幕、特技等元素,最后将这些音频、视频片段组合成一个节目整体。若编辑负责的是一个栏目或一个板块节目的话,他还需要全盘编排组织整套节目,统筹安排好其长短、顺序、比重等事宜。另外,编辑还要拟定新闻提要、标题以及相应的串联词,编排好节目播出串联单。

(五)节目审查与播出

节目合成之后,要交给部门负责人进行节目审查,并提出修改意见(若需要修改的话);审片完成后,即由播出管理人员根据节目播出串联单负责安排播出。

广播电视新闻节目制作框架与工作流程,如图6-7所示。

总的来讲,广播电视节目制作是一个复杂的过程,涉及诸多工作环节,节目制作人员要熟悉各个工序,要具备灵活处置节目制作过程中出现的突发情况的能力,以便高质量、高效率地完成节目的制作。

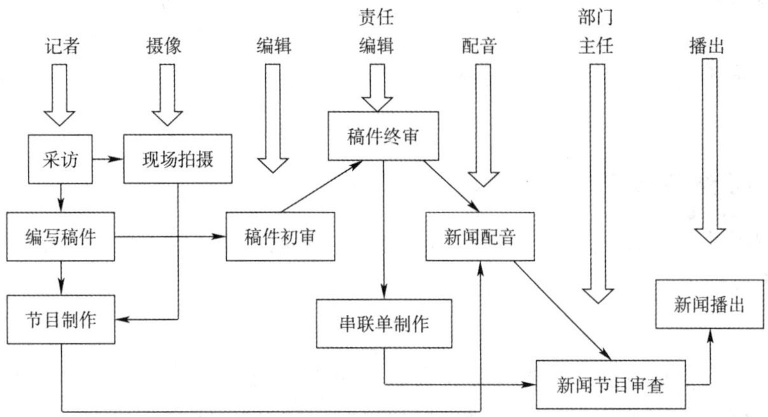

图 6-7　广播电视新闻节目制作框架与工作流程

第三节　广播电视节目制作人员

广播电视节目的制作是一个复杂而专业化的过程，制作人员需熟悉整个工作流程，具备不同流程所需要的专业知识和技能，能够根据节目的内容、规模、受众等做出正确、合理的判断、分析和处理，完整、高质量、高效率地制作出广播电视节目。

不同类型的广播电视节目在制作方法上存在一定的差异，制作质量与制作效率也会受到诸多因素的影响，如政策的支持力度、资金的充足与否、设备的先进程度等。然而，在众多因素中，制作人员的素质和能力水平是最核心的因素之一。一档成功的广播电视节目，通常是经由各个环节的专业技术人员共同努力完成的。因此，广播电视节目制作必然涉及广播电视工作人员的分工、职责、素养等问题。当然，尽管制作人员的岗位职责分工各有不同，但他们都会毫无例外地直接或间接地参与到节目的制作与创作过程之中，为节目最终的成功做出贡献以实现自身的价值。

一、广播电视节目制作人员的类别

广播电视节目的制作人员与广播电视节目的基本制作环节相匹配，依据他们在节目制作过程中的分工与所起到的作用，可以划分为两大类：

（一）节目采编人员

广播电视节目采编人员主要包括策划、撰稿（编剧）、记者、编辑、主持人、导演、导播、制片等。这一类人员，负责整个节目的构思、采访、摄录、文字脚本（文案）写作、后期编辑、合成等一系列制作工作。事实上，他们决定着节目的内容与价值。

（二）技术支持人员

技术支持人员根据分工的不同，可以细分为摄像师、录音师、照明人员、视频工程师、音频工程师、场记、美工师、道具师、化妆师等。他们主要负责为节目的制作提供必要的技术支持和勤务保障，最终使得节目以成品的形式呈现。

上述人员虽然由于岗位分工不同而各自承担着不同的节目制作任务,但每一个岗位都是不可或缺的。事实上,正是得益于每一个制作流程的精细把关与环环相扣,广播电视机构才得以将无数精彩的节目呈现给广大听众和观众。不过,不同岗位从其重要性来讲确实又存在差异,接下来重点介绍几类人员。

二、广播电视节目主要制作人员

在广播电视节目制作过程中,编导、编辑、导演、导播、制片人、节目总监(监制)等人员,发挥着十分重要的作用。

(一)编辑

广播电视编辑,是广播电视媒体中从事组织整理、编辑加工文字稿件、音响及画面素材的专业人员。广播电视编辑按照分工情况可分为文字编辑、图像编辑、音乐编辑、文艺编辑与音响编辑等;按照职务情况则可分为主编、责任编辑与一般编辑等。广播电视编辑的主要工作职责一般包括以下内容:

1. 承担节目制作

具体包括以下几方面内容:

(1)拟定选题、制订节目计划、组稿约稿、组织与协调有关工作环节,如播音、录音、摄像、美工等;

(2)处理稿件,包括选稿、校正、改编等;

(3)撰写节目所需要的文字稿,如报道词、解说词、串联词、编者按、编后语等;

(4)进行音频、视频合成等。

2. 编排审查播出节目

广播电视编辑要负责设计节目结构,对节目进行审听、审看、监听、监看等,进而保证节目的正常播出。

3. 组织通联工作

所谓通联工作主要是指与记者、通讯员之间的业务联系,也包括沟通与处理好受众的反馈信息等。

(二)编导

通常是指在广播电视专题节目、电视纪录片制作过程中负责选题、立意、构思、拍摄以及对素材的选择、加工和把关等工作的从业人员,其工作的成功与否往往决定着节目的社会效益和制作水平。广播电视编导不同于导演和编辑。广播电视编导侧重于纪实性作品的创作,而导演主要从事影视剧、综艺类节目等性质的艺术创作;广播电视编导的工作范围涵盖节目的前期拍摄和后期制作,而广播电视编辑主要负责素材整理、声画剪辑等后期阶段的工作。

作为一名合格的广播电视编导,除了需要掌握新闻学、广播电视学、传播学等方面的基础理论知识和具备较好的文字处理能力外,通常还须清楚广播、电视媒介的特点和传播要求,熟悉声音、画面蒙太奇规律,以及懂得摄像机、录像机、调音台、非线性编辑软件、电视编辑机的基本使用技能等。

(三)导演

广播电视导演,是广播电视非新闻类节目制作的艺术指导和制作指挥。从工作任务分,广播电视导演又有总导演、执行导演、副导演、助理导演等类别。我国目前只在制作电视剧、广播剧、大型综艺节目中专门设置导演，在制作其他类型节目时，导演的职责则主要由各节目部门的相关人员——通常是责任编辑或编导来承担。

无论是哪一种类型的导演，都应当为节目的整体效果负责，力争使节目达到统一、和谐、完美的境界。每一档节目的导演，都有其相应的具体职责。不过，总体而言，导演最基本的职责就是确立节目的整体构思，然后组织、协调与指导各部门按照构思的节目大纲、创意文案或脚本去实施，将其转化为有效的音频、视频节目作品。

（四）导播

导播，指在节目制作与播出过程中负责节目指挥、现场调度、信号选择、画面切换工作的专职人员。

广播电台和电视台的导播都是节目播出阶段的核心岗位，而具体工作却各有不同。

在广播节目中，导播是主持人的助手，帮助主持人接听听众的电话，并将电话转接至播音间，过滤、筛选不必要的来电；帮助主持人拨通与嘉宾之间的电话连线；协助主持人记录听众的来电情况；及时处理直播间的其他意外情况等。广播电台一般设有专门的导播间，紧邻直播间，中间由玻璃门窗相隔，能够观察到直播间中的一切情况，保障节目的顺利进行。

广播节目导播需要具备“电话编辑”的能力，能在众多的参与电话中做出快速选择，并根据节目内容进行取舍和排序，选择逻辑清晰、表达顺畅、观点明确的听众。同时，导播还需要具有良好的沟通交流能力，能够快速与听众建立电话联系，表明节目需求与取向，引导听众进行符合节目内容的表达。

在电视节目中，导播有演播室导播与现场直播导播两种类别。不管哪种类别的电视导播，其主要任务都是根据节目计划表或播出串联单，在播出时间内临场调度各工种协同作业，监视和切换画面，选择和调节声音，保证节目的正常播出。

电视导播除了要熟悉调音及画面切换设备外，还应了解节目制播的各个环节，具有整体意识，拥有冷静的头脑和较强的指挥能力，善于随机应变。特别是在大型节目的制作中，通常会采用多台摄像机进行拍摄，以便为节目带来多角度、多方位、多场景的呈现，丰富节目画面，提升节目效果。在这个过程中，对于不同镜头、不同机位的选择，也就决定了节目画面呈现的效果和表现力。电视导播作为负责指挥摄像师进行画面切换和选取的指挥者与调度者，其作用更是不容轻视。而在直播电视节目中，导播则要求具备较强的政治敏锐性和判断力，较强的审美能力，突出的全局观念和团队精神，能够适时选取最具表现力的镜头画面。

（五）制片人

广播电视节目制作是一个多工种群体协作的工程性项目，每一档节目的制作都需要人、财、物的合理配置与调动，并通过三者的最优设计来最大限度地实现节目的艺术价值、社会价值和经济效益。而在这个过程中发挥最大作用的就是制片人。

1. 制片人的起源

所谓“制片人”，通俗地说，就是指在影视节目生产中对节目的内容、人员组成和制作经费进行把关和运作的人。“制片人”的概念最早出现于美国的电影行业，电影制片厂老板为控制成本，推出一种制片人制度，后来这种制度在全美范围内铺开。20 世纪 50 年代出现了电视制片人的概念。制片人不是一种官阶,而是一种职位。制片人拥有相对独立的人、财、物支配权,采用制片人管理方式有利于提高节目制作的效率与效益。“制片人制”是比较符合影视片艺术生产规律的一种管理制度,将它引进广播电视节目生产中,有利于广播电视事业的发展。1985 年,中国电视剧制作中心在《红楼梦》《西游记》《末代皇帝》和《中国姑娘》4 部电视连续剧的摄制中,引入电视“制片人”管理机制,任命了 4 名制片人,开创了我国电视界“制片人制”的先河。1993 年 5 月 1 日,中央电视台《东方时空》栏目首次使用了制片人概念,我国电视栏目制片人就此产生,电视“制片人制”就此全面推开。由此,我国广播电视节目制作有了更加科学的管理制度。

2. 制片人的职责

在广播电台、电视台,制片人通常是掌握节目的生产、制作、包装、推介、优化、衍生产品开发等流程的实际把控权、经营权和对相关工作人员进行指挥、管理的人。制片人通常集节目权、人事权和经费权于一身,对节目的生产、经营和管理拥有较大的操控权。制片人的职责通常包括:

(1)负责对节目进行整体设计。制片人要主持和参与节目的策划,对节目进行整体设计,对“节目制作意向书”“节目经费预算表”“排演程序表”“摄制程序表”“节目播出计划”等进行审查,并监督、督促节目策划的具体实施。

(2)选配制作团队。即选配节目制作班底,包括选择和调配编导、摄像、编辑、导播、主持人、音响师、化妆师以及相关技术人员与服务人员等,并为团队成员的工作提供必要的条件、支持与保障。节目制作班底的构成情况,往往是影响节目制作成功与否的重要条件。

(3)参与节目制作全过程。制片人需要参与节目制作的全过程,并负责对节目质量进行过程把控,确保节目能够顺利通过审查。

(4)做好节目发行和播出。播出前,做好节目的宣传、推介工作,引进广告支持,确保节目的正常播出。播出后则要做好收听、收视调查,收集整理节目评价,规划节目后续工作。

(5)经费把控与管理。核算运行成本、控制经费使用、做好利润回收等工作,也是制片人的重要职责,通常要贯穿整个节目制作全过程。

目前,我国广播电视行业普遍实行了制片人制度,但相关制度并不完善,其突出问题是制片人的责、权、利不相符。一方面是制片人缺少真正意义上的“财权”。不少电视台虽然实行制片人负责制,但只给了制片人较大的选题选择、制作策划、节目录制的权力,没有给制片人“用钱”的权力。好节目是人用钱做出来的,制片人只有掌握了“用钱”的权力,才有做好节目的主动权,否则,无法调动编采人员的积极性。另一方面是缺少真正意义上的人事权。制片人虽然在选择编采人员方面有一定的权力,但栏目组人员的敲定最终还是由部门和台里说了算。制片人用人的权力受到制约,缺少调整业务人才的手段,就很难使节目的质量得到提高。当然,对制片人也应该建立起一套完善的监督机制,防止其滥用人、财、物支配权。

(六)节目总监(或监制)

节目总监(或监制),即广播频率、电视频道节目的总负责人,须对节目的制作与播出承担主要责任。具体职责主要包括有:确定节目选题,安排和布置重大的采访任务或大型节目制作活动的整体工作,密切关注各工种环节的运作和执行情况,掌握一切与节目制作有关的活动,包括对节目制作提出建议、指派制作组人员协作制作、审定稿件、审定节目串联单、审片、监看节目的播出过程、及时处理播出过程中的紧急情况等。在我国，节目总监或监制通常是由广播电台、电视台中的领导人员担任。

三、其他制作人员

除以上人员外，广播电视节目制作人员还包括下列人员。

策划：节目策划人员须在整体考虑节目经济效益与社会效益的前提下，对节目进行整体构思，预先谋划节目做什么、何时做、如何做等。策划人员通常需要有新颖、独特的构思和想法，能够为节目制作提供富有创造性和想象力的“金点子”。

编剧：节目内容的文字呈现者，以文字的形式完成节目的创作，一般不参加拍摄工作，有时在现场与导演一同根据情况对脚本进行修改调整。

主持人：主持人通常负责在话筒前、镜头前对节目方案进行具体执行和实施。主持人要善于根据受众的现场反应，适时调整自身状态，以实现对受众注意力、情绪等的有效操控。

记者：记者属于广播电视新闻节目制作人员的范畴，通常负责采访新闻，制作广播电视消息报道、专题报道、评论报道等，常常在事件现场出镜头采访或直接作现场报道，并对节目录音、录像进行剪辑，撰写新闻稿，为节目提供或自己操作配备必要的音响、字幕与图表。记者的工作不但包括前期采访、摄录，而且时常参与后期的编辑制作过程，与编辑工作融为一体。广播电视记者需要具备一些基本素质要求，及时追踪政策及社会热点的新闻敏感性，勤业、敬业和分工协作的精神，扎实的新闻理论知识和专业知识，较好的现场应变能力、口头表达能力以及良好的仪表形象等。

摄像师：根据节目的制作要求进行画面的拍摄。摄像是一项非常重要的基础工作，摄像师通常需要与导演或编导一起，确定画面的整体风格、影调、色彩倾向等。摄像师要能够熟练、灵活地操作摄像机，恰到好处地摄取画面和拍摄镜头。

场记：场记是编导、导演的得力助手，负责节目现场每一个镜头的记录和整理，以便为后期的编辑提供清楚有条理的素材和依据。

录音师：负责录音和音响的合成，保证节目所需要的声音效果。

视频工程师：负责视频设备的安装、调试和维护，监视信号源的图像亮度和色彩，为设备的正常运转提供技术支持。

音频工程师：负责音频设备的安装、调试和维护，布置话筒，做好声音的拾取工作。

灯光师：根据导演的设计和摄像师的构思，布置和调整灯光，制作节目所需要的氛围和效果。

美工：负责节目中布景、道具、服装的设计与制作等。

化妆师：负责节目演职人员的妆容设计和化妆，使出镜人员在妆容上符合节目的风格和要求。化妆师要对演职人员呈现在画面上的形象负责，在拍摄间隙通常需要及时给演员、主持人等补妆。

第四节　广播电视节目的播出安排

广播电视节目制作出来之后，就需要考虑节目的播出安排。为了达到理想的播出效果，产生最佳的经济效益与社会效益，广播电台、电视台往往会遵循受众的收听、收视习惯，科学有效地对节目播出进行设置和编排。

一、广播电视节目设置

所谓广播电视节目设置，即指对广播、电视节目的总体设计和安排，包括统筹规划电台、电视台开办的节目类型，数量和布局，确定每个节目的名称、指导思想以及节目方针等。

广播电视节目设置，既关系到本节目系统内部的节目安排，又关系到覆盖区域内与其他节目系统的竞争问题。总的来讲，节目设置应该从节目整体构成问题、节目时间布局问题以及节目设置原则几方面来统筹考虑。

节目整体构成，指在节目系统中各类节目所占的比例。各类节目的比重要综合平衡，统筹兼顾，这也是广播电视管理上的一个重要问题。比如在新闻综合频道，娱乐节目就不能过多；广告节目，不能占据太多的节目时间等。

节目时间布局，是指节目的时间安排，包括节目的具体时间长度、节目安排在什么时段播出等内容。例如，我国各地电视台普遍都把少儿节目安排在下午五点到七点时间段内播出。一般而言，在黄金时段应该安排播出重要及重点节目。

节目设置原则在不同国家及不同时代是不一样的。我国的广播电视机构由于具有独特的属性和特点，在节目设置原则上也相应有着独特之处。总的来说，主要有以下几个原则：

1. 要依照国家的方针、政策来设置节目

在我国，广播电台、电视台是新闻媒体，属于事业单位范畴，其所开办节目必须坚持为人民服务、为社会主义服务的方向，坚持正确的舆论导向。因此，在节目设置方面，必须依照国家的方针、政策来进行，不得安排危害国家的安全、荣誉和利益，影响社会安定和民族团结，有损公众利益的节目内容。

2. 要根据听众和观众的需要来设置节目

广播电台、电视台开办节目的最终目的是为了给广大人民群众收听、收看。因此，针对广大听众、观众的需要来设置节目，才能更好地满足他们的收听、收视需求。一般来说，听众、观众的收听、收视需要与他们的性别、年龄、受教育程度、工作性质、作息规律等具有必然的联系。从性别来看，女性偏向于选择影视剧及轻松愉快的娱乐节目；男性偏向于选择时政、财经、体育及纪实类节目。从年龄上看，年轻人偏向于选择真人秀等综艺类节目，年长者则偏向于选择电视剧类节目。从知识结构来看，受教育程度高的人士偏向于选择知识性、教育性和高雅性节目，而受教育程度较低的人士则对通俗性、娱乐性、趣味性节目更感兴趣。

3. 要依托频率、频道的特色定位来设置节目

不同的频率、频道都有自己特定的节目指导方针和据此形成的特色定位。只有依托频率、频道的特色定位来设置节目，才能使频率、频道具备统一的主打内容，形成独特而个性鲜明的风格，进而有利于打造频率、频道品牌。比如，中央电视台二套节目的设置就是依托“财经频道”这一特色定位来进行安排的，具体节目安排如表 6-1 所示。

中央电视台财经频道 CCTV-2 节目单(2017 年 10 月 26 日)　　表 6-1

CCTV-2　中央电视台财经频道	2017 年 10 月 26 日　星期四
00:00　经济半小时	12:30　生财有道-2017-10-25
00:22　交换空间-2017-38	13:00　一锤定音-2017-44
01:04　经济信息联播	14:00　交易时间
01:45　中国财经报道-2017-40	15:00　整点财经 2017
02:41　魅力中国城-2017-15	15:17　周末特供:消费主张(789)
04:07　爱生活-你必须学会的手工创意 10	15:27　经济半小时
04:22　回家吃饭-2017-244	16:00　整点财经 2017
04:44　经济与法-2017-173	16:15　职场健康课-2017-9
05:13　生财与道-2017-10-25	17:00　整点财经 2017
05:43　消费主张	17:15　周末特供:一锤定音
06:16　职场健康课-2017-42	17:31　是真的吗-2017-42
07:01　第一印象	18:29　回家吃饭-2017-245
07:03　第一时间	18:55　生财有道-2017-10-26
08:54　第一印象	19:28　消费主张(20171026)(首播)
09:00　交易时间	20:00　经济与法-2017-174(20171026)(首播)
10:00　整点财经 2017	20:30　经济信息联播(20171026)
10:15　经济与法-2017-173	21:15　经济半小时(20171026)(首播)
10:45　周末特供:是真的吗	21:47　中国福利彩票公益开奖-2017-64
10:53　消费主张	21:50　央视财经评论-2017-10-26(20171026)(首播)
11:23　回家吃饭-2017-244	22:38　市场分析室(20171026)(首播)
11:50　环球财经连线	23:09　精品财经纪录-本草中国-8
	23:49　经济半小时

4. 要结合时代要求和社会发展趋势来设置节目

广播电视媒体在服务社会、服务民众之时,也需要承担和履行好引导社会、引导民众的职责。结合时代要求和社会发展趋势来设置节目,能够使广播电视媒体更有效地发挥对社会、对广大人民群众的积极引导作用。近年来,中央电视台为适应提升国家文化软实力、增强民族文化自信心、振兴和繁荣文化产业的时代要求和社会发展趋势,积极引导广大人民群众关注中国传统文化、热爱中国传统文化,同时有效发掘传统文化的价值,陆续推出了《中国成语大会》《中国汉字听写大会》《中国诗词大会》等节目,在黄金时段播出,产生了良好的社会反响,并引发了本土原创文化类节目的热办、热播风潮。而江苏卫视等一些省级电视媒体在周末黄金时段设置相亲类节目进行播出,则适应了当今社会大龄单身男女越来越多、年轻人的交友求偶需求显得日益突出这一社会发展趋势,亦产生了较好的收视效果。

二、广播电视节目编排

广播电视节目编排,即广播电视的节目组合及其时段安排艺术,涉及具体的节目条数、播送时间、播送顺序和播送结构等。

在广播电视业突飞猛进、群雄并起的态势下,广播电视节目的编排已经日益成为电台、电视台频率和频道间展开竞争,谋求生存、发展的有效手段。节目编排不仅关系着电台、电视台的栏目设定、资金分配和时段安排三者关系的平衡,而且直接关联着每个时段乃至整个频道的、频率的收视收听率、广告到达率和广告创收状况,是广播频率和电视频道竞争战略部署中的重要一环,在广播频率、电视频道运行中占有极其重要的战略地位。

节目编排也是电台、电视台各频率、频道进行资源整合的必要手段。时段、竞争对手、节目类型和受众是一个成功的编排要考虑的四个因素,这四个因素随时变化又交互作用,节目编排就是在这四种因素的组合变化中寻找最佳结合点。各广播频率、电视频道必须根据目标受众的收听、收视特点和收听、收视习惯整合内部节目资源,分配播出时段形成顺畅的节目流,以取得最佳收听、收视效果,提升频率、频道影响力,推动频率、频道的发展。

(一)广播电视节目编排的要求

简单地说,节目编排是将各种类型的节目依照时间顺序进行系统的排列组合,并形成节目排期表。节目编排的主要任务是有效对准目标受众群,使节目和受众适位对应,强化竞争力,达到单个节目组合后"1+1>2"的效果。在广播电视节目编排上,应该遵循以下要求:

1. 符合客观规律

即应该根据客观存在的各种规律,来考虑节目编排。

(1)把节目安排在最合适的时间播出

节目编排,需要根据客观存在的不同受众群体的生活规律把节目安排在最合适的时间段播出。由于在不同时间段里,不同受众收听广播、收看电视的具体情况都不一样,因此遵循受众的生活规律来安排节目,有利于提高收听、收视效果。在广播频率、电视频道的内容、性质定位明确以后,可以依据受众的群体分布情况、作息规律把全台的节目细分成不同的单元,以对应不同的时段,这样有助于将节目放在最合适的时间播出。比如,早晨节目针对的是要出门工作的上班族,他们关心交通状况、出行天气、国家大事和政治动态,因此比较适合编排新闻资讯类节目;在上午与下午时段,节目的收视人群主要为赋闲在家的人及家庭主妇,他们一般喜欢猎奇性的谈话节目、电视剧以及与家庭有关的各种常识性节目,安排这类节目播出就比较适宜;每天下午的17:00—18:00,是孩子们放学后回到家里的时间段,这时安排动画片等少儿节目就非常合适;而晚上黄金时间的节目,则要针对整个家庭成员设计,尽量做到老少皆宜,突出娱乐性、共享性;在深夜时分,就要考虑为入睡较晚的白领阶层人士安排相应的节目。表6-2所示内容,就是国内不少电视频道在晚间节目时段共同采用的节目编排体例。

电视频道晚间节目时段的节目编排体例 表6-2

晚间 17:00—18:00	少儿节目时段
18:00—20:00	新闻节目时段
20:00—22:00	电视剧或娱乐节目时段
22:00—24:00	各类专题或老电影

可以看出,这种编排是非常符合"把节目安排在最合适的时间播出"这一要求的。

(2)以收听、收视市场的客观需要来调配不同类型节目的播出

广播电视的节目编排,应建立在认真调查和分析受众的基础上,了解男性、女性,成人、青少年等不同层次的受众对节目的不同需求,并以此为基础有侧重地进行编排。通过分析和研究受众,调配不同类型节目内容的播出,有利于在相关时间段吸引住关键性的收视者,产生良好的收听、收视效果。比如,重庆某电台在每天下午17:00—18:30安排"吃在重庆"这样的生活资讯节目,为听众介绍相关的饮食信息,就恰好满足了普通市民"去哪儿吃晚饭"

的信息服务需要，因而取得了良好的收听效果。

节目编排既要了解节目的基本情况，更要明确节目的基本收视群体，弄清节目与受众的对应状况，进而根据收视市场的客观需要，合理编排节目。在内容上节目力求丰富多彩、雅俗共赏；在形式上花色齐全，题材广泛；在时间上区分受众层次，满足各方需求。

2. 保持相对的稳定性

即节目播出时间不轻易变化，以便听众和观众掌握节目播出的规律，逐渐养成相对稳定的收听、收视习惯，最终培养一批稳定的受众群。

(1)节目播出时间要相对固定，以培养受众的视听习惯和建立受众对节目的忠诚度

广播电视节目的播出时间一经编排设定，就要保持相对固定，不要轻易变化，以便培养受众的视听习惯，建立受众对节目的忠诚度。比如，中央电视台一套综合频道的晚间节目长期固定安排为19:00播放《新闻联播》、19:38播送《焦点访谈》，这种安排有效地培养了观众的收视习惯，给节目带来了大批忠实观众。

(2)在不同类型的节目播演之间安排过渡性节目以减少观众流失

不同节目往往有着不同的受众群体，将内容和风格完全不同的节目编排在一起，极有可能破坏已经形成的收听、收视格局，造成听众、观众的流失。而如果在其间安排一档合适的过渡性节目，不仅可以顺利地实现节目的转换，使观众继续往下收看，还有可能吸引新的受众。

(3)掌握好节目编排的节奏

人的注意力保持有自然的心理曲线，从松弛到紧张再到松弛，这是观众视听心理运动的平衡过程。从收视角度来看，受众有从不满足到满足，又到主动寻找新的刺激和快乐的过程。因此，在节目的整体编排中，掌握好节目编排的节奏，适时制造注意力的兴奋点，才能持续调动观众的注意力。节目编排是广播频率、电视频道与观众进行交互的独特语言，不仅要求节目与受众的生理和心理能够对应，同样要求频率、频道的节目整体能与受众生活规律和心理节奏相对应。总之，掌握好节目编排的节奏可以起到有效稳定受众视听行为的功效。

3. 力求实现效益最大化

广播电视节目编排既是一门节目综合艺术，又是一门时间分割艺术。广播电台、电视台开办节目是要讲究效益的，这种收益既包含社会效益，也包含经济效益，因此，在节目编排上也理当满足效益性要求，力求实现最大化的社会效益和经济效益。

(1)以强势节目为开端，再接连安排相关节目，以尽可能争取更多受众的关注

各广播电视频率、频道在节目编排上，都应该着力突出自己的主打节目、“拳头节目”，以取得竞争市场上的相对优势，力争吸引更多受众的关注。例如，中央电视台第六套电影频道晚间黄金时间的节目编排每日未必完全相同，但大体都依循以下体例(表6-3)。

中央电视台第六套电影频道晚间黄金时间节目编排 表6-3

18:16	电影
20:02	光影星播客
20:10	电影快讯
20:15	电影
21:52	光影星播客
21:56	今日星评
22:04	译制片

这种编排的特点就是以最大众化、最富吸引力的电影节目打头以吸引大量人群的关注，然后依据观众在不同时段的汇聚和分流情况，逐渐将特定受众引向特色性越来越强的节目，以争取更好的收视效益。

(2)适度错位编排，以避开强势的竞争对手

所谓错位编排，也就是将自己的主打节目、特色节目，尽量置于与自己存在竞争关系的强势媒体的同类节目相错开的节目时段上，以实现错位竞争的目的，取得更好的视听效果。

比如，晚上19:38是中央电视台《焦点访谈》节目的固定播放时间，作为一家地方性广播电视媒体，就应该尽量避免在这一时间区段安排同类型的新闻舆论监督节目，以免因为收视人群大部分被《焦点访谈》"截流"而难以形成相应的收视成效。

(3)善于发挥重播的效益，重视素材增殖

每家电台、电视台都有一定数量的重播节目。优秀节目的重播，既发挥了节目的使用价值，又可弥补广播电视"一次过"的传播缺陷。对于重播节目的编排，时间和时机要求具有较强的针对性和适应性。如，头晚黄金档的优秀影视剧安排在第二天白天播出，有助于消除观众漏看的遗憾；某些有纪念意义的节目安排在纪念日重播，一定能引起观众收看的兴趣，带给观众心理上的满足。

所谓"素材增殖"就是用不同的角度、不同的思路、不同的方式，从不同的层面重新整合、加工、改造已有的节目素材，以实现节目资源利用的最大化。对于各级广播电视媒体而言，先前的节目素材都是一笔宝贵的财富，如果能够合理地加以重新利用不仅能够把陈旧的材料和节目资源变废为宝，还可以收到意想不到的效果。这方面最典型代表的就是各种集萃节目、"盘点"节目。

4. 注重整体性效应

即把频率、频道的各种节目视为一个整体，在编排时考虑它们之间的关系，并使它们的连接、组合能够产生出整体效应。科学、合理的节目编排需要整合和统筹安排好频率、频道的新闻、专栏节目、电视剧、大型活动、广告等节目形式和频率、频道的整体形象、特色定位、整体包装、经营推广、竞争对手分析、受众分析等非节目因素。认真分析受众收听、收视需求，详细研究竞争对手的状况，以整体性的视角来考虑节目编排，有利于提高频率、频道的整体收听、收视效果和市场份额，提升频率、频道的关注度、美誉度和品牌价值。

一方面要让节目之间相互照应，即相邻的节目之间要相互配合，不能相互干扰。另一方面，要让经过编排之后的节目形成整体优势，也就是将播出的各种节目视作一个有机整体，最终的播出效果应是整体效果大于各个节目单独播出的效果。

(1)运用好节目组合技巧

所谓节目组合，就是把不同类型的节目，或同种类型的节目有机地组合成一个"节目群"，安排在一个特定的时间区段内。注重节目编排的整体性，必须运用好节目组合技巧。

(2)讲究串联艺术

即善于通过主持人把各种节目(可以是一天的节目，也可以是某一个时间区段的节目)串联起来，形成一个有机整体。特别是在重大活动日、纪念日的节目编排上，采用主持人串联的方式，将节目联成一体，可以体现出极强的整体感，能够营造比较好的传播声势效果。

5. 进行适当创新

科学而合理、有成效的节目编排，不仅体现在日常的、有固定规律的节目组合中，也体现

在能够根据外部环境的变化适时对原有编排模式进行适当的突破与创新上。例如，近年来个别省级卫视在推出独播剧、首播剧时，适时根据收视反馈情况，大胆实施“饥饿营销”策略，将每天两集的日播模式改变为每周播两天四集的周播模式，而且特意将播出时间由原先的20点左右改变为22点之后，以期较长时间地保持受众对该频道的收视期待。实践表明，这种编排创新的确取得了一定的成效。

节目编排作为一项具有前瞻性的工作，牵涉到对市场的判断和节目资源的调配。因此，节目编排部门有必要与节目生产部门以及广告经营部门建立“联动机制”，定期就某一阶段的收视特点、市场热点和本台节目内容的竞争力进行分析研讨，以适当创新节目编排思路。

（二）广播电视节目编排的主要策略

节目编排时，基于对节目理解的不同，不同的人会有不同的策略，这也导致了节目编排的灵活与机动。尽管如此，但依然是有规律可循的。总体而言，节目编排一般分为纵向编排与横向编排两种。纵向编排，着眼于电台、电视台内部一个频率、频道的节目科学合理的排列；而横向编排，则主要着眼于频率、频道之间的竞争，将竞争对手的各种情况也纳入本台节目编排的考虑范围。在进行节目编排时，上述两种方法通常会结合起来一起使用。

1. 纵向编排

纵向编排的立足点主要是针对本台的节目。即深刻了解本台的主要定位，各个节目在各个时段的优劣，不同时段的听众、观众的特征等，结合上述数据编排出最为科学合理的节目播放顺序，使各个独立的节目有机地结合在一起，相互提携与补充，从而发挥最大的宣传效果。纵向编排主要有以下几种编排策略：

（1）板块式编排

板块式编排，也称“垂直式编排”，它是指把目标受众相同或相近、内容相似或相近的几个节目放在一起，在同一个时段连续播出，进而构成一个相对完整独立的板块，使其产生规模效应，起到有效垄断播出时段、聚集相同“视听趣味”受众的作用。板块式编排有利于保持听众或观众对节目收听、收看的“持续性”，在收听、收看完上一节目之后，由于接下来的节目具有相似性，因此很可能会接着听下去或看下去，从而逐步形成对此系列节目的收听、收视习惯。例如，在上午时段就可以集中连续播出老年人、家庭主妇们喜爱收看的各种类型电视节目，从而形成“休闲板块”系列节目。

（2）横带式编排

横带式编排，也称“水平式编排”，它是指根据特定受众的收听、收视习惯，在每天的同一个时段播出同一节目，播出时间通常是周一到周五。这种模式的优点在于，它可以依靠长时间形成的连续性和统一性来吸引受众的持续关注，从而培养频率、频道的忠实听众、观众。这种节目编排策略已经在许多电台频率、电视频道中广泛应用。当前，广播电台、电视台大多数白天的节目、各类新闻节目以及专栏节目都遵照这种方式进行安排。这种节目编排策略，会在节目与受众之间形成一种特定的约定，每一位节目的忠实听众或观众都会在特定时间“准时赴约”，收听、收看节目。

（3）棋盘式编排

“棋盘式”节目编排与“横带式”节目编排相反，它是指在每天的同一个时段播出不同的电视节目。当“横带式策略”使用过多，受众对节目感到厌烦的时候，“棋盘策略”可以带给受众一种视听上的新鲜感受。近年来,中央电视台三套综艺频道从周一到周日每天晚上19:30—21:00左右的黄金时间分别安排播出《开门大吉》《向幸福出发》《越战越勇》《回声嘹亮》《黄金100秒》《我要上春晚》《星光大道》几档不同的特色节目,就属于此种编排策略。这种编排不仅使央视综艺频道节目的播出显得花样翻新、错落有致,而且能够带给观众别具一格、奇特新颖的感受。

目前,央视一套和大部分省级卫视频道,对晚间黄金时段大都采用"5+2"的"混合"编排模式:周一至周五采用"水平式"节目编排,连续播出电视剧,而在周六、周日则采用"棋盘式"节目编排,分别播出不同的综艺节目(或特色节目)。

(4)导引式策略

即在一个强势的节目后面接播有潜力的新节目,借之前的强势节目为后来的节目积累听众。如若后播的节目也有一定的实力,那么,该频率的优势也会更容易被延续下来,反之亦然。这就是所谓的"沿袭效应"。该策略在目前的广播电视节目编排中运用得也比较广泛。

(5)吊床式编排

即在两个强势节目之间安排播出一个弱势的节目,利用两个强势节目去拉高中间节目的收听、收视率。很多电台、电视台一般会通过此种方法去拉动专题广告类节目的收听、收视率。但使用吊床式编排时有一点要注意,中间播出节目的时间不宜过长,否则听众或观众流失过多,不但起不到拉动作用,反而会压低后进节目的收听、收视率。

(6)柱式编排

即通过一个强势节目去带动前后两个弱势节目的收听、收视率。但这种方式对中间强势节目的要求比较高,风险也比较大。如果强势节目竞争力不足,不但起不到拉动作用,收听、收视率反而会被前后两个节目拉低。

2. 横向编排

在节目编排过程中,除了要对本台的节目有深刻的了解之外,还要针对竞争对手的优劣势,对本台节目内容、编排等做出有针对性的调整,从而产生战略性的优势,这就是节目横向编排的意义。主要的横向编排策略有以下几种:

(1)"重拳出击式"编排

指在竞争对手的节目播出之前,安排一个强势的、历时较长的节目以先发制人,及早吸引观众并将观众的收视兴趣努力保持的一种节目编排策略。运用这种策略的前提是对竞争对手播出的节目有充分的了解,通过尽可能降低竞争对手强势节目的初始受众数量,从而达到打压竞争对手的目的。例如,在竞争对手的电视剧节目开播之前抢先播出电视剧,观众在收看了本频道的电视剧后,也许就丧失了收看其他竞争频道电视剧的兴趣。

(2)对抗式编排

即在相同的时段播出与竞争频率、频道相同类型、风格的节目,直接与竞争对手抢夺受众资源。这种方法更多的是拼频率、频道以及节目的实力,是广播电台、电视台之间综合实力的较量。除了节目本身的制作质量之外,电台、电视台本身的知名度也会对竞争的结果产生直接的影响。因此,这种策略大都用于在本地区占据优势的频率、频道上。同时,也更多见于电台、电视台在黄金时段的竞争,如大多数电视频道都选择在晚间黄金时段播出电视剧。

(3)逆向式编排

即避免与竞争对手直接竞争,在同样的时段内安排与其他强势竞争媒体不同的节目内容，以争取剩余受众群。新的节目样式在开播初期一般都会采取这种策略。一些弱势的广播频率、电视频道由于不具备与当地强势对手直接竞争的条件，所以也常采用这种编排方式避重就轻，以求取得收听、收视上的突破。

3. 季播编排

近年来，国内还兴起了“播出季”（或称“编播委”）的季播编排方式。“播出季”是从美国引进的电视节目编排理念与方式。“季”是“时段”的再延长，以“季”为单位来组织长篇电视剧和固定栏目的播出可以让观众产生强烈的收视期待，同时又能将节目编排的效益最大化。从2005年开始，国内已陆续有电视频道尝试“播出季”编排了。2005年，中央电视台二套经济频道（现称“财经频道”）第一次针对暑期时段推出了特别编排。此后，部分省级卫星频道如重庆卫视、湖南卫视、安徽卫视等也都大胆“试水”，推出“播出季”式的节目编排，探索“季”播的新方式，取得了一定的收视成效与社会反响。目前，国内的季播编排主要体现为三种情况：

一是以主要节假日为“档期”，精编“假日版”特别节目。这是当前国内电视媒体运用最为普遍的季播模式。许多上星频道都会在每年春节、“五一”“十一”、寒暑假等重大节假日来临之际提前进行部署，整合频道节目资源，根据观众的假日收视习惯重新编排节目表，增加品牌栏目的播出频率及推出相应的特色节目，以吸引收视人群。

二是以大型活动为核心，围绕活动开展的各个时期来编排播出节目。如2005年和2006年，湖南卫视就曾以“超级女声”选秀活动为核心形成暑期“播出季”，使频道维持了较为稳定的暑假高收视率。

三是以电视剧的播映周期为单元进行不同的节目编排。近年来不少电视频道推出的“季播剧”，就属于这种类别。如江西卫视2009年曾推出“八月浪漫爱情季”主题播出季，将《爱情公寓》等四部青春偶像剧予以连续播出，以吸引年轻观众，取得了不错的收视率。

季播编排，本质上是在对一家电视台整个频道的节目资源进行整合的基础上，从纵向和横向上对所进行的节目编排创新。从根本上说，电视台自身的核心资源及竞争对手的编排策略是制订“播出季”的重要依据。由于每个电视频道的节目资源都是有限的，在确立一个“播出季”主题时，所选择的电视栏目、电视剧类型都应相互呼应，这样有助于确保节目资源的延续性。此外，在推出“播出季”编排时，同样需要审慎考虑观众的收视心理和收视习惯。

本章思考题

1. 广播节目制作主要有哪些方式？
2. 电视节目制作主要有哪些方式？
3. 简要介绍一下广播电视节目制作的基本流程。
4. 广播电视节目采录具有哪些特点？常用的广播电视摄录手法有哪几种？常见的广播电视采访方式有哪几种？
5. 广播电视节目编辑、编导、导演、导播、制片人、节目总监各自承担哪些职责？
6. 在我国，广播电视节目设置需要把握哪些基本原则？在广播电视节目编排上，应该遵循哪些要求？
7. 请介绍几种常用的广播电视节目编排策略。
8. 如何理解广播电视的节目编排是一门艺术。

第七章　广播电视媒介人物

◆**本章要点**

- 播音员的地位和作用
- 节目主持人的类型及其素养要求
- 广播电视记者的工作职责及其素质要求

媒介人物,是传播学家威尔伯·施拉姆较早提出的一个概念,用于指称那些出现在一定的传播媒介中以自己的声音、体貌传播信息,对受众施加影响,同时其形象亦为媒介所塑造和影响的公众人物。施拉姆说:"早在电视出现很久之前,媒介就证明自己具有非同凡响的本领,能够塑造令人倾心的人物。"[1]随后,他把出现在报刊小说里的人物、电影中的明星、广播与电视上讲话的政要、新闻记者和主持人等都列为媒介人物的范畴。从这里可以看出,施拉姆所谓的媒介人物,是个比较宽泛的概念。

随着人类广播电视业的发展,播音员、主持人、记者等职业传播者越来越成为媒介人物中的突出分子,他们既是社会公众人物,也是媒介形象的代表,直接面对受众从事各种信息的传播,产生了广泛的社会影响。因此,本章这里要谈的广播电视媒介人物,主要是指在广播电视媒介中以自己的声音、表情和形体动作传递信息,对传播活动施以影响并被媒介所塑造的职业人物,包括播音员、节目主持人、现场报道记者以及实况转播现场的解说员、评论员等。

第一节　播　音　员

一、播音员和播音工作

随着人类社会的发展和进步,广播电视传播在人们生活中扮演着越来越重要的角色。作为广播电视传播的一个重要组成部分,播音员及其播音对广大受众的影响也越来越大,播音员成了大众传媒中具有广泛影响力的媒介人物。

广播诞生之后,有声语言的传播成为现实,于是就有了播音工作。所谓播音,是指广播电视传媒直接面向听众、观众进行的有声语言的传播活动,是广播电视节目的重要组成部分。播音有广义和狭义之分。广义的播音,是指广播电视节目中所有的有声语言的传播,包括人声、录音带以及各种音响制造工具产生的声音效果;狭义的播音,是指广播电视传媒的

---

[1] 威尔伯·施拉姆:《传播学概论》(第2版),第254页,何道宽译,中国人民大学出版社,2010年10月。

专职人员把文字稿件转化为有声语言的传播活动，是一种创造性和规范化的有声语言表达，为广播电视所特有。播音员即指广播电台、电视台内从事播音工作的专业人员，其基本职责就是在录音话筒或摄像机镜头前将无声的文字稿件转换成有声语言进行播出。在有些情况下，播音员还要参与采访报道和编辑制作等活动。

播音是对文字稿的一种再创作，播音员在从文字到声音的转换过程中，再现出一个新的声音形象，它除了完成传递信息的任务之外，还能起到渲染情感的作用，拨动受众心弦，引起共鸣。好的播音员能努力发挥创造性，形成自己的独特风格，即播音风格。播音风格可以说是播音员在长期的播音工作中形成的特色和个性，是播音员的创作个性和稿件内容风格的有机统一。它能以相对稳定的状态反映在播音作品上，又以运动的形式体现在播音传播的全过程中。如中央人民广播电台的林如，就是一个具有自己播音风格的播音员。

播音工作是广播电视传播中的最后一个环节，播音员是面对受众的关键性人物，常被称为是联系受众的桥梁与纽带。播音工作具有如下特点：

(1)交流对象的假定性

无论是电台的播音员还是电视台的播音员，在播音时都是假定自己是在与收音机、电视机前的受众面对面交流的。播音员播音时，既要吃透播音稿的节目内容，依据节目内容来确定自己恰当的声音情感、体态语言，以引发受众的情感共鸣；同时又要设想受众的心理、愿望和情绪反应，并以此调动自己的思想感情，构成一种交流。

(2)传播频率高

在广播电视节目中，播音工作广泛而频繁地出现。因此，播音员“出声”“出镜”的频率极高，容易造就播音“明星”。同时，播音员的神情举止会对公众产生影响，带来一定的示范效应。

(3)播音工作讲究技巧性的发声吐字

在将文字转化为声音艺术的过程中，播音员不能只满足照着稿件念、口齿清晰无差错的表达状态，他的发声吐字应该是一种技巧性的二度创作。播音是一种运用语言的艺术，要求准确、平实、富有节奏感，讲究停连(停顿和连接)、重音、语气、节奏等方面的技巧。

二、播音员的地位和作用

1.播音员是广播电视传播效果的最终实现者

广播电视传播活动，是一个发现信息、选择信息、表达信息和传播信息的过程。这个过程需要记者、编辑和播音员的共同参加才能完成，而播音员则是处于这个过程的最后一个环节，没有这个环节，整个传播活动就是不完整的，传播就不可能最终实现。广播和电视都是依靠电子通信技术作为传播手段的大众传媒。其中，广播是借助声音的单一通道来实现传播，电视是借助声音、画面的双通道实现传播的，二者都离不开声音。因此，播音员的播音工作具有无比的重要性。许多广播电视节目都必须经过记者、编辑采写编排后由播音员播出，把文字稿件转化为有声语言，适应广播电视媒体对“声音”的特殊要求，才能最终实现信息的传播。广大听众、观众所接触到的各类节目内容，实际上是广播电视播音员用有声语言传递的“稿件”，也正是通过播音员把文字稿件声音化之后，广播电视节目才能顺利到达听众和观众这个信宿。如果没有播音员的声音传播，广播就失去了赖以存在的根本，而电视也就变成令人摸不着头脑的哑剧。通过播音员的播音,听众、观众可以明确而深切地了解、感受到广播电视节目的思想倾向、价值取向以及电台、电视台工作人员的思想水平、采编功底、文化素养等。因此,播音员工作的好与坏直接关系到广播电视节目这种精神文化产品能否形成及其传播效果能否实现。作为广播电视传播效果的最终实现者,播音员要以高度的责任感和准确的判断力把好广播电视的最后一关,杜绝可能出现的各种播出错误。特别是在直播节目中,播音员所担负的责任极其重要,稍有不慎,就会酿成播出事故。从这一点上说,播音员又是广播电视传播活动的最终"把关者"。

2. 播音员是把文字稿件转化为有声语言的再创作者

播音员的播音是要把记者、编辑所制作的文字稿件变为有声语言。但这种文字稿件的声音化不仅仅要求播音员机械地按照稿子"念字出声",也不仅仅是为了展示播音员嗓音的圆润甜美,而应该是播音员对文字稿件的再创作。所谓"再创作",就是说播音员应该以声音作为情意表达的手段,以"言为心声""声画和谐"为基点,再现文字稿件的内容、结构、思想、文采、风格、情感等特点,达到声情并茂、清晰悦耳的效果,从而准确地体现记者和编辑的全部意图。通过播音员对文字稿件的再创作,可以使文字稿件的潜能最大限度地发挥出来。播音中的语气、语调、停连、重音、节奏等,都是再创造的表达手段。通过这些表达手段的运用,可以把稿件中最精彩的内容表现出来,使稿件具有最大的吸引力。一个优秀的播音员通过对文字稿件的再创造,可以做到以文醒人,以理服人,以情感人,使人在潜移默化中受到启发、教育、鼓舞,既不生硬说教,又不婆妈絮叨,既给人以深邃的思想启迪,又给人以高尚的美感享受。适当贴切的再创作对稿件犹如锦上添花,令人回味无穷。而不恰当的再创作,则会使稿件黯然失色,给人画蛇添足之感。

3. 播音员是联系社会各阶层的桥梁和纽带

播音员在广播电视传播活动中,既要传达社会统治阶层、统治集团的声音,维护其利益和统治,又要反映广大民众的愿望和呼声,传递民情民意,起着承上启下、密切联系政府与民众的中介功能。许多听众和观众就是从播音员的有声语言中了解到国家的方针和政策,明确政府工作的重点和核心,把握周遭形势和社会发展趋势的。同时,播音员作为引人瞩目的社会公众人物,他们在话筒、镜头前的言谈举止都会给受众留下深刻的印象,会影响民众对媒体、政府乃至社会的看法。可以说,播音员作为广播电视媒介的形象代表,通过具体的传播活动直接发挥着沟通社会各阶层的桥梁和纽带作用。

4. 播音员是规范的民族共同语的推广者

广播电视播音,是一种有声语言传播活动,这种有声语言传播活动在推广民族规范语言方面发挥着重要作用。广播电视传播是比任何课堂都更广阔、更经常地推广民族规范用语的大学校。播音员在广播电视媒介中所使用的播音用语,是规范的民族共同语,包括语音、词汇、语法方面都是很规范的标准用语,这有利于规范的民族共同语的推广和普及,增强全社会范围人群间的相互沟通能力。在我国,广播电视媒体肩负的任务很多,其中有一项任务就是要贯彻国家的语言文字法,推广全国通用的普通话。国家有关部门还专门将普通话水平(要达到"一级甲等")作为播音员、主持人上岗的依据之一。播音工作是有声语言的传播,在推广和普及普通话方面具有义不容辞的责任。事实上,在很多国家和地区,广播电视媒体的播音员都要积极推广规范的民族共同语,使用民族通用语言文字,在维护本国语言和文字的纯洁方面发挥示范作用。

三、新闻播音的基本形态

任何广播电视新闻都必须通过播音员的播音才能得以传播，一种适当的播音方式可以使新闻生动活泼、亲切自然，而一种不恰当的播音方式也可以使新闻松散沉闷、单调呆板。由此可见，适当的播音方式在表现新闻内容，取得良好传播效果方面发挥着重要的作用。

1. 新闻播音的常用表达方式

长期以来，我国的新闻播音界大多采用比较典范的“播读式”播音方式。这种播音方式，语气庄重，语句规范，吐字发声有力，较少有节奏变化，因此，比较适用于时政新闻、经济新闻等的播送。但是由于这种播音方式过于严肃呆板，不够活泼，容易给人以单调、缺少变化之感，因此，渐渐难以适应日益丰富多样的新闻报道的播报要求。现今，我国新闻播音方式主要有以下三种：

(1)播读式

有些新闻报道，如国家法令、法律条款、政府公报、声明、照会等，一般采用宣读方式传播给听众，因此称为播读式。播读这类新闻，要原原本本地把内容宣读给听众，不得有一字的遗漏和更改。采用这种播读方式，要字正腔圆、语句规整、语言清晰、态度鲜明、逻辑严密，使人听起来感到庄严、严肃、有气势。当然，播读并不是说要刻板地照本宣读，而要根据不同的内容确定不同的播读语势和态度。播读也不是对空宣读，而是要想到听众，要把内容向听众讲清楚，宣读的稿件虽然是书面语言，处理时也要注意有声语言的自然、流畅。播读式播音适用于内容重要、受众广泛的新闻的播报。采用播读式播音时间不宜太长，以免给人千篇一律、过于单调之感。

(2)播讲式

大部分新闻报道，一般采用播讲方式传播给听众。这是在宣读的基础上向听众讲述事实，但是讲的成分占有很大比重。播讲式既具有书面语言简练、准确的特点，又具有口语自然、流畅的特点。采用这种播讲方式，语句要连贯自如，抑扬顿挫恰到好处，使人听起来感到鲜明、生动而又自然大方。当然，播讲也不是一种固定不变的方式，要根据内容的不同，表现出不同的语气、态度和分寸。

(3)说新闻式

有些节目具有一定的知识性、趣味性，或是提供信息、沟通情况；有的节目对象性很强，比如对少年儿童广播、对农村广播和综合性节目等，记者、编辑根据广播的特点，采用口头语言编写稿件，播音员就应像说话一样，把自己当作听众的知心朋友将稿件内容娓娓道来。这样，与对象的交流就更具体，也更接近生活，使人听了感觉更亲切，更容易产生情感上的交流和共鸣。时下不少省市电台、电视台开办的民生新闻节目，都使用了说新闻式的播音方式，例如，江苏电视台城市频道的《南京零距离》、重庆新闻广播的《听说12点》等节目。

2. 电视新闻播音的两种基本形态

电视新闻播音与广播新闻播音的任务与作用，基本上是相同的，语言的表达方式也有一些共性。不过，电视新闻播音比广播新闻播音多一个更重要的要求，就是要处理好声音与画面的关系。所以,电视新闻播音在形态上与广播新闻播音存在着一定差异。电视新闻播音都是要出图像的,广播新闻播音则只有声音。

电视新闻播音主要有两种形态:口播新闻和电视新闻图像的配片播音(即新闻解说)。

(1)电视口播新闻

口播新闻,是指在电视屏幕上出现播音员的图像,由播音员直接面对观众,播送新闻报道。这种口播形式,看上去与广播的话筒前的播音有相似之处,要求也基本相同。但电视口播新闻,不是单一的听觉艺术语言,同时作用于观众的还有图像给人的视觉感受,它优于电台的广播新闻。由于电视口播新闻要在荧屏上出现播音员的图像,其动作、眼神和表情都是播出节目中的构成因素,也就给播音员提出了一些特殊的要求。

首先,要求播音具有更鲜明的对象感和更具体的交流。电视口播新闻时,播音员图像出现在电视屏幕上,播音员看不到观众,而观众却清清楚楚地看到了播音员,因此,在把握对象感上对电视播音员提出了更高的要求。播音员在口播新闻时,一定要"目中有人,心中有情",不但与观众进行语言的交流,而且应产生感情的交流。

其次,播音语言要更自然、流畅。由于电视播音是通过镜头与观众进行面对面的交流,因此,在语言表达方面比广播要更接近生活。但电视播音又不是日常语言的翻版,语言要求有一定的力度,语气、节奏的处理要柔和自如,使观众感觉到在说新闻给他听,而不是在念新闻。在语言表达上要柔而不软,刚而不直,质朴自然,让声音自然流入观众耳中,从而收到良好的效果。

最后,播音员的形象要仪表大方、朝气蓬勃。出现在屏幕上的播音员是党的新闻工作者,而不是演员或其他什么人。播音员的形象,应该亲切、庄重而又大方端庄,要有一定的政治气质和文化气质,给人的感受应是谦虚而有朝气,着装要整洁而又切合身份。应使观众感觉到和自己面对着的,对自己讲话的是一个诚实可信的有修养的新闻工作者。

电视口播新闻能弥补电视图像新闻的不足,那些不能拍摄或未来得及拍摄图像的电视新闻以及社论、文件、通告、通知和刚刚收到的消息、图像新闻的导语等,均可采用这种方式播出。它有很强的时效性和灵活性,在电视新闻节目中发挥着重要作用。

(2)电视新闻解说

在新闻报道中,有大量的电视新闻片,人们可以通过电视屏幕直接看到事物发生的场景,还可以听到现场的各种音响。而播音员的必要解说,可以帮助观众了解那些仅从现场情景中看不出来或看不明白的事情,使观众更全面、更详细地了解发生的事实,增强传播效果。

新闻解说与口播新闻不同,配解说的新闻以画面为主,播音员的解说起的是一种说明、解释或补充的作用。解说时,播音员不是与观众直接交流的,而是借助于画面与观众进行间接交流,就像观众在看新闻时在其旁边给予恰当地解释一样。解说的内容、多少都应适当,恰到好处,使观众既感到需要,又不觉得多余。切忌一味不停地什么都说,喧宾夺主。

当然,伴随着广播电视媒介的发展,播音方式和播音员的作用也一直在不断地发展变化,如在"现场录音报道"中,播音员只起提示作用,在现场的记者担负起了对具体新闻内容的播音任务;而在广播或电视实况转播中,播音员成了解说员,需要对现场实况作随机讲解,虽然可以事先准备相关的资料、文字稿件,但更多的还是需要即兴发挥,做出恰如其分的临场叙述和评论。

四、播音员的基本素养

(一)思想品德修养

在我国,广播电台、电视台是党和政府的喉舌,是党和政府联系群众的桥梁和纽带,是重要的新闻媒体、舆论调控工具。播音员属于新闻工作者,既承担着信息传播的任务,也担负着宣传党和政府的方针政策的职责。因此,作为一名播音员,必须具有良好的思想品德修养。

首先,要具有良好的政治素质和政治品格。广播电视是党、政府和人民的耳目喉舌,播音员更是这个喉舌中的喉舌,这个性质决定了播音员在具体工作中必须时刻保持清醒的政治意识,讲原则、顾大局、讲奉献,始终注意维护党和人民的根本利益,坚持正确的舆论导向,自觉抵制各种不良社会风气的侵扰,绝不利用职务之便谋取个人私利,不哗众取宠、追名逐利、媚俗迎俗。

其次,要具有良好的职业道德与职业素养。播音员的播音是一种依托于广播电视大众传媒的职业性的有声语言传播,它不同于生活中的"说话",生活中说话可以随意说出,而在媒体前就不能随心所欲,必须恪守相关的职业准则和要求,否则任何轻率的言论,都会产生难以估量的后果。播音员每天都要与广大听众、观众直接交流,一些播音员或许会在受众中有一定的知名度,如果不能正确对待,特殊职业的优越感往往容易使人虚荣心膨胀,过高地估计自己,以至于醉心于自我表现、自我欣赏,对待听众、观众常常摆出居高临下的面孔,甚至颐指气使;有些播音员稍稍有了点名气,就受利益的驱动,随意接受邀请参加一些社会活动的主持,哪怕是一些低级趣味的活动。这些都是有违职业道德准则的,长此下去必然会损害广播电视媒体的形象。因此,播音员一定要有良好的职业道德与职业素养。

再次,要具有高度的社会职责感。广播电视的服务对象是一个庞大而富有活力的社会群体。广播电视媒体的一切工作,包括采访、编辑、播音、制作等都是为了给广大受众提供丰富、健康、有益的精神食粮,满足他们对时事、信息、知识、文化、娱乐等方面的需求。因此,作为一名播音员,一定要具有高度的社会职责感,能够充分认识到自己工作的重要性。在播音工作中力求做到高雅、健康、大方,不标新立异、哗众取宠,更不能为追求所谓的轰动效应而迎合低级趣味;要充分发挥自己直面社会群体的优势,自觉地维护国家、民族的安定团结,倡导社会主流价值观,抵制危害社会稳定的不良言论,自愿担负起引导和传播先进文化的重任。

(二)语言艺术修养

播音是一个非常特殊的工作,它需要把无声的文字稿件转化为声、情、意和谐统一的有声语言从而与听众、观众进行交流,是一门语言艺术。因此,作为一名播音员,需要具备很高的语言艺术修养,包括纯正的普通话、娴熟的播音技巧、长足的播音经验以及相应的语言学理论与素养。只有具备优良的语言艺术修养,才可能成为一个优秀的广播电视播音员。

播音员利用广播电视有声语言传播信息、言事明理、传情达意的同时,也必将自己那富有艺术美的语言传播开来,并使人产生审美的愉悦和共鸣。在广播播音的历史上,优秀播音工作者用有声语言创造声情并茂、感人至深的播音作品的事例不胜枚举。齐越播出的《谁是最可爱的人》充溢着爱国主义的崇高之美,鼓舞了千千万万的青年踊跃参军,奔赴保家卫国的前线；夏青播送的《告全国人民书》饱含着对伟大领袖的崇敬悲痛，激励亿万人民化悲痛为力量，坚定了将社会主义事业进行到底的信心和决心；赵忠祥主持的《动物世界》《人与自然》，表现出对大自然可爱生灵的关爱之美；沈力主持的《为您服务》《夕阳红》表现端庄亲切之美……优秀的广播电视播音员的优美语言对于净化和美化社会语言，提高广大受众的语言文明和语言素养及语言审美鉴赏力，都具有十分重要的作用和意义。

第二节　节目主持人

一、节目主持人的诞生历程

节目主持人是伴随着电子传播媒介的发展，为适应传播对象的心理需求而出现的媒介人物。它的出现可以说是媒介人物成熟的标志。

广播诞生之后，在新闻采写过程中，一些记者兼职担任播音员或解说员的工作，这就是主持人的雏形。1928 年，荷兰开播了第一个主持人形式的节目《快乐的电台》。它的内容包罗万象，重点是介绍荷兰各方面的情况，实际上是个杂志式节目。主持人艾迪·勒达兹一直主持这个节目到 1969 年退休。他被公认为是"历史最悠久、最富个人独特风格的国际广播节目主持人"。[1] 几乎与此同时，美国的电台也出现了"主持人节目"。1930 年，被誉为"电台评论员的先驱"的汉斯·冯·卡尔登邦，加入了哥伦比亚广播公司(CBS)。1938 年"慕尼黑危机"期间，卡尔登邦负责在哥伦比亚广播公司的一档联播节目《欧洲新闻述评》里面担任分析和评论工作，产生了较大的社会反响。此后，卡尔登邦以其高度的专业素养和敬业精神，成功地开创了广播史上最引人注目的新闻广播评论的新局面，率先树立了广播评论员了不起的权威形象。1940 年美国记者爱德华·默罗在伦敦开展有关第二次世界大战中欧洲战场情况的报道。同年 8 月 18 日，他顶着德军的轰炸，开始在伦敦街上作《这里是伦敦》的现场报道，一时成为美国人心目中的传奇英雄。默罗也正是以其出色的现场广播报道闻名于世。从默罗当时的工作情况而论，他已经可以被视为节目主持人了。第二次世界大战期间，主战国的对外广播普遍采取主持人形式，如英国广播公司由林德里·法瑟主持的对德广播；被人称为"东京玫瑰"小姐主持的日本对美国的军中广播等。

进入 20 世纪 40 年代后期，随着电视的出现，广播迅猛发展的势头被新生的电视取代。在电视节目中，电台的这种"主持人节目"样式很快在娱乐节目中盛行。1948 年美国全国广播公司(NBC)推出了综艺栏目《明星剧场》，聘请喜剧演员弥尔顿·伯尔勒为节目主持人，他以精湛绝妙的表演迷倒了美国的电视观众。与此同时，哥伦比亚广播公司(CBS)推出了综艺栏目《城中大受欢迎的人》聘请当过《纽约时报》"百老汇专栏"作家的埃德·沙利文为节目主持人。他以凭借自己敏锐的眼光向观众推出艺术新星和艺术佳作而大受欢迎。

这一时期新闻类节目主持人也逐渐出现，他们多是由新闻播音员和记者来担当，边报道，边分析评论。如 1948 年 8 月 15 日，哥伦比亚广播公司创办了第一个晚间新闻节目，播音员是道格拉斯·爱德华兹，他不仅仅播音，而且做了许多今天主持人所做的事情。

---

[1] 谷月：《国际广播节目形式的演变》，《新闻广播研究》，1986 年第 3 期。

此时，广播明星也连同他们的节目纷纷转向电视，如爱德华・默罗踏入电视界，于1951年开创了《现在请看》节目，他的勇敢和正直使节目经常在社会上引起强烈反响。1953年爱德华・默罗又开始主持他的著名访谈节目《面对面》，在节目中他以一种不拘礼仪的方式坐在演播室里与美国名人讨论生活中较为轻松的一面。节目从开播到1959年停办，一共邀请了500多位嘉宾作为自己的访谈对象，是当时美国收视率最高的十大节目之一，默罗也以自己卓越的工作赢得了受众的爱戴。

“主持人”这一名称，据说最早是由哥伦比亚广播公司（CBS）制片人唐・休伊特提出来的。1952年他提出在美国两党全国代表大会报道中，用主持人代替播音员，以改变当时电视新闻节目形式单调、死板的局面。唐・休伊特认为：将零散呆板的新闻报道集中成既系统又全面的整体，这里起组织串联作用的人，应具备anchorman（体育术语，原指接力赛跑中跑最后一棒的运动员）那样的速度和冲刺力。休伊特借用这一专用名词来称呼新闻节目主持人，强调新闻节目主持人必须有能力把各种新闻及现场报道组成一个完整的新闻节目，能够在整个节目中起主导、组织和串联作用。休伊特在1952年起用了沃尔特・克朗凯特主持CBS对美国两党代表大会的新闻报道。克朗凯特也因此成为第一位电视新闻节目主持人。1956年美国总统大选时期，为了提高报道民主党、共和党代表大会和总统竞选活动的收视率，10月29日，全国广播公司新闻总裁罗伯特・金纳特策划并推出了亨利特与布林克利共同主持的晚间新闻节目《亨利特—布林克利报道》，二人以风格上的成功开创了伙伴型主持人的先河，一举成为合作型主持人的楷模。在1968年哥伦比亚广播公司得势之前，这对搭档垄断了两党代表大会的报道。他们合作分别从纽约和华盛顿——世界最大的新闻来源之地向NBC的观众报道新闻，并恰到好处地对时事加以点评，如在1967年7月，布林克利就曾公开批评美国进入越南的行为，主张美国停止对北越（越南民主共和国）的空袭。随后二人还开始尝试为观众提供新闻事件的解释性背景材料，其报道受到观众和评论界的一致认可，为全国广播公司新闻报道解释性风格的创立奠定了基础，《亨利特—布林克利报道》也大大增进了美国人对自己国家和社会的了解。

从以上对主持人诞生的历史回顾中可以看出，主持人最初出现的原因应该是节目内容形态发展的需要，是大众传播媒体引入人际传播方式而发展变化的必然结果。

随后，电视节目主持人在世界范围内得到快速发展，但美国因其在各方面的巨大影响力而使其节目主持人的表现尤为引人注目。

20世纪60年代，伴随着杂志型新闻节目的诞生，电视新闻节目主持人这一传播形式正式形成。CBS和NBC的晚间新闻节目由于主持人的成功主持，很快都跃居为美国新闻节目收视率的前列。20世纪70年代的美国，电视已顺利跃于广播之上成为最受瞩目的媒体，其发展进入兴盛时期，同时随着节目形态的拓展，主持人节目越来越受到重视，一批家喻户晓、深入人心的明星主持人和与他们依存的知名栏目蜂拥而出。20世纪80年代，继克朗凯特之后，丹・拉瑟（CBS）、汤姆・布罗考（NBC）和彼得・詹宁斯（ABC）成为美国节目主持人中的“三大明星”，分别在美国三大广播公司主持《晚间新闻》节目，形成三足鼎立之势。西方的电视节目主持人进入兴盛时期。

迈克・华莱士是美国哥伦比亚广播公司名牌栏目《60分钟》的创始人之一，他以精心准备、提问尖锐、注重深度、穷追猛打的采访风格被人们誉为美国一流的电视新闻记者和节目主持人,成为美国电视从业人员学习的楷模。他先后成功地采访过肯尼迪、约翰逊、尼克松、卡特和里根等美国总统以及许多外国领导人,如安瓦尔·萨达特、卡斯特罗、阿萨德、阿拉法特等。1986 年 9 月,他在北京中南海独家采访了时任中共中央顾问委员会主任邓小平,成为第一个采访邓小平的西方电视节目主持人。华莱士还获得无数电视新闻奖和荣誉头衔,如 1991 年进入美国电视广播名人堂,2003 年 9 月艾美奖委员会授予他终身成就奖……

被誉为"荧屏上的常青树"的芭芭拉·沃尔特斯则创造了美国电视新闻史上无数个第一:第一位新闻节目女主播;第一个年薪达到百万美元的女电视新闻记者;第一个拥有自己特别新闻节目《芭芭拉·沃尔特斯专题时间》的女主播等。她的主持风格明晰而质朴,简明而流畅,犀利而尖锐,NBC 新闻总裁茹恩·阿利治曾这样评价芭芭拉:"她总有办法让人们对着镜头说出他们觉得永远不会吐露的东西。"2000 年,年逾古稀的她因年薪 1200 万美元而成为全美收入最高的节目主持人。

进入 20 世纪 90 年代以后,电视谈话节目大量出现,同时也涌现出了大批优秀的节目主持人,拉里·金、奥普拉·温弗瑞就是他们当中的杰出代表。

拉里·金在 CNN 每晚 9 ~ 10 点主持黄金时间的节目《拉里·金现场》,这个节目平均每晚的观众人数都超过 100 万,节目开播至今已长达 21 年。多年来,拉里·金以其轻松而不失深刻,幽默又不流于油滑的主持风格赢得了广大观众的心。他的提问既礼貌又能够切中要害,总能有办法让嘉宾在坦诚的气氛中敞开自己的心扉。作为美国电视界的最高荣誉——艾美奖得主,他被《电视指南》杂志誉为"电视史上最杰出的脱口秀主持人",《时代周刊》则称他为"麦克风大师"。

而有"美国最便捷、最诚实的精神病医生"之称的黑人女主持奥普拉·温弗瑞的节目在美国同样家喻户晓。1986 年在 ABC 的《奥普拉·温弗瑞秀》节目开播,直到今天它一直占据着美国"脱口秀"节目的头把交椅。奥普拉以幽默坦诚、机敏洒脱的主持风格和人格魅力吸引着不同国家、阶层、肤色的广大观众。其成功的主持不仅为节目增添了色彩,也为自己带来了极高的声望。1998 年奥普拉被《时代》杂志列为 20 世纪最具有影响的 100 位人物;同年,她当选为美国最受爱戴的妇女第二名,仅次于第一夫人希拉里·克林顿;2003 年底,美国最受欢迎的电视人调查结果出炉,她没有任何悬念地第四次把"最受欢迎电视人"的奖杯揽入怀中。

美国电视节目主持人获得的巨大成功,引起了世界上很多国家的关注。在 20 世纪 70 年代初,英国、法国、加拿大、西德、意大利、日本等国纷纷效仿美国改变传统的传播模式,相继推出自己的主持人。而且很快随着商业电视台的崛起,电视机构更强调主持人的个性化和权威感,开始注重把主持人培养成能够更吸引观众的明星,主持人方式则得到普遍实行。如今主持人这种电视传播形态在各国已变得相当普遍,主持人的出色表现使电视节目变得更加富于感染力,收视率和影响力也与日俱增。

二、节目主持人在我国的发展历程

"主持人"一词,在中国人的日常生活中,广泛运用于诸多领域,如寺庙中的领导、会议程序的把握者、婚庆中的司仪、文艺节目演出中的报幕员等。节目主持人作为广播电视领域内的一个特定术语,它的出现缘于广播电视业的发展。

我国广播事业在发展的初期，曾借助播音员的解说成功地进行过建国庆典和体育比赛的实况转播。1951 年，上海电台现场直播了苏联男篮访华比赛的实况。当时，是由播音员张之与电影演员陈述联合解说，效果出乎意料的好。随后，张之被调到中央人民广播电台担任体育节目的解说员。由于他在现场集采、编、播于一身，我们可以说张之是一个体育新闻节目主持人。我国正式确定的节目主持人，是 1981 年元旦中央人民广播电台对台广播的《空中之友》节目中推出的徐曼。徐曼真挚、诚恳、亲切、甜美的主持风格，使《空中之友》节目很快获得了成功。它打破了长期以来大陆对台广播的生硬局面，赢得了广大台湾听众的热情肯定。1981 年 4 月，广东电台推出李一萍、李东主持的节目《大众信箱》，是继《空中之友》后的又一个广播主持人节目，在听众中反响不错。一时间"北徐南李"称誉广播界。

1986 年 12 月 15 日，广东珠江经济广播电台开播。它一改传统的节目布局，将全天的节目划分为八个板块，全部由节目主持人主持。每个板块节目的内容都是综合的，由新闻、专题、文艺、服务（如天气预报）等多种内容组合而成，很适合听众收听。每个板块时间比较长，采用直播方式，听众可以通过热线电话参与到节目中，这种做法被业内人士称为"珠江模式"，其核心就是"主持人中心制"。"珠江模式"出现的根本原因是媒介间日益激烈的竞争，它导致了具有记者、编辑资历的节目主持人在广播节目创作中成为素质较高的主持人的中坚力量。珠江经济广播电台的有益探索，对全国广播节目主持人的发展产生了积极并具有历史意义的影响。"珠江模式"很快波及全国广播界，也逐渐影响了电视界，并且对全国的主持人都是一个提醒——从以往播音员工作职能的转变中，主持人已经正式走到行业中，并且有了自身的觉悟，可以肯定的是"主持人中心制"的实行对提升主持人的全面素质起到了很大的推动作用。至 20 世纪 80 年代末 90 年代初，各地都拥有了有自己特色的广播主持人节目，并出现了一批明星主持人。

随着电视事业的发展以及对它不断提高的关注，人们逐渐认识和记住了经常出图像的播音员的面孔。同时由于节目内容样式的深入发展，有的播音员对节目的参与程度越来越高，逐渐与照本宣科的演播方式有了区别，于是电视节目主持人应运而生。

"节目主持人"一词在我国（大陆）电视节目中的正式运用，是 1980 年 7 月中央电视台新闻部《观察与思考》节目中对 5 位（庞啸、朱景和、粟于钊、于津、王元洪）被允许专门为该栏目出图像的采访报道者（出镜记者）的称谓。播音员出身的庞啸首先做出了尝试，主持《北京市民为什么吃菜难》。节目播出后引起了强烈反响，节目组收到许多观众的来信，甚至一些观众寄来了钱，希望能够帮助解决问题。这也是我国最早的电视评论节目，其成功标志着我国电视节目主持人的正式产生。

1981 年 7 月 28 日，中央电视台在《北京中学生智力竞赛》节目的屏幕上，打出节目主持人这一名称。稍后，沈力出任中央电视台《为您服务》的专职节目主持人，她算得上是中国电视史上第一个固定栏目的节目主持人。随后，上海电视台在《娃娃乐》《燕子信箱》《小天地》等栏目中推出了少儿节目主持人陈燕华，深受小朋友喜爱，被称为"燕子姐姐"。1983 年主持人的影响进一步扩大，《春节联欢晚会》上导演黄一鹤把设立主持人当作当时的新举措，相声演员马季、姜昆，喜剧演员王景愚和电影演员刘晓庆担任了晚会的节目主持人。同年 8 月，央视开播的电视专题片《话说长江》，在采用传统的章回评书体形式的同时，增设了节目主持人，由陈铎和虹云担任。主持人的形式使 25 集的纪录片融合成一个整体，雅俗共赏，情趣盎然,节目打进了海外市场。

从20世纪90年代开始,内地电视进入了快速发展时期,而节目主持人整体的成长也随着电视节目形态的多样化而开始向风格、类型的多样化方向发展。1990年央视的《综艺大观》《正大综艺》《春节联欢晚会》等综艺栏目的盛行,把主持人的地位逐步提到一个新的高度。最终担任《综艺大观》主持人的倪萍以其热情平易、真诚质朴的主持风格使数亿观众为之陶醉;而杨澜则以她的勤奋、悟性、青春气息与具有大叔气质的赵忠祥一起,把《正大综艺》推向了巅峰。这以后,各种类型的专栏节目主持人蓬勃发展起来。

与此同时,新闻性节目主持人队伍的出现及壮大也引人注目。1987年6月,上海电视台推出全国第一个杂志型电视新闻栏目《新闻透视》。李培红作为新闻节目主持人出台亮相,还亲自参与节目的采录与合成。这个栏目突破了传统的新闻播报模式,按照新闻性、知识性、服务性的要求,及时捕捉、剖析观众关注的重大新闻和社会问题,直接反映人们的意见与呼声,成为观众心目中的多视角的社会窗口。1993年5月,中央电视台新闻杂志类节目《东方时空》的开播标志着我国新闻电视节目主持人的发展进入了一个崭新的阶段。随后,新闻评论类节目《焦点访谈》于1994年4月开播,新闻深度报道节目《新闻调查》也于1996年5月开播。《焦点访谈》节目以"时事追踪报道,新闻背景分析,社会热点透视,大众话题评说"为节目宗旨,推出了敬一丹、方宏进、水均益、白岩松等节目主持人,并大体形成了"快捷、敏锐、深刻、沉稳"的主持风格,成功地在全国观众心目中确立了自己的形象与地位。这不仅意味着电视新闻节目主持人的成熟,更是电视新闻表达方式丰富的体现。1996年3月,央视又推出了《实话实说》节目,主持人崔永元以其"平民化"的风格从根本上颠覆了以往电视媒介语言的"书面"表达方式,打造了中国"脱口秀"节目的面貌。

从以上可以看出,"节目主持人"这个称谓的提出,是在20世纪80年代改革开放以后,这不仅是因为人们厌倦了冷冰冰的宣教方式,希望表达有所变化或是赶时髦,更深层的原因是"主持人"作为传播的具体"媒介"而赋予了节目以新的意义,同时,它也是对人类最基本的交流方式——面对面的口头传播的回归。面对面的口头传播语言符号,包括了口头表达与形态表达。口头表达指用人们一般所指的"语言"和其他由嗓音发出的声音进行表达;形态表达亦称肢体语言,由表情动作和体态动作组成。面对面的口头传播使信息传达变得生动、丰富、明确,而且信息交流非常具有针对性、私人性;若信息反馈可以即时且可以达到互动,交流双方就都能感受到亲近性,而具有这样一些特点的"人际传播"方式才是人类最愿意也是最容易接受的方式。这也是主持人比播音员更令人易于接受和信赖的主要原因。所以,从根本上说,主持人的出现和发展,是节目发展的需要和人际传播方式的必然结果,是人类传播方式发展的必然过程。另外,主持人的生存所需要具备的条件是相对开放的思想环境、容许个性化存在的社会空间。所以,主持人出现在改革开放的大背景下,不是仅仅用"借鉴""外来"所能简单解释的。

三、节目主持人的界定与分类

(一)节目主持人的界定

1. 节目主持人的称谓

对于节目主持人的界定,多年来在实践中一直存在争论。在西方,现有的关于节目主持人的称谓,也是多种多样的,传达出业界在这个问题上的不同认识和理解。

Host,本意为主人、东道主,指具有主人身份的节目主持人,常常用于指称栏目、谈话节目(脱口秀)的主持人,还指带着孩子们学习知识和做游戏的主持人。

Anchorman,一般用于指称新闻类节目的主持人。Anchor 本意为船锚,或指给人稳定、安全感的,可以依靠、借以支持的事物。由于 Anchorman 用于指协调员或接力赛中跑最后一棒的人,且这个人应该具有最快的速度和冲刺能力。因此,在电视节目中,具有汇总、评述意味的记者型的新闻节目主持人就被称为 Anchorman。

Moderator,有仲裁和协调意味的(能决定结果的)主持人,是美国对娱乐、游戏节目主持人的一种称呼。

Presenter,原意为展示者,常用在英国的某些文艺类节目里,指有介绍、引见和提供、展现意味的主持人。

Master of Ceremonies,指主持晚会、游戏、竞赛、猜谜等综艺节目的主持人。这类节目主持人常常具有较强的表演、即兴发挥才能。

Anouncer,原意是司仪、报幕员,后被一些人用来指称文艺演出活动中的节目主持人。

DJ,即"Disc Jockey",原意是无线电唱片音乐广播员,特指音乐类节目主持人。

Compère,常见于法国,是娱乐节目和各种表演活动的主持人的称谓。

Reporter,指记者型的主持人,能够进行现场报道或访谈人物事件、评述内容,有时称为现场记者、出镜记者。

Question-master ,指益智节目的主持人。

Comics,直译为喜剧演员,在美国也常被用于指称富于机智和幽默的"脱口秀"中的主持人。

在我国港台等地,对主持人则有司仪、串场人、主播、串联人、艺员等称谓对应于实际主持状况。例如,主播就专门针对新闻节目,艺员针对综艺节目。在大陆地区,一般习惯把所有具备以上职能的人都称为"主持人"。当然,这并不意味着我国内地的节目和主持人表现风格单一。

2. 节目主持人的定义

目前,国内关于主持人的定义,比较有代表性的观点有这样几类:

(1)节目主持人是在广播电视中,以个体行为出现,代表群体观念,用有声语言、形态来操作和把握节目进程,直接、平等地进行大众传播活动的人。❶

(2)节目主持人是广播电视节目在演播阶段的组织者、指挥者,是节目与听众、观众之间感情、信息交流的桥梁纽带,也是节目的代言人。❷

(3)节目主持人是在大众传播活动的特定节目情境中,以真实的个人身份和交谈性言语交际行为,通过直接平等的交流方式主导、推动节目进程,体现节目意图的人。❸

(4)节目主持人是在广播电视节目中,以个体行为出现,代表群体观念,以有声语言为主

❶ 俞虹:《节目主持人通论》,第 7 页,杭州大学出版社,1996 年 3 月。

❷ 任远:《论节目主持人》,《北京广播学院学报》,1986 年第 2 期。

❸ 应天常:《节目主持人通论》,武汉大学出版社,2007 年 2 月。

干或主线驾驭节目进程,直接面对受众,平等地进行传播的人。[1]

尽管以上说法各有自己的特点,但对主持人的看法显然存在着一定的共性。

其一,主持人是节目的直接播出者、代表者。不管主持人在节目中的作用如何,他必须是一个节目的"出场者""主播者"和"播讲者",要负责节目的最后播出,他一出场,就意味着某一节目的开始,否则他就只是一个幕后的编辑、记者。

其二,主持人是节目的参与者。主持人要参与到节目中,其目的是通过主持人对节目内容的理解,对问题的观察、思考和引导,更好地把握节目的节奏,调节气氛,完成和听众或观众沟通思想、交流感情的任务。这使主持人能区别于播音员,也是主持人最重要的特征。

其三,主持人是节目的组织者和串联者。他要按照节目的方针、宗旨,把各种内容和形式的稿件组合在一起,形成一个新的节目整体。在这当中,主持人要负责如何使不同的内容和形式之间巧妙、合理地转换、承接、铺垫和穿插,使整个节目的播出更加自然、顺畅。

据此,我们可以给节目主持人下一个简单定义:所谓节目主持人就是在广播电视节目中,以自己的有声语言组织、串联节目,把握节目进程,并以其个性方式直接面向受众,平等地进行传播的人。

(二)节目主持人的分类

准确、合理的分类能从不同角度对主持人作逐步深化的了解,揭示其各方面的规律性,从而使主持人的研究向理性的方面发展,并且对主持人的实践活动产生积极的指导作用。

根据不同的分类原则,可将节目主持人划分为不同的类型。按所处的传播媒体可分为广播节目主持人和电视节目主持人两类;按工作职责范围和工作形态可分为独立型、主导型、参与型和单一型节目主持人;按节目类型或节目形态可分为新闻类、综艺娱乐类、服务类、体育竞技类、谈话类等节目主持人;按节目的对象性质与范畴可分为少儿节目主持人、老年节目主持人、军事节目主持人、文化节目主持人、曲艺节目主持人以及特别节目主持人等。下面介绍几种常见的节目主持人类型:

1. 新闻类节目主持人

顾名思义,就是新闻资讯类节目中的主持人,如中央电视台新闻频道的《新闻30分》《东方时空》《焦点访谈》《新闻调查》以及财经频道的《第一时间》《经济信息联播》《经济半小时》等节目中的主持人。这类节目主持人一般要求具有一定的新闻素养和较强的新闻敏感性,能够准确把握事件的新闻价值,并给予适当的分析和评判。由于责任较大,所以新闻类节目主持人往往是由资深记者、新闻评论员担任,如中央电视台的白岩松、水均益、敬一丹等都属于这一类节目主持人。

2. 综艺娱乐类节目主持人

主要指各种文艺节目、晚会的主持人。如中央电视台的《综艺大观》《正大综艺》《春节联欢晚会》、中央人民广播电台的《今晚八点半》《精品唱片欣赏》等节目的主持人。这一类节目主持人一般需要具备较高的文艺素养。

3. 谈话类节目主持人

各种谈话节目,如中央电视台的《实话实说》《艺术人生》《对话》、凤凰卫视的《鲁豫有

---

[1] 赵玉明、王福顺:《广播电视辞典》,第212页,中国传媒大学出版社,1999年10月。

约》《锵锵三人行》等节目的主持人。

4. 服务类节目主持人

包括各类生活信息服务、咨询服务节目的主持人，如中央电视台的《消费主张》《天天饮食》等节目的主持人。

5. 对象性节目主持人（面对少儿、青年、老年、军人、农民、工人等）

指各类对象性节目的主持人，如中央电视台的《芝麻开门》（少儿节目）、《夕阳红》（老年节目）、《半边天》（女性节目）等节目的主持人。作为对象性节目的主持人，必须了解自己的对象，服务于自己的对象，这样才有其存在的价值。

四、节目主持人的地位和作用

如前所述，主持人节目的出现，是广播电视节目发展进入成熟阶段的产物。随着主持人节目的日益兴盛，节目主持人对于广播电视节目就显得越来越重要了。

1. 节目主持人的出现改变了传播模式，增强了传播效果

随着社会的发展，人类的传播活动也从最初的人际传播、群体传播（或组织传播）发展到了大众传播。尽管传播活动的层次更多、样式更丰富、传播范围更广泛，但每一种单个的传播模式和传播媒介都有自己的不足之处。如，广播电视媒介的传播活动尽管具有直接性、广泛性、生动性等优点，但受众只是面对机器，被动接受信息，传播活动缺乏人际传播的那种交流感和群体传播的亲近感。因此，单一化的传播，并不能收到理想的传播效果。

节目主持人的出现，改变了广播电视媒介单一化的大众传播模式，把人类传播的多种形式（人际传播、群体传播）融合进去，使广播电视传播具有了人际传播、群体传播的亲和力、接近感和双向交流的特点，满足了听众和观众希望同传播者进行交流、沟通的要求，使传播效果得到了强化。传统的大众传播是一种“一对多”的单向传播模式，大众传媒不能直接面对受众，节目主持人的出现则把人际传播引入大众传播领域，让广播电视媒体与受众之间建立起了“一对一、面对面”的交流关系。同时，作为传播机构、节目与受众之间的中介人，主持人都是以有思想、情感、个性特征的个人化形式出现的，以他们的“本色”形态同听众、观众进行交流，大大缩短了电台、电视台同受众之间的心理距离。可以说，主持人亲切自然的人际交流形式，赋予了广播电视大众传播活动以“人格化”色彩，从而使广播电视节目充满了生机和活力。

2. 生活在信息社会里的听众和观众需要节目主持人

随着信息社会的到来，人们被越来越多的信息所包围、裹挟。面对令人眼花缭乱、茫然不知所措的信息海洋，听众和观众自然要求广播电视能够帮助他们梳理信息、分析信息并综合信息，提供更周到的信息服务，以使自己适应信息量巨大的社会现实。这项工作理所当然地需要由广播电视的节目主持人来承担。节目主持人是节目的参与者、组织者和串联者，因此，能大大加快信息的采集、选择和传播进度。节目主持人根据自己节目的特点、要求及播出对象等，把各种有关信息梳理、串联之后，加以整合，形成“信息套餐”，提供给受众，能够使受众在有限的时间内获得大量集中、综合、与自身直接相关的信息。例如，1997 年亚洲金融风暴期间，我国不少电台、电视台所办的股市节目中，主持人除了评述股市的走向外，还把有关金融风暴的情况、发生原因及对股市的影响综合起来一并播出，让广大听众、观众受益

匪浅。

3. 节目主持人的出现增强了节目的整体性

节目主持人的一个重要任务就是串联、组织节目。优秀的节目主持人能够把内容、形式、风格各异的众多节目组合成一个有机整体。由于主持人是节目的参与者,他能够全面地把握整个节目。主持人通过对整个节目的内容串联和结构布局进行总体考虑设计,可以使整个节目具有完整性和统一性。随着主持人在节目单元之间的有机穿插,使各具特色的节目单元的组合极为自然,没有生硬的跳跃感和断裂感。例如,中央电视台的少儿节目《大风车》,既有知识性教育性内容,又有参与性趣味性极强的体育竞赛环节,如果没有主持人的串联,那么这两种风格、形式迥异的内容在同一档节目中出现,无疑会形成很大的反差,给观众一种不和谐之感。但是,通过主持人(例如"金龟子")的出场和表演,就较好地淡化了节目内容之间的反差,完成了一种观众不易觉察的节目过渡。

4. 节目主持人的有效使用,有助于提升节目品牌,打造品牌节目

节目主持人的有效使用是打造品牌节目的基础,而节目品牌的构建和提升也必然离不开出色的主持人来帮衬。出色的节目主持人往往能以其独特的人格魅力与亲和力拓展所属节目的内涵,达到与节目的和谐共生,形成主持人、节目、受众之间相互吸引、相互支持的互动循环。特别是那些拥有鲜明个性和风格特色的主持风格的节目主持人常常能够使得所参与的节目在激烈的市场竞争中脱颖而出成为家喻户晓的名牌节目。节目主持人在节目中可以借助个性化的人际传播效应缩短受众与传播者的心理距离,吸引受众关注节目,同时,可以将自己的人格魅力、学识修养、才华和个性与节目相融合,给节目增光添彩,进而提升节目品牌。例如,中央电视台的崔永元与《实话实说》、王小丫与《开心辞典》、陈伟鸿与《对话》等,都是这方面的典型例子。

五、节目主持人的素养

节目主持人是媒介和节目的代表,直接与受众进行面对面交流、沟通。主持人工作的好坏,直接影响着一档节目乃至一家电台、电视台的声誉。因此,节目主持人除了要具有较高的思想品德修养外,还要具有较好的专业素养,如良好的文化知识素养、突出的临场应变能力以及出色的语言表现力等。

1. 良好的文化知识素养

由于广播电视节目具有涉及领域广泛、受众范围巨大等特点,要求节目主持人必须具备有丰富的知识储备和良好的文化功底,这样驾驭起节目来才能得心应手,也才能在广大听众和观众面前从容应对。

人们常用"杂家"来要求主持人,其要义就是主持人应涉猎广泛、见闻广博,具有扎实的文化知识积累,应该是复合型人才。良好的文化知识素养不仅要求知识面要广,还要求能够根据所主持节目的内容和主题加强某一方面知识的深度。比如经济类节目的主持人,应通晓有关经济学方面的各种专业名词及相关的政策,要成为经济领域的行家。主持人文化知识素养的高低,直接影响着节目的质量。主持人的知识水平、文化修养,会通过自己的一言一行,在节目中体现出来。目前,我国不少电视节目主持人,由于文化知识素养较差,腹中空空,在镜头前除了冲着观众"嗨、哎"不断打招呼外,就是一些苍白的套话。这样主持下来的

节目，肯定是差强人意。因此，好的节目主持人，一定要大力扩展自己的知识结构、丰富自己的知识储备，提高文化修养。没有深厚的文化知识积淀，主持人即使有娴熟的表达技巧也是一个“花架子”，所主持的节目终会是昙花一现，难以被受众长久地接纳和肯定。

2. 突出的临场应变能力

这是最能体现主持人综合素质的标准之一。在听众和观众面前，主持人的主要工作就是串联节目，把握和调控节目现场的气氛。因此，主持人要具备能够随时抓住节目受众的思路，控制和引导他们的情绪反应，驾驭全场气氛的能力。“节目现场瞬息万变，变化莫测，随时会出现难以预测的新问题、新情况，面对此景此情，需要主持人即兴反应的机灵。”[1]这就要求主持人要能够根据节目现场瞬息万变的情况随机应变，灵活反应，运用自己丰富的知识、敏捷的思维和生动的语言，及时调控和化解各种与节目气氛不相协调的局面，使整个节目流畅地进行。尤其是现在越来越多的节目呈现出现场直播化的趋势，随时会有各种意外情况出现，需要主持人巧为应对。因此，突出的临场应变能力对于节目主持人来说至关重要。

3. 出色的语言表现力

节目主持人要进行信息传播是离不开有声语言运用的。主持人的语言是工作语言，不是日常生活中的生活语言。作为一种工作语言，主持人的语言就要比生活中的语言更标准、更规范、更生动且更富有感染力和表现力。

主持人的语言表现力属于一种专业素养，是主持人业务能力的具体体现。出色的语言表现力，有助于主持人更得力地驾驭节目、把控节目。例如，许多观众都喜欢崔永元主持的《实话实说》节目，而其中给人印象最深的就是崔永远出色的语言表现力，他那机智、幽默、风趣的语言，总是不失时机地给人们带来精神上的愉悦，使得不少观众难以忘怀。要具备出色的语言表现力，一方面需要主持加强自身的文化知识修养，从内在充实自己；另一方面则要求主持人要勤练语言基本功，加强语言的组织结构能力、即兴表达能力等方面的培养和锻炼，增强自己的语言表现力。主持人在主持节目中如果语言苍白、呆板、了无生气，缺乏表现力，纵然有好的节目创意和编排，也难以为受众奉献出节目“精品”，因为主持人的语言是节目不可分割的重要组成部分。很难想象一档主持人的语言表现力欠佳的节目，会是一档优秀的节目。

当然，在实践中，不同类型的节目主持人在素质方面还有不同的要求，如，新闻节目主持人需要具有一定的新闻采编素养，综艺节目主持人则往往需要具备文艺特长，体育节目主持人则需要具备相关的体育知识。

当前，我国的广播电视节目主持人来源渠道广泛、人数众多，而且普遍年轻化。但是，其中富有个性、表现突出的主持人还比较少，尤其是具有较深资历的新闻节目主持人和专业素养较好的财经节目主持人、体育节目主持人还十分欠缺。此外，与西方节目主持人截然不同的是，国内最具知名度、最具影响力及由此而拥有高收入待遇的主持人，大多是综艺节目、少儿节目和部分专题节目主持人，而不是新闻节目主持人。在我国，新闻节目主持人的影响力普遍不如综艺节目、娱乐节目的主持人，这种现象值得思索。

---

[1] 陆锡初：《节目主持人概论》，第295页，中国广播电视出版社，2006年8月。

第三节　广播电视记者

一、广播电视记者的工作职责

世界上最早的记者诞生于16世纪意大利的威尼斯城。由于工商业发达和交通方便，当时已出现了专门采访并发布有关政治、宗教、船期、市场行情等方面内容的手抄新闻的职业，并已有"新闻记者公会"等行业组织，甚至还有手书新闻记者、新闻记者、报告记者、报纸记者的区分。我国的记者是在19世纪随着近代化报刊的产生而逐步形成的。

(一)记者的界定和类型

记者是指新闻机构中专门从事采写新闻报道的专业人员。广播电视记者则是指广播电台、电视台中从事新闻采访和报道活动的专业人员。

最早的记者曾被称为"访员、访事、通信员"等。我国最早的记者是梁发，他在第一家中文报纸《察世俗每月统记传》的编辑部里从事编采、写作和刻印、发行工作等。1899年3月梁启超主编的《清议报》第7册上，第一次出现了"记者"这个称呼。

随着人类社会政治、经济、文化和科学技术的发展，社会分工越来越细，新闻报道涉及的领域更加广阔，内容也更加趋于专业化。因此，根据记者工作的大致分工，便产生了不同类型的记者。比如，根据报道领域不同一般有政治记者、经济记者、文教记者、体育记者之分；根据地域不同可以有本埠记者、驻外记者、特派记者之分；根据工作方式不同，又可以有文字记者、摄影(像)记者之分。此外，根据所在媒体类型的不同，还有广播记者、电视记者、报社记者、杂志社记者以及网络记者之分。记者类型的区分是相对而言的，许多记者常常跨越几个类型。

(二)广播电视记者的工作职责与作用

广播电视记者即在广播电视媒体中从事新闻采写报道的记者。尽管不同记者的工作有不同的分工，但总的来说，他们的工作职责是基本一致的。从我国新闻业务实践来看，采写新闻、反映情况和做群众工作是记者工作的三项基本任务。其中，采写新闻既是记者的主要工作任务和职责，也是最基本的任务，是完成其他两项任务的前提条件和基础。而反映情况和做群众工作既是记者采写新闻的目的，同时这两项工作完成得好坏，反过来也会影响到记者能否采写出高质量的新闻。

广播电视记者工作，对整个社会有着极为重要的作用。广播电视记者工作的作用，是从其相应的工作职责中体现出来的，主要有：

1. 上传下达，沟通政府和公众的联系，发挥桥梁和纽带作用

记者要充分发挥大众传播媒介传播速度快、传播范围广、传播效果显著的优势，结合自己的采访报道，一方面准确地向上反映人民群众呼声和要求，另一方面及时地向下传播和传达党和政府的方针政策，使之家喻户晓并得以贯彻执行。记者通过对信息的传递，起到上传下达的作用，即反映民情，为公众说话，又对政府及其工作人员进行舆论监督，使社会各方更好地协调起来，有利于国家和社会的管理。

2. 正确引导舆论,利导社会

舆论作为社会公众的一种意见和态度,对人们的思想、行为,对社会风气的变化都起着重要的影响作用。正面的舆论有利于社会的安定和发展,负面的舆论则刚好作用相反。记者通过自己的工作,提供现实社会的各种状况,倡导正气,鞭挞歪风,以正确的舆论引导广大民众,有利于社会空气的净化,促进社会的安定团结和良性发展。

3. 交流信息、传播知识,推动社会的发展

随着人类社会的进步,信息和知识在社会生活中扮演着越来越重要的角色。社会要前进,生产力要发展,都离不开信息的交流和知识的传播。记者作为从事信息、知识传播的专业人员,能够通过自己的工作,沟通社会各方信息,传播知识,推动社会发展。

4. 提供娱乐、活跃群众生活

文化娱乐是人们日常生活中不可缺少的部分,记者的新闻报道活动,不光可以满足人民群众对信息的需求,也可以活跃他们的精神生活,起到陶冶情操、愉悦身心的作用。例如,一些逸闻趣事方面的新闻报道就有这方面的功效。

(三)广播电视记者的工作要求

与报刊等其他媒体的记者相比,广播电视记者的工作具有自身的一些特定要求,包括:

1. 采集现场声画素材,搜集相关资料

录音的广播新闻报道,必须有现场音响;电视新闻必须拍摄现场景象、人物活动并录取同期声。因此,广播电视记者必须在现场完成新闻素材(声音、画面)的采集工作,搜集相关资料,以备后面写作新闻稿件及编录新闻节目之用。

2. 出镜记者要进行现场提问、访谈和述评

广播电视记者与报刊记者不同,常常需要在镜头或话筒前面进行现场提问、访谈和述评,并将相关内容录制下来,以供节目编播之用。

二、广播电视记者的素质要求

广播电视记者是新闻记者的一种,因此所有记者所应具备的素质,广播电视记者都应该具备,这其中包括:

1. 政治素养

记者应具备良好的政治素养,树立正确的世界观和价值观,并能够深入理解党和国家的方针、政策。任何新闻媒介都有其阶级属性,代表一定的阶级利益,记者作为媒介的从业人员,选择政治立场是不可避免的。同时,许多新闻事件的发生都离不开政治大环境,要使报道深入,记者就必须了解政治局势。

2. 新闻敏感

新闻敏感是记者发现采访线索的必要素质。记者的新闻敏感直接决定新闻的来源,进而影响新闻的数量和质量。记者的新闻敏感与自身的政治修养密不可分,是在长期的新闻工作实践中锻炼培养出来的。

3. 知识与阅历

记者应该具备广博的知识和丰富的阅历,并在实践中不断更新知识和观念。在采访中,知识和阅历是新闻敏感的来源,也是记者把握节目、深入挖掘主题内涵的基础。

4. 社会活动能力

记者应培养善于与人交往的能力,努力塑造自我真诚、朴素的个性。记者是"社会活动家"。作为一名合格的记者,应该与方方面面的人士保持良好的人际关系,这样才能获得丰富的新闻线索、挖掘他人难以了解的新闻内幕。

以上是所有新闻记者都必须具备的基本素质。广播电视记者出于广播电视媒介的特性要求,还必须具备一些为其他媒体的记者所不具有的独特素质。

首先,广播电视记者必须具备良好的技术素养。包括熟练操作和使用各种技术设备,如录音机、摄像机、电子编辑设备、灯光设备等,懂得处理简单的技术故障。

其次,广播电视记者需要具备优良的个人外在素质。广播电视记者经常要凭借自己的声音、影像来作新闻报道,这就需要他们在这些方面具备比较良好的外在素质,包括训练有素的言谈举止、合宜的音容笑貌等。

再次,广播电视记者要具有良好的心理素质和强健的体魄。广播电视采访的亲历性对广播电视记者的心理、身体素质提出了特殊的要求。不管是刮风下雨,还是烈日炎阳,也无论是穷乡僻壤,还是嘈杂闹市,广播电视记者都要能够带着设备及时赶赴现场,进行采访报道,时常会承受极大的心理压力。特别是突发事件中,广播电视记者更应以最快的速度赶到现场,才可能采集到第一手的声音、图像信息。战争与灾难、危急与艰险,都是广播电视记者必须能够随时面对的考验。为拍摄一些事件的过程,广播电视记者还必须具备"耐久性",即长时间的等候和坚持。所有这一切都需要建立在广播电视记者具备良好的心理素质和强健的体魄基础之上。

本章思考题

1. 什么是播音?播音工作有何特点?

2. 播音员、主持人在广播电视节目中的各自作用是什么?它们能否彼此取代?

3. "说新闻"是近年来广播电视领域中的一股流行风潮,请谈谈它与"播新闻"之间存在哪些差异。

4. 节目主持人应该具备怎样的素质?

5. 联系实际谈谈我国电视节目主持人队伍的现状。

6. 试介绍几位世界知名节目主持人,并谈谈你对他们主持风格的看法。

第八章　广播电视传播方式的发展与变革

◆**本章要点**

- 广播电视无线传播与有线传播
- 卫星广播电视的发展
- 广播电视分众化传播
- 广播电视数字化与网络化传播

广播电视节目制作完成之后，就需要以各种传输技术设备向受众传播，否则就失去了节目制作的意义。广播电视业态在很大程度上是植根于广播电视的传播方式基础之上的，它随着广播电视传播方式的变化而改变。随着广播电视技术的不断革新，广播电视传播方式也在不断发展、变化，从而推动了广播电视业态的创新和发展。广播电视的传播技术历经了微波无线传播、有线传播和卫星传播三个阶段。进入21世纪以后，数字技术代替了传统模拟技术，在广播电视中得到普遍应用。而随着传媒自身的发展、竞争，也出现了一种新的传播形态，即分众传播。本章将围绕这几个问题展开阐述。

第一节　广播电视无线传播与有线传播

无线传播与有线传播，是广播电视最为传统的两种信号传输方式。其中，无线传播包括无线广播传播和无线电视传播；有线传播则包括有线广播传播与有线电视传播。有人形象地把无线传播比作天空下雨，任何人都可以在露天接到雨水；而有线传播则好比自来水输送到家，只有装备水管的人家，才能接到水。这种比喻很形象地凸显了这两种传播方式的特点。科学技术的迅速发展使得广播电视的人口覆盖率越来越大，传输的音质和画质也越来越好。

一、无线传播

1895年，俄国物理学家波波夫和意大利发明家马可尼几乎同时发明了无线电接收机，无线传播方式由此诞生。无线传播技术从它被发明的时候起，就为人类传播信息发挥了巨大的作用。无线传播方式是广播电视信号覆盖的最基本的手段，也是广播电视开展公共服务的基础。在全世界，无线广播电视都是作为主要的公益手段来传播政府声音的。

（一）无线广播

无线广播，即是以无线电波传送声音节目的广播方式。只要是在该无线电波覆盖区域内，都可以收听到广播节目。无线广播按调制方式可分为调幅广播和调频广播；按使用的波段可分为长波广播、中波广播、短波广播、超短波广播。

1. 调幅广播

即采用调幅制方式进行的无线电广播。所有的长波(150～250 千赫)、中波(526.5～1605.5 千赫)、短波(2.3～26.1 兆赫)的广播均是这种方式。由于使用较低的射频频率,调幅广播在较大的服务区域内能接收到稳定的电波。调幅广播占用频带较窄,在较窄的中短波频界内,能容纳较多的广播电台;同时,传播距离比较远,可达数千里之外。调幅广播的缺点是容易受雷电等自然噪声和人为干扰的影响,所传声音的保真度较差。

2. 调频广播

即采用频率调制的方式进行的无线电广播。调频广播的载波频率使用米波频段中的87～108 兆赫,频段较宽,噪声较小,抗干扰能力较强,音质好,所传声音的保真度较高。缺点是传播距离比较近,一般只能在 200 公里范围之内,而且需要调频收音机。调频广播是 20 世纪 50 年代发展起来的较新的广播形式。虽说我国在 1959 年就作了试验播出,但真正的发展还是在 20 世纪 80 年代。调频广播可以比较方便地实现立体声广播。进入 21 世纪,调频广播已经基本取代了调幅广播,成为我国各地广播电台所使用的主导传播方式。

(二)无线电视

无线电视,即利用无线电波传送电视节目的一种传播方式。电视传输要采用超短波,具有直线传播性质,传播距离不远,因此,就得修建很高的电视塔,以求扩大电视广播的覆盖面积。20 世纪 80 年代中期,我国改变了过去以省会为中心、高山转播台为骨干,辅以中等功率转播台和小功率差转台的电视发射网结构的方式,利用国家通信干线的微波中继电路来传送节目,因此信号(图像)质量大大提高。

总体上看,无线广播电视具有一些不可比拟的优势,如建立传输网络的投资成本较低,建设周期短、速度快,接受较为方便;在灾害等特殊情况下,无线广播更是其他传播手段所无法替代的,如 2008 年汶川大地震中无线广播在政府的抗震救灾工作中就发挥了举足轻重的作用。但另一面,由于无线传播中的微波是直线传播,在弧形的地球表面,传播范围十分有限,传播信号也容易受到气候、建筑物和地形的影响,从而导致传输节目少,易受干扰。

二、有线传播

有线传播是指广播电视节目信号经由线缆或光缆组成的传输分配系统,直接传送给用户接收设备的一种传播方式,它是集节目组织、节目传递及分配于一体的区域性网络。

(一)有线广播

有线广播即用线缆传送声音信号的广播方式。有线广播产生于 1893 年,西奥多·普斯卡在匈牙利布达佩斯把 700 多条电话线连接在一起,定时进行新闻广播,形成称为“电话报纸”的有线广播方式。从 20 世纪 20 年代起,德国利用电话网建立有线广播网。我国于 1946 年建立有线广播。有线广播一般只用于区域性封闭式传播,在农村、工矿企业、机关、学校普遍使用。苏联和我国都曾比较重视有线广播的发展。

在我国,有线广播至今在农村的应用仍极为普遍。我国的有线广播多是依照农村的县、乡、村分层次的行政体系建立的,体制上具有较强的组织性和层次性,宣传内容上突出了以接近性、针对性、通俗性、服务性为主的区域特色。结构封闭式的技术系统带来了信息传播易于通达、不易外泄、保密性好、抗干扰能力强的特点，时间和空间易于控制，既可用于公开宣传，又可以用于内部教育。加上技术设施简单，建设标准和传播质量要求不高，投入较少等优点，比较符合我国目前的国情特点。

我国从20世纪50年代起，就开始建立农村有线广播网。到了20世纪80年代，基本上建成了以县广播台（站）为中心、以乡镇广播站为基础的农村有线广播网络。目前，我国的有线广播主要是单声道广播，沿海一些富裕地区已开始在小区域内建立双声道立体声广播。而在国外，已经有了技术先进的有线广播、有线电视和计算机信息网络结合的综合服务系统。

有线广播具有这样一些特点：一是传播范围的区域性。有线广播是在接通导线范围内传播的，超出范围外就无法接受，其传播过程便于实行控制和监管。二是接受对象的稳定性。有线广播是一种点对点的传播方式，它可以将广播信息直接传播到受众那里，即可形成收听对象的稳定性。有线广播可以清楚地把握受众的情况，做出相应的调查。三是接受使用的方便性。有线广播以一个简单的收音设备，安放在受众的生活或居住处所，随意收听。四是传播者与受众之间的接近性。这一特点在我国农村有线广播网络中较为突出。

（二）有线电视

有线电视，也称“闭路电视”或“电缆电视”，是利用同轴电缆或光缆传送电视节目的一种电视传播方式（国际上通常叫CATV，Cable Television的缩写）。有线电视的传播方式是封闭式的，它是集节目组织、节目传递及分配于一体的区域型网络。

1. 有线电视的起源

有线电视是由共用天线系统MATV（Master Antenna Television）发展演变而来的，它发端的最早原因是为了解决边远地区难以接收电视信号的困难，以及无线电视中经常发生的障碍物阻隔、无线电干扰、重影等技术问题。1948年底，美国宾夕法尼亚州和俄冈州边远山区的小镇最早出现使用共用天线远距离接收电视信号的方式。当时，人们在地形有利的山头上架起天线，统一接收质量较高的电视信号，再用电缆把各家各户的电视机连接起来，成为共用天线系统，这是世界上第一批共用天线系统。20世纪50年代，英国、加拿大和日本等国也先后运用这一技术来解决电视信号接收困难等问题。有线电视在城市的出现，更多的是为了解决看得清和得到高质量电视画面的问题。随着人类社会城市化进程的推进，城市规模的膨胀和大量高楼大厦的出现，为人们带来居住和办公条件的改善的同时，也造成了电视收视条件恶化的新问题。由于电磁波的反射现象，载有电视信号的电磁波被钢筋水泥构成的高楼大厦反射后，与广播电视直接发射出来的电磁波一同进入电视接收天线，同频率的多重信号使画面重影叠加。显然，大都市日益恶化的收视环境对无线电视的发展形成了制约，为了保证图像的清晰，有线电视在城市里也就应运而生。有线电视通过封闭式的、不易受到外界因素干扰的传输系统把信号传输到电视接收机，可以给观众提供质量较佳的画面，因而它一出现就受到城市居民的认可，并形成区域性的城市有线电视网。

有线电视具有以下特点：一是不受外来电波的干扰，信号稳定，电视图像清晰，收视质量很高。二是传输频道增多，节目内容丰富。有线电视系统具有比普通无线广播更丰富的频道资源（通常有几十个频道），能够给用户提供更加丰富的节目内容。三是具有相对稳定的接收对象群体，管理起来比较便利，可以实行收费服务，有利于电视事业发展。四是具有多功能性，不仅能传输高质量的电视节目信号，还可以为用户提供交互式的图像、文字、语言、数据等综合服务业务。与计算机、电话、卫星等网络连接后，可实现电视购物、电视医疗等双向交互功能。

另外，有线电视也有自身的缺陷：每个用户都必须有一条专线直达其家中，用户在接收信号时不能随意移动，大量布线不仅投入成本较高，而且使用起来也不太自由，尤其是在复杂的地理条件下，布线会有困难。

2. 我国有线电视的发展历程

无论是在国外还是在我国，最初发展有线电视都是为了解决无线电视信号的稳定收视问题，改善节目收视质量。我国有线电视从20世纪60年代初发展到现在，经历了共用天线系统、闭路电视系统、大中型企业有线电视网和行政区域性有线电视网的发展过程。具体来讲，主要可以分为四个发展阶段：

(1)始于20世纪60年代末的共用天线系统阶段

与西方发达国家发展有线电视初始情况一样，我国有线电视也是从共用天线开始的，以改善无线电视收视效果为目的。1964年，为召开国际会议，中央广播事业局电视服务部在北京饭店安装了第一套共用天线实验系统，开创了中国有线电视的发展历史。1972年该电视服务部又先后在北京民族饭店和天安门城楼安装可连接十几台电视机的小型共用天线电视系统。经过10年的实验和推广，1974年国庆前夕，北京饭店建成并正式使用了可接收两个频道，连接140台彩色电视机的共用天线电视系统。到1976年发展成能接收12个频道，连接650台彩色电视接收机的共用天线电视系统。不过，由于当时接收器材价格昂贵，共用天线系统未能普及、推开，只在少数宾馆中安装。

(2)20世纪80年代初期至中期，作为企业等社会组织内部的有线电视系统阶段

1976年4月，北京东方红炼油厂建立了中国第一个有线电视中心，可以同时转播北京地区3套电视节目和自办2套节目。1978年和1979年，浙江衢州化学工业公司和北京燕山石化公司分别开始建设闭路电视系统，并于1980年初成立有线电视台。这种企业内部的有线电视台(站)，也是我国最早的有线电视台(站)。之后，许多大中型企业纷纷开始创建自己的有线电视台。除了利用共用天线改善无线电视节目收视效果外，这些有线电视台(站)还开始自办节目，为企业员工提供宣传和娱乐。到80年代末，规模比较大的企业有线电视台已达500多家。同时，高等院校、政府机关等也开始内部建设有线电视系统。1988年6月，由60家企业有线电视台发起创立了“中国企业有线电视台协作会”，1990年3月更名为“中国有线电视台协会”。由此可以看出企业有线电视台在我国有线电视发展历史上的特殊地位。

(3)始于20世纪80年代中后期，作为社会媒介的有线电视阶段

20世纪80年代中后期，在以企业有线电视台为主的有线电视系统蓬勃发展之际，一些中小城市和大城市的近郊区也开始建设地区性的城市型有线电视传输网络。1983年，广东佛山市开始建设有线电视传输网；1987年8月1日，上海市闵行区有线电视台率先宣告建立，于10月1日正式开播，当时开办有5个频道，其中3个频道为自办节目。另外，北京市丰台区、湖北省沙市市、浙江省金华市、重庆市沙坪坝区等也较早地开办起了自己的有线电视。这些有线电视台一般能传送8~12套电视节目，1~3套调频广播节目，部分系统的主要线路可提供图像和声音信号的双向传输服务。这使我国有线电视系统从按单位(主要是

企业)划分发展到按行政区域划分,并开始了由区县、乡镇向中大型城市扩展的趋势。

1990年11月,经国务院批准,全国的有线电视台均由广播电影电视部归口管理,标志着我国的有线电视事业开始进入一个统一规划、统一标准、照章建设的有序发展阶段。

进入20世纪90年代之后,我国有线电视发展速度迅猛,并初步形成了一个规模宏大、覆盖广泛的有线广播电视专用传输网络。截至1999年底,全国经国家广电总局批准的有线电视台约有1380座、各类有线系统4000多个。总的来看,这些有线电视系统基本上可以分为三种类型:

转播型。利用共同天线接收无线电视台信号,通过闭路传输系统,传送到各家各户。这一形式在大中城市集体宿舍、居民小区采用较多,主要是改善收视效果,解决高层建筑等对无线电视信号传播的阻挡及屏幕图像质量差的问题,但一般规模较小。

放像型。这一类型有线电视系统,除了可以收转无线电视台的节目外,还能自办录像节目,以宾馆、饭店、轮船采用较多。

自办节目型。这一类型的有线电视台除转播无线及卫星电视节目等以外,还播出自办节目,规模比较大,技术设备、内部机构与运作方式都与无线电视台相类似。20世纪90年代,全国各省市有线电视台的自办节目能力和水平都提高较快,技术设备、人员素质都有不同程度的提高,运作的规范性也有所增强。

(4)20世纪90年代末至今,有线电视实施“网台分离”,有线与无线合并发展阶段

1999年,国务院办公厅转发了信息产业部和国家广电总局《关于加强广播电视有线网络建设管理的意见》(简称“82号文件”),我国有线电视“网台分离”的工作开始实施,有线台、无线台合并工作也随之展开。2001年7月1日以后,有线电视台的机构和呼号便不存在了。不过,有线电视作为我国广播电视覆盖和传输的重要技术模式,发展前景良好。目前,我国的有线电视不仅在城市里迅速普及,还向广大农村乡镇延伸,并随着农村城镇化的进程不断发展壮大。同时,有线电视也已经在由模拟信号转换为数字信号。据《中国广播电视年鉴2016年》统计,截至2015年底,全国有线广播电视用户数达23566.75万户,其中数字电视用户数达19775.59万户,付费数字电视用户数达5559.08万户,有线广播电视收视费收入达475.15亿元。

第二节　卫星广播电视的发展

卫星广播电视是在卫星通信的基础上发展起来的,即利用地球同步卫星实现向覆盖区域转发功率较大的广播电视信号,使该地区的广大用户能够直接接收广播电视节目信号的一种新型广播方式。卫星广播电视的发展起步于20世纪60年代。1960年,美国发射了世界上第一颗通信卫星“信使二号”,这颗卫星集接收、传播无线电信号于一体,开创了卫星通信的先河。1962年6月19日,美国宇航局和美国电话电报公司合作发射“电星一号”通信卫星。7月23日,这颗卫星将美国发射的电视节目传送到欧洲,又将欧洲发射的电视节目传送到美国。1963年11月22日,美国肯尼迪总统被刺,这一消息通过通信卫星传播到日本与欧洲各国。1964年4月,以美国为首的18个国家在华盛顿签约成立了“国际电信卫星联合公司”。第二年,该公司第一枚商业通信卫星“晨鸟”被送入大西洋上空的轨道。同年8月,

奥林匹克运动会在日本东京举行,大会开幕式的现场实况,经由"同步三号"卫星传播。从此,广播电视信号在世界范围内的传输变得十分便利。

卫星广播电视的优点是覆盖面大,可以远距离发送节目信号;节目信号稳定、质量好;传输速度快等。卫星广播电视使广播电视节目信号的传播,超越了国家、地区的地理界限,打破了一切自然阻隔,是一种经济、方便、富有效益的现代传播手段。可以说,卫星广播电视以其特有的优势,为人类开创了一个新的传播时代。

一、卫星广播电视的基本构成

卫星广播电视的基本运行形态是通过地面发射站将广播电视信号传送给卫星上的信号接收器,然后利用卫星上的信号发射器发回地面,由地面的卫星信号接收设备进行接收。卫星信号地面接收有集体接收和个体接收两种方式。集体接收指卫星地面站接收到卫星节目信号后,放大并传送到邻近转播发射台,再广播出去由用户接收。个体接收指每个接收户用自己的卫星接收设备和一定的转换器可以直接收看卫星节目。相比于无线广播电视传播信号易受到地形地貌的影响,由卫星转发到地面的广播电视信号,几乎可以不受地形条件的限制。

卫星广播电视最初是利用通信卫星的信号转发器来转发广播电视信号,后来逐渐发展成为专门的传输广播电视信号的广播卫星,频段也从 L 波段、S 波段、C 波段发展到 Ku 波段。

广播电视卫星传播的核心是转发器,又称中继器。转发器接收来自地面的发射信号,将其变换为广播频率,并把功率放大到地面站所要求的大小并发送给相应的地面接收站。转发器的性能在很大程度上决定了整个广播电视卫星的性能,转发器根据接收站的实际需要设定发射功率。广播电视卫星提高了信号到达地面的强度,用户只要用卫星接收天线即可直接接收广播电视信号,对提高广播电视覆盖率有明显作用。同时,传播的信号更清晰,其图像和声音的传播质量远比近地传播的效果好。

一个完整的卫星广播电视系统主要由节目源、上行发射站、广播电视卫星、卫星地面接收站、卫星测控站等部分组成(图 8-1)。

节目源:即节目提供者,一般由专业的广播电视节目制作机构承担,节目以视、音频信号或录像带、光盘等载体输送给上行发射站。

上行发射站:又叫上行地球站,简称上行站。上行站的主要任务是把节目制作机构送来的信号(可以是数字电视信号、数字广播、视频、音频信号等)经过一定的处理和调制,变频和功率放大,通过上行信道发往轨道上的广播电视卫星或通信卫星。

广播电视卫星(或通信卫星):是该系统的核心部分,由收发天线、转发器和电源构成。其中,卫星转发器是决定卫星广播电视的关键。它通过天线接收地面上行站发射的上行信号,进行必要的频率变换、功率放大等技术处理,经由定向天线向卫星广播电视地面接收站转发下行信号。

卫星地面接收站:可以是设备复杂的集体接收站,也可以是个人使用的小口径接收天线,接收由卫星发射的广播电视信号。

卫星测控站:通过遥测遥控技术跟踪测量控制卫星和卫星的姿态,以及调整卫星转发器的工作状态。当然,完成这一任务,需要有庞大的地面测控网来配合。

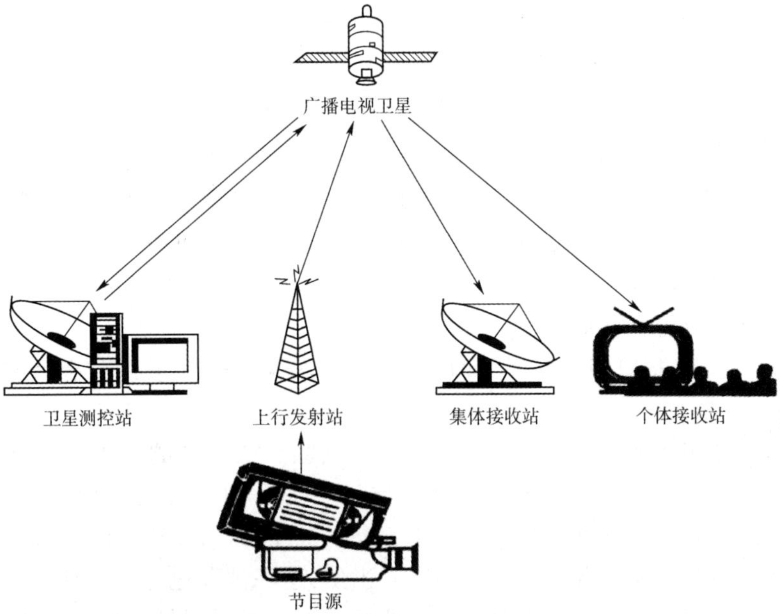

图 8-1　卫星广播电视系统的基本构成

目前,卫星广播电视领域应用的传输形式主要有两种:第一种是早期的分配式卫星广播电视,即通过普通通信卫星将信号先传送给地面的广播电台或有线电视台(即集体接收),然后再传递到千千万万用户的家中。在 20 世纪 70—80 年代及之前,世界各国的卫星电视大部分都是采用分配式卫星电视。第二种是直接到户卫星广播电视(DTH),即用户使用小型碟型卫星接收天线,直接接收来自直播卫星的广播电视节目,不再需要电台或电视台转播(即个体接收)。1993 年 12 月,美国修斯公司制造出世界上第一个采用数字压缩技术的 DTH 系统。DTH 系统的优势在于它可以直接提供对用户授权和加密管理,开展数字电视、按次付费电视、高清晰度电视等类型的先进电视服务,不受中间环节限制。此外 DTH 方式还可以开展许多电视服务之外的其他数字信息服务,如 INTERNET 高速下载、互动电视等。

总的来讲,与地面开路广播电视相比,卫星广播电视具有以下优点。首先是传输距离远,覆盖面积大,电波覆盖率高。一颗静止卫星可覆盖地球表面积近 40%,因此发射等间隔的 3 颗地球静止卫星就可以覆盖地球上的可视区域。其次,卫星广播电视的信息容量大,可以转发的节目套数多,使用户获得更大的信息选择的自由度。最后,卫星电视广播不需多次微波中继,也没有多径干扰,信号稳定,图像及声音质量好。当然,卫星广播电视系统对技术要求较高,如果发生故障,修理也比较困难;同时,会受一定自然现象的干扰,如恶劣的雷暴天气等会影响卫星广播电视信号的传送。

二、全球卫星广播电视的发展现状及其影响

如前所述,20 世纪 60 年代国际上已经有了卫星电视信号的交换和互传,但卫星广播电视技术的真正发展是在 20 世纪 70 年代以后。1979 年,加拿大成为世界上第一个通过卫星直接接收电视节目的国家。1980 年 6 月,美国特纳广播公司(TBS)创立的有线电视新闻网(CNN),开始通过卫星向邻近国家的电缆电视系统播送新闻,以此为标志,全球卫星电视业

正式起步。卫星广播电视兴起以后,世界各国纷纷采用这一先进的传媒技术进行跨地区、跨国界的电视传播,给全球政治、经济、文化和社会生活等带来了多方面的影响。同时,随着卫星电视用户规模的持续增长,收看卫星电视已经成为全球观众收看电视的主要方式之一。

(一)全球卫星广播电视的发展现状

20 世纪 90 年代末至 21 世纪初,全球范围内的卫星广播电视机构不断涌现,节目数量迅速增加,经济实力不断壮大,全球影响力日益提升。除了美英等西方发达国家的卫星广播电视依靠其传统优势地位,继续在全球范围拓展发展空间外,中国等一些发展中国家的卫星广播电视业的发展也取得了长足进展。

当前,全球卫星广播电视的发展可谓如火如荼,总体上看,其发展状态呈现出以下几个方面的特点。

一是从地域分布来看,主要集中在欧美发达国家。如美国的世界电视网(World Network)、家庭影院网(HBO)、超级电视台(NBC Super Channel)、英国 BBC 国际电视台(BBC World Service Television)、德国之声电视台(Deutsche Welle)、欧洲新闻台(Euro News)等世界知名卫星广播电视机构皆出自欧美发达国家。当然,这一情况也是在情理之中。在经济不发达的国家,要发展高科技、高资金投入的全球卫星电视,显然是缺乏相应条件的。

二是从传播内容来看,新闻与娱乐并重,节目朝多元化方向发展。时事新闻固然是不少卫星广播电视的主要传播内容,但娱乐节目也是丰富多样。卫星广播电视的发展使受众对电视节目拥有了更大范围及更加自由的选择权。卫星电视所传输的众多电视节目,使观众可以更加自由地选择频道、节目,这就既有利于丰富受众的精神文化生活,又带来了受众群体的分流。激烈的收视竞争促使各家电视媒体不断提升节目质量,寻找特色定位,这使得频道专业化成为卫星电视的发展趋势。如英国的天空电视台将 200 多个频道实施专业化定位,其中包括:定位于原创节目和剧集的天空 1 频道,侧重关注重大国际时事的天空新闻,长于提供赛事直播的天空体育以及天空电影频道等。韩国 Sky Life 通过 Koreasat 6 卫星传输 280 个电视频道和 30 个广播频道,Sky Life 以 Sky touch 和 Sky choice 两种品牌提供互动服务及准视频点播服务(NVOD),前者可以提供游戏、最新气象、股票信息、房地产信息、儿童教育等服务,后者则是 14 个频道全天循环播出,可以点播付费电影。

三是市场竞争日趋激烈,尤其是在亚太地区。全球卫星广播电视的受众目标是全世界的受众,但在它的发展过程中,市场重心不断转移。最初该市场集中在欧美,但进入 20 世纪 90 年代后,由于亚太地区经济发展迅速,全球卫星广播电视的受众市场重心开始向东转移,转向人口众多、幅员辽阔、市场潜力巨大的亚太地区。还是在 20 世纪 90 年代初,卫星广播电视刚刚在亚太区兴起之际,美国、英国、德国、法国、澳大利亚等国的卫星电视节目就开始纷纷进入亚洲。截至 1997 年,亚太地区上空就有地球同步卫星 46 颗,转发至少 370 套电视节目。近年来,随着亚太地区自己的卫星广播电视频道增多,卫星容量也日益扩大,西方一些卫星电视台已经开始把很多节目放于亚洲制作或委托制作。同时,亚洲的一些广播电视机构出于经济利益考虑,也愿意将自己的频道租给广播电视业发展不错的欧美国家。竞争为亚洲地区广大观众带来了益处,不但电视节目质量得到了改善,观众也有了更多的节目选择机会,而且可以看到来自世界其他地区的第一流的节目。

四是呈现网络融合发展态势。时下,卫星通信与有线电视、宽带互联网、移动互联网等相互融合,是全球卫星广播电视发展的趋势。如法国将卫星、无线、网络融为一体进行服务,法国人已很难区别无线运营商、卫星运营商和有线运营商。法国电信最早是通过IP电视进入广播电视行业的,除电话、无线、有线、通信、固化业务、互联网业务以外,还有地面数字电视、直播卫星、IP电视,为用户提供广播、电视、电话、视音频服务,什么手段方便、适用就用什么手段:在人口稠密、互联网宽带入户的地方,就用IP电视提供服务;在边远地区,如果拉光缆成本高,就用直播卫星;在大城市,就用地面无线电视;点对点的点播,就用IPTV。[1]

(二)全球卫星广播电视发展带来的影响

全球卫星广播电视的发展带来的影响是多方面的,具体而言主要体现在以下三个方面:

一是影响世界传播秩序。众所周知,发达国家与发展中国家在国际传播领域中的地位是极不平等的。西方发达国家拥有世界上超过80%以上的卫星广播电视。在卫星广播电视实力严重不平衡的格局下,一国一旦放开了境外卫星电视的进入门槛,势必会给本国的广播电视的正常发展及其正常的传播活动带来一定的妨碍和干扰。卫星传播可以传送许多套广播电视节目,使得收受地的受众能接收到他们过去完全(或部分)收不到的信息,这固然有助于开阔受众的视野,增进他们对外部世界的了解,丰富他们的文化选择,但必然会冲击受众所在国家或地区正常的广播电视传播秩序。

二是带来文化渗透。由于各国价值观和意识形态的不同,卫星广播电视跨越国界传播的新闻或其他节目提供的不仅是大量的信息,而且还在一定程度上渗入了西方发达国家的文化和价值观,使得受传播地区的受众直接处于西方发达国家文化的影响之下。无论它对接受者的立场或倾向的影响有多大,都会对收受地的本土文化的独立性和同一性造成一定的冲击和干扰。这对卫星电视的跨境传播管理提出了新的要求。为避免上述情况的发生,一些国家或采取“天空封闭”政策,或对境外卫星电视频道的落地播出采取限制措施。以亚洲国家为例,韩国禁止有线电视台转播外国卫星电视节目,违令者罚款或停业。缅甸有选择地开放天空,只准许政治家、外交人员以及居住在缅甸的外国人在经过政府特许后使用卫星电视接收天线接收卫星电视,其他任何人不得收看国外电视节目。日本实行“有条件开放天空”政策,即所使用的通信卫星须在事先与日本商定的范围之内,卫星接收天线须在一定的直径范围内,对日本现行广播体制、秩序不会产生较大影响,不得侵犯日本的广播权、著作权等。马来西亚则通过控制卫星电视的执照和接收时间,以及播出更多的本国电视节目来保护本国文化。

三是极大地改变了广播电视行业的生态格局。由于上星电视比传统的无线电视、有线电视拥有更大的覆盖范围,能够获得更多的节目受众,这对凭借收视率指标而实现广告创收的诸多进行商业化运作的电视媒体来说,无疑是一大竞争优势。广播电视领域过去那种依赖行政扶持所形成的发展空间逐渐为媒体自身的活力所取代。卫星广播电视与非卫星广播电视具有完全不对等的发展通道。全球卫星广播电视的发展使得世界广播电视传媒之间的竞争更加激烈,并在一定程度上改变了广播电视行业的生态格局。

总而言之,卫星广播电视的出现,在传播史上具有划时代的意义,它极大地拓展了广播电视的传播能力,使地球真正成为一个“地球村”。地区与地区之间、国与国之间、洲际之间

---

[1] 济生:《直播卫星电视发展经验》,《卫星电视与宽带多媒体》,2014年第3期。

的节目现场直播和转播，节目的交流与交换，就都成为一件非常简单的事情了。

三、我国卫星广播电视事业的发展历程及影响

我国卫星广播电视事业的发展，起步于20世纪80年代。早在1982年，我国就正式确定了采取卫星传输实现广播电视信号覆盖全国的方针。1985年，我国利用通信卫星C波段向全国传送中央电视台节目，由此开始了中国卫星电视的新纪元。卫星传送是从技术上根本解决偏远山区和覆盖盲区的受众听广播、看电视难的有效手段，同时也是提高广播电视传播质量、传播效率的有效手段，对促进我国广播电视事业的发展起到了至关重要的作用。

（一）我国卫星广播电视事业的发展历程

本质上看，我国卫星广播电视事业的发展历程，就是我国广播电视领域对于卫星技术应用不断深入的过程。从1985年中央电视台首次采用通信卫星向全国传输电视节目，到目前直播卫星广播电视事业的稳步发展，我国卫星广播电视事业的发展经历了三个主要阶段：

1. 1985—1990年，我国卫星广播电视事业的起步阶段

20世纪80年代初，国务院将广播电视业务作为卫星技术应用的一个方面，卫星广播电视事业开始起步。1985年8月，我国中央电视台以每年160万美元的费用，租用国际通信卫星组织位于印度洋上空的"国际通信卫星（Intelsat）5号"的一个C频段转发器向全国传送节目，这是我国开办自己卫星电视的序幕。1988年3月7日，"东方红2号甲"（CHINASAT-2）卫星发射成功，对全国传送中央电视台第一、第二套节目，云南、贵州、新疆和西藏台节目。1987年2月，中央的15路广播节目正式通过"国际通信卫星（Intelsat）5号"传送。1988年9月转到"东方红2号甲"卫星后，又将15路广播节目扩容为30路，至此，中央人民广播电台和中国国际广播电台的广播节目均通过卫星传送。

我国的卫星广播电视在起步阶段，首先解决了云南、贵州、新疆、西藏等这些经济欠发达、自然条件恶劣的边远省区广播电视的覆盖问题。"以电视为例，上卫星以前的1985年，我国电视人口覆盖率为68.4%，到2004年底已上升到95.29%。"[1]这一变化充分显示了卫星电视所具有的覆盖面大、传输节目质量高、建设施工便捷等优势，为在全国推广卫星传送广播电视节目奠定了坚实的基础。

2. 1990—1999年，我国卫星广播电视事业的蓬勃发展

进入20世纪90年代，在对卫星电视有了较充分认识的基础上，各省纷纷申请使用卫星传送本省的广播电视节目，相继建起了自己的卫星上行站。这一时期，国际上数字压缩技术也日趋成熟，并走向实用。我国在1995年以前，受技术、成本等方面的条件限制，上星的广播电视节目都是使用C波段转发器进行传送，1996年开始采用Ku波段转发器和数字压缩技术进行广播电视的节目传输，从而大大提高了频道上星传输的效率。

1990年，四川电视台与西藏电视台的电视节目上星传输。1994年，山东台、浙江台的电视节目被批准上星，通过"中星5号"传送。从1997年开始，辽宁、广东、广西、湖南、湖北、河南、青海、江西、福建、内蒙古、安徽、江苏、陕西、黑龙江、北京和山西的电视节目被陆续批准上星播出。1998年10月起，宁夏、重庆、上海、甘肃、河北、天津、吉林的电视相继上星播出。

[1] 江澄：《我国卫星广播电视20年发展历程》，《广播与电视技术》，2005年第8期。

1999 年 10 月,海南的电视节目上星播出,标志着全国 31 个省级电视台第一套节目全部通过通信卫星播出,从而实现了“一省一星”的格局。

与此同时,中央电视台面向海外的电视频道也从 1 个增加到 3 个,通过“泛美”卫星覆盖全球。加上中央电视台的 9 套节目,共有 44 套电视节目在卫星上传输。

1991 年“亚洲 1 号”卫星上天后,中央人民广播电台和中国国际广播电台 30 路声音广播节目,通过卫星的 C 频段传送到分布在各地的中央直属发射台。1995 年 3 月在传送中央电视台第一、第二套模拟电视节目的同时,分别采用数字压缩将中央人民广播电台第一、第二套单声道节目和第三套立体声节目送上卫星传送。之后,各省、区电视节目上星时,也采用这一技术来传送各自的广播节目。1997 年“亚洲 2 号”卫星投入运行后,中央人民广播电台和中国国际广播电台通过 Ku 频段转发器采用数字压缩技术传送 32 路数字音频对外广播。

20 世纪 90 年代末,卫星技术在我国的广播电视领域得到了普遍应用。大批广播电视频道上星,节目传输成本降低,传输效果更好;同时,大量上星频道的出现也促进了相互竞争,它们将不同的节目表现形式、编排形式等都呈现在受众面前,受众可以收看、收听到比原来丰富几十倍的节目,国内的卫星广播电视市场日趋繁荣。

3.2000 年至今,我国卫星广播电视事业的稳步前进阶段

在卫星广播电视事业发展的第一、第二阶段,都只是限于卫星传输业务,卫星直播业务尚未开展。1995 年以后,随着卫星技术和数字压缩技术的发展,国际上直播卫星广播电视市场日益扩大。而我国地域广阔,到 20 世纪 90 年代末家庭总数已达 3.2 亿,但尚有 10% 的人口看不到电视。与此同时,国内受众的收视需求不断提高。在国际国内大环境的驱使下,我国开展能承载更多频道、收视更个性化、运营链条更完善的卫星直播业务势在必行。

经国家广电总局批准,1999 年 1 月,我国正式启动卫星直播到村的第一期“村村通”工程[“村村通”是中央政府组织实施的一项民心工程、重点工程,通过发射广播电视直播卫星,传送中央及各省(市)台的卫星节目,对山区农村免费转播各套电视节目和广播节目],租用鑫诺 1 号卫星的一个 Ku 频段转发器,采用数字压缩技术传送中央电视和声音广播节目,并确定到 2000 年实现全国“村村通”的广播电视目标,解决偏远山区和经济欠发达、贫困地区的约 10 万个行政村广播电视收听、收看难的问题。

到 2000 年底,除中央电视台第一、第二、第七套和浙江、山东、云南、贵州和四川的电视节目仍采用模拟信号播出外,其他上星节目均已实现数字传输。中央人民广播电台于 2000 年底进行了声音广播节目的卫星直播试验,取得了良好的效果。

2004 年,副省级城市台也被批准上星,在 2004 年和 2005 年分别有深圳卫视、上海炫动卡通卫视、海峡卫视、湖南金鹰卡通卫视、南方卫视和北京动画频道等 6 个卫视频道陆续开播,从而打破了每省一个上星频道的格局。2001—2011 年,中央电视台又先后有科教频道、戏曲频道、社会与法频道、新闻频道、少儿频道、音乐频道、西法频道(西班牙语和法语频道)、纪录片频道等专业化电视频道开办并上星播出。

2011 年 4 月,根据《全国“十二五”广播电视村村通工程建设规划》,中宣部、国家广电总局正式启动直播卫星“户户通”工程,在有线网络未通达的农村利用直播卫星提供广播电视公共服务,推进农村广播电视由“村村通”向“户户通”延伸。

在“村村通”“户户通”工程的推动下,2014 年我国电视人口综合覆盖率已达 98.5%,其中,卫星直播在提升覆盖率方面发挥了十分重要的作用。2014 年全国卫星电视频道累积覆盖达到 527.8 亿人次,较 2013 年增加 31.6 亿人次;在 1999—2014 年这 16 年间保持高速增长,年均增长率达到 10.6%。其中,中央电视台 17 家频道、中国教育电视台 3 家频道的全国累计覆盖共计 193.1 亿人次,年均增长率为 8.6%;46 家省/副省/市级卫视频道的全国累计覆盖共计 334.7 亿人次,年均增长率为 12.2%。[1] 2014 年直播卫星数字电视用户达 5699.3 万户,其使用比例已增至第二,成为继有线数字电视后排名第二的电视收视方式。[2]

2016 年 12 月 13 日,国家新闻出版广电总局在兰州召开全国推动直播卫星升级发展及用户服务工作会议,会议指出“村村通”“户户通”成为全球用户规模最大的卫星直播系统。截至 2016 年底,直播卫星总数达 1.07 亿户。

直播卫星广播电视事业的发展,使得卫星在我国广播电视信号传送中开始占据越来越重要的位置,不仅大大提高了各地转播广播电视节目信号源的质量,对迅速扩大广播和电视的人口覆盖率也做出了突出贡献。

当然,直播卫星广播电视的兴起对于我国发展得已经比较完善的有线电视网络、广播网络及正在发展中的有线数字电视、数字广播带来了一定的冲击,对用户的争夺将会在彼此间产生激烈的竞争。不过,我国地形复杂、地域差异较大的国情,也决定了即使直播卫星广播电视发展起来,直播卫星电视和有线电视、无线电视之间也不可能相互替代,而是互为补充、协调发展的关系。

从以上可以看出,30 多年来,我国卫星广播电视传送的领域越来越大,技术上也得到了长足的进步,并已跻身到世界应用卫星数字压缩技术传送广播电视节目的先进行列。

(二)我国卫星广播电视事业的发展所带来的影响

卫星广播电视事业的发展,深刻改变了原有的广播电视传播格局与广播电视行业生态。

卫星传送扩大了广播电视的人口覆盖规模,也增加了广播电视受众选台的自由度。由于观众的注意力有限,且被越来越多的频道分享,所以每一家卫视都“急于抢镜”,希望被观众锁定频道。然而,受各地有线公共网传输频道数量的限制,并不是每一家卫视都有机会与特定观众发生“接触”,因此各家卫视对覆盖渠道的争夺进一步升级。

随着竞争的加剧,所有卫星电视还必须面对另一个事实:虽然看卫星电视的观众多了,但是观众看电视的时间却呈现下降的趋势。出现这种状况的原因包括:成人观众生活节奏的加快和工作压力的加大,减少了这类人群收看电视的时间;观众收视需求多样化,不同特征的观众所关注的节目类型不同,观众市场被细分,呈现出较强的选择性收视行为;娱乐休闲方式的多样化,旅游、运动、电影、唱歌等众多的娱乐方式挤占了观众的收视时间;网络、手机电视等新兴媒体的兴起,对电视观众,特别是中青年观众产生了很大的分流。

近些年,全国电视观众的平均收视时间一直呈逐年下降的趋势。其中,消费力较强的人群,如中年观众、中高收入观众、中高学历观众的收视时间减少得尤其明显。

[1] 《2015—2020 年中国直播卫星行业分析及未来发展趋势研究报告》,http://www.chyxx.com/research/201508/335255.html

[2] 《2015 年中国直播卫星行业发展前景分析》,http://www.chyxx.com/industry/201512/367907.html

频道数量的增加、观众收视时间的减少加剧了各家卫视的竞争，为了占有观众最多的注意力，形成整体的优势，各家卫视都有意识地针对观众方方面面的需求进行节目调整，这种行为进一步加深了观众的选择性收视行为，不同的人群在不同的时段收看不同的节目。反过来讲，观众的选择性收视行为又进一步促使各家卫视不得不为此进行调整，进而形成各家卫视节目相互交错的局面，卫星频道之争日渐形成短兵相接之势。

另外，随着科技水平的不断提高，广播电视卫星技术的发展也日益深化：由模拟信号逐步发展成数字式压缩信号；从传输普通电视广播信号逐渐过渡到传输高清晰度电视广播信号；从集体接收向个体接收延伸，卫星直播电视（DBS）日益普及；从信号的开放传播到加密锁码信号传输，接收端需采用相应的解码技术接收电视广播信号；从单纯的节目覆盖功能扩展到利用卫星进行节目交易、双向同步播出及与有线电视联网等多种功能。

卫星通信技术在广播电视领域内的应用，也使得对广播电视的管理变得更加复杂。卫星电视的发展使我国广播电视对外辐射能力有了很大提高，增强了我国广播电视的海外影响。积极利用卫星技术向境外输出广播电视节目，成为我国管理卫星广播电视的一项重要要求。在政策的鼓励和推动下，中央电视台第四套、第九套等节目先后在海外众多国家和地区落地。省级电视台也积极发展在海外的落地，如福建台的国际频道、上海的东方卫视等。同时，加强对境外卫星广播电视入境的控制与管理，对境外卫星广播电视实施有条件落地的管理政策，严格控制安装卫星电视地面接收设施，实行安装许可证制度等，则成为我国对卫星广播电视进行有效管理的基本要求。

第三节　广播电视分众化传播

广播电视自20世纪20—30年代诞生以来，支撑其发展的科学技术条件与社会文化环境，都发生了显著变化。新的时代环境和技术条件，也促使广播电视传播不断遵从着新的规律，在传播特性上表现出一系列适应现实社会文化语境的变化趋势，分众化传播就是其一。

一、分众化传播的产生

人类早期的传播活动是一种范围很小的无组织状态，亦是一种自发状态，参与人数少，规模小，没有专业的传播人员和传播机构。19世纪末20世纪初，随着大众报刊（指以大批量发行和大规模读者为主要特征的报刊）的出现，大众传播（mass communication）由此产生并蓬勃发展，其后出现的广播电视等也成为大众传播媒介（mass media）。

人类社会进入大众传播时代之初，媒介致力于最大限度和最大范围内追求受众的共同兴趣，受众被看作是一个庞大的、无差别的、基本同质的盲从群体，媒介轻而易举就可以征服他们。面对媒介和媒介传播的信息（当时属稀缺资源），受众没有多余的选择，只能被动地在传媒单方面提供的信息中进行有限的选择和接触。

但是，随着传媒业的进一步发展，媒介种类日趋丰富，可供受众选择的信息源越来越多，人们利用媒体获取资讯和体验娱乐的方式日渐多元化，从而使得受众的"选择空间"越来越大，他们已经可以根据自己对信息的"特殊需要"或"特别偏好"来选择媒体、选择内容。同时，随着时代的发展，社会分工的细化，社会经济在转型发展中催生了社会结构的异质性，从而派生出了不同阶层、社会群体、社会组织，导致整个社会呈现分群化趋势。社会学认为，具有相同经济利益、社会地位、生活方式和价值观念的人们，往往会形成一个个社会群体，而这些社会群体显现着社会的层次结构——阶层分化。社会的阶层分化是社会对于职业、权力、教育、收入等分配的结果。在社会科学中，划分社会层次的标准尽管并不统一，但一般都认为相同社会成员身份的人常常有着较为类似的行为活动；而不同社会成员身份的人由于职业分工、文化层次、地域分布等不同，会有不同的志趣、偏好和行为方式。

不同的社会群体有着不同的兴趣和爱好，这一点自然会体现在他们对传播媒介和传播内容的偏好上。媒体从业人员在实践中发现，没有一种传媒、更没有一种内容能够吸引所有的受众。媒介的传播效果最终是通过受众的接收、接受实现的。在媒介资源日益丰富，激烈的市场竞争促使各类媒体纷纷改变过去那种"传者本位"的传播理念，而代之以"受众中心"的形势下，抽象意义的大众传播取向，会使媒介的传播定位过于泛化，进而会因为缺乏针对性而失去大量的目标受众。因此，为了将媒体办得具有个性或特色，有必要对受众重新定位，以社会中的一部分人群作为基本受众，从满足这部分基本受众的共性需要出发重新设计自己媒体的风格和内容。于是，媒体开始实施以吸引特定受众群体为目标的传播策略，特定的媒体为特定的受众而存在，这样就形成了传播的分众化——即分众传播。它是优化传媒生态、规避信息同质化、实现传播效果最大化的重要手段。由此，媒介不再像过去那样以全社会的人群作为受众，而是选择其中的一部分作为自己的目标受众，这样，"大而全"的传播就被"小而专"的传播代替。

广播电视分众化传播走势，其实是和现代市场营销中的细分理论一脉相承的。市场细分理论兴起于20世纪50年代的美国，其背景是西方工业社会后期，由于生产加工能力的高度发达从而导致市场产品供给的相对过剩和产品同质化现象的日益严重。为了能够与无处不在的竞争者竞争，公司需要确定它的目标消费群以细分市场。这一理论的指导思想和精髓是不再将所有消费者作为企业产品销售的对象，直接原因是顾客人数太多，而他们的购买需求又各不相同。这一理论一经提出并实施，便风靡世界，并引领市场营销进入了一个全新时代。与此相同，媒体的分众化传播走势也是缘起于规避传媒市场的激烈竞争和传播内容的严重雷同。

二、分众化传播的意义

所谓"分众"，指的是受众并不是同质的孤立的个人的集合，而是具备了社会多样性的人群，人们有着年龄、性别、职业、收入、受教育程度、兴趣爱好等的区别，即使是年龄、教育、收入基本相同的消费阶层，也可能因为态度观念的不同，呈现出逐步分化离散的状态，而拥有相似生活的受众重新聚集，最终形成分众群体。分属于不同社会群体的受众个人，其态度和行为往往受群体属性的制约，对大众传播有着不同的需求和反应。他们在媒体接触、传播内容的选择与理解上都有着某种自主性和能动性。

分众化传播，指传媒不再是初始意义上的"大众传媒"，而是要根据受众不同的个人属性和社会属性对受众进行精准定位，然后通过集中媒体优势，整合传播内容，对信息进行分类加工，以特定的渠道传播到目标人群中，从而实现传播效果最大化。在分众化传播语境下，广播电视的传播开始由面对"大众"走向面对"分众"，由追求"雅俗共赏"走向追求"雅俗分赏”。中国有句谚语:萝卜青菜,各有所爱,用这句话概括分众化的特质,再贴切不过。

分众化传播使得广播电视朝着传播内容的专门化方向发展,带来了广播电视的“窄播”化,推动了专业化的广播频率与电视频道的产生与发展;同时,专业化的频率、频道又促进了受众的分流,并试图培养各自相对稳定的收听、收视群体。

过去很长时间里,广播电视一直是以面向社会上最大范围的受众进行“点对面”的大批量信息传播为荣的。这种面向社会“大多数”的传播方式,充分体现了广播电视的信息覆盖优势,也为自身争得了充分的社会影响力。然而,随着社会经济、文化的发展,人们生活水平的提高以及自主意识的增强,传统意义上的统合而一的“大众”早已不复存在,“大众”越来越分化成为无数细碎的社会群体。同时,随着媒介技术的不断进步,大众传播媒介在数量和种类上不断增加,受众被赋予了更大的选择媒体的自由度。于是,他们不再满足于接受普泛化的大众化传播内容,而表现出对专门面向自身所属小群体的对象化传播内容的热切偏好。这种情况下,广播电视开始了由“大众化”传播向具有针对性、专门性特点的“分众化”传播转向,顺应了社会发展潮流。广播电视走向“分众化”传播具有以下方面意义:

首先,是广播电视媒体提高满足受众需求的自觉表现。广播电视的传播效果,需要通过受众的接收、接受实现。满足受众需求至少包含三层意思:一是满足受众日益增长的信息需求(包括显性需求和潜在需求),是确定传播内容、选择和取舍节目的主要依据。二是适应受众的接受能力。针对受众层次“两头小,中间大”的实际情况,做到深入浅出,并逐步提高受众的欣赏品位。三是适应受众的接受习惯。以受众喜闻乐见的方式进行传播,避免过去经常出现的“我播我的,听不听看不看在你”的传播者本位做法。

其次,满足受众的主要需求。社会生活中,人们的需要是多种多样的。了解广播电视受众的主要需求,有针对性地进行节目设置和安排,实施“分众化”传播,能更好地满足他们的精神文化需要。

再次,是对受众需求的个性、共性特征的正确把握。广播电视传播“分众化”必然要深入了解受众的社会学特征,从而使其节目内容适应个性化传播的需要,实现由“类型化”办台向“对象化”办台的转换。所谓“对象化”,是指分众化传播根据受众多层次化、选择自主化的发展趋势,以受众为本位,针对其不同的兴趣爱好、不同的关注重点、不同的收视收听心理和不同的信息需求,调动各种技术和艺术手段,面向部分受众提供不同的内容,各司其职,各显其能,满足观众的需求偏好,让“雅俗分赏”成为现实。

最后,实现传播价值的最大化。分众化是对大众市场的细分化和目标化。实现分众化传播的媒体,更加强调一定规模基础上的受众质量,定位更加准确。从广告投放的角度来看,分众化的趋势增加了对广告客户的吸引力,使广告客户能更清晰准确地把握广告所服务的目标人群,有的放矢地向目标消费群体感兴趣的媒体、版面或节目投放广告,以尽量少的投入获取最大化的收益。广告对传媒市场的刺激,又加快了传播分众化的进程,形成了传播效果与市场效益的良性循环。从品牌经营的角度看,传播分众化使过去比较笼统的传播价值变得具体形象、针对性强,有助于媒体为受众提供符合需求的信息和节目、形成品牌效应,进而实现对不同目标受众的传播价值最大化。

当然,需要指出的是,分众化传播与大众传播并非完全对立。“‘分众’隐含了‘合众’的概念,两者是辩证统一的。在传统大众消费市场中,强调分众,是在数量众多的消费者中划分出具有明显特征的目标消费群体。而在受众'碎片化'的背景下,分众就是合众,是在原来划分消费群体的指标逐渐模糊的背景下,寻找新的聚合受众的指标。"[1]在分众化传播发展的初期,从表面上看,媒体是在根据某些特定受众的需求加以选择地传播信息,但事实上媒体的判断常常带有主观性,他们对受众喜好的判断也并不总是准确的。媒体把经过自己选择加工处理的信息推到受众面前,受众只能在收到的信息中进行有限的选择。所以,在此种情况下受众选择的增多只是一种表面现象。

近年来,网络、手机等新媒体的发展让人类社会进入了全新的个性化传播时代,这使得分众传播也产生了新的变化。新媒体将丰富多元、内容迥异的信息提供在受众面前,供他们选择,受众的主动性大大提高。受众在接受信息上完全可以有自己的主动权,他们根据自己的意愿去搜寻信息,将其拉到自己面前,分众传播不再以传播者的意志为转移,而是真正以受众的需求和选择为标准。

三、广播电视分众化传播的具体体现

广播电视由"大众化"传播向"分众化"传播转向,必然带来传播内容上的相应调整和变化。因此,也就有了广播电视从"无所不包"的综合性媒体向侧重传播某一方面内容的"专业化"媒体的转变。从理论上讲,广播电台、电视台之所以走上专业化道路,是为了适应受众日渐分化,传媒同质化竞争激烈而重新寻求媒介定位的必然结果。广播电视传播向分众化、专业化的转向,理所当然地带来了广播系列台格局的出现和专业化电视频道的问世。

(一)广播系列台的创办

系列台(频率),是指广播电台从所有频率都播出综合性广播节目向不同频率播出不同的专门性节目转化而形成的新型广播格局,即一个电台下的不同频率传播节目各有侧重,内容取向上各有分工,面向各自特定的受众群。毫无疑问,广播系列台(频率)格局的出现,是广播频率专业化的结果。事实上,广播频率专业化意味的"窄播",包含着节目内容和服务对象两个方面。"广播专业化变革一方面要求节目内容较之以前而做更加收拢和专一化的调整,使得广播服务内容更为窄化和有针对性;另一方面也要求广播服务针对的目标听众群体更集中和缩小。这也就分别是传播内容专业化和传播对象化。"[2]尽管广播的这两种"窄播"变化的出发点有所不同,但是它们在传播理念上是基本一致的,即分众化传播。区别在于,一是以内容的专业化去吸引听众,一是按目标听众的特性来确定节目内容。目前,这两种类型的专业广播在我国都有一定的数量。"节目内容专业化的典型代表是音乐广播,它的内容是单纯类别的音乐;而对象化或者说受众专门化的典型代表,则是交通广播,它的专业化体现在主要为某一特定人群服务,即专门针对有车、开车和乘车的人群进行广播。"[3]此外,内容专业化的广播还有新闻广播、经济广播、文艺广播等;受众专门化的广播还有农村广播、女性广播、少儿广播、都市广播等。

西方的媒体在20世纪50年代就出现了分众化传播这一趋势,从原来的大众受众时代

[1] 曾祥敏:《对电视媒体传播"分与合"的哲学思考》,《中国电视》,2009年第12期。
[2] 邓炘炘、黄京华:《广播频率专业化研究》,第7页,中国传媒大学出版社,2006年10月。
[3] 同上。

转化为细分受众时代，接着是适位受众时代（受众需求再次细分），直到目前的一对一受众时代。每一种媒体、每一家媒体都确立自己的核心受众，并根据受众变化调整自己的传播内容。对广播电视媒体而言，传统的“大而全”的综合频率、频道无法满足广播电视受众日益细分和快速变化的收听、收视需求，适应分众化传播的专业频率、频道应时而生，它们按照一定划分标准（或节目内容，或受众群体分类），对现有的综合性节目进行归类重组和划分，从而体现专业化、对象化、个性化的频率、频道优势。从 20 世纪 70 年代后期到 80 年代初期，传媒业发展较快的美国就已经呈现分众化媒体占据主导地位的状况。当时，全国性的广播网统一节目已经完全消失，几乎全部电台已变成纯地方性的电台，只安排由当地人收听的节目。而在节目内容上，综合性电台大多数分割为全新闻电台、全音乐电台、全教育电台等专业电台。通过“窄播”，美国各家电台牢牢吸引了一批听众。

我国基于分众化传播的系列台的出现源于广东省的“珠江模式”电台改革。20 世纪 80 年代中期，面对电视的冲击，广播业第一次受到严峻挑战，呈现出进入低谷期的现象：电视夺走了大批听众，相当数量的广播广告客户都转向电视。在这种背景下，1986 年 12 月，广东人民广播电台二台正式更名为广东珠江经济广播电台——中国第一个专业电台宣告成立。该台在节目结构、节目设置、播出方式等方面进行了较大幅度的改革。在内容上以新闻和信息为主，在形式上以大板块直播为主，设立了主持人，开通了热线电话，让听众直接参与节目，主持人可以一对一地和听众进行交流。另外，加大了信息传播的密度，每天播出 19 次新闻节目和 18 次信息节目。开播一年后的听众调查显示，收听广东系列台节目的听众占 70%，比过去综合台时高出 30 个百分点。到 20 世纪 90 年代初，广东人民广播电台原有的 6 套频率已分别改制为广东新闻台、珠江经济台、教育台、音乐台、文艺台、英语台等，形成了系列台格局，每个台都以自己各自不同的内容和特色受到各自不同的服务对象的喜爱。

1987 年 6 月，上海推出系列台新体制。此后，建立以经济台为重点的系列台、专业台渐成热潮，从而翻开了广播事业崭新的一页——从“泛播”走向“窄播”。各个系列台在播出内容上比综合台相对狭窄一些，但是某一方面内容的“窄播”却更有针对性，对象感更强了，拥有的听众群更加具体且稳定。从“广”变“窄”的趋势成为广播发展的主流。

广播系列台（频率）格局的出现，把竞争机制引入到广播电视行业内部，使广播电视传播朝着更加贴近受众、贴近实际、贴近生活的方向发展。

（二）专业电视频道的发展

与广播系列台一样，电视专业频道的出现和发展，也是为了满足分群化社会受众的多样化、个性化需求而实施的分众化传播的结果。它在技术上依赖于有线电视和卫星直播电视所提供的丰富的频道资源。

为满足受众个性化下形成的收视需求，美国电视形成了多层次的频道体系，各个频道在竞争激烈的传媒市场中寻找和创造出各自的媒介生存空间。根据美国联邦通信委员会（FCC）2011 年 2 月公布的统计数据显示，美国有 1382 家商业电视台（Commercial Television Station），392 家教育类电视台（Educational Television Station）。[1]每个电视台的各个频道播出

[1] 李智：《美国专业电视频道带来的思考》，《传媒观察》，2013 年第 1 期。

的节目各具特色,体现了"受众细分"的原则。总的来看,美国的电视频道专业化分布主要有三种:一是以几家大的广播电视公司(ABC、CBS、NBC、FOX、CW)为龙头的综合性频道(新闻、娱乐、经济);二是以在某一大类内容上具有权威性意见的代表性频道(CNN、FOXNEWS侧重于新闻报道,ESPN侧重于体育报道,MTV侧重于娱乐报道);三是为全部播映某一专门内容的专门性频道(播电影的HBO频道,播乡村音乐的Country Music频道,播天气预报或交通状况的The Weather Channel频道,甚至有专播家居园艺的Home & Garden TV频道)。❶ 观众可以通过不同套餐选择确定自己家中电视频道的构成。

在英国,专业频道的开办亦十分细致。以英国的Sky TV为例,该台在新闻、娱乐、经济、体育及其他专业频道等几个大类基础之上,还可以进行第二步"细分"。

新闻频道:世界新闻频道、国内新闻频道、财经新闻频道、各级地市新闻频道等;

娱乐频道:音乐频道、电影频道、纪实频道、表演频道、赌博频道(在线赌博)、流行频道、时装频道、成人信息频道等;

经济频道:财经频道、股票频道、房地产频道、购物频道等;

体育频道:足球频道、橄榄球频道、摔跤频道(美国表演摔跤)、拳击频道、高尔夫频道等;

其他专业频道:上帝频道(宣传宗教)、议会频道、国防频道等。❷

尽管这样的细分已经将节目分类和目标群体聚焦得非常集中了,但事实上部分频道在此基础上还可以再细分:

音乐频道(摇滚频道、古典频道、流行频道、乡村频道、爵士频道);

电影频道(老片频道、新片频道、三级片频道);

纪实频道(真实频道、探索发现、国家地理、历史频道);

表演频道(戏剧频道、歌剧频道、舞剧频道);

购物频道(时装频道、珠宝频道、家庭用品频道、汽车频道、科技产品频道);

成人信息频道(声讯频道、视讯频道、广告频道)。❸

这些分众化的专业化频道不仅在本国赢得了观众的喜爱,而且进入了全球广播电视市场。目前,在亚洲电视市场中处于前十位的电视频道(收视市场从份额与欣赏指数综合考虑),大多是来自西方发达国家的专业频道,如HBO(美国家庭影院频道)、Discovery(探索频道)、MTV(音乐频道)以及CNN的国际新闻频道、ESPN(体育娱乐频道)等。

在我国,电视频道专业化的进程起步于20世纪90年代,以各级广电系统的集团化改革以及机构合并为产业基础,以1995年中央电视台的频道扩充为标志。1995年1月2日,中央电视台体育频道开播,同年11月30日,电影频道、文艺频道和少儿·农业·军事频道开播,1996年中央电视台发展为8个频道。虽然这种最为初级的专业化与国外专业化频道建设还存在很大差距,在传播渠道和收视方式等方面还不完全具备专业化频道的基本特征。但是,它们却是中国特色专业化频道的开始。1999年,中央电视台开始实施"频道专业化、栏目个性化、节目精品化"的发展战略,"频道专业化"逐渐成为热词。

---

❶ 冷淞:《中西方电视频道专业化比较》,《声屏世界》,2004年第8期。

❷ 冷淞:《中西方电视频道专业化比较》,《声屏世界》,2004年第8期。

❸ 同上。

所谓频道专业化，即指电视媒体根据电视市场的内在规律和电视观众的特定需求，以频道为单位进行内容定位划分，如新闻频道、体育频道、财经频道等，使其节目内容和频道风格能较为集中地反映某些特定领域受众的需求，本质上是一种目标市场营销策略。随着频道专业化在各地如火如荼地开展，到2004年底，中央电视台15个频道中已有11个专业化和准专业化频道，全面确立了在新闻、娱乐、体育、影视、经济、少儿、科教、专题、戏曲等诸多节目领域的明显优势，对全国电视受众进行了有效的细分，各频道的不同定位几乎覆盖了各个年龄段的受众群体，满足了不同受众群体的需求。此后，各频道的专业化格局趋于完善，专业化特色明显增强，观众定位的差异化得以体现，拥有了各自有特色的忠实观众群，频道之间相互支撑、互为补充，资源的利用效率得到了明显提高。与此同时，各省也陆续推出诸如经济、教育、生活等方面的专业化频道。进入21世纪，全国300多家电视台的3000多个频道90%都挂上了专业频道的牌子。

不过，我国电视专业频道的设置情况比较复杂，既有按传播内容的性质来设置的，也有根据受众对象设置的，还有根据功能诉求设置的，具体如下：

(1)按传播内容的性质设置，如：新闻频道、财经频道、法制频道、体育频道、科学教育频道、农业频道、音乐频道、军事频道、影视频道、纪录片频道等。这一类占大多数。

(2)根据受众对象的不同而设置的，如：少儿频道、青少频道、女性频道、都市生活频道等。

(3)根据功能诉求来设置的，如：科教频道、法制频道、文化生活频道、中文国际频道、英语频道等。

尽管我国的电视专业频道数量不少，但发展情况却不容乐观。许多专业化频道定位模糊，同质化倾向严重，专业化节目数量少，精品更少，重播现象突出，经营效果不佳。其中的一个主要原因就是我国电视媒体单一的盈利模式影响了频道专业化的进程。就全国范围来看，我国大多数电视台90%左右的收入来自广告，广告商投放广告要看收视率，收视率的提高必须使节目大众化，而大众化的结果就是使各频道都追求综合性或准综合性，由此导致频道雷同问题。如何破解这道难题，尚须电视人的积极探索。

第四节 广播电视数字化与网络化传播

数字技术、网络技术的发展，极大地影响和改变了传统广播电视的传播方式，并催生了广播电视传播新业态，也推动了广播电视传播与网络传播、移动多媒体传播之间的融合发展。

一、广播电视数字化传播

数字技术，是伴随着计算机的发明而开发的一种信息编码方式，它是将任何种类的信息都表达为一系列“0”和“1”的二进制的排列组合(每个0和1被称为一个比特/bit)后，进行处理、存储、传播及还原的技术。数字技术使得数据、图像、声音、文字等信息形式都能够通过宽频通信网络(光纤、电缆和卫星等)进行传输。

所谓广播电视数字化，就是指广播电视从节目采编、制作、存储、播出到节目传输、发射、接收等各个环节都从采用模拟技术向采用数字技术进行转化的过程。数字化是广播电视自诞生以来面临的最大一场变革。数字化提高了广播电视的生产效率和工作质量,拓展了广播电视的服务领域和发展空间,丰富了广电服务产品和服务方式,引领广电结构调整和产业升级,推动广播电视从传统媒体向现代媒体迈进。

(一)广播电视数字化的进程

从全球范围来看,从20世纪90年代起,广播电视数字化的趋势就已经开始。美国的卫星数字电视起步于1994年,有线电视的数字化开始于1996年,而地面无线电视的数字化起步于1998年。在1995年,英国BBC就开播了自行开发的数字音频广播,1999年,英国国会议员提出数字化转换建议。进入21世纪以来,数字化成为广播电视拓展各项业务的基础和前提,关系到广播电视的核心竞争力和生存发展,各个国家和地区均认识到了数字化的大趋势。从太平洋岛国到技术发展速度最快的美国,从非洲欠发达地区国家到欧洲诸多强国,直至欧盟、东盟等地区组织和国际机构均已采取措施,推动广播电视数字化迅速发展。❶ 2006年12月,荷兰停播模拟电视,成为世界上首个实现数字化的国家。2009年6月12日,美国电视业完成了全国范围内数字信号对模拟信号的替换。日本、韩国、澳大利亚、欧盟等国家和地区组织均在2010年前后实现了广播电视数字化。欧洲、中东和非洲的101个国家也在2015年前后实现数字化。

我国的地面数字电视试验、卫星数字电视试验都开始于1999年。我国的广播电视数字化进程是分阶段、分步骤推进的:2003年全面启动有线电视数字化;2005年开展卫星直播电视业务,同时开始试播地面数字电视;2008年在全面开播地面数字电视时,计划在2015年前完成地面数字电视的模拟转数字工作,从2015年开始陆续停止无线模拟电视的播出。但在具体实施过程中,由于信源编码、相关配套标准的制定等工作的影响,原计划推迟至2020年。2012年12月18日,国家广播电视电影总局发布的《地面数字电视广播覆盖网发展规划》提出了新的发展目标:到2020年底,全面完善地面数字电视广播覆盖网,地面模拟电视信号停止播出。

(二)广播电视数字化的意义

数字技术的发展无疑给广播电视的传播方式带来了全新的变化。"数字化是广播电视自诞生以来面临的最大的一场革命,这场变革远远超出了技术的范畴,涉及广播电视生产方式、传播方式、影响方式、服务方式、盈利方式、管理方式、体制机制等各个层面,关系到传统广播电视在数字化时代的生存和发展。"❷同传统的模拟技术相比,数字广播电视具有以下特点和优势:

(1)抗干扰性能好。如消除了模拟电视的"雪花""暗纹跳动""画面不稳定"等问题,用户接收到的图像和声音质量几乎与电视台发送的一样。

(2)频带利用率高。在只能传输1套模拟广播电视节目的带宽内可以传送4~6套数字广播电视信号。

(3)高质量的音画效果。由于数字电视全过程采用数字信号,不受节目编辑、传输、转播

❶ 张毓强:《全球广播电视数字化的现状与未来》,《中国记者》,2008年第3期。

❷ 罗建辉:《试论数字化的中国广播电视》,《中国广播电视学刊》,2007年第1期。

和接收的影响，在传播过程中不会积累噪声，也不会产生噪声，所以数字广播电视的画面更清晰，音质更优美。

(4)使双向交互成为可能。数字化不仅提高了传输效率，而且数字化的传输、存储手段使用户与发送者之间的双向互动成为可能。特别是其海量存储技术使得用户掌握了对节目选择的主动权，用户可以比较随心自如地选择收听、收看节目甚至是点播节目。

(5)服务领域极大拓宽。可以提供节目指南、股票行情、便民信息等多种服务及海量信息。

总之，数字广播电视为广大家庭用户提供了一个大容量、宽带的信息传输通道，它不仅可以传输高质量的图像和声音，还能传送大容量的数据信息。数字化使各种形式的信息如图像、声音、文字等都变成由 0 和 1 两个符号组成的码流，从而实现了声音广播、电视广播、电子杂志、因特网等各种媒体的大融合，由此带来了媒体之间、相近行业的激烈竞争和相互渗透。广电网络经营数据业务、因特网业务，电信行业在宽带业务里传送广播电视节目等都已经成为现实。随着数字技术的应用进一步扩展和深化，媒体将由单一走向综合，广播电视与电信等行业之间的界限将变得模糊，最终融汇于信息化的大潮中。

(三)广播电视数字化传播新业态

广播电视的数字化发展，既是一场技术上的革命，同时也已经成为整个广播电视行业向产业化发展的重要契机。它不但给广播电台、电视台、有线电视网络的发展带来了巨大的机遇和挑战，而且也给节目制作机构、广播电视前端以及中端设备厂商发展相关业务带来了前所未有的历史机遇。广播电视数字化的推进，推动了基于数字技术的广播电视新业态的出现。其中主要包括数字广播、数字电视及广播电视媒体数据库。

1. 数字广播

数字广播主要有数字音频广播(DAB)、数字多媒体广播(DMB)和数据广播三大应用。

数字音频广播是(DAB)是继传统的调幅、调频广播之后的第三代广播，它的出现是广播技术的一场革命。由于其全程采用数字技术来处理广播中的信号，并通过纠错技术使原始信号在经过制作、传输、发射等环节后，仍能够最大限度地重现原音，不会像传统的前两代音频广播那样因受到各种干扰而出现大面积的失真或衰落。与传统广播相比，数字音频广播具有音质出众(可达到 CD 质量)、可实现多媒体接收、可高速移动接收、可加密、发射功率小、覆盖面积大、频谱利用率高、有很强的抗干扰和在恶劣环境下接收的能力，并可利用卫星大幅度提高广播的覆盖率等优点。在全世界范围内，已经有超过 40 个国家和地区的 3.3 亿人可以收听到 600 多套数字音频广播节目。

数字多媒体广播(DMB)是在数字音频广播基础上发展的技术，在功能上将传输单一的音频信息扩展为向提供包括音频、视频、数据等多媒体服务方向发展。接收设备也不仅仅局限于数字收音机，笔记本电脑、掌上电脑、手机等移动设备都可以接收到通过数字广播传输的多媒体节目。2006 年北京、上海、广东三地，先后开通 DMB。如北京人民广播电台 2006 年 9 月 6 日开通 DMB，通过电视发射塔覆盖了六环路以内市区，除提供 12 套本台广播节目外，还提供 CCTV-1 和 BTV-1 两个电视频道信号。这一平台从 2007 年 1 月 1 日起推出包括政务信息、生活信息、城市信息、交通信息等在内的公众信息发布，用户只要拥有一款内置 DVB 芯片的各类便携式接收终端及车载接收终端，就不仅可以收听传统的音频广播节目，还可以收看视频、数据、文字、图片等多媒体信息内容。

数据广播是利用卫星广播和电视广播的覆盖网或其他独立数据广播通道，采用数字技术传送数据的信息技术和业务的总称。

2. 数字电视

数字电视(Digital Television，简称DTV)的含义并不是指我们一般人家中的电视机，而是相对于传统模拟电视而言的一种全新的电视形态。“数字电视(DTV)是指从电视节目采集、录制、播出到发射，接收全部采用数字编码与数字传输技术的新一代电视，它是在数字技术基础上把电视节目转换成数字信息，以码流形式进行传播的电视形态，综合了数字压缩、多路复用、纠错掩错、调制解调等多种先进技术。”[1]数字电视与模拟电视相比，有以下几个优点：

(1)收视效果好。高清晰度图像，高质量音频，能够满足人们感官的需求。

(2)抗干扰能力强。数字电视不易受外界的干扰，避免了串台、串音、噪声等现象。

(3)传输效率高。将节目打包压缩之后，数字电视系统能够把更大容量和更高质量的节目传送到电视用户的家中。

(4)兼容现有模拟电视机。通过在普通电视机前加装数字机顶盒，人们即可收看数字电视节目。

(5)提供全新的业务。借助双向网络，数字电视不但可以实现用户自由点播节目、自由选取网上的各种信息，而且可以提供多种数据增值业务。

与传统的模拟电视相比，数字电视由于全过程均采用数字技术处理，因此，信号损失小，接收效果好。同时，数字电视采用了双向信息传输技术，增加了交互能力，赋予了电视机许多全新的功能，使人们可以按照自己的需求获取各种网络服务，包括视频点播、网上购物、远程教学、远程医疗等新业务，将电视机变成了名副其实的信息家电。“数字电视除了提供高清晰度的画面和高品质的声音之外，还有一个重要和明显的功能就是其交互性。它使得电视从被动、单向的收看向主动、交互的交流转变，从大众化向个性化转变，从以娱乐为主变为获取信息与娱乐并重。这也是数字电视成为新媒体的一个决定性条件。”[2]这样，数字技术使得电视机的服务功能向收视服务之外的领域大大扩展和延伸。“数字技术带来的另一个巨大变化，是使受众由过去的‘看电视’发展到‘用电视’。”[3]由此，传统的电视受众(观众)，也就变身为电视用户。数字电视提供的最重要的服务就是视频点播(VOD)。视频点播被认为是一种全新概念的电视收视方式，相对于传统电视用户只能被动地收看电视台播放的节目来说，它提供了更高的自由度、更大的选择权和更强的交互能力，是真正根据观众的需要而制定的节目，有效地提高了节目的参与性、互动性和针对性。

数字电视分为四个等级：有限清晰度电视(LDTV)、标准清晰度电视(SDTV)、改良清晰度电视(EDTV)和高清晰度电视(HDTV)。另外，根据具体传输方式的不同，数字电视又有有线数字电视、无线数字电视和卫星数字电视之分。

---

[1] 郑蔚：《中国电视媒体的管理和经营》，第294～295页，中国广播电视出版社，2006年6月。

[2] 杨继红：《新媒体融合与数字电视》，第191页，清华大学出版社，2008年10月。

[3] 彭吉象：《数字技术时代的中国电视》，第24页，北京大学出版社，2008年10月。

(四)广播电视媒体数据库

在数字传媒时代,数据库已成为媒体向用户提供新闻信息服务的主要手段之一。数据库的规模、内容和它所拥有的用户数量,已成为衡量一家媒体实力的重要标志。经过多年的努力,在广播电视领域,数据库发展到媒体资产管理系统,实现了媒体资产数据的存储与再利用,满足了管理与应用两个核心要求,媒体资产拥有者可以创建、挖掘、存储、管理、应用、发布各种形式信息;可以融合硬盘、大规模磁带库系统、DVD 存储系统等多种介质为一体、基于 SAN(存域网)构建的先进 HSM(分层存储体系)系统,集视频上下载、编辑、著录、检索、借阅、点播、统计等功能为一体;完善的检索系统,能做到文字、流媒体、关键帧序列、广播级图像随意浏览与检索。

在广播电视媒体数据库建设中,最有代表性的是中国广播电视音像资料馆中央电视台部分。目前拥有 200 个注录终端的数字化工厂,可完成每年 10 万小时的影像资料的数字化生产能力,并可承担地方电视台影像资料的数字化加工业务,实现集约化生产。

由于数字技术的本质特点是开放、兼容、共享,因此,广播电视传播的数字化势必会打破长久以来广电、电信、计算机网络业务完全分离、企业各自封闭、网络互不沟通的局面。

二、广播电视网络化传播

近年来,网络媒体的发展可谓突飞猛进。网络媒体的发展不仅给人类社会带来了崭新的传播工具和传播业态,而且极大地影响了广播电视传播的面貌,改写了广播电视的传播生态。

(一)网络媒体的兴起及其传播特点

网络媒体的发展最早可以追溯到 20 世纪 60 年代末计算机网络的出现。1969 年美国国防部高级研究计划署(Advanced Research Project Agency,简称 ARPA),建立了阿帕网,把小型计算机连成实验性的网络,以增加系统的计算能力和资源共享,第一次实现了由通信网络和资源网络复合构成计算机网络系统,标志着计算机网络的诞生。20 世纪 70 年代中期,人们认识到仅使用一个单独的网络无法满足所有的通信问题。于是 ARPA 开始研究网络互联的技术,将不同类型的局域网或广域网互联,成为一个互联网络,这就导致后来的因特网的出现。1983 年 TCP/IP 协议成为 ARPANet 的标准协议,奠定了因特网存在和发展的基础,阿帕网因而成为因特网的雏形。

1986 年,美国国家科学基金会(National Science Foundation,简称 NSF)建立了国家科学基金网(NSFNet),它是一个三级网络,分主干网、地区网、校园网。此后,它代替 ARPAnet 成为 Internet 的主要部分。1991 年,NSF 和美国政府认识到因特网不会限于大学和研究机构使用,于是支持地方网络接入。随着许多公司的纷纷加入,网络的信息量急剧增加,美国政府于是决定将因特网的主干网转交给私人公司经营,并开始对接入因特网的单位收费。同年,欧洲开始用美国的 TCP/IP 协议发展计算机网络,在短短几年内就建立起一个高速的欧洲主干网(EBOTNet)。之后,美国和欧洲的科研人员又建立起了更大范围的网络系统。因特网与生俱来的开放性使它逐步从军用到商用,从科学研究机构、大学校园逐步向社会开放,并从美国扩展至世界其他国家,成为一个名副其实的巨大的国际性的计算机网络。

20世纪90年代以后,计算机网络进入飞速发展时期。目前,计算机网络已为社会各行各业所采用。网络技术的蓬勃发展,使得依托于网络平台的网络媒体得以很快成长并迅速走向市场,走进大众的生活。

作为一种新兴传播工具,网络媒体具有不同于其他传统媒体的诸多特点:传播符号多元化,表现形式多种多样;信息量极大,资源丰富,并且可以共享;网上信息更新率高,时效性强;能够实现信息双向传播,开创了一种传受平等的新型传播模式;信息选取由“推”到“拉”,便于搜索查询;网上信息以超级链接方式发布,信息之间关联性高;通信方式迅捷便利。当前,网络媒体提供以下的通信和获取信息的服务:基于万维网(WWW)上的信息浏览、搜索引擎的信息查询服务、电子邮件(E-mail)、文件传输(FTP)、远程登录(Telnet)、新闻组(Usenet)、电子公告栏(BBS)、信息搜索(Gopher)、文件搜寻(Archie)等。

(二)网络媒体的发展对广播电视传播的影响

当下,网络媒体的出现和迅猛发展,给传统广播电视业带来了巨大影响。一方面,它推动了广播电视传播的传播方式的革新,使得广播电视传播格局更显多元化;同时,催生了一系列新型的广播电视节目播放平台,使得广播电视传播样态更加丰富和多样。另一方面,网络媒体的发展给广播电视节目制作提供了很多便利,利用网络渠道和网络资源能够有效提高广播电视节目制作的效率和水准。

1. 网络媒体的发展助推了广播电视传播方式的创新

随着网络媒体的发展,网络广播、网格电视相继问世,它们的出现扩大了广播电视节目的覆盖面,让节目驻留,能弥补广播电视播出转瞬即逝的弱点,从而实现广播电视的异步传播和互动。在网上听电台广播、看电视会变得越来越容易和方便,尤其是近年来,网络“流媒体技术”支持下的网络音视频的发展给广播电视节目提供了更加多样的播放平台。网络音视频是指内容格式以 WMV、RM、RMVB、FLV 以及 MOV 等类型为主,可以在线通过 Real Player、Windows Media Player、Flash、QuickTime 及 DivX 等主流播放器播放的文件内容。20世纪90年代中期,互联网上的流媒体(Streaming Media)技术开始起步,经过10多年的发展,已使得网络音视频(Webcasting)成为一个重要的广播电视节目播放平台。

2005年,中国互联网以博客大众化及各类 Web2.0 网站的涌现为标志,迈入 Web2.0 新阶段,网络音视频更是得到迅猛的发展。从互联网的发展看,技术引领、应用推广是最重要的推动力。Web2.0 同样是有一系列新的技术作为支撑的。Web2.0 的本质特征是“参与式结构”,对于网络音视频传播而言,呈现出的技术特征为:网络音视频服务已从传统的内容服务器点播模式发展到 P2P(Peer to Peer) 技术模式。这一技术使每一个结点(客户终端)既是客户机又是服务器,因此,在 Web2.0 阶段用户,用户的参与和互动成为网络音视频最重要的特征。网民对音视频内容的在线观看、下载观看、上传及通过其他途径再传播等活动空前活跃。对视频网站来说,提供的画质在不断提高,而对于视频分享网站而言,在技术上也解决了客户端多种文件格式上传后,网站服务器便能识别并自动进行变换,网上发布后,客户端也不必另外下载相关程序,只要点击观看即可。2006年播客(Podcast)及视频分享网站的迅猛发展,使得网络音视频达到“井喷”的状态。在内容制作方面,网络音视频内容还出现了由传统影视的专业机构制作发展到草根类个人网民短片制作的大量涌现的现象。这得益于多样化的数字工具及终端的普及,如网民可以通过 DC、DV、数字录音笔、MD、手机等,摄录音视频,亦可以利用各种软件制作音视频内容,然后在网上进行传播。另外,在平台展现形态方面,网络音视频的展现也从传统面向用户单向点播平台,转化到用户互动分享为特征的播客形态。今天很多网民可以将网上音视频内容"转移"到多种数字终端上,如下载或转存到数字录像机、PDA、MP3 播放器、MP4 播放器、手持游戏机等多种终端上进行收听、收看。各类数字终端、通信终端(如手机)与互联网的对接,使广播电视节目在网络中的传播更具灵活性和扩展性。

2. 网络媒体可以为广播电视的节目制作提供有效服务

网络媒体因其自身所具有的多方面的优势,可以为广播电视的节目制作提供多种多样的有效服务。

首先,网络媒体可以作为广播电视媒体获取节目制作线索、节目资料的有效途径。广播电视节目制作,需要大量的信息源和节目源,网络媒体因其联系社会人群广泛、信息储存海量等优势,可以给广播电视节目制作人员提供大量可资利用的信息及音像素材。如中央电视台财经频道的《消费主张》栏目中很多节目的制作,就是根据网络上网民提供的信息线索摄制到的,不少内容还用到了网民们的意见和看法。

其次,利用网络进行采访、与受众互动,丰富节目内容。不少广播电视节目需要有相关的户外采访内容,以及增设与受众的互动环节,这些利用网络来进行就非常便利。特别是对于异地采访活动、大范围的与受众互动,更需要借助网络来完成。当然,这在一定程度上,也丰富了节目的内容,有助于增强节目的收视、收听吸引力。

再次,有利于开拓节目反馈渠道,实施视听调查。广播电视节目播出后,需要有听众、观众对节目进行反馈,以便对节目进行改进,提高节目质量。以往节目反馈的方式主要是电话、信件的方式;开展视听调查则主要借助电话和书面问卷等形式。有了网络媒体,就可以利用网络更方便地收集受众对节目的反馈信息,提高视听调查效率。

此外,广播电视还能利用网络媒体可驻留、易保存的优点开展网上广播,从而克服自身在传播方面瞬间即逝的缺点,增加了使用者的选择性,更能满足不同受众群体的需求。

(三)广播电视网络化传播的发展趋势及其影响

网络信息技术的成熟和发展不仅影响了受众的信息获取需求,改变了受众的信息获取方式,也带来了日趋激烈的媒体竞争。作为传统媒体,广播电视在具有声画传播优势的同时,其劣势也十分明显,主要表现为互动性弱,单向性的信息传播方式无法实现与受众之间的顺畅沟通与交流活动;选择性不强,作为一种即时性的线性传播,受众无法根据实际需求来选择观看时间和观看内容等。在人们日益注重沟通、交流与互动以及信息消费时间越来越碎片化的社会大环境下,传统广播电视的这些劣势极大地弱化了它们的市场竞争力,促使其不得不改变原本的思维方式和运行模式,运用技术创新实现广电媒体与网络的借鉴与互用,达到双赢的目的。在这种形势下,借助不断进步的数字技术、网络技术及现代通信技术,广播电视传播与网络传播呈现出了融合发展的趋势。

1. 广播电视网络化传播的发展历程

广播电视网络化传播——广播电视传播与网络传播的融合,大致经历了三个发展阶段:

(1)广播电台、电视台将常规制作播出的音视频节目上网,进行网上传播

这种"网上广播",主要是借助网络媒体在信息传播上的可驻留性、易存储、便于选择的

特点，来克服广播电视自身线性传播所带来的易逝性、一次过等弱点，实现对广播电视节目资源的多次重复开发和利用。

（2）广播电视媒体开设专门网站，推出自己网络版的电台、电视台

为了适应网络媒体占有人群日趋广泛的现实环境，提高广播电视传播的影响力和渗透力，广播电视媒体在进行常规节目传送的同时，也开始建设自己的专门网站，并在网络平台推出节目内容，以实现广播电视节目的同步、异步传播及与视听众的互动，构建立体化传播格局。这样，有助于进一步扩大广播电视传播在社会人群中的覆盖面、影响力和渗透力。

（3）广播电视与计算机网络、电信网络互连，推出播客、IPTV、手机电视等新业务

通过与计算机网络、电信网络互连，广播电视推出了更多适应用户需求的新业务形态，如播客、车载电视、楼宇电视、IPTV、手机电视等。

2. 广播电视网络化传播的影响

广播电视的网络化同数字化一样，同样开始于 20 世纪 90 年代。以美国为例，从 20 世纪 90 年代开始，广播电视机构就纷纷在互联网上设站，借助这个新兴的传播平台扩大影响。在形式上，这些网站充分实现了多媒体传播，尤其是提供的丰富音频、视频资料，成为这些网站的重要优势，如在 NBC 网站可以收听到一些栏目的新闻或音乐，还能收看到某些节目的录像；在内容上，更加侧重于提供文化娱乐体育信息；在经营上，网站全力为广播电视的主营业务服务，像 FOX 公司网站，不仅推介电视节目，还全力宣传和推介自己制作的电影和碟片；在结构上，各大广播电视公司除了自己的总网站外，所拥有的各频道、各电台都有各自的网站，例如，全国广播公司的 MSNBC、CNBC、Bravo 等频道都有自己的网站，它们既是 www.nbc.com 的一部分，又都独立成站，同时，大的广播电视公司在全国各地有众多的附属台和不少合作伙伴。这些附属台和合作伙伴的网站，同广播电视公司网站都有链接关系，可以极为方便地由此及彼地进行访问、浏览。

进入 21 世纪以后，美国广播电视网络化传播更是取得了突飞猛进的发展。比如，Google 与索尼、英特尔合作打造 Smart TV，通过它，用户除了能观看目前由付费电视提供商提供的数百个频道之外，还能在电视上使用搜索引擎，观看互联网上海量的网络视频内容和流媒体，其中包括 Netflix、亚马逊视频点播和 YouTube 等，Smart TV 还支持 Android 平台的各种应用。用户可通过显示在电视屏幕上的搜寻列表去搜寻现场直播节目、数字录像机录制的影像或 YouTube 等网站上的内容。2006 年 8 月 1 日 CNN 推出“iReport”，彻底打破了传者与受众的界限。“iReport”汉语即是“我的报道”，是一个网民互动交流平台。网民将自己采集到的新闻素材上传，经 CNN 审核后给予发表。2011 年 3 月 11 日，日本发生 9.0 级地震，就在当天，网民上传的视频、图片等各种新闻素材近 300 条，其中有 79 条经过审核后播出。

在我国，广播电视网络化传播发展态势也同样抢眼。2010 年，湖南卫视与淘宝网在长沙宣布组建“湖南快乐淘宝文化传播有限公司”，在淘宝网上设立专门购物频道，并打造与网购有关的电视节目及影视剧，开创电子商务结合电视传媒的全新商业模式。2014 年 8 月，东方卫视推出《女神的新衣》，上演了一场直销于网络的电视购物秀，直接介入时尚产业全过程，更是给电视媒体运营带来了颠覆性的思维模式。

总的来看，广播电视网络化传播，是广播电视产业升级和优化的重要引擎。通过打造网络广播电视传播平台，开发网络广播电视客户端服务、加强与网络运营商的合作，广播电视

能够不断创新传播业态、拓展产业空间，同时，也有利于满足用户多样化的视听需求。

三、媒体融合发展进程中的广播电视新媒体与新业态

不同类型的媒体走向融合发展，是当前传媒领域的主导趋势。媒体融合发展推动了广播电视传播方式的深刻变革，也催生了一系列广播电视新媒体与新业态。

（一）网络广播（网络音频）

20 世纪 90 年代中期，美国西雅图的"进步网络"（Pro-gressive Networks）开始在互联网上提供"随选音效"服务，网络广播由此诞生。随后，国内的传媒机构迅速跟进并积极开拓，使得网络广播技术在 1996 年到 1999 年迅速发展。所谓网络广播，指以互联网为传播介质提供音频服务的广播，即让听众通过网络来进行实时收听的广播，它包含广播网络化和网络化的广播两个方面。本质上看，网络广播是一种以流媒体形式传输的广播，也是一种可以在传输过程中接收的广播。与传统广播相比，网络广播有许多特有的优势。

首先，接受信息的方式发生了变化。网上广播既可以像传统广播那样让用户（听众）实时同步收听，也可下载异步收听。

其次，自主性增强，改变了受众只能被动收听广播的习惯。网络用户在收听网络广播的同时，可以与主持人和网友沟通、聊天，进行网络互动；可以根据需要选择节目内容和形式，具有自由的选择权；在保存、查询方面非常方便，也突破了时空的限制。传统广播的"受众"身份被网络广播的"用户"身份所替代。

再次，网络在线广播拓宽了广播的接听范围，使广播的异地收听成为现实。传统广播因为频率资源和发射功率的限制，受众群体的人数受到限制，而借助互联网可以使受众全球化。

总之，网络广播突破了以往收听广播的地域及终端限制，网络广播覆盖面广、用户多元化、互动性强、收听便捷，受众收听网络广播节目和参与互动可在同一个页面完成，这对广播节目来说是一次质的飞跃，也可满足用户更多地域化和个性化的需求。

21 世纪以来，随着网络在我国的普及，网络广播越来越受到人们关注，传统的广播媒体纷纷加入到网络广播之中。2005 年 7 月，中国国际广播电台开通"国际在线"网络广播；2005 年 7 月，中央人民广播电台中国广播网推出"银河台"网络广播。此后，各地开办的网络广播如潮水般涌现出来。

网络广播从播发和收听形式上可以分为直播式和非直播式（点播）两种。直播式的网络广播播出方式和传统的广播类似，是时间线性播出方式。这种方式能将重要新闻或者重大活动的实时情况通过网络第一时间推送给用户。非直播方式也被称为点播方式，即将事先编辑好的节目内容传到服务器上，用户可以依据网页上的节目索引（或介绍）自主选择节目进行播放。直播式和非直播式两种网络广播之间的主要区别在于对节目内容和播放时间的选择权。直播式的网络广播，受众无法选择收听节目的时间和特定时间内接收到的节目内容；而非直播式网络广播则使受众拥有了节目内容和收听时间的选择权，不过，用户选择的节目可能不是最新的。一般来说，直播式网络广播比较适合播报新闻、政治以及其他重大事件等对时效性要求较高的节目，非直播式网络广播则更适合于播报休闲、娱乐和其他的对时效性要求不高的节目。当然，二者之间没有明显的界线。

近年来,随着移动互联网、智能手机的普及和移动客户端的兴起,网络电台的发展呈现迅猛之势。2015 年,国内的网络电台用户已有近 3.5 亿人。以"荔枝 FM""豆瓣 FM""蜻蜓 FM"和"喜马拉雅 FM"等为代表的有声节目移动客户端(APP)发展态势令人瞩目。这些自媒体色彩的网络电台内容分类广泛,类型定位精准,受众明确,能够在最大程度上满足受众的收听需求,因而受到了来自不同社会阶层的诸多人士的喜爱。毋庸置疑,广播通过与网络、手机的联合,增强了其传播的立体化程度,因而必然能够获得更强大的竞争力和活力,从而推动自身的进一步发展。目前,网络广播在我国已经获得了主流媒体的充分认可,并且已经拥有数量可观的听众,而且听众呈年轻化的特点。今后,随着互联网技术的不断发展和创新,网络广播也将获得更大的发展空间。

(二)IPTV(Internet Protocol Television,网络电视)

IPTV 的全称是互联网协议电视,是在电信网络 IP 技术的基础上实现的多媒体视频节目互动传播的方式。它是一种利用宽带的有线电视网,集互联网、多媒体、通信等多种技术于一体,向家庭用户提供包括数字电视在内的多种交互式服务的崭新技术。

IPTV 的基本构想是把电视播放和互联网统一结合起来,将悠闲的客厅电视文化和忙碌的网络活动合二为一。IPTV 系统主要包括流媒体服务、节目采编、存储及认证计费等子系统,主要存储及传送的内容是以 MPEG-4 为编码核心的流媒体文件,基于 IP 网络传输,通常要在边缘设置内容分配服务节点。IPTV 是数字电视技术与互联网结合之后的产物,不过,它与原来的数字电视而言有所不同。尽管原来的数字电视相对于模拟电视而言有许多技术革新,但只是信号形式的改变,而没有触及媒体内容的传播方式。IPTV 的关键是利用计算机或"机顶盒 + 电视"完成接收视频点播节目、视频广播及网上冲浪等功能。

双向交互功能是 IPTV 最显著的特征。它改变了电视观众只能够被动地接受电视节目的状况,实现了观众与电视媒体互动的理想。传统的广播电视采用的是闭路线传播,只能够提供广播方式,不能够实现点播。而 IPTV 不但能够接收广播电视信号,还能够实现用户与媒体提供者的互动,使用户与媒体提供者能够达到真正意义上的互动。

IPTV 所采用的是高效视频压缩技术,786kbps 视频流传输带宽使其接收的画面质量接近于 DVD 的效果。观众也可以根据自己的需要将节目暂停、快进和倒退,也可以在电视上购物,点播自己喜欢的节目。IPTV 采用的播放平台将是新一代家庭数字媒体终端的典型代表,它能根据用户的选择配置多种多媒体服务功能,包括数字电视节目、可视 IP 电话、DVD/VCD 播放、互联网游览、电子邮件以及多种在线信息咨询、娱乐、教育及商务功能。例如,我们在收看 IPTV 的某个节目时可以通过有关网络获得补充信息,还可以和其他观众相互交流;在收看足球比赛时可以获得某些运动员的有关信息,也可以看到有关的统计资料;收看演唱节目时则可以看到该歌手的简历,显示歌词,还可以联机购买该歌曲的激光唱盘;收看儿童动物节目时,可以回答有关的提问,用打印机打印出画面,进行绘画等。

2006 年底,广电总局已批准中央电视台、中国国际广播电台、上海电视台、广东南方广播影视传媒集团 4 家单位开办 IP 电视集成运营业务。开办单位原则上可在全国范围内选择城市,在当地建设 IP 电视集成运营平台,向当地用户提供点播节目和节目频道播出服务。按当前管理要求,IP 电视业务开办机构应掌握 IP 电视集成平台的资产所有权、内容集成权和管理运营权等关键性主体权利,这些权利不能对外合作。但在技术设备的提供以及 IP 电视市场推广等具体业务环节上，可与拥有相应技术、市场资源的单位展开合作。

从融合的角度看，IPTV 发展最重要的意义在于广电与电信两大系统的优势互补，IPTV 业务既扩展了电信业务的使用终端，又拓宽了电视终端可支持的业务范围。

(三)手机电视

随着移动互联网技术的进一步发展与手机业务的不断扩展，手机的通信功能逐渐淡化，而其新闻传播、娱乐游戏、个性化信息服务，乃至于手机电视、手机广告、移动虚拟社区等功能不断增加。手机媒体正在实现由人际沟通交流工具向大众媒体的跨越式发展，用户通过手机可以收看电视、阅读报纸、浏览小说、看电影、玩游戏等。手机媒体基本上是一种以个体为中心构造的媒体，它在一定程度上模糊了传统的大众传播者和受众的角色地位。手机媒体的发展既丰富了人类社会的传播业态，也对传统的广播电视传播产生了重大影响。

手机电视是手机媒体传播与广播电视传播有机结合的产物，它是利用具有操作系统服务和视频功能的智能手机观看电视的业务，属于流媒体服务的一种，能够为用户提供基于移动终端的视频资讯服务。手机电视出现以后，受众看电视不再处于被动接收地位，而是可以主动地进行选择；想看某个节目，也不必在某一固定地点或固定时间收看，而是可以随时随地收看。可以说，手机电视开辟了一种全新的、不受时空限制的信息传播渠道，它具备电视媒体的直观性、广播媒体的便携性、报纸媒体的滞留性以及网络媒体的交互性，其发展潜力巨大。2004 年 3 月，中国移动和中国联通相继推出了手机电视业务。而后，上海文广集团、中央电视台、中央人民广播电台和中国互联网新闻中心等均与移动运营商合作，开展手机电视业务。2010 年 6 月，备受关注的互联网、电信网、广播电视网三网融合试点方案通过，手机媒体迎来了全新的高速发展时代。伴随着三网融合的推进，手机媒体成为海量信息的移动新载体与信息传播源，这是手机媒体发展的技术优势所在，也是其业务发展趋势。

尽管手机电视一度被人视为“具有无限想象和开发空间的媒体”，但是，目前手机电视的发展还存在一些需要克服的障碍。首先，费用较高，手机电视昂贵的业务资费把大部分潜在用户挡在门外。如果采用包月的方式，资费太高用户不会接受，资费太低运营商又承受不了，因此如何制定合理的资费模式将是一个难题。其次，画面质量不高。这是一个网络技术问题，手机电视业务不论是声音还是图像效果，均无法与普通电视相提并论，传输也不流畅。如果使用手机电视业务的用户数量增多，网络阻塞将更加明显。再次，手机耗电量大，使用手机收看电视，手机的电池电量很难维系。如果没有足够持久的电量，手机电视无法让用户尽兴观看节目，这必将大大降低用户定制手机电视业务的兴趣。

当然，随着手机技术的发展，手机电视的发展障碍也必将得到攻克。近年来，手机电视已进入快速发展通道。从媒介融合的角度看，手机电视这一新的传播形态的逐渐推广预示着当今广播电视媒体传播必须走与大众化的电信传播终端相结合的道路，成为“数字内容的提供者”，进而才能保持和扩大自己的影响力和市场占有率。

(四)“三网融合”发展

所谓“三网融合”，是指广播电视网、电信网与互联网的融合。而“三网融合”的发展历程，可谓一波三折，命途多舛。1998 年 3 月，邮电部和电子工业部完成合并，信息产业部正式成立；同时，广电部改为广电总局。在《印发国家广播电影电视总局职能配置内设机构和人员编制规定的通知》(国办发〔1998〕92 号)中有这样一段并未执行的文字:“将原广播电影电视部的广播电视传送网(包括无线和有线电视网)的统筹规划与行业管理、组织制定广播电视传送网络的技术体制与标准的职能,交给信息产业部。”1998 年 3 月,以原体改委体改所副所长、时任粤海企业集团经济顾问王小强博士为首的“经济文化研究中心电信产业课题组”,提出《中国电讯产业的发展战略》研究报告,随后展开了“三网合一”还是“三网融合”的大辩论。当时,广电部门正在启动有线电视省级、国家级干线网建设。

1999 年 9 月 17 日,国办发〔1999〕82 号文件的出台明确“电信部门不得从事广电业务,广电部门不得从事通信业务,双方必须坚决贯彻执行。”文件还指出:“广播电视及其传输网络,已成为国家信息化的重要组成部分。”至此,“三网融合”进入叫停阶段。

随着新世纪的来临,国家政策发生转向。2001 年,我国在国民经济和社会发展“十五”计划中已明确提出“促进电信、电视、计算机三网融合”。2006 年 3 月 14 日通过的“十一五”规划纲要,再度提出要加强宽带通信网、数字电视网和下一代互联网等信息基础设施建设,推进“三网融合”,促进广电、电信和互联网的互联互通和资源共享。2008 年 1 月 1 日,国务院办公厅转发发展改革委、科技部、财政部、信息产业部、税务总局、广电总局六部委《关于鼓励数字电视产业发展若干政策的通知》(国办发〔2008〕1 号),提出“以有线电视数字化为切入点,加快推广和普及数字电视广播,加强宽带通信网、数字电视网和下一代互联网等信息基础设施建设,推进‘三网融合’,形成较为完整的数字电视产业链,实现数字电视技术研发、产品制造、传输与接入、用户服务相关产业协调发展。”2009 年 5 月 19 日,国务院批转发展改革委《关于 2009 年深化经济体制改革工作意见》的通知(国发〔2009〕26 号),文件指出:“落实国家相关规定,实现广电和电信企业的双向进入,推动‘三网融合’取得实质性进展(工业和信息化部、广电总局、发展改革委、财政部负责)。”2009 年 7 月 29 日,广电总局发出《广电总局关于印发〈关于加快广播电视有线网络发展的若干意见〉的通知》,指出:加快广播电视有线网络发展,对于巩固和拓展党的宣传文化阵地、满足人民群众日益增长的精神文化和信息需求、推动我国广播影视改革和发展、推进三网融合、促进国家信息化建设,具有十分重要的意义。

2010 年 1 月 13 日,国务院常务会议决定加快推进电信网、广播电视网和互联网三网融合,并明确了时间表。2010 年 6 月底,包括北京、上海、大连、杭州、南京、厦门、青岛、武汉、深圳等在内的“三网融合”12 个试点城市名单和试点方案正式公布,“三网融合”终于进入实质性推进阶段。2011 年 12 月 30 日,国务院办公厅公布了包括天津、重庆、石家庄、太原、沈阳、合肥、成都、海口等在内的“三网融合”第二阶段试点城市。此后,三网融合在各地相继推开。

“三网融合”发展的推进,带来的益处是多方面的。首先,它将使网络从各自独立的专业网络向综合性网络转变,网络性能得以提升,资源利用水平进一步提高。其次,它将使信息服务由单一业务转向文字、语音、数据、图像、视频等多媒体综合业务。三网融合是业务的整合,它不仅继承了原有的话音、数据和视频业务,而且通过网络的整合,衍生出了更加丰富的增值业务类型,如图文电视等,极大地拓展了业务提供的范围。再次,它有利于减少基础建设投入,并简化网络管理,降低维护成本。此外,三网融合打破了电信运营商和广电运营商在视频传输领域长期的恶性竞争状态,各大运营商将在一口锅里抢饭吃,看电视、上网、打电话资费都将打包下调,令普通民众获得实惠。“三网融合”环境下的用户实惠如图 8-2 所示。

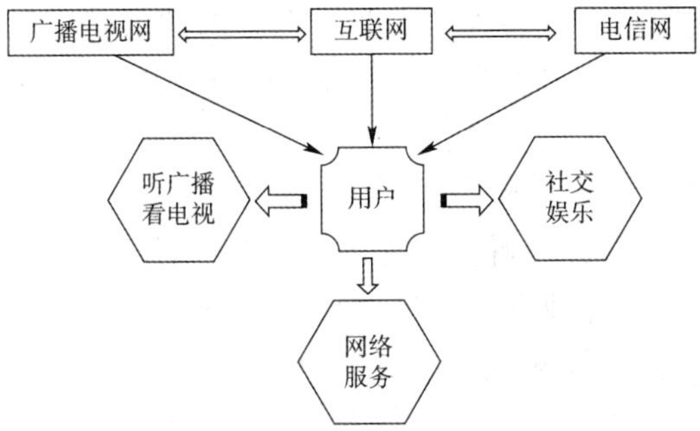

图 8-2　“三网融合”环境下的用户

毋庸讳言，随着“三网融合”的深入推进，广播电视传播将呈现出更多新的面貌，带上更多新的特质。

（五）其他新业态

除以上外，近年来，大数据挖掘、人工智能（Artificial Intelligence，即 AI）、虚拟现实（Virtual Reality，即 VR）、增强现实（Augmented Reality，即 AR）等新技术也都逐渐被引入广播电视传播活动中，介入广播电视的业态变革。其中，以 VR 技术与 AI 技术的运用最为突出。

1. 虚拟现实（VR）技术的运用

虚拟现实（VR），是用虚拟影像光影占据人眼的全部视线，产生一个三度空间的虚拟世界，提供给使用者关于视觉、听觉、触觉等感官的仿真，创造一种存在感，让使用者亲身经历事件发生的过程。近年来 VR 技术已经融入多种电视节目中，从时政新闻到脱口秀，从纪录片到歌舞表演，从体育比赛到娱乐节目等都有 VR 的身影。例如，美国的纪录片《珠穆朗玛峰》、英国 Sky TV 制作的芭蕾舞节目《吉赛尔》、BBC 的脱口秀节目《No Small Talk》等均运用了 VR 技术，让受众获得了身临其境的收视体验。

2. 人工智能（AI）技术的运用

人工智能技术最早流行于美国等发达国家，我国开始关注人工智能，则是在 2001 年之后。随着技术迭代，人工智能也已应用于传媒领域。早在 2006 年初，美国的汤姆森公司已开始将人工智能运用到关于金融方面的新闻报道中。2014 年美国的洛杉矶时报网站的一条关于地震事件的新闻的报道者也是一位机器人——Quakebot。2015 年 9 月，腾讯财经网启动机器人 Dream writer 撰写财经新闻——《8 月 CPI 同比上涨 2.0% 创 12 个月新高》，引发各方关注。2015 年 11 月，名为“快笔小新”的机器人入驻新华社成为新成员。2016 年 1 月，东方卫视早新闻《看东方》栏目首次采用人工智能机器人“小冰”进行天气播报，成为科技史上首个真正的人工智能新闻节目。同年 2 月，阿尔法智能机器人出现在中央电视台春节联欢晚会和元宵晚会上，与主持人现场互动，配合默契。2016 年 1 月至 2 月的湖北“两会”期间，湖北广播电视台长江云新闻客户端派出一位名叫“云朵”的机器人记者，与参加“两会”的代表会员进行对话，并将代表委员的回答自动收录，进行全媒体传播。2017 年 12 月，新华社发布了首条 MGC（机器生产内容）视频新闻，这条时长 2 分 08 秒的视频由“媒体大脑”中的“2410（智能媒体生产平台）”系统制作，计算耗时只有 10.3 秒，预示了机器生产视频新闻的潜力。[1] 上述这些仅仅是人工智能技术影响及运用于广播电视传播活动的初始体现与初步尝试。今后，随着人工智能技术的进一步突破，广播电视传播也一定会出现更多新的形态。

毫无疑问，随着科学技术的不断发展，不同行业领域之间的相互渗透、融合发展，必将为全球传媒业的发展创造更多新的契机；同时，也将推动不同媒体类型之间的深度融合与创新发展，并不断催生更多新的传媒业态。在这种大趋势下，广播电视只有顺势而为，有效整合自身资源，利用好自身优势，在技术、平台、内容、渠道等方面，不断探索与各种新兴媒体的融合发展途径，才能稳步前进，为自身开辟新的发展空间，进而更加稳固地扎根于人们的生活之中，为人们提供更加满意的服务，从而实现自身的社会存在价值。

本章思考题

1. 无线广播、无线电视与有线广播、有线电视各具有哪些特点？
2. 分析我国有线电视发展的阶段性变化及其动因。
3. 说说我国省级卫视在发展定位方面的特点。对卫星广播电视发展所带来的文化渗透，你有什么看法？
4. 何谓分众化传播？广播电视的分众化传播有哪些现实意义？
5. 何谓广播电视的数字化？同传统的模拟技术相比，数字广播电视具有哪些优势？
6. 当前，广播电视领域主要出现了哪些新媒体与新业态？

---

[1] 新华网：《新华社发布国内首条 MGC 视频新闻，媒体大脑来了！http://www.xinhuanet.com/newmedia/2017－12/26/c_1122170364.htm》

第九章　广播电视经营管理

◆本章要点

- 广播电视经营管理的目标
- 广播电视经营管理的范畴
- 我国广播电视的管理格局
- 我国广播电视产业经营的探索和成长

第一节　广播电视经营管理概说

一、广播电视经营管理的目标

所谓广播电视经营管理,是指广播电视组织运用计划、组织、用人、指导、控制等手段,合理地支配人力、资金、物质、设备、时间等资源,以最低成本投入,获取最佳社会效益与经济效益,从而良好地实现自身目标,谋求自身更好地生存与发展的社会活动。它是广播电视传播活动与经营管理科学的结合。

广播电视之所以存在经营管理,与其本身的性质密切相关。广播电视既是教育文化事业机构,也是传媒产业经营单位,它一方面肩负报道新闻、传播知识、传承文化、提供娱乐和服务的功能,另一方面也有讲求经营效益,追求合理营收利润的目标。此外,广播电视系统是一个庞大而复杂的系统,要维持这个系统的正常运行,并保证系统的健康发展,必须实施科学的经营管理。

广播电视经营管理的目标,即广播电视经营管理所要达到的目的。在我国,广播电视经营管理的目标,具体来说,主要包括两个方面:

(一)有效实现广播电视的事业职能

在我国,广播电视是重要的新闻宣传机构,也是重要的社会公益性文化事业部门;既担负着党和政府的喉舌职责,负有传递党和政府的声音、宣传党和国家的方针和政策的重要使命,又承担着为社会公众提供信息资讯和精神文化产品的重要职责。因此,对广播电视的经营管理,必须力求做到推动广播电视事业又好又快发展,充分保障广播电视事业职能的有效实现,发挥好其应有的社会作用,保证正确的舆论导向,维护国家文化和信息安全,为社会公众提供丰富多样的信息资讯和积极健康的精神文化产品。

(二)推动广播电视产业的良好发展

在我国,广播电视除了具有事业职能以外,还兼具有产业属性,是国家第三产业的重要组成部分。因此,广播电视的经营管理目标,还必须包括不断适应广播电视产业发展的现实需要和时代要求,科学、有效地实施管理,积极开展各项经营活动,确保自身取得良好经济效益及获得良好的产业发展前景。

广播电视经营管理目标的实现,依赖于对广播电视经营管理的对象进行科学、有序的调整、处置和安排,使它们都能够处于合理、有效的良性运行状态。

二、广播电视经营管理的范畴

广播电视经营管理的范畴,即指广播电视经营管理活动的对象范围,触及广播电视系统的多个资源门类,也牵涉着广播电视内部的诸多业务环节。

(一)广播电视经营管理的对象领域

若从广播经营管理所指向的具体对象所从属的领域来看,广播电视经营管理的范畴包括有宏观系统、中观系统和微观系统的经营管理三个方面。

1. 宏观系统的经营管理

广播电视宏观系统的经营管理,是指国家有关广播电视管理部门根据国家确定的广播电视的管理体制以及有关的法律法规对广播电视系统的整体发展规划、经营机制实施的总体上的指导和管控。如,广播频率、电视频道的设立、布点的管理,对广播电视节目制作、播出方面的政策指导及规范,广播电视广告播出的宏观管理,以及对广播电视基础建设(如全国有线电视的数字化转换)的宏观管理等。

2. 中观系统的经营管理

广播电视中观系统的经营管理,是指广播电视机构(广播电台、电视台)对涉及自身全局利益的经营发展战略、总体目标、主要措施的设计和落实。广播电视媒体的集团化发展、制播分离改革、频道专业化建设、台网融合发展等都属于这个层面。

3. 微观系统的经营管理

广播电视微观系统的经营管理,是指广播电视机构对其内部各部门的运行状况和经营实效所实施的管理和控制,是具体化的广播电视经营管理行为。如各频率、频道或部门的增收节支管理,开设、创办新栏目、新节目,开发广播电视节目衍生产品进行销售,以及对外开展广告业务等方面的经营管理。

(二)广播电视经营管理的业务类别

若从广播电视经营管理所涉及的主要业务类别来看,广播电视经营管理的范畴包括频率频道经营管理、节目经营管理、播出管理、宣传管理、技术管理、人事管理、财务管理、广告经营管理等,这些内容和环节各自独立又相互影响、相互协作,共同构成了广播电视的经营管理的对象系统。

1. 频率、频道经营管理

频率、频道是广播电视媒体最核心的业务平台和主要运营实体。目前,在我国,中央、省(自治区、直辖市)、地级市的广播电视台一般都下设有若干个广播频率(专业频率)和电视频道(专业频道)。在这些广播电视台内部,大都采取频率(频道)负责制的管理体制。频率(频道)负责制是当下比较适应广播电视现实生产力要求的管理体制,是在市场经济条件下发展广播电视媒介的现实选择。在频率(频道)负责制下,各频率(频道)作为相对独立的宣传和经营实体，直接面对市场，有利于释放广播电视生产力。同时，广播电视受众往往也是通过选择相应的频率、频道来收听、收看相应的广播电视节目内容的。因此，搞好频率、频道的经营管理，是广播电视媒体有效占领受众市场，创造良好效益的重要抓手。

当前，在我国广播电视媒体中，频率、频道一般都实行频率（频道）总监——栏目制片人两级管理体制。在这种管理结构下，一方面管理层级较少，有利于减少管理成本，提高管理效率；另一方面，有利于以频率、频道为单元进行资源整合，把频率、频道的所有时间作为整体来规划和安排，便于对频率、频道进行科学、合理的市场定位，打造频率、频道特色，构建频率、频道的品牌影响力。

时下，我国广播电视台的频率、频道经营管理所涉及的业务内容，除了频率、频道广告外（广告经营管理另行介绍），还包括：

（1）频率、频道衍生产品的开发

广播电视产品的收益取决于其销售范围和销售次数。因此，频率、频道不应该将自己的节目，只局限于在台内播出、业内评奖和获奖，还应积极开发相应的视听产品（如录像带、CD、DVD 等），增加销售级数，扩大销售范围，增加收益。在这方面，一些广播电视媒体已经积累了若干比较成熟的经验。比如，中央电视台一年一度的《春节联欢晚会》除在春节期间播出，给频道带来收视影响，增加频道广告收入外，还录制成专门的光盘，在海内外影像市场发行、销售，取得了良好效果。特别是其中的有些相声、小品节目，还被单独集纳起来，改编成动漫作品后制作成 DVD、录像带等产品进入音像市场销售，带来了更多的经济回报。

（2）频率、频道与相关产业联动

在当今传媒界，广播电视频率、频道与相关产业部门合作，形成互惠互利、共赢发展的案例已不鲜见。比如，有些交通广播与汽车行业、旅游行业合作，通过举办相关的主题活动，拓展新的业务领域，既提升了自身的社会影响，又增加了新的赢利渠道；而一些财经频道与金融、证券、生活服务、理财等行业的深度合作等，也产生了较好的联动效益。不过，总的来看，在我国，广播电视频率、频道与产业的联动受多方面因素的限制，还未能形成气候。不论是在视听产品形态的开发、创新上，还是在资讯、广告的运营上，以及时段资源的挖掘、利用等方面，都还有许多需要向国外同行学习的地方。

2. 节目经营管理

广播电视所传播的内容都是以具体节目的形式表现出来的，因此，对广播电视节目的经营管理，实质上属于对广播电视传播内容的经营管理，它在广播电视经营管理整体活动中拥有重要的地位，占有很高的比重。

节目经营管理有广义与狭义两种认识范畴。广义的节目经营管理，不但包括节目的生产、营销、节目贸易等方面的经营管理，还包括传统的节目播放、对节目的深度加工、节目衍生产品的开发等。广播电视衍生产品主要包括：电影、图书、杂志、录像带、VCD、音乐、旅游、演出市场、因特网产品、影视俱乐部、会展、大型奖项、商品授权以及对影像、文字、声音、创意的知识产权管理等。时下，在我国，广播电视衍生产品的开发还处于初级阶段。狭义的节目经营管理，通常涉及三个方面：一是广播电视媒体对部分面向受众的节目内容实施有偿收视（听）；二是广播电视媒体之间，或广播电视媒体与节目供应商、节目制作单位之间的节目交换、交易活动；三是对播出的某些节目进行单位售卖或开展租赁经营。当然，就具体的节目来说，教育性节目、文艺性节目、服务性节目，通常是可以作为经营内容进入经营领域的，即可以作为商品组织生产并进入节目市场。但是，新闻性节目作为一个整体，目前在我国是不能进入节目经营范畴的。

目前，我国广播电视节目的经营实践还受到许多因素的制约，经营领域发育还不够健全，经营活动主要是在国内的市场范围内进行的，经营方式和手段很不规范，市场规律并未发挥应有的作用。这些都有待于在今后的改革实践中加以改进和完善。

3. 广告经营管理

我国广播电视广告经营始于1979年，至今已有30多年的历史。从零起步，到今天，广告收入已经成为我国广播电视发展的主要经济支撑和推动力量。当前和今后相当长的一段时期内，广告仍将是我国广播电视产业经营的重点，也是增加广播电视部门经济收入的主要途径。因此，广告经营管理，是广播电视经营管理活动中的重要业务类别。

广告是商品营销和企业公关活动的一种重要手段和途径，它是商品经济的产物。随着20世纪90年代我国市场经济体制的确立，广告业获得了很大的发展空间。其中，以广播电视为媒体的视听广告业的发展尤为突出。对于广播电视部门来说，广告经营就是以播出“时间”作为经营资本。“时间”价格是同覆盖范围和收听、收视率成正比的。覆盖范围大、视听率高的广播电台、电视台及节目，其广告价格就高，反之，其广告价格就低。广告价格同视听率的关系说明，广播电视广告经营的重点应放在提高视听率上，这是提高广告经营效益的关键。在我国，影响视听率的因素很多，有政治的因素，也有经济的因素，还有节目的质量和受众的心理因素等。广告经营者应准确把握影响视听率的诸因素之间的关系以及它们各自独立发挥作用的能力，并分清哪些是经常发挥作用的因素，哪些是暂时发挥作用的因素，在此基础上确定广告经营的方针，保证最佳经济效益的实现。

我国广播电视广告经营管理大致存在三种模式：一种是广播电台、电视台自主经营，一种是由广告公司全面代理经营，还有一种是自主经营和代理经营并存的混合模式。“自主经营兴起于20世纪80年代至90年代中期，混合式经营流行于20世纪90年代至21世纪初。从2000年以后，大多数的广播电台和电视台都实行了广告公司全面代理制。”[1]实行广告代理，有利于拓展广播电视的广告市场，同时也使得广播电视媒体能够集中精力在节目制作和质量管理上，形成广电媒体和广告公司双赢的局面。广告代理制大体上又分为两种，一种是分频率（频道）独家广告代理，一种是全台分行业代理。目前，国内大多数广播电台和电视台都采取分频率（频道）代理，少数广播电台、电视台采取分行业代理制度。

广告经营管理必须重视广告的质量，广告应该有较强的吸引力。这种吸引力首先来源于广告的质量，来源于它的创意、真实性和艺术感染力。当然，适应和符合受众心理、选择恰当的播出方式与时间，关注其对经济活动的意义，对广告经营管理而言也很重要。同时，广告经营管理要注意对广告资源的开发。广告资源往往与社会生产力水平、人们的商品意识与消费水准相联系。社会生产力的快速发展，新科技、新产品、新服务方式的大量涌现，以及人们生活需要的变化，都会在一定程度上带动广告资源的生成。而广告资源的丰富与充裕，则能为广告经营提供广阔的天地。因此，开展广告经营必须在充分利用现有广告资源的同

[1] 刘成付：《中国广电传媒体制创新》，第99页，南方日报出版社，2007年4月。

时，积极主动地开发新的广告资源。

4. 信息与技术经营管理

广播电视属于信息产业，经营信息服务是它的优势和主要内容之一。所谓信息服务就是指广播电视利用自身资源优势，通过建立数据系统（以新闻、娱乐信息为主），为用户提供信息咨询和服务。比如，供销信息、金融信息、科技信息、国际商情和其他综合信息等。通过对各类信息的经营活动，可以促进信息尽快地转化为社会生产力和社会财富。

由于信息的种类不同，信息经营方式也不尽相同。根据目前广播电台、电视台的实践，信息经营方式主要有：广播电台、电视台同企业、科技单位以及其他行业联合经营，举办信息交易会，把产品展销同信息经营结合起来；举办培训班，把信息经营同培养人才结合起来；运用封闭式传递信息的办法实现信息经营等。近年来，比较活跃的“电视直销”“电视购物”等，也是信息经营的一种。由于我国的信息经营起步较晚，还没有积累下很成熟的经营管理经验。今后，随着信息经营范围的扩大和发展，将会出现更多更好的信息经营方式。

另外，广播电视是建立在现代电子科学技术基础上的信息产业，它拥有现代最先进的电子技术设备和掌握这些技术设备的人才。这样，既可以用现代电子技术武装自身，又可以进行广播电视技术贸易和技术设备贸易。

5. 劳务服务经营管理

目前，广播电视部门拥有一支强大的人力资源队伍，这支队伍能够全面承担广播电台、电视台技术工程系统的设计、设备安装调试、软件开发、人员培训等业务，也具有为其他企事业单位提供宣传策划、活动主持、演艺业务等劳务服务的能力。广播电视部门要充分利用好这支人力资源队伍（特别是技术人员）的优势，积极开拓相关的劳务服务经营业务。一方面，可以开展广播电视播出和接收设备的维修业务，承办集体接收天线系统、有线电视系统等设备的生产、设计、安装业务以及卫星地面接收设备的安装调试、维修等技术服务业务；另一方面，可以积极主动地对国外开展承包系统的广播电台、电视中心的建设工程和其他方面的劳务服务业务。根据目前同国外合作的经验来看，我国广播电视技术人员承包的工程，费用比较低，软件设计力量强，对发展中国家有利，在国际上投标有较强的竞争力。因此，这方面业务可以适当拓展。另外，还可以以智力输出、人员输出的方式为其他企事业单位、社会团体提供宣传策划、节目摄制、大型活动主持以及演艺支持等方面的劳务服务。

除上述列举的几个方面以外，广播电视部门还可以同国内外的企业、事业、政府机构联合经营建筑、电子、通信、旅游以及资源开发等各种业务，以扩大经济收入的来源和渠道，促进广播电视事业的发展。随着社会生产力的发展和科学技术的进步，各行各业的经营内容和经营范围不仅相应地扩大，而且超越了本行业本部门的范围。广播电视作为一种信息产业，其经营管理的内容和范围，也必将随着产业本身的拓展而伸展至更为广泛的领域。

第二节　我国广播电视的管理格局

我国广播电视的管理格局是伴随着中华人民共和国的诞生而确立和发展起来的，并在社会主义事业建设过程中逐步得到改进和完善。我国广播电视在几十年来的不断发展中逐渐形成了自己有中国特色的管理格局,这种管理格局既是历史经验积淀的结果,又是顺应现实发展要求的实践创新规律的总结。现阶段,广播电视事业产业并存是我国广播电视管理格局的最基本面貌。作为一种客观存在,事业产业并存是我国广播电视制度在市场变化和政府规制调整交替作用下不断变迁的结果。在广播电视制度变迁过程中,我国广播电视机构经历了从"事业单位"到"事业单位企业化管理"的制度与身份上的变化,形成了公益性广播电视事业和经营性广播电视产业并存乃至协同发展的格局。

一、中央与地方分级管理的管理体系

中华人民共和国建立前夕的1949年6月,中央成立广播事业管理处,领导管理各地的广播电台,正式建立起了全国统一的广播事业管理机构。在中华人民共和国诞生的同时,中央广播事业管理处改组为中央广播事业局,负责领导全国各族人民广播电台和普及人民广播事业。1950年,中央广播事业局规定对各地广播电台实行分区管理。大行政区的区台便成为该行政区广播事业的领导机关。至此,全国初步形成了分级管理的广播事业管理体制。

1956年,根据国务院规定的精神,各省、自治区、直辖市分别建立广播事业局。各级广播事业局的建立,为完善分级管理的广播事业管理体制创造了条件。

1982年,国务院实行机构改革,在其他政府部门合并、精简的情况下,中央广播事业局却升格为广播电视部,管理部门和职责进一步加强。根据国务院机构改革和1983年中共中央37号文件的精神,各省、自治区、直辖市分别在政府系列中设立广播电视厅(局),地、县两级也都设立了广播电视局。各级广播电视管理部门分别直接管理所属的广播电台、电视台及本行政区的广播电视事业发展。全国最终形成了统一的、分级管理的广播电视管理体系。

(一)中央与地方之间分级管理的结构关系

广播电视管理既可以是集中的管理,也可以是分散的管理。我国是一个大国,各地经济、文化发展不平衡,随着广播电视事业规模逐步扩大,不可能仍然采用建国初期那种完全由中央集中管理的办法。特别是20世纪80年代改革开放以后,适应计划财政体制"分灶吃饭"的状况,管理体制更需要兼顾集中和分散的关系。实践证明,只强调集中管理而无适当分权,管理过于僵化,往往容易统得过死,不利于调动下级地方政府办事业、管事业的积极性;只强调分散管理而无必要的集中统一领导,则会流于"一盘散沙",有碍于事业的整体发展。管理应该是统而不死,活而不乱,实行集中统一与分级分别管理。

我国广播电视现行的分级管理结构,对于形成相对稳定的、不同层次的组织形式,划清不同层次间的职责范围,使各级广播电视机构各尽其职地对所辖广播电视事业实施有序管理,起了良好的保证作用。同时,也保障了以行政手段对广播电视纵向管理的有效性。这种纵向管理,既指从全国及一个省级行政区域来说大的原则方面的垂直管理,如事业建设方针、业务工作指导思想和原则、事业建设规划及重大决策、事业发展及运行的协调、政策和法律法规的制定与贯彻等,亦指国家广播电影电视部(总局)——省(自治区、直辖市)广播电视厅(局)——地(市、州、盟)广播电视局——县(旗)广播电视局——乡(镇)广播电视管理站之间的具体领导、指导、管理和服务等。

按照分级管理的原则,各级广播电视厅、局在该级党委和政府领导下,分工承担以下管理职责;按全国统一的事业建设方针制定和实施本地区广播电视事业的发展规划;贯彻上级广播电视管理部门的业务指导思想和决策;制定和贯彻本地适用的广播电视政策及法规;管理本地区的事业建设项目;领导所属广播电视台站并对其宣传、技术、人事、行政、后勤等工作进行直接管理;管理本地的广播电视事业经费;管理本地区广播电视事业的运行、维护;指导和管理下一级广播电视部门的业务工作等。

(二)上下级台(站)之间彼此依托和互补的关系

我国全国广播电视系统是一个完整的宣传网络,各级台(站)都是这个网络不可缺少的组成部分。在这个网络系统中,中央广播电视是“龙头”,地方广播电视是“躯干”和“肢体”。中央广播电视和地方广播电视之间、上级台与下级台之间是彼此依托和互补的关系。这种关系也构成了我国广播电视事业结构及管理体制的突出特征。

中央台与地方台之间、上级台与下级台之间彼此依附的关系主要表现在以下几个方面:

一是业务指导的关系。中央台对地方台、上级台对下级台是业务上的指导与被指导的关系。这种指导包括:传达贯彻上级宣传意图、部署宣传规划和内容要点、协助策划和组织重要宣传内容、协调宣传活动等。

二是宣传互补的关系。中央台、上级台较多播出在全国或大的区域具有共同性特点、意义更为重要、影响更为广泛的节目内容,而地方台、下级台较多播出具有本地特点和特定服务对象的节目内容,二者在宣传上可以相互补充,满足听众、观众的不同需要。

三是相互服务的关系。按照中央 1983 年 37 号文件的规定,地方台是中央台的集体记者,下级台是上级台的集体记者。地方台作为中央台的记者单位,有义务向中央台提供在全国或更大覆盖区域播出的新闻节目和其他各类优秀节目。下级台作为上级台的记者单位也有这种义务。但反过来,中央台、上级台也有义务为地方台、下级台的优秀节目扩大在全国或在较大区域的宣传影响提供切实的指导和帮助。中央台、上级台的节目通过地方台、下级台的转播,可以更多地被听众或观众收听、收看,提高有效覆盖率;地方台、下级台的节目通过中央台、上级台的播出,可以扩大传播范围和宣传影响,二者相得益彰。

四是全局与局部的关系。在全国广播电视宣传网中,各级广播电视台都是面向一定区域服务的,但各台又都是全国“一盘棋”中的一个“棋子”,因此,必须有全局观念,以局部利益服从整体利益。由于中央台是国家台,所以,省级以下地方各级广播电视台(站)必须完整转播中央台的第一套广播电视节目;由于省级台是省级地方政府的台,所以,地(市)以下广播电视台(站)必须完整转播中央和本省台的第一套节目。只有这样,才能统一政令,统一部署,发挥系统的整体优势,实现最佳的宣传效益。

当然,广播电视事业的管理,从不同层次或不同角度来论,具有不同的具体内容。广播电视媒介作为社会组织结构的重要组成部分,本质上属于上层建筑的范畴,它并不是孤立地存在的,它不仅受到社会系统中种种因素的制约和影响,也会对社会系统发生作用。因此,广播电视事业的管理不仅仅指广播电视媒体内部的管理方式与管理流程,还应涉及政治、社会、经济、技术、伦理道德及法律等宏观层面的管理秩序。

二、条块结合、双重领导的管理结构

所谓“条”,即纵向的管理,是指从中央到省,再到省以下广播机构之间的直接的纵向对口的领导。所谓“块”，即横向的管理，是指各省、自治区、直辖市政府以及省以下政府对同级所属的广播机构的直接领导。“条块结合、双重领导”，就是指既有纵向的从中央到地方的垂直领导，也有横向的来自同级政府的平行管理。

从中华人民共和国成立后到1956年，广播电台作为党和政府的宣传机关，实行中央广播事业局与各省、自治区、直辖市人民政府双重领导，而以中央广播事业局的领导为主的体制，即“条块结合，以条为主”的管理结构。1956年以后，各省、自治区、直辖市陆续建立了广播事业局，在管理体制上也作了相应的调整。地方广播事业改由以各省、自治区、直辖市人民政府领导为主，即“条块结合，以块为主”的管理结构，但没有做出相应的明确规定，再加上后来“文化大革命”期间受到破坏，管理结构出现了混乱现象。

20世纪80年代之后，我国广播电视迅速发展，各地纷纷新建广播电台、电视台。根据广播电视系统在管理体制方面存在的问题，1980年5月，国务院批准并转发了《中央广播事业局关于加强地方广播事业管理工作的请示报告》。1983年，中共中央批转的关于第十一次全国广播电视工作会议的报告中，重申了这一规定，即广播电视部统一领导和管理全国广播电视事业，指导省、自治区、直辖市广播电视宣传；各省、自治区、直辖市广播电视厅（局）受该省、自治区、直辖市政府和广播电视部的双重领导，以同级政府领导为主；地、市、州、盟、县、旗广播电视局受该级政府和上一级广播电视厅（局）的双重领导，以同级政府为主；广播电视宣传业务受当地党委领导和广播电视部的指导。地方广播电视厅（局）分别直接领导该级广播电台和电视台，同时领导所属地方的广播电视事业。

广播电视系统这种“双重领导，以块为主”的管理结构的确立，有利于地方党政机关加强对当地广播电视机构的领导，有利于发挥地方兴办广播电视事业的积极性，有效地保证了广播电视宣传工作的顺利开展和广播电视事业持续、健康、稳步、快速地发展。

三、以宣传管理为中心的“三位一体”的职能体系

以宣传管理为中心，实行宣传工作、事业建设和行业管理“三位一体”的职能体系，是我国广播电视管理格局方面的一个突出特点。

（一）党管宣传的原则

在我国，广播电视是党和政府喉舌，是重要的新闻舆论宣传机构，这是我国社会主义广播电视事业的基本性质。这个性质体现在事业结构上，表现为广播电视台站的建设无一例外地依附于各级党和政府，是各级党和政府的宣传舆论机关之一，也是党委组织机构或政府机构系列的一个组成部分。这个性质体现在管理体制上，就是党管宣传的原则，各级党委对广播电视宣传工作的直接领导是广播电视管理体制的重要组成部分。

党对宣传工作的领导和管理主要是通过各级党委宣传部对同级广播电视部门的宣传工作进行直接领导实现的。各级广播电视厅、局及其所属的广播电视台站被列入政府机构的编制序列，行政管理工作属于政府领导，宣传工作则主要或全部受党委宣传部领导。按照双重领导的管理原则，各级广播电视厅局及台站的宣传工作，既受同级党委宣传部领导，又受上级广播电视部、厅、局的指导。相比之下，各级党委宣传部对广播电视厅、局及所属台站宣传工作的领导更为直接和深入。

各级党委宣传部对广播电视宣传工作的领导和管理具体包括以下内容：传达贯彻党的

宣传意图和宣传方针；根据一个时期党的中心工作任务指导广播电视宣传计划的制订和实施；监督检查宣传方针的贯彻和宣传活动的组织情况；组织协调重大宣传活动；审查重大宣传节目内容；管理宣传机构和重要人事变更等。对广播电视宣传的领导和管理是各级党委宣传部日常工作的一部分。

（二）"三位一体"的职能体系

作为新闻宣传机关的广播电视部门，中心工作是宣传，而技术和事业建设以及经营、行政、后勤等方面的工作都是保障宣传任务的完成，为宣传工作服务的。广播电视机构普遍分为编播、技术和行政管理三大部门。编播、技术和行政管理"三位一体"，在贯彻"以宣传为中心"的方针下分别履行自己的职责，互相配合和协作，共同完成宣传任务。

按照中共中央 1983 年 37 号文件规定的精神，广播电视机构内部的管理实行集体领导、分工负责、"三位一体"的原则。编播、技术、行政管理三大部门分别实行总编辑负责制、总工程师负责制和部长（厅长、局长、台长）负责制。按照这三个方面分工负责的原则，分别建立相应的管理机构和管理制度。

服从于"以宣传为中心"这个方针，在广播电视内部机构设置上，直接负责宣传的编播部门居于最重要的地位。它是具体实施宣传意图，完成宣传任务的专职机构。编播工作实行总编辑负责制。总编辑主管（或在其领导下由编委会成员分工管）宣传业务工作。总编辑和编委会管理宣传工作的综合执行部门是总编室，其职责是：组织传达贯彻党的宣传意图和宣传方针，规划宣传节目内容，策划节目栏目和安排播出时间，沟通各方面的宣传信息和组织、协调重大宣传活动等。编辑部门再按节目采编工艺流程或播出内容划分若干具体的工作部门，独立或在技术部门协助下完成节目采编制作任务。

宣传管理是广播电视管理工作的核心内容。除认真贯彻党的宣传意图和宣传工作部署，做好宣传内容规划外，在长期的广播电视宣传实践中，广播电视部门还实行一些成文和不成文的节目制作和审查制度，形成了多年来恪守的编播工作规律。这些制度所包含的宣传管理机制是事业管理体制的重要内容。我国目前严格贯彻"预防制"原则，注重对宣传节目内容审查把关，切实保证宣传节目制作、播出的政治质量、艺术质量和技术质量。

编播工作中，通常按节目编播制作流程的几个环节实行节目分级审查制度，分别由节目组长、部主任、值班总编辑、台领导以及上级领导等进行节目的预审（报题）、初审、终审等。对重大节目内容，在初审至终审之间常常有二审、三审等多次审查环节，有时还采取多方会审的方式。播出时还有监审制度。

在节目编播过程中，为使节目分级审查制度具体化，通常采用两种落实形式：一是栏目负责制，每个节目栏目都确定有实际负责人，一般由部主任、节目组长或台领导等担任监制，负责对节目采编制作的指导和节目审查；二是值班日负责制，广播电视每天都在播出，编播工作是一个不断流动的过程，因此，每天从节目的编辑、制作和播出，到节目的分级审查，每一个环节都实行值班负责制，由当天各级值班人员负责。比较而言，国外较多地采用栏目负责制，这有利于根据栏目分工实行采编播合一，提高节目质量和编播工作效率。但根据我国目前的情况，还不可能实行完全的栏目负责制，只能实行栏目负责制和值班日负责制结合的宣传管理办法，从而使广播电视宣传节目从质量上得到保证，作用得到充分发挥。

为配合和保证宣传工作，技术部门的管理一般实行岗位责任制和值班日负责制相结合的工作制度,部门领导和总工程师(或工程师)在管理工作中起主导作用。

(三)经济效益与社会效益相统一的经营管理要求

经济效益,指的是经济活动中生产资料占有量、劳动消耗量同劳动成果的比较,常常以纯利润和所有投入之间的比率关系来衡量。追求经济效益,即以较小的投入取得较大的产出收益,是广播电视产业经济活动的主要目标之一。广播电视的社会效益,指的是广播电视媒体的活动给全社会带来的正面效果,常用来指广播电视节目对社会对公众所起的正确、积极、良好、健康的引导作用。在我国,广播电视是党和政府办的新闻传播机构,“以宣传为中心”是各级广播电视机构坚定不移的工作方针。虽然当前广播电视部门也要讲经济效益,有一定的经营活动,如播出广告,制作并出售录音录像带等,但与国外的商业电台、电视台的经营方式完全不同。社会主义的广播电视不是以赢利为最终目的,不是一种纯粹的商业经营活动,而是利用广播电视这种现代化传播媒介为社会主义物质文明和精神文明建设以及为人民群众提供服务的一种方式。因此,我国广播电视第一位的任务是搞好宣传工作,其他各种经营活动都必须服从搞好宣传这个大局,以社会效益为最高准则,在保障社会效益的基础上兼顾经济效益,经济效益须服从于社会效益。从另一个角度说,广播电视是从事精神产品生产的部门,与从事物质产品生产的部门截然不同,根本区别在于两者具有完全不同的生产目的和性质。物质生产部门追求的是利润和经济效益,而精神生产部门追求的是影响和社会效益。广播电台、电视台作为从事精神产品生产的单位,决不应该混淆这两种不同性质生产的区别。所以,广播电视经营管理的过程中,必须处理好社会效益与经济效益的关系,坚持社会效益与经济效益的统一,任何时候都不能单纯追求经济效益。

第三节　我国广播电视产业经营的探索和成长

很长一段时期里,我国的广播、电视等媒体只具有单一的事业属性,习惯上被称为“新闻事业”,即基本上按国家行政事业单位的规定和要求来进行管理。广播电视机构完全由国家拥有和控制,国家提供广播电视事业的经费,并对广播电视的机构、人事、节目内容实施全面管理,电台、电视台被视为政府的直接舆论机构,承担党和政府赋予的宣传报道任务,基本没有经营活动,不播放商业广告,一般也不进行节目买卖。

1978 年中国共产党十一届三中全会以后,市场和经济因素在经济活动中的作用重新被肯定。新闻媒体也萌生了摆脱单纯地依靠国家财政支持、借助市场和经济的因素谋求生存和发展的欲望。“1978 年底,人民日报社等首都 8 家报社联名向财政部递交了要求试行‘事业单位,企业化管理’的经营方针的报告。这个报告成了中国传媒业由单一的事业属性向兼有事业性和产业性双重属性转变的标志性事件。”[1]自那时起,我国广播电视产业经营经历了 40 年的探索和成长历程。在这一历程中,我国广播电视产业经营思路不断明朗,相关改革逐步推进并日趋深化,各项经营创新举措接连推出、不断完善,经济效益逐年攀升,取得了令人瞩目的成就。

---

[1] 吴廷俊:《中国新闻事业史》,第 251 页,武汉大学出版社,2009 年 9 月。

一、广播广告的恢复和电视广告的开办

广播电视业是一项重装备、高消耗的行业,不仅其基础设施建设需要大量的资金投入,而且其日常运转,包括设备的维护和改造、更新,节目的采录与制作等各个方面,也都必须以强大财力作后盾,所需经费大大超过其他新闻传媒。过去相当长时间里,我国的新闻媒体实行党政机关化管理,财政上由政府拨款,统收统支,不计盈亏。广播电视多年来,在经营管理上也一直按行政事业机构的方式运行,突出强调宣传功能、政治功能、舆论功能和教育功能等,而对经济功能则认识不足或讳莫如深。改革开放前,我国广播电视业的经费来源主要是国家财政拨款。20 世纪 70 年代末期,随着广播电视业事业规模的迅速扩大,经费开支也大幅度攀升,单纯依靠国家财政拨款已远远不能满足事业发展的需要,各级广播电视部门普遍面临着经费拮据、入不敷出的困难局面。为解决这些矛盾,各级广播电视机构一方面在系统内部,大力探索采用节目经费承包制、定额奖惩、节目预算包干及推行制片人制等措施,力争实现更有效益地进行节目制作;另一方面,在国家政策和社会各方的支持下,广播电视系统从经营广告开始,渐次扩展到经营节目、技术、影视基地、网络等各种领域,积极开拓发展空间。

1979 年 1 月 28 日,在改革开放的新形势下,上海电视台为解决进口设备的燃眉之急,播放了中国大陆第一条电视商业广告;同年 3 月 5 日,上海人民广播电台在大陆广播电台中率先恢复了广告业务;3 月 15 日,上海电视台又播出了第一条外商电视广告;4 月,广东电视台开始推出商业广告;9 月 30 日,中央电视台播出第一条广告;11 月,中共中央宣传部发出《关于报刊、广播、电视台刊播外国商品广告的通知》,对大众传媒播发商业广告的行为给予认可。1980 年 1 月 1 日,中央人民广播电台也播出了建台以来第一条商业广告。

广告业务的恢复和开办,使长期以来全部费用都依赖国家财政拨款的广播电视事业有了另一条经费来源渠道,而广播电视广告在宣传商品、引导和扩大消费、促进生产等方面所发挥的多种作用,也越来越引起企业界对其的重视。1982 年 2 月,国务院颁布《广告管理暂行条例》,从而为广播电视机构开展广告业务提供了法制保障。

在广播电视财政拨款比例日益降低的情况下,广告成为电台、电视台的主要收入来源。广告收入为搞好政治宣传、舆论导向工作及制作更多的精品节目提供了有力的经济保障,同时,也为广播电视的经营体制改革积累和创造了条件。

二、广播电视经营管理体制改革的初步尝试

1983 年,第十一次全国广播电视工作会议在提出“四级办台”方针的同时,确定对广播电视的经费管理体制进行改革,要求在经费来源上放开搞活,由过去单纯依靠国家财政拨款,改为经费来源渠道多元化,广泛开辟财源,以弥补国家拨款的不足。会议提出了如下几条措施:①各级广播电视机构可以成立服务公司或服务部,经销广播电视整机和器材,开展维修服务和技术咨询服务;②除经济特别困难的地区外,对农村有线广播实行收取维护费的办法,用群众的钱,为群众服务;③扩大社会集资办广播电视。这以后,各级广播电视部门一方面加强了广告经营,另一方面积极开展多种渠道的创收集资活动。

与“广泛开辟财源”政策一同出台的相关政策还有:各级财税部门对广播电视部门设备

进口、正当的经营活动给予减免税的优惠政策;允许把一些广播电视节目投放市场,收回制作成本,增强再生产能力;允许广播电台、电视台同音像单位密切合作,增加录音录像制品的出版和发行量,积极开展出租业务,占领音像市场;允许积极、慎重地与国外合拍、协拍电视节目,增加外汇收入;允许经营与广播电视有关的其他业务等。政府给予广播电视业的这些扶持政策,为开发广播电视资源、探求广播电视的"自我发展"之路创造了条件。

1984 年,中央电视台为促进中外电视业务的交流和贸易往来,成立了"中国电视国际服务公司"(即今"中国国际电视总公司"),围绕电视节目开展多方面的经营活动,如电视节目和录像制品的进出口、同国外合拍电视节目、向全国各无线和有线电视台供片,以及与广播电视业务有关的其他业务等,几年下来,业绩不凡。

1986 年 12 月,由上海市政府外事办公室和上海电视台联合举办的"上海国际友好城市电视节"(第一届上海电视节),邀请 16 个国家 18 个友好城市的 23 家电视台参加,共为电视节提供了电视剧和歌舞片、风光片等各类专题片 105 部。1988 年,又举办了第二届上海电视节,实现成交额约 100 万美元,成为"亚洲最大的电视节目市场"。1991 年 9 月,四川成都举行了第一届"中国四川国际电视节",来自 14 个国家和地区的 170 多家电视台、电影电视制作公司和音像出版社(公司)参加了这次节目交易会。这些交易会的成功举办,增强了国内电视台向海外输出电视节目的信心。

此外,利用系统内的技术优势和人才资源从事广播电视技术经营活动及开展跨行业经营,也是广播电视系统从事多种经营的做法。由于放开搞活,广为开辟财源,使得各级广播电视部门的自筹资金逐年增多。这在一定程度上弥补了广播电视事业正常经费的不足,提高了广播电视事业自我发展的能力。"在实践中,20 世纪 80 年代改革开放以后,广播电视在完成宣传任务、发挥好喉舌功能的同时,实际上已在利用自身的频道资源、设备资源、节目资源和人才资源等,从事广告经营、信息经营、节目交易及服务性经营(如工程项目设计等),既取得明显的社会效益,也获得可观的经济效益,为广播电视事业发展壮大做出了贡献。"❶

广播电视资金来源的日益多元和经营规模的不断扩大,也对计划经济体制下所建立和完善起来的一整套僵化的经营管理体制提出了加快改革的客观要求。

1986 年 12 月,广东电台开办了珠江经济广播电台,率先在全国广播电视系统中迈出了开办专业台、系列台的改革步伐。广东珠江经济广播电台作为中国广播改革的一个典型案例,其历史意义和改革价值表现在多个方面:它不但是内地改革开放以来第一家经济广播电台,还首先在国内电台中采用以新闻、信息为骨架,以直播、主持人节目板块和听众热线参与为主要特征的节目结构模式,它通过节目样式的变化和内容的调整,吸引了大量听众,并带动了广告收入的明显增长。"由于成功地把广播业务改革和经济收益结合起来,构成了节目和广告互动的协同方式,也找到了一条与国家,财政拨款不同的、新的广播电台营利渠道。这是国内广播电台广泛关注和积极效仿'珠江模式'的根本点。"❷

1987 年,上海市广播电视局率先提出了"只有发展产业,才能建设事业"的口号。同年 5 月,上海人民广播电台和上海电视台实行重大体制改革,引入社会化专业化生产模式,广播

---

❶ 徐光春:《中华人民共和国广播电视简史》,第 474 页,中国广播电视出版社,2003 年 6 月。

❷ 邓炘炘、黄京华:《广播频率专业化研究》,第 28 页,中国传媒大学出版社,2006 年 10 月。

电台分为“上海人民广播电台新闻教育台”“上海人民广播电台经济台”和“上海人民广播电台文艺台”；电视台则分为负责新闻、文艺类节目的“上海电视台一台”和负责经济、体育、社教节目的“上海电视台二台”。此外，上海市广播电视局还成立了一个上海电视剧制作中心、一个技术服务中心、一个生活服务中心，这就是著名的“五台三中心体制”。这一举措出台后，各机构之间责、权、利的关系更为明晰，大大加快了上海市广播电视产业化运营的步伐。

1988 年 1 月，广东省广播电视厅提出“让广东电视台实行企业化管理，让它自我积累、自我壮大”。1989 年 2 月，中共广东省委正式批准广东省广播电视厅实行事业单位，企业化管理的新体制。

1991 年、1992 年，中央电视台、中央电台则推出了在财务制度上实行财务预算包干管理办法，也取得了良好的社会效益和经济效益。

三、广播电视产业属性的明确与经营管理体制改革的深化

在我国广播电视产业经营的探索、成长历程中，广播电视产业属性的明确具有十分重要的战略意义。

（一）广播电视产业属性的明确

1992 年 6 月，中共中央、国务院下发了《关于加快发展第三产业的决定》，明确将广播电视业列为第三产业，并强调指出，只有使福利型、公益型和事业型的第三产业逐步向经营型转变，实行企业化管理，“做到自主经营，自负盈亏”，才能建立起充满活力的第三产业自我发展机制。这一决定有力地推动了广播电视业的观念转变。在社会主义市场经济条件下，广播电视是党、政府和人民的喉舌，是舆论宣传工具，广播电视工作要始终坚持以宣传为中心，坚持正确的舆论导向。但同时，广播电视事业又是一种产业，本身具有许多得天独厚的优势，如信息、人才、技术等，凭借这些资源优势，各广播电视机构不仅有一定的生产能力，还可以通过自己提供的各种相关服务，获取可观的经济收入，因而具有很大的自我发展潜力。只要把广播电视本身所具有的那部分产业功能发掘出来，就能够有效地解决资金不足问题，走出一条具有中国特色的发展广播电视事业的路子来。

广播电视产业属性的明确，进一步推动了各电台、电视台经营创收的积极性和主动性。电视广告收入逐年增长，广电媒介多元化经营收入不断增加。1998 年，九届全国人大一次会议决定，国家今后对包括广播电视在内的大多数事业单位，将逐步减少拨款，3 年后这些单位要实现自收自支。这意味着，届时广播电视业将被全面推向市场。

（二）试行电视制片人制

制片人制这个概念，源于西方电影业。它是指以制片人为中心完成电影策划、生产、发行全过程的影片经营管理制度。后来，随着电视业的发展，制片人制又被引进到电视生产中。

在一些西方国家，电视节目的制作和播出往往是由不同的机构完成的，电视节目被视为一种商品，要通过市场交换实现其价值。电视媒体由于人力、资金所限，每天播出的节目不可能全由内部制作，需要到社会上去购买一部分节目。这样，就出现了一些独立节目制作人或制片公司，专门投资从事电视节目的制作，然后卖给电视媒体播出，从中获取利润。另外，

西方国家的电视媒体大多实行公司制，电视媒体内部各个栏目一般也采取公司化运作方法，于是就有了栏目制片人。栏目制片人类似于企业的经理，他不仅要对节目的质量负责，更要对栏目的经济状况负责。一旦栏目的收视率出现他无法扭转的下降，电视媒体的老板就会毫不客气地解雇他。可以看出，在电视制片人制度下，无论是电视媒体外面的独立制片人还是电视媒体内部的栏目制片人（执行制片人），他们其实都是电视节目生产与营销的责任主体。

制片人制在我国广播电视领域推行后，对我国广播电视经营管理产生了深远影响。

1. 我国电视制片人制的形成与发展

"目前，在我国的电视界，制片人大体上可分为两种：一种是电视剧或系列型专题（特别）节目的制片人，另一种是栏目制片人。前者是指电视台在拍摄一部电视剧或制作某一专题节目时临时指定或选派的总负责人，还包括社会上一些影视公司或节目制作公司的制片人。后者则是通过被授予的人、财、物的控制权，负责整个栏目中节目的生产制作，并使之达到台里所规定的要求和标准。"[1]在我国，率先引入电视制片人制这一制度的是电视剧制作领域。"电视剧制片人制是以制片人为中心的电视剧的生产经营制度，在这种制度下，制片人具有对节目选题、摄制组人选确定、资金计划安排、摄制管理、后期制作、发行销售等全方位的决定权。"[2]1985 年，中央电视台中国电视剧制作中心正式任命了导演王扶林、杨洁和制片主任冯骥、蔺兴汉为制片人，尝试实行制片人制。此后，电视剧制片人制在全国各大电视台的电视剧制作机构中相继推开。电视栏目制片人制的推出，源于中央电视台的节目改革。1993 年 5 月 1 日，中央电视台创办的第一个早期新闻杂志型栏目——《东方时空》开播，并试行制片人制度，从而揭开了中国电视栏目实施制片人制度的帷幕。之后，《焦点访谈》《新闻 30 分》《夕阳红》《半边天》《健康之路》等栏目也纷纷实行制片人制度。随后，全国各省、市的电视台也普遍开始推行栏目制片人制度。电视栏目制片人制的推出，给我国广播电视业的发展带来了极其深刻的影响。

2. 制片人制度的作用

（1）制片人制度是一种责、权、利相一致的运行机制

一方面，制片人是栏目制作的总负责人，他对所负责的栏目拥有完整的人、财、物的调配权和节目的制作、把关权。如制片人要有用人权，能合理地选择、调动人员，又有权解聘人员，以此控制栏目的制作成本和对制作人员的奖惩；同时，制片人还要对栏目节目的制作进行一定程度的参与和管理，如节目的选题、策划和对内容的初步审查。另一方面，栏目制片人要对所负责栏目的最终质量和播出效果负责，并据此接受相应的奖惩。由此可见，制片人制度是一种责、权、利相一致的管理制度，它有利于栏目制片人对栏目的管理和提高制片人的积极性和负责精神。

（2）制片人制度是一种适合栏目特点的运行机制

栏目的定时、定期、定量播出，使之成为电视台整体节目中相对独立的单元。实行栏目制片人制度以后，有利于对栏目进行整体把握，便于对栏目进行质量与人事管理，并可促进

[1] 叶家铮：《电视传播理论研究》，第 288 ~ 289 页，北京师范大学出版社，2000 年 12 月。

[2] 周鸿铎：《广播电视经营与管理模式》，第 76 页，经济管理出版社，2005 年 1 月。

同一电视台栏目间的竞争和优胜劣汰,有利于电视节目整体质量的提高。

电视栏目制片人需具备多方面的素质和能力,其中最主要的是两个方面:一是组织能力和经营管理能力。制片人掌握着一个栏目的人、财、物管理权,负责一个栏目制作、运营的全过程。这就要求制片人有较强的宏观操控能力和协调能力;要有经营头脑,善于使用经费,能使有限的资金发挥出最大的效用;要赏罚分明,平等公正,严格执行规章制度,用严格的管理和规章制度规范栏目工作人员的行为,并调动起他们的积极性和创造性。二是较强的节目运作能力。由于制片人对栏目的方向、风格和人员管理有着重要的控制权,所以他们的追求往往就是栏目的方向,制片人的思维方式往往影响着整个栏目的面貌。制片人在节目运作中的重要作用体现在节目选题的筛选,对系列报道、重点报道的组织策划,对节目风格、基调的把握,对采访过程的组织指挥及对节目的初审等诸多方面。可以说,制片人的节目运作能力,是决定一个栏目质量高低的重要因素。另外,栏目制片人还需要其他一些素质和能力,如要有较强的大局意识、党性意识和平等意识,要有较强的人格魅力等。

当然,由于制片人制在我国出现和发展的时间还很短,所以难免存在不规范、不健全的状况,如对制片人制度的认识还不够统一,在电视栏目制片人的报酬和权限上也没有确定的标准和依据等。此外,在制片人制的具体运作中还出现了制片人权力、责任不对称,权大责小,缺乏风险承担意识,对上负责多,对下不够负责,以至于不能充分发挥本栏目工作人员尤其是编导的积极性等问题。这些都有待于在今后的实践中逐步得到规范和完善。尽管如此,电视制片人制度是电视事业发展和改革的产物,它体现了一种适合电视特点的新型生产关系和运行机制,在电视事业发展中发挥了很大作用。

(三)资本运营的尝试和探索

广电媒体进行资本运作,是解决规模化、产业化过程中资金短缺问题的一个重要手段。随着我国市场经济体制的建立,广播电视的产业功能急需开发,加上国外媒体大举入境中国传媒市场的压力,缓慢的发展速度,显然不能应对这种“内挤外压”的形势。中国的广播电视业必须加速发展,早日做大做强。众所周知,广电业是一个高技术、高投入、高消耗的行业,单是日常运作就耗费不低,如果要更新技术、增加内容、扩大规模、实现增量发展,取得规模优势,就更是需要大量的资金支持,尤其是长期稳定的资金流的支持。尤其是要想在高新技术广播电视领域进行开发,就更需要大量的资金投入,比如数字广播、数字电视、手机电视、IPTV 等。而这单靠广电媒体自身的资本难以应对。因此,吸收社会资本,上市融资,进行资本运作,遂成了广电业解决资金短缺瓶颈,实现低成本快速扩张的最佳选择。

上市融资、进行资本运作能够推动广电媒体现代企业制度的建立,有助于解决广电媒体产权不明晰、权责不清、产权结构单一的问题。根据国家广电总局的精神,我国广电媒体剥离转制分为三步走:第一步,经营性资产剥离转制成企业;第二步,企转股,即将广电企业进行股份制改造;第三步,股票上市,即经过股份制改造的公司,有条件的可以上市融资。目前,我国的广电传媒企业中大多数都是国有独资性质的企业,产权结构比较单一。进行股份制改造,上市融资,一方面可以改变产权单一的状况,给社会资本提供一个规范、合法的进入通道,提高企业抗风险能力;另一方面,可以通过上市融资,进行扩大再生产,可以实现国有资产增值的目的。然而,由于广播电视的喉舌性质和强大的影响力,许多国家都对广播电视的融资上市进行了“特殊照顾”。为了保证广播电视免于完全受商业利益驱动,或者形成垄断,削弱广播电视在现代民主社会的功能,一些政府对广播电视企业的上市条件、程序等内容都进行严格的管理和规定。就目前中国的具体情况而言,一方面要积极鼓励广电媒介企业上市融资,进行资本运作;另一方面也要未雨绸缪,在放宽广电媒体投融资政策的同时,对广电媒体资本运作进行严格监管。

我国广播电视媒体尝试资本运作,起步于20世纪90年代初。1992年8月,上海市广播电视局经有关部门批准,成立了全国第一家文化企业股份有限公司——上海东方明珠股份有限公司(东方明珠),向社会公开发行股份400万股,集资2.04亿元,成为广电媒体尝试资本运作的第一个"吃螃蟹"者。其业务范围包括广播电视传播、电视设施租赁、观光娱乐、房地产开发,兼营广告设计制作、文化交流、餐饮、出租、贸易等业务。

1994年2月,陕西广电网络传媒股份有限公司(广电网络)在上海证券交易所上市,公司股份总额为1.2亿元,资产总额为2.5亿元,主要业务为网络运营、广告代理和影视制作。

1997年6月,中视传媒股份有限公司(中视传媒)在上海挂牌上市,是中央电视台控股的一家传媒类A股上市公司。公司主营影视拍摄、电视剧节目制作和销售、影视拍摄基地开发和经营、影视设备租赁和技术服务、媒体广告代理等业务,是国内第一家兼营影视制作和文化旅游业务的上市公司。其控股股东为无锡太湖影视城,中国国际电视总公司参股(这两家公司都是中央电视台直属企业),成立时资产主要是无锡太湖影视城全资下属的三国城和唐城。1998年,公司以1.3588亿元收购了水浒城,并投资1.5亿元拍摄《太平天国》。

1999年,湖南电广传媒股份有限公司(电广传媒)在深圳证券交易所上市,向社会公开发行4500万股,募集资金4.43亿元。其业务范围主要是信息传输服务、广告代理、影视节目制作,兼营旅游开发、文化娱乐、贸易等业务。电广传媒上市后,积极开拓业务,收效甚好。比如,以6600多万元收购长沙有线电视传输网络100%的股份;投资1.05亿元分别与湖南卫视、湖南生活频道、湖南文体频道、湖南广播电视报等合办强档节目等。

2001年,北京歌华有线电视网络股份有限公司(歌华有线)在上海证券交易所上市,是唯一一家负责北京地区有线广播电视网络建设开发、经营、管理和维护的网络运营商,主要从事广播电视节目收转传送和广播电视网络信息服务。

总体上看,我国广电媒体上市呈现出以下几个特征:

(1)上市企业总体数量偏少,募集资金在总收入中所占比重不大。由于种种因素的限制,当前我国广电媒体获得的业外资金投入占比较小,其中上市融资的比例就更低了。虽然个别广电股曾有在股市上一路飙升的表现,甚至还形成了势头强劲的广电板块,但若想将上市融资、快速积累资本作为广电传媒规模化发展的普遍模式,则尚须假以时日。

(2)从上市企业的业务来看,广电传媒类上市公司的业务与媒体的主要经营性业务具有一定的关联性,但相关度强弱不等。例如,中视传媒主营业务为影视拍摄基地及其相关业务,如旅游、餐饮等;东方明珠主营业务为有线电视网络传输;湖南电广传媒主营业务为影视剧制作;此外,还有一些广电上市企业的主营业务为广播电视设备的开发、制作、营销等。

(3)由于政策限制,目前我国广电传媒还不能整体上市,因此,上市公司大多采取"迂回"战术,要么剥离经营性资产进行重组上市,要么采取买壳或者借壳上市的间接方式上市。由于借壳上市操作比较简单,风险较小,而且易于控股,所以采用这种方式的较多。比如,中视股份就是由中央电视台下属的无锡影视城、中国国际电视总公司、北京未来广告公司、北京荧屏出租汽车公司和北京中电高科技电视发展公司共同发起的。

(4)上市公司股东组成结构中既有广电媒体下属经营性实体和单位,也有广电系统外的公司。系统外公司参股,一般只占很少的股份。广电传媒控股股东一般都是广播电视台或者广电局直属、下属单位。

不可否认,我国广电媒体引入资本运作是一大进步。上市是进入资本市场的快速通道,尽管当前广电媒体上市还存在着诸多症结,但是,随着以后我国广播电视投融资体制改革的深入发展,相信会有越来越多的广电企业能够成功上市进行资本运作。

四、广播电视集团化发展及制播体制改革

随着我国经济体制改革的深化,文化体制改革明显加快,文化体制改革的目的、意义、主要任务和实施重点更加明确,由此,广播电视集团化发展与制播分离改革也浮出水面,相继进入了公众的视野。

(一)广播电视集团化发展

所谓集团,简单来说就是指为了一定的目的组织起来共同行动的团体。一般来说,集团可以分为松散型集团和紧密型集团。松散型集团成员之间的协作是暂时的、局部的,紧密型集团成员之间的合作是长期的、紧密的、全面的,具备较为齐全的结构层次,并有一个起主导作用的核心层。作为广播电视产业化经营产物的广电集团,属于紧密型集团,“指以一个(或少数几个)实力雄厚的广电媒体为核心,以产权关系为纽带,通过国有资产授权经营以及资产、产品、技术、契约等多种形式链接在一起的媒体联合组织或利益共同体。”[1]在我国,“广播电视集团”这一用语最早出现在《国务院办公厅转发信息产业部、国家广播电影电视总局〈关于加强广播电视有线网络建设管理意见〉的通知》(国办发〔1999〕82号)里,该通知规定省、自治区、直辖市可组建包括广播电台、电视台、网络公司在内的广播电视集团。我国广播电视业探索组建集团的实践,经历了如下主要阶段:

1. 起始阶段

20世纪90年代中后期,我国广播电视业为克服“四级办台”带来的各地普遍存在的广播电视机构小而全、铺摊子的局面和应对境外传媒的挑战,开始了“控制总量、调整结构、提高质量、增进效益”的治散治滥工作,并逐步明确了走规模化经营的发展思路。

1999年6月9日,全国首家广播电视集团——无锡广播电视集团正式成立。该集团以广播电视宣传为主业,拥有报纸、广播、电视、网络等多种媒体,兼营相关的实业、开展多种经营,实行企业核算,自收自支,自负盈亏。在成立集团的过程中,无锡市广电系统打破了有线电视与无线电视的界限,将原来分属有线和无线电视各个频道中的新闻、社教、综艺、文体等栏目重新整合组建了6个电视专业频道;同时,打破广播与电视的界限,组建了管理统一、专业分工的8大中心即广播中心、电视新闻中心、电视社教中心、电视文艺中心、节目编排中心、技术中心、网络中心和财务中心,在广告、网络、技术开发等业务经营方面也新设8个公司,即广电广告公司、广电网络公司、广电工程公司、广电发展公司、广电影视剧制作公司、广电设备公司、广电物业管理公司和广电技术开发公司。此外,在局台关系方面则实行“一套

[1] 刘成付:《中国广电传媒体制创新》,第109页,南方日报出版社2007年4月。

人马、两块牌子”的局台合一体制，局作为国家行政机关行使政府对广播电视的管理职能，集团是“国有独资、事业性质”的实体。

无锡市广电系统把广播电台、有线电视、无线电视等资源整合起来统一经营，大大提高了集约化经营的程度，有利于广电业加速发展和壮大规模。组建集团仅一年时间，其固定资产净值超过4.5亿元，总收入比上年增长32%，取得了良好经济效益。无锡广电集团的探索实践，表明广播电视业应该也可以走集约化经营、产业化发展的新路，它的成功为其后各地组建广电集团提供了经验。

2. 发展阶段

无锡探索组建广电集团的初步成功，大大激发了各地组建集团的热情，同时也推动了中央政府有关政策的出台。1999年9月17日，《国务院办公厅转发信息产业部、国家广播电影电视总局〈关于加强广播电视有线网络建设管理意见〉的通知》（俗称82号文），明确指出“在省、自治区、直辖市组建包括广播电台和电视台在内的广播电视集团”。

在国家政策的推动下，2000年12月27日，全国第一个省级广电集团——湖南广播影视集团正式挂牌运营。2001年《中共中央办公厅、国务院办公厅关于转发〈中央宣传部、国家广电总局、新闻出版总署关于深化新闻出版广播影视业改革的若干意见〉的通知》（中办发〔2001〕17号）规定，广电集团可分别由中央、省级和有相当实力的省会城市、计划单列市广电部门负责组建，以广播电台、电视台、电影制片厂、互联网站、传输网络公司为主体，广播、电影、电视三位一体，有线、无线两台合并，省、市、县三级贯通。此后事业性质的广电集团纷纷在各地挂牌成立。

2001年，浙江，山东、上海、北京和中央广电系统均借鉴无锡、湖南广电集团的模式和经验，通过整合广播、有线和无线电视等资源，转变组织结构和管理体制，建立起集团化运作、产业化发展的广电集团。此后，南京、长沙、杭州、宁波、深圳、厦门和江苏、广东等省市也相继成立了广播电视集团，苏州等地成立了广播电视总台，也按照集团的模式进行运作。至此，我国形成了国家、省、市三级广电集团的格局。

3. 调整和深化改革阶段

我国广播电视集团化运作在经历了最初的新鲜以及由此带来的效应之后，其不足与弊端逐步显露出来。2004年，国家广电总局宣布不再批准组建事业性质的广电集团，只允许组建事业性质的广播电视台或总台。此前已经成立的事业性质的广电集团，可以将集团改为总台，如果要继续保留事业性质，就一定要把经营性资产剥离，组建新的产业经营公司或集团公司。这无疑显示，事业产业分开运营是下一步广电系统深化机构改革的发展趋势。此后，广电集团化发展进入了调整和深化改革阶段，主要任务就是调整现有模式，探索新模式，解决把行政管理与集团经营运作合于一身以及集团受事业单位性质局限等问题，努力按社会主义市场经济规律和现代企业制度的要求，构建广电集团的组织结构、管理体制和运行机制。2006年初，广电总局宣布不再批准成立省（区、市）一级的广电集团和总台，已经批准成立的，要加大改革力度，在理顺关系、精简机构、整合资源、转换机制、提高效能上下功夫，要在认真做好宣传工作的前提下，大力推进事业产业发展。

纵观我国数年来的广播电视集团化发展进程，可以看出其总体上存在如下问题：

（1）以行政推动为主，难以有效进行资源整合我国迄今为止已组建的广电集团,基本上主要靠行政手段推动,忽略了运用市场机制和理顺产权关系等符合市场经济和现代企业制度的手段、办法。行政推动使得集团内部电台、电视台等单位难以实现资源的有效整合,很多只是加挂了一个牌子而已,并没有发生根本性的变化。在一个集团的框架内,电台和电视台的各种资源如传媒内容资源、人力资源乃至技术资源和设备资源等仍然是各自为政,管理按照旧有的方式运作。因此,难以实现组建集团的改革初衷,即有效整合资源、优势互补,产生"1 + 1 > 2"的效益。

(2)政府行业管理与集团产业职能不分

尽管北京、浙江、江苏和广东等少数广电集团在组建之初或组建后逐步把作为政府管理机构的局与集团分离开来,但大部分集团是集团与广播电视局合署办公,均实行"两块牌子、一套人马",未能从总体上摆脱职能混淆的状况。

(3)以广播电视内容产品的制作和播出为主业,走多元化发展之路的成效不理想

各地组建的广电集团均以宣传为中心,以经营广播影视的频道资源、节目资源、网络资源以及广告业务、报刊、音像出版业务等作为主要业务,与此同时,兼营其他相关及不相关的产业(如酒店、房地产等)。然而,除了主业外,各地广电集团兼营的其他相关产业效益普遍不太好,多元化发展之路并不理想。

可以看出,我国大陆地区广电的集团化发展无一例外都是采取"事业单位,企业化管理"的模式。事业性质使集团无法真正以市场主体参与传媒市场的竞争,集团内部的改革难以真正按现代企业制度要求,建立相应的管理体制和运行机制,往往是既想按企业化、市场化机制运作,又要顾及事业单位性质,结果导致二者常常相互制约、彼此妨碍。广电系统的改革,就此陷入了徘徊局面。

2009 年,四川、上海、湖南三省市从广电集团改革入手解决事企不分、事企混营问题,率先进行了新的探索。四川省撤销四川广播电视集团,将四川人民广播电台和四川电视台合并为四川广播电视台,保留两台的呼号,实行事业体制,由省委宣传部领导,并由四川省广电局实行行政管理。上海市撤销上海文广新闻传媒集团,将上海电视台、上海人民广播电台、上海东方电视台、上海东方广播电台合并组建上海广播电视台,保留原四个台的呼号,实行事业体制,由上海市委宣传部领导,上海市文广局实行行政管理;同时,将影视剧、动画、少儿、综艺、体育、生活、科技等类节目制作业务与可经营性资产合并组建上海东方传媒集团有限责任公司,为上海广播电视台出资成立的控股企业集团公司,隶属于上海广播电视台。湖南省撤销湖南广播影视集团,将湖南人民广播电台、湖南电视台合并组建成湖南广播电视台,实行事业体制,由省委宣传部和省广电局领导。省广电局与广播电视台实现职能分工、机构分开、财务分离,局长不兼台长,不相互混岗,局由主要面向直属单位转向面向全社会全行业;湖南广播电视台将所属经营性资产资源整合组建成湖南新广传媒有限责任公司、潇湘电影集团有限责任公司、快乐金鹰投资控股有限公司,并建立现代企业制度。

四川、上海、湖南三省市的上述体制改革,旨在理顺事企关系和领导关系,实现事企分开和各自归位,有利于促进广电事业与产业的共同发展,代表了广电集团深化体制改革的新趋势。2009—2011 年,这种新的改革取向在省级广播电视播出机构中逐步推开,原有的广电集团大部分已改建为广播电视台,实现事业体制,其经营性资产资源重组为台属企业集团公司。此后,全国省级事业性广电集团只剩下浙江广播电视集团和福建省广播影视集团。

2018 年全国“两会”之后，党和国家机构进行了系统性、整体性、重构性的改革调整。根据《深化党和国家机构改革方案》，中央电视台（中国国际电视台）、中央人民广播电台、中国国际广播电台，整合组建为中央广播电视总台，作为国务院直属事业单位，由中共中央宣传部领导；同时，撤销中央电视台（中国国际电视台）、中央人民广播电台、中国国际广播电台建制，对内保留原呼号，对外统一呼号为“中国之声”，以加强党对重要舆论阵地的集中建设和管理，增强广播电视媒体整体实力和竞争力，推动广播电视媒体、新兴媒体融合发展，加快国际传播能力建设。2018 年 4 月 19 日，中央广播电视总台正式揭牌。这一重大调整，显示了中国在广电传媒经营管理体制改革方面的创新思路。

（二）广播电视制播体制改革

广播电视根据业务成分来划分，基本上可以分为节目制作、传输、播出、接收等几个环节。制播体制主要是针对节目制作与节目播出这两个环节而言的，是对节目制作和节目播出之间的关系、制作和播出流程及其相关配套措施所做的一系列计划、安排、规范和管理的制度。制播体制主要涉及两个主体即节目制作机构和节目播出机构。“制播体制主要牵涉两个主体——电视节目制作方和电视节目播出方之间的关系，因此制播分离模式实际上就是电视节目制作方和电视节目播出方之间以何种方式来完成节目的生产、选择、购买、播出、利益分配和风险承担等的一整套运作模式。”[1]节目制作机构指广播电视节目的生产组织机构，其主要功能是为节目播出机构提供节目内容。节目播出机构是经国家有关广播电视行政部门批准、依法设立的、通过有线或无线方式播出广播电视节目内容的机构，其主要承担主体为电台和电视台。节目制作方与节目播出方之间关系的制度性安排，即体现为制播体制。

一般来说，制播体制主要有两种形式：制播合一和制播分离。制播合一指的是广播电视节目的制作和播出由同一广播电视机构承担和负责的一种制度性安排。制播分离是指在广播电视节目的生产、流通与播出过程中，节目的生产制作与播出分属不同机构负责的管理体制。

广播电视过去长期施行采、编、播一体化的生产模式，节目由自己生产自己播出，缺乏竞争机制，编播人员队伍繁杂臃肿，这种制播合一的运行机制严重限制了节目的发展，造成了广播电台、电视台效率低下、成本高昂的问题。随着受众对广播电视节目的需求越来越高，广电系统迫切需要广开渠道，拓宽节目生产平台，聚集全社会的力量，即实施制播分离来生产丰富多彩的节目。在制播分离体制下，电台、电视台将把一部分节目交给专门的制作公司负责，腾出精力专事节目审查、编排和播出。这是市场经济发展对现代传媒提出的必然要求，是传媒产业实现规模化、集约化、品牌化发展的必然趋势。制播分离改革将把可经营节目的制作环节从现有事业体制中剥离出来，组建专门的制作公司，引入市场机制，成为独立开展节目营销的实体。制播分离是广播电视产业化的标志，它有助于培育广播电视之外的节目内容生产产业，使之逐步成熟壮大，形成产业链，有助于推动资本和产权的整合，促进节目交易市场的繁荣和兴旺。制播分离还意味着我国广播电视机构的运作转移到以市场为中心，广播电视媒体将会通过体制创新和市场的力量整合资源，不断发展壮大，赢得与国外传媒抗衡的实力。

制播分离并不是我国广电体制改革的新名词，我国提出制播分离改革始于 1996 年。在

[1] 刘成付：《中国广电传媒体制创新》，第 136 页，南方日报出版社，2007 年 4 月。

20 世纪 90 年代末和 21 世纪初的一段时期内，一些地方电台、电视台曾就此进行了大胆尝试和积极的探索。但是，由于体制内缺乏改革动力，体制外难觅改革机遇，在经历了一场场喧嚣之后，制播分离改革归于沉寂。进入 2009 年，在深化文化体制改革，推动文化产业大发展、大繁荣的背景之下，制播分离改革又重新活跃起来。

我国广播电视制播体制大体上经历了四个历史阶段的变化：

(1)第一阶段，从 1958 年至 20 世纪 90 年代初，属于完全的制播合一阶段。广播电台、电视台自己制作节目供自己播出，节目总体数量少，品种也比较单一，主要是新闻、宣传和社会教育类节目。不过，广播电台、电视台之间存在着少量的节目交换行为。

(2)第二阶段，从 20 世纪 90 年代初至 90 年代中期，为电视剧制播分离阶段。这一阶段，一些有实力的大电视台如中央电视台、北京电视台等纷纷成立电视剧制作中心，基本上实现 了在电视台体制内的制播分离。1995 年，电视剧开始走向市场，一些广播电视领域之外的社会资本加入电视剧的生产制作行列。至此，向社会上的电视剧制作机构购买电视剧播出，逐渐成为电视台播出电视剧的重要来源。

(3)第三阶段，20 世纪 90 年代中后期至 2008 年，电视栏目和节目制播分离。在此阶段，除新闻节目外，娱乐节目及部分文化、教育节目尝试由社会制作公司制作，但由电视台制作的节目仍占据主体地位。1994 年，北京嘉实广告文化发展有限公司成立，被认为开了中国民营电视制作机构的先河。此后，光线传媒、唐龙国际传播公司、银汉文化传播公司、欢乐传媒等电视节目制作公司，先后加入到电视节目制作行列。电视台用现金购买或贴片广告方式取得这些社会制作机构的节目进行播放，制播分离进入实质性阶段。然而，2000 年，由于对“制播分离”的理解和看法的不一致，广电总局一度不再将制播分离作为倡导和推行的改革政策。不过，广电系统内仍然以各种不同的形式继续进行制播分离实战的探索。2004 年，广电总局出台《关于促进广播影视产业发展的意见》，明确提出了制播分离改革的思路和途径。2006 年，《国家“十一五”时期文化发展规划纲要》颁布实施，发展文化产业被提升为国家层面的发展战略。2007 年，中共十七大做出推动社会主义文化大发展大繁荣的发展战略，强调“在时代的高起点上推动文化内容形式、体制机制、传播手段创新，解放和发展文化生产力，是繁荣文化的必由之路”，提出要“坚持把发展公益性文化事业作为保障人民基本文化权益的主要途径”，要“大力发展文化产业，实施重大文化产业项目带动战略，加快文化产业基地和区域性特色文化产业群建设，培育文化产业骨干企业和战略投资者，繁荣文化市场，增强国际竞争力”。在这种大背景下，广播电视制播分离改革再度升温，成为文化体制改革和广播影视体制改革的重要内容。

(4)第四阶段，2009 年至今，电视频道进入制播分离。2009 年 8 月，国家广电总局制定并印发了《关于认真做好广播电视制播分离改革的意见》(即广发〔2009〕66 号文件)，明确而具体地提出了制播分离改革的总体要求、改革范围和改革方式。“从 2002 年到 2009 年，中央关于发展文化产业的战略决策和推动文化体制改革的战略部署，极大地推进了包括制播分离改革在内的整个广播影视体制改革。”[1]在政策的推动下，2009 年 10 月 21 日，上海文广新闻传媒集团正式分拆成上海广播电视台和上海东方传媒(集团)有限公司，标志着全国

[1] 刘习良：《中国广播电视改革发展十年回眸》，第 39 ~ 40 页，中国国际广播出版社，2012 年 10 月。

广电系统新一轮制播分离改革的大幕正式拉开。随后,湖南广电的改制方案也于同年 12 月通过广电总局的审批。此外,江苏广播电视总台、重庆广播电视总台、天津广播电视电影集团、湖北广播电视总台、贵州电视台等广电媒体,都从本台实际出发,并用不同广播和途径,积极探索和推进制播分离改革,均取得良好的效果。

根据 2010 年 8 月在青岛举行的全国文化体制改革会议的精神,我国新一轮的制播分离改革以电台、电视台为主体,以电视剧为重点,按照"先内后外,先易后难,逐步剥离,事企过渡"的线路,深入推进电视剧、动画、财经、娱乐、体育、生活等节目制作的社会化,按公司法要求建立法人治理结构,逐步打破区域行政壁垒,搭建全国性节目交易市场,并形成多个区域性节目交易中心,使之成为共享资源、储备流通、方便交易的平台,以实现广电产业的规模化和集约化,加快向现代企业集团转型。

经过多年的改革推动,我国广播电视的制播体制发生了很大的变化,带有浓厚计划思维模式的制播合一体制,已经基本打破,带有更多市场化色彩的运作方式介入到制播关系中来。目前,我国国内已经出现五种制播分离的模式:一是直接向社会公司购买节目;二是以招标方式委托制作节目;三是合作制作节目;四是台内招标定制节目;五是以资源互补方式多台联营节目或频道。

总的来看,我国现阶段的制播体制主要有以下几个方面的特点:一是制播合一与制播分离并存,但制播合一模式仍处于主导地位;二是相对于电视台而言,社会上的节目制作机构虽然日渐成长,但仍处于弱势地位;三是节目交易虽初具规模,但节目市场还不成熟,制播关系市场化程度不高;四是制播分离改革的大方向明确,但改革难度比较大,改革进程仍然较为曲折。因此,如何更好地推进广播电视业下一阶段的制播分离改革,还需要进行不懈的思考和探索。

五、我国广播电视经营管理改革的未来走向

中国广播电视实行"事业单位,企业化管理"的特殊模式,旨在不触动广电传媒事业性质和基本结构的前提下,引进企业的经营管理模式,比如引入企业的激励和竞争机制,进行用人制度、分配制度、经营创收、财务管理制度等方面的改革。但是这种不改变广电事业单位性质的内部企业化管理只是广电为应对自身所处的生存、发展环境而在内部组织结构和经营管理方式方面所作的局部调整。随着改革的深入,它很快触及到了广电体制的边界。而与此同时,人们也越来越深刻地认识到:广电媒体要做大做强,仅仅靠内部企业化管理是不够的,必须进行广电传媒的产业化运作。当前,我国广播电视的性质、组织结构及管理模式,尚难以为其产业化发展提供足够的支持和空间。事业属性与产业化运作之间的矛盾,时时绊扰着广播电视业的前行步伐。因此,深入推进我国广播电视业发展的关键在于把握广电系统事业和产业发展的"协同性",即解决我国广电传媒集团内部事业和产业之间既相互推动又相互制约的深层次矛盾。"协同性"主要包括两个层面:一是广播电视业的发展必须理顺事业和产业二者之间的关系。具体就广播电视媒体而言,就是要探索建立符合广电传媒特点的集团法人治理结构及与之相适应的运行机制,从而促进自身发展的连续性、持久性。二是广播电视业的发展必须做到事业和产业统筹兼顾,保持事业和产业发展的均衡。要力求做到广播电视事业和产业相互适应、相互协调、彼此配合,相互促进发展,在确保事业职能

良好发挥的同时，不断再造、优化和提升广播电视产业的价值链。

（一）创新传媒制度，构建适应事业企业协同发展的内部治理结构

我国广播电视的经营管理具有显著的二元价值取向，其事业和产业同生共存的现实，使得广电传媒在治理结构上也带有突出的二元性特征，必须将社会效益与经济效益作为共同的治理目标。

我国广播电视是党和人民的喉舌，是社会主义精神文明建设的重要阵地。同时，广播电视业又是社会文化领域中产业属性最突出、最充分的一个门类，最具有产业开发前景和发展潜力。因此，广电传媒集团治理结构的核心，就是既要高度重视广电的意识形态属性，坚持正确的舆论导向，又要充分考虑广电传媒的产业特性，按照现代传媒制度的基本原则进行管理运作，事业板块和产业板块分离，实现协同发展。

当前，我国很多广播电视媒体正按照公益性事业和经营性产业"两分开"模式尝试创新传媒制度，力求构建适应事业企业协同发展的内部治理结构。其中的具体做法是：将广播电视频率频道资源、编播管理、新闻采编、播出总控等保留事业体制，作为政府出资主办的事业单位，履行广播电视运营的管控职责，确保舆论宣传工作顺利开展；将广播、电视中市场属性较强的节目制作（除新闻外）、推广发行、广告经营和衍生业务及其他经营性业务，从事业体制中剥离出来，转为企业，按照市场化方式进行运作，自主经营、自负盈亏。这种探索对于我国广播电视媒体"事业单位，企业化管理"的传统体制来说，无异于是一场深刻的体制创新。不过，这种"两分开"模式，是否适应现代市场经济对传媒业的发展要求，还需要在今后的发展实践中加以检验。

（二）整合传媒资源，做大产业规模，做强产业效益

整合广播电视传媒资源，做大产业规模，做强产业效益，主要从两个方面着手：一是将广播电视传媒的产业链从传统领域向新兴媒体延伸，二是推动广播电视业务多元化发展。

1. 产业链向新兴媒体延伸

随着现代科技的迅猛发展，数字电视、网络电视、移动电视、手机电视等新兴媒体迅速崛起，并日益呈现主流化发展趋势，这为我国广播电视业走向"新兴"提供了难得的历史机遇。在数字技术的推动下，传统广播电视业的运营模式受到了巨大冲击和挑战，产业价值链的再造和优化成为必然。面对新兴媒体产业链上的内容服务环节蕴含着的巨大商机，广播电视媒体可以寻找和利用与新兴媒体之间在商业运营上存在的契合点，使自己的产业链向新兴媒体延伸，促进自身与新兴媒体的融合，从而做大产业规模，做强产业效益。

2. 业务向多元化发展

在产业链向新兴媒体延伸的同时，广播电视还可以采取发展多元化业务的方式，做大产业规模，做强产业效益。当然，广电传媒在进行多元产业经营时，首先应充分利用与自身主业相关的受众、节目、广告、劳务、信息等资源，充分挖掘这些资源的价值，对其进行二次开发和利用，并把这些资源开发成相关的产品进行销售，或提供相关的服务给相关市场，从而对这些资源进行投资和经营。其次，通过并购和整合上下游产业链，实现多元化发展。这样，不仅形成传媒内部连贯、结构清晰的产业链，还可为传媒寻找新的价值增长点。

（三）加大对资本市场的开放力度，积极推进广播电视投融资体制改革

广播电视产业做大做强，需要积极引入业外资本。根据我国广播电视业发展的实际情

况和资金融通情况，我国广播电视投融资体制改革的重点可以放在以下三个方面：

首先，加大广播电视行业对资本市场的开放力度。这是我国广播电视行业从封闭式发展转向开放式发展的重要条件。从开放的对象上来说，既要对国有资本开放，也要对民营资本开放，还要对国外资本开放，既要向广播电视系统内部开放，也要向广播电视系统外部开放。2005 年 7 月 11 日，广电总局发布《关于推进试点单位有线电视数字化整体转换的若干意见（试行）》，明确提出："在确保国有广播影视单位控股 51% 以上的前提下，可以吸收境内非公有资本参与推进有线电视数字化整体转换及业务开发。鼓励率先实施数字化整体转换的试点单位，采用联合、合作、投资人股以及兼并等方式，跨地区从事有线电视数字化建设和业务开发。"尽管这一规定没有明确是否允许外资介入有线电视数字化整体转换，开放对象仅限于国内非公有资本，但毕竟表明了我国广播电视以数字电视为起点，加大了开放的力度。等到时机成熟的时候，类似的开放还可以再加大力度，授予非国有资本更多权限。同时，也可以在卫星直播电视、IPTV、手机电视等新兴领域，进一步尝试扩大对资本市场的开放力度。

另外，从开放的具体领域来看，目前广播电视设定的资本准入的领域主要集中在外围和边缘性领域，比如，广播电视传输、非新闻宣传类节目的制作、经营，广播电视技术开发和设备经营、部分音像制品的制作、经销，广电广告等。"对外围和边缘业务进行剥离上市，不失为一种保险、有效的融资方法。但是外围和边缘业务是以主要业务和核心业务为依托的，仅仅开放边缘业务，进行重组上市，会影响到上市公司的经营和业绩。同时，大量边缘性业务和资产组成的公司上市后，会增加资本市场的风险。"[1]因此可以考虑条件成熟的时候，在将核心业务的控制权牢牢掌握在国有资本手中的前提下，适度开放主业，增强边缘性资产重组而成的上市公司的竞争力和可持续发展能力。

其次，要加快投融资体制的配套措施建设，加强我国广播电视资本运作的规范化管理，降低广电产业投资风险。在现有的投融资政策框架下，将广播电视经营性资产分离出来，以此为主体吸收社会资本，特别是以上市方式融资，必然会削弱国家对广播电视的所有权，失去部分控制权，一旦控制权被弱化到一定程度，就有可能面临被其他企业收购控制的风险。这也是国家对广播电视产业上市比较谨慎的原因。因此应该提前做好准备，从投融资政策上消除失去控制权的可能性。同时，广电企业上市还将面对大量关联交易、无形资产评估等问题，加上广电企业上市公司与广播电视事业部分的特殊关系，很难与目前证券市场的管理规范接轨，也很难得到投资者的认同。也就是说，由于广电企业特殊的性质，广电上市公司的稳定性与一般上市公司相比，要弱一些。如果这类企业大量上市融资，很可能给资本市场带来巨大的风险。为此，要加快投融资体制的配套措施建设，对广电上市公司进行规范管理，加强引导、支持和监管，从政策上规范上市公司及其控股方的运营，降低广电产业投资风险。

再次，拓宽融资渠道，加大直接融资比例。要努力培育多渠道、多元化的广播电视产业投入机制。特别是要坚持"谁投入，谁收益"的原则，运用联合重组、股份制等多种形式，充分吸纳社会资金参与发展广播电视产业。改变单一的国有投资体制，实现资本结构和投资主

[1] 刘成付：《中国广电传媒体制创新》，第 167 页，南方日报出版社，2007 年 4 月。

体多元化，进一步吸纳社会资本和境外资本，扩大广播电视生产规模和能力。

在拓宽融资渠道的时候，要加大直接融资力度，特别是要利用上市融资，强化资本市场对广播电视产业改制改革的推动力度。从我国目前上市的几家广电企业来看，上市效果是好的，对企业的产权和资本结构多元化、企业的经营运作方式与国际接轨等方面都起到了很好的促进作用。但总体来看，我国广电企业上市的数量比例和直接融资的规模仍然较小，上市企业的股权结构还不尽合理，尚须进一步调整和加强。

总之，改革我国广播电视投融资体制，是广播电视产业发展的必经之途。当前，中国广播电视产业来自政府的财政补贴已基本取消，广告收入不太稳定，产业自身的资金积累能力极为有限。在这种情况下，中国广电产业要想获得超常规的发展，最便捷的资源补偿渠道就是与资本市场建立一个宽阔的"绿色"通道。广播电视投融资体制改革，其目的就是建立这样的一个"绿色"通道，为中国广播电视"输血"。"输血"的最终目的，是使中国的广播电视产业建立起现代企业制度，并在体制机制上与国际惯例和规则实现对接，从而实现做大做强。

当然，中国广播电视具有特殊的政治属性，多年来的事业体制积累下来许多体制弊端与惯性，加之我国资本市场的变化不定，各种因素都意味着建立和完善我国的广播电视投融资体制并不是一件容易的事，它需要大胆的探索和艰苦细致的工作。既要拆除投融资政策壁垒，同时又要保证对广电事业的安全掌控，是广播电视投融资体制改革应把握的基本原则。在遵循这一基本原则的前提下，广电人只要积极解放思想，改变观念，大胆实验，稳妥推进，就一定能在广电投融资体制改革上实现关键性的突破。

本章思考题

1. 广播电视经营管理的目标是什么？所涉及的主要业务类别有哪些？
2. 我国广播电视条块结合、双重领导的管理结构是如何形成的？
3. 在广播电视经营管理中，如何处理好经济效益与社会效益的统一？
4. 谈谈"事业单位，企业化管理"这一思路对我国广播电视业发展的利弊。
5. "制片人制"对我国广播电视发展带来的影响。
6. 我国广播电视集团化的发展历程及其现实意义。
7. 制播分离改革对广电业的发展有何意义？
8. 谈谈我国广播电视经营管理改革的未来走向。

第十章　广播电视受众工作

◆**本章要点**

· 广播电视受众的构成与受众的特点

· 广播电视受众的地位和作用

· 广播电视受众的视听心理

· 广播电视受众调查

传播学的创建者美国学者威尔伯·施拉姆曾将大众传播的过程按照简单线性模式划分为信源、渠道、信息、接收者和传播效果五个部分。其中,“接收者”这个词类似于今天广泛使用的“受众”一词。英国传播学者 D. 麦奎尔认为媒介受众起源于公共剧院、歌舞表演以及早期的竞赛和大规模表演的观众,原本指的是“特定地点的实体人群”。随着现代大众传播媒介的发展,受众的形态得到拓展,“受众”一词的内涵也在变化。❶ 尽管在麦奎尔看来,“受众”这一概念很是复杂,但他无疑也是认同将“受众”定义为书籍、电影、报纸、广播电视节目的读者、听众或观众。而今,将“受众”理解为大众传播媒介(报刊、电影、广播、电视、网络)的信息接收者(包括读者、听众、观众、网民)的看法,已经被人们普遍接受。近些年来,随着人们对受众在传播活动中地位及重要性的认识的不断加强,受众问题越来越为新闻传播学界和业界所关注。

本质上看,受众是信息传播活动过程的终端,在信息传播链中占有重要地位,它与传播者构成了传播活动的两极,没有了受众,传播活动也就失去了目的和意义。不仅如此,受众的信息需求和信息接受状况还会影响到传播者的传播内容及其传播活动的发展和演变。没有受众对传播效果的反应和评价,信息传播的效能也就无从把握。因此,分析和研究广播电视受众,开展相关的视听调查,是提高广播电视传播效率,改善广播电视传播活动的重要一环。

第一节　广播电视受众的构成与受众的特点

广播电视受众是广播电视传播活动所指向的目标和对象,它联系着社会对广播电视传播的反馈和评价,事实上影响着广播电视各项传播功能的实现。

一、广播电视受众的界定与受众理论

在传播学中,受众是指信息的接受者,广播电视受众即广播电视节目的听众和观众。对

❶ 丹尼斯·麦奎尔,《麦奎尔大众传播理论》,崔保国、李琨译,清华大学出版社,2010 年 7 月。

受众的认识，传播学上已有不少成熟的理论，归纳起来主要有以下五种：

1. 个体差异论

以“刺激—反应”理论为基础，1946 年由霍夫兰首先提出，经德弗勒修正后形成。德弗勒认为，相同的大众传播内容在受传者之间之所以产生不同的效果，是由于受众的个人条件、社会关系和社会范畴的不同而形成的，其中受众之间的个人差异最重要。个人的差异主要体现在个人兴趣、态度信仰、价值观等的不同。个人差异使得受众在接收信息时所注意和理解的东西不一样，也产生不同的态度和行为。个体差异论最大的发现在于“选择性注意与选择性理解”，因此，传播者要善于了解和利用来自受传者的经验、态度、立场等，并从尊重受传者的角度来进行传播活动。

2. 社会分化论(社会类型论或社会范畴论)

1959 年，由美国学者赖利夫妇在《大众传播与社会系统》一文中首先提出。该理论是在个人差异论的基础上发展起来的，是对个人差异论的扩展和修正。社会分化论从社会学角度出发，强调人在社会群体性上的差异，认为个人是生活在群体中的，主要受基本群体和参照群体的影响，而基本群体和参照群体都是社会的组成部分，故个人受到群体的影响，就是受到整个社会的影响。只不过社会对个人的影响是通过群体这个中介来实现的。

3. 社会关系论

该理论最早来源于拉扎斯菲尔德的《人民的选择》。他强调群体活动在传播活动中的作用，即群体关系在受众接受信息时产生的重要影响。该理论认为，受众中所属团体的压力和合力，对于受众接受信息时的态度及行为产生的影响很大，而媒介通常难以改变人们固有的信念和态度。受众作为个体，均有不同的生活圈，并受其制约和影响。受众接收到的大多数信息是经过圈子解释、过滤过的，故人们倾向于接受与其所居住团体意志相符的信息。该团体的观点、信念受到媒体抨击时，其成员就会起来排斥这一传媒，加深原有的观念。传播者应认识到，真正的有效的传播是大众传播和人际传播的结合。

4. 文化规范论

文化规范论认为传播内容可以促使对象发生改变，如果大众传播经常报道或者强调某事某物，就会造成某事某物是社会文化规范的印象，从而促使受众去模仿，结果就形成了一些间接的影响。受众可以从大众传媒中获得新的见解，也可以加强其原有的价值观念，或改变其原有的看法或态度，甚至可能发生观念上的变化。传播媒介为社会树立了文化规范，人们看待事物会受到这种新文化规范的影响。该理论肯定了大众传播对受众所造成的影响，并认为，如果这种影响增强，会造成社会的“一体化”，并为未来社会制造新文化。

5. 社会参与论

源于美国宪法中关于公民权利的一种理论，由美国学者巴伦在 1967 年的《对报纸的参与权利》一文中最早明确提出。巴伦指出：为了维护传播媒介受众的表现自由，保障他们参与和使用信息传播媒介的权利，宪法第一修正案必须承认公民对传播媒介的参与权。社会参与论认为受众不是被动的信息接受者，而是积极的大众传播的参与者，因此，传播媒介和传播者要尊重受众，尽可能的考虑和照顾他们积极参与的愿望、要求和权利。

上述受众理论，为人们深入认识和探讨受众问题，弄清受众接收大众传媒信息的心理及行为状态，提供了有效的理论参照；同时，也能够为传媒的传播实践活动提供有益的指引。作为大众传播媒介的广播电视媒体，在日常的节目制播中，应该重视对受众的研究，尊重受众在传播活动中的地位，以受众为本位，不断创新传播内容，改进传播方式，提升传播效果。

二、广播电视受众的构成

厘清广播电视受众的构成（成分和结构），是考查广播电视受众在广播电视传播活动中的作用的基点。广播电视受众的构成，即广播电视受众的总体组成状况——不同类型、不同层次的受众在受众总体中所占的比例，通常用百分比来表示。广播电视受众的构成，从人口统计学角度看，一般包括性别构成、年龄构成、地域构成等；从社会经济学的角度看，则包括职业构成、收入构成、文化程度构成等。不同层次的受众，对节目的需求是不一样的。如果把广播电视受众置于传播过程中，以其接受广播电视节目的方式为标准，可以将其分为四种类型：

（1）基本受众。也可称为稳定受众，指经常地固定地收听、收看广播电视节目的受众。它可以指某一区域内的所有稳定受众，也可以指那些只收听、收看特定节目的受众。

（2）参照受众。指偶尔或者间断地接受节目的受众。他们常常是在某些因素的影响下而收听、收看节目，往往是对突发的重大事件以及与自身利益相关的信息感兴趣。这类受众又可称为不稳定受众，一般具有较高的自制力和修养。不稳定受众可以从偶然关注（随意注意）转化成专门关注，也就是转化成稳定受众。

（3）潜在受众。是指那些眼下尚没有时间、条件，或是暂时不想、不能成为广播电视受众的部分人群。但创造条件后，他们则可能转变为参照受众、基本受众。

（4）特约受众。指受了某种职责的约束，或某个部门（机构）的委托，专门收听、收看广播电视节目的某些受众。这类受众往往带有管理、评议和研究的任务。

科学区分不同层次的受众，依此作为广播电台、电视台制作节目和传播节目的参照物，有利于改进广播电视节目内容，提升广播电视传播活动的成效。

三、广播电视受众的特点

广播电视受众是一个庞大的群体，不管其具体构成情况怎样，都显示出如下特点：

（1）受众具有广泛性与复杂性

由于广播电视节目的直观性、通俗性和传播途径的多样性，广播电视的受众要比报刊、书籍的读者队伍更为庞大和复杂。广播电视受众由成分复杂的一大批人构成，而且受众不是一成不变的。

（2）受众参与程度高

广播电视传播活动比其他传播媒介更能够吸引受众参与其间，也更便于受众参与。特别是那些以受众参与环节作为重要组成部分的节目，如中央电视台的《挑战主持人》《开心辞典》《星光大道》等现场录制节目及各地电台的热线直播节目，受众的参与程度就更高了。

（3）受众对信息传播的接受状态较为自由随意

听众和观众在收听或收看广播电视节目时，往往可以伴随着做其他的事情，呈现出较为自由随意的状态。所以，广播电视的受众有时就处于一种半接受状态之中。

(4)受众具有一定的隐匿性

在广播电视传播活动中,由于传受双方存在时空间隔,传播者对受众的了解间接而笼统。同时,广播电视受众收听、收看节目又是一种处于分散状态下的私人行为,这更使得受众对于传播者而言具有相当的隐匿性,进而也促成了受众调查的迫切性和紧要性。

(5)受众具有流动性

广播电视受众是一个不断发展变化的、处于流动状态的群体。世事的更替、社会的发展以及人生的变迁,时时改变着受众,引发受众审美情趣和审美需求的变化,进而造成广播电视传播受众的不断流动及其人员结构上的变化。例如,小时候喜欢看动画片的孩子,青年时代会转向喜欢看《挑战主持人》,中年后可能会偏爱看《经济与法》,步入老年后又会成为《夕阳红》的忠实观众。

广播电视传播活动是围绕受众进行的,因此,了解和研究广播电视受众的构成和特点,有助于增强广播电视办播节目的方位感,提高广播电视的传播效果。

第二节　广播电视受众的视听动机与视听心理

广播电视受众是广播电视信息传播内容的接受者、使用者和消费者,没有了受众,广播电视传播行为也就失去了对象和意义。因此,了解广播电视受众的视听心理,对于更好地开展广播电视传播具有十分重要的意义。

一、广播电视受众的地位和作用

广播电视受众在广播电视传播活动中具有重要的地位和作用,它事实上成了广播电视传播活动得以存在的价值前提。

(一)广播电视受众的地位

广播电视受众在广播电视传播活动过程中居于中心地位,它是广播电视传播活动的服务对象,在某种意义上也构成了广播电视发展的支点。

首先,广播电视受众是广播电视信息的接受者、使用者和消费者,也是广播电视传播价值的实现者。广播电视生产的是一种特殊的产品,它所采取的是一种不同于一般商品的"二次销售"模式,即将产品(节目)免费出售给受众欣赏,以吸引受众的注意力,再将受众的注意力转卖给广告商,获取广告收入。节目受到受众的关注度越高,价值越大,广告收入也越多,越能为广播电视赢得利润。因此,没有受众,广播电视传播的价值也就无从实现。

其次,广播电视受众是广播电视传播的服务对象,是广播电视传播过程的终端和归宿,同时还是传播效果的检验者和评价者,是传播工作的批评者和监督者。当受众在接受广播电视传送的信息内容时,它是信息传播指向的客体和对象,扮演着传播过程的终端和归宿角色;而当受众将自己对于所接受的信息内容提出意见、做出反馈时,它又是广播电视传播效果的检验者和评价者,承担起了批评者和监督者的角色。

(二)广播电视受众的作用

广播电视受众作为广播电视信息传播的目的地、归宿以及服务对象,它在广播电视传播

活动中还扮演着重要的参与者和反馈者的角色,从而影响和制约着广播电视传播活动。广播电视受众的作用主要体现在以下几个方面:

(1)作为衡量和检验广播电视传播效果的标尺。广大受众凭着自己观看电视的真实感受,从不同角度、不同侧面提供他们的反馈信息,能够比较真实地反映传播效果。

(2)为信息传播的准确度和可靠性把关。广大受众是社会活动的实践者,对传播内容的真假最能加以辨别,他们对那些虚假报道是不会放过的。

(3)为制定广播电视编播方针、决策和改进节目提供依据。通过反馈,从宏观上,电台、电视台可以及时地调整或重新制定工作决策;在微观上,根据观众的需求不断改进节目或调整节目。

(4)在客观上会刺激听众、观众的主人公心理和参与心理。尊重受众的反馈意见直接体现出尊重受众使用、监督媒介的合法权益,能够调动广大听众、观众更积极地收听、收看节目,向广播电台、电视台提出自己的想法、意见和建议。

(5)有利于广播电台、电视台发现新线索,扩大报道题材。听众、观众在收听广播、收看电视后,会产生一定的反应,尤其是那些能引起他们共鸣的节目,往往可以举一反三,为电台、电视台提供新的报道线索和题材,丰富节目内容。有些受众的反馈信息,诸如对广播电视节目本身及其所报道事件的评价、建议往往成为后继节目的契机或素材,强化了电台、电视台与受众交流互动的公开性。

(6)有利于通达社情民意。受众和社会各界的反馈信息,不仅是电台、电视台的信息资源,同时也是广大人民群众同党和政府沟通的信息中介。比如,受众对现实社会中及广播电视传播中涉及的"热点""难点"和"疑点"等问题,会从各自的认识角度提出自己的意见和主张,可作为了解社情民意的重要素材,供主管部门参考。

当然,由于广播电视受众的信息反馈具有零散性、被动性、迟延性、积累性、差异性以及非直接性等特点,所以对于某一具体的广播电视传播行为而言,广播电视受众的作用往往显得不够直接、及时,有时还缺乏效力。

二、广播电视受众的视听动机与视听心理

随着社会的发展和进步,人们逐渐认识并承认,作为传播活动主体之一的受众,与大众传媒间有着一定的权利与义务关系。受众作为普通公民的一员,有权通过大众传媒获取信息(即知情权),有使用大众传媒进行交流和讨论的权利,受众在受到新闻媒体侵害其利益时有要求补偿的权利。同时,广播电视作为一种大众传媒,也应该通过其传播活动满足受众的这些基本权利。

(一)广播电视受众的视听动机

与受众使用其他大众传媒的动机基本相似,广播电视受众的视听动机概括起来主要有以下几个方面:

1. 获取信息,认识外部世界

人类要生存和发展,离不开对外部世界的认识和与外界的信息交流。同时,人有求新、求异的心理特点。广播电视以其丰富、直观的信息,能够恰如其分地满足受众这方面的需求。

2. 娱乐消遣，满足精神、情感需要

受众通过使用广播电视媒介，接收电台、电视台提供的娱乐休闲节目，获得精神上的享受和满足。同时，也能借助收听广播、收看电视消磨空闲时间，排遣寂寞、忧虑等。

3. 获取科学文化知识，增强自身修养

受众通过收听、收看节目，获取科学文化知识，提高科学文化水平，增强自身修养。

当然，任何一个受众，都不是由单一动机驱使的，一般都是以某种动机为主，但不排除其他动机的存在。

（二）广播电视受众的视听心理

广播电视受众的视听心理主要包括求知心理、选择性心理、逆反心理和从众心理。

1. 求知心理

指受众普遍存在的寻求信息的心理现象。寻求信息的目的，是减少或消除周围环境的不确定性，从而更好地生存和发展。任何受众都有一定的求知欲，希望了解新的环境，并对所获得的信息进行验证。如果信息不能满足受众的需要或失实，就会遭到拒斥。对于广播电视传播而言，提高节目的信息含量、知识含量，有助于满足受众的求知心理，提高视听率。

2. 选择性心理

选择性心理是西方传播学界 20 世纪 50 年代及 60 年代出现的一种最具代表性的受众研究理论。选择性心理涉及受众对信息的接受、理解与储存，一般说来包括选择性接触、选择性理解和选择性记忆三个方面。

（1）选择性接触（选择性注意）

选择性接触，是指受众在接受信息时，注意力总会自然而然的倾向那些符合自己的观念、态度、志趣及需求的内容，同时忽视或回避那些与自己的既有倾向相左的内容。选择性接触行为更容易在强化受众既有的态度、立场和方向上起作用，而不是导致它们的改变。

（2）选择性理解

选择性理解，指具有不同的心理特征、文化倾向和社会成员关系的人们，会以不同的方式解释接触到的信息内容。受众的这种选择性理解一方面受个人生活环境、经历的影响，另一方面则受心理因素的影响。也就是说，信息中的含义并不是按照媒介的愿望强加于受众的，而是受众按照自己的欲望去从中发现、从中提取。

（3）选择性记忆

选择性记忆，是指受众在已经理解的信息中往往只记忆对自己有利、符合自己兴趣或与自己意见一致的部分。选择性记忆是在受众心理需要、态度、情绪、信息传播环境、传播形式和刺激强度等因素的共同作用下产生的。

受众的选择性心理，对于广播电台、电视台节目的设置，尤其是新闻节目和教育节目内容的安排，具有重要的指导意义。

3. 逆反心理

逆反心理，是指受众在某种预设立场的影响下，产生了与传播者的观点意图相抵触的态度行为或心理倾向。逆反心理是一种对媒介信息作反向思维或逆向理解的心理状态，它有时会令传播效果为零，甚至引起反效果。我们经常会有这样的发现：媒体大力宣传树立的典型人物或事物，人们却对其嗤之以鼻；商家越是标榜某商品物美价廉，人们越是对该商品小心谨慎;传播媒介极力推荐的作品无人问津,而遭禁的作品,人们却争相观看。这些都是逆反心理在起作用。广播电台、电视台应该尽可能地提供受众需要的、形式多样的信息内容,防止逆反心理的产生,提高传播效果。

4. 从众心理

在传播学中,从众心理是指受众在传播活动中受到群体压力,从而放弃自己的意见并采取与大多数人相一致的行为的心理状态。人们生活在社会群体中,需要与周围环境保持一致,从而得到社会群体的接纳和认可,否则可能会引起公众的排斥。受众形成从众心理的根本原因在于群体压力。

在从众心理作用下,人们在信息接受过程中对于已有定论的事情,往往很少会提出异议;对于一些性质不太明朗的信息,为了避免自身与群体发生冲突,保证自己与周围环境的一致性,而宁愿遵从大多数人的意见,不愿或不敢坚持自己的观点,甚至明知道他人是错误的,也会违心地接受。从众心理对于我们分析和研究广播电视收听、收视领域中出现的一些热点现象,具有重要的参考意义。

此外,广播电视受众的视听心理还有求新心理、参与心理、对比心理、娱乐心理等。当然,很多时候,受众的收听、收视行为背后往往掺杂着多种视听心理。

第三节　广播电视受众调查

广播电视受众调查,即以广播电视的听众、观众为对象,为了了解他们对广播电视传播活动的需求、态度、意见和建议而进行的社会调查活动的总称。对受众的定性、定量的调查研究,有利于广播电视工作者提高节目质量,有效安排播出时间,从而改善节目播出效果,也可以为管理部门提供决策依据。

一、广播电视受众调查的意义

广播电台、电视台通过开展受众调查,并据此进行深入研究分析,可以掌握受众的收视(听)习惯、收视(听)心理和收视(听)状况,有助于电台、电视台及时总结和评价节目,分析和判断受众的需求,调整节目安排,改进和提高节目的质量及编排形式,提高收视(听)率,招揽广告投放,以获取更好的经济效益。

首先,广播电视受众调查有助于电台、电视台了解受众的收视(听)习惯,掌握受众的收视(听)状况,更合理地安排节目。不同受众有不同的媒介接触习惯,对于不同时间段的节目也有不同的收视要求,通过受众调查,了解和掌握受众的构成与受众的收视行为,可以有针对性地对节目的制作和编播进行更合理的规划,改进节目设置、节目质量,以提高节目的收视、收听效果。

其次,了解广播电视媒介的传播效果和效益,评价广告刊播效益。广播电视受众调查的另外一个重要作用就是为广告主或广告代理商提供刊播广告的依据。众所周知,广告客户通常要根据受众调查结果来推算出花费多少经费能使目标受众了解到他们的商品信息,以评价其广告费用的直接效益。因此,开展广播电视受众调查特别是视听率的调查,是广播电台、电视台掌控传播效果并据此招徕广告客户的必然选择,对于广播电视媒体的生存和发展具有十分重要的现实意义。

此外，在我国，人民群众是广播电视的主人，听众和观众不仅是传播对象，而且还是服务对象，更是广播电视传播活动的参与者和行为主体之一。他们会按自己的认识、需求、兴趣去选择和利用广播电视信息，并对广播电视传播活动产生影响。因此，广播电视要发展，就必须研究受众。

二、广播电视受众调查的类型

广播电视受众调查，主要是对广播电视传播活动中受众接受节目的现状、节目覆盖率、收视收听率、听众构成及不同受众的兴趣和爱好，对节目的反应、要求、意见、建议等方面的调查。广播电视受众调查是广播受众分析的基础和前提，借助它可以有效分析受众产生节目需要的基本原因，受众获取信息、知识、文化娱乐等的方式和途径，受众的价值观念对视听传播效果的影响，以及视听传播艺术对受众思想行为所产生的积极的或消极的作用等。

（一）广播电视受众调查的主要术语

广播电视受众调查中经常使用的术语主要有：

1. 开机率（Homes Using TV，简写 HUT）

开机率是指在某一特定时段内，处于开机状态的用户数与拥有接收机的用户数的比率。例如，某一时段处于开机状态的电视机户数为 500 户，拥有电视机的总户数为 2000 户，则开机率为 25%。开机率的计算公式为：

$$\text{开机率} = \frac{\text{在一天中某一特定时间开机的户数或人数}}{\text{拥有电视机或收音机的可得群体数额（户数或人数）}} \times 100\%$$

2. 节目视听众占有率

节目视听众占有率是指在一定时间内，收看某一特定节目的消费者家庭数目占总开机家庭数的百分比，其公式为：

$$\text{节目视听众占有率} = \frac{\text{收看（听）某个节目的人数（户数）}}{\text{正在看电视或听广播的人数（户数）}} \times 100\%$$

3. 收视（听）率（Audience Rating）

收视（听）率是指在一定时间内收看（听）某一节目或某一电视频道（广播频率）的受众与全部潜在受众的百分比，其公式为：

$$\text{收视（听）率} = \frac{\text{专收某一特定节目的人数（户数）}}{\text{拥有电视机（或收音机）的总人数（户数）}} \times 100\%$$

4. 受众喜爱率

受众喜爱率，指最喜欢某媒介（节目）的受众人数占接触该媒介（节目）的受众人数的百分比，其公式为：

$$\text{受众喜爱率} = \frac{\text{最喜欢 A 媒介（节目）的受众人数}}{\text{接触 A 媒介（节目）的受众人数}} \times 100\%$$

5. 欣赏指数（Appreciation index）

欣赏指数，也称作满意度指数，是用以认定听众或观众（受众）对节目素质的评价，并以此考核节目是否满足受众需求的一种指针。一般包括受众对节目认知度、认可度、了解度、喜欢度和推荐度等多项评价指标，通过受众打分，加权而得。

(二)广播电视受众调查的类别

从调查的目的与内容来看,广播电视受众调查主要有以下类别:

1. 基础调查

这是从广播电视机构的全局和长远发展目标着眼而进行的基本情况调查。包括广播电视的覆盖率、收听率、收视率、受众分布与构成,对节目结构、设置、编排,对受众爱好、兴趣、要求、愿望等所进行的调查。有的广播电台、电视台还据此建立了完备的受众档案,并输入电子计算机储存,以备查考研究,以资用来作为指导节目制作编排方面的基础性资料。

2. 综合调查

为了全面了解受众的收听、收视行为和心理,可以开展较大型的综合调查。这种综合调查的内容包括:受众视听行为和习惯、受众兴趣和爱好、受众态度等。

受众的视听行为和习惯,是指受众听广播、看电视的频度(即单位时间如一日、一周等听广播、看电视的次数)、接收时间长短和选择意向等。

受众的兴趣和爱好,是指受众选择节目内容、节目形式的集中指向和规律。通过这项调查,可以了解受众喜欢什么节目,不喜欢什么节目;为什么喜欢,为什么不喜欢。

受众态度,是指受众对某一类节目或栏目、某一位播音员或主持人、某一件事情肯定或否定的程度,通过此项调查,了解受众的情绪和思想状况乃至价值观。

3. 专项调查

专项调查,又称专题调查,是针对某一个问题或某一类节目所进行的调查,一般和综合调查同时进行,以示突出某一重点,有的也单独进行。专项调查也可以主要调查一个节目或一个问题在听众、观众中产生的反响。比如,中央电视台每年进行的关于对《春节联欢晚会》满意度的观众调查;又比如,中央人民广播电台对节目调整时间所进行的专门调查等。

(三)广播电视受众调查方法

广播电视受众调查方法主要有:问卷调查法、日记法、面谈法、电话访问法、受众来信、召开研讨会、测量仪法、网络在线调查法等。

1. 问卷调查法

问卷调查法是用填答问卷的方式收集广播电视受众信息的方法。问卷调查法是一种结构化的调查,其调查问题的表达形式、提问的顺序、答案的方式与方法都是固定的,而且是一种文字交流方式,因此,任何个人,无论是研究者,还是调查员都不可能把主观偏见代入调查研究之中。其调查的统计结果一般都能被量化出来,便于统计处理与分析。

2. 日记法

调查者选取一些用户家庭作样本,经同意后在这些家庭中留置一本或几本视听日记本,请他们记录收视(听)情况,从中获得受众结构的数据,并以此作为进一步获得计算收视(听)率、节目占有率、受众总人数的原始数据。这种方法较为方便、灵活,但调查的可信度往往会受到用户记日记的规范程度的影响。

3. 面谈法

面谈法是调查人员到抽样用户家中,逐个询问每个家庭成员过去一段时间内的收视(听)情况,获得相关收视(听)数据的方法。采用面谈法可以获得非常具体、细致的调查内容,但操作起来比较麻烦。

4. 电话访问法

即通过电话访问的方式获得受众的收视(听)情况。电话访问方法简单、易行,但它容易引起一些受访者的反感,同时,对于那些没有安装电话的家庭,则无法采集到信息。

5. 召开座谈会

即通过召集有关人士座谈,以征求意见、建议的方式,获取受众的收视(听)情况,开展受众调查。

6. 受众来信(电)

即通过受众的来信(电),直接收集受众的反馈信息,了解他们对某一节目或主持人等的意见和评价,以及有关建议等。

7. 测量仪法

测量仪法是通过给用户的收音机、电视机加设电子监测装置,定期获取收视、收听数据的方法。但是这种方法只能得到开机时间和所选择收看的频率、频道的数据,却无法记录受众打开电视机后是否在收看、受众的构成情况以及受众对节目的满意度。因此,调查者还需要运用从其他调查方法得来的信息进行补充。

8. 网络在线调查法

网络媒介的"可统计性"赋予网络可以通过各种在线手段收集受众信息,开展受众调查。与传统方法相比,网络在线调查几乎不花费任何费用就可以获得大量受众信息。调查的周期短,甚至可以即时进行,这样获得的数据能够及时反映受众的最新变化,便于及时做出针对性调整。传统媒介的受众调查往往周期较长,调查结果只能说明较长时间以前的情况,难以跟上受众的最新变化,对受众的反应比网络媒介迟钝得多。在线调查不受空间限制,能够进行跨地域的大规模调查。

三、国外广播电视受众调查工作

在国外,广播电视受众调查工作,始于20世纪20年代,主要是围绕视听率调查而展开的。所谓视听率调查,即收听率、收视率调查,它是广播电台、电视台经常开展的一种调查活动类型,主要是通过调查掌握听众、观众的拥有量以及各类节目的收听、收视人数和社会成分、人口比例等。

视听率调查,源于概率统计学科的日臻成熟与广播电视业的发展需求。其中,统计学的成熟是大规模视听率调查发展起来的不可或缺的关键要素,因为只有运用概率抽样,视听率调查才能以较少的样本较准确地推断出一个国家或地区范围内所有听众、观众的收听、收视行为;才能使调查工作由最初的简单、粗糙、不规范,走向信息量丰富、调查程序精致、操作过程规范的阶段。另外,随着广播电视业的发展,广播电台、电视台迫切需要了解哪些人在收听广播、收看电视,收听、收看哪些频率、频道,收听、收看哪些广播节目、电视节目,以便及时调整节目编排,最大程度地吸引听众、观众,提高收听率、收视率。这就需要对受众的视听行为进行准确和详细的调查分析。不少广播电视发达国家都非常重视受众调查和研究工作。事实上,科学的受众调查与研究,收听、收视率的数据采集、统计与分析,是这些国家广播电视媒介得以兴旺发达的重要条件之一。

美国是世界视听率调查的发源地。1923 年,AC 尼尔森公司创始人阿瑟·查尔斯·尼尔森在美国建立了第一家市场调查公司,并于 1936 年在麻省理工学院试验采用一种被称为“收听测量仪”的机械测量装置来进行广播收听率调查。直至现在,视听率调查在美国已经走过了 80 多年的风雨历程。随着调查技术的发展,美国的视听率调查主要经历了 20 世纪 50 年代的面对面访问和电视访问阶段,60 年代的日记卡阶段以及 70 年代后期的测量仪阶段。

美国的视听率调查公司主要以 AC 尼尔森和阿比壮为代表,它们在技术规范、调查方法以及调查程序的规范与精致等方面树立了典范。AC 尼尔森是全球领先的市场研究、资讯和分析服务的提供者,服务对象包括消费产品、服务行业、政府和社会机构。它率先采用电子个人收视测量仪提供电视收视数据,后又率先使用电子个人收听测量仪进行收听率调查。阿比壮公司,成立于 1949 年,是一个主攻广播收听率调查的国际调研公司,专门为美国、墨西哥及欧洲的广播、广告代理机构以及户外广告公司服务。阿比壮的核心测量网络和地方听众市场遍布美国,它主要以调查本地市场消费者的零售、媒介和产品图案为主,并且提供一系列应用软件,应用于分析媒介受众和商情数据。

在英国,主要调查公司爱迪生媒介研究公司承担着为广播电台、电视台、网络公司、报纸、有线电视网和其他媒介组织提供数据及信息的任务。1998 年 9 月,爱迪生媒介研究公司第一次在全职和兼职工人中进行了使用媒介的调研。爱迪生媒介研究公司与美国的很多电台机构有合作关系,包括 Infinity、Westwood One 和 ABC Radio 等。

在法国,从 1985 年开始,索福瑞(Sofres)公司开始提供收视率调查服务。20 世纪 90 年代后期,Taylor Nelson 和 Sofres 公司合并,组成了 TNS 公司,成为法国最大的市场和媒体研究机构。除了收视率调查服务之外,索福瑞还提供与媒体相关的媒介专项调研咨询,并涉足广播收听率调研领域,提供收听率调查数据服务。

在日本,1962 年成立的 Video Research Ltd(简称 VR)是日本视听率调查领域最具权威性的机构,现已发展成为日本市场与媒介研究的旗舰。VR 研究范围宽广、内容丰富,是日本唯一拥有全国范围调查网络的公司。

值得注意的是,视听率本身只展示了节目的接收状况,并未显示出观众对节目的意见、态度和满意程度。要真实反映观众对节目的意见,仅仅靠收视、收听率是不够的。因此,一些国家的专家学者提出有必要建立能够测定节目的“质”的系统,认为不仅要把握节目接收的“量”,更需要有对节目的内容、态度等项目的评价与测定。为此,欧洲的十几个国家以及欧洲以外的若干国家在进行视听率调查的同时,增加了一些辅助研究以获取更多的观众意见,也就是调查中不仅要了解节目收听、收看的数量,而且要知道节目收听、收看的质量。这种做法推动了节目评价方面从“量”向“质”的转换。例如,法、英、奥、比利时等国都通过对具有代表性的受众小组进行调查来获得有关节目“质”方面的数据;而英国广播公司所属的调研机构也单独定期对 2000~2500 人进行民意测验,以了解哪些节目最受观众喜爱。民意测验的方式多种多样,如对观众本人专访、电话询问、邮寄调查信等。

20 世纪后期,欧洲不少国家的公共广播电视机构都遭到了商业广播电视机构的激烈竞争。为了应对挑战,求得生存和发展,公共广播电视机构都越来越重视视听率调查,并加强与调查公司的联系,注重研究受众需求,力求更好地理解受众行为与态度,以保持住受众群。同时,它们也需要以视听率向公众证明公共广播电视机构有必要继续用公共资金来维持。

美国与欧洲国家在广播电视体制和运营方式上不同,因而两者的受众调查和节目研究不完全一样。在美国,受众调查和节目研究是结合在一起进行,各大广播公司中的不同部门也都进行受众调查和节目研究。美国的受众调查与节目研究是在节目购买之前进行的,研究结果在购买与不购买、编排与撤销某些节目的决策过程中起着十分关键的作用。

近年来,随着广播电视技术的快速发展,广播电视从节目内容、编排制作、发射传播方式到接收手段等都在发生重大变化。这当中,广播电视受众的主动权、选择权与参与权不断提升。为此,广播电视受众调查的内容也在变化。例如,广播电视节目网络影响力调查等,时下已经成为一些广播电视受众调查工作的新项目。

四、我国广播电视受众调查工作

我国现代意义上的广播电视受众调查工作,起步于20世纪80年代,经过20世纪90年代的快速成长和21世纪初的不断完善,现已形成了比较规范、成熟的受众调查方式和调查体系。

(一)我国广播电视受众调查工作的起步

1982年4月,北京新闻学会受众调查组,首次用电子计算机抽选样本,对报纸、广播、电视的传播效果作综合考察,了解受众接触媒介的行为、兴趣偏好、对新闻报道的信任度及产生不信任因素的原因等,并首次利用电子计算机统计分析受众调查数据。此次北京调查是我国新闻界公认的中国运用现代科学方法调查受众的起点,具有里程碑意义。

1983年10月和11月,浙江和江苏的广播电视系统相继开展全省首次受众抽样调查,两省的电台、电视台都积极参加。中央人民广播电台听众工作部和中央电视台观众联络组也派人参加了浙江调查。不久,中央人民广播电台听众工作部建立了听众调查制度,中央电视台也在开展电视观众调查的同时着手建立电视收视率网。中央人民广播电台和中央电视台的表率作用,推动了广播电视系统的受众调研。

广播在中华人民共和国成立后的35年中,一直是我国居民获取信息的第一渠道。但在1985年,电视的人口覆盖率首次超过广播,并迅速成为居民获取信息的第一渠道。这使中央电台感到了竞争的压力。从1986年开始,该台对广播节目进行了多次大规模的调整改革。期间,广播听众对调研工作积极予以配合。

在受众调查蓬勃开展的形势下,1987年5月,由中央电视台牵头,在无锡市举行了全国电视观众调研工作会议,会议决定开展全国电视观众调查。这项调查有27个省、自治区、直辖市的电视台参加,在全国共抽取样本24893个,其中城市19970个,农村4923个。问卷结构包含观众的基本情况、行为反映、心理感受三个层次,对观众的收视心理作了创造性研究,这是我国电视史上的第一次全国性观众调查。此次调查数据采集比较完整,调查方法系统、科学,并培养了我国首批观众调研专业人才。

1987年我国还开展了一次不发达地区农村广播电视受众调查。这项调查采取抽样调查与典型调查相结合的方式进行。调查发现,贫困地区农民的思想观念滞后,同传播媒介拥有量、接收广播电视信息的"质"和"量"都落后于富裕地区。

这期间,中央人民广播电台也运用社会统计学的随机抽样方法在全国29个省市开展听众调查,对全台51个节目改革后的传播效果作了全面考察。各省市的调查也相当活跃,上海、安徽、湖北、广西、广东、贵州、天津、河南等地的广电部门都组织了受众调查,新疆广电学会还联合一些单位在乌鲁木齐地区组织了我国首次民族受众调查。

(二)我国广播电视受众调查工作的成长

进入20世纪90年代,广播电视的受众调研从对受众接触广播电视的外显行为的调查,转为广播电视信息传播对受众内在思想观念关联性的研究。

1990年9月,第11届亚洲运动会在北京举行,由当时的广播电影电视部政策法规司牵头,由首都八家新闻单位组成的调查组,在开展全国受众抽样调查的同时,在北京组织了两次调查(亚运会前后各一次),同时还有七项专题调查,多层次、多角度、全方位地考察了受众对亚运会的态度,其中包括首次把在华的外籍受众和中国香港受众列入调查对象。

1991年4月2日,中国广播电视学会受众研究委员会在广州宣告成立。这是我国第一个专门研究广播电视受众的学术团体。受众研究委员会经常支持、参与广播电视机构开展受众调查,举办调研人员培训班,大大地推动了受众调研工作向深度发展。

1992年5月,中央电视台联合全国电视台开展了第二次全国电视观众抽样调查,规模为30500人。此次调查发现全国电视观众已由1987年的6亿增至8.09亿。中央人民广播电台也于1992年10月进行了第二次全国听众调查,发现全国广播听众仍有7.25亿,其中收听中央电台节目的听众从1988年的6.23亿上升到6.92亿。听众强烈要求中央电台增加新闻节目,特别是国际新闻节目。于是该台发挥广播传播速度快、信息量大的优势,从1993年1月1日开始,在黄金时间增加了由"时事述评""国际纵横""经贸与科技""空中市场"四个专栏组成的《环球信息》节目,受到听众欢迎。

1997年5月,中央电视台联合地方电视台开展第三次全国电视观众抽样调查。调查发现:由于电视人口覆盖率在1996年已达86.2%,电视机社会拥有量已达3.17亿台,全国电视观众总数已提高到10.94亿。观众收看节目的时间为平均每人每天2小时11分钟,比1992年增加了13分钟。观众收看电视的第一目的是"了解国内外的时事"。观众评价电视对人民生活的积极作用,居首位的是"丰富了人们的业余生活,满足了人民的精神需要"。观众对公益广告持肯定态度,但对节目中插播广告很是反感。

1997年9月,中央人民广播电台开展了第三次全国听众抽样调查,发现由于电视的竞争,该台的听众为6.59亿,比1992年减少3300万,但有1/5的听众是同家人共同收听的,因此,最大的听众规模可达7.91亿人。这次调查的创新意义在于,在做常规项目调查之时,还调查了听众的个人生活性状,根据因子分析和聚类分析结果,将听众区分为进取型(占32.5%)、活动型(占26.1%)和安静型(占41.4%)。不同生活性状的听众对广播节目有各自的偏好。

(三)我国广播电视受众调查工作的成熟

从20世纪80年代初期到90年代中期,我国的广播电视受众调查,均由电台、电视台独家主持或分别联合建立调查网络进行。20世纪90年代中期以后,我国受众调研进入专业化管理的成熟发展阶段。

1995年6月,央视调查咨询中心成立,接管全国电视观众调查网的日常管理和收视率数据的经营活动,电视观众调查开始面向市场。与此同时,许多电视台受众调研队伍一分为二,一部分人进入央视调查咨询中心系统,另一部分人留在电视台的受众调研机构。这种分工有利于受众调研向专业化、规范化方向发展,独立于传播媒体的调查公司在力求调查数据的客观公正方面处于较为有利的位置,而且作为独立法人的专业调查公司在人、财、物方面拥有自主权,有利于人才的引进和技术的更新。此外,电视台受众研究机构从对调查网的大量事务性管理中解脱出来,专心致志地对调查数据等观众反馈信息进行深入的开发研究,为电视台的宣传提供决策参考,有利于提高电视台管理的科学化水平。

1997年12月,央视调查咨询中心与法国Sofres集团合资成立了央视—索福瑞媒介研究有限公司(简称CSM),专事电视收视率的调查研究及相关软件、业务系统的研制开发。CSM独家使用并管理世界最大的电视收视率调查网络,运作的日记卡样本达17000多户,可提供700多个频道的每日收视率数据。我国一百多家各级电视台、所有的4A广告公司、三百多家境内广告公司和十多家企业从CSM获取收视率数据。到1999年底,它在北京、上海、广州安装了近千台人员测量仪。这种设备能够精确到以秒为计算单位来记录观众的收视行为,此外,它内含“图像匹配”技术,适用于今后的数字电视。1999年10月国家统计局向CSM颁发了涉外社会调查审批决定书。

此外,国家统计局系统的北京美兰德信息公司也在广播电视受众调查方面做出了成绩。继多次完成“凤凰卫视中文台内地收视状况调查”之后,1999年又与中国广播电视学会受众研究委员会合作,成功地进行了“中国上星电视台观众收视状况调查”,并着重调查了辽宁、江苏、安徽、湖北、广东、重庆、贵州七家上星台主要栏目的收视状况,发现这七个台的可接收人口均超过1亿,是本省总人口的2.5至12.4倍,已具有一定的全国或区域影响。

2002—2003年,中央人民广播电台与美兰德公司两次发起“广播联合调查”,先后有10多个省、市的广播电台参与其中,该项调查采用了电话访问、入户访问等多种调查方法,产生了较大的影响。但由于种种原因,这项调查没能坚持下去。

2003年初,赛立信公司在原来下设的媒介研究部的基础上组建媒介研究公司,专门从事广播受众调研和收听率调查,成为当时我国唯一一家专门定位于广播调研的专业调查公司。

此后,面对国内广播电台、电视台和广告界对收听率、收视率调查数据的“井喷式”需求,央视—索福瑞、AC尼尔森公司凭借它们在调查网络、品牌等方面的优势,在国内大举拓展广播电视受众调查领域,并定期发布调查数据,产生了很大的社会影响。

专业调查公司为受众调研提供了规范的服务,方便了媒介机构的受众研究,但商业化服务也带来一些新的问题:一是中国国土大,调查网络越完善调查费用越昂贵,动辄数十万、数百万,经济效益不佳的媒介机构往往望而却步,从而制约了受众调研的均衡发展,造成媒介间的不平等竞争;二是我国市场调查业尚处在起步阶段,行业管理不规范,没有法规性的受众收听率、收视率测试体系,有些调查公司“黑箱”作业,常因调查数据的准确性问题与媒介机构发生纷争;三是在媒介竞争激烈的时代,一些媒介机构强调调查数据是商业秘密而不乐意公开共享,致使经费短缺的研究单位、教学单位难以将有关的理论研究深入下去;四是有些媒介机构由于国家财政拨款不足需要自筹资金,便把广告商视为“上帝”,而忽视受众需求,不重视受众研究。

(四)我国境内的视听率调查专业机构

与国外相比,我国视听率调查起步较晚,但发展速度较快。自20世纪80年代起步后,经过20世纪90年代中后期的快速发展和21世纪初的不断完善,我国视听率调查现已步入了规范化、专业化的发展轨道。特别是20世纪90年代中后期,随着电视台及电视频道数量的迅猛扩张和电视媒介市场化的快速发展,电视收视市场的竞争加剧,收视率作为反映电视观众收视行为和偏好的主要指标在节目编排、广告投放决策以及电视节目评估中的作用越来越被业内人士认可,在这种背景下,我国的电视收视率调查工作得以快速发展。

目前,在我国从事视听率调查的专业机构已有多家,其中影响最大的两家,一是尼尔森公司,一是央视—索福瑞媒介研究(2015年改称“中国广视索福瑞媒介研究”)。

1. 尼尔森公司

前身为AC尼尔森公司,1984年进入中国,坚持采用测量仪方法,主打中心城市,在中国10多个城市进行收视率调查。1993年,AC尼尔森公司的媒介研究部门开始为中国市场提供广告监测服务。1996年,尼尔森媒介研究从AC尼尔森公司中独立出来,专门从事媒介受众调查和相关服务,并首先在上海推出收视率服务。1999年,尼尔森媒介研究被荷兰的出版集团VNU(VNU是世界首屈一指的媒介和资讯公司之一)收购。2003年,尼尔森媒介研究开始在中国大规模拓展电视观众研究服务,将收视监测研究扩大到中国的100多个城市,并且建立省网监测,在中国70多个城市以及17个省份建立日记法研究样本,以监测城区及乡镇居民的收视习惯。2007年,VNU更名为尼尔森公司,旨在强调它最广为人知的品牌名称。目前,尼尔森公司提供的电视收视率数据,已经成为媒体和广告行业的通用指标。

2. 央视—索福瑞媒介研究(CSM)

又称央视—索福瑞媒介研究有限公司,1997年12月成立,由央视调查咨询中心(1995年5月成立,前身为1991年中央电视台创建的“全国电视观众调查网”)与法国索福瑞集团合作设立,现已成为中国最具权威的视听率调查专业公司。央视—索福瑞媒介研究公司,旨在为传媒市场提供全国性、连续性、独立、透明、有代表性和产业化的服务。1999年底,CSM在全国建立了拥有18000多个样本户的世界最庞大的调查网,服务对象包括整个市场的所有客户——90多家电视台(国家级、省级、市级)、所有4A广告公司、300多家国内广告商和10多家企业提供日常视听率数据以及必要的统计分析。至2004年5月,CSM在全国已建立了1个全国调查网(测量仪)、19个日记卡省网、3个测量仪省网、74个城市日记卡调查网,24个城市测量仪调查网。样本总规模达到30000户,对全国近800个主要电视频道的收视情况进行全天候不间断的监测。

2015年7月,央视—索福瑞更名为中国广视索福瑞,注册资本金也由80万元增加到5000万元。从改名和增加注册资本金来看,这次调整是增资扩股的前奏。2016年4月,中国广视索福瑞进行股东变更,除原有央视市场研究和索福瑞亚洲太平洋公司之外,中国广视索福瑞大幅度吸收了包括地方电视台和有线电视运营商在内的股东机构,如北京歌华有线电视网络股份有限公司、杭州华数传媒网络有限公司、芒果传媒有限公司、江苏融创传媒产业投资发展有限公司等。这次增资扩股引进其他2家中央级广电机构(国广传媒发展有限公司、央广传媒发展有限公司)和主流地方电视台做股东,直接堵住了业界多年来对CSM收视率数据“唯央视论”的口,将电视台和有线网都纳入到收视率监测体系之中,可以让CSM

的数据更加具有说服力和权威性。另外，新引入股东中有些属于广电新媒体的主力军，CSM可以借助这些股东将收视率监测推广到新媒体领域，让CSM监测体系更加全面。毋庸讳言，随着新媒体平台的崛起，传统以结构性数据为基础的收视评价体系，已经不能反映节目的用户收听收看行为的客观全貌，业界对央视—索福瑞的质疑从数据准确性进一步延展到整个收视率监测体系。更为严峻的是，类似于酷云、国双等大数据公司的崛起，对索福瑞的业务造成的冲击和威胁越来越大。由此看出，CSM此次增资扩股显然有着极强的现实意义。

近年来，覆盖全中国的收视调查网络和先进的收视监测技术标准使CSM成为中国收视研究市场上的领导者。CSM拥有世界上最大的广播电视受众调查网络，覆盖5.97万余户样本家庭；其电视收视率调查网络所提供的数据可推及中国内地超过12.8亿和香港地区640万的电视人口；其广播收听率调查的数据则可推及中国超过1.46亿的广播人口。截至2017年2月，CSM已建立起151个提供独立数据的收视率调查网络（1个全国网，25个省级网，以及包括香港特别行政区在内的125个城市网），对1008个电视频道的收视情况进行全天不间断调查；同时，CSM也已在中国34个重点城市及3个省开展收听率调查业务，对436个广播频率进行收听率调查。CSM的视听率数据已成为中国广播节目、电视节目和广告交易的"通用货币"，并赢得了越来越多客户的信赖。

除了传统广电市场之外，中国广视索福瑞在新媒体和互联网领域也频频发力。2014年，央视—索福瑞与新浪微博宣布战略合作，双方合力打造的微博电视指数Beta版上线，成为国内首个基于社交媒体评估电视节目影响力的大数据分析系统。该指数参照国际通行标准，对微博上关于电视节目的讨论量及用户规模等进行规范化统计分析，为电视节目在微博上的传播、营销与评估提供更有效、系统化、标准化的数据支持，以此打造电视节目在微博上口碑影响力和用户覆盖度的"官方"指标和数据。

2015年底，中国广视索福瑞媒介研究有限责任公司与广州欢网科技有限责任公司签署了《索福瑞与欢网科技战略合作协议》。根据协议，索福瑞与欢网科技的本次战略合作，将聚焦于智能电视大数据，开展包括实时收视数据、收视行为与观众消费行为等多元数据融合在内的多项应用探索，推动建立智能电视收视数据系统应用的行业性标准，包括标准的监测方法、规范的指标体系、统一的发布平台。

2016年5月，中国广视索福瑞媒介研究有限责任公司推出了时移收视率标准化测量服务。时移收视率拓展了传统收视率调查系统，CSM希望直播与时移收视率的综合应用能够客观反映当前电视的收视价值成长，并逐渐成为评估电视端全收视价值的标准化工具，将其纳入电视行业的日常评估应用之中。

本章思考题

1. 广播电视受众具有哪些特点？
2. 怎样看待广播电视受众的地位？
3. 广播电视受众有哪些视听动机与视听心理？
4. 说说开展广播电视受众调查的意义。
5. 介绍一下我国广播电视受众调查工作的开展情况。

第十一章　广播电视法制建设

◆本章要点

- 广播电视法制建设的意义
- 广播电视法制建设的基本要求
- 西方发达国家广播电视法制化管理的特点
- 我国广播电视法制建设存在的问题与不足
- 我国广播电视法制建设的改进思路

第一节　广播电视法制建设概说

一、法制与法制建设

1. 法制的含义

法制，英文为 legal system，可解释为法律制度或法律和制度的总和，是指掌握政权的统治阶级按照自己的意志、通过国家政权建立起来的、用以维护其社会关系和社会秩序的法律和制度的总和。相对于经济制度、政治制度而言，它体现的是一个国家的法律制度体系，是一个国家法律整体制约系统的统称。

法制，是随着国家的产生而产生的，有国家即有法制。历史上各种不同类型的国家都有自己的法制。当然，任何法律和制度都是建立在一定的经济基础之上的，并对经济基础具有反作用。当一定的法律和制度的建立，是为适应生产力发展要求的经济基础服务时，它可以促进生产力的发展和社会的进步；而当法律和制度的建立，是为脱离生产力发展实际的经济基础服务时，就会阻碍、破坏生产力的发展，妨碍社会进步。

法制就其本质而言，是指法的规范化与制度化。有关法制的特性，大体上可以概括为：法制与政治制度、文化制度、军事制度等属于同一社会序列，是一定社会上层建筑的重要组成部分，体现该社会的根本性质和特征；具有普遍强制力，存在于一切国家之中，同时贯穿于社会的各个方面，在国家权力所涉及的范围内普遍有效，如有违反，就会受到法律制裁；建立在一定的经济基础之上，反映一定历史时期的生产力发展水平和社会状况，具有相对稳定性和长期有效的特点；具有阶级性，是统治阶级意志的制度化、法律化，是统治阶级的经济制度、政治制度、文化制度以及其他社会制度的法律化。历史上各种不同类型的国家（不论其处于哪种社会形态——奴隶社会、封建社会、资本主义社会，抑或社会主义社会），都有一整套有利于统治、服务于统治的法制。

2. 法治的含义

法治，英文是 rule of law，是西方进入近代社会以后提出的一个概念。作为一种治国思想和治国方式,法治是指依照体现公众意志和社会发展规律的法律治理国家,而不是依照个人的意志和主张治理国家(即"人治"),要求国家的政治、经济和社会各方面的活动都要依照法律进行,而不受任何个人意志的干预、阻碍或破坏。

"作为一种治理国家的政治理念,法治与人治相对立。法律面前人人平等,是法治的核心思想。"[1]一个社会或国家,能否称之为法治社会或法治国家,首要的就是看它是否以法律面前人人平等作为根本的治理原则。在20世纪80年代,法治这一概念在我国不仅被理解为法的规范化、制度化,还被理解为与民主紧密相连,而与专制对立的遵守法律、依法办事、平等执行的原则和制度。进入20世纪90年代之后,随着社会思想的进一步解放和人们观念的进一步更新,西方的"法治"这一概念才在我国被普遍认同。在加强社会主义法制建设的同时,"实行社会主义法治"的思想被提出来,继而作为一种治国理念被接受。1999年3月,第九届全国人大第二次会议通过的《宪法修正案》第十三条规定:在《宪法》第五条中增加一款:"中华人民共和国实行依法治国,建设社会主义法治国家。"

法治,是以民主为目标,以权利制约为重点的一种社会管理模式、社会秩序状态和社会生活方式。民主是法治的前提与目标。法治不是从来就有的,是社会发展到一定阶段的产物。奴隶社会、封建社会更多是人治,到了资本主义社会和社会主义社会,法治才逐渐替代人治。较之于人治,法治具有更大的进步性。法治是公正而高效地治理国家的方式,是社会发展的产物,是当今大多数国家的选择。无论是资本主义社会还是社会主义社会,虽然立法代表产生的程序和方法以及法治的产生方式不尽相同,但建设法治国家正被大多数人所接受。

3. 法制与法治的关系

现实生活中,人们经常遇到"法制"和"法治"两个词。探讨广播电视法制建设,必须明了法制与法治是两个不同但又有着紧密联系的概念。

法制和法治,既相互联系又有所区别。法制,是相对于经济制度、政治制度而言的。法治是相对于人治而言的。二者之间的区别主要体现在内涵、范围、要求、法律地位、权力约束和价值取向等方面。法制的内涵是法律和相关制度,法治是相对于人治的治国理念、原则和方式。法制存在的范围较广,有了法律可以说法制就存在了,一般情况下国家的存在就意味着法制的产生与存在。但是法治并不存在于所有国家,法治是资产阶级革命的产物,资本主义时代到来才逐渐产生法治,只有实行民主制的国家才实行法治。法制要求国家的各项事务法律化、规范化,有法可依、有法必依、执法必严、违法必究。法治则要求严格依法办事,法律在处理国家事务和调整人与人关系中具有绝对的权威性和强制性。法制存在不意味着法律至上,但是法治中包含着法律至上的理念。法制并不涉及国家权力和公权力的约束,它可以存在于人治社会,也可以存在于法治社会。但是法治强调的是对国家权力和公权力的约束,一切权力必须服从法律,在法律许可的框架中活动。不同类型的国家有不同形式和不同程度的法律和制度,但是只有实行民主制的国家才是法治国家,因为民主制是法治的前提和基础。民主在法治中主要体现为法制具有统一性、合法性和平等性,即法律在一定范围内是统一的,一切组织和个人都要遵守法律,法律面前人人平等。法制建设,法制本身并没有固

[1] 黄瑚:《新闻传播法规与职业道德教程》(第二版),第6页,复旦大学出版社,2013年10月。

定的价值取向。法治社会中的法制,才体现为民主、自由、平等、人权等价值观念。

总之,法制与法治,是既有一定区别又紧密联系的两个概念或范畴。法制与法治的辩证关系是:法制完备不能直接导致法治状态,但法治状态必须以法制完备作为基础。

二、广播电视法制建设的意义

如前所述,所谓法制是法律制度的制定、执行和遵守的完整体系,是依法办事的原则和制度。统治阶级以法制化、制度化的方式来管理国家事务,将其意志通过法定程序变为国家意志,形成法律和制度,并依据法律和制度管理国家事务,形成一定的社会秩序。据此,可以将广播电视法制界定为:广播电视法制就是掌握着国家政权的社会集团将本集团的意志以国家意志的形式呈现,通过国家机关制定的调节广播电视传播活动中各种关系的法律与制度的总和。在我国,广播电视法制是中国特色社会主义法制体系中的有机组成部分,同时也是建设中国特色社会主义法治国家的一个重要环节。因此,对我国广播电视法制建设的探讨,毫无疑问也是植根于建立社会主义法治社会的语境之下的。

在现代社会中,法律制度的制定与实施,在明确不同社会主体各自的权利与义务,规范社会系统的有序运行,推动社会合理分工,激励各责任主体的积极性,增进社会协作,保护合理竞争,体现公平与正义,限制机会主义行为,减少不必要的社会矛盾与摩擦,降低社会运行成本,维护与保障全体公民的正当福祉,促进国家发展与社会进步等方面,都具有十分重要的意义。广播电视法制建设的意义同样如此。

广播电视是一种综合性、渗透性极强的现代传播媒介,它的传播速度快、信息量大、覆盖面广、受众多,其影响巨大,涉及政治、军事、科学、文化、教育、伦理道德、人民生活、国际关系等诸多方面。所以,国家运用法律对广播电视事业进行规范和调整是必然的。世界上几乎每一个国家的宪法里面都写进了关于人民言论和出版自由神圣不可侵犯的内容,这成为各国进行大众传媒管理的法律源泉,而在大众传媒的管理中,世界上许多国家对广播电视的管制都比其他媒体要严得多。按照西方国家通行的观点,对传统的印刷媒体,如各种报纸、杂志等,进行任何形式的事先审查、许可制,都是违反言论或表达自由的。可是,对广播电视传播活动实行事先审查和许可,却是国际上的通例。例如,美国《通信法》第三百零一条规定:除经联邦通信委员会批准持有经营广播的许可证以外,任何人不得使用或者操作任何无线电传递的设备装置。在欧洲,《欧洲人权公约》第十条更是明确规定:本公约关于表达自由的规定不得妨碍各成员国规定对广播、电视和电影业实行许可制度。在中国,情况同样如此,官方明文规定办广播、电视的唯一合法主体是政府,审查许可管理是广播电视法制建设的内容之一。世界各国之所以格外重视广播电视法制建设与法制管理主要原因有以下几个方面:

第一,广播电视频谱资源是一种公共资源,属于公共财产,因而,频谱资源的使用者应当承担一定的义务和责任。国家应以法律或法规的形式将这种义务和责任固定下来。

第二,广播电视频谱资源在分配上处于"稀缺"状态,需要政府制定标准,做出选择,确保资源不被浪费或滥用。政府授予广播电视机构对频谱资源享有有限的垄断权(某一频率不能两家机构同时使用),应当为公共利益服务,这就需要通过法律对办广播电视的进入许可进行规定。

第三，广播电视社会影响很大。它利用声像的形象性、即时性与感染力，造成的影响十分巨大，尤其是对青少年。因此，应当承担相应的社会责任。比如，在一些西方国家，如英、法等在单一的国家广播电视事业或公共广播电视事业基础上的商业化改革，使得娱乐和消遣的比重上升，一些色情、暴力节目影响社会安定、对未成年人健康人格的形成和正常的社会化过程都造成了负面的影响，这就需要法律对广播电视节目的制作以及播放标准进行规定。

第四，广播电视媒体深入家庭，它们传播的内容可能随时出现在视听者的面前，而如果其中有令人反感的表现，很难让人有所预防。因此，需要法律制度对其内容进行规范。

第五，广播电视属于社会的文化产业，对一个国家、一个民族的文化构建和传承有着相当重要的作用。因此，各个国家必须对本国的文化产业进行一定程度的保护，这就需要法律对广播电视在与境外合拍、进出口交易、境外节目播出比例上做出规定，保护本国的文化产业以及文化传统。

以上这几个方面是世界各国进行广播电视法制建设的重要依据。《韩非子·有度》中讲到“国无常强无常弱，奉法者强则国强，奉法者弱则国弱。”同样的道理适用于广播电视业。广播电视事业的健康发展与产业的做大做强，不仅需要有完备的法律制度体系来加以规范、保障，促进其发展，更需要各级执法部门充分发挥职能作用，通过开展相应的工作维护广播电视事业建设的顺利推进与广播电视产业市场主体的合法权益，制裁和打击干扰、破坏广播电视事业发展与产业经营正常开展的各类非法行为，建立和营造良好的广播电视事业与产业健康发展的法治环境。当然，这就需要加强广播电视法制建设，合理划定广播电视传播活动中各相关主体的责、权、利范畴，规范广播电视管理，增进广播电视系统的有序运行，维护和保障好广播电视从业人员及广大民众在广播电视传播活动中的相关权益，为管理提供工具，为竞争制定规则，为服务明确责任。

三、广播电视法制建设的基本要求

广播电视法制是指在广播电视领域中实行的法律制度，具体包括法律体系各部分、各层次中与广播电视相关的法律规范及其实施。广播电视对整个社会的政治、经济、文化都有着重要影响，其法制建设情况容不得丝毫轻视。总的来讲，在当前社会环境下，广播电视法制建设需要满足下面一些基本要求：

1. 确定国家发展广播电视的基本方针，明确广播电视的主管部门及其职责

广播电视属于新闻传媒机构，具有多重社会属性，能够对一个国家的政治、经济、文化等都产生十分重要的影响。在社会主义国家，新闻媒体被视为党和政府的喉舌，是重要的舆论机关；在西方资本主义国家，新闻媒体则被视为国家立法、行政、司法之外的“第四种权力”，扮演着政府“看门狗”和社会“瞭望哨”的重要角色，对维护国家安定、社会有序运行等都有突出作用。因此，需要以立法的形式确定国家发展广播电视的基本方针，并明确相应的主管机构来对其进行管理，进而为广播电视业的健康发展提供制度保障。

美国1934年广播法的主要内容就包括有：明确规定电波属于人民，持有许可证的广播电视台是临时管理者，必须经政府批准才可以进行广播，而且必须为公众利益服务；规定设立统管各州之间用有线和无线进行的通信、电话、广播，以及管理国外通信业务的单一机构

"联邦通信委员会"。在中国,1997 由国务院颁布的行政法规《广播电视管理条例》中规定:发展广播电视要坚持为人民服务、为社会主义服务的方针,要促进社会主义精神文明和物质文明建设,国务院广播电视行政部门负责全国的广播电视管理工作。当然,中国的广播电视是执政党和政府的喉舌,是社会主义社会的重要思想文化阵地,肩负着"以科学的理论武装人,以正确的舆论引导人,以高尚的精神塑造人,以优秀的作品鼓舞人"的社会责任,具有很强的公益性。

2. 确定各类广播电台、电视台的性质与任务,设立与撤销的条件以及经营管理方式

当前,在世界范围内,广播电视的性质比较多元,既有国有国营事业性质的广播电视台,也有私有商营性质的广播电视台,还有公共机构性质的公营广播电视。本国的广播电台、电视台属于何种性质,承担何种任务,其设立与撤销的条件以及经营管理方式等,都需要以立法的形式予以规定,以便为广播电视业的健康发展创造良好的制度环境。

日本国会 1950 年通过的"电波三法"(即《电波法》《广播法》《电波监理委员会设置法》),主要内容就有:允许设立商业电视和广播;规定 NHK 是"不以营利为目的,独立于国家,为了全体国民福利"的公共广播机构。这些规定,以立法的形式确立了日本公商并营的广播电视体制,推动了公共电视和民营电视在日本社会中的竞争发展。

在中国,《广播电视管理条例》中包括有广播电台、电视台的设立,广播电视传输覆盖网的建设与管理等事项。这些相关规定对有效制止擅自设台、建网等有损广播电视行业健康发展的行为,起到了积极作用。

3. 规范和调节广播电视传播活动,促进广播电视业的健康发展

规范和调节广播电视传播活动,促进广播电视业的健康发展,也是广播电视法制建设的题中应有之义。纵观世界广播电视发展史,就会发现"以法治广电",对广播电视传播活动施以顺应时代发展潮流和社会发展要求的规范与调节,是广播电视业能够不断向前发展的最基本经验。以美国的广播电视业为例,美国之所以能够在世界上保持领先地位,其中一个重要原因就是在建立健全广播电视法律体系过程中,始终注意规范和调节广播电视传播活动,以顺应社会发展潮流并保障其对整个社会的正向影响。拿 1996 年制定的《联邦电信法》为例,"与 1934 年广播法相比,1996 年电信法主要有三方面的区别:打破媒体间壁垒,允许各个不同媒体在市场上互相渗透;放宽媒体所制的限制,促进竞争;以法的形式规范节目内容,限制色情和暴力等低俗内容的传播。"[1]在中国,党和政府提出大力发展文化产业的时代重任,要求广播电视在履行公共服务职能的同时,必须进行体制机制创新,加快产业发展,努力探索出一条既符合社会主义市场经济要求,又符合社会主义精神文明建设规律的新的发展模式。这就需要以立法的形式规范和调节广播电视传播活动,鼓励各种有益的探索(如节目制播方式改革、节目创新活动等),治理各种不良现象。

众所周知,市场经济是法制经济,必须通过法制建设,制定明确的法律法规,保护市场主体的合法权益,明确市场主体应尽的责任;同时,需要运用法律法规建立公平合理的市场体系,降低市场准入门槛,降低市场运行成本,为市场主体搭建良好的发展平台。因此,广播电视产业的良好发展,需要法制建设保驾护航,需要用法制的手段明确广播电视机构的权利和

[1] 郑超然、程曼丽、王泰玄:《外国新闻传播史》,第 382 页,中国人民大学出版社,2000 年 10 月。

义务，建立公平的竞争秩序，使得广播电视业能够积极顺应信息技术日新月异的发展态势，以市场为基础性手段调节资源配置和利益分配，合理合法地进行产业化发展、集约化经营、企业化管理、市场化运作等方面的有效探索。

4. 维护和保障广播电视从业人员的权益

广播电视媒体承担着传播新闻、引导舆论、社会教育、文化娱乐、信息服务等多种社会功能，在维护和保障公众的信息权、知情权、舆论监督权，满足他们的精神文化消费需求方面，发挥着十分重要的作用。特别是在舆论监督方面，由于广播电视媒体传播信息具有形象性、直观性、及时性、广泛性等特点，因而产生的效力十分强大，对遏制腐败、揭批丑恶现象、弘扬社会正气，是不可缺少的重要力量。然而，现实生活中，不少广播电视新闻工作人员在采访报道新闻事件、披露社会真相、实施舆论监督过程中，遭受阻挠、破坏、威胁、恐吓、侮辱、诽谤甚至殴打等侵害事件的情况时有发生。如果不能采取有效的防范与禁止性措施，势必会极大地损害广播电视从业人员的职业尊严感，也会给广播电视媒体正常发挥其应有的社会职能带来严重干扰。所以，以立法的形式，维护和保障广播电视从业人员应当享有的职业权利与职业尊严，用法律手法规范和调节广播电视从业人员在其职业活动中与其他社会组织、机构、人员之间的关系，是非常必要的。

5. 规范广播电视涉外事务的管理

当今世界，随着经济全球化的深入推进以及国际文化交流的日益密切，广播电视传播活动的范围早已突破国家藩篱，而体现出日趋国际化、全球化的态势。在此过程中，各国广播电视或多或少都会发生一些涉外事务，如本国电视节目在境外的落地，境外电视节目在本国的落地，广播电视传媒的跨国扩张活动，广播电视节目制作的国际合作等事宜。因此，广播电视法制建设必须将规范和调节广播电视涉外事务纳入其范畴。

由于广播电视媒体具有影响社会舆论的巨大威力，同时，对一个国家、民族的文化传承有着特别重要的作用，所以，世界上许多国家都通过立法禁止或严格限制外国人拥有和经营本国广播电视媒体以及限制本国的广播电视机构播放境外广播电视节目的数量等。例如，美国《通信法》第三百一十条中规定，电台许可证只可授予美国公民，外国人、外国政府或其官员，外国公司或负责人是外籍人的公司或1/5以上的资本总额由非本国公民拥有的公司，均不得持有许可证。法国长期坚持"文化例外"的原则，在相关法律中规定：电视台60%的时间必须播放欧洲大陆制作的影视内容，其中40%必须是法国本土片，对于电台，还额外要求再拿出20%的播放时间，播放当地新艺术人员的作品，扶持新人。

中国为维护国家意识形态安全与文化安全以及保护本国广播电视业的发展，也通过相关法规对涉外广播电视事务予以了限制性约束。如1997年出台的《广播电视管理条例》第十条中就有：国家禁止设立外资经营、中外合资经营和中外合作经营的广播电台、电视台；第四十条中有：广播电台、电视台播放境外广播电视节目的时间与广播电视节目总播放时间的比例，由国务院广播电视行政部门规定；第四十一条中有：广播电台、电视台以卫星等传输方式进口、转播境外广播电视节目，必须经国务院广播电视行政部门批准。

可见，以立法的形式对本国广播电视涉外事务进行规范管理，是广播电视法制建设的应有内容。

第二节　西方发达国家的广播电视法制建设

一、西方发达国家广播电视立法简况

西方发达国家根据自身的法律传统、广播电视业的特点、广播电视监管体制的特点，并基于不同的政治、文化、社会因素考量，形成了各具特色的广播电视法律体系。总体而言，可以分成以下三个方面：

（一）宪法中对广播电视活动的规范

从源头上讲，西方发达国家宪法中有关言论自由、表达自由、新闻与出版自由等方面的保护性条款，构成了这些国家广播电视法制建设的重要基础。

法国是世界上最早在宪法中明确规定公民享有言论自由的国家。1789年8月26日颁布的《人权与公民权宣言》（简称"人权宣言"）在历史上第一次把人权置于法律体系的保护之下。其中第十一条规定："自由传达思想和意见是人类最宝贵的权利之一；因此，各个公民都有言论、著述和出版的自由，但在法律所规定的情况下，应对滥用此项自由负担责任。"

美国1791年12月15日通过的宪法第一修正案规定："国会不得制定关于下列事项的法律：确立国教或禁止信教自由；剥夺言论自由或新闻自由；或剥夺人民集会、请愿、诉愿之自由。"至此，新闻出版自由作为美国宪法中的补充条款从法律上得以确立，美国媒体所享有的一切自由皆来源于此。

之后，其他各国纷纷在宪法中体现言论自由的精神。如日本宪法第二十一条规定："保障集会、结社、言论、出版及其他一切表现的自由。"希腊宪法第十六条第一款规定："艺术和科学、研究和教学自由，国家应鼓励和促进它的发展。学术自由和教育自由必须忠诚于宪法。"德国基本法第五条规定："人人有权以语言、文字和图像的方式自由表达和传播自己的观点，并且通过可普遍接入（获得）的信息渠道/来源自由获取信息。新闻出版的自由以及通过广播电视和电影的方式进行报道的自由得到保障，不得进行新闻审查"。与此同时，基本法第五条又规定："这些权利受到普通法法规、关于青少年保护的法规，以及个人名誉权不得侵犯的法规的制约。"通过这些规定，确立了言论自由、广播电视自由和广播电视事务不受政府干预的原则。

英国是世界上宪法的发源地，但它并没有一个成文的法典。不过，其关于权利保护的宪法性历史文件，也是广播电视法制建设的重要渊源。

（二）普通法律中对广播电视活动的规范

除宪法之外，民法、刑法、行政法、诉讼法等相关法律中的有关规定，也构成了西方发达国家广播电视法制建设的重要组成部分。

民法中的版权法、民事侵权法等与广播电视活动密切相关。1709年，英国通过世界上第一部版权法，其版权法是英美法系版权法的范本，按照该法案规定，所有的文学、戏剧、音乐或艺术作品，只要首先在英国出版，或作者是英国国民或居民的，都受版权法保护，不需要经过任何手续。美国是世界上版权保护体系最为完善的国家，自1790年颁布第一部版权法至

今,已有六部相关法案,如 1978 年《版权法》规定 1978 年 1 月 1 日后的出版物作品,版权期限从作者创作后的一刻开始到作者死后 70 年都在美国版权法案保护范围。

刑法中的有关不得损害国家安全、泄露国家秘密、严禁淫秽色情等条款,广播电视机构自然必须遵守。如美国刑法中规定禁止淫秽、下流、猥亵、亵渎、暴力等的画面和语言。

行政法中有关信息公开的条款、诉讼法中有关公开审判的规定等保障了广播电视等新闻媒介的采访报道权,从而确保公民知情权的实现。1776 年,瑞典出台了世界上第一部《新闻报道自由法》,是首部政府信息公开法,规定市民有接近公文文书的权利,以此作为防止公务员违反法律、滥用职权的手段。其后,美国(1966 年)、法国(1978 年)、荷兰(1978 年)、澳大利亚(1982 年)、日本(1999 年)、英国(2000 年)等国家陆续颁布了有关信息公开的法律。

此外,西方发达国家中有关选举方面的法律,规范竞争秩序、反垄断的产业方面的法律,未成年人保护方面的法律以及贸易和文化保护方面的法律等也都在一定程度上规范和调节着广播电视活动。如 1991 年的德国布兰登堡法第二十条(观点和传媒自由)既阐述表达观点自由和传媒自由,又要求保护青少年和其他公民权利,其中第三款规定:"允许通过法律的制约来保护青少年、保护(个人)名誉和其他重要的法律价值。不得从事战争宣传和宣扬伤害人类尊严的公共歧视。"法国 2000 年修改的《未成年人保护法》,其中第二百二十七条二十二款规定:协助或试图协助腐蚀未成年人的犯罪行为可判 5 年监禁和 7.5 万欧元罚款;如受害者年龄小于 15 岁,或犯罪人利用网络向不确定的青少年大众进行犯罪活动,或犯罪地点位于学习、教育场所的,可判刑 7 年,罚款 10 万欧元。第二百二十七条二十三款规定,记录或传递未成年人的色情照片可判 3 年监禁和 4.5 万欧元罚款;收藏此类照片可判 2 年监禁和 3 万欧元罚款;有组织地从事上述犯罪行为可判 10 年监禁和 50 万欧元罚款。[1]

(三)专门性法律

除宪法与普通法外,西方发达国家的立法机关和监管机构还依据法律程序制定了专门性法律,对广播电视活动进行规范和调节。这些专门性法律构成了西方国家广播电视法制建设的主体内容——广播电视成文法。广播电视成文法主要是对广播电视的监管、广播电视的所有权制度、广播电视技术、广播电视业务、广播电视收费等方面的规范。但由于国家不同,国情相异,广播电视成文法的制定也存在一定差别。

1. 美国

在美国,对广播电视的监管首先是从技术方面开始的。1912 年出台的《无线电广播法》(Radio Act of 1912),确立由商务和劳工部负责以许可证的方式对无线电波进行管制,并根据使用者的不同对频谱资源进行分配。1927 年,美国国会通过了一项《无线电法》(Radio Act),据此成立了由总统任命的联邦无线电委员会,以统一管理全国的广播事业。1934 年,《无线电法》改为《美国通信法》,无线电委员会更名为联邦通信委员会。其职能是:分配频率、频道;决定电台的设置;规定电台发射设备的类型和发射功率的大小;批准广播电视新技术的试验及其频率和频道;按照"符合公众利益、方便和需要"的原则,审批和颁发电台经营执照等。该法也成为此后美国广播法案的基础。随后,美国又有 1962 年《教育电视设备法案》和《全频道电视接收法案》,1967 年《公共广播法》,1973 年《国际广播法》,1990 年《儿童

[1] 张咏华、曾海芳:《德国和法国大众传媒领域对你未成年人的保护》,《新闻记者》,2009 年第 9 期。

电视法》和《反暴力电视法》,1994 年《国际广播法》,1996 年《儿童电视修正法案》等多部广播电视成文法颁布。

进入 20 世纪 90 年代中期后,随着互联网等新媒体的出现与发展,西方发达国家都在探讨促进新媒体发展与推进媒介融合发展并对其实施有效管理的途径和方法,纷纷推出相关法律规定,将广播电视、电信、互联网等纳入统一的法律规范的调整范围,以适应新科技对媒体发展带来的影响。在这一背景下,美国颁布了新的电信法——《1996 年联邦电信法》。新《电信法》打破了电信与广播电视、广播与电视、无线电视与有线电视的行业界限,允许相互渗透,跨业经营;放宽对电视台、电台覆盖范围和拥有数量的限制;将电视台、电台的执照统一延长为 8 年,并简化手续;限制色情、暴力等内容的传播。如果说 1934 年的《美国通信法》建立了广播电视发展所必需的规范的话,那么 1996 年的《电信法》则打破了诸多人为限制,适应了卫星电视和有线电视崛起、数字和网络技术广泛运用的新形势,为美国广播电视及电子信息产业的跨世纪发展提供了的法律保障。

2006 年,美国又出台了《净化广播电视内容执行法案》。至此,美国已经形成了一套比较完备的广播电视法体系。

2. 英国

英国自 BBC 成立后,政府就成立了收听委员会,对广播传播活动进行监督。1934 年,英国又成立了电视委员会,负责规划全国电视事业的发展。20 世纪 50 年代,英国广播电视为 BBC 垄断的现象引起了一些人士的不满,他们认为 BBC 限制了言论自由,减缓了广播电视业的发展速度,强烈呼吁建立商业广播电视机构。1954 年 6 月 30 日,英国议会表决通过了允许建立商业广播电视机构的《电视法案》。1972 年、1973 年先后颁布《无线电广播法》和《独立广播法》。1990 年,英国颁布新广播法,在保证节目质量的基础上,对进一步开放广播电视市场做出了规定。2003 年,英国出台《通信法》,合并多个监管机构,设立通信管理办公室,统一监管电信和电子传媒产业。英国对互联网上传输的内容和广播电视节目内容实行不同程度的监管,对于互联网上的内容监管较为宽松,而对于广播电视节目内容则进行严格的监管。

3. 法国

法国很早就有广播电视立法。在法国,自广播诞生后,私营电台纷纷涌现。为规范管理,1923 年,政府颁布法令,规定广播事业为国家专利,私人只有经过邮电部特许方可经营,且不得妨碍国营广播和公共利益。1926 年 12 月,法国公布一项新法令,逐步取消以前颁发的执照,以建立一个"国家管理下的、协调的广播组织",此后法国国营广播居于主导位置。1945 年 11 月,法国政府颁布法令,成立法国广播电视公司(RTF),领导全国的广播电台和电视台。1964 年,法国议会通过广播电视法案,将 RTF 改为 ORTF(全称法国广播电视管理局),不再隶属于政府部门,而成了具有工商企业性质的"独立"机构,负责对广播电视事业进行管理和控制。1982 年 7 月,法国议会通过新的广播法,允许开办私营电台。1989 年,法国再次修订《广播电视法》,确立了比较成熟的广播电视管理体制。

2004 年,法国出台《电子通信及视听通信服务法》,修改了 1986 年的《通信自由法》和《邮电法》相关条款,突出视听服务和电子通信在立法上的相关性。2009 年,法国又通过《视听传播和新公共电视法》,以适应媒介融合发展的大趋势。

4. 德国

德国的联邦体制决定了各州拥有一定的立法、行政和司法自治权，因此，德国 16 个州的广播电视法对各自辖区内的广播电视活动予以规范和调节，如《下萨克森州广播电视法》。同时，各州之间也签署了州际协议来管理广播电视活动，如联邦各州于 1991 年签署的《统一德国关于广播的国家协议》《广播电视接收费用的州际协议》《广播电视州际协议》等。此外，在德国的广播电视法中有一个属于联邦法律的特例，即《德国之声法》，它是针对代表德国国家利益的对外播出机构——“德国之声”的专门立法。

5. 日本

日本的广播事业“第二次世界大战”前长期由官办的 NHK 垄断经营，被置于政府的控制之下。1947 年，盟军占领军当局指示日本政府，要使广播脱离政府、政党的控制而独立存在，允许民间自由设立广播电台等。据此，日本国会 1950 年通过了“电波三法”（即《电波法》《广播法》《电波监理委员会设置法》），广播电台正式向民间开放。1951 年 9 月，名古屋的中部日本广播和大阪的新日本广播问世，由此揭开了日本广播业由独家垄断向多样化经营发展的序幕。“电波三法”促进了日本官办、民营广播电视之间竞争格局的形成，激发了日本广播电视事业的活力。

2002 年，日本推出《电信业务广播法》，保证了通过电信宽带网络顺利传输电视节目，推动了 IPTV 业务的发展。

6. 澳大利亚

1932 年 5 月 17 日，澳大利亚议会通过了《澳大利亚广播委员会法》，根据该法成立的澳大利亚广播委员会负责国营广播电台的广播。1939 年澳大利亚广播委员会开办国际广播。1942 年澳大利亚通过了无线广播法。20 世纪 50 年代以后，澳大利亚的广播电视业发展迅速，其规模在亚太地区仅次于日本。1956 年，澳大利亚无线广播法改为广播电视法。1992 年，澳大利亚颁布了新的《广播电视法》，以推动广播电视业的进一步发展。

7. 俄罗斯

严格说来，俄罗斯目前不属于发达国家之列，不过其广播电视法制建设情况也有值得借鉴之处。在俄罗斯，有关广播电视的专门性法规是以传媒法的形式出现的。它们既用以规范印刷媒介（报纸杂志），也用来规范和调节广播电视、电影等大众传媒的活动。

20 世纪 80 年代末，苏联在戈尔巴乔夫时期推出的“公开性”“民主化”的改革浪潮赋予了媒体极大的自由，赢得了不少民众的支持，但传媒随即也成为各党派争斗的焦点。为了规范日渐失控的大众传媒，《苏联出版与其他大众传媒法》（简称《苏联传媒法》）经审议通过，这是苏联历史上第一部也是唯一一部传媒法，共 39 条，不足 8000 字符。总的来说，该法从确立新闻自由、解除传媒垄断和实现传媒自治三个方面做出了原则性突破，从而奠定了实现俄罗斯传媒转型“自由化、私有化和市场化”目标的法律基础。[1]

1991 年 12 月 27 日，苏联解体，俄罗斯传媒发生了巨大的变化，不再只是政治宣传的工具，也成为社会不可或缺的信息和娱乐平台。苏联解体的第二天，《俄罗斯联邦大众传媒法》（简称《俄罗斯传媒法》）通过，在延续《苏联传媒法》精神的基础上，具体条例增加到 62 条，

[1] 李彦：《俄罗斯传媒法变迁与社会转型的互动》，《中国出版》，2014 年 3 月下。

字数增加了近2倍。该法的主要内容涉及允许传媒重新注册和登记；严格约束终止新闻媒体活动的权力；明确创办人与编辑部的关系；提供税收优惠；放松色情出版物的限制；扩大记者权力；放宽国家间的合作尺度等内容。1995年、1998年、2000年、2001年、2003年，《俄罗斯传媒法》经过了多次修订。

除了各国自己的立法管理之外，有些国家之间也通过一定的协议对广播电视作出相应的立法管理。如欧洲委员会23个成员国在1989年10月通过了有关越境广播的指令，并由副部长理事会签订《欧洲越境电视广播协议》，其中就对参加国对跨国广播电视的接收和转播作了相关规定。

二、西方发达国家广播电视法制化管理的特点

美、英、法、德、日、澳等西方主要发达国家都已将广播电视纳入了法制化管理轨道，其主要特点有如下几个方面：

（一）依据专门法进行统一管理

西方发达国家都建立了以宪法或宪法性法律为基础的一般法体系，各国在一般法的基础上注重运用统一的专门法（或相关法）对公共和商业广播电视媒体进行约束。多数发达国家制定了广播电视专门法，少数发达国家制定了广播电视相关法，如媒介法、传播法和通信法等。美、英、日、德、法、加、澳等国，均通过统一的广播电视专门法（或相关法）对公共媒体和商业媒体的合法设立及存续提供法律保障，对其播出活动等组织行为进行约束。其中，美国主要通过联邦层面的公共广播电视法和通信法对公共广电媒体和商业广电媒体进行规范和约束；德国主要通过州间协议、州公共广播电视法和媒介法分别对公共广电媒体和商业广电媒体进行规范和约束。其他发达国家则是通过广播电视法、大众传播法、通信法、基本法和传播自由法等专门立法，对公共广电媒体和商业广电媒体进行统一的规范和约束。

（二）充分发挥独立机构的监管作用

绝大多数西方发达国家都设立了广播电视业（或纳入大媒体行业范畴）的行政管理机构。这些机构依法设立，依法行使相应的监管权力。如英国的文化媒介体育部、法国的文化传播部、加拿大的遗产部等。而且，大多数发达国家在行政管理之下，还设有广播电视行业的独立规制机构，其特点如下：依法设立，与政府行政管理机关保持一定的距离；在宪法和法律的授权范围内独立行使对广播电视行业和媒体的监管权。大部分发达国家的广播电视独立规制机构拥有开办广电媒介的许可（审批）权和节目内容的监管权、规则制定权，少数独立规制机构拥有准司法权和咨询建议权。在美国，广播电视与通信行业的独立规制机构是联邦通信委员会（FCC），它在广播电视管理体系中处于核心位置，统一行使对通信业和广播电视业的监管权。FCC直接对议会负责，并实行合议制的决策体制。其他国家的独立规制机构还有：英国的通信办公室（OFCOM）、法国的最高视听委员会（CSA）、韩国的广播委员会（KBS）等。各国独立规制机构对广播电视业的监管权限主要包括：

1. 产业和市场监管

独立规制机构对广播电视产业和市场的监管包括两个方面：第一，对产业运行状况和市场集中程度进行监视；第二，通过准立法、准司法等手段进行调控。监管的主要内容是市场

准入、市场的集中垄断程度和媒介所有权等。目前,美、英、日、德、法等国都已建立了较为完善的跨媒体、跨行业的媒介所有权规制体系,以及限制大众媒介过度集中的政策体系。

2. 内容监管

多数发达国家对广播电视内容的监管是通过立法授权独立规制机构来实现的。独立规制机构对节目内容都具有质和量的监视权,监管方式以事后监管为主,监视的结果往往作为颁发或撤销许可证的依据,也可以作为处理侵权和投诉案件的证据。

3. 准司法裁量

部分发达国家的独立规制机构还不同程度地拥有准司法权,可在投诉案件中对不遵守规则的媒体进行事后制裁。通常的制裁措施包括:警告、罚款、停播有关节目、暂停颁发乃至撤销许可证。如美国 FCC 曾以节目内容低俗为由,对哥伦比亚广播公司及其直属台和附属台共处以 55 万美金的罚款。

(三)管理的内容及特点

多数发达国家政府部门(或独立规制机构)对广播电视业管理的主要内容包括:广播电视行业发展规划管理、广播电视技术标准管理、广播电视频率资源分配管理、广播电视媒体行为管理、广播电视市场管理等。发达国家管理广播电视媒体,主要实行外部监管和内部治理相结合的方法,即政府监管、独立规制、社会监督、行业自律与媒体自我约束相结合。

目前,多数发达国家都设立了广播电视业的政府监管机构和独立规制机构;建立了社会监督机制;设有行业维权与自律组织。公共媒体和相当一部分商业媒体都建立了自我约束机制和较为完善的内部治理机构。

总体上看,发达国家的广播电视管理特点是:

(1)事前监管与事后监管相结合,以后者为主。

(2)外部监管与内部自主规制相结合,逐步加大自主规制的范围和比重。

(3)直接管理和间接调控相结合,后者的作用越来越被强调。

(4)指导性管理与强制性管理相结合,政府的行政管理以指导性为主,独立规制机构的监管则更强调二者的结合。

(5)约束机制与激励机制相结合,越来越强调在法制框架内建立监管者与被监管者之间的合作机制。

(6)政府监管与独立规制机构监管相结合,而且越来越重视后者的监管作用。

(四)常用的管理及引导手段

发达国家在管理和引导广播电视媒体的过程中,主要使用以下几种手段:

1. 强制型法律手段

通过立法或修法,一方面直接对媒介的行为进行规范,对违法行为进行处罚,维护广电媒介和各相关方的利益;另一方面授权独立规制机构或社会中介组织,对广播电视媒体进行监管。

2. 调节型经济手段

通过媒体财源控制、税收、补贴、设立基金和征收执照费等手段,对媒体的播出活动和市场行为、产业发展方向和产业机构、媒体的经营绩效和服务质量等进行调节。如加拿大政府在1996年设立了“加拿大电视基金”，对严格意义上的“加拿大电视节目产品”项目实施补贴。

3. 规范型行政和政策手段

政府有关部门运用行政指导、行政许可、行政处罚和行政复议等手段，对广播电视媒介和行业各方进行管理；通过出台和实施各种竞争政策、产业发展政策、反垄断政策及信息安全政策，对广电市场进行规范、引导和管理。

4. 约束型社会手段

约束型社会手段主要体现在两个方面：一方面，通过各类社会组织与立法、司法、行政等公权力机构之间的互动，影响和约束这些机构的决策，进而影响和约束公共媒体和商业媒体的决策和行为；另一方面，通过派代表进驻公共媒体的决策部门，直接影响公共媒体的决策与行为。此外，社会各界还可以通过强大的社会舆论压力，直接对广电媒体的行为发挥评价、监督和影响作用。

5. 自觉型自律手段

通过广电行业协会的同业自律、公共广电媒体的内部管理、商业广播电视媒体的自我约束机制、从业人员的职业准则和行为规范等，达到依法自我管理的目的。

6. 客观型技术手段

例如，美国FCC规定，建立防暴力芯片制定。这一制度要求电视机生产厂商从1998年起，在所有新生产的13英寸以上电视机上内置该插件，以防止过度暴力节目的不适宜出现。

第三节　我国的广播电视法制建设

目前，我国广播电视法制建设的重心主要放在广播电台与电视台、广播电视传输覆盖网、广播电视节目生产与流通、广播电视节目播出、广播电视广告等方面的规范与管理上。今后，广播电视法制建设不断推进，法律规章“立、改、废”工作力度加大，依法行政意识和法治观念不断增强，知识产权保护和法律服务水平不断提高，对违规节目和广告及网络等新媒体视听节目依法加强监管，法制工作机制在不断完善。

一、我国广播电视法制建设进程

我国广播电视法制建设始于1986年。在这以前的相当长时期，广播电视的宣传、事业等管理，均依赖于行政手段实施政策、下达行政指令、颁布“红头文件”等。1986年至今，我国的广播电视法制建设大致经历了四个阶段。

（一）1986—1990年，广播电视法制建设的起步阶段

1986—1990年是我国广播电视法制建设的起步阶段、初创时期。在这五年当中，广播电视法制建设的主要内容是组建立法机构，制订立法计划。

1. 明确指导思想

1986年10月15日，时任广播电影电视部部长的艾知生在中国广播电视学会成立大会上讲话，强调加强广播电视法制建设的重要性、紧迫性，认为广播电视需要依法管理的事情很多。他特别指出，广播电视技术日新月异，可以做许多事，但是它们在法律上、行政上、道

德上是不是许可呢？这就需要加强法制方面的研究。之后，广电部分管法规工作的负责人多次就广播电视法制建设的指导思想提出具体要求，强调制定有关法规、条例时，要有先后主次，轻重缓急，要先从急需的、易于着手的、单项的、低层次的、客观条件比较成熟的方面做起，不要贪大、太急，不然的话，事与愿违；同时，立法必须符合党和国家的基本方针政策，必须符合实际情况，定了就能执行。

2. 组建立法机构，制订立法工作计划

1986 年 1 月，广播电影电视部决定成立法规领导小组，并在部政策研究室设法规处。稍后，中央电视台等一些部属单位也成立了法制领导小组和法规起草小组。随后，广电部根据形势发展又建立了若干机构，包括 1990 年成立的行政复议委员会等。与此相适应，上海、广西、四川、湖南等省（自治区、直辖市）的广播电视行政部门成立了法制处，其他省份则成立了法制工作小组，配备了专职的法制工作人员。法制机构的建立，对广播电视法规建设的顺利开展起了组织保证作用。

主要的法制机构大体建立之后，广播电影电视部便着手制订 1986—1990 年的立法工作计划。1986 年 9 月，广播电影电视部部务会议原则通过"计划"，并上报国务院法制局，同时以广发政字〔1986〕825 号文件发广播影视系统。该计划把广播影视系统的法规分为三个层次：全国人大颁布的法律、国务院颁布的行政法规、广电部颁布的规章。"计划"规定 1986 年至 1990 年期间，由广电部拟出草案、上报国务院审议，经全国人大、人大常委会制定公布的法律有 2 件，即《广播电视法》《电影法》；由广电部拟出草案，经国务院制定公布的行政法规有 16 件，包括《广播电视设施保护条例》《有线电视管理暂行规定》《卫星地面接收设施接收外国卫星传送电视节目管理办法》等；由广电部制定颁布的规章有 25 件，包括《关于实行电视剧制作许可证制度的暂行规定》等。

1987 年 8 月，广播电影电视部在贵阳召开第一次全国广播影视法制工作会议。此后，广播影视系统的法制工作颇有起色，完成了有关录音录像、有线电视、中外合作摄制电影片电视片、电影版权等行政法规和部颁规章，同时在《广播电视法》《电影法》的起草工作方面做了不少工作。绝大部分省、自治区、直辖市广播电视厅局、文化厅局也制定了许多有关广播影视的地方性法规和规章。加强了法制宣传教育，加强了法律咨询，加强了广播影视行政执法和法规监督检查工作。

（二）1991—1995 年，广播电视法制建设的探索和徘徊阶段

这一时期，广播电视法制建设主要表现在明确立法工作重点，着重抓新技术带来的突出问题。1991 年 5 月 31 日至 6 月 4 日，第二次全国广播电影电视法制工作会议在青岛举行，会议初步规划了 1991 年至 1995 年广播影视法制工作。1991 年 12 月，广电部政策法规司向部领导上送"广播电影电视部 1992 年法制工作计划"。艾知生认为，眼下广播影视系统立大法条件尚不具备，譬如与邮电等部门的工作关系尚未理清，而且新闻法尚未出台。

进入 20 世纪 90 年代，有线电视、音像制品、卫星电视接收业务迅速发展以及电视剧摄制的社会化，使得广电系统从过去单一的内部管理转向内部管理和面向社会的行业管理并举。本着"急用先立"的原则，广电系统的立法人员把主要精力投向新技术带来的问题，并制定了不少相应的法规、规章。此外，在这期间，广西、江西、山东、山西、新疆等广播电视厅局分别制定了广播电视管理条例。这些法规、规章的颁布与实施，加强了广播电视系统依法管理的力度。

(三)1996—2003年,广播电视法制建设的快速发展阶段

这一时期,是我国广播电视法制建设的快速发展阶段,开始着手对广播电视法制建设进行全面规范,提高法规效力的层次和等级。

1996年底,由国务院制定的广播电视行政法规有4件,即《广播电视设施保护条例》《有线电视管理暂行办法》《卫星地面接收设施接收外国卫星传送电视节目管理办法》《卫星电视广播地面接收设施管理规定》。由广播电影电视部制定、颁布的部门规章有23件、规范性文件有80多个,包括《关于引进、播出境外电视节目的管理规定》《中外合作制作电视剧录像片管理规定》《影视制作经营机构管理暂行规定》《电视剧制作许可证管理规定》《音像制品内容审查办法》《广播电台、电视台设立审批管理办法》等。这些法规、规章对广电部门规范问题突出、急需解决的工作起了不小的作用。

然而,总的来看,我国广播电视法规依然不健全,已有的法规之间也不够协调统一。尤其重要的是,现有法规只能分别对广播电视某一方面的工作进行规范,而无法规范广播电视的整体工作。而且它们效力等级低,缺乏力度,实际执行起来存在很多问题。此外,在我国从计划经济向市场经济体制转变过程中,在广播电视事业飞速发展过程中,出现了许多新的情况、新的问题和新的矛盾,急需运用法律手段加以解决。再者,随着社会主义法制建设的不断推进,国家对行政管理工作提出了"依法行政"的要求。当时在国务院76个部委中,有43个部委已制定、颁布大法,形势呼唤一部全面规范广播电视工作的法规出台。

针对上述情势,广播电影电视部党组决定制定《广播电视管理条例》简称《条例》,并在1995年、1996年连续两年将《条例》尽快出台列为重点工作。1996年6月,广播影视部在北京召开第三次全国广播影视法制工作会议。会议提出力争1997年前使《广播电视管理条例》出台。此后,有关人员在原已起草的《广播电视法》草案的基础上加紧调研、协调工作。其间,仅国务院就召集广播影视部及有关部门共同对《条例》修改了7次,先后形成修改稿11稿。1997年8月1日,国务院常务会议讨论并通过《条例》。11日,国务院发布第228号令正式实施《广播电视管理条例》。

1997年出台的《广播电视管理条例》是国务院第一部全面规范管理广播电视事业的行政法规,是迄今法律效力最高的广播电视管理法规,在我国广播电视法制建设道路上具有里程碑意义。《条例》对当时突出存在的多头批台、擅自设台建网、乱播滥放等干扰广播电视健康发展的主要问题进行了规范,明确了广播电视传输覆盖网在国家信息化建设中的地位和作用,以及各级广播电视行政部门的职责。《条例》的颁布、实施是我国广播电视发展史上的一件大事,标志着广播电视行业已初步走上法制化轨道。

但《条例》的出台和实施,并未给广播电视业依法管理带来根本性变化。1998年6月10日,时任国务院副总理的李岚清到国家广播电影电视总局视察工作时,在听取总局工作汇报后表示"广播影视要加强立法,目前的《广播电视管理条例》和《电影管理条例》力度不够,要变成法律。这样就可以依法管理。"此后,国家广播电影电视总局进一步加强了法制建设工作。1999年1月至2003年4月,国家广播电影电视总局及与相关部委联合发布的行政规章和规范性文件有100多件,《广播电视法》《电影法》的起草也进入酝酿阶段。广播影视系统法制建设的目标是争取在不太长的时间内,基本形成以《广播电视法》《电影法》为纲,专项法规和配套法规为目,符合现代广播影视发展,符合社会主义市场经济要求的广播影视法规体系。

(四)2003 年至今,广播电视法制建设的调整、完善和破局阶段

2003 年以后,由于各方面复杂原因,我国广播电视法制建设进入调整阶段,在对以往法律体系进行逐步完善的基础上,积极寻求广播电视立法的破局,尽早出台广播电视法。

2003 年,国家广电总局启动了《广播电视传输保障法(草案)》起草工作,2005 年上报国务院,2008 年列入国务院立法工作计划。

2007 年,国务院法制办、国家版权局、国家广电总局开展《广播电台、电视台法定许可播放录音制品支付报酬办法》的立法调研,促进《付酬办法》尽快制定出台。

2009 年,国家发布了《互联网视听节目服务管理办法》,在信息时代与时俱进,将网络视听节目管理纳入法制化轨道。

由于《新闻法》尚未出台,加之广播电视又迎来了数字化发展浪潮,以及面临着“三网融合”等产业变革,我国的广播电视法制建设进入了相对沉寂的、带有酝酿时机意味的寻求破局的阶段。

二、我国广播电视法律体系的构成及其调整范围

目前,我国还没有制定专门的广播电视法。这里所提到的广播电视法律体系,是指由宪法和其他专门法中涉及广播电视的相关法律条文,国务院制定和颁布的关于广播电视活动的法律规范,以及国家广播电影电视行政主管部门依照宪法和有关法律制定的调整广播电视活动中的各种社会关系的行政法规和管理性规章所构成的体系。

(一)我国广播电视法律体系的构成

我国当下的广播电视法律体系分为宪法、法律、行政法规、地方性法规、部门规章和地方政府规章五个层次,其主体主要由《广播电视管理条例》《广播电视设施保护条例》等行政法规所构成。

(1)宪法层次。宪法作为国家的根本大法,其中的一些相应法律条文的内容涉及广播电视活动。例如,国家发展为人民服务、为社会主义服务的新闻广播电视事业(第二十二 条);公民享有言论、出版等政治自由(第三十五条);公民有进行科研、文艺创作和其他文化活动的自由(第四二七条)。

(2)法律层次。包括民商法、经济法、行政法、社会法、刑法、诉讼法等。比如民商法中有民法通则、合同法、物权法、著作权法等涉及广播电视;经济法中有广告法、证券法、消费者权益保护法、价格法、反不正当竞争法、反垄断法等涉及广播电视;行政法中有行政处罚法、行政许可法、行政复议法、治安管理处罚法等涉及广播电视;社会法中有环境保护法、气象法、语言文字法、未成年人保护法、教育法、残疾人保障法、老年人权益保障法等涉及广播电视;刑法中规定了破坏广播电视设施罪等相关罪名。2016 年 12 月 25 日,经全国人大常委会审议通过并予 2017 年 3 月 1 日起正式实施的《公共文化服务保障法》,则明确了广播电视节目内容和传输覆盖设施均等化、标准化、社会化的法律规范。

(3)行政法规层次。目前有关广电的国家级行政法规主要有:①1990 年发布的《有线电

视管理暂行办法》,对有线电视系统的设立、节目转播等进行了规定;②1990 年发布的《卫星地面接收设施接收外国卫星传送电视节目管理办法》,对外国卫星电视节目落地范围、卫星接收设施安装、使用等进行了规定;③1993 年发布的《卫星电视广播地面接收设施管理规定》,对卫星接收设施的生产、销售、安装、使用环节进行了规定;④1997 年发布的《广播电视管理条例》,对广播电台、电视台的设立,广播电视传输覆盖网的设立,广播电视节目制作播放等进行了全面的规定;⑤2000 年发布的《广播电视设施保护条例》,对广播电视设施安全维护进行了规定。

(4)地方性法规层次。主要是各省(区、市)、省会市及国务院批准的较大的市人大及其常委会制定的广播电视法规,如《吉林省广播电视管理条例》《福建省广播电视设施保护条例》《江西省广播电视管理条例》《河南省广播电视管理条例》《浙江省广播电视管理条例》《四川省广播电视管理条例》等,共有 20 多件。1989 年吉林省制定的《吉林省广播电视管理条例》是我国第一部广播电视地方性法规。

(5)部门规章和地方政府规章层次。目前广播电视部门规章有《有线电视管理规定》《广播电视无线传输覆盖网管理办法》《电视剧管理规定》《广播电视编辑记者、播音员主持人资格管理暂行规定》《广播电视节目出品人持证上岗暂行规定》《音像资料管理规定》《中外合资、合作广播电视节目制作经营企业管理暂行规定》《广播电影电视行政处罚程序暂行规定》《广播电影电视立法程序规定》等 30 多件,地方政府规章有《黑龙江省卫星电视广播地面设施安装管理规定》《湖北省广播电视节目管理办法》《上海市有线电视管理办法》等 10 多件。

总的来看,尽管我国广播电视的法规数量很多,但法律效力等级较低;有的法规过于宽泛粗糙,缺乏可操作性;有的法规之间有重叠、不一致的规定;有的法规文件缺乏必要的法律授权。不过,经过一段时间的集中清理,这些问题已经逐步得到了解决。

(二)我国广播电视法律体系的调整范围

总的来看,我国的广播电视法规体系的调整内容主要涉及以下几个方面:

1. 广播电台、电视台的设立和布局

1997 年国务院颁布的《广播电视管理条例》明确了我国设立广播电台、电视台,应当具备下列条件:①有符合国家规定的广播电视专业人员;②有符合国家规定的广播电视技术设备;③有必要的基本建设资金和稳定的资金保障;④有必要的场所。审批设立广播电台、电视台,还应当符合国家的广播电视建设规划和技术发展规划。国家禁止设立外资经营、中外合资经营和中外合作经营的广播电台、电视台。对擅自设立广播电台、电视台、教育电视台、有线广播电视传输覆盖网、广播电视站的予以取缔,没收设备,并处以罚款。

2. 广播电视的经营管理

中华人民共和国成立以来,我国广播电视业经历了由国家行政垄断经营管理向在国家指导下单位自主经营管理、区域性垄断经营管理的转变。具体情况如下;

第一阶段:1949 —1978 年,广播电视由国家行政垄断经营管理。中华人民共和国成立后至 1978 年以前,广播电视严格按照国家行政事业单位的性质进行管理,中央和地方各级广播电视机构既是新闻宣传机关,又是事业机关,中心工作是宣传,形成了新闻宣传、事业建设和行业管理“三位一体”的管理体制。这时期的广播电视只有事业属性,其产业功能完

全被忽视。

第二阶段:1979—1999 年,广播电视开始相对自主地进行经营管理,逐步推出各项经营业务。1979 年 1 月 28 日,上海电视台率先在国内播放广告,拉开了中国广播电视自主经营的序幕。1985 年,上海市广电局开始在上海电台、电视台实行经济承包责任制,拉开了广播体制改革的序幕。1989 年,广东省广播电视厅获批实行"事业单位,企业化管理"的新体制。自此以后,"事业单位,企业化管理",成为各地广播电视最基本的经营管理模式。1993 年 6 月,中共中央、国务院发布了《关于加快发展第三产业的决定》,把广播电视正式列入第三产业,广播电视的产业属性得以明确。1997 年,上海市政府授权市广电局作为上海广电系统国有资产的委托代理人,对国有资产进行运营管理。1999 年,我国第一家广电集团——无锡广电集团挂牌成立,采用了"事业单位,企业化管理"的模式。无锡广电集团的成立,标志着我国广播电视业开始步入集团化经营管理的发展新阶段。

第三阶段:2000 年至今,广播电视从相对自由竞争状态向区域性垄断经营过渡。2000 年后,随着各地诸多广电集团的成立,广播电视结束了先前各自为战的相对自由竞争状态,而进入了区域性垄断经营的发展阶段。2001 年中共中央办公厅、国务院办公厅《关于转发〈中央宣传部、国家广电总局、新闻出版总署关于深化新闻出版广播影视业改革的若干意见〉的通知》规定:报业集团、广电集团属于事业性质,发行集团、电影集团属于企业性质,经国家广电总局批准成立的广电集团都采用事业单位、企业化管理的模式。

涉及调整广播电视业经营管理内容的法律规范,主要由一些专门法规、政策中对于广播电视或新闻宣传事业的性质、作用、管理体制改革的有关规定,以及《广告法》《反不正当竞争法》等单行法规、规章或规范性文件中与广播电视经营活动有关的相关规定等。

3. 广播电视节目制作、传播管理

广播电视节目制作、传播管理涉及禁播、审查规定、限制播放规定、直播和群众参与直播节目规定等。

(1)禁播规定。《广播电视管理条例》明确规定了禁播内容:危害国家的统一、主权和领土完整的;危害国家的安全、荣誉和利益的;煽动民族分裂,破坏民族团结的;泄露国家秘密的;诽谤、侮辱他人的;宣扬淫秽、迷信或者渲染暴力的;法律、行政法规规定禁止的其他内容。

(2)审查规定。我国对广播电视节目审查制度包括两种:播出机构审查,即广播电台、电视台对其播放的节目内容进行播前审查;政府部门审查,对用于广播电台、电视台播放的境外电影、电视剧,由国务院广播电视行政部门进行审查批准。

(3)限制播放规定。涉及涉案剧、广告节目的限制播放,一是涉案剧限制播放。2004 年 4 月 19 日,国家广播电影电视总局下发了《关于加强涉案剧审查和播出管理的通知》规定,所有电视台的所有频道(包括上星频道和非上星频道)正在播出和准备播出的涉案题材的电视剧、电影片、电视电影,以及用真实再现手法表现案件的纪实电视专题节目,均安排在每天 23: 00 以后播放,特殊需要的需向总局专项报批。二是广告节目限制播放。依据《广播电视广告播放管理暂行办法》的规定,广播电台、电视台每套节目中每天播放公益广告的数量不得少于广告总播出量的 3%;每套节目每天播放广播电视广告的比例,不得超过该套节目每天播出总量的 20%。

(4)直播和群众参与直播节目规定。涉及重要政务新闻、群众参与的直播节目的规定:

①重要政务新闻的直播规定,包括重大政治会议报道直播:中国共产党每届每一次党代会,全国人大和政协每届每一次代表大会报告直播等,各类政务会议报道,领导同志出访、接见外宾活动的报道,推行政务公开活动的报道。如农村村务公开、乡镇政权机关的政务公开等。②群众参与的直播节目规定,依据1999年广电总局发布《群众参与的广播电视直播节目管理暂行办法》规定,开设群众参与的直播节目,必须经过审批、备案;必须具备"延时装置""储存电话"等技术保障措施;对导演、导播、电话编辑、节目监制等编播人员都有一些要求;有比较完善的节目操作程序和管理规定;有处理不测情况的应对预案等。未经批准擅自开设直播节目的要责令立即停止,通报批评。发生政治性事故的,应当暂停节目,予以行政处罚,对负责人和责任人予以行政处分。

4. 广播电视传输覆盖网管理和广播电视设施保护

(1)广播电视设施管理。依据《广播电视设施保护条例》规定,任何单位和个人均有保护广播电视设施的义务。禁止任何单位和个人侵占、哄抢、私分、截留、破坏广播电视设施。任何单位和个人对危害广播电视设施的行为,均有权制止并向有关部门报告。《刑法》在"危害公共安全罪"中设定了"破坏广播电视设施罪"(第一百二十四条),破坏广播电视设施、公用电信设施,危害公共安全的,处三年以上七年以下有期徒刑;造成严重后果的,处七年以上有期徒刑。并规定了过失犯罪的处罚。

(2)有线广播电视管理。有线电视台、有线电视站管理播放的电视节目必须符合有关法律、法规和国家有关部门关于电视节目和录像制品的规定。

(3)卫星广播电视接收管理。依据《卫星地面接收设施接收外国卫星传送电视节目管理办法》规定,国家对卫星地面接收设施实行审批制。

5. 广播电视从业人员制度

根据2004年广电总局颁发《广播电视编辑记者、播音员主持人资格管理暂行规定》,我国对广播电视编辑记者、播音员主持人等实行资格认定制度。其在执业活动中享有的权利主要有五项:

(1)以所在的制作、播出机构的名义从事广播电视节目采访编辑或播音主持工作,制作、播出机构应当提供完成工作所必需的物质条件。

(2)人身安全、人格尊严依法不受侵犯。

(3)参加继续教育和业务培训。

(4)指导实习人员从事采访编辑、播音主持工作。

(5)依法享有其他权利,同时应当承担八项义务:①遵守法律、法规、规章;②尊重公民、法人和其他组织的合法权益;③坚持正确的舆论导向;④恪守职业道德,坚持客观、真实、公正的原则;⑤严守工作纪律,服从所在机构的管理,认真履行岗位职责;⑥努力钻研业务,更新知识,不断提高政策理论水平和专业素养;⑦树立良好的公众形象和健康向上的精神风貌;⑧依法应当履行的其他义务。

6. 广播电视涉外制度

(1)境外资本和投资者准入规范

我国法律禁止设立外资经营、中外合资经营和中外合作经营的广播电台、电视台。2005年《关于文化领域引进外资的若干意见》规定:禁止外商投资设立和经营新闻机构、广播电台

(站)、电视台(站)广播电视传输覆盖网、广播电视节目制作及播放公司、利用信息网络开展视听节目服务等。我国广播电视领域对外实行有限开放政策:一是允许通过贷款等方式,利用境外资金投入广播电视建设;二是允许境外机构设立驻华广播电视办事机构;三是允许境内电台、电视台引进播出境外节目,允许中外合作制作电视剧、电视动画片等广播电视节目。

(2)境外节目播放比例进行规定

2004 年广电总局颁发的《境外电视节目引进、播出管理规定》规定:电视频道每天播出的境外影视剧,不得超过该频道当天影视剧总播出时间的 25%;每天播出的其他境外电视节目,不得超过该频道当天总播出时间的 15%;未经广电总局批准,不得在黄金时段(19:00—22:00)播出境外影视剧。

(3)境外记者到境内采访管理

依据 1990 年国务院《外国记者和外国常驻新闻机构管理条例》的规定:外国常驻记者、外国短期采访记者、外国常驻新闻机构,在中华人民共和国境内从事新闻采访报道业务的:①必须遵守中华人民共和国的法律、法规;②应当在注册的业务范围或者商定的采访计划内进行业务活动;③应当遵守新闻职业道德,不得歪曲事实、制造谣言或者以不正当手段采访报道;④不得进行与其身份和性质不符或者危害中国国家安全、统一、社会公共利益的活动。

(4)外国人参加广播电视节目制作活动管理

依据国家广播电影电视总局《外国人参加广播影视节目制作活动管理规定》,在有特殊需要或国内缺少相关人员的情况下,可聘请外国人参加广播影视节目制作活动,包括除新闻类以外的广播电视节目(含专题、综艺、外语教学类等)、电视剧、电影片的制作以及以制作广播电视节目为目的的各类文艺演出。但是要注意:①广播电台、电视台不得聘请外国人主持新闻类节目,包括新闻、新闻评论、新闻专题等。②广播电台、电视台经批准聘请外国人以专家身份参加外语教学节目并付给报酬的,纳入聘请外国文教专家系列管理,并按国家有关规定办理相关手续。③原则上外国留学生不得参加广播影视节目制作活动。因节目制作需要邀请外国留学生参加临时性广播影视节目制作的,制作单位应事先征得学生所在学校同意。

总之,中国的广播电视事业取得了巨大的成就,与之相适应,中国建立了广播电视许可制度、所有权制度、节目标准制度、网络制度、用户制度、从业人员制度,基本适应广播电视事业的发展需要,但面临三网融合的发展趋势,中国仍要加快广播电视的立法速度,强化依法行政,全面实施普法教育计划,增强版权意识以适应广播电视快速发展的需求。可以说,中国在广播电视法制建设上依然任重道远。

三、我国现行广播电视法规体系的不足

我国广播电视管理法规建设已取得了较为明显的成就,但由于广播电视法规体系涉及面广,起步较晚,广播电视法规体系也存在一些不足之处。

(1)法规层级不高,缺少广播电视管理总纲性法律,现行广播电视管理法规主要由行政法规、部门规章及规范性行政文件构成。《广播电视法》自 1986 年开始起草以来,修改草案已近十稿,但一直未能出台。1995 年,广播电影电视部改变了立法项目,将《广播电视法》降低层级为《广播电视管理条例》,并已于 1997 年颁布实施。

诚然,在广播电视法律一时难以出台的情况下,国务院发布广播电视管理的行政法规,也不失为广播电视管理法制化的一个重要步骤。然而,由于广播电视管理涉及新闻宣传、电影、广告、文化艺术、无线电频率使用、广播电视工程技术、邮电、卫星、经营等多个领域,牵涉到其他很多法律、法规,作为行政法规的《广播电视管理条例》,对法律层级高于其的有关法律或与之平级的行政法规,缺少有效的适用性。以行政法规规范原本应有法律调整的各方面权利和义务,从长远看,这样的法规体系是不完备的。

(2)法规体系尚不完备、严谨,法规与法规之间缺少足够的协调与统一。现行的广播电视管理法规体系中,大量由部门规章和规范性文件组成,呈散点状分布,相互之间缺少必要的联系,有的地方甚至出现相互抵触。由于部门规章、规范性文件所调整的关系范围较窄,往往针对某一方面单独制定相应的规定。由于缺少总纲性的法律依据,部门规章、规范性文件的制定中,难免会缺乏通盘考虑和全局观念。不同的规章、规范之间由于缺少兼容和匹配,容易产生不必要的法规冲突,包括对同类事务的不同规定的积极冲突,以及对某类事务都缺少明确规定的消极冲突,造成广播电视行政管理中的令出多门或者无法可依现象。这类情况通过法规的清理、修改,可以逐步得到相应的改善。

(3)法规、政策界限较为模糊,有的方面还有以政策代替法规的现象。长期以来我国广播电视管理党政机关化的体制和模式,大量规范性文件是以中央机构与行政部门联合发文的形式出现。尽管此种形式在过去发挥过重要作用,但这类联合发文的文件应当只是过渡性方式,其法律地位尚待商榷,在目前我国走依法治国的今天,继续维持这种模式是不适宜的。提倡广播电视管理法规中的党政分离,并不是否定政策对广播电视管理的正面积极作用,而是要求两者各司其职、互为配合。

全面推进依法行政,建设法治政府、法治国家,是我们党和政府提出的明确要求,也是社会发展进步的必然。广播电视作为一个行业,虽有三部法规和数十部规章,但法规建设已明显滞后,仅有的一部综合性法规《广播电视管理条例》,由于制定于经济体制转型期,其可操作性、前瞻性已明显缺乏。由于没有一部真正意义上的法律,加之法规出台的滞后,广播电视法规建设与全面建设法治国家,构建和谐社会,建设新型的法治文化的大环境难相适应,导致广播电视难以满足全社会日益增长的文化需求,也严重制约了广电行业自身的发展和结构的调整。社会的高速发展,新技术、新媒体的日新月异,呼唤具有中国特色广播电视法规体系的建立与完善。

四、我国广播电视法制建设展望

法制化管理是现代管理思想的重要内容之一。从社会效益和公共安全的角度,无论是企业管理还是事业管理,都需要运用法律手段规制和引导其行为。建构法制化的广播电视管理体制,是现代广播电视业发展的必然选择。

目前我国广播电视法制建设已经取得了一定成绩,但是广播电视系统的法律法规,没有一件是通过国家立法机关颁布的,都是行政机关得到立法机关的授权后以行政法规的形式颁布的。这些法规随着社会主义市场经济的不断发展和完善,已经越来越不能适应广播电视发展的需要。与此同时,进入21世纪以来,广播电视行业已发生了翻天覆地的变化,移动电视、网络电视、博客、播客等新技术、新媒体先后进入了广电管理的视野。新技术、新媒体的发展应用，衍生出许多新的制作和传播方式，使得广播电视涉及产业发展的法律缺失的问题日益突出，仅靠原有的几部条例和数十个规章难以实施有效的管理。因此，广播电视法制建设必须跟上时代的发展、变化步伐，尽早出台新的法律，以促进广播电视业的良性发展。

在广播电视立法工作方面，国外一些发达国家的做法可以给我们提供积极的借鉴作用。西方主要发达国家广播电视立法都已有成文的法律规范，尽管广播电视法的名称不一，但主要内容几乎完全相同，主要包括公共广播电视和商业广播电视、节目制作和供应、一般性广播电视节目标准等。同时，各发达国家为跟上时代变化的步伐，促进和规范广播电视的发展，近年来也都相继制定了新的法规。譬如，美国联邦通信委员会根据数字电视的发展问题，通过了数字电视转移规则，强制规定了有线电视公司应尽的义务。最先兴起地面数字电视发展的法国，也制定了其传送、接收和收费等规则。可以看出，西方各国都很重视依法管理广播电视事务。相比之下，我国广播电视立法近年来成绩显著，但存在法律效力等级较低、缺乏广播电视大法、对于新技术的跟踪研究及实施有效管理力度不够等突出问题。因此，在我国将来的广播电视立法中，要学习西方发达国家的做法，提高立法的层级和规格，跟踪广播电视产业发展前沿趋势，制定能够保障和促进广播电视业有序发展的国家大法。今后，我国应该加快进行《广播电视法》的立法步骤，尽早建立比较完备的广播电视法律体系，积极推进我国广播电视的法制化管理进程。未来我国的广播电视法律，应该是建立一个以根本法——宪法为依据，以基本法——广播电视法为主体，包括不同层次法律、法规的比较完整的法律系统。

（一）由应急式立法转向有计划的系统性立法

我国的广播电视法制建设比较滞后，一直难以跟上广播电视业的发展步伐。自 20 世纪 90 年代以后，我国广播电视进入了快速发展的新阶段，众多的新问题、新情况迫使有关部门以一种“头痛医头，脚痛医脚”的方式进行应急式立法。

长期以来，我国广播电视管理采取的是党政机关化的体制和模式。在这种体制和模式下，以中央机构与行政部门联合发文的形式出现的大量规范性文件成为广播电视依法管理的主要手段。尽管此种形式在过去发挥过重要作用，但这类联合发文的应急式文件毕竟只能作为过渡性方式，其法律地位有待商榷。原广电部和现国家广电总局在这一过程中也陆续出台了诸多应急式的条例、规章。尽管这些条例和规章在一定时间里为广播电视的发展起了很大的促进作用，但是，在我国走向依法治国的今天，继续维持这种模式显然是不适宜的。尤其是随着《立法法》（2000 年 7 月 1 日）和《行政许可法》（2004 年 7 月 1 日）的实施，全社会法制建设日益加快，广播电视业的发展突飞猛进，这些文件和法规已经明显落后于形势的需要，单凭它们难以适应当下广播电视的法制化管理要求。

事实证明，我国广播电视系统过去所采取的应急式立法，导致了现行广播电视法律的零散性和短视性，立法质量亟待提高。诚然，法律、法规因其普遍性效力和稳定性要求，难免具有一定的滞后性，但是在立法思路上还是应该根据广播电视发展的实际情况和未来发展趋势，使其具有一定程度的预见性和前瞻性。因此，从应急式立法尽快向有计划的系统性立法转变，是我国今后广播电视立法的根本方向。

（二）由封闭型立法转向开放式立法

我国广播电视立法应充分考虑和观测全球法制环境，采取适当的方式与国际准则接轨。

长期以来,我国广电系统是一个封闭的大系统,在这个大系统内部又有许多由行政区划分割开来的相对独立封闭的小系统。但是随着对外开放的扩大,全球化进程的加深,特别是加入WTO之后,很多境外媒体通过各种方式和渠道进入了中国市场,中国的广电业再也不能在封闭的环境中进行孤芳自赏的发展了。特别是在今天的广播电视立法中,一定要考虑全球竞争因素,考虑与国际准则接轨,使我国广播电视法规体系体现出相应的开放性和现代性的一面。

目前,广播电视立法与国际接轨的重点考量因素在于如何从法律、法规上回应WTO规则及其对中国广电业可能带来的影响。一方面,在立法原则和方向上要与WTO规则和国际惯例接轨。WTO的基本法律原则在某种程度上改变了我国新闻立法的法制环境。WTO的公平性原则和自由贸易原则,对于国外传媒进入中国和中国传媒实现跨国传播都具有很重要的影响,特别是对于国际性的广播电视节目、音像制品的贸易等有明显的制约作用。另一方面,要及时清理、修订原有法规体系中与WTO精神相冲突的内容和条款,并尽快制定与WTO规则相适应的新的法律法规。事实上,我国广电有关部门在2001年之后已经开始了对原有法律的清理工作,并在新制定的部门规章和规范性文件中体现了WTO的规则和精神。比如,2002年制定的《中外合作音像制品分销企业管理办法》规定:允许外国企业经我国政府有关部门批准在我国境内设立中外合作音像制品分销企业,但外资比例不得超过49%,合作期限不超过15年。这一规定可以看作是中国对"入世"时承诺的兑现。

开放环境下的广播电视播出安全更加需要法律法规的保障。播出安全有两个层面,一是内容层面,即通过法律调整和规范节目播出前的审查审看制度,杜绝导向不正确、庸俗性和低俗化内容的传播;二是传输层面,法律法规要对危害广播电视信号正常传输的行为进行严格惩处。当前,广播电视节目通过有线、无线已进入千家万户,且天上的卫星节目纷繁复杂,这其中难免会有个别人因贪图小利而给节目播出安全造成破坏;同时,境外敌对势力和邪教组织也在时刻威胁着播出安全。很显然,对待这类人或组织,要依从法律进行严厉打击或制裁,而要做到这一点,无疑需要强有力的法律法规予以明确和保障。

广播电视是一个有着很强意识形态色彩的特殊行业,不能放任自流,任其发展。今后,要切实加强对广播电视业的管理,提高广播电视的引导能力、使广播电视不断为全社会提供丰富、健康的精神文化产品,就必须将广播电视立法由封闭型立法转向开放式立法,加快出台适应国际社会准则和广播电视跨境传播活动要求的广播电视新法律。

(三)由事业型立法转向事业产业兼顾型立法

在我国,广播电视作为新闻媒体,是党和政府的喉舌,发挥着联系人民群众的桥梁和纽带作用,是提供信息资讯和精神文化产品的阵地。广播电视既是重要的新闻宣传舆论机构,也是重要的社会公益性文化事业部门,在社会主义精神文明建设和社会主义核心价值体系建设中具有举足轻重的作用。与此同时,广播电视还兼具有产业属性,是国家第三产业的重要组成部分。今后,我国广播电视在快速发展的过程中,要充分发挥其应有的社会功能和作用,保证正确的舆论导向、维护国家文化和信息安全以及促进自身的产业发展,都必须要有健全的广播电视法律、法规提供强有力的保障。因此,我国的广播电视立法必须尽快实现从事业型立法到事业产业兼顾型立法的转变。

首先,广播电视立法要为广播电视事业的良性发展提供制度性保障。广播电视是全社会乃至全世界公认的强势媒体,在世界各国都是重要的舆论阵地。广播电视舆论导向作用的发挥,需要法律法规的保障。我国的广播电视是党和政府的喉舌,理所当然要成为传递党和政府声音的工具。如何建设和使用好这个工具,如何界定其导向正确与否,没有明确的法律、法规定位和支撑,在错综复杂的市场经济环境和纷繁多样的国际政治经济博弈中,稍有不慎便会出现迷失。同时,广播电视还是社会公益性文化事业机构,肩负有为社会公众提供重要的资讯和丰富的文化产品的重任,这些也需要法律、法规给予保障。

其次,广播电视立法要为广播电视产业的良性发展提供制度性保障。过去,我国的广播电视立法,是典型的偏重单纯地为广播电视完成宣传和公共服务目标提供制度保障的事业型立法思路,在很大程度上忽略掉了广播电视的产业发展要求。进入 21 世纪以后,随着文化体制改革的实施,广播电视作为产业开始崛起,广播电视立法思路必须转为将事业和产业兼顾。在国外,广播电视作为产业已经有了数十年的发展历程,而我国的广播电视产业才刚刚起步,极为需要有相应的法律、法规来保障和促进其发展。同时,随着我国市场经济的加快发展、对外开放的不断扩大,广播电视业面临的竞争日益激烈,其宣传和公共服务目标的实现越来越依赖于其产业功能的发挥。这也从另一个方向对广播电视立法要兼顾产业发展提出了要求。为广播电视产业立法,就必须充分考虑市场经济的特点和要求,使制定的法律、法规适应市场经济环境。我国广电系统以往的法规计划体制色彩浓重,禁止性规定较多,缺乏引导促进产业发展的相关内容,这就需要我们加快立法改革步伐,在以下几个方面实现立法突破:一是以法律的形式确定广电的产业属性;二是以法律形式明确广电媒体市场主体地位;三是以法律、法规的形式明确广电媒体的经营职能及职能范围;四是对媒介产业的资本运作和财务运作实行立法监管,防止国有资产的流失;五是明确政府在广电管理活动中的职能及其管理手段,对政府的相关职能边界进行重新定位。只有这样,我国的广播电视才能拥有明确的市场主体地位,才能有效地借助市场配置资源,才能获得产业发展所必需的公平的市场环境和竞争机制。

此外,广播电视设施是发展广播电视事业和产业的重要载体,随着社会的发展和科技的进步,广播电视设施的装备水平也越来越现代化。现代化的广播电视设施需要法律、法规予以保护。眼下,社会上一方面乱设台、乱建网和擅自安装卫星接收设施的情况时有发生,另一方面对合法的现代化广播电视设施进行肆意侵占、损毁的现象也很常见。从理论上讲,这些现象应由广电部门负责统一执法、管理,但现实生活中由于政出多门,管理起来极为混乱。凡此种种,都需要在法律、法规上给予明确界定,提供强有力的保护。

总之,当下中国的广电业正处在一个大发展、大变革、大调整的时期。在这个希望与风险并存的特殊时期,更需要法制建设来为广电业的发展保驾护航,更需要发挥法制的推动、引导和规范功能。可以说,未来的广播电视法制建设,任重而道远。

本章思考题

1. 谈谈广播电视法制建设的意义。
2. 简要介绍一下西方资本主义国家广播电视法制建设情况。
3. 简述西方资本主义国家广播电视法制化管理的特点。
4. 我国广播电视立法该如何借鉴西方经验。
5. 我国广播电视法制建设存在的问题与不足及其改进思路。

参考文献

[1] 赵玉明. 中国广播电视通史[M]. 北京:北京广播学院出版社,2004.
[2] 郭镇之. 中外广播电视史[M]. 上海:复旦大学出版社,2005.
[3] 朱羽君,王纪言,钟大年. 中国应用电视学[M]. 北京:北京师范大学出版社,2001.
[4] 刘习良. 中国电视史[M]. 北京:广播电视出版社,2007.
[5] 赵玉明,王福顺. 广播电视辞典[M]. 北京:中国传媒大学出版社,1999.
[6] 程曼丽,乔云霞. 新闻传播学辞典[M]. 北京:新华出版社,2012.
[7] 方汉奇,丁淦林,黄瑚,等. 中国新闻传播史[M]. 北京:中国人民大学出版社,2002.
[8] 郑超然,程曼丽,王泰玄. 外国新闻传播史[M]. 北京:中国人民大学出版社,2000.
[9] 〔英〕詹姆斯·卡瑞,珍·辛顿. 英国新闻史[M]. 栾轶玫,译. 北京:清华大学出版社,2005.
[10] 〔美〕迈克尔·埃默里,埃德温·埃默里,南希·L·罗伯茨. 美国新闻史[M]. 9 版. 展江,译. 北京:中国人民大学出版社,2009.
[11] 〔美〕罗伯特·L. 希利亚德,迈克尔·C. 基思. 美国广播电视史[M]. 5 版. 秦珊,邱一江,译. 北京:清华大学出版社,2012.
[12] 黄匡宇. 广播电视学概论[M]. 广州:暨南大学出版社,2005.
[13] 毕一鸣. 现代广播电视论纲[M]. 北京:中国广播电视出版社,2007.
[14] 刘爱清,王锋. 广播电视概论[M]. 北京:中国广播电视出版社,2008.
[15] 陆晔,赵民. 当代广播电视概论[M]. 2 版. 上海:复旦大学出版社,2010.
[16] 徐光春. 中华人民共和国广播电视简史(1949—2000)[M]. 北京:中国广播电视出版社,2003.
[17] 赵化勇. 中央电视台发展史[M]. 北京:中国广播电视出版社,2008.
[18] 郭庆光. 传播学教程[M]. 北京:中国人民大学出版社,1999.
[19] 〔美〕罗杰·菲德勒. 媒介形态变化[M]. 明安香,译. 北京:华夏出版社,2000.
[20] 张国良. 新闻媒介与社会[M]. 上海:上海人民出版社,2001.
[21] 陈卫星. 传播的观念[M]. 北京:人民出版社,2004.
[22] 靖继鹏,吴正荆. 信息社会学[M]. 北京:科学出版社,2004.
[23] 李良荣. 当代西方新闻媒体[M]. 上海:复旦大学出版社,2004.
[24] 唐世鼎,黎斌. 世界电视台与传媒机构[M]. 北京:中国传媒大学出版社,2005.
[25] 〔美〕威尔伯·施拉姆,威廉·波特. 传播学理论[M]. 2 版. 何道宽,译. 北京:中国人民大学出版社,2010.
[26] 〔美〕斯蒂芬·李特约翰,凯伦·福斯. 人类传播理论[M]. 9 版. 史安斌,译. 北京:清华大学出版社,2009.
[27] 〔英〕约翰·B. 汤普森. 意识形态与现代文化[M]. 高铦,等,译. 南京:译林出版社,2005.
[28] 俞吾金. 意识形态论(修订版)[M]. 北京:人民出版社,2009.

[29] 〔美〕利昂·P. 巴拉达特. 意识形态起源和影响[M]. 张慧芝,张露璐,译. 北京:世界图书出版社,2010.

[30] 〔美〕约翰·菲斯克. 电视文化[M]. 祁阿红,张鲲,译. 北京:商务印书馆,2005.

[31] 〔英〕尼古拉斯·阿伯克龙比. 电视与社会[M]. 张永喜,鲍贵,陈光明,译. 南京:南京大学出版社,2007.

[32] 〔加〕马歇尔·麦克卢汉. 理解媒介:论人的延伸[M]. 何道宽,译. 北京:商务印书馆,2000.

[33] 〔英〕大卫·麦克奎恩. 理解电视[M]. 苗棣,赵长军,李黎丹,译. 北京:华夏出版社,2003.

[34] 〔英〕戴维·莫利. 电视、受众与文化研究[M]. 史安斌,译. 北京:新华出版社,2005.

[35] 〔美〕尼尔·波兹曼. 娱乐至死·童年的消逝[M]. 章艳,吴燕莛,译. 桂林:广西师范大学出版社,2009.

[36] 周小普. 公共广播服务的神话[M]. 北京:中国社会科学出版社,2007.

[37] 陈力丹. 新闻理论十讲[M]. 上海:复旦大学出版社,2008.

[38] 陆生. 走进美国电视[M]. 上海:复旦大学出版社,2013.

[39] 王菊芳. BBC 之道:BBC 的价值观与全球化战略[M]. 北京:生活·读书·新知三联书店,2013.

[40] 徐舫州,徐帆. 电视节目类型学[M]. 杭州:浙江大学出版社,2006.

[41] 张海潮. 中国电视节目分类体系[M]. 北京:中国传媒大学出版社,2007.

[42] 王兰柱. 广电产业化进程中的节目形态演变[M]. 北京:中国传媒大学出版社,2007.

[43] 张健. 当代电视节目类型教程[M]. 上海:复旦大学出版社,2011.

[44] 胡智锋. 电视节目策划学[M]. 2 版. 上海:复旦大学出版社,2012.

[45] 叶家铮. 电视传播理论研究[M]. 北京:北京师范大学出版社,2000.

[46] 朱羽君,雷蔚真. 电视采访学[M]. 北京:中国人民大学出版社,1999.

[47] 梁建增. 焦点访谈红皮书[M]. 北京:文化艺术出版社,2002.

[48] 孙玉胜. 十年——从改变电视的语态开始[M]. 北京:生活·读书·新知三联书店,2003.

[49] 张宇丹,孙信茹. 应用电视学:理念与技能[M]. 昆明:云南人民出版社,2004.

[50] 孙宝国. 中国电视新闻节目形态研究[M]. 北京:新华出版社,2008.

[51] 石长顺. 电视专题与专栏[M]. 上海:复旦大学出版社,2009.

[52] 曹璐,罗哲宇. 广播新闻业务[M]. 2 版. 北京:中国传媒大学出版社,2010.

[53] 吴信训. 新编广播电视新闻学[M]. 上海:复旦大学出版社,2011.

[54] 谭天. 广播电视新闻研究[M]. 广州:暨南大学出版社,2012.

[55] 岳淼,迟月利. 应用电视新闻学[M]. 厦门:厦门大学出版社,2014.

[56] 中央电视台新闻中心. 央视新闻·内刊外读[M]. 北京:生活·读书·新知三联书店,2015.

[57] 赵淑萍. 广播电视新闻采访与写作[M]. 北京:北京师范大学出版社,2016.

[58] 韩青,郑蔚. 电视服务节目新论[M]. 北京:中国广播电视出版社,2005.

[59] 曹晚红.中外电视生活服务类节目新模式解析[M].北京:人民邮电出版社,2016.
[60] 苗棣,王怡琳.脱口成“秀”:电视谈话节目的理念与技巧[M].北京:中国广播影视出版社,2006.
[61] 韩青,郑蔚.电视娱乐节目新论[M].北京:中国广播电视出版社,2005.
[62] 王伟国.电视剧策划艺术论[M].北京:中国传媒大学出版社,2006.
[63] 郭艳民.当代中美主流电视剧比较[M].北京:中国广播电视出版社,2010.
[64] 王晓民.电视剧与当代文化[M].北京:生活·读书·新知三联书店,2014.
[65] 苗棣,毕啸南.解密真人秀[M].北京:中国广播影视出版社,2015.
[66] 杨旦修.中国电视剧产业发展研究[M].广州:暨南大学出版社,2015.
[67] 张凤铸,关玲.中国当代广播电视文艺学[M].北京:中国传媒大学出版社,2016.
[68] 朱景和.纪录片创作[M].北京:中国人民大学出版社,2002.
[69] 游洁,郑蔚.电视法制节目新论[M].北京:中国广播电视出版社,2007.
[70] 王辉.电视纪实节目采制概说[M].北京:北京大学出版社,2010.
[71] 朱虹,胡正荣.中国电视名牌栏目[M].北京:红旗出版社,2010.
[72] 刘昶.欧洲优秀电视节目模式解析[M].北京:中国广播影视出版社,2010.
[73] 王大为.英美好节目:品味西方电视文化[M].北京:新华出版社,2015.
[74] 张印平,谢毅.电视节目制作[M].广州:暨南大学出版社,2003.
[75] 方德葵.广播节目编辑与制作技术[M].北京:中国广播电视出版社,2005.
[76] 〔美〕伊万·克里.电视节目导演与制作[M].4版.韩晓宁,译.北京:清华大学出版社,2013.
[77] 孟群.电视节目制作技术[M].北京:高等教育出版社,2014.
[78] 项仲平,张忠仁.广播电视文艺编导[M].杭州:浙江大学出版社,2014.
[79] 姚喜双.播音导论教程[M].北京:中国广播影视出版社,2001.
[80] 俞虹.节目主持人通论(修订版)[M].北京:中国广播影视出版社,2004.
[81] 陆锡初.节目主持人概论[M].北京:中国广播影视出版社,2006.
[82] 游洁.电视节目主持新论[M].北京:中国广播电视出版社,2006.
[83] 应天常.播音主持技艺教程[M].武汉:武汉大学出版社,2014.
[84] 邓忻忻,黄京华.广播频率专业化研究[M].北京:中国传媒大学出版社,2006.
[85] 张彩.世界广播发展研究[M].北京:中国传媒大学出版社,2007.
[86] 姜秀华,张永辉.数字电视广播原理与应用[M].北京:人民邮电出版社,2010.
[87] 赵子忠,赵敬.对话:中国网络电视[M].北京:中国传媒大学出版社,2011.
[88] 张丽,等.世界广播电视发展趋势研究[M].北京:中国传媒大学出版社,2012.
[89] 张海潮,郑维东.大视频时代[M].北京:中国民主法制出版社,2014.
[90] 韦博荣,朴大志,张乃谦.地面数字电视与移动多媒体广播[M].北京:中国传媒大学出版社,2015.
[91] 陆地.世界电视产业市场概论[M].北京:中国人民大学出版社,2003.
[92] 吴克宇.电视媒介经济学[M].北京:华夏出版社,2004.
[93] 周鸿铎,等.广播电视经营与管理模式[M].北京:经济管理出版社,2005.

[94] 张海潮. 眼球为王:中国电视的数字化、产业化生存[M]. 北京:华夏出版社,2005.
[95] 唐世鼎,黎斌,等. 制播体制改革与电视业发展问题研究[M]. 北京:中国传媒大学出版社,2005.
[96] 丁俊杰,黄升民. 中国广播产业报告[M]. 北京:中国传媒大学出版社,2005.
[97] 郑蔚. 中国电视媒体的管理和经营[M]. 北京:中国广播电视出版社,2006.
[98] 王彩平,池建新,李洁,等. 频道先锋——电视频道运营攻略[M]. 上海:复旦大学出版社,2006.
[99] 刘付成. 中国广电传媒体制创新[M]. 广州:南方日报出版社,2007.
[100] 邵培仁. 文化产业经营通论[M]. 成都:四川大学出版社,2007.
[101] 蔡骐,蔡雯. 媒介竞争与媒介文化[M]. 上海:复旦大学出版社,2007.
[102] 刘习良. 中国广播电视改革发展十年回眸(2001 年—2010 年)[M]. 北京:中国国际广播出版社,2012.
[103] 杨乘虎,等. 中国电视公共文化服务发展创新研究[M]. 北京:中国传媒大学出版社,2014.
[104] 卜彦芳. 广播电视经营与管理[M]. 北京:高等教育出版社,2015.
[105] 国家新闻出版广电总局发展研究中心. 中国广播电影电视发展报告(2016)[M]. 北京:中国广播影视出版社,2016.
[106] 申启武. 广播 4.0 时代的融合发展与理论创新[M]. 广州:暨南大学出版社,2016.
[107] 梅宁华,支庭荣. 中国媒体融合发展报告(2016)[M]. 北京:社会科学文献出版社,2017.
[108] 周逵. 融合与重构:中国广电媒体发展新道路[M]. 北京:中国传媒大学出版社,2017.
[109] 胡正荣,李继东. 全球传媒发展报告(2016—2017)[M]. 北京:社会科学文献出版社,2017.
[110] 刘京林. 大众传播心理学[M]. 北京:中国传媒大学出版社,2005.
[111] 王兰柱. 收视率调查与应用手册[M]. 北京:中国传媒大学出版社,2006.
[112] 黄学平. 广播收听率:调查方法与应用[M]. 北京:中国传媒大学出版社,2006.
[113] 王兰柱. 收听率调查与应用手册[M]. 北京:中国传媒大学出版社,2009.
[114] 刘建鸣. 电视受众收视规律研究[M]. 北京:北京师范大学出版社,2010.
[115] 黄瑚. 新闻传播法规与职业道德教程[M]. 上海:复旦大学出版社,2010.
[116] 石屹. 媒介的尺度:经典侵权案例解析[M]. 北京:北京大学出版社,2013.
[117] 魏永征. 新闻传播法教程[M]. 5 版. 北京:中国人民大学出版社,2016.
[118] 中国广播电视年鉴编辑委员会. 2016 中国广播电视年鉴[M]. 北京:中国广播电视年鉴编辑部,2016.
[119] 中国社会科学院新闻与传播研究所. 中国新闻传播学年鉴 2016[M]. 北京:中国社会科学出版社,2016.
[120] 〔美〕约书亚·梅罗维茨. 消失的地域:电子媒介对社会行为的影响[M]. 肖志军,译. 北京:清华大学出版社,2002.

后　记

从事广播电视学(2012年以前称广播电视新闻学)专业的教学和科研工作10余年来,我深刻体会到了使用一本得心应手的教材的重要价值。

广播电视概论课程是广播电视学专业学生的主干性必修课程,同时,也是新闻传播学科大类的一门重要的专业基础课程。设置该课程的目的是为了使新闻传播学科大类(特别是广播电视学专业)的学生既能够掌握广播电视媒介的基础理论知识和传播原理,又可以了解和知悉广播电视行业的发展现状及其基本的业务实践活动,从而为培养合格的新闻传播类专业人才(特别是广播电视学专业人才)奠定坚实的基础。

作为一门重要的专业基础课程,广播电视概论是系统讲授人类社会两大重要的大众传播媒介——广播与电视基本理论知识的课程,它是学生学习广播电视新闻、广播节目编辑、电视节目编辑与制作、电视纪录片创作、广播电视广告学、广播电视作品分析、播音与节目主持等广播电视学专业其他相关主干课程的前提和基础,也是学生初步了解和掌握广播电视媒体相关知识的一门重要先修课程,在广播电视学专业乃至新闻传播学科大类的人才培养中都占有重要的地位,发挥着重要的作用。

当前,无论是在世界范围内,还是在我国,广播电视业的发展都十分迅猛。技术变革的先导效应、节目形态的日益丰富、产业经营的急剧增长、管理体制和运行机制的不断进步以及办台理念的加速转变,时时令人目不暇接。而国内现有的一些《广播电视概论》教材,作为传播广播电视基础知识的主要载体,却普遍存在着理论相对滞后,内容比较陈旧,对广播电视业界发展现状关注不足等问题,特别是对21世纪以来国内外广播电视领域出现的新情况、新形势、新动向,关注不多,触及甚少。这与广播电视学本身作为一门应用性、实践性很强的学科的属性不太匹配。因此,编写一本能适应时代发展要求和清晰反映现阶段广播电视业发展状态的《广播电视概论》教材,以满足教学与科研的需要,显得十分必要。鉴于上述考虑,在繁忙的教学工作之余,我一直在思考教材的编写问题,并间或进行一些资料的搜集准备工作。2016年12月教材编写计划获得学校立项后,遂着手开始了正式的编撰工作。当然,这一过程,是十分辛苦的。有时为了查证一个确切的时间,厘定某个具体的说法,都要耗费许多时日,花去大量精力。不过,对于有着"著书立说"情结的我辈而言,这一"劳苦"的过程亦是让人感到充实而快乐的。

本教材在编写过程中,广泛查阅了大量国内外相关文献,在细致梳理核心知识点的基础上,确定了相应的内容板块。全书在章节设置上显得比较新颖、合理,知识点的安排、组配,也充分考虑了教学方面的要求,既方便教师讲授,又有利于学生学习。

本教材是我国高校新闻传播学科大类的广播电视学、新闻学、广告学等相关专业的本科教学用书,也可作为广播电视从业人员、相关研究者和兴趣爱好者工作与学习的参考用书。

编　者
二〇一八年五月于重庆